Der moderne Medienwahlkampf

OTTO ALTENDORFER
HEINRICH WIEDEMANN
HERMANN MAYER

HANDBUCH DER MODERNE MEDIEN WAHLKAMPF

PROFESSIONELLES WAHLMANAGEMENT UNTER EINSATZ NEUER MEDIEN, STRATEGIEN UND PSYCHOLOGIEN.

MEDIA PLUS
VERLAG

Dem Buch liegt eine interaktive, multimediale CD-ROM bei. Bei allen mit dem obigen Symbol gekennzeichneten Beiträgen kann der User neben den Textangeboten auch weiterführende Graphiken, Bilder, Audio- und Videosequenzen sowie Animationen nutzen.

1. Auflage 2000

E-Mail: service@mediaplus-verlag.com
http://www.mediaplus-verlag.com

Layout und Satz: MEDIA PLUS® GmbH, Zwickau

Lektorat: Kati Klaba

Bildnachweis: Bilder von Autoren und Bundesbildstelle, Bonn

Druck: Druckerei Zwickau GmbH

Printed in Germany.

MEDIA PLUS® Verlag GmbH & Co. KG i.G.,
Richard-Strauss-Straße 33, 85072 Eichstätt

ISBN: 3 - 00 - 007039 - 7

Inhaltsverzeichnis

Hinweise zur CD-ROM

Dem Buch liegt eine interaktive, multimediale CD-ROM bei. Bei allen mit nebenstehendem Symbol gekennzeichneten Beiträgen kann der User neben den Textangeboten auch weiterführende Graphiken, Bilder, Audio- und Videosequenzen sowie Animationen nutzen.
Im gesamten Buch, das elektronisch vorliegt, kann man über Hyperlinks die Internetseiten von Autoren bzw. Institutionen erreichen. Volltextsuche nach beliebigen Worten und Zeichenfolgen sowie direkte Zugriffe auf die entsprechenden Seiten über das Inhaltsverzeichnis sind möglich. Die Abbildungen sind im Unterschied zur gedruckten Version farbig und können stark vergrößert betrachtet werden.

Technische Voraussetzungen:

Pentium-Prozessor, ab 16 MB RAM, ab Windows 95,
Bildschirmauflösung ab 800x600 Pixel bei tausenden Farben.

Die CD-ROM ist unter Windows selbststartend. Alternativ kann der User auf der CD-ROM die Datei „MWK.exe" mittels Doppelklick starten. Multimediale Inhalte sind nach dem Start sofort abrufbar.

Für den Zugriff auf das Buch in elektronischer Form ist es nötig, den Acrobat Reader (ab Version 3) zu installieren. Acrobat Reader 4 kann unter Windows komfortabel von dieser CD-ROM aus installiert werden.

Hinweis für Nutzer anderer Plattformen (Mac-OS, UNIX, Linux ...):

Mit dem Acrobat Reader ab Version 3 ist es möglich, ebenfalls die elektronische Version des Buches zu nutzen. Starten Sie dazu die Datei „buch.pdf" auf der CD-ROM.
Adobe Acrobat Reader können Sie unter http://www.adobe.de/ aus dem Internet herunterladen. Abhängig von Ihrem System sind eventuell bestimmte mediale Ergänzungen nicht abrufbar.

I. Einführung der Herausgeber

Die generation @ verlangt nach neuen Formen der politischen Kommunikation. Die traditionellen Veranstaltungen haben an Zugkraft verloren. Gleichzeitig hat die Bindung der WählerInnen an politische Parteien abgenommen. Die Partei-Milieus lösen sich immer mehr auf. Trends sind kurzlebig. Die Bedeutung der Medien ist gewachsen.

Quantensprünge in der digitalen Informations- und Kommunikationstechnologie haben alle Lebensbereiche der Menschen gründlich verändert. Die Vervielfachung der medialen Angebote ist signifikant für diese Entwicklung. Der Mensch verbringt täglich fast sieben Stunden mit Medien. Die elektronischen Medien wie Fernsehen und Hörfunk, neuerdings auch das Internet, dominieren.

Neue Medien haben das Informations- und Kommunikationsverhalten der BürgerInnen drastisch verändert. Mobilität, Individualität, Interaktivität und Multimedialität prägen den Paradigmenwechsel.

Die Profilierung von politischen KandidatInnen und Programmen vollzieht sich in immer stärkerem Maße über die Medien. Können Gemeinderats- oder Bürgermeisterkandidaten die WählerInnen oftmals noch persönlich erreichen, besteht diese Chance zum direkten Dialog auf der Ebene der Landtags-, Bundestags- bzw. Europawahlen nicht.

Der Vorrang der Medien bei der Vermittlung von politischen Personen und Positionen rückt in den Mittelpunkt.

Auch der moderne Medienwahlkampf lebt von Siegern und Besiegten. Aber die Schlachtordnung für Erfolg, Einfluss und Macht wird ständig neu definiert. Viele suchen nach dem Königsweg. Es geht um mehr als um alten Wein in neuen Schläuchen.

Wir freuen uns und sind dankbar, dass wir ein prominentes und hochkarätiges Autorenteam aus diversen Disziplinen für dieses spannende Werk in herkömmlicher Buchform mit digitalem Mehrwert als CD-ROM gewinnen konnten. Die Autoren stellen aus verschiedensten Perspektiven den modernen Medienwahlkampf auf eine kritische Probe und skizzieren facettenreich Entwicklungslinien für die absehbare Zukunft.

Ein besonderer Dank gilt Holger Doetsch. Er hat mit seinem großen journalistischen Sachverstand den Entstehungsprozess dieses Buches stets gefördert.

Für ihre vielfältigen Mühen und ihr immenses Engagement danken wir herzlich in Layout und Satz Adina Güthenke und Matthias Weber, im Lektorat Kati Klaba und in der Organisation Silke Böttger.

Im November 2000

Die Herausgeber

II. Politik – Medien – Macht

1. Die Macht der Medien

Thomas Goppel

Es gibt die Macht der Medien in der modernen Gesellschaft westlicher Prägung ohne Zweifel und sie nimmt tendenziell zu. Warnte der damalige Hamburger Bürgermeister Klaus von Dohnanyi bei den dortigen Medientagen 1983 noch vor der Gefahr dieser Macht „der Vermittler über die Menschen“, so musste der frühere Bundespräsident **Roman Herzog 1998** 15 Jahre später – bei der Eröffnung der Mainzer Tage der Fernsehkritik – einen Schritt weiter gehen: „Heute müssen wir die Frage stellen, welchen Anteil an der Realität das Fernsehen mittlerweile selbst trägt. Anders gefragt: Welche Art von Wirklichkeit bringt das Fernsehen überhaupt erst hervor?“ Denn: „Fernsehbilder wirken so echt, dass wir zu leicht übersehen, dass sie bloß **Fragmente der Wirklichkeit**, montierte Ausschnitte, konstruierte Perspektiven sind.“

Ziel: Öffentliche Meinung

Zu allen Zeiten nutzten Politiker die zu ihrer Zeit existierenden Medien, um ihre Meinung, Ansichten und Programme zu verbreiten. Das 16. Jahrhundert wurde in seinem Verlauf von Flugschriften stark beeinflusst, die Ideen der amerikanischen und der französischen Revolution eroberten über Druckpressen die Welt, Bismarck manipulierte die Zeitungen und den Lauf der Geschichte mit der „Emser Depesche“, Goebbels schließlich schaltete Presse und Rundfunk gleich für die Zwecke der Nazi-Diktatoren, in der DDR bestimmte die SED, was in den Medien berichtet wurde.

Aus der historischen Erfahrung des Dritten Reiches heraus ist unsere Mediengesetzgebung darauf bedacht, dem einzelnen Journalisten, der Zeitung, dem Sender möglichst große **Freiräume** zu eröffnen. Gleichzeitig wurde nach 1945 eine vielfältige und breite Medienlandschaft geschaffen, die Meinungsmonopole in Deutschland nachhaltig verhindern konnte, allenfalls mit Ausnahme des SPD-eigenen DDVG-Konzerns, einer Konstruktion von Politik und Medienbesitz, die wir ansonsten nur bei Berlusconi in Italien antreffen.

Weder ist die Macht der Medien originär noch verliehen: Sie entwickelt ihre Kraft erst über die **Vermittlung**, über die (große) Zahl der Leser, Hörer, Seher. Wie sehr daraus eine öffentliche Meinung werden kann, hängt von vielen Faktoren ab, nicht zuletzt auch von der eigenen Beurteilung der Rezipienten.

Franz Josef Strauß und Herbert Wehner, die Protagonisten vergangener Parlamentsdebatten, waren sich einig in ihrer Kritik an diesem Prozess der Meinungsbildung, sprachen lieber von „veröffentlichter" als von „öffentlicher" Meinung.

Gefahren und Grenzen

Peter Voss, Intendant des Südwestfunks, formuliert für die Medien den Auftrag, „als **Dienstleister** an der Demokratie Öffentlichkeit zu produzieren", postuliert also eine dienende Funktion der Journalisten, weder machtversessen noch machtvergessen. In die gleiche Kerbe schlägt Günther von Lojewski, bis vor kurzem Intendant des SFB, in seiner Antrittsvorlesung an der FU Berlin (11. Mai 1998): „Die Medien sind (....) gut beraten, im Verhältnis zur Politik sich auch selbst nicht dem Vorwurf auszusetzen, sie **gierten nach Macht** im Staate oder sie hätten sie gar wie Exekutive, Legislative und Rechtsprechung."

Auch in der Beschreibung des Spannungsverhältnisses und der gegenseitigen **Abhängigkeiten** zwischen Politik und Medien kann Lojewski zugestimmt werden:

„Die, die Politik machen, sind angewiesen auf die, die über sie berichten – denn sonst findet sie nicht statt. Die, die berichten aber, brauchen die, von denen Politik und damit Nachrichten ausgehen – denn ohne die sind sie überflüssig. Beide verfügen also über scharfe Waffen: Information, Desinformation, Verschweigen, und beide sind sich dessen bewusst." Das Zusammenwirken von Journalisten und Politikern in der modernen Demokratie trägt symbiotischen Charakter, gemeinsam ist ihnen die Informationspflicht gegenüber der Öffentlichkeit.

Dieselbe Breite und Vielfalt der deutschen Medien, angelegt als einzige gewollte Beschränkung ihrer Macht, bewirkt in den letzten Jahren auch nachteilige Effekte. Durch die **Gesetze des Marktes** (publizistische Konkurrenz, Kampf um Marktanteile, ökonomischer Druck) wurden auch die **Medieninhalte** verändert.

Lojewski spricht es klar aus: „Am Kiosk lässt sich nur verkaufen, auf dem Bildschirm nur bewerben, was Aufmerksamkeit erregt. (...) Wer nicht heute exklusiver, schneller, härter, gewalttätiger, greller, geiler ist als gestern, scheidet bald aus dem Markt aus. Die Chance zu Vielfalt und Pluralität, die in jeder Konkurrenz steckt, korrespondiert mit dem Risiko, dass journalistischer Ethos auf der Strecke derselben Konkurrenz bleibt.“

Mitte der 90er Jahre wurden durch das Haus **Bertelsmann** die aktuellen Entwicklungstendenzen im Fernsehbereich analysiert. Im daraus resultierenden „Bericht zur Lage des Fernsehens“ für Bundespräsident Roman Herzog stellten die Untersucher **vier Tendenzen** fest, die – aufgewachsen in neuer Konkurrenzsituation – zu „Orientierungsverlust und Entfremdung in der Gesellschaft“ beigetragen haben:

1. **Sensationalismus**. Die Fernsehberichterstattung setzt vermehrt auf „Spektakuläres“ und „starke Bilder“, gleichgültig, ob das Thema überhaupt Aufmerksamkeit verdient.

2. **Negativismus**. Überproportional häufig erscheinen Schreckensbilder. Der Bericht betont: „Rhythmus und Intensität in der Darstellung von Negativismen lösen sich aber von dem Ausmaß ihrer tatsächlichen Verbreitung, sie verselbständigen sich, verfälschen das Bild der Wirklichkeit.“

3. **Skandalisierung**: Aus normalen, alltäglichen Vorgängen werden Haupt- und Staatsaktionen aufgebauscht, Krisen herbeigeredet, mehr oder weniger mit Fragezeichen versehen, lange bevor gründliche Recherchen vorliegen.

4. **Ritualisierte Politikdarstellung**: Bilder aus den Vorhöfen der Macht, von roten Teppichen, Pulks von Kameras, Bündel von Mikrofonen dienen weniger der Berichterstattung als der eigenen Selbstdarstellung der Medien.

Politiker stehen diesen Phänomenen gegenüber vor der schwierigen Gratwanderung, sich auf solche Entwicklungen einzustellen, auch selbst als womöglich Betroffene gewappnet zu sein, ihnen aber nicht nachzugeben.

Den zunehmenden Nachrichtenwert negativer Aussagen, nicht zuletzt negativer Äußerungen von Politikern über Politiker, macht der Mainzer Publizistikwissenschaftler Hans Kepplinger verantwortlich für einen langsamen, aber stetigen **„Verfall das Ansehens der politischen Führungseliten“** in Deutschland. In der Preisgabe veröffentlichten Raumes an sog. „Trittbrettfahrer“, die sich mit unberechtigter oder überzogener Kritik zu Wort melden, sieht Lojewski gar einen „Teufelskreis mit der diabolischen Wirkung, dass mit dem Ansehen der Führungseliten langfristig die **Institutionen des Parlamentarismus** selbst gefährdet werden, Parteien, Parlament und Regierung“.

Wir haben Anlass zur Hoffnung, im Zeitalter weltumspannender Kommunikation werde die Nachrichtenauswahl hin zum Negativen nicht mehr lange Bestand haben können. **Moderne Kommunikation** eröffnet eigene Zugangswege, eigene Auswahl, eigene Interessen – und die Erkenntnis, dass andernorts Nachrichten gesiebt und dem Leser/Hörer/Seher vorenthalten werden. Eine Chance im Übrigen gerade für die Politik, wenn Parteien, Regierungen, Fraktionen und Abgeordnete die Möglichkeiten ihres eigenen Internetangebotes konsequent nutzen.

Medienmacht bei Wahlen

Offenkundig ist der prägende Einfluss der Medien auf die politische Stimmung, insbesondere derjenige des investigativen Journalismus des Jahres 2000 in Deutschland. In Wahljahren kommt dieser Einfluss dem Begriff „Macht“ sehr nahe, achtet jeder Politiker auf stets freundlichen und zuvorkommenden Umgang mit Journalisten, beginnt der Wettlauf um Einladungen, Interviews und Sonderzeiten. Seit im Jahr 1960 das legendäre Fernsehduell zwischen Kennedy und Nixon die amerikanische Präsidentschaftswahl entschied, sieht man Wahlkampf ohne **bewusste Zusammenarbeit** mit den Medien als aussichtslos an. Wenige Ausnahmen bestätigen nur die Regel.

Erfahrungen aus dem Ausland

Bill Clinton errang 1992 seine erste Präsidentschaft mit perfekt inszeniertem jugendlich-frischem Image, die zweite über die Betonung der wirtschaftlichen Prosperität sowie der neugeschaffenen Arbeitsplätze in den **Verei-**

nigten Staaten. Die derzeitigen Präsidentschaftsbewerber absolvierten Nominierungskonvente, die eher Fernsehshows als Parteitagen glichen, nichts desto weniger aufmerksam beobachtet von den Experten deutscher Parteien, darunter erstmals auch die Grünen. Besonders intensive Nutzung des Internets demonstrierte Senator Mc. Cain.

In **Italien** errang Silvio Berlusconi 1994 einen großen Wahlsieg, den er dem intensiven Einsatz des eigenen Medienkonzerns verdankte. Den Sturz seiner Regierung konnte aber das Medienimperium nicht verhindern, sondern war eher dessen Auslöser.

Chirac in **Frankreich** und Blair in **Großbritannien** verbanden den weitgehend gelungenen Versuch, klare Botschaften zu finden, mit gut in Szene gesetzten Großveranstaltungen. Dass viele Elemente auf dem Weg der Kopie in den SPD-Wahlkampf 1998 Eingang gefunden haben, ist hinreichend bekannt: Der blaue Hintergrund für die TV-Kameras zog sich wie eine Linie von Chirac und Blair zu Lafontaine und Schröder. Niemand nahm dies in Deutschland zum Anlass für Berichterstattung, das mediale Eigeninteresse an präsentablen Bildern überdeckte offenbar das eigene journalistische Interesse.

Medienwahlkampf in Deutschland

Seit 1994 zwingen zwei Gründe die Parteien in Deutschland, ihren **Wahlkampfschwerpunkt** im **Medienbereich** zu setzen: zum einen die Tatsache, dass althergekommene Veranstaltungen stark an Attraktivität einbüßten ohne gleichwertigen Ersatz gefunden zu haben; zum anderen immer geringer werdende finanzielle Mittel, die für eine Wahlkampagne eingesetzt werden können.

Nur ein Beispiel dafür: Früher wurden Großflächenplakate tausendfach produziert und mit hohen Kosten im Land aufgestellt. Heute beklebt man oftmals nur noch einige wenige Präsentationsflächen, lädt Presse und Fernsehen zur Vorstellung ein, erzielt durch deren Vermittlung einen ähnlichen Effekt. Um einiges teurer als vor noch zehn Jahren gestaltet sich aber die mediengerechte Ausgestaltung der zentralen Veranstaltungen.

Die Bindung der Wähler an politische Parteien nimmt deutlich ab: Der Anteil der Bürger, die angeben, einer Partei zuzuneigen, ist seit den 70er

Jahren von 75% auf etwa 65% zurückgegangen. Unter diesen sank die Zahl der festen Parteianhänger im gleichen Zeitraum von 60% auf 30%.

Als Konsequenz bedeutet dies eine deutliche Zunahme der Wechselwähler und damit eine weit höhere Bedeutung der aktuellen politischen Stimmung für den Wahlausgang. Weil kurzfristige Faktoren auf die Wahlentscheidung stärker durchschlagen, wächst die Bedeutung der Medien für den Wahlkampf: Die Kommunikation mit mindestens 40% der Wählerinnen und Wähler kann nur unter Medienvermittlung stattfinden.

Neuere Untersuchungen zeigen daneben eine zunehmende Ausrichtung des Wahlverhaltens auf die Person des Spitzenkandidaten, dessen Präsentation und Profilierung ebenfalls über die Medien erfolgen muss.

Deshalb wird die Macht der Medien in Bezug zur Politik, auch wenn wir weit davon entfernt bleiben wollen, alle Entwicklungen aus den USA oder europäischen Nachbarländern zu übernehmen, für eine vom heutigen Standpunkt aus überschaubare Zeit mit Sicherheit nicht geringer, sondern eher größer werden – verantwortungsbewusste Medien vorausgesetzt.

2. Medien und Moral

Hans Joachim Meyer

Medien und Meinung gehören zusammen. Man kann es geradezu als den Zweck von Medien bezeichnen, Meinungen zu verbreiten und so aus einer privaten Meinung eine öffentliche Meinung zu machen. Jedenfalls kann erst eine veröffentlichte Meinung zur öffentlichen Meinung werden oder doch jedenfalls zur öffentlichen Meinungsbildung beitragen. Nach der Definition der Kommunikationswissenschaftler ist allerdings das Kollektivum Medien die Sammelbezeichnung für Mittel und Verfahren zur Verbreitung von Informationen. Und im alltäglichen Verständnis wird bekanntlich durchaus zwischen Information und Meinung unterschieden. Nur der Information wird ein Anspruch auf Objektivität zugebilligt, während die Meinung als etwas ausschließlich Subjektives gilt und allenfalls als Überzeugung niederen Ranges durchgeht. Die Sozialwissenschaft freilich, die längst die Wahrheitssuche im Sinne dieser traditionellen Unterscheidung von objektiv und subjektiv als vergebliche Liebesmüh aufgegeben hat, definiert Information lediglich als Voraussetzung für soziales Handeln und als Verbindung und Regulierung sozialer Systeme. Dies schließt also Meinungen, die in der Tat zum Handeln veranlassen und Systeme von Handelnden begründen und regulieren, in den Informationsbegriff mit ein.

Freilich entfällt damit nicht der wesentliche Unterschied zwischen messbaren Daten und verifizierbaren Beobachtungen einerseits und von spekulativen Annahmen wie auch interpretierenden Deutungen und Schlussfolgerungen andererseits. Folglich wird durch diesen Informationsbegriff das Bemühen um Wahrheitserkenntnis als ethische Verpflichtung nicht gegenstandslos – weder in der Wissenschaft noch im täglichen Leben und schon gar nicht für das Angebot der Medien. Aber auch wer die zunehmende Neigung von Journalisten, die Grenzen zwischen den Textgenres Bericht und Kommentar zu verwischen, für ärgerlich und fatal hält, wird ebenfalls nicht bestreiten können, dass in der Tat zwischen Information und Meinung nicht sauber zu unterscheiden ist. Jede Information ist für den Informationsempfänger und Informationsverwerter einbettet in einen Komplex von Vorverständnis und Deutung. Es ist nicht zuletzt eine Einsicht der modernen Linguistik, dass Sachverhaltsbeschreibung und kommunikative Absicht oder, anders gesagt, das propositionale und das intentionale Moment von Sprachäußerungen bzw. Texten in der Realität nicht getrennt werden können und mithin Information ohne Meinung nicht zu haben ist. Nur nach der Oberseite der sprachlichen Erscheinungen können Informationen oder Meinungen ausschließlich und eindeutig einer Textsorte, sei es einer Nachricht, einem Bericht oder einem Kommentar, zugeschrieben werden. Auch der sich wertungsfrei gebende Text ist – beabsichtigt oder nicht beabsichtigt – von Einfluss auf die Meinung der Leser oder Hörer und übt – jedenfalls potentiell – Macht aus.

Mithin basiert die Beziehung auf Medium, Meinung und Macht mehr denn auf der zufälligen Alliteration der Wörter. Darum wird mit Recht die Frage nach der Moral der Medien und der Medienmacher gestellt. Je größer die Rolle von Meinung in der Arbeit der Medien, umso höher muss der moralische Anspruch an die Medienmacher sein. Wer Meinungen äußert, vollzieht sprachliche Handlungen. Wer handelt, muss dies auch moralisch bewerten und unterliegt dem moralischen Urteil durch andere. Denn sobald Handlungen andere Menschen betreffen oder berühren, kommen sittliche Normen ins Spiel, so dass es – jedenfalls prinzipiell – gar nicht möglich ist, „Meinung zu machen", die sich außerhalb der moralischen Bewertung bewegt. Also können auch Medien, deren Zweck es ist, öffentliche Meinung zu schaffen und zu verbreiten, der Frage nach der Moral nicht ausweichen. Dies gilt im Prinzip unabhängig davon, ob diese sittlichen Normen mehr oder weniger generell akzeptiert werden. Entscheidend ist vielmehr, ob sich der jeweils Handelnde sittlichen Vorstellungen verpflichtet fühlt, sich dazu bekennt und sich also daran messen lässt. Wer dies verweigert, charakterisiert selbst seine Position als moralisch fragwürdig. Dass die öffentliche Meinung alles andere als moralisch eindeutig sein kann, gehört übrigens zu den frühen Erfahrungen mit diesem Phänomen. Die Nachrichten und Zeitungen hatten sich noch nicht zu periodisch erscheinenden Druckerzeugnissen entwickelt, da ließ Shakespeare schon in seiner Komödie „Troilus und Cressida" den auf Schmähungen spezialisierten Thersites ausrufen: „Hol´ der Henker die öffentliche Meinung! Es kann sie einer auf beiden Seiten tragen wie ein ledernes Wams. "

Die rechtliche Grundlage für die Meinungs- und Informationsfreiheit als eines der wesentlichen Merkmale einer freiheitlich verfassten Gesellschaft bietet in Deutschland Artikel 5 des Grundgesetzes. Dieses Grundrecht findet seine Schranken lediglich „in den Vorschriften der allgemeinen Gesetze, den gesetzlichen Bestimmungen zum Schutze der Jugend und in dem Recht der persönlichen Ehre". Bekanntlich haben deutsche Verfassungsrichter in den Jahrzehnten seit 1949 diese Schranken so hoch gelegt, dass man – frei nach Schiller gesagt – heute schon Mühe hat, sich dagegen zu versündigen. Neben dem Beispiel der USA und ihrer hohen Wertschätzung der Individualrechte ist diese Entwicklung vor allem durch die abschreckenden Erfahrungen mit der vollständigen und oft perfiden Inanspruchnahme der öffentlichen Meinungs- und Informationsverbreitung durch die diktatorischen Herrschaftssysteme in faschistischen und kommunistischen Staaten begründet worden. Zwar mag man der Auffassung sein, dass hier aus nachvollziehbaren Motiven des Guten zu viel getan worden ist. Für die Frage nach der Bedeutung der Moral für die Medien und in den Medien ist dies jedoch ohne Bedeutung. Stattdessen ist eine ganz andere Konsequenz zwingend: Je weiter der rechtliche Rahmen ist, in dem sich die Meinungs- und Informationsfreiheit bewegen kann, umso wichtiger werden ethische Haltungen und moralische Bewertungen für den Umgang mit dieser Freiheit.

Für eine solche Position gibt es im Wesentlichen zwei Argumente. Das erste Argument bezieht sich auf den Einzelnen und seine Menschenwürde. Menschen in ihrem Ruf zu beschädigen ist, wenn man von ihnen nicht abhängig ist oder keine Nachteile aus ähnlichen Gründen zu gewärtigen hat, in unserer heutigen Gesellschaft im Wesentlichen keine Sache des Mutes, sondern der gerichtsfesten Formulierung. Denn für die Entscheidung der Richter gelten keine linguistischen Regeln des Textverständnisses, sondern der juristische Grundsatz der Unschuldsvermutung, der meist zu Gunsten des Täters wirkt. Am Rande sei bemerkt, dass die Begründungen, die bei solchen gerichtlichen Auseinandersetzungen und Urteilen von Juristen zu Papier gebracht werden, ihnen in jedem halbwegs anspruchsvollen textlinguistischen Seminar das Testat kosten würden. Die juristische Unschuldsvermutung ist nämlich meist nur durchzuhalten, wenn man konsequent alle jenen sprachlichen Signale ignoriert, die zu erkennen und zu verstehen zur normalen kommunikativen Kompetenz eines gesellschaftlich lebensfähigen Menschen gehören. Im Einzelfall sind solche Entscheidungen und deren Begründungen von juristischen Laien nicht selten nur schwer nachzuvollziehen. Gleichwohl besteht der Vorteil des juristischen Grundsatzes gegenüber den Regeln der normalen sprachlichen Kommunikation darin, dass auf diese Weise eine Vielzahl zwischenmenschlicher und gesellschaftlicher Konflikte nicht als juristisch relevant angesehen und damit auch nicht der Steuerung durch die Beteiligten entzogen werden. Freilich müssen ganze Gruppen von Menschen damit leben, dass sie in der öffentlichen Meinung und darum oft auch in den Medien im schlechten Ansehen stehen. Lehrer und Polizisten wie generell alle Beamten können davon ein Lied singen.

Bekanntlich ist das Maß dessen, was über Menschen geäußert werden kann, umso weiträumiger gefasst, je näher man sich der Sphäre des Politischen nähert. In der politischen Auseinandersetzung ist so gut wie alles erlaubt. Das ist nicht zuletzt die Schuld von Politikern, die vor persönlichen Verunglimpfungen ihrer Gegner nicht zurückschrecken in der irrigen Annahme, Dreck, den man auf andere wirft, würde nur an anderen haften bleiben. Vor einigen Jahren hat sich ein Kabarettist den Scherz erlaubt, nach einer Bundestagswahl die kurze Zeit danach bei einer seiner Vorstellung versammelten Repräsentanten der Politik so anzureden, wie sie sich in den Wochen vorher wechselseitig beschimpft hatten, also als „Rentenbetrüger" und was sich sonst aus den wechselseitigen Vorwürfen der Wahlkämpfer so anbot. Unbeschadet ihrer unterschiedlichen politischen Couleur amüsierten sich die Herrschaften wahrhaft königlich. Dabei war ihnen offenbar gar nicht klar, in welchem Grade sie insgesamt ihr Ansehen als, wie man heute zu sagen pflegt, politische Klasse heruntergebracht hatten. Übriges hätte nicht bedurft. Denn schon damals gehörte es zu den gefahrlosesten und billigsten Vergnügungen, sich über die Politik und die Politiker so abfällig wie möglich zu äußern.

Das zweite Argument ist noch gewichtiger, denn es bezieht sich auf die Gesellschaft als Ganzes, genauer gesagt, auf die ihren mitmenschlichen Zusammenhalt ermöglichenden ethischen Haltungen und Wertvorstellungen. Sie liegen zugleich, ohne im Einzelnen definiert zu sein, der Verfassungsordnung zugrunde und garantieren letztlich deren Funktionieren. Bekanntlich kann eine rechtliche Norm nur dann tatsächlich Gültigkeit beanspruchen, wenn sie von den Handelnden in der Mehrzahl der Fälle freiwillig beachtet wird. Man könnte daher auch vom moralische Gewebe der Gesellschaft sprechen. Nun lebt bekanntlich das menschliche Interesse an den Medien vom Neuem und Außerordentlichen, das in diesen zu finden ist. Nichts ist daher uninteressanter als die funktionierende Normalität. Will man Interesse erregen, so muss entweder gezeigt werden, wie und wo die Normalität nicht funktioniert oder dass die funktionierende Normalität in Wahrheit keine Normalität ist oder sein dürfte. Daraus ergibt sich die kritische Leistung der Medien – entweder zur Erhaltung der bestehenden Normalität oder für deren Ersetzung durch eine andere und bessere Normalität. Obwohl sich die beiden Absichten in der Radikalität der gewollten Wirkung beträchtlich unterscheiden, liegt beiden eine positiv definierbare und also auch ethisch gestützte Haltung zugrunde. In diesem Sinne haben Medien, seit es sie im nennenswerten Umfang gibt, in geschichtliche Prozesse eingegriffen und diese befördert oder behindert. Je bedeutsamer die Selbstverständigungs- und Selbstentscheidungsprozesse für die Gesellschaft wurden, umso notwendiger wurde diese Mittler- und Verstärkerleistung der Medien. An Stelle des Marktes der kleinen überschaubaren Gemeinschaft an einem Ort bieten sie der Gesellschaft die Chance zum öffentlichen Diskurs und zur wirkungsvollen Kritik der Politik und ihrer Akteure. Für eine freiheitliche Gesellschaft sind die Medien unverzichtbar und konstitutiv, wenn ihr Handeln auch im Einzelnen durchaus unterschiedlich zu bewerten ist. Ohne unabhängige, selbstbewusste und aktive Medien gibt es keine lebendige Demokratie.

Von grundsätzlich anderer Natur und Wirkung im gesellschaftlichen Leben ist dagegen die aus den Möglichkeiten der freiheitlichen Gesellschaft entwickelte Tendenz von Medien, ihren Erfolg nur in der Abweichung von der Normalität und in ihrer Zerstörung zu suchen. Das moralische Gewebe der Gesellschaft, um im Bild zu bleiben, wird also mutwillig zerrissen, wenn der Attacke der Medien jede Art von kritischer, reformierender oder alternativer Motivation fehlt und sie von einer ausschließlich negativen Absicht bestimmt ist. Nur zu oft ist das Kriterium allein der kommerzielle Erfolg, der durch das Ungewöhnliche erreicht wird. Tabubruch als Methode, insbesondere im sexuellen Bereich, aber auch jede andere Art von Voyeurismus, selbst wenn dieser der Achtung der Menschenwürde in elementarer Weise widerspricht, sind seit einiger Zeit zu Marktstrategien von Medien geworden, denen jede Hemmung fremd ist. Ein solches Verhalten beschädigt zwangsläufig auch die Rolle der Medien bei der kritischen Begleitung des öffentlichen Lebens. Wie wollen Leute, die so handeln und sich dazu auch ausdrücklich bekennen, glaubhaft dem Verdacht widersprechen, sie interessiere bei der Darstellung des politischen Betriebs nicht in erster Linie der Skandal? Unter Berufung auf die wachsende Bedeutung des Individualismus werden jedwede Gebote des Anstands und der Rücksichtnahme beiseite geschoben und die notwendigen Regeln des menschlichen Zusammenlebens missachtet oder auf den Kopf gestellt. Wie manche Aristokraten vor der französischen Revolution scheinen solche Medienmacher das Motto „Nach uns die Sintflut“ zur Devise ihres Lebens gemacht zu haben. Lust zu gewinnen und Spaß zu haben sind die einzigen Ziele, die zählen. In der Tat: Da sie die Familie verhöhnen und Elternschaft diskriminieren, ist es nur konsequent, sich um die Zukunft der Gesellschaft nicht zu sorgen. Die Tatsache, dass solche Tendenzen inzwischen zu einer täglichen Erscheinung geworden sind, gibt dem Thema „Medien und Moral“ erhebliche Brisanz.

Wer die moralische Verantwortung der Medienmacher einfordert, wird bald die Erfahrung machen, dass diese sich auf die verfassungsrechtlich verbriefte Meinungsfreiheit berufen. Weil ihnen das Grundgesetz das Recht auf Meinungs- und Informationsfreiheit garantiert und die Gerichte dieses Grundrecht weitherzig anwenden und interpretieren, darum dürfe sich niemand herausnehmen, sie zur Rede zu stellen. Das ist jedoch nichts anderes als Anmaßung und bestenfalls ein bequemer Irrtum. Es gibt nämlich kein gesondertes Recht der Medien auf freie Meinungsäußerung, sondern dieses Recht steht nach dem Grundgesetz allen Menschen zu. Wer Medien kritisiert, verletzt nicht die Meinungsfreiheit, sondern nimmt ein selbstverständliches Recht für sich in Anspruch. Wer dem widerspricht, könnte genauso gut sagen: Weil die Medien das Recht auf Meinungs- und Informationsfreiheit umsetzen, sind sie gegen Kritik sakrosankt. Es gibt leider genug Beispiele dafür, dass Repräsentanten kritisierter Medien genauso reagieren. Übrigens geht, wer ein Amt hat, selbst wenn dies ein politisches Amt ist, seines Rechts auf freie Meinungsäußerung keineswegs verlustig, auch wenn das manche gern behaupten. Für die Rolle der Moral in den Medien wie in der Gesellschaft ist die Tatsache, dass moralische Themen dem Meinungsstreit nicht entzogen sind, von grundsätzlicher Bedeutung. Denn ethische Vorstellungen können in einer freiheitlichen Gesellschaft nur dadurch lebendig gehalten werden, indem Menschen öffentlich in Wort und Schrift für sie eintreten. In einer Diskursgesellschaft bedeutet dies zwingend, dass man sich nicht nur zu bestimmten moralischen Grundsätzen bekennt und dafür andere gewinnen will, sondern nicht minder, indem man solche, die anders reden und handeln, angreift und kritisiert. Dem ist das Toleranzgebot durchaus nicht entgegengesetzt. Toleranz heißt ja nicht, dass Menschen ihre Überzeugung gleichgültig ist oder dass sie darauf verzichten, dafür einzutreten. Im Übrigen wird Toleranz in der Praxis unserer Gesellschaft meist von jenen verlangt, deren Glauben und deren Lebensweise angegriffen oder verhöhnt wird. Toleranz ist aber eine Sache der Gegenseitigkeit und nicht der einseitigen Rücksichtnahme.

Wer sich mit der Rolle der Medien in der Gesellschaft beschäftigt, landet unweigerlich bei der Beziehung der Medien zur Macht. Medien sind zunächst einmal selbst eine Macht, weshalb sie sich denn auch gern als vierte Gewalt bezeichnen lassen. Wie die Legislative und die Exekutive sind die Medien ein wesentlicher Faktor des politischen Lebens. Nichts ist abwegiger, als wenn Journalisten dies bestreiten und glauben, sich außerhalb der politischen Klasse stellen und so unangreifbar machen zu können. Was sie freilich von den Verantwortlichen der Legislative und der Exekutive unterscheidet, ist, dass sie für die Folgen ihres politischen Handelns nur selten gerade stehen müssen. Obwohl von vielen die negative Wirkung der Medien auf die politische Kultur und auf das öffentliche Wertebewusstsein beklagt wird, geraten Journalisten und Medienmacher viel seltener persönlich in das Kreuzfeuer der öffentlichen Kritik als dies Politiker erfahren müssen. Allerdings können Journalisten, wenn sie sich durch Integrität, Kompetenz und kommunikative Ausstrahlung allgemeine Anerkennung erwerben, zu inoffiziellen Institutionen des öffentlichen Bewusstseins werden.

Dennoch darf der Begriff der Macht und das Bild von der vierten Gewalt nicht überschätzt werden. Auch in einer freiheitlichen Ordnung sind die Medien nicht unabhängig von den anderen Mächten in Politik und Wirtschaft und können dies auch gar nicht sein. Auch von den kulturellen Kräften sind die Medien keineswegs unabhängig, obwohl ihr Einfluss auf deren Kenntnis und Wirkung nicht unbeträchtlich ist. Es liegt im Wesen der Medien, nur dann erfolgreich zu sein, wenn sie in der Gesellschaft einen Resonanzboden finden. Das kann ihnen nur gelingen, wenn sie sich auf politische und wirtschaftliche Machtkämpfe und geistige Auseinandersetzungen einlassen, welche die Gesellschaft bestimmen. Daher ist die Vorstellung von gesellschaftlicher Unabhängigkeit der Medien, die über ihre rechtliche Eigenständigkeit und Eigenverantwortlichkeit hinausgeht, zutiefst realitätsfern. Denn wie könnte ohne Entsprechung zwischen den Medien und den gesellschaftlichen Tendenzen öffentliche Wirkung erzielt werden. Umgekehrt würde die Politik ihrer Rolle nicht gerecht, wenn sie nicht versuchte, ihre Zielstellungen über die Medien zu transportieren. Würde man, wie gelegentlich vorgeschlagen und heutzutage besonders populär, die Vertreter der politischen Parteien aus Mediengremien prinzipiell fernhalten, dann bedeutete das faktisch eine Stärkung solcher Kräfte in der Gesellschaft, die entweder eine generell politik- und gesellschaftskritische Attitüde pflegen, ohne für eine konkrete politische Verantwortung gerade zu stehen, oder die antiinstitutionellen und basisdemokratischen Idealen huldigen, welche die Verfassungsordnung radikal veränderten. Gewiss steht eine Parteiendemokratie ständig in der Gefahr, zur Herrschaft von wirklichkeitsfernen Apparaten zu degenerieren. Andererseits ist aber wahrscheinlich, dass plebiszitäre Formen die immer nur sehr begrenzt kontrollierbare Macht der Medien weiter erhöhen und der mediengerechten Darstellungsfähigkeit von Politikern eine noch größere Bedeutung geben würden, als dies in unserer Mediendemokratie ohnehin schon der Fall ist. Nicht strikte Abgrenzung von der Politik kann daher die Lösung sein, sondern höchstmögliche Transparenz in der Auseinandersetzung zwischen den relevanten politischen Kräften über das, was die Medien in der Gesellschaft tun und bewirken. Da die Medien in aller Regel nur dadurch zur Wirkung kommen können, dass sie Tendenzen in der Gesellschaft erkennen und diese zu verstärken oder zu mindern suchen, scheint die Gefahr gering, die Medien könnten der Gesellschaft gleichsam ihren Willen aufzwingen. Wenn allerdings in der Gesellschaft eine relative Balance zwischen zwei großen Lagern besteht, kann die Verstärkungswirkung der Medien, insbesondere der elektronischen Medien, von wahlentscheidender Bedeutung sein. In einer solchen Situation mag es wichtig sein, ob die Mehrheit der in den Medien Tätigen nach Einstellung und Lebensstil einem der beiden Lager mehr zuneigt als dem anderen. Und wie fast immer im Leben, wenn es um den Austrag von Interessen geht, scheint die Vermutung wirklichkeitsnah, dass es dabei nicht immer sauber zugeht. Dennoch sollte man sich, obwohl dies die latente Spannung von Medien, Macht und Moral nahe legt, vor allzu vordergründigen Verschwörungstheorien hüten. Denn trotz der enormen Zunahme der Medien und ihrer Möglichkeiten, insbesondere durch den Aufstieg der elektronischen Medien, gilt auch heute noch das Wort Abraham Lincolns:

> „Man kann alle Leute einige Zeit und einige Leute alle Zeit, aber nicht alle Leute alle Zeit zum Narren halten."

Die Frage nach der Moral der Medien und ihrer Macher ist im Wesentlichen keine Aufgabe für den Gesetzgeber und damit für die Politik, sondern ein Gegenstand gesellschaftlicher Wachsamkeit und ein Thema der öffentlichen Auseinandersetzung. In einer freiheitlichen Gesellschaft, deren wesentliches Merkmal die Pluralität der Meinungen ist, kann dies auch gar nicht anders sein. Zwar ist es nicht ausgeschlossen, dem Missbrauch der Meinungsfreiheit durch Medienmacht rechtliche Riegel vorzuschieben, doch ist hier aus gutem Grund Vorsicht angebracht. Und da Meinungsfreiheit, wie jeder Vergleich von demokratischen und diktatorischen Ordnungen erweist, das höchste Gut unter den Grundrechten ist, wäre eine wesentliche Änderung der geltenden rechtlichen Situation weder möglich noch wünschenswert. Ganz generell kann das Recht in einer freiheitlichen Gesellschaft den Handelnden nur einen sehr weiten Rahmen setzen. Um so notwendiger sind die ethischen Wertvorstellungen, sittlichen Haltungen und moralischen Verhaltensweisen, von denen sich die Menschen leiten lassen und die im entscheidenden Maße das Leben des Einzelnen und der Allgemeinheit bestimmen. Da diese aber in einer freiheitlichen Gesellschaft von keiner Instanz vorgegeben werden können, sondern sich daran vielmehr oft Mehrheiten und Minderheiten unterscheiden und sie überdies in ihren Inhalten und in ihrer Geltungsbreite Entwicklungen unterliegen, bedarf es des permanenten öffentlichen Wertediskurses und, falls notwendig, auch des handfesten Wertestreits. Diese Notwendigkeit wird nicht selten durch den Begriff vom gesellschaftlichen Wertekonsens verdeckt. Mancher scheint darunter einen stillschweigend ausgehandelten Wertekompromiss zu verstehen. Tatsächlich handelt es sich beim gesellschaftlichen Wertekonsens um eine Schnittmenge von Vorstellungen aus unterschiedlichen Überzeugungen, die überdies nicht statisch ist. Dieser Minimalkonsens ist in Wirklichkeit das dynamische Produkt der ständigen gesellschaftlichen Auseinandersetzungen. Man könnte ihn auch als eine Momentaufnahme der in der Gesellschaft vorherrschenden ethischen Werte und moralischen Verhaltensweise nennen. In diesen gesellschaftlichen Auseinandersetzungen nehmen die Medien eine mächtige und einflussreiche Stellung ein. Umso dringender ist die ständige öffentliche Auseinandersetzung über die Moral der Medien.

Indessen wirft eine solche Feststellung ihrerseits kontroverse Fragen auf. Denn die Tatsache, dass bestimmte Haltungen und Verhaltensweisen in der Gesellschaft vorherrschend sind, erhebt sie nicht automatisch in den Rang von ethischen und moralischen Normen. Zwar ist es meist unredlich, wenn Repräsentanten der Medien, auf ihre moralische Verantwortung angesprochen, sich hinter irgendeinem gesellschaftlichen Interesse verstekken, um ihr Handeln zu rechtfertigen. Denn es gibt nichts, das nicht das Interesse von irgendjemand in dieser Gesellschaft für sich reklamieren kann. Andererseits liefe es dem Geist einer freiheitlichen Ordnung zuwider, wollte man das gesellschaftliche Interesse mit dem Interesse der Mehrheit gleichsetzen. Am Anfang jeder Veränderung und jeden Fortschritts stehen bekanntlich nur wenige. Durch Mehrheitsentscheid sind also Fragen nach der Moral nicht zu beantworten, sondern sie bleiben im ständigen gesellschaftlichen Wertestreit. Es wäre auch unrealistisch, von den Medien zu verlangen, ein Spiegelbild der Gesellschaft zu bieten, denn das widerspricht der Notwendigkeit der Auswahl aus der Fülle der Realität und der schon dadurch gegebenen Verstärkungswirkung. Eben darin besteht ja die moralische Verantwortung der in den Medien Tätigen und für sie Verantwortlichen: dass sie sich durch die unüberbietbare Attraktivität jeder Neuigkeit, und sei diese Neuigkeit ein widerlicher Tabubruch oder ein inszenierter Skandal, dazu verführen lassen, den Effekt allein zum Bewertungskriterium zu machen. Auflagenhöhen und Einschaltquoten dürfen moralische Kriterien nicht ersetzen. Doch gilt dieser Appell nicht nur für die Medien, sondern es ist auch ein Maßstab für die Fähigkeit und die Bereitschaft der Zivilgesellschaft und mithin jedes Bürgers, moralische Mitverantwortung zu erkennen und wahrzunehmen.

Vieles deutet darauf hin, dass der Wille, das Thema Medien und Moral ernsthaft zu erörtern, in der gegenwärtigen Situation eine erhebliche Bereitschaft zur polemischen Auseinandersetzung erfordert. Erstens sind weite Teile der Gesellschaft zur Zeit schlicht nicht daran interessiert, was unsere Welt im Innersten zusammenhält und wohin sie sich bewegen wird. Zweitens hat sich bei vielen der Eindruck festgesetzt, die Medien genössen von Rechts wegen gegenüber moralischen Forderungen und Anfragen Immunität. Für die Zukunft der Gesellschaft kann sich das Desinteresse an den Wertegrundlagen unseres Lebens nur verhängnisvoll auswirken. Das Verhältnis von Medien und Moral ist und bleibt darum ein brennend aktuelles Thema.

3. Mediennutzung in Deutschland

Heinrich Wiedemann

1. Immer mehr Medien

Zeitungen sind ein Medium mit langer Tradition. Mit der Erfindung des Buchdrucks im Jahr 1450 war es erstmals möglich, Wissen einer breiten Öffentlichkeit zur Verfügung zu stellen. Der nächste Schritt in der Massenkommunikation erfolgte 1609 in Straßburg mit der ersten regelmäßig erscheinenden Zeitung. Fast 300 Jahre lang blieben die Zeitungen praktisch ohne Konkurrenz. Erst an der Wende zum 20. Jahrhundert traten neue Massenmedien in Erscheinung: Zunächst der Film, dann Hörfunk und Fernsehen; seit 1984 privater Rundfunk, in den 90er Jahren schließlich Internet und Online-Dienste.

Mit der Verbreitung des Personal-Computers ab 1981 beginnt die Ära der digitalen Informationsverarbeitung. Durch die Weiterentwicklung zum Multimedia-PC sind Schrift, Bild, Ton und Video online wie offline zu einer Einheit zusammengewachsen.

Quelle: DM extra (36/1995)

Pessimistische Prognosen, dass ein neues Medium die alten verdrängen würde, erwiesen sich als falsch. Weder bedeutete der Hörfunk das Ende für die Tageszeitung noch das Fernsehen für den Hörfunk noch werden Internet und Online-Dienste die gewachsene Medienlandschaft auf den Kopf stellen.

Die Erfahrung zeigt, dass jedes neue Medium die übrigen nicht verdrängt, sondern sie ergänzt und sie zwingt, ihr Profil zu schärfen. Jedes Medium offeriert dem Nutzer spezifische Vorzüge.

2. Zeitungen und Zeitschriften behaupten sich

Die Zeitungen haben – genauso wie Zeitschriften und Bücher – den Prozess der Selbstbehauptung in einem zunehmend vielzähligeren und vielfältigeren Konzert in Wettbewerb stehender Medien mehrfach erfolgreich gemeistert.

In Deutschland existiert eine florierende Zeitungs- und Zeitschriftenlandschaft. Täglich erscheinen 394 Zeitungstitel mit 1.581 Lokalausgaben in einer Auflage von gut 29 Mio. Die Auflage ist seit Jahren leicht rückläufig. Hinzu kommen 23 Wochenzeitungen mit zwei Mio. Auflage. Die Anzahl der Wochenzeitungen hat sich seit 1975 mehr als halbiert. Im gleichen Zeitraum hat sich die Anzahl der Publikumszeitschriften auf 835 fast vervierfacht. Die Fachzeitschriften erfreuen sich beinahe einer zahlenmäßigen Verdopplung.

Pressewesen: Titelzahl und Auflagen von Zeitungen und Zeitschriften

	Tageszeitungen		Wochenzeitungen		Publikumszeitschriften		Fachzeitschriften	
	Anzahl	verk. Aufl. in Mio.	Anzahl	verk. Aufl. in Mio.	Anzahl	verk. Aufl. in Mio.	Anzahl	verk. Aufl. in Mio.
1975	410	21,5	56	1,8	223	69,7	658	19,5
1980	407	24,1	48	1,8	271	84,6	745	15,0
1985	395	25,1	47	1,8	369	96,1	779	13,0
1990	394	24,7	29	1,8	565	109,7	903	16,0
1991	419	28,8	29	1,9	596	121,7	921	16,1
1992	426	30,9	31	2,2	619	121,0	951	16,7
1993	423	30,8	31	2,1	658	122,8	958	16,4
1994	420	30,5	32	2,1	703	123,2	963	17,3
1995	414	30,2	30	2,2	709	124,8	984	17,0
1996	408	29,9	27	2,1	758	127,6	983	16,7
1997	402	29,4	25	2,0	778	127,2	1029	17,1
1998	398	29,0	27	2,1	809	126,5	1080	17,1
1999	394	29,0	23	2,0	835	127,0	1083	17,3

(Bezogen auf die verkaufte Auflage für das IV. Quartal, 1999: II. Quartal; ab 1991 inkl. neuer Bundesländer.)

Quelle: IVW-Auflagenlisten

2.1 Die Tageszeitung verliert bei jungen Zielgruppen

Obgleich rund 80% der Deutschen über 14 Jahre mehrmals in der Woche zur Zeitung greifen, ist „ein Bedeutungsverlust der Tageszeitung, und zwar bei Bürgern aus den alten und neuen Bundesländern" (1) unübersehbar. Dagegen konnte die Tageszeitung ihr Image im Unterschied zu Hörfunk und Fernsehen stabilisieren, als Informationsmedium gar verbessern.

Die Zeitungsnutzung ist vor allem bei den 14-29-Jährigen deutlich zurückgegangen. Bei den 14-19-Jährigen liegt sie nur bei 49,9%. Der Zeitaufwand für die Nutzung der Tageszeitung liegt im Durchschnitt bei 31 Minuten pro Werktag. (2)

3. Radio als Begleitmedium

98% der Haushalte in Deutschland verfügen über mindestens ein Radiogerät. Das Radio ist in allen Alltagssituationen präsent. Es ist stationär wie mobil am leichtesten nutzbar – vom Radiowecker beim Aufstehen über das Autoradio und den Walkman beim Joggen, das Küchenradio beim Kochen bis hin zum gezielt ausgewählten Hörspiel- und Konzertgenuss.

Der Hörfunk erreicht täglich gut 80 % der Bevölkerung. Das Zeitbudget für das Radio liegt im Schnitt bei drei Stunden pro Tag. Nach der Media-analyse (MA) 2000 liegt die Radionutzung mit 221 Minuten gar bei über dreieinhalb Stunden. Durch den Wechsel der Erhebungstechnik vom persönlichen Interview auf telefonische Abfrage kann noch nicht beurteilt werden, ob die Steigerung der Hörfunknutzung auf die neue Methode oder erhöhten Radiokonsum zurückzuführen ist.

Der Hörfunk wird neben Informationszwecken gern als Begleitmedium zur Entspannung genutzt. In der Regel besteht terrestrisch eine Auswahl aus mindestens einem Dutzend Senderangeboten. Radio ist insbesondere ein Morgen- und Vormittags-Medium.

Das Internet bietet dem klassischen Hörfunk eine zusätzliche Chance zur Verbreitung. Mit Techniken wie dem Live-Streaming lassen sich Programme weltweit verbreiten. Amerikanische Untersuchungen beweisen auch, dass Radio das Begleitmedium der Computer- und Internetnutzer ist. Digitale Übertragungstechniken wie Digital Audio Broadcasting (DAB) verbessern die Hörqualität und bringen Zusatznutzen wie graphisch aufbereitete Verkehrsmeldungen oder Listen von Musiktiteln. (3)

4. Fernsehnutzung steigt leicht

In der Gesamttendenz weist die Fernsehnutzung seit Jahren nur wenig Veränderung auf. So ist der TV-Konsum von 1995 bis 1999 im Durchschnitt um elf Minuten auf drei Stunden und fünf Minuten pro Tag gestiegen. Vor allem in Ostdeutschland wirkt der Fernseher als Magnet. Die Zuschauer in Sachsen-Anhalt führen die Tabelle mit durchschnittlich 221 Minuten pro Tag an. Das ist deutscher Rekord! Medienexperten erklären das zum Teil signifikante regionale Gefälle bei der Sehdauer mit Unterschieden bei Arbeitslosigkeit, Bildungsniveau und Freizeitangeboten. (4) Über 80% der Bundesbürger(innen) nutzen täglich das Medium Fernsehen. TV hat heute für einen Großteil der Deutschen einen anderen Stellenwert als vor 15 Jahren bei Einführung der privaten Programme. Sie sehen regelmäßiger und länger fern. (5)

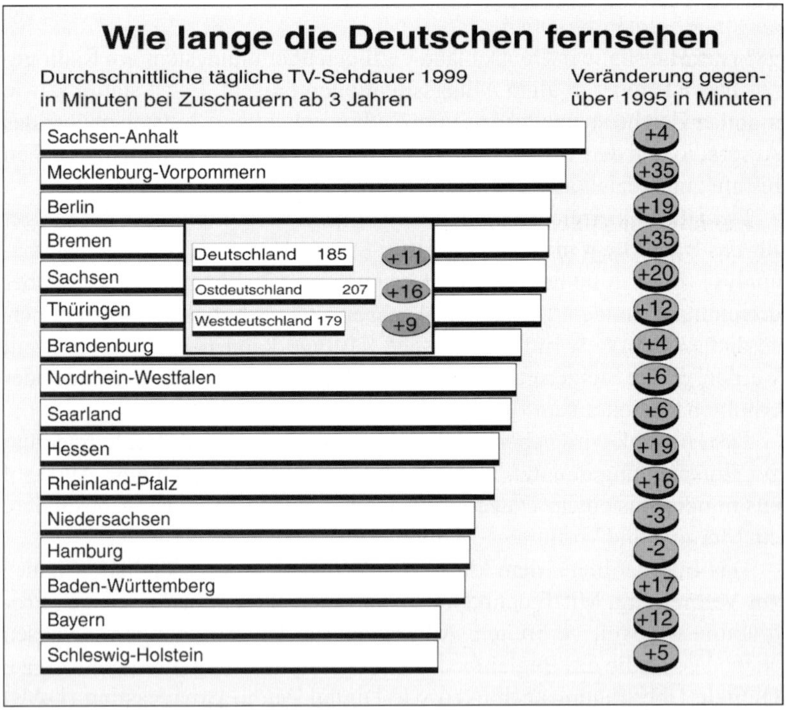

Deutscher Instituts-Verlag, 8/2000

4.1 Zuschauer bevorzugen Unterhaltung

Fernsehen ist heute für die Zuschauer ein multifunktionales Medium, das der Information wie der Unterhaltung dient.

Ergebnisse der Langzeitstudie Massenkommunikation belegen, dass im Zeitraum 1985-1995 „die primär unterhaltungsorientierte Zuwendung zum Fernsehen deutlich zu-, die primär informationsorientierte Zuwendung deutlich abgenommen hat". (6)

Die wesentliche Ursache wird in der dramatischen Steigerung der Unterhaltungsangebote im Fernsehen um das Fünffache in diesem Jahrzehnt gesehen. Wer im Fernsehen überwiegend Unterhaltung bevorzugt, nutzt überdurchschnittlich die privaten Sender, wer dagegen insbesondere informationsorientiert ist, sieht überdurchschnittlich öffentlich-rechtliche Programme. „Die Reichweite ausführlicher Nachrichtensendungen ist beim Kernpublikum des öffentlich-rechtlichen Fernsehens mehr als doppelt so hoch wie beim Publikum der privaten Kanäle, politische Berichte und Magazine finden ein um ein Vierfaches größeres Publikum." (7)

Die Vielzahl der Sender und Programmangebote fördert die Spezialisierung der Zuschauer in Bezug auf gezielte und selektive Nutzung des Fernsehens.

Fernsehnutzung nach Programmen pro Tag
Mo-So, Zuschauer ab 3 J.

	Sehdauer in Min				Anteil am Fernsehkonsum in %			
	1995	1996	1997	1998	1995	1996	1997	1998
Deutschland gesamt								
ARD1	26	27	27	29	14,6	14,8	14,7	15,4
ZDF	26	26	25	26	14,7	14,4	13,4	13,6
ARD3	17	19	21	23	9,7	10,1	11,6	12,3
SAT.1	26	24	24	22	14,7	13,2	12,8	11,8
RTL	31	31	29	28	17,6	17,0	16,1	15,1
Pro Sieben	17	17	17	16	9,9	9,5	9,4	8,7
RTL II	8	8	7	7	4,6	4,5	4,0	3,8
VOX	4	6	6	5	2,6	3,0	3,0	2,8
Kabel 1	5	7	7	8	3,0	3,6	3,8	4,4
Super RTL 1)	2	4	4	6	1,1	2,1	2,3	2,9
Deutschland West								
ARD1	27	28	28	30	15,6	15,9	15,8	16,4
ZDF	26	27	26	26	15,4	15,4	14,4	14,5
ARD3	16	17	20	21	9,3	9,8	11,3	11,8
SAT.1	24	23	22	21	14,2	12,9	12,5	11,5
RTL	29	29	28	27	16,9	16,3	15,6	14,6
Pro Sieben	16	16	16	15	9,5	9,0	8,8	8,3
RTL II	7	7	7	7	4,3	4,2	3,7	3,6
VOX	4	5	5	5	2,5	2,9	2,9	2,7
Kabel 1	5	6	7	8	3,2	3,5	3,7	4,2
Super RTL 1)	2	3	4	5	1,0	1,8	2,1	2,8

1) 1995: Mai bis Dezember.

	Sehdauer in Min. 1995	1996	1997	1998	Anteil am Fernsehkonsum in % 1995	1996	1997	1998
Deutschland Ost								
ARD1	21	22	22	25	11,0	10,9	10,9	11,9
ZDF	24	22	21	22	12,3	10,8	10,2	10,6
ARD3	21	23	26	30	10,9	11,2	12,7	14,1
SAT.1	32	29	28	26	16,6	14,1	13,8	12,6
RTL	38	39	36	35	19,6	19,3	17,7	16,7
Pro Sieben	22	23	23	21	11,3	11,3	11,3	10,1
RTL II	11	11	10	9	5,6	5,4	4,9	4,2
VOX	5	7	7	7	2,7	3,5	3,6	3,1
Kabel 1	4	8	9	11	2,3	3,8	4,5	5,0
Super RTL 1)	3	6	6	7	1,6	3,1	3,0	3,5

1) 1995: Mai bis Dezember.

Quelle: Darschin, Wolfgang: Tendenzen im Zuschauerverhalten. Fernsehgewohnheiten und Programmbewertungen 1998. In: Media Perspektiven 4/1999.

5. Mehr als jeder Vierte ist online

Nutzeranteil nach Bevölkerungsgruppen 1997 bis 2000 *in %*

	1997	1998	1999	2000
Gesamt	6,5	10,4	17,7	28,6
Geschlecht				
männlich	10,0	15,7	23,9	36,6
weiblich	3,3	5,6	11,7	21,3
Alter in Jahren				
14-19	6,3	15,6	30,0	48,5
20-29	13,2	20,7	33,0	54,6
30-39	12,4	18,9	24,5	41,1
40-49	7,7	11,1	19,6	32,2
50-59	3,0	4,4	15,1	22,1
60 und älter	0,2	0,8	1,9	4,4
Schulbildung				
Volksschule	1,3	2,9	4,9	7,5
weiterführende Schule	5,9	7,5	15,7	31,4
Abitur	16,5	23,9	50,9	79,2
Studium	29,1	48,5	62,5	86,0
Berufstätigkeit				
in Ausbildung	15,1	24,7	37,9	58,5
berufstätig	9,1	13,8	23,1	38,4
Rentner/nicht berufstätig	0,5	1,7	4,2	6,8

Quelle: ARD/ZDF-Online-Studie 2000

Das Internet gehört nach über zehn Jahren in Deutschland zum Alltag. In vielen Berufen und Bevölkerungsschichten zählt das Surfen im Netz zum Repertoire.

Nach der ARD/ZDF-Online-Studie 2000 nutzen 18,3 Mio. Deutsche mehr oder weniger regelmäßig das Internet. Demnach sind 28,6% online. Damit hat sich die Zahl der Internetnutzer seit 1997 rund vervierfacht. Mittelfristig dürfte sich der Anteil der Onliner bei 40 bis 45% bewegen.

„Der typische Internetnutzer ist nach wie vor männlich, jung, hochgebildet und berufstätig.“ (8)

5.1 Onliner präferieren praktischen Nutzwert

Die Internetanwender im Jahr 2000 verbinden mit dem Netz ein Medium, das konkreten, praktischen Nutzwert bietet. So wird die Hitliste angeführt vom Empfang und Versand von E-Mails, dem Abruf von Reiseinfos und Ratgeber-/Serviceinformationen, aktuellen Nachrichten, Kartenservice, Gesprächsforen und Homebanking. Reine Unterhaltungsangebote sind nachrangig.

Wer Onlinezugang hat, ist 2000 länger und häufiger im Netz als in den Vorjahren. Die häufigste Nutzungsdauer an Werktagen liegt zwischen 30 und 90 Minuten. Der Nutzungszeitpunkt werktags ist zunehmend der frühe Abend. Ob dies auf Kosten der klassischen Medien geht, ist unklar.

Die ARD/ZDF-Online-Studie stützt die These der Internetnutzung zulasten der klassischen Medien nicht. „Vielmehr profitieren insgesamt sowohl die klassischen Medien Fernsehen und Hörfunk als auch das neue Medium Internet wechselseitig voneinander.“ (9) Fernsehen und Hörfunk stellen vertiefende Informationen ins Netz, während vice versa attraktive Online-Auftritte die Bindung an die originären Sender stärken.

Dagegen kommt die Studie New media-usage von Infratest Burke zu dem Ergebnis, dass sich das Surfen im Internet und die Online-Kommunikation nachteilig auf die Nutzung anderer Medien auswirken. Insbesondere das Fernsehen, aber auch die Printmedien erfahren eine markante Veränderung. „Die Realität der Mediennutzung ändert sich.“ (10)

6. Die Zeit für Mediennutzung steigt auf täglich sieben Stunden

Der Aufenthalt vor dem Bildschirm wird sich in Zukunft weiter verlängern. Aktivitäten wie das Schreiben von E-Mails, Downloaden von Dateien, Chatten, Homebanking oder die Lektüre von heißen Börsentipps werden immer beliebter. Selbst die erste Internet-Wahl in Deutschland könnte schon im September 2001 in Niedersachsen stattfinden. Internet und Online-Dienste zählen zu den Gewinnern im Wettstreit um die Gunst des Publikums. Ihr Anteil von 3% in 1995 soll laut einer Studie des Fraunhofer-Instituts auf über 17% im Jahr 2015 steigen. Das Internet würde sich danach breit machen auf Kosten des Hörfunks, des Fernsehens und der Printmedien. Wachstumspotentiale werden auch dem Pay-TV und dem Video-on-demand-Bereich attestiert.

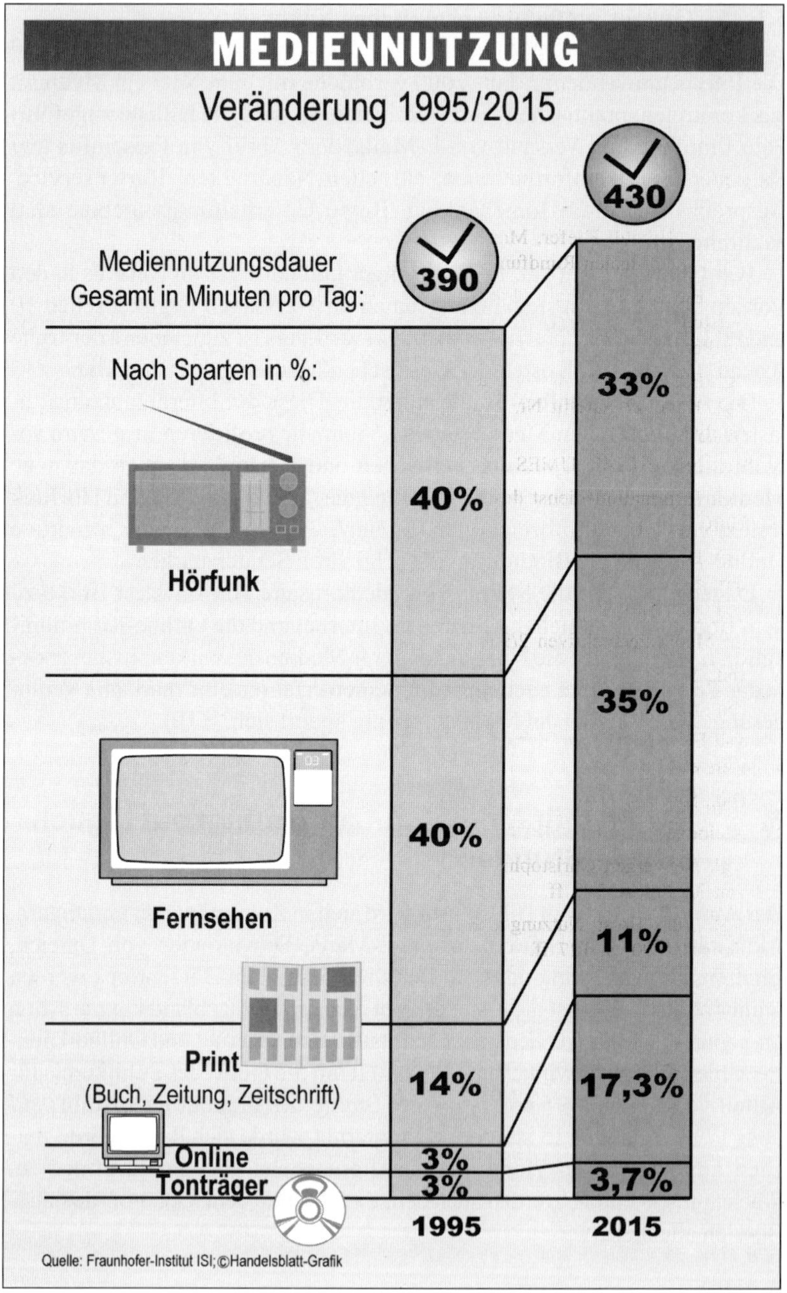
MEDIENNUTZUNG
Veränderung 1995/2015
Mediennutzungsdauer
Gesamt in Minuten pro Tag:
390
430
Nach Sparten in %:
Hörfunk
40%
33%
Fernsehen
40%
35%
Print
(Buch, Zeitung, Zeitschrift)
14%
11%
Online
3%
17,3%
Tonträger
3%
3,7%
1995
2015
Quelle: Fraunhofer-Institut ISI; ©Handelsblatt-Grafik

Summa summarum wird laut Fraunhofer-Institut die Zeit für die Nutzung von Internet, Radio, Fernsehen und Print weiter steigen; bis 2015 um weitere 40 Minuten auf dann sieben Stunden und zehn Minuten. (11)

Literatur

1 Berens, Harald; Kiefer, Marie-Luise; Meder, Arne: Spezialisierung der Mediennutzung im dualen Rundfunk. In: Media Perspektiven 2/97, S. 81

2 Vgl. Berg, Klaus/ Kiefer, Marie-Luise (Hg.): Massenkommunikation V. Eine Langzeitstudie zur Mediennutzung und Medienwirkung 1964-1995. Schriftenreihe Media Perspektiven Band 14. Frankfurt 1996

3 Vgl. Elitz, Ernst: Radio – so alt und doch wie neu. In: FAZ vom 29. August 2000. Vgl. Kabel & Satellit Nr. 28, 10. Juli 2000 und Kabel & Satellit Extra „Media Analyse 2000"

Vgl. FINANCIAL TIMES DEUTSCHLAND vom 21. Juni und 6. Juli 2000

4 Vgl. Informationsdienst des Instituts der deutschen Wirtschaft vom 24. Februar 2000

Vgl. Darschin, Wolfgang/ Zubayr, Cannile: Warum sehen die Ostdeutschen anders fern als die Westdeutschen? In: Media Perspektiven 6/2000, S. 249 ff.

5 Vgl. Berens, Harald u.a.: Spezialisierung der Mediennutzung im dualen Rundfunk. In: Media Perspektiven 2/97, S. 81.

6 ebd., S. 111

7 ebd., S. 111

8 Van Eimeren, Birgit/ Gerhard, Heinz: ARD/ ZDF – Online-Studie 2000: Gebrauchswert entscheidet über Internetnutzung. In: Media Perspektiven 8/2000, S. 375

9 ebd., S. 375

10 Kleindl, Michael. In: Medien aktuell vom 14. August 2000

Vgl. Neuberger, Christoph: Massenmedien im Internet 1999. In: Media Perspektiven 3/2000, S. 102 ff.

Vgl. Stipp, Horst: Nutzung alter und neuer Medien in den USA. In: Media Perspektiven 3/2000, S. 127 ff.

Vgl. ARD/ZDF-Arbeitsgruppe Multimedia: Nichtnutzer von Online: Einstellungen und Zugangsbarrieren. In: Media Perspektiven 8/99, S. 415 ff.

11 Vgl. Handelsblatt vom 29. Juli und 26. August 1999

4. Bilder für die Bilder-Macher

Eine Strategie für den Medienwahlkampf

Barbara und Fritz Goergen

Die Kampagne zur Landtagswahl 2000, die Jürgen W. Möllemann für die nordrhein-westfälische FDP im Sommer 1999 vorbereitete und bis zur Wahl im Mai 2000 durchführte, ging mit 9,8 % für die meisten näheren und fernen Beobachter überraschend aus. Im Schnitt des Jahres 1999 hatte die FDP bei allen Wahlen so sehr unter der 5-%-Hürde gelegen, dass schon das Wort von der Splitterpartei umgegangen war. Wie kam es zu dem sensationellen Erfolg in NRW? Eine Antwort gibt dieser Werkstatt-Bericht.

Die Ausgangslage

Äußerst schlechte bundesweite Wahlergebnisse des Jahres 1999, konstant negative FDP-Umfragedaten seit der Bundestagswahl 1998 und die fehlende Präsenz in der Landespolitik nach dem Scheitern an der 5-%-Hürde 1996 beschrieben die Lage der nordrhein-westfälischen FDP im Sommer 1999. Manche(r) in der FDP selbst ließ sich vom Erfolg bei den Kommunalwahlen blenden, der zur Rückkehr in viele Räte und so zur Wiedergewinnung einer – wenn auch schmalen – kommunalen Basis geführt hatte. In ihrer Freude war ihnen wohl nicht mehr so sehr bewusst, dass sie diesen Erfolg dem Wegfall der 5-%-Hürde aus verfassungsrechtlichen Gründen verdankten. Im Sommer 1999 ging ehrlicher Weise in NRW und bundesweit niemand davon aus, die FDP könnte im Mai 2000 den Wiedereinzug in den Landtag schaffen.

Der erste Schritt

Jürgen Möllemann ließ sich von Menschen, die wissen, warum es für jedes seriöse Unterfangen Strategien braucht, und den Spitzen bedeutender deutscher Verlage, Unternehmensberatungen und Agenturen beraten, wie eine erfolgreiche Strategie gefunden und eine entsprechende Kampagne für die bevorstehende Wahl gestaltet werden könnte: Machen Sie es professionell von A bis Z oder lassen Sie es bleiben, war die Quintessenz aller Gespräche.

Aus diesem Kreis kam die Empfehlung, für die Werbung insgesamt die neue, erst im Juli 1999 in Berlin gegründete Kreativ-Agentur „Heimat" zu verpflichten, in der sich eine Reihe früherer Mitarbeiter der renommierten Hamburger Agenturen Springer & Jacobi sowie Jung van Matt zusammen getan hatten, für die Kampagne im Internet die profilierte Springer & Jacobi-Tochter „Elephant Seven" und für die Schaltung Springer & Jacobi Media.

Nach wenigen Gesprächen waren sich beide Seiten einig: Eine spannendere Aufgabe kann es kaum geben. Wir versuchen es miteinander. Langweilige Routine muss niemand befürchten. Gelten wird: Was wir zusammen tun werden, muss und wird professionell sein. Als eiserne Regel wurde deshalb vereinbart:

Die Parteiseite entscheidet die politischen Fragen und weiß, dass sie kein Werbe-Profi ist. Die Agentur hat das Prä bei der werblichen Strategie und weiß, dass sie kein Polit-Profi ist.

Für die politische und kommunikative Strategie sowie die Leitung der Kampagne und ihr Management holte sich Jürgen Möllemann die Verfasser dieses Werkstatt-Berichts. Wir sagten ja, weil uns die Herausforderung des scheinbar Unmöglichen reizte, das wir für machbar hielten, da wir den raren Fall eines Spitzenpolitikers vor uns hatten, der nicht beratungsresistent war, sondern offen für neue Mittel, Methoden und Wege.

Die Vorbereitung

EMNID übernahm es, das FDP-Potential in NRW auszuloten. Das ERNEST DICHTER INSTITUT, Motiv-, Marketing- und Kommunikationsforschung GmbH in Frankfurt am Main, lieferte eine „Qualitativ-psychologische Bestandsaufnahme" der NRW-Parteien und ihrer Spitzenkandidaten. Beide legten ihre Ergebnisse im August 1999 vor. Nachdem sie eingehend erörtert waren, taten die Kreativen der Agentur Heimat den Schritt von der Bestandsaufnahme zur Strategie, von offenen Fragen zu klaren Antworten und leiteten daraus Thesen für den Wahlkampf der FDP in NRW ab, die sie Ende September 1999 Jürgen Möllemann und seinen Beratern in einem Workshop präsentierten.

Eine ganz entscheidende Voraussetzung für uns war die zwischen Jürgen Möllemann und der Agentur Heimat vereinbarte eiserne Regel, die auch für die Platzierung des Managements beiden gegenüber konsequent angewandt und so gestaltet wurde:

Die Kampagne führt ein Management

- mit einem einzigen Entscheider als Gegenüber,
- als einziges Gegenüber der Agenturen,
- außerhalb der Parteiorganisation,
- mit einem professionellen, kleinen Team,
- an einem kommunikativen Platz,
- mit einer guten technischen Ausstattung,
- ohne jede Bürokratisierung.

Die Analyse

Einige wichtige Ergebnisse der zwei Studien müssen hier erwähnt werden, weil sie eine wesentliche Grundlage der Strategie der Kampagne bildeten.

EMNID hatte als FDP-Potential 29 % ermittelt: 11 % hatten schon FDP gewählt und konnten sich das wieder vorstellen, 18 % hatten noch nie FDP gewählt, konnten es sich aber vorstellen. Beim Grad der Bekanntheit lag Jürgen Möllemann mit 97 % vor Wolfgang Clement mit 92 % – beide deutlich vor Bärbel Höhn mit 84 % und Jürgen Rüttgers mit 80 % (Michael Vesper 65 %). In der Sympathie-Bewertung lag Möllemann mit 59 % im eigenen Potential besser als Clement mit 47, Rüttgers mit 36, Höhn mit 27 und Vesper mit 20 in ihren. Bei der Koalitions-Präferenz sprach sich jeweils eine Mehrheit aller wie im FDP-Potential für die CDU aus.

Das Ergebnis des ERNEST DICHTER INSTITUTS lässt sich mit wenigen Formulierungen beschreiben: Die NRW-FDP erscheint den Wählern als „graue Maus“, Jürgen Möllemann als „bunter Hund“. Ihn prägt positiv das Bild „einer von uns“, negativ „das Show-Talent“ – „die FDP fast schon als ‚Anhängsel zu Möllemann ‘ “.

Raus aus der Koalitions-Aussagen-Falle

Ein ungewöhnlich kurzes, präzises und leserliches Programm war von einer Reihe Aktiver entworfen worden. Von daher war eine konstruktive Beratung auf dem Landesparteitag am 11. Dezember 1999 zu erwarten. In alter NRW-Tradition hatten die Bezirke die Landesliste so vorberaten, dass auch an dieser Stelle mit keinen großen Kämpfen zu rechnen war.

Hingegen gab es im Herbst 1999 keine Einhelligkeit innerhalb der NRW-FDP,

- ob sie eine Koalitions-Aussage vor der Wahl macht,
- wenn ja, welche und
- wann sie diese doppelte Entscheidung trifft.

Jürgen Möllemann wurde in der Partei und in den Medien immer wieder unterstellt, er wolle auf eine Koalition mit der SPD und eine Regierung zusammen mit Wolfgang Clement hinaus. Nach der Kommunalwahl koalierten oder kooperierten an vielen Orten FDP und CDU. Die christdemokratische Führung hatte dafür gesorgt, dass der FDP in den Kommunen goldene Brücken gebaut worden waren. Jürgen Rüttgers und die Seinen meinten, deshalb die FDP als sicheren Koalitionspartner zu haben. Ohnedies schien nach so vielen Jahrzehnten SPD-Landesregierung alles für den Wechsel zu sprechen. In der FDP gab es im November 1999 eine latente Neigung, auf dem Landesparteitag im Dezember nicht nur Programm und Liste zu beschließen, sondern auch gleich die Koalitionsaussage „zugunsten der CDU".

In politisch-inhaltlich identischen Briefen stellte Möllemann den Spitzenkandidaten Clement und Rüttgers die Frage, ob sie ihrerseits zu einer Koalitionsaussage für die FDP bereit wären. Aus vorausgegangenen Einzelgesprächen wusste Jürgen Möllemann, dass beide jede Festlegung höflich ablehnen würden. Das reichte zusammen mit Jürgen Möllemanns Ankündigung, er würde seinen eigenen Vorschlag zur Koalitionsfrage auf dem Neujahrsempfang im Januar machen, so dass weit vor dem Landesparteitag im März 2000, der den formellen Beschluss zu fassen hatte, Klarheit über die Absichten der FDP geschaffen wäre. Damit war die Gefahr einer überhasteten Festlegung im Dezember gebannt.

Der etwas andere Parteitag

Die erste Probe auf den Plan, eine professionelle Kampagnen-Strategie zu verwirklichen, fand mit dem Parteitag am 11. und 12. Dezember 1999 in vier Elementen statt. Am Samstag, dem 11., war das Wahlprogramm dran, am Sonntag, dem 12., die Listenwahl.

Die ankommenden Delegierten, Gäste und Journalisten wurden von einem Plakat empfangen, welches Interessierte auf eine neue Website hinwies. Unter www.jucheissassa.de wurde die Bilanz der grün-roten Landesregierung angeboten. Journalisten, die gleich nachschauten, fanden eine leere Seite und an ihrem Ende die Möglichkeit, dagegen etwas zu tun: Der Klick brachte sie zum Entwurf des FDP-Wahlprogramms. Ein erstes Signal für die etwas andere Kampagne war gesetzt.

Die Parteitags-Rückwand – hinter den Rednern vor allem für die Medien stets im Bild – wurde als Kampagnen-Auftakt gestaltet. Sie zeigte am ersten Tag als „Ist" und „Soll" zwei Versionen des NRW-Landeswappens: ein schäbiges Ist und ein glänzendes Soll. In der Nacht zum Sonntag wurde umdekoriert: Nun hing dort das spätere Wahlplakat: Jürgen Möllemann leger, locker und sympathisch und daneben Teil 1 des späteren Slogans „NRW braucht Tempo". Das FDP-Logo ohne den Zusatz „Die Liberalen" wurde rechts oben im Kleinformat neben den zwei Groß-Formaten unprominent hinzugefügt.

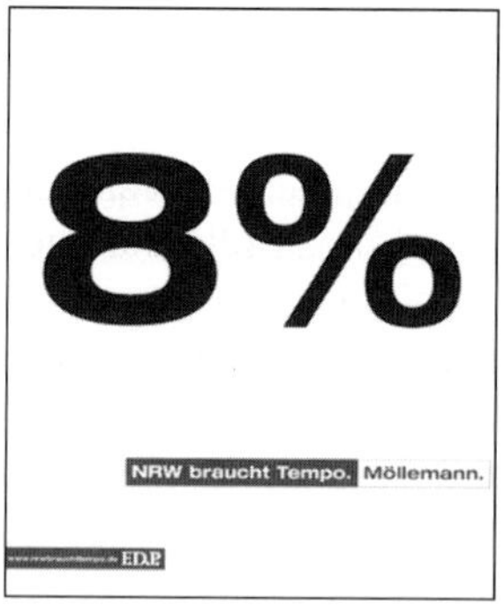

Teil 3 der Inszenierung entschied gleich zu Beginn des Parteitags am Samstagvormittag das Klima in den Medien und im Parteitag. Jürgen Möllemann fiel bei seiner Rede gleichsam mit der Tür ins Haus: „Unsere Zielmarke lautet 8 %." Der Fallschirmspringer zog – wie gewohnt – gleichzeitig eine Reißleine und enthüllte damit am Rednerpult ein Schild mit blauen 8 % auf gelbem Grund. Das Bild wurde zwei Tage lang über alle Medien verbreitet. Der Auftakt hatte funktioniert.

Die neue Parteien-Landschaft

Die Plausibilität seines Wahlziels von 8 % stellte Jürgen Möllemann der Landespresse-Konferenz vor Beginn der Weihnachtspause in einer Einschätzung der deutschen Parteien-Landschaft vor. Auch dieses Mal transportierten alle Bildberichte das 8-%-Schild, das er in der Pressekonferenz vorzeigte. Innerhalb einer Woche hatte dieses Bild die Köpfe eines Millionen-Publikums erreicht: Verbal wäre das nicht möglich gewesen.

Die strategische Qualität seiner Argumente fiel den Beobachtern zunächst nicht ins Auge. Sie waren noch zu sehr nur auf Koalitions-Taktisches aus und interpretierten alles tagespolitisch. Doch mit dem folgenden Text hatte Möllemann die Grundlage für seine spätere Strategie in die Öffentlichkeit eingeführt:

„Politik in Deutschland ist heute die Mischung aus Stillstand und Rückfall. Dabei braucht unser Land stattdessen Bewegung und Fortschritt. Denn wir müssen im Interesse seiner Menschen wieder zur Spitze der dynamischen Entwicklung von Gesellschaft und Wirtschaft der sehr erfolgreichen Länder aufrücken. Was dazu geschehen muss, haben viele kluge Leute übereinstimmend und wiederholt festgestellt und mitgeteilt, welche grundlegend andere Politik her muss, um Deutschland und seine Menschen für das Wissens-Zeitalter fit zu machen. In den Wiesbadener Leitlinien der FDP wird das dazu Nötige gut beschrieben. Das sogenannte Schröder-Blair-Papier liest sich über weite Strecken ganz genau so. Politische Entwürfe aus den Unions-Parteien zeigen ebenfalls diese auffallende Nähe in der Sache.

Ganz anders ist das Bild der Grünen und der PDS. Diese beiden Parteien verkörpern Stillstand und Rückfall. Wo die Grünen die SPD nicht in die falsche Richtung jagen, tut es die PDS. Ginge es nach den SPD-Linken, die gerade wieder dem Schröder-Blair-Papier das Etikett Neo-Liberalismus aufgeklebt haben, würde ein Wettrennen zwischen SPD, PDS und Grünen um die schnellere Rückkehr zum Staats-Sozialismus, Ausgabe West, beginnen. An ihm würden sich auch Heiner Geißler und die Seinen beteiligen, der doch erst vor kurzem gesagt hat: Nicht nur die PDS, auch die CDU sei eine anti-kapitalistische Partei.

Unter den modernen Vertretern der klassischen Parteien gibt es hingegen einen bemerkenswerten Konsens über das politisch Notwendige zur

Erneuerung unseres Landes. Das ist eine neue, ganz andere strategische Ausgangslage als in den siebziger und achtziger Jahren. Damals ging es sozusagen um Glaubens-Fragen, um ideologische Richtungs-Entscheidungen, heute geht es um das bessere Regierungs-Team...

Wer Deutschland in eine gute Zukunft für seine Menschen führen will, muss den reaktionären Grünen und der reaktionären PDS den Kampf ansagen. Denn solange Grüne und PDS politischen Einfluss haben, werden sich die Lahmen in der SPD auf diese und die Lahmen in der CDU auf die SPD herausreden, wenn sie alle miteinander Deutschlands Stillstand und Rückfall mit neuen Lasten finanzieren: neuen Lasten für den ‚kleinen Mann und die kleine Frau', für die einzigen Job-Maschinen, die wir haben und von denen wir viel mehr haben könnten: die kleinen und mittleren Unternehmen, die Selbständigen und Pionier-Unternehmer(innen).

Die Chancen der FDP, in Nordrhein-Westfalen auf mein Wahlziel von 8 % zu kommen, sind gut. Das ist das Ergebnis aller uns bekannten seriösen Umfragen. Vor allem aber haben uns das die zurückliegenden Wahlergebnisse seit 1998 gelehrt. Nicht nur entstanden und entstehen im Osten keine Stammwähler-Bindungen, wie wir sie lange im Westen gewohnt waren. Vielmehr lösen sich auch hier im Westen diese alten Partei-Milieus auf. Von Wahl- und Parteien-Forschern noch kaum registriert, gibt es mehr und mehr Nicht-Wähler, die politisch besonders gut informiert und interessiert sind: die gerade deshalb nicht wählen, weil sie in diesem partei-übergreifenden Zustand von Stillstand und Rückfall mit ihrer Stimme nichts bewegen können oder diesen Zustand gar noch legitimieren. An die politisch und persönlich Aufgeschlossenen, an diejenigen, die wählen wollen, insbesondere aber auch an jene, die noch nicht wählen wollen, werden wir uns im Landtags-Wahlkampf wenden."

Der Wahlkampf beginnt

Die Stimmung in der NRW-FDP hatte begonnen, sich grundlegend zu ändern. Den Sympathisanten der Koalition mit der CDU wurde Stück für Stück klar, dass sich die Union in einer Krise befand, die sie nicht so schnell überwinden können würde. Jürgen Rüttgers Taktik des Alles-Offen-Haltens tat ihr Übriges.

Vor allem aber hatte sich das öffentliche Klima im Vergleich zum Dezember 1999 zu Beginn des neuen Jahres gründlich geändert. Vor dem Dezember-Parteitag hatte der WDR die FDP in seiner monatlichen Umfrage mit 3 % gemessen. Nun im Januar meldete er 6 %. Die Medien fragten nicht mehr, ob die FDP wieder über 5 % kommt, sondern ob es Jürgen Möllemann gelingen wird, mit den angestrebten 8 % stärker als die Grünen zu werden.

An die Argumentation vor der Presse knüpfte Jürgen Möllemann in seiner Rede auf dem traditionellen Neujahrs-Empfang am 23. Januar 2000 – vor einem so zahlreichen Publikum wie noch nie – an:

„Manchmal ist es gut, den Blick nach vorne zunächst mit einem zurück zu beginnen. Wenn ich auf das Jahr 1998 schaue, fallen mir zwei Dinge ein. Erstens: Nach dem überwältigenden Wahlsieg von Herrn Schröder ging alle Welt davon aus, dass er lange regieren würde. Zweitens: Obwohl der Trend vor der Bundestagswahl – nach dem Motto Kohl muss weg – ganz eindeutig gegen die alte Koalition aus Union und FDP ging, hatten wir in NRW mit 7,3 % ein besseres Ergebnis als die Grünen mit 6,9. (Wenn uns gleich viele Männer und Frauen am 14. Mai ihre Stimme geben, haben wir unsere 8 %.)

Dem fulminanten Wahlsieg Gerhard Schröders war eine fulminante SPD-Kampagne mit einer noch fulminanteren Schröder-Personality-Show vorausgegangen. Es folgte ein ebenso fulminanter Fehlstart der grün-roten Regierung, der so lange anhielt, bis die CDU einen fulminanten Wahlsieg nach dem anderen einfuhr. Es waren überwiegend dieselben Leute, die 1998 davon ausgingen, dass Schröder so lange regieren würde wie Kohl, die 1999 Helmut Kohl als Kanzler wiederkommen sahen. Und es sind immer noch dieselben, die nun die Frage stellen, ‚Ist die CDU noch zu retten?'.

Dieser kurze Rückblick sollte uns allen viererlei vor Augen führen. Erstens: Morgen ist heute gestern. Noch nie war der Genosse Trend so kurzlebig. Immer mehr Männer und Frauen treffen ihre Wahlentscheidung bei jeder Wahl als mündige Bürgerinnen und Bürger neu. Auf Traditions-Kompanien kann sich, Gott sei dank, niemand mehr verlassen. Wir kannten das schon. Die anderen müssen es noch lernen. Zweitens: Die alten Massenmedien und das neue – Internet – erlauben es denjenigen, die auf diesen Instrumenten virtuos spielen, schnell große Aufmerksamkeit und Zustimmung zu finden. Auf die Größe des Orchesters kommt es dabei nicht an, sondern nur auf einen guten Sound und Tempo in Produktion und Vertrieb.

Drittens: Wir müssen nach dem 14. Mai in der Landesregierung auch wirklich tun, was in unserem Wahlprogramm steht. Viertens: Die Karten der Zusammensetzung des deutschen Parteien-Systems werden neu gemischt. Jetzt wollen wir die Grünen aus der Macht vertreiben. Indem wir mit unserem Ziel von 8 % an ihnen deutlich vorbeiziehen und in die Landesregierung einziehen. Doch danach muss sich eine selbstbewusste Partei Freier Demokraten auf eine deutsche Parteien-Landschaft einstellen, die im Wettbewerb von drei Kräften gestaltet wird, nicht mehr von einer ersten, einer zweiten und einer dritten Kraft. Das, meine Damen und Herren, war es übrigens, was Karl-Hermann Flach wollte, bevor er viel zu früh starb.

Nach dem Blick zurück ist das ein Blick nach vorn, der ein gutes Stück über den 14. Mai 2000 hinausgeht. Doch jetzt wollen wir erst einmal den 14. Mai erfolgreich bestehen. Welche Strategie und welche Taktik sind nötig, um mit Macht zur 8 und mit 8 zur Macht zu gelangen?

Die CDU befindet sich in einer katastrophalen Lage, die wir uns schon wegen der nötigen Integrität und Stabilität der deutschen Demokratie nicht wünschen. Die SPD würde von den Medien gnadenlos wegen ihrer Machtverfilzung in der WestLB-Affäre gejagt, wenn sie sich nicht in den Schatten der Finanz- und Macht-Affäre der CDU ducken könnte. Beide Skandale lösen bei uns weder Schadenfreude aus noch die Lust, uns an der Schlammschlacht anderer zu beteiligen.

Aber natürlich appellieren wir an jene Mitbürger, die es in solchen Zeiten aus lauter Enttäuschung nicht mehr fertig bringen, der CDU oder der SPD am 14. Mai ihre Stimme zu geben: Bleiben Sie bitte am 14. Mai nicht zu Hause, verzichten Sie bitte nicht darauf, über die Zukunft Ihrer Demokratie mit zu entscheiden, sondern geben Sie ihre Stimme der FDP. Wir werden Sie nach dem 14. Mai nicht enttäuschen. Wir müssen und werden den Menschen wirkungsvoll sagen: Wir Freie Demokraten sind heute mehr denn je die wählbare und handlungsfähige bürgerliche Alternative. Wir sind die politische Heimat der alten und neuen Mitte. Uns sind alle heimatlos gewordenen Demokraten herzlich willkommen.

Diese Männer und Frauen laden wir ein, unsere wahren Koalitionspartner zu werden. Denn ohne sie können wir unser Programm für ein freies und faires, fittes und modernes Nordrhein-Westfalen nicht verwirklichen. Ob wir gegebenenfalls darüber hinaus auch eine Partei einladen werden, mit uns bei dieser Aufgabe zusammen zu arbeiten, diese nur taktische, nicht strategische Frage werden die Delegierten unserer Partei am 25. März in aller Ruhe und Gelassenheit entscheiden."

Die Strategie

Dem Landesvorstand wurden die Strategie und die Kampagne zu Beginn des neuen Jahres vorgestellt. Der Landespressekonferenz wurde sie wenige Tage danach in den Räumen der Werkstatt 8 vorgestellt, wie die Kampagnen-Werkstatt dem Wahl-Ziel von 8 % entsprechend in selbsterklärender Weise getauft worden war. In der Bilker Straße in Düsseldorf hatte das Kampagnen-Team die kommunikativ offen gestalteten Räume, die zum Gelingen der Kampagne einen entscheidenden Beitrag leisteten. Hier, ganz in der Nähe des Landtags, kamen Journalisten gerne und oft zu Gesprächen und Aktionen in die Werkstatt 8.

Die Diskussion im Landesvorstand erwies sich als repräsentativ für die Reaktionen im Wahlkampf – von Begeisterung bis zur völligen Ablehnung der provokativsten Ideen. Nur dass die Zustimmung bei den Wähler(inne)n eindeutig dominierte. Dazu später mehr.

Unsere Antwort in den Gesprächen des Teams der Werkstatt 8 und der Agentur Heimat mit Journalisten und anderen Besuchern, was das Besondere an unserer Kampagne wäre, lautete:

Was machen die Massenmedien? Bilder – in Bildern und Worten. Was machen wir? Bilder für die Bilder-Macher. Wie machen wir das? Indem wir möglichst alles in Bilder kleiden, als Bilder in Szene setzen. Weil wir wissen, dass Bilder in den Köpfen der Menschen haften bleiben, während Worte (allein) allzu flüchtig sind. Und wir machen Bilder, die ungewöhnlich sind, die provozieren: als Schock im Sinne von Erschrecken oder als Angriff auf die Lachmuskulatur. In jedem Fall durch Bilder, die bleiben.

Unsere tägliche Kontrollfrage war daher: Haben wir heute schon eine (alte) Regel gebrochen?

An sechs Beispielen der Kampagne lässt sich gut zeigen, wie sehr diese Strategie aufging:

- am Bildungs-Plakat-Entwurf,

- am Kinospot,
- am Verkehrsplakat,
- an Möllemanns Karnevals-Kampagne,
- am Mölli-Achter und
- an *www.nrwbrauchttempo.de*.

An den drei ersten entzündete sich auch schon die Debatte im Landesvorstand.

Der Bildungs-Plakat-Entwurf

Baghwan, Hitler, Freddy Krüger und der Text: „Wenn wir nicht schnell für mehr Lehrer sorgen, suchen sich unsere Kinder selber welche." – Im Landesvorstand war einer dezidiert dagegen, von anderen kam Detail-Einwand: Ein unsympathisches Hitler-Foto sollte es sein. Die große Mehrheit war einverstanden.

Bei der Bildschirm-Präsentation vor der Landespressekonferenz war dieses Layout ein Bild von 30. Die Medien beschäftigten sich eine Woche mit der Frage, ob die FDP Hitler auf einem Plakat zeigen dürfe und beantwortete sie mit Nein. (Etliche Journalisten sagten, dass sie persönlich das Motiv toll fänden, aber man sei gehalten, dieses Tabu einzuhalten.) Die Reaktion der Bürger(innen) war zu zwei Dritteln umgekehrt. Die Mehrheit der Einwände richtete sich dort nicht gegen Hitler als Plakat-Motiv, sondern gegen Baghwan. In der Internet-Szene waren 90 % von dem ungewöhnlichen Plakat-Entwurf angetan und wollten ihn als Poster erwerben.

Die Reaktionen aus der FDP orientierten sich mehrheitlich an der Medienmeinung. Jürgen Möllemann entschied, den Entwurf nicht zu realisieren, da es nur um „politically correct or not" statt um das politische Thema ging. Später erschien das Bildungs-Plakat in einer stilistisch gleichen Anmutung, aber mit drei anderen Figuren. Die Internet-Szene hatte sich das DPA-Foto des Layouts wie auch immer besorgt und verteilte es an uns vorbei als Kult- und Sammler-Objekt.

In den Medien hatten der eine und die andere vermutet, dieser Ablauf sei von vornherein so geplant, die Plakatierung nie ernsthaft vorgesehen gewesen. Das war nicht so. Möllemann und sein Team bedauerten sehr, dass der Entwurf nicht plakatiert werden konnte. Im Ergebnis wird es lange das bekannteste Wahlplakat bleiben, das nie gedruckt wurde.

Das strategische Ergebnis für die Kampagne war: Landes- und teilweise bundesweit war angekommen, dass Möllemanns FDP-Kampagne interessant, überraschend und ungewöhnlich sein würde. Das taktische Ergebnis war eine Fülle von interessanten Einzelkontakten, vor allem im Internet – Adressen, mit denen die Kommunikation nicht mehr abreißen sollte.

Der Startschuss der Kampagne zu Beginn des neuen Jahres war nicht zu überhören gewesen. Wir hatten in der Sonder-Zielgruppe der Internet-User einen ersten erfolgreichen Fuß in die Tür gesetzt.

Der Kinospot

Die Film-Szene: Eine junge Frau (Da die Haare nass sind, kann man nicht erkennen, ob sie blond ist oder nicht.) fönt sich offensichtlich völlig unbekümmert in der Badewanne die Haare, das Kabel zieht sie im Wasser hin und her, fast taucht dabei der Fön unter; dazu eine Musik im heiteren Kontrast zur Gefahr. Kurz vor Ende des 30-Sekunden-Spots wird der Text eingeblendet: „Wir brauchen dringend mehr Geld für Bildung."

Einige Frauen im Landesvorstand wollten, dass statt der Frau ein Mann in der Badewanne liegen sollte. Die öffentliche Reaktion war zweigeteilt: Gegen den Blondinen-Effekt wandten sich nur wenige, schon mehr gegen die Gefahr des schlechten Beispiels für Kinder. Einige Kinos hatten sich an die Vorgabe erst ab zwölf Jahren nicht gehalten.

In der Kino-Szene, die ganz überwiegend denen unter 29 Jahren gehört, war der FDP-Spot ein durchschlagender Erfolg. Es geschah genau das, was der Agentur und uns vorgeschwebt hatte. Ins Kino gehen die Menschen, um sich unterhalten zu lassen – und das tat dieser Spot. Die Leute lachten schallend in den Kinos, oft wurde applaudiert. Der Spot war Gesprächsstoff der Kinobesucher beim anschließenden Kneipenbesuch, am Arbeitsplatz, in der Uni oder Schule. Experten sagen, in Deutschland habe das ein Wahlspot vorher noch nie geschafft.

Auch dieser Verstoß gegen die Political Correctness hatte seinen Dienst voll geleistet. Mit dem Kinospot hatten wir die Zielgruppe der 18-29-Jährigen optimal erreicht.

Fernsehspot, Rundfunkspot

Im WDR den Kinospot einzusetzen, wäre kontraproduktiv gewesen. Hier sitzen die Zuschauer im Wohnzimmer, die Altersgruppen sind fast repräsentativ verteilt. Das Ritual der Ankündigung, die Parteien seien für den Inhalt selbst verantwortlich, hat Parteienspots ebenso in die unterste Kategorie befördert wie die chronisch langweiligen Produktionen der Parteien. Hier sahen wir keine Kür, sondern eine Pflicht. In dokumentarischem schwarzweiß und slow motion wird hintereinander gezeigt: Ein Stau auf der Autobahn, eine undeutlich zu sehende Gewaltszene auf dem Schulhof, eine Schlange vor dem Arbeitsamt. Eingeblendet wird 1995. Die Szenenfolge kommt als Schleife mit den folgenden Jahreszahlen immer wieder, bis sie und der Ton bei 2000 vorzeitig „einfrieren". Der Film ist von einer pessimistisch-melancholischen Musik unterlegt. Nun folgen Bilder bunt und bewegt, Musik fröhlich und optimistisch und der Slogan:

NRW braucht Tempo. Möllemann

Auch Rundfunkspots gibt es im Parteienproporz. Sie wurden wie kommerzielle Werbeblöcke gestaltet, die politischen Schwerpunkt-Forderungen wie kommerzielle Produkte im Sprechstil und in der Textgestaltung „verkauft".

Das Verkehrsplakat

„Wie soll Ihre Frau anständig Auto fahren, wenn sie nur im Stau steht?" Diese Frage und ein entsprechender Blick in das Auto hinein gaben das Großflächen-Plakat unter den verschiedenen Motiven der Kampagne ab, dem am meisten Aufmerksamkeit gewidmet wurde – weil es die Mehrzahl zum Schmunzeln brachte, eine Minderheit zum Protest. Das gleiche Plakat

gab es auch in der Version „Wie soll Ihr Mann anständig Auto fahren, wenn er nur im Stau steht?“. Auf das zweite reagierte niemand. Das erste brachte erzürnte Frauen, ganze Frauengruppen zum Protest gegen seine frauenfeindliche Tendenz. Ein Schlaglicht auf die sehr fruchtbare Debatte, die überwiegend im Internet stattfand, wirft das Schluss-Statement der Sprecherin einer Frauengruppe nach einem vierfachen elektronischen Notenwechsel binnen 24 Stunden: „Natürlich hätten wir uns sonst mit Ihrem Verkehrsplakat gar nicht beschäftigt. Es hat also funktioniert, Ihr Hunde. Wir wählen Euch.“

Auch dieser Regel-Bruch hatte den gewünschten Effekt. Über den Widerspruch kamen wir ins Gespräch. Das gefällige Plakat wäre unauffällig, die Aussage zur Verkehrspolitik unbemerkt geblieben.

Die Karnevals-Kampagne

Karneval gilt für jede, nicht nur eine politische Kampagne als tote Zeit, weil da auch die Nicht-Jecken ähnlich wie in Urlaubszeiten mental abschalten. Dass dies für **NRW braucht Tempo. Möllemann** nicht galt, lag daran, dass Möllemann im Karneval schon eine sehr bekannte Nummer seit Jahren darstellte. Ein bisschen Coaching und die offensive Vermarktung durch die Werkstatt 8 – mehr war nicht nötig: Und schon wurde er auf Karnevals-Sitzungen schlicht unter **NRW braucht Tempo. Möllemann** im Programm angekündigt. Allein seinen Auftritt zusammen mit Armin Halle in Aachen sah ein Millionen-Publikum im Fernsehen. Und wen sie da sahen, hatte die Studie des ERNEST DICHTER INSTITUTS in der Wirkung richtig ermittelt: „Einen von uns.“ Die erreichte Zielgruppe: alle, Mehrheit über 29-Jährige.

Der Mölli-Achter

Auch der Auftritt von Jürgen Möllemanns Fallschirm-Springer-Team, dem Mölli-Achter, war nur mit dem Spitzenkandidaten möglich, der eben Fallschirmspringen als Hobby pflegt. Der Bild-trächtige Absprung von acht Springer(inne)n in blaugelben Monturen mit der Aufschrift **Uns schickt der Himmel**, fügte sich wirkungsvoll in die Kampagne. Einmal gelandet, nahmen die Acht ihren Schirm ab, unter dem sie gelbe T-Shirts mit den blauen 8 % trugen. Ein Dutzend Absprünge vor Zehntausenden in Fußball-Stadien und Tausenden auf Volksfesten bildeten ebenso ein wirkungsvoll direktes wie ein indirektes Instrument face-to-face einerseits und vor allem durch die Medien-Bilder andererseits. Erreichte Zielgruppen: alle.

•

Bevor wir zum Kampagnen-Schwerpunkt Internet kommen, muss ein Blick auf den Einfluss geworfen werden, den die Landtagswahl in Schleswig-Holstein, der Skandal um CDU-Ministerpräsident Koch und das Konfliktfeld mit der Bundespartei hatte.

Drei Landesparteien und eine Bundesführung

Für Wolfgang Kubicki und Jürgen Möllemann sowie ihre Landes-Parteien war der Fall Hessen vor den Wahlen in Schleswig-Holstein und Nordrhein-Westfalen eine ernste Sache. Hessens erst ins Amt gekommener Ministerpräsident Roland Koch hatte in jedem Fall schwer gegen das verstoßen, was politisch legitim ist. Wolfgang Gerhardt war nicht bereit, sein volles Gewicht in die hessische FDP-Diskussion zu werfen. Zur klaren Forderung nach dem Rücktritt von Roland Koch mussten ihn Möllemann und andere drängen. Es war unvorhersehbar, wie das Verhalten der Hessen-FDP die Ergebnisse in Kiel und Düsseldorf beeinflussen würde. Im Nachhinein ist klar, dass die kompromisslose Haltung der NRW- und SH-FDP nicht nur möglichen Schaden von ihnen abgewendet, sondern ihre Profile positiv geschärft hat.

Als falsch erwies sich die Vorhersage aus Hessen, die massive Kritik an der hessischen FDP werde sich negativ auf die Wahlergebnisse in Kiel und Düsseldorf auswirken.

Im Norden hatten sich die Spitzenkandidaten von FDP und CDU – wie SPD und Grüne – gegenseitig auf das Ziel einer gemeinsamen Regierung nach der Wahl festgelegt. In NRW waren dagegen nur die Grünen auf eine Koalition – die mit der SPD – festgelegt. Alle anderen Parteien machten keine Koalitions-Aussage. Der Bundes-FDP, vor allem ihrem Vorsitzenden, sagten die Medien regelmäßig nach, beide seien nach wie vor auf eine Koalition mit der CDU aus. Möllemann wurde ebenso regelmäßig eine Vorliebe für die SPD als Partner nachgesagt.

Während der Kampagne hat das in einer ersten Phase, die bis zum FDP-Landesparteitag im März 2000 in Essen dauerte, das Medien-Interesse beflügelt statt zu stören, weil innerparteilich spätestens seit dem Neujahrsempfang eine Debatte über die Koalitionsfrage nicht mehr stattfand. Die Koalitions-Nicht-Aussage war vor dem März-Parteitag de facto akzeptiert, nach ihm de lege. Je näher es auf den Wahltermin hinging, desto öfter traten Mitglieder des FDP-Präsidiums der in NRW vertretenen Linie bei. Dass einige von ihnen bei Wahlterminen in NRW die Erreichbarkeit des Möllemann-Zieles von 8 % anzweifelten, schlug sich nur in Lokalzeitungen nieder und fand keine weitere Aufmerksamkeit. Kubicki und Möllemann sowie Westerwelle vermittelten den öffentlichen Eindruck, zusammen für eine neue Eigenständigkeit der FDP einzutreten.

www.nrwbrauchttempo.de

Mit vier Millionen Netizens unter den Zielgruppen der Kampagne spielte der Internet-Auftritt schon rein quantitativ eine prominente Rolle. Der qualitative Aspekt war noch viel wichtiger. Denn nichts versinnbildlicht innerhalb und außerhalb der Internet-Gemeinden mehr, wer von morgen und wer von gestern ist, als die Frage: Wie hältst du´s mit deiner virtuellen Präsenz? Einer Präsenz, die rasch und einfach Kommunikation bietet statt der langweiligen Einbahn-Information. – Und: Die Kosten je Kopf im Internet sind minimal. Mit einem Zwanzigstel des Gesamtetats für die Internet-Kampa gne wurde ein maximaler Effekt erzielt. Die Statistik zeigte das sehr gut.

Methodisch musste der Internet-Auftritt leisten,

- dem Kick des Kinospots an Unterhaltung nicht nachzustehen,
- eine große Breite an seriösen Informationen zu liefern, ohne langweilig zu werden,
- die Unterschiede zur Konkurrenz sachlich und zum Schmunzeln polemisch herauszustellen,

- dabei stets zum Bleiben, Wiederkommen und Mitmachen spielerisch zu animieren und
- den direkten Draht zum Spitzenkandidaten, zum Kandidaten-Team und zur Werkstatt 8 bequem anzubieten.

Die „Go East Story“ und der „Tempotest“ stellten sich eindeutig als Publikumsrenner heraus. Der Internet-Auftritt war das Produkt der preisgekrönten Agentur Elephant Seven. Für die streckenweise fröhlich-polemischen Texte des Tempotests hatten Michael Block und Fritz Goergen gesorgt. Die „Go East Story“ – sie schickte Jürgen Rüttgers für „Kinder statt Inder“ virtuell auf Bildungs-Reise ins Land des Ganges – trug als Idee, Text und Durchführung unser Praktikant in der Werkstatt 8, Oliver Schäfer, bei.

Wir konnten vorher nicht wissen, welchen Aufwand die „Pflege“ der Kampagnen-Homepage brauchen würde. Angesichts des Budgets mussten, wegen des kommunikativen Anspruchs wollten wir sie in der Werkstatt 8 selbst machen. Das ging oft über unsere physischen und zeitlichen Grenzen. Der Spitzenkandidat und die anderen Partei-Aktiven haben nicht mitbekommen (können), was es hieß, allein den Tages-Durchschnitt von 100 E-Mails zu bedienen. Unser sportlicher Ehrgeiz war, jede sofort zu beantworten – in der Sache, nicht formal. Davon wird jede erfolgreiche Kampagne in Zukunft ganz entscheidend abhängen. Geschafft hätten wir das nicht, wenn wir nicht ein paar bezahlte und unbezahlte virtuelle Helfer gehabt hätten, die spezielle und umfangreiche Antworten online präzise und schnell zulieferten – arbeitsteilig zunehmend selbst beantworteten. So entstand im Laufe der Kampagne ein spontanes, virtuelles Netzwerk der Maßstäbe und Möglichkeiten.

Qualitativ musste die Internet-Kampagne dem Motto-Slogan – **NRW braucht Tempo. Möllemann** entsprechen, also auch selbst Tempo haben:

- Der erste Eindruck beim Aufrufen der Homepage musste voller Bewegung sein: Das erreichte ein schnelles Hochzählen von der Ziffer 1 bis zur 8, dem Symbol der Kampagne und wurde mit einer dazu passenden flotten Techno-Musik (die im Fernsehspot wieder auftauchte) fortgesetzt, die zur ersten Seite überleitete.

- Ihre politischen Inhalte brauchten Tempo in der Art ihrer Präsentation: Für Ungeübte war der schnell wechselnde Text, begleitet von einem Farbbalken aus je einem grünen, roten, schwarzen und gelben Quadrat eine gewollte Herausforderung. Sie animierten zum „Tempotest“, in dem die Konkurrenz mit ihren – persiflierten – Positionen zu den Schwerpunktthemen des FDP-Programms dargestellt wurde und vom Besucher bewertet werden konnte. Die Test-Auswertung gab ihm witzig Auskunft über seine Nähe oder Ferne zur FDP. Und das alles in einem schnellen Ping-Pong von Aktionen.

- Ihre Informationen brauchten zugleich eine leichte Orientierung durch eine übersichtliche Menü-Gliederung. Ruhigere Gemüter konnten da entspannt die Menü-Punkte aufrufen: Wahlprogramm, Möllemann, den 8-Prozent-Test, das Kandidatenteam, das FDP-Forum, den direkten Draht, Möllemann on Tour, den Tempotest, die Go East Story, die Kampagne und die Homepage. Zu Beginn der Startseite ging es außerdem direkt zu den aktuellen News und Terminen.

- Der „8-Prozent-Test" lud die Besucher spielerisch zum Wählen-Üben ein und zur Teilnahme an einer Wahlwette – und zwar nicht auf %, sondern abgegebene Stimmen für die FDP. Ein steter Anstieg der gewetteten Stimmen bis hin zum Wahltag und der Verlauf der Wettkurve – sie stieg in den letzten Tagen steil an –, ergab interessante Parallelen mit den vielen Umfrage-Ergebnissen im NRW-Landtagswahlkampf 2000.

- Die „Go East Story" wurde so sehr angenommen, dass sie auf die Homepages von drei jungen Kandidaten ausgeweitet werden musste, so dass vier Fortsetzungs-Geschichten parallel entstanden.

Link and let link

In der gedruckten Version lassen sich die bewegten Bilder nun mal leider nicht zeigen. Jede Menü-Seite hatte eine Überschrift und direkt darunter eine breites graues Feld: In diesem Feld bewegten sich im schnellen Wechsel das 8-%-Symbol, **NRW braucht Tempo**, **Tempo** allein und dazwischen

– Offene Strukturen – Freie Software – www.liberales-netz.de –.

Dieser Link führte zur Homepage junger Landtagskandidaten der FDP und eines jungen Mitglieds, die sich für Freie Software als Netz-Prinzip und gegen das Monopol-Verhältnis zwischen der NRW-Landesregierung und Microsoft wandten: eine marktwirtschaftliche und radikal-liberale Haltung.

Die Verbindung der Homepages www.nrwbrauchttempo.de und www.liberales-netz.de wurde in der LINUX-Gemeinde und darüber hinaus in der Internet-Szene mit atemraubender Geschwindigkeit höchst positiv notiert.

„Link and let link" ist ein Schlüsselwort für die Kampagnen der Zukunft.

Natürlich wurde über die alten Massenmedien mit der guten Presse-Politik, für die Michael Block mit Assistenz von Oliver Schäfer sorgten, immer wieder die Aufmerksamkeit auf die Kampagne im Internet gelenkt. Für die Banner-Werbung konnten wir leider nur ein kleines Budget reservieren. Gute Besprechungen in den Print- und Online-Ausgaben der Massenmedien halfen weiter, wo das Geld für Werbung nicht reichte.

Die Bilder-Kampagne

Bilder für die Bilder-Macher war das erklärte Ziel der Kampagne – um über die Köpfe zu den Gefühlen der Menschen zu kommen. Das galt nicht nur für die Bilder, die in der Auflage 1 – zum Beispiel vor dem Düsseldorfer Landtag – nur plakatiert wurden, um ihren Weg in die Medien zu finden. Das galt aber auch für den Teil der Kampagne, der am meisten Geld gekostet hat: die Großflächen-Plakatierung. Natürlich sollten die Bürger(innen) sie sehen, aber drei Millionen DM sollte die Kampagne nur kosten dürfen. Da war von vorneherein klar, dass Schwerpunkte gesetzt werden mussten. Die Entscheidung war methodisch nicht schwer. Entweder Plakatieren oder Inserieren? Beides zugleich kam als Verzettelung nicht in Frage. Gute Plakate – Bilder – erreichen für das gleiche Geld ein Vielfaches an Leuten und Wirkung. Also hieß die Entscheidung:

1. Plakatieren, so gut und massiv wie möglich.
2. Eine erstklassige Internet-Kampagne.
3. Ein wirklich guter Kinospot.
4. So viel Ideen und Hilfe für die Aktivitäten der Kandidaten und Gliederungen (Service durch die Landesgeschäftsstelle).
5. Eine professionelle Logistik für alles durch die bewährte Firma Dienstleistungen – Comdok in St. Augustin und Berlin.

Die Medien-Präsenz

Eine systematische Auswertung würde zeigen: Keine andere Partei in NRW hatte ein qualitativ und quantitativ besseres Medien-Echo als Möllemann und die FDP. Sie war das As der Kampagne. Drei Gründe sind dafür maßgebend gewesen:

1. Jürgen Möllemann ist selbst ein begabtes und erfahrenes Medien-Tier – ebenso fleißig wie penetrant.
2. Mit Michael Block als Pressesprecher hat(te) er einen jungen versierten Profi.
3. Möllemann und sein Team haben die Stimmungslage unter NRWs Journalisten optimal genutzt: Ab Februar wurde aus dem belächelten Außenseiter der Medien-Liebling. Unter den Medienleuten hätte kaum noch jemand für die Grünen als Regierungspartei gestimmt, sondern die meisten für die FDP.

Der letzte Punkt ist ein gutes Stichwort für das Resümee. Da gab und gibt es welche, die sagen: Möllemann hatte einfach Glück. Das ist wahr, verkennt aber zwei andere Wahrheiten davor.

Erstens: Jürgen Möllemann hatte den Willen und die Kraft, in einer hoffnungslosen Lage ein scheinbar unmögliches Ziel zu setzen und seine Verwirklichung professionell möglich zu machen.

Zweitens: Er hat aus der Lage, die sich auch durch die Fehler der anderen zunehmend ergab, alles gemacht: Er hat mit seinem professionellen Team das Projekt „Wir machen aus Nichts Alles“ eindrucksvoll verwirklicht.

Vor allem seine innerparteilichen Gegner wären dazu weder von der Phantasie noch vom Mut oder gar der nötigen Beharrlichkeit her in der Lage gewesen.

Und schließlich haben nur Tüchtige Glück.

Einfach kopieren lässt sich die Kampagne **NRW braucht Tempo. Möllemann** nicht. Aber wie die jeweils richtige Strategie zu finden, durchzusetzen, durchzuhalten und eine gute Kampagne zu machen ist, bleibt immer gültig. Es braucht dazu „nur“ einen eigenständigen politischen Kopf, seine Fähigkeit, die richtigen Professionellen zu verpflichten und seine Durchsetzungskraft, die Laien bis zur Siegesparty fernzuhalten.

III. Wahlkampf-Typologien

1. Wahlkampf in Deutschland

Otto Altendorfer

Weimarer Republik:

Vom Honoratiorenwahlkampf zu ersten Ansätzen politischer PR

Der erste Finanzminister der Bundesrepublik Deutschland, Fritz Schäffer, begann zum Auftakt seiner politischen Karriere seinen Wahlkampf, der ihm erstmals im Juni 1920 für die Bayerische Volkspartei ein politisches Mandat im Bayerischen Landtag einbrachte, rund drei Wochen vor der Wahlhandlung. Seine damals hochmoderne Wahlkampfführung beschränkte sich auf Versammlungen in den Städten und Dörfern, in denen er sich selbst heraushob und den spektakulären Schlagabtausch mit dem politischen Gegner suchte, sowie auf eine Reihe von Grundsatzartikeln in den Lokalzeitungen, die sich mit der programmatischen Ausrichtung der Bayerischen Volkspartei beschäftigten.

Der Wahlkampf des damals 32-jährigen Schäffer war für das bürgerliche Lager neu und erfolgreich; die bisherigen Kandidaten-Honoratioren von Zentrum und Bayerischer Volkspartei hatten kaum Kontakt zum Wähler gefunden und ihn auch bewusst nicht gesucht. Sie wurden von kleinen Parteizirkeln in Hinterzimmern nominiert und auf die Listen gesetzt. Den eigentlichen Wahlkampf führte für sie stellvertretend der hohe und niedere katholische Klerus; das christliche Wahlvolk hatte in Stimmviehmanier so zu wählen, wie die als Einpeitscher fungierende Geistlichkeit es vorgab. Personen, Programmatiken und Überzeugungen spielten dabei keine Rolle; im Mittelpunkt stand der Parteiname als Synonym für den Machteinfluss einer kleinen Gruppe.

Schäffer dagegen setzte erstmals auf die unmittelbare Konfrontation mit dem Wähler: Er ging in relativ zahlreichen Terminen hinaus in die Wirtshäuser und krachte damit auch direkt mit dem anwesenden politischen Gegner zusammen. Zudem wurden erste Ansätze sichtbar, zumindest einfache programmatische Grundsätze dem Wähler nahe zu bringen.

Hitler-Wahlkampf:

Moderne Kampagnen-Wahlkämpfe im Propaganda-Mix

Eine neue Dimension der Wahlkampfführung verwendete bereits in den frühen 20er Jahren Adolf Hitler; um Aufmerksamkeit für seine kleine, rechtsradikale Nationalsozialistische Deutsche Arbeiterpartei zu erregen und sie für den Wähler erkennbar zu machen, verlagerte er erstmals den Wahlkampf auf die Straße. Er reiste mit Sonderzügen, ließ reich- und nachhaltig SA auftreten, marschierte in großen Kolonnen durch die Städte, sorgte mit großen Musikkapellen und vielen Fahnen für Stimmung und stellte zunehmend sich selbst in den Mittelpunkt. Dazu kamen riesige, knallrote Plakate, mit denen er bereits Anfang der 20er Jahre München zuklebte und die kontinuierlich Tagesgespräch waren. Die Verquickung von Gewalt und Symbolik war Methode.

Mit zunehmender Wählergunst verfeinerte Hitler seine Wahlkampfmaschinerie und Wahlkampfmethode. Ein effektvoller Propagandaapparat sicherte mit ungewohnter Lautstärke und rabiaten Umgangstönen den propagandistischen Rahmen, während der Wahlkampf selbst sich nur an der Person Hitlers ausrichtete und sie in den Mittelpunkt stellte. „Hitler über Deutschland“, Hitler an der Spitze unübersehbarer Massen, Hitler überall. Film und vor allem der Hörfunk wurden für die Wahlagitation entdeckt. Auf allen Ebenen stand die wohlvorbereitete Rede Hitlers im Fokus; neuere Forschungen sprechen ihr aber keineswegs eine unmittelbare Wirkung beim Zuhörer zu. Hitler erscheint nicht als der unwiderstehliche Rhetoriker, dessen Sprachgewalt kaum zu entrinnen war. Die Wirkung Hitlers beruhte auf einem wesentlich komplexeren Zusammenhang von Gewalt, Symbolik, Propaganda, Öffentlichkeitsarbeit und Rhetorik.

Erster Bundestagswahlkampf 1949

Zentrales Werbemittel dieses ersten großen Wahlkampfes der soeben gegründeten Bundesrepublik war die Plakatwerbung; sie sollte die einfachen Schichten des deutschen Volkes ansprechen. Daneben wurden große Wahlkundgebungen durchgeführt, die geplante Inszenierungen darstellten.

Zur zentralen Wahlkampfsteuerung richteten die großen Volksparteien CDU und SPD eigene Wahlkampfleitungen ein. Neben den Koordinierungsaufgaben waren sie auch beauftragt, aktive Pressearbeit zu machen, Presseartikel zu lancieren, Hörfunksendungen zu beobachten, zu analysieren und gegebenenfalls bei Nichtbeachtung der eigenen Partei protestierend einzugreifen. Aktive Hintergrundarbeit bei den Redaktionen war die Regel.

Mit Konrad Adenauer, Ludwig Erhard und Kurt Schumacher wurden bekannte Personen der neuen Bundesrepublik in erhöhter Position in der Wahlwerbung eingesetzt. Personenwahlkampf war angesagt.

Wahlkampf der 50er Jahre:

Starke Parolen, tiefe Symbolik, Einsatz erster Agenturen

Es war die CDU unter Konrad Adenauer, die in den Wahlkämpfen der Jahre 1953 und 1957 ihre Wahlwerbung professionalisierte, indem sie auf die Meinungsforschung setzte und erste Agenturen für die Wahlkampfwerbung einschaltete.

Im Mittelpunkt der Wahlwerbung der CDU stand die Person des Bundeskanzlers; er repräsentierte den Wirtschaftsaufschwung. Für die Verbreitung direkter und redaktioneller Wahlwerbung sorgten ein stark ausgebautes Bundespresseamt und eine geschickte Interviewpolitik Adenauers, mit der man die Printmedien in die Wahlkampagnen einzubinden versuchte. Zu den Kanzlerwahlkämpfen gehörten aber auch Sonderzüge, spektakuläre Auslandsreisen und geschickt inszenierte Parteitage.

Die SPD imitierte diese Personalisierungstendenz, hatte jedoch mit Erich Ollenhauer nur einen wenig bekannten und farblosen Politiker zur Verfügung. Zudem standen ihr weder ein Regierungsapparat noch die finanziellen Mittel zur Verfügung.

Wahlkampf in den 50er Jahren war vor allem Plakat- und Printwahlkampf. Durchdachte Werbestrategien fehlten noch; die Plakate und Flugschriften waren vielfach graphisch überzeichnet und überforderten die Sinne.

Wahlkampf der 60er Jahre:

Erste amerikanische Einflüsse

Die Erfolge des modernen Wahlkampfmanagements der Union im ersten Jahrzehnt der Bundesrepublik führte dazu, dass alle Parteien auf Techniken moderner Wahlkampfführung setzten; Mittel der Meinungsforschung und unterhaltende Werbespots wurden zum Standardwerkzeug der Parteien.

Im Bundestagswahlkampf 1961 setzte auch die SPD erstmals sehr bewusst auf die Personalisierung einer jungen Alternative (Willy Brandt) gegen den alternden Kanzler Adenauer. Dazu zählten auch – ganz nach dem amerikanischen Vorbild des Kennedy-Wahlkampfes 1960 – privatisierende Wahlwerbeelemente, die beispielsweise den Kanzlerkandidaten mit seiner Familie zeigten.

Auch in den folgenden Wahlkämpfen zeigten sich deutlich sichtbare Tendenzen zur Amerikanisierung von Wahlwerbung und Wahlkampfstil. Unter der Leitung professioneller Werbemanager traten programmatische Aussagen zurück, im Vordergrund standen Spitzenkandidaten, die eine politische Botschaft vermitteln sollten.

Zu den traditionellen Werbemitteln Plakat, Inserat, Flugblatt, Straßenwahlkampf und Wahlkundgebung kam als neues und immer wichtigeres Medium das Fernsehen hinzu. Mitte der 60er Jahre waren über zehn Millionen Fernsehgeräte angemeldet; mehr als die Hälfte der deutschen Haushalte verfügte damit über ein TV-Gerät. Der Wahlkampf 1969 entwickelte sich damit erstmals zum Fernsehwahlkampf.

Wahlkampf der 70er Jahre:

Das Fernsehen gewinnt massiv an Bedeutung

Im Verlauf der 70er Jahre rückte das Fernsehen zum zentralen Wahlkampfmittel auf. Große Bedeutung gewannen die vom öffentlich-rechtlichen Fernsehen veranstalteten und live übertragenen großen Fernsehdebatten zwischen den Spitzenkandidaten der Parteien; bei der Bundestagswahl 1972 wurden sie von bis zu 84 % der Fernsehzuschauer gesehen. Sie trugen in besonderem Maß zur Personalisierung der Politik bei und formten das Image führender Parteipolitiker. Zur Strategie gehörten auch die im öffentlich-rechtlichen Fernsehen platzierten Spots, denen die Wahlmanager der Parteien eine zentrale Bedeutung in den Medienkampagnen beimaßen.

Darüber hinaus setzten die Wahlkampfstrategien weiterhin auf das Medium Papier; Wahlkämpfe entwickelten sich zu Materialschlachten zwischen den Parteien.

Zunehmend trat eine Polarisierung des Wahlkampfes ein; die Parteien kontrastierten sich, der Ton wurde härter. Durchgängige Slogans beherrschten das Bild.

Wahlkampf der 80er Jahre:

Das Duale System begünstigt Selbstinszenierungen

Die Wahlen der 80er Jahre zeigten weiterhin klare Tendenzen zur Personalisierung des Wahlkampfes. Bei der Bundestagswahl 1980 standen sich zwei starke Persönlichkeiten – Helmut Schmidt und Franz Josef Strauß – gegenüber, die für stark entgegengesetzte Positionen und Politikauffassungen standen.

Zudem gingen die Parteien verstärkt dazu über, Medienereignisse aktiv zu inszenieren. Zugute kam ihnen das beginnende Duale System mit einer Vielzahl von öffentlich-rechtlichen und privaten Fernseh- und Hörfunksendern. Die Elefantenrunden, die Diskussionen der Spitzenkandidaten im Fernsehen, wurden abgelöst von einer Vielzahl von Gesprächsrunden und Sondersendungen mit wechselnden Parteivertretern

Erstmals eine Bedeutung über den engeren Wahlkampfzirkel der Parteien hinaus erhielten Meinungsumfragen, die von den Medien selbst in Auftrag gegeben wurden und damit eigenständig Themen setzten.

Gesamtdeutscher Wahlkampf der 90er Jahre:

Vom Sichtbarkeitseffekt zum professionellen Personenwahlkampf nach amerikanischen Vorbildern

I.

Im Dezember 1990 fand die erste gesamtdeutsche Bundestagswahl statt. Trotz ihrer gewaltigen politischen Bedeutung war die Wahlberichterstattung im Vorfeld in den Medien relativ gering; die Golfkrise stellte die Wahl sozusagen in den Schatten. Wenn berichtet wurde, herrschte in allen Medien ein starkes Übergewicht der Regierungsparteien.

Alle Analysen und Untersuchungen deuten darauf hin, dass es 1990 bei den eingesetzten Wahlwerbemitteln der Parteien eine große Schwankungsbreite für den Wählererfolg gab.

Die bezahlte Werbung der Parteien – Werbespots und Werbeanzeigen – erreichte eine genauso große Wirkung wie die (unbezahlte) redaktionelle Berichterstattung. Plakate und Anzeigen förderten zum Beispiel die Sympathiewerte für die SPD und ihren Spitzenkandidaten; die Fernsehwerbespots führten wesentlich zu besseren Werten für die PDS. Gerade Parteien, die in der redaktionellen Berichterstattung der Medien nicht bevorzugt wurden, griffen durchaus erfolgreich auf erkennbare Wahlwerbung zurück. Fernseh- und Hörfunk-Wahlwerbung bewiesen demnach durchweg ihre Wirksamkeit.

Generell lässt sich aber sagen, dass 1990 für die Wahlwerbung und damit für den Wahlerfolg weder im Bereich der direkten Wahlwerbung noch auf dem Gebiet der redaktionellen Berichterstattung ein bestimmtes Medium als Transportmittel besonders wichtig und prioritär wahlbestimmend war. Überraschend ist die Erkenntnis, dass nicht Fernsehen und Zeitung, sondern höchstens die Radionachrichten einen kontinuierlichen und erkennbaren Einfluss auf Einstellungen der Wähler ausübten.

Bestätigt wurden in den Wahlen 1990 wissenschaftliche Hinweise, dass Politiker offenbar schon deshalb besser bewertet werden, weil sie regelmäßig im Fernsehen, vor allem in den Fernsehnachrichten, auftreten. Die Wiederkehr der immer gleichen Akteure in den Nachrichten flößt Vertrauen zu ihnen ein. Dieser Sichtbarkeitseffekt kam insbesondere Helmut Kohl zugute, während Lafontaine kaum auftauchte.

Der konkrete Einfluss des Fernsehens bestand zum einen in der Gewichtung der politischen Themen und zum anderen in der Meinungsbildung über Sachkompetenz und insbesondere den Charaktereigenschaften der beiden Spitzenkandidaten von CDU/CSU und SPD.

II.

Bei der Bundestagswahl im Oktober 1994 war das Interesse der Medien an der Wahl im Vorfeld deutlich höher als vier Jahre zuvor. Zwar bestimmten weiterhin die Regierungsparteien den Umfang der Berichterstattung, die SPD und ihr Kanzlerkandidat nahmen aber vor allem im Fernsehen an Sichtbarkeit zu.

Der Grund dafür war die Ausgangslage: Im Januar 1994 zeigte sich die große Mehrheit der Bundesbürger überzeugt, dass es zu einem Regierungswechsel kommen würde; im Oktober 1994 gewann die CDU/CSU erneut die Wahl und stellte mit Helmut Kohl wiederum den Bundeskanzler. Wie konnte es dazu kommen?

Im Zentrum der Werbekonzeption der Union stand erstmals eine noch vorsichtige Personalisierung auf Helmut Kohl. Sie sollte vor allem die hohe Zahl der Mitte 1994 noch unentschlossenen Wähler ansprechen. Mit Kohl verbunden wurden emotionsverknüpfte, hochwertige Schlüsselbegriffe: Sicherheit und Zukunft; dazu kam eine einheitliche Grundwerbelinie mit beruhigenden Farben und die Konzentration auf die elektronischen Medien. Eine zweite Säule neben der Personalisierung auf Kohl war die Kampagnen-Säule; sie sollte der Union die für die Wähler wichtigen Kompetenzen zuweisen.

Schwerpunkt des CDU/CSU-Wahlkampfes bildeten Fernseh- und Hörfunk-Werbespots, während das Budget für andere traditionelle Werbemittel erheblich reduziert wurde. Erstmals wurden die Spots in den elektronischen Medien zielgruppenspezifisch geschaltet. Und: Fast alle Fernsehwerbespots liefen im privaten TV. Neben dem Fernsehwahlkampf setzte die Union auf das Mittel der politischen Großkundgebung mit der Person des Staatsmannes Helmut Kohl.

III.

Die Bundestagswahl im Herbst 1998 nahm in der Geschichte der deutschen Wahlkämpfe eine neue Qualität an: Erstmals wurden bedeutende Elemente des Wahlkampfes massiv inszeniert, es existierten systematische, strategische und von PR-Profis organisierte Wahlkampfkonzepte und die Kampagnen waren überwiegend auf die elektronischen Massenmedien, vor allem auf das Fernsehen, ausgerichtet.

Folglich stand nicht mehr so sehr das Produkt im Mittelpunkt, sondern die von Profis organisierte Verpackung. Die Parteien reagierten damit auf die Tatsache, dass bei immer mehr Menschen die langfristige Bindung an die Parteien abnimmt und die Kampagnen größeren Einfluss auf das Wahlverhalten gewinnen.

Wenn das Fernsehen im Zentrum steht, müssen inszenierte, fernsehgerechte Bilder her. Das visuelle Erscheinungsbild der Partei muss daher im Zentrum stehen, das Corporate Image zielt auf eine eingängige Stimmigkeit. Ein Beispiel dafür war der sekundengenau durchgeplante und durchgestylte Leipziger Parteitag der SPD.

Mit dem Fernsehwahlkampf einhergehend stand die massive Personalisierung der Politik. Damit verbunden war die Privatisierung des Wahlkampfes; Familie, Ehepartner, Kinder, Haustier – alles wird mit einbezogen. Politiker traten nicht nur in Informationssendungen auf, sie entdeckten jetzt auch die Talkshows, Soaps und Unterhaltungsmagazine. Hintergrund dieser Strategie war der Versuch, jeden Wähler in jeder Bedürfnislage anzusprechen, sowohl auf den politisch interessierten als auch den apolitischen, unterhaltungsorientierten Bürger einzugehen.

Zu all diesen Strategien kam ein SPD-Kandidat dazu, der alle Regeln der Medienkunst mitmachte und zwar seine Person, nie jedoch seine Persönlichkeit hervorkehrte. Demgegenüber stand ein Politiker, der die medialen Regeln des Fernsehzeitalters bereits im Wahlkampf 1994 angenommen hatte, in seinen ganzen Umfängen aber ablehnte.

Tendenzen:

Das Internet gewinnt an Bedeutung

Die Wahlkämpfe werden in den nächsten Jahren gemäß amerikanischen Vorbildern weiter professionalisiert und entsprechend den Erkenntnissen der Medienforschung und Psychologie von externen Verkaufsagenturen und Beraterstäben systematisch geplant werden. Ein wichtiger Hauptträger wird weiterhin das Fernsehen sein; die Digitalisierung ermöglicht noch mehr als bisher das gezielte Ansprechen ausgewählter Gruppen und Bevölkerungsschichten. Hinzu kommt als zweite Stütze das Internet.

Das Netz bietet jede Menge medialer Möglichkeiten: Interaktivität, Verknüpfung von Text, Bild und Ton, Selektivität und die schnelle Übermittlung großer Informationsmengen über beliebige räumliche Distanzen.

Wegen der zunehmenden gleichzeitigen Nutzung von Fernsehen und Internet wird auch dem zwischen den Medien abgestimmten und genau durchkonstruierten Wahlkampf zunehmende Bedeutung zukommen. In den USA steht bereits bei jedem zweiten Computerbesitzer das Gerät im gleichen Raum wie der Fernseher und eine Vielzahl gibt an, beide Geräte parallel zu nutzen. Die Wahlkampfmanager werden sich darauf einstellen müssen.

Literatur:

Altendorfer, Otto, Fritz Schäffer als Politiker der Bayerischen Volkspartei 1888-1945 (Untersuchungen und Quellen zur Zeitgeschichte, Bd. 2),
2 Bde., München 1993

Bethschneider, Monika, Wahlkampfführung und politische Weltbilder. Eine systematische Analyse des Wahlkampfes der Bundestagsparteien in den Bundestagswahlkämpfen 1976 und 1980,
Frankfurt 1987

Brettschneider, Frank, Kohls Niederlage? Schröders Sieg! Die Bedeutung der Spitzenkandidaten bei der Bundestagswahl 1998,
in: Pickel, Gert/Walz, Dieter/Brunner, Wolfram (Hg.), Deutschland nach den Wahlen. Befunde zur Bundestagswahl 1998 und zur Zukunft des deutschen Parteiensystems,
Opladen 2000, S. 109-140

Friedrichsen, Mike, Im Zweifel für den Angeklagten. Zur Wahrnehmung und Akzeptanz von Parteien im Superwahljahr 1994,
in: Holtz-Bacha, Christina/Lee Kaid, Lynda (Hg.), Wahlen und Wahlkampf in den Medien. Untersuchungen aus dem Wahljahr 1994,
Opladen 1996, S. 45-79

Gellner, Winand/ Strohmeier, Gerd, Netzwahlk(r)ampf. Die Wahlkommunikation im Internet,
in: Holtz-Bacha, Christina (Hg.), Wahlkampf in den Medien – Wahlkampf mit den Medien. Ein Reader zum Wahljahr 1998,
Opladen 1999, S. 86-108

Haungs, Peter (Hg.),Wahlkampf als Ritual? Studien zur Bundestagswahl von 1969 im Wahlkreis Heidelberg-Mannheim/Land
(Heidelberger Politische Schriften, Bd. 7), Meisenheim 1974

Holtz-Bacha, Christina,Wahlkampf 1998 – Modernisierung und Professionalisierung,
in: Holtz-Bacha, Christina (Hg.), Wahlkampf in den Medien – Wahlkampf mit den Medien. Ein Reader zum Wahljahr 1998,
Opladen 1999, S. 9-23

Holtz-Bacha, Christina/Lee Kaid, Lynda,
„Simply the best". Parteienspots im Bundestagswahlkampf 1994 – Inhalte und Rezeption,
in: Holtz-Bacha, Christina/Lee Kaid, Lynda (Hg.), Wahlen und Wahlkampf in den Medien. Untersuchungen aus dem Wahljahr 1994,
Opladen 1996, S. 177-207

Kaid, Lynda Lee/Tedesco, John, Die Arbeit am Image. Kanzlerkandidaten in der Wahlwerbung. Die Rezeption der Fernsehspots von SPD und CDU,
in: Holtz-Bacha, Christina (Hg.), Wahlkampf in den Medien – Wahlkampf mit den Medien. Ein Reader zum Wahljahr 1998,
Opladen 1999, S. 218-241

Kepplinger, Hans Mathias/Brosius, Hans-Bernd/Dahlem, Stefan,
Wie das Fernsehen Wahlen beeinflusst. Theoretische Modelle und empirische Analysen,
München 1994

Kepplinger, Hans Mathias/Brosius, Hand-Bernd/Dahlem, Stephan,
Zum Einfluss der wahrgenommenen Sachkompetenzen auf die Wahlabsichten bei der Bundestagswahl 1990,
in: Rattinger, Hans/Gabriel, Oscar W./Jagodzinski, Wolfgang (Hg.), Wahlen und politische Einstellungen im vereinigten Deutschland,
2. Aufl., Frankfurt 1996, S. 153-188

Kepplinger, Hans Mathias/Dahlem, Stefan/Brosius, Hans-Bernd,
Helmut Kohl und Oskar Lafontaine im Fernsehen. Quellen der Wahrnehmung ihres Charakters und ihrer Kompetenz,

in: Holtz-Bacha, Christina/Lee Kaid, Lynda (Hg.), Die Massenmedien im Wahlkampf. Untersuchungen aus dem Wahljahr 1990,
Opladen 1990, S. 144-184

Kepplinger, Hans-Mathias/Maurer, Marcus,
Der Nutzen erfolgreicher Inszenierungen,
in: Holtz-Bacha, Christina (Hg.), Wahlkampf in den Medien – Wahlkampf mit den Medien. Ein Reader zum Wahljahr 1998,
Opladen 1999, S. 24-39

Mertes, Heinz Klaus, Total normal – Lektionen und Legenden des TV-Wahljahres '94,
in: Oberreuter, Heinrich (Hg.), Parteiensystem am Wendepunkt? Wahlen in der Fernsehdemokratie,
München/Landsberg 1996, S. 137-144

Müller, Herbert, Stimmungsumschwung. Die Strategie der Union im Wahlkampfjahr 1994,
in: Oberreuter, Heinrich (Hg.), Parteiensystem am Wendepunkt? Wahlen in der Fernsehdemokratie,
München/ Landsberg 1996, S. 165-180

Plöckinger, Othmar, Reden um die Macht? Wirkung und Strategie der Reden Adolf Hitlers im Wahlkampf zu den Reichstagswahlen am 6. November 1932,
Wien 1999

Pollmann, Klaus Erich, Wahlen und Wahlkämpfe in den Ländern der Bundesrepublik 1949-1960,
in: Ritter, Gerhard A. (Hg.), Wahlen und Wahlkämpfe in Deutschland. Von den Anfängen im 19. Jahrhundert bis zur Bundesrepublik,
Düsseldorf 1997, S. 241-266

Pyta, Wolfram,Politische Kultur und Wahlen in der Weimarer Republik,
in: Ritter, Gerhard A. (Hg.), Wahlen und Wahlkämpfe in Deutschland. Von den Anfängen im 19. Jahrhundert bis zur Bundesrepublik,
Düsseldorf 1997, S. 197-239

Radunski, Peter, Wahlkämpfe. Moderne Wahlkampfführung als politische Kommunikation,
München 1980

Recker, Marie-Luise, Wahlen und Wahlkämpfe in der Bundesrepublik Deutschland 1949-1969,
in: Ritter, Gerhard A. (Hg.), Wahlen und Wahlkämpfe in Deutschland. Von den Anfängen im 19. Jahrhundert bis zur Bundesrepublik,
Düsseldorf 1997, S. 267-309

Schönbach, Klaus/Semetko, Holli A., Wahlkommunikation, Journalisten und Wähler: Fünf Thesen zum Bundestagswahlkampf 1990 – mit einem internationalen Vergleich und einem ersten Blick auf 1994,
in: Oberreuter, Heinrich (Hg.), Parteiensystem am Wendepunkt? Wahlen in der Fernsehdemokratie,
München/Landsberg 1996, S. 153-164

Stipp, Horst, Nutzung alter und neuer Medien in den USA,
in: Media Perspektiven 3 (2000), S. 127-134

Weiß, Hans-Jürgen, Wahlkampf im Fernsehen. Untersuchungen zur Rolle der großen Fernsehdebatten im Bundestagswahlkampf 1972,
Berlin 1976

Wirth, Werner/Voigt, Ronald, Der Aufschwung ist meiner! Personalisierung von Spitzenkandidaten im Fernsehen zur Bundestagswahl 1998,
in: Holtz-Bacha, Christina (Hg.), Wahlkampf in den Medien – Wahlkampf mit den Medien. Ein Reader zum Wahljahr 1998,
Opladen 1999, S. 133-158

Zelle, Carsten, Steigt die Zahl der Wechselwähler? Trends des Wahlverhaltens und der Parteiidentifikation,
in: Rattinger, Hans/Gabriel, Oscar W./Jagodzinski, Wolfgang (Hg.), Wahlen und politische Einstellungen im vereinigten Deutschland,
2. Aufl., Frankfurt 1996, S. 47-92

2. Wahlkampf in den USA

Dieter Dettke

2.1 Einleitung

Ernst Fraenkel pflegte seinen Studenten in seiner Einführungsvorlesung in die politische Wissenschaft äußerst effektiv und mit nachhaltiger Wirkung zu erklären, dass es in der Politik um drei Dinge gehe. Erstens: *ums Geld*. Zweitens: *ums Geld*. Drittens: *ums Geld*. Diese aus der amerikanischen Politik abgeleitete Erfahrung kennzeichnet vor allem die Wahlkämpfe in den USA. Im Hinblick auf Wahlen müsste man sogar noch ein Stück weitergehen als Fraenkel und Wahlkämpfe als einen eigenen Wirtschaftszweig, als einen Markt mit einer besonderen Art von Angebot und Nachfrage begreifen. Nur dann kann man richtig verstehen, was sich in Amerika beinahe permanent vor den Augen der Wähler abspielt. Gewählt wird in den USA häufig, auf bundesstaatlicher Ebene (Präsident, Senat und Repräsentantenhaus), auf der Ebene der Einzelstaaten (Gouverneure und Länderparlamente) und auf lokaler Ebene (Bürgermeister, Gemeinderäte). Ebenso sind Richter und Sheriff in den USA Wahlämter. Immer häufiger werden auch Wahlen unterhalb der Bundesebene den Spielregeln professioneller Wahlkämpfe unterworfen, d.h. es finden auch hier regelrechte Kampagnen mit der damit verbundenen Politikberatung statt.

Die Wahlkampfindustrie dürfte heute einen Umfang von etwa 10 Mrd. Dollar haben (geschätzt), kein überragender Anteil am Bruttoinlandsprodukt von fast 10 Billionen Dollar, aber doch ein Gewerbe mit eigenem Stellenwert im amerikanischen Dienstleistungssektor. Es kommt zunehmend vor, dass Wahlkampfberatung über Parteigrenzen hinweg stattfindet. Ein amerikanischer Wahlkampfberater kann heute durchaus Kandidaten der beiden großen Parteien beraten. **Dick Morris** beispielsweise, der sich als Wahlkampfstratege von Präsident **Clinton** einen Namen machte und auf dem Höhepunkt des Wahlkampfes 1996 über eine Affäre zu Fall kam, beriet auch Republikanische Kandidaten. Die Professionalisierung amerikanischer Wahlkämpfe muss aber nicht zwangsläufig eine Einebnung parteipolitischer Unterschiede zur Folge haben. Es ist durchaus denkbar, dass Professionalisierung wieder einen Markt für Unterschiede und Konkurrenz schaffen kann.

2.2 Die Rolle der Parteien

Im amerikanischen politischen System spielen die Parteien im Wahlkampf nur eine untergeordnete Rolle. Dies lässt sich insbesondere bei Präsidentschaftswahlen nachweisen. Schon räumlich ist die Wahlkampforganisation des Präsidentschaftskandidaten von der Parteizentrale getrennt. Den stärkeren Einfluss auf die Wahlkampfführung hat nicht die Partei, sondern das von dem Kandidaten alleine berufene Wahlkampfteam sowie die um das kleine Wahlkampfteam herum organisierte Wahlkampforganisation mit einem eigenen Namen. Für den Präsidentschaftswahlkampf von 1996 legte sich Präsident **Clinton** eine Wahlkampforganisation mit dem Namen *Clinton-Gore-Campaign* zu. Die Organisation des Republikanischen Kandidaten **Bob Dole** trug den Namen *Dole-Campaign*. Der Name der Partei trat weder bei den Demokraten noch bei den Republikanern auf. Diese Tatsache spiegelt auch eine starke Tendenz zur Persönlichkeitswahl wider. Das amerikanische Vorwahlsystem zwingt dazu, denn es steht praktisch jedem offen, der sich für eine Kandidatur interessiert. Die jeweiligen Parteiapparate haben bei der Kandidatur nicht einmal ein Mitspracherecht, geschweige denn ein Auswahlprivileg.

Amerikanische Parteien sind heute bestenfalls lose verkoppelte Zusammenschlüsse unterschiedlicher sozialer, ideologischer und ethnischer Herkunft. Auch regionale Unterschiede innerhalb der Parteien sind beträchtlich. Südstaaten-Demokraten unterscheiden sich traditionell politisch-ideologisch häufig stärker von der Mitgliedschaft in den eigenen Reihen, z.B. der Demokratischen Parteibasis im Nordosten der USA, als von Mitgliedern der Republikanischen Partei. Umgekehrt ist die Tradition des liberalen Republikanismus, wie er z.B. von Gouverneur **Rockefeller**, Bürgermeister **Lindsey** oder den Senatoren **Hatfield** (Oregon) oder **Javits** (New York) und anderen vertreten wurde, heute kaum noch präsent.

Drei wichtige Funktionen sind den amerikanischen Parteien verblieben:

1) Sie stellen insbesondere mit den Parteikonventen den **institutionellen Rahmen für die Kandidatenwahl** zur Verfügung. Diese prozedurale Funktion ist auch heute noch ein wichtiges Instrument für die **Rückkoppelung zur Parteibasis**.

2) Sie sind der entscheidende Stützpfeiler für die **Wählermobilisierung** auf nationaler und subnationaler Ebene.

3) Sie sind die zentralen **Spendensammelinstitutionen**, insbesondere für *Soft Money* und damit das große Geld der Parteien.

Im Prinzip sind die Parteien in Amerika Geldbeschaffungsapparate und sie setzen die Mittel, die sie im Laufe eines Wahlkampfes als Partei einnehmen, de facto für den jeweiligen Sieger aus dem Vorwahlprozess ein. Dabei kommen die Parteien häufig mit dem Gesetz zur Regelung der Wahlkampffinanzierung in Konflikt (siehe Punkt 6, Wahlkampffinanzierung). Bis zur Kandidatenwahl auf dem jeweiligen Wahlparteitag (*Convention*), der ein bloßes Ratifizierungsverfahren für das Vorwahlergebnis ist, müssen sich die Parteiapparate äußerster Zurückhaltung befleißigen. Erst wenn der Kandidat feststeht – und das kann, wie beispielsweise in diesem Wahljahr (2000), früh der Fall sein – kommt die Schubkraft des Parteiapparates zur Geltung.

Programmparteien sind die amerikanischen Parteien schon lange nicht mehr. Sie sind in hohem Maße auf die Wahlkampfführung ausgerichtet und nur in dieser Hinsicht – auf die Wahlen zugespitzt – für die jeweilige Wahlkampf-*platform* zuständig, praktisch jedoch den jeweiligen programmatischen Bedürfnissen des Kandidaten unterworfen. Eine eigene strukturierte und systematische programmatische Willensbildung findet nicht statt. Die amerikanischen Parteien sind Dienstleistungsunternehmen, die den jeweiligen Kandidaten als Instrumente zur Verfügung stehen. Sie sind kein autonomes Willensbildungs- oder Entscheidungszentrum.

Das System hat insbesondere für den Kandidaten für das Präsidentenamt große Vorteile, denn es ermöglicht eine reibungslose Wahlkampfführung, wenn das Wahlkampfteam des Präsidentschaftskandidaten gut geführt wird und in der Lage ist, einheitlich und geschlossen aufzutreten. Die Wahlen zum Senat und Repräsentantenhaus werden vom zentralen Parteiapparat nur geringfügig beeinflusst. Senat und Repräsentantenhaus verfügen außerdem über jeweils eigene *Campaign Committees*, die auf die individuellen Wahlkreise abgestellt sind bzw. im Falle von Senatswahlen auf die Einzelstaaten. Den *Campaign Committees* geht es fast ausschließlich um Wahlkampfspenden. Strategisch und politisch greifen sie den Kandidaten kaum unter die Arme. Sie wären mit dieser Aufgabenstellung auch institutionell und personell überfordert.

Dieses System entspricht in hohem Maße der heterogenen Gesellschaftsstruktur der Vereinigten Staaten und es nimmt Rücksicht auf den hohen Grad an politischer Dezentralisierung und Fragmentierung, die so kennzeichnend für das amerikanische politische System sind. Die Diffusion der Macht ist eine gewachsene amerikanische Tradition. Sie ist von der Verfassung gewollt als Subsidiaritätsprinzip, als horizontale und vertikale Gewaltenteilung und als ein System des offenen und wandlungsfähigen Pluralismus.

Pluralismus, Heterogenität und Fragmentierung lassen jedoch durchaus ein Maß von Ideologie und gemeinsamen politischen Grundvorstellungen zu. Politik, Moral und Religion sind sehr wohl ideologieanfällig. Ein Grundkonsens einschließlich der dazugehörigen nationalen Symbole (Flagge, Hymne, Denkmäler) ist vorhanden und wird gefördert, beginnend mit aktiver Sozialisation in Schulen und Vereinigungen.

Flagge und Nationalhymne sind nicht nur Attribute des offiziellen Amerika. Sie sind auch Bestandteil einer *Civil Religion* und werden in Schulen und Vereinen sorgsam gepflegt. Das Absingen der Nationalhymne ist Bestandteil fast jeden Wettbewerbs, beginnend mit dem Kindesalter. Patriotische Symbole und religiöse Handlungen sind auch als Wahlkampfmittel zulässig. Davon wird reichlich Gebrauch gemacht, jedoch unter Beachtung des Grundsatzes der Trennung von Kirche und Staat.

2.3 Die Rolle der Medien

Politik wird heute in hohem Maße durch das Medium Fernsehen bestimmt. Die überwiegende Zahl der Amerikaner, rund 65% der amerikanischen Bevölkerung, beziehen ihre politischen Informationen über das Fernsehen. Für 50% der amerikanischen Bevölkerung ist das Fernsehen sogar die einzige Quelle der Information. Für die Wahlkampfführung ergibt sich daraus zwangsläufig, dass Politik nur über das Fernsehen, d.h. nur über Bilder, erfolgreich transportiert werden kann. Moderne Wahlkampfführung ist deshalb in erster Linie **Fernsehwahlkampf**, entweder durch gekaufte Sendezeiten oder durch das Vordringen in die Fernsehberichterstattung. Kostenfreie Wahlwerbung wie in Deutschland ist in Amerika nicht zugelassen. Das Fernsehen ist kommerziell ausgerichtet und stellt keine Sendezeiten für Zwecke der Wahlwerbung zur Verfügung.

Es gibt jedoch auch ein natürliches Informationsbedürfnis und -interesse des Fernsehens für Wahlkämpfe. Dieses Interesse wird im Wahlkampf selbstverständlich genutzt und Kandidaten verwenden heute immer mehr Mühe darauf, durch geschicktes Aufarbeiten von Themen und *Stories* das Interesse einer Fernsehberichterstattung zu wecken. Mehr und mehr

Kandidatenereignisse werden gestellt. Eine Fernsehdiskussion unter Kandidaten oder mit Journalisten würde ein Kandidat heute unter keinen Umständen ausschlagen. Das Medium Fernsehen ist zu mächtig geworden und die Parteien, die Kandidaten und die Wahlkampfberater stellen sich auf diese unausweichliche Tatsache ein.

Die Folge ist, dass Politik immer stärker **personalisiert** und **emotionalisiert** werden muss, um überhaupt noch vermittelbar zu sein. Drei jüngste Beispiele aus der amerikanischen Politik belegen diesen Sachverhalt:

1) Gun Control

Um in der Frage der Kontrolle des privaten Waffenbesitzes weiterzukommen und die Gewalt in der Gesellschaft wirksam zu bekämpfen, unterstützte und warb die **Clinton-Administration** für ein entsprechendes Gesetzesvorhaben mit dem beim Attentat auf Präsident **Reagan** schwer verletzten Pressesprecher **Brady**, benannte das Gesetzesvorhaben nach ihm und zeigte den an einen Rollstuhl gefesselten dauerhaft gelähmten und zum Sprechen weitgehend unfähigen Mann ganz bewußt der amerikanischen Fernsehöffentlichkeit. Die Emotionalisierung dieses in Amerika stark umstrittenen Gesetzesvorhabens half bei der Durchsetzung von neuen Kontrollbestimmungen. Allerdings versteht es auch die Gegenseite, die eigenen Argumente medienwirksam zu transportieren. Das geschah im Falle von *Gun Control* z.B. durch den Einsatz des populären Schauspielers **Charlton Heston** für die Ziele der *National Rifle Association.* Ohne die schweren Vorfälle von Gewaltanwendung und Schusswaffengebrauch in Schulen wäre es möglicherweise nicht gelungen, verschärfte Bestimmungen für den privaten Waffenbesitz durchzusetzen. In Colorado kamen bei dem bisher schlimmsten Zwischenfall dieser Art 15 Schüler und Schülerinnen ums Leben. Nur auf diese tragische Weise konnten Fortschritte in der amerikanischen Gesetzgebung zur Bekämpfung der Gewalt erreicht werden. Das Thema *Gun Control* wird auch im Präsidentschaftswahlkampf 2000 als Unterscheidungsmerkmal zwischen rechts und links eine herausragende Rolle spielen.

2) Anti-Raucher-Kampagne

Um die mit dem Rauchen verbundenen Gefahren zu unterstreichen und die Anti-Raucher-Kampagne der **Clinton-Administration** zu unterstützen, griff Vizepräsident **Gore** während des Wahlkampfes 1996 zu emotional stark aufgeladenen Bildern persönlicher Leidensgeschichten. Auf dem Parteitag der Demokraten in Chicago schilderte **Gore** vor einem Millionenpublikum im Fernsehen den Leidens- und Sterbensweg seiner eigenen Schwester, um auf die Gefahren des Rauchens öffentlich aufmerksam zu machen.

3) Reform der Krankenversicherung

Um die Reform der Krankenversicherung voranzutreiben und die amerikanische Öffentlichkeit zur Unterstützung von Programmen wie Pflegeversicherung und Versicherungsschutz im Falle von schwerer Krankheit zu veranlassen, setzte die **Clinton-Administration** den querschnittsgelähmten Schauspieler **Christopher Reeve** – ehemaliger Darsteller von Superman – mitsamt Rollstuhl und Atemgeräten für diesen Zweck werbend im Fernsehen ein. Die Fernsehbilder, die von seinem Auftritt auf dem Parteikonvent der Demokraten ausgingen, ließen überall im Lande aufhorchen. Die Wirkung war massiv, allerdings in der breiten Öffentlichkeit sehr viel stärker als im amerikanischen Kongress. Zu einer veränderten Mehrheitsbildung im republikanisch beherrschten Kongress reichten diese Bilder nicht aus.

2.4 Wahlkampfthemen

Die hergebrachte Regel der Politik für das Wählerverhalten ist die „Brieftaschenwahl", im amerikanischen Kontext *Pocket Book Vote* genannt. Die simple Formel ist heute nur noch bedingt anwendbar. Ganz sicher hat das wirtschaftliche Wohlergehen der Wähler am Wahltag einen ganz entscheidenden Einfluss auf den Wahlausgang. Aber längerfristige politisch-kulturelle Trends wirken ebenso mit wie formende Ereignisse, z.B. die **Ölkrise** Anfang der 70er Jahre, die **Geiselkrise** in Teheran 1979 oder im Wahljahr 1996 die Einstellung *(Shut-Down)* großer Teile der amerikanischen Regierungstätigkeit durch die Republikanische Mehrheit im Kongress im Zuge der Haushaltsverhandlungen. In den Vereinigten Staaten gibt es unter Kennern den Ausdruck *October Surprise*. Dieser Begriff spielt auf die potentiell wahlentscheidende Kraft von Ereignissen an, welche die jeweils im November stattfindende Präsidentschaftswahl beeinflussen können. Im Falle der Wahl von 1980 war dieses Ereignis im Oktober die von Beauftragten des Kandidaten **Ronald Reagan** mit der Regierung in Teheran ausgehandelte Möglichkeit der Geiselbefreiung nach dem Ende der Präsidentschaft von **Jimmy Carter**. Es gibt durchaus ernstzunehmende Stimmen, die genau dieser Ankündigung die entscheidende Wirkung auf den Wahlausgang von 1980 beimessen.

Themen spielen zwar nach wie vor eine wahlentscheidende Rolle in Amerika, aber die Identifizierung der Parteien mit einem bestimmten programmatischen Profil hat, wie weiter oben dargelegt, stark nachgelassen, vor allem in der Wirtschafts- und Sozialpolitik. Die parteipolitische Differenzierung vollzieht sich heute sehr viel stärker am Beispiel sogenannter *Soft Issues*. Die Frage der Abtreibung definiert in sehr viel größerem Maße, was rechts oder links ist, als die Wirtschaftspolitik, die früher das wesentliche Unterscheidungsmerkmal zwischen rechts und links war. Die Einstellungen zu Todesstrafe, Sexualität, Pornographie, Ehe, Familie und Religion sind heute viel häufiger Erkennungszeichen politischer Orientierung. Rechts und links, liberal und orthodox, fundamentalistisch oder pluralistisch – diese Frage entscheidet sich mehr und mehr am Beispiel von *Soft Issues* und nicht auf der Grundlage ideologischer Positionen im europäischen Sinne. Die Folge des Eindringens von *Soft Issues* in die Politik ist eine Veränderung des Themenspektrums im amerikanischen politischen Diskurs. Im amerikanischen Sprachgebrauch findet man dafür den Begriff *Boutique Politics*, d.h. statt großflächiger, ideologisch ausgerichteter Politik eine den individuellen Bedürfnissen verschiedener Gruppen angepasste politische Botschaft.

Präsident **Clinton** hat diesen politischen Ansatz im Wahlkampf von 1996 zu einer Kunstform erhoben. Wichtige kontroverse Themen wie die Reform des Sozialstaates (*Welfare Reform)*, der Haushaltsausgleich (*Balanced Budget*) oder Fragen der Steuerpolitik wurden bereits vor dem Wahlkampf weitgehend durch Konsensbildung zwischen der Republikanischen Mehrheit im Kongress und dem Weißen Haus neutralisiert. Was für den Wahlkampf übrig blieb, waren spezifische Einzelthemen, z.B. Fragen, die für arbeitende Mütter, Alleinerziehende oder um das öffentliche Schulsystem und die innere Sicherheit besorgte Bürger besonders wichtig waren. Diese Reduktion der Politik auf Alltagsfragen und damit eine Mehrheitsbildung auf der Grundlage von Themen, die keinen gesamtgesellschaftlichen Charakter haben, hat für den politischen Prozess nicht nur positive Konsequenzen.

Die Hauptfrage, die sich hier stellt, ist die des Wählerauftrages. In welchem Maße lässt sich auf der Grundlage dieser Wahlkampfstrategien überhaupt noch ein politisches Mandat ermitteln? Das Ergebnis einer auf diese Weise gewonnenen Wahl kann bestenfalls ein Wählerauftrag zu Einzelfragen sein. Das könnte bedeuten, dass es in Zukunft wieder zu einer Stärkung von Tendenzen zur direkten Demokratie und zur Schwächung der repräsentativen Demokratie kommen könnte. Die moderne Informationstechnologie und insbesondere das Internet unterstützen diesen Trend.

2.5 Wahlkampfstrategien

Amerikanischen Wahlkämpfen haftet etwas Kriegerisches an. Sie sind durchaus mit militärischen Feldzügen vergleichbar und das Vokabular der Wahlkampfstrategen ist häufig der Literatur der Kriegskunst entnommen. Zur Pflichtlektüre der amerikanischen Wahlkampfstrategen gehören wohl nicht zufällig zwei Klassiker der Herrschaft und der Kriegskunst: **Niccolò Macchiavelli**, *Der Fürst,* und **Sun Tzu**, *The Art of War*. In Anlehnung an die Kriegskunst sollte man zunächst zwischen offensiver und defensiver Wahlkampfführung unterscheiden, je nachdem also, ob man im Besitz der Macht ist oder sie zu erobern hat.

Ronald Reagans Wahlkampf 1980 und **Bill Clintons** Wahlkampf 1992 sind hervorragende Beispiele gelungener **Offensiv-Wahlkämpfe**. In beiden Fällen gelang es, die jeweiligen Amtsinhaber dank einer aggressiv-selbstsicheren Wahlkampfführung aus dem Amt zu verdrängen. Unterschätzt wird häufig, wie langfristig der Wahlkampf in beiden Fällen angelegt war und wie stark sich beide Kandidaten längerfristige Trends der amerikanischen politischen Kultur zunutze machten, um sich mit einer neuen politischen Mehrheit durchzusetzen. **Reagan** setzte auf die intellektuell sehr sorgfältig vorbereitete kulturelle Gegenwelle zur 68er Revolution, auf traditionelle amerikanische Werte und plädierte in der Wirtschaftspolitik für eine beinahe libertäre Agenda: Deregulierung, Privatisierung und Freihandel. Er stellte dem amerikanischen Volk die inzwischen zum Klassiker avancierte rhetorische Entscheidungsfrage *„Are you better off today than you were four years ago?“* und es gelang ihm damit, die Wahlen zu seinen Gunsten zu beeinflussen. Gewiss haben akute Krisen wie die **Ölkrise** und die **Geiselkrise** von Teheran die Wahlentscheidung stark zu Ungunsten des damals amtierenden Präsidenten **Carter** beeinflusst, aber im Gegensatz zum amtierenden Präsidenten gelang es dem Herausforderer, dem amerikanischen Volk wieder Mut und Zuversicht zu geben.

Für **Bill Clinton** erschien ein Wahlsieg gegenüber dem amtierenden Präsidenten **George Bush** noch zu Beginn des Wahlkampfs praktisch ausgeschlossen. Viele potentielle Demokratische Präsidentschaftskandidaten, wie z.B. **Mario Cuomo**, traten gar nicht erst an. Ihnen schien der Popularitätsvorsprung des Amtsinhabers, der durch den Sieg im Golfkrieg auf stratosphärische Höhen angewachsen war, uneinholbar. **Clinton** und seiner Wahlkampfmannschaft gelang es, durch einen aggressiv-selbstsicheren Themenwechsel – „*It's the economy, stupid*"– sämtliche Vorteile des Amtsinhabers zu neutralisieren. Da die Vereinigten Staaten im Wahljahr 1992 tatsächlich eine milde, flache Rezession durchlebten, deren Ende am Wahltag noch nicht erkennbar war, konnte sich **Clinton** mit seinem wirtschaftspolitischen Wahlkampfkonzept durchsetzen.

Die Vorarbeit zum Wahlsieg **Clintons** wurde schon in den 80er Jahren, auf dem Höhepunkt der Popularität von **Ronald Reagan**, geleistet: Die Demokratische Partei akzeptierte das wirtschaftspolitische Dogma der **Reagan-Administration** und setzte unter dem Einfluss von **Bill Clinton**, damals Gouverneur von Arkansas, sowie des *Democratic Leadership Committee* (DLC) nicht auf ein Herumwerfen des Ruders, sondern auf eine Korrektur der Auswüchse der **Reagan-Doktrin**, insbesondere der hohen Budget- und Handelsbilanzdefizite. Den Wertkonservativismus der **Reagan-Administration** (Abtreibungsverbot, Schulgebet etc.) unterstützte die **Clinton**-Mannschaft jedoch nicht. Politisch-kulturell setzte **Clinton** auf die progressiven Werte der 68er-Generation.

Jeder amerikanische Wahlkampf hat seine eigene politisch-kulturelle Ausprägung und seinen eigenen intellektuellen Anspruch. Erst auf dieser Grundlage kommt die Wahlkampfstrategie im engeren Sinne zum Zuge. Dafür sind drei Komponenten entscheidend:

1) der **strategische Ansatz** bzw. der **Gesamtplan** zur Wahlkampfführung (Zielrichtung und Führung),

2) die **Datenbasis** auf der Grundlage von Umfragen, Erhebungen und Daten aller Art (Auch wenn man nicht zu jeder Einzelfrage eine Mehrheit hinter sich hat, muss doch die angestrebte politische Richtung – bzw. Richtungsänderung – von der Öffentlichkeit getragen werden.),

3) die **bildliche Umsetzung** von Politik und Programm einschließlich Imagepflege des Kandidaten.

Heute ist amerikanische Wahlkampfführung so stark professionalisiert, dass für alle drei Gebiete Spezialisten zur Verfügung stehen. Wichtig ist jedoch, dass alle drei Komponenten ineinandergreifen. Spezialistentum darf die Gesamtwirkung des Wahlkampfes nicht beeinträchtigen.

Ein besonderes und inzwischen ebenfalls zu einem Spezialgebiet der Wahlkampfberatung avanciertes Gebiet ist die Ausforschung des politischen Gegners. In der hergebrachten Kriegswissenschaft würde dieses Feld der **Spionage** entsprechen. *Opposition Research* ist zu einer eigenen Kunst geworden und wird von Spezialfirmen kommerziell angeboten. Nur bei optimaler Kenntnis der Stärken und Schwächen des Gegners lässt sich ein Wahlkampf erfolgreich führen. Hinzuzufügen wäre, dass man ebenso die eigenen Stärken und Schwächen richtig einzuschätzen in der Lage sein muss, um zu gewinnen.

Ein besonders kritischer Faktor jedes Wahlkampfes ist die Reaktionsgeschwindigkeit eines Wahlkampfteams auf jeweilige Lageveränderungen und auf Daten, die die Gegenseite setzt. Die moderne Informationstechnologie hat hier neue Maßstäbe gesetzt und viel dazu beigetragen, dass durch Handy, Fax und Internet die Kunst der Schnellreaktion außerordentlich hoch entwickelt ist. Das Internet wird als Instrument der Politik immer wichtiger. Es dient der Kommunikation mit der eigenen Basis, hilft neue Themen wirksam zu verbreiten (50% der Amerikaner haben Internet-Anschluss) und wird auch mehr und mehr als Mittel zum Spendensammeln benutzt. Ein Fünftel der Einnahmen von **John McCain** und **Bill Bradley** kamen im Vorwahlkampf 2000 über das Internet in die Hände ihrer Wahlkampforganisationen.

2.6 Wahlkampffinanzierung

Während in Deutschland Wahlkampffinanzierung hauptsächlich auf der Grundlage öffentlicher Mittel sichergestellt und damit zugleich reguliert wird, ist das amerikanische System Ausfluss des Verfassungsgrundsatzes der freien Meinungsäußerung (*First Amendment*) und damit grundsätzlich keinerlei Beschränkung für Zuwendungen im Interesse der politischen Meinungsbildung unterworfen. Jeder kann zur Durchsetzung einer politischen Überzeugung unbegrenzt finanzielle Mittel einsetzen. D.h. sogenannte *Independent Expenditures* von Einzelpersonen oder Gruppen für Zwecke der Meinungsbildung oder auch zur Kandidatenunterstützung – beispielsweise durch eine Zeitungsanzeige mit Namensnennung – sind in unbegrenzter Höhe zulässig. Finanzielle Zuwendungen an Kandidaten für öffentliche Ämter, politische Parteien und politische Organisationen (*Political Action Committees - PACs*) sind jedoch begrenzt, und zwar relativ eng.

Eine Einzelperson darf zum Beispiel einem Kandidaten pro Wahl nur 1.000 Dollar für jede einzelne Wahl spenden. Vorwahlen und Präsidentschaftswahlen zählen als zwei verschiedene Wahlgänge und es können durchaus mehrere Kandidaten unterstützt werden. Die Zuwendungsgrenze derselben Einzelperson an eine politische Partei liegt bei 20.000 Dollar und darüber hinaus sind nur noch weitere 5.000 Dollar als Spende für eine politische Organisation zulässig. Individuelle Spenden für Kandidaten, Parteien und PACs sind also auf 25.000 Dollar begrenzt. Handelt es sich dagegen um eine Spende, die man dem Kandidaten, der Partei oder einer politischen Organisation als Gruppe (mehr als 50 Beitragsleistende) und nicht als Einzelperson zufließen lässt, erhöhen sich die Obergrenzen: gegenüber einzelnen Kandidaten auf 5.000 Dollar, für eine Partei auf 15.000 Dollar und für politische Organisationen auf 5.000 Dollar. Begrenzungen bezogen auf das Kalenderjahr gibt es nicht und auch hier können wieder beliebig viele Kandidaten unterstützt werden. *Political Action Committees* können den einzelnen Kandidaten direkt auch nur bis zu 1.000 Dollar zufließen lassen. Einer Partei kann ein PAC bis zu 20.000 Dollar spenden und die Zuwendung an eine politische Organisation darf 5.000 Dollar nicht überschreiten.

Der Regelfall für diejenigen, die ein Wahlamt (Präsident, Senator, Kongressabgeordneter, Gouverneur, Mitglied des Landesparlamentes etc.) anstreben, ist deshalb das mühselige Geldsammeln mit Hilfe relativ kleiner Beträge. Die Ausnahme ist die finanzkräftige Unterstützung eines Kandidaten durch sogenannte *Independent Expenditures* (unabhängige Spenden, von denen der Kandidat nicht einmal wissen darf!).

Das Problem der amerikanischen Wahlkampffinanzierung ist, dass das System äußerst anfällig für Umgehungsversuche ist. 1996 haben sich sowohl die *Clinton-Gore-Campaign* als auch die *Dole-Campaign* eine Reihe massiver Verstöße gegen die Gesetze zur Regulierung der Parteifinanzierung zuschulden kommen lassen, wie die Organisation *Common Cause,* eine Bürger-Lobby, nachgewiesen hat. Unternehmen, Gewerkschaften und Firmen, die Auftragnehmer der Bundesregierung sind, sowie Ausländer ohne *Green Card* dürfen keine Mittel zur Beeinflussung der Wahl einsetzen. Sie sind aber nicht daran gehindert, mit ihnen nahestehenden *Political Action Committees* im Ergebnis denselben Effekt zu erreichen. Diese Hürde ist also relativ leicht zu überwinden, denn auch direkte Zuwendungen von Firmen für Zwecke der Parteibildung sind zulässig. Lediglich direkte Wahlkampffinanzierung ist begrenzt.

1996 haben die amerikanischen Gewerkschaften etwa 37 Millionen Dollar aufgebracht, um damit Wähler an die Wahlurnen zu bringen. Dies sind erlaubte finanzielle Zuwendungen und sie kamen vor allem der Demokratischen Partei zugute. Unternehmen haben über die Gründung von PACs zahlreiche Möglichkeiten jenseits der direkten Wahlkampfspende, Wahlen zu beeinflussen.

Weil dies so ist, gibt es seit Beginn der Regulierung der Parteifinanzen auch immer wieder Versuche, den Bereich *Soft Money* sowie die *Independent Expenditures* stärker zu kontrollieren. Diese Versuche erzielten jedoch bislang keinen durchschlagenden Erfolg, obwohl in den Vereinigten Staaten durchaus Elemente der öffentlichen Parteifinanzierung existieren. Für die Vorwahlen gibt es z.B. sogenannte *Matching Funds*. Auf dieser Grundlage kann beispielsweise ein Präsidentschaftskandidat – sobald er mehr als nur regionale politische Unterstützung vorweisen kann –, einen durch Spenden gesammelten Betrag mit öffentlichen Mitteln vergrößern und erweitern und zwar fast um genau die privat gesammelte Größenordnung. Voraussetzung für die Inanspruchnahme von *Matching Funds* ist die Bereitschaft zur Begrenzung der Wahlkampfausgaben insgesamt. 1996 lag die Höchstgrenze für Wahlkampfausgaben bis zum Ende der Vorwahlen bei 30,9 Millionen Dollar.

Die eigentliche Präsidentschaftswahl ist im Prinzip ganz öffentlich finanziert, wenn der jeweilige Kandidat bereit ist, sich an Höchstgrenzen für Wahlausgaben zu halten. 1996 lag diese Höchstgrenze bei 61,82 Millionen Dollar je Kandidat. In der Regel erreichen nur die Kandidaten der beiden großen Parteien genügend Stimmen zur Inanspruchnahme von öffentlichen Mitteln für Wahlkampfzwecke. Die Hürde liegt bei 5% der Stimmen. Diese Schwelle wurde z.B. von der von **Ross Perot** gegründeten **Reform-Partei** in den letzten beiden Wahlen überschritten, so dass jetzt auch die Reform-Partei Wahlkampf mit öffentlichen Mitteln betreiben kann.

2.7 Zusammenfassung

Wahlkämpfe in den USA sind Feldzüge, die zu einem teuren Unterfangen geworden sind. Der Präsidentschaftswahlkampf alleine verschlingt heute weit über 100 Millionen Dollar. Dabei sind die Vorwahlen und die damit verbundenen Kosten nicht einbezogen. Ein Senatssitz in einem amerikanischen Schlüsselstaat, z.B. Kalifornien, verlangt heute einen Mitteleinsatz für Wahlkampfzwecke, der sich insgesamt (d.h. für den Wahlkampf der beiden verbliebenen Kandidaten) ebenfalls der 100-Millionen-Dollar-Marke nähert. Wahlkämpfe für einen Sitz im Repräsentantenhaus sind sehr viel weniger aufwendig, aber sie finden alle zwei Jahre statt. In der Praxis läuft die alle zwei Jahre stattfindendende Repräsentantenhauswahl auf einen permanenten Wahlkampf hinaus. Entscheiden sich die Kandidaten im Präsidentschaftswahlkampf des Jahres 2000 dafür, öffentliche Mittel in Anspruch zu nehmen, werden die von der öffentlichen Hand zu leistenden Wahlkampfmittel wohl unter 100 Millionen Dollar pro Kandidat bleiben. Der Kandidat der Republikaner, **George W. Bush**, könnte sich theoretisch aber auch für einen Wahlkampf entscheiden, der ihn nicht an finanzielle Obergrenzen bindet. Da er mit Wahlkampfspenden hervorragend ausgestattet ist, könnte er theoretisch auf öffentliche Zuwendungen verzichten und unbegrenzt Mittel für seinen Wahlkampf einsetzen. Ein solcher Schritt würde die Wahlkampfkosten für die Präsidentschaftswahlen erneut in die Höhe treiben, jedoch möglicherweise zum Schaden der amerikanischen Demokratie.

Schon jetzt sind die amerikanischen Wähler zu Recht über den Einfluss des großen Geldes auf die Politik besorgt. In New Jersey setzte sich in den Vorwahlen für den dort frei werdenden Senatssitz in der Demokratischen Partei ein reicher Investment-Banker durch, der 25 Millionen Dollar aus seinem Privatvermögen für Wahlkampfzwecke einsetzte. Auch nur der Geruch des Ämterkaufs müsste dramatische Konsequenzen für die amerikanischen politischen Institutionen zur Folge haben. Ein Verzicht auch nur eines Kandidaten auf eine Beschränkung der Wahlkampfkosten würde die politische Frustration der Wähler – also das, was in Deutschland Politikverdrossenheit genannt wird – weiter ansteigen lassen. Der politische Prozess würde zwangsläufig Schaden nehmen.

In den Vorwahlen zur Präsidentschaftswahl 2000 hat das Thema Wahlkampffinanzierung eine maßgebliche Rolle gespielt, vorgebracht allerdings von den Kandidaten beider Parteien, die in den Vorwahlen unterlegen sind. **John McCain** und **Bill Bradley** bemühten sich sogar bewusst um eine überparteiliche Koalition zur Reform der amerikanischen Wahlkampffinanzierung. Das Vorhaben scheiterte jedoch wie so viele andere Reformvorhaben zuvor. Eine Lösung ist nicht in Sicht. Sie müsste aber an der Begrenzung des Einflusses von *Soft Money* und den sogenannten *Inde-*

pendent Expenditures ansetzten und versuchen, den politischen Diskurs wieder stärker auf die Sache zu konzentrieren. Dabei müsste aber vor allem das Fernsehen mitspielen und helfen, statt Emotionalisierung mehr Diskurs zuzulassen. Die aufklärerische Funktion des Fernsehens müsste gestärkt werden, und zwar sowohl bei der Publikumsseite als auch bei den Sendeanstalten.

Literatur und Internetseiten zum Thema

Peter Lösche. Die Vereinigten Staaten – Innenansichten. Fackelträger, 1997

Seminarbericht, Büro Washington der Friedrich-Ebert-Stiftung. Medien und Politik in den USA: Analysen, Bewertungen und Ergebnisse. 1997 (unveröffentlicht)

Internetseiten der Organisation Common Cause: www.commoncause.org

Internetseiten der Federal Election Commission: www.fec.gov

3. Wahlkampf in Russland

Kurt-Ulrich Mayer

Einführung

Der russische Sozialdemokrat Boris Orlow hat vor den Dumawahlen 1999 die Situation in Russland wie folgt beschrieben:

> „Bei uns gibt es überhaupt keine klaren Wahlprogramme, in denen Parteien sagen, wir wollen dieses oder jenes. Bei uns zählt, dass der eine Schmiergelder zahlt, der andere Geld im Ausland hat.“ [1]

Ebenso düster, wenn auch aus anderer Sicht, beschreibt der Politikwissenschaftler Andrej Rjabow von der Moskauer Carnegie-Stiftung die Bedeutung von Wahlen in der aktuellen Situation Russlands. Er vergleicht die Funktionsweise des russischen Wahlsystems mit dem politischen System des zweiten Deutschen Reiches von 1870-1918, wo das Ministerkabinett quasi der Obermacht (heute Präsident und damals Kaiser) unterstellt sei und daher faktisch keine politische Verantwortung für die getroffenen Entscheidungen trage. [2]

Andere Analytiker beklagen, dass in Parteien in Russland keine Interessengruppen und Ambitionen vertreten sind, sondern nur Personen, denen es um persönliche und wirtschaftliche Macht geht und die zu jener Elite gehören, die ihre gemeinsamen politischen Wurzeln im Sowjetsystem haben. Deshalb seien Wahlkämpfe in Russland eher Kämpfe zwischen unterschiedlichen Fraktionen/Personen einer bestimmten politischen Elite als wirkliche Kämpfe zwischen verschiedenen Gesellschaftsgruppen. [3,4]

> „Erlaubt sei im Wahlkampf alles, doppelte Böden, feige Tricks, orchestrierte Gerüchte, Einschüchterung, Bestechung, manipulierte Umfragen.“ [5]

Gibt es bei soviel Pessimismus überhaupt noch Hoffnung auf ein demokratisches Russland ?

Der Umbau des sowjetischen Systems in einen demokratischen Rechtsstaat braucht bei einem Land mit der Größe und Geschichte der Föderation

Russland weit mehr Zeit, als etwa der Aufbau demokratischer Strukturen in den neuen Bundesländern.

Auch hier mussten wir unter wesentlich günstigeren Voraussetzungen die Zeiteinschätzungen mehrmals nach oben korrigieren. Ein Kind kann auch nicht vom Kindergarten an die Universität. Man muss Rußland zugestehen, dass es einen Demokratisierungsprozess eingeleitet hat, dessen Umsetzung jedoch noch viel Zeit beanspruchen wird.

Der Demokratisierungsprozess

In der ehemaligen Sowjetunion wie in den anderen sozialistischen Ländern des aufgelösten Ostblocks gab es keine Wahlfreiheit, obwohl sich diese Systeme selbst als „höchst demokratisch" verstanden haben. Dieses Demokratieverständnis hatte jedoch ganz andere Wurzeln als etwa das westliche. Es wurzelte in dem ideologisch begründeten Führungsanspruch der kommunistischen Parteien. Dieser Führungsanspruch leitete sich auch nicht aus freien Wahlen ab, sondern beruhte auf der historischen Mission der Arbeiter- und Bauernklasse und ihrer Partei im „Marxismus-Leninismus". [6]

Im sowjetischen System dienten Wahlen als Instrument der Herrschaftsausübung und nicht als Legitimation für ein Herrschaftssystem. Sie unterlagen daher der absoluten Kontrolle der Parteien und der Staatsorgane. Eine staatlich anerkannte Opposition konnte es aus ideologischen Gründen nicht geben. Gewählt wurde nach absoluter Mehrheit in Einerwahlkreisen. Nach diesem für totalitäre Staaten typischen Wahlsystem wurden auch noch die ersten halbfreien Wahlen zum Kongress der Volksdeputierten im Frühjahr 1990 durchgeführt. Dies entsprach auch den damaligen Vorstellungen Gorbatschows von der Neugestaltung des Wahlsystems, der nach Seiffert nur „demokratisierte" Wahlen, aber keine freien, geheimen und gleichen Wahlen in einem Mehrparteiensystem gewollt hat.[7]

Anders als Gorbatschow war es Boris Jelzin, der sich nicht nur für eine Demokratisierung des sowjetischen Systems eingesetzt hat, sondern nachhaltig für dessen Überwindung eingetreten ist. Sein historischer Verdienst ist die Durchsetzung der neuen Verfassung von 1993, über deren Annahme er in freien Wahlen die Bürger des Landes entscheiden ließ.

Die Verfassung von 1993

Zwar wurde der Alleinstellungsanspruch der kommunistischen Partei im Einparteiensystem sowjetischen Typs mit der Streichung des Artikels 6 der Verfassung der RSFSR von 1978 bereits im Jahre 1990 beseitigt, jedoch fehlte es bis 1993 an einer verfassungsrechtlichen Anerkennung eines Mehrparteiensystems mit geheimen, gleichen und direkten Wahlen. Erst als es Jelzin im Machtkampf gegen die alte Noma-Klatura durch die Erstürmung des Weißen Hauses in Moskau und die Auflösung des Kongresses der Volksdeputierten und des Obersten Sowjets gelungen war, die alten sowjetischen Strukturen endgültig zu zerschlagen, war der Weg für eine neue Verfassung frei. Die neue Verfassung von 1993 garantiert in Artikel 13 Abs. 3 ein Mehrparteiensystem. Mit einem solchen System ist die Erwartung verbunden, dass die Wähler in der Auswahl zwischen mehreren Parteien ihre gesellschaftlichen Interessen artikulieren können und mit der Zeit eine gewisse gesellschaftliche Verwurzlung der Parteien mit der Folge eines relativ stabilen politischen Wettbewerbs entsteht.
Dass sich diese Erwartung bis heute nicht erfüllt hat, liegt auch in der Struktur des Wahlsystems Russlands begründet.

Die Struktur des Wahlsystems

Die Erwartung, dass sich in Russland relativ schnell politische Parteien bilden, die in einem stabilen Wettbewerb um die Stimme der Wähler ringen, hat sich bis heute nicht erfüllt.

Die Parteien selbst befinden sich noch in einem embryonalen Zustand. Dies liegt einerseits daran, dass Parteien bis heute keine Interessengruppen, sondern nur Personen und Ambitionen vertreten. Parteiprogramme, wie wir sie in der Bundesrepublik Deutschland kennen, findet man kaum. Konkrete Vorschläge für ein Steuer- und Wirtschaftssystem sucht man bei den meisten Parteien vergeblich. So verwundert es auch nicht, wenn der russische Politologe Wladimir Pastukow sagt: „Wahlen sind ein unnötiges, substanzloses Spiel.“. Begünstigt wird der Umstand, dass sich die Parteien Russlands nicht nach westlichem Vorbild entwickeln, durch die Struktur des Wahlsytems und die herausgehobene Stellung des russischen Präsidenten.

Der russische Präsident ist Staatsoberhaupt und im Gegensatz zum Bundespräsidenten zugleich Leiter der Exekutive. Er ernennt und entlässt die

Minister. Lediglich für die Ernennung des Ministerpräsidenten ist er auf die Zustimmung der Staatsduma (Parlament) angewiesen.

Eines der bedeutendsten Machtinstrumente des russischen Präsidenten ist das sogenannte Dekret. Mit ihm kann er ohne Beteiligung der Duma Gesetze erlassen, wenn diese der Verfassung nicht widersprechen. Der Präsident hat auch das Recht, gegen Gesetze der Staatsduma sein Veto einzulegen. In diesem Falle tritt ein von der Duma beschlossenes Gesetz nur dann in Kraft, wenn der Präsident durch eine 2/3-Mehrheit von der Föderalversammlung (bestehend aus Staatsduma und Föderationsrat) überstimmt wird. Dem Präsidenten steht sogar unter bestimmten Voraussetzungen das Recht zur Parlamentsauflösung zu. Seines Amtes kann er letztlich nur durch ein sogenanntes Impeachmentverfahren enthoben werden, wenn er sich beispielsweise des Hochverrats oder eines sonstigen schweren Verbrechens schuldig gemacht hat.

Diese herausragende Machtstellung des Präsidenten hat zwangsläufig eine Schwächung der Bedeutung der Parteien, vor allem aber auch eine Schwächung des Parlaments, zur Folge.

Die russischen Präsidentschaftskandidaten werden nach dem Parteienwahlgesetz von Wahlblöcken, Wählervereinigungen (was auch Parteien sein können) oder durch Initiativgruppen nominiert. Jede dieser Gruppen darf nur einen Kandidaten aufstellen. Von der zentralen Wahlkommission wird nur der Kandidat registriert, der die Unterschriften von einer Million Bürgern nachweist, wobei nur 7 % davon aus einem Föderationsgebiet, bspw. Moskau, kommen dürfen. Gewählt ist derjenige, der die absolute Mehrheit der Stimmen auf sich vereinigt. Gelingt dies im ersten Wahlgang keinem Kandidaten, so ist ein zweiter Wahlgang erforderlich, bei dem die relative Mehrheit entscheidet.

Dieses Wahlverfahren dokumentiert im Unterschied zu dem Wahlverfahren des Präsidenten der Bundesrepublik Deutschland, dass die Parteien eine geringe Rolle spielen.

Bei den Wahlen zum Parlament, d. h. den Duma-Wahlen der russischen Föderation, kommt ein sogenanntes Grabenwahlsystem zur Anwendung. Die erste Hälfte der Mandate der Duma (225) wird in Einerwahlkreisen mit relativer Mehrheit gewählt, wobei sich mindestens 25 % der Wahlberechtigten im Wahlbezirk an der Wahl beteiligen müssen. Die zweite Hälfte der Sitze in der Duma wird über starre landesweite Listen vergeben. Zur Wahl können sich Parteien und auch Wahlbündnisse (Gruppierungen) stellen.

Bei der Sitzverteilung werden jedoch nur Parteien oder Wahlbündnisse berücksichtigt, die landesweit über 5 % der Stimmen (Sperrklausel) erhalten haben.

Die Folge dieses Wahlsystems war bei der Wahl zur Duma 1993, dass neun Gruppierungen und daneben noch etwa ein Drittel der Abgeordneten als Unabhängige in die Staatsduma einzogen. [8]

Bei den Duma-Wahlen vom 17. Dezember 1995 zogen über die Verhältniswahlmandate der Listen von 43 Parteien bzw. Gruppierungen nur noch ganze vier ins Parlament ein. Diese vereinigten lediglich 51 % der Stimmen auf sich. Fast die Hälfte der Stimmen fiel somit unter den Tisch. Über die Mehrheitswahl der Einerwahlkreise zogen Kandidaten von weiteren sieben Parteien und noch 94 Unabhängige ins Parlament ein. Diese Wahlergebnisse dokumentieren sehr deutlich die Zersplitterung der Parteien in Russland, aber auch ihre geringe Akzeptanz bei den Wählern, die ganz offensichtlich Personen (Führern) den Vorzug geben und in Parteien noch kein Vertrauen investieren.

Auch die Wahlen zur Staatsduma 1999 gaben keinen Anlass zur Korrektur dieser Einschätzung.

Der Wahlkampf 1999 stand nach Einschätzung vieler im Zeichen der vom Kreml kontrollierten Medien und dem Tschetschenienkrieg. Der Wahlkampf war ferner durch das Schmieden zahlreicher Bündnisse geprägt, die die politischen Kräfte auf bestimmte Personen fixierten. Damit wurde die politische Struktur in Russland nicht durchsichtiger. Erfreulich an den Wahlen zur Duma am 19. Dezember 1999 war lediglich, dass die befürchtete erhebliche Stärkung der Kommunisten sich nicht eingestellt hat.

Auch diese Wahlen haben im Ergebnis die Zersplitterung der politischen Kräfte in der Duma nicht beseitigt. Ein parlamentarisch wirksamer Gegenpol zum Präsidenten im Kreml ist nicht entstanden.

Russische Politik im Wahlkampf

Aus den oben dargelegten Gründen spielen im russischen Wahlkampf Parteien eine eher untergeordnete Rolle. Im Vordergrund stehen Personen, die bereits auf wirtschaftlicher oder gesellschaftlicher Ebene an Macht gewonnen haben und diese Macht mittels eines politischen Mandats zu festigen versuchen.

Die Motive hierfür reichen von persönlicher Habgier bis zu ernsthafter Sorge um das Vaterland Russland.

Es sind daher auch weniger die Parteien selbst, die medienwirksam in Erscheinung treten. Statistiken über den Einfluss und die Verflechtung von Politik und Medien in Russland dokumentieren, dass Personen eindeutig im Vordergrund stehen. Beim landesweiten Radiosender „Radio Rossii" war im Jahr 1999 beispielsweise der Kommunist Sjuganow der meistgenannte Politiker, während bei dem etwas kleineren Radiosender „Mayak" der frühere General Lebet diese Position einnahm. Interessant ist, dass bei dem 1990 von Franzosen gegründeten landesweiten und relativ unabhängigen Radiosender „Europe +" sich feststellen lässt, dass dort die maßgeblichen Politiker in etwa paritätisch zu Wort gekommen sind. Dies lässt Rückschlüsse auf die Einflüsse zu, die die einzelnen Politiker auf rein russische Hörfunksender haben. Ähnlich verhält es sich bei den TV-Sendern und den Printmedien. Aus diesen Gründen beklagt auch der Schöpfer des freiheitlichen russischen Pressegesetzes, Michael Fedotow, dass es bei den Medien weder transparente Besitzverhältnisse noch redaktionelle Freiheit geben würde. Für diese Einschätzung könnte auch sprechen, dass seit 1990 laut Aussage des Leiters der Glasnost-Stiftung, Alexej Simonow, mehr als 60 Journalisten in Russland unter höchst merkwürdigen Umständen ihr Leben gelassen haben.

Bemerkt wird ferner, dass die Dumawahl vom 19. Dezember 1999 massiert von den vom Kreml kontrollierten Medien zu dem Zwecke beeinflusst worden sei, den Präsidenten Wladimir Putin im Hinblick auf seine Präsidentschaftskandidatur zum populärsten Politiker in Russland aufzubauen. Auch die Bürgermeisterwahl in Moskau sei durch den Amtsinhaber Luschkow erheblich beeinflusst worden. Dieser habe persönlich massiven Einfluss auf die Medien genommen, um die Berichterstattung in seinem Sinne zu gestalten. Ihm werden sogar rüdeste Methoden vorgeworfen. So soll er, wenn er mit einem Artikel nicht einverstanden war, die Papierlieferung, die Stromzufuhr oder die Verteilung einer Zeitung gestoppt haben, um die Medien in seinem Sinne zu disziplinieren. [9]

In der russischen Medienlandschaft spielt aber mit weitem Abstand das Fernsehen die Hauptrolle, weil fast jeder russische Haushalt über ein Fernsehgerät verfügt. Radio hören hingegen weniger als zwei Drittel der Russen und nur jeder vierte Russe liest regelmäßig eine Zeitung. Die Nutzung bzw. die Benutzung des Fernsehens ist somit auch das wichtigste Instrument, um Wahlkämpfe erfolgreich zu gestalten.

Wer auf dieses Medium den stärksten Einfluss hat, dem ist der Wahlsieg kaum noch zu nehmen.

So verwundert es nicht, dass Putin einer der Hauptmeinungsmacher via TV in Russland ist. Der Staatssender RTR (Russisches Fernsehen) mit einem Marktanteil von 16 % gilt als absolut Putin-treu. Der halbstaatliche Sender (ORT) mit einem Marktanteil von 29 % ist zumindest sehr Putin-nah.[10]

Neben Putin sind Beresowskiy und Gussinskij die größten Meinungsmacher. Gussinskij gehört u. a. der Fernsehsender NTW, der in erster Linie Informationen ausstrahlt. Dieser Sender galt bisher als kritisch, was zu sofortigen Disziplinierungsmaßnahmen führte, die in der zeitweisen Inhaftierung Gussinskijs gipfelten.

Direkten Einfluss auf die Gestaltung der Medienlandschaft hat der Präsident auch über seinen Medienminister Michail Lessin, dessen Ministerium über die Vergabe von Rundfunklizenzen entscheidet. Der Rundfunk ist somit in Russland tatsächlich nicht staatsfern, sondern staatsnah organisiert, was gerade in Wahlkämpfen die Inhaber von Machtpositionen erheblich bevorteilt.

All dies zeigt, dass die Demokratie in Russland noch in den Kinderschuhen steckt und Wahlkämpfe in der russischen Föderation mit Wahlkämpfen westlicher Demokratien noch nicht verglichen werden können. Rom wurde aber auch nicht an einem Tage erbaut. Dass in Zeiten eines Umbruchs, insbesondere eines Neubeginns, sich Strukturen nicht immer von unten nach oben, sondern umgekehrt entwickeln, ist auch westlichen Demokratien nicht völlig fremd.

Gleichwohl ist die Situation Russlands, bedingt durch seine Historie, nicht mit der Ausgangslage zu vergleichen, die wir in Deutschland 1990 hatten. Russland hat über 1000 Jahre nur Diktaturen erlebt und war auch in den beiden letzten Jahrhunderten vom Westen nicht nur militärisch, sondern auch geistig abgeschottet. Für die russische Bevölkerung reicht es aus, wenn ein Politiker im Wahlkampf Stabilität, Berechenbarkeit und Nicht-Korruption verkörpert. Sie sucht die persönliche und private Sicherheit und ist von daher ein äußerst konservatives Wählerpublikum.

Den marktpolitischen Reformpolitikern treten die Russen nicht feindlich, jedoch mit großer Skepsis gegenüber, weil sich bis heute deren große Versprechungen mehr oder minder als leere Worthülsen erwiesen haben. Der Russe wünscht sich am liebsten ein System, das ihm einerseits eine soziale Sicherheit wie in Zeiten der Sowjetunion bietet und er andererseits zu erschwinglichen Preisen aus einem vollen Warenkorb wie heute auswählen kann, ohne dafür, wie früher, Schlange stehen zu müssen. Putin hat vor allen anderen Bewerbern um das Präsidentenamt diese Sehnsüchte des russischen Volkes am besten erkannt, was ausschlaggebend für seinen Wahlerfolg war. Putin will den starken Staat. Darunter versteht er nicht einen Staat, der seine Legitimation aus einer staatlich verordneten Ideologie oder einem erzwungenen bürgerlichen Einvernehmen ableitet, sondern aus der freien gesellschaftlichen Zustimmung. Mit seiner Wahl zum Präsidenten haben die Russen in freien, allgemeinen und geheimen Wahlen diese Zustimmung zu einem starken, jedoch gemäßigten Staat, der insbesondere die Korruption bekämpfen soll, erteilt. Ob dieser starke russische Staat putinscher Prägung die Probleme Russlands zeitnah lösen wird, bleibt abzuwarten. An Russland muss man glauben, sagt ein altes Sprichwort!

Anmerkungen:

1 DW Analysen v. 19.10.1999, http://kleist.dwelle.de

2 ebd.

3 Fredy Gsteiger „Taumelnder Koloss“ in die Weltwoche v. 11.11.1999, Ausgabe 45/99

4 Ute Schaeffer „Der Wahlkampf für die russische Dumawahl hat begonnen“ in DW-Analysen v. 12.10.1999

5 Fredy Gsteiger a. a. O.

6 Dieter Nohlen, Wahlrecht und Parteiensystem, 3. Auflage, UTB für Wissenschaft, S. 27

7 Wolfgang Seiffert, W. Putin - Wiedergeburt einer Weltmacht ? Langen-Müller, S. 25

8 Dieter Nohlen a. a. O.

9 Die Weltwoche, Ausgabe Nr. 45/99 v. 11.11.99

10 Die Welt v. 22.08.2000, S. 34

IV. Wahlkampf im Fernsehen

1. Köpfe und Themen – Die perfekte Vermarktungsstrategie

Günther Graßau

Das Fernsehen hat der Politik seine Spielregeln aufgezwungen!

So oder so ähnlich argumentieren immer häufiger deutsche Politiker. Die Folgen sind, so die Kritik, eine extreme Personalisierung von Politik und die Unterordnung politischer Themenkataloge unter die Unterhaltungsmaxime des Fernsehens. Als Beweis der „Mediatisierung der Politik" gelten beispielsweise die Wahlkämpfe in den USA in den 90er Jahren oder der Bundestagswahlkampf 1998, insbesondere die Rolle Gerhard Schröders .

Mit dem Einfluss der Massenmedien, vor allem des Fernsehens, auf Politiker, Politik und die politische Willensbildung der Bevölkerung beschäftigen sich seit Jahren zahlreiche Untersuchungen. Eindeutige Wirkungszusammenhänge aber sind nicht nachgewiesen. Ob nun Politiker das Fernsehen zum Transport ihrer Botschaft nutzen oder Fernsehjournalisten Politik zum Showbusiness degradieren, bleibt genau so unbeantwortet wie die alte Frage, ob zuerst das Ei oder das Huhn da war.

Für den wahlkämpfenden Politiker ist dies denn auch eher eine akademische Diskussion, für ihn ist entscheidend, dass fernsehorientierte Formen des Wahlkampfes als unverzichtbar gelten.

Wie kann ich das Fernsehen für den Wahlkampf nutzen?

Will der Wählkämpfer sich und seine Themen erfolgreich im Fernsehen „unterbringen", muss er wissen, wie Fernsehen „funktioniert".

Ausgangspunkt aller Überlegungen ist die These, dass Fernsehen immer eine Mischung aus Information und Emotion bzw. Unterhaltung ist. Diese These stößt bei Politikern immer wieder auf Unverständnis oder Ablehnung. Verstehen sich Journalisten in Deutschland doch angeblich als kritische Wächter. Doch auch der kritische Fernsehmacher braucht viel mehr als Sachinformationen.

Wer Fernsehen schaut, den beeindruckt nämlich zuerst einmal nicht der gesprochene Text, sondern ganz andere Elemente eines Films: Bilder, Bewegung, Geräusche, Musik oder Stimmungen. Für den Zuseher, der gemütlich beim Feierabendbier auf dem Sofa sitzt, gehört das alles zum Film. Und zwar nicht nur zum Spielfilm, sondern auch zur politischen Reportage.

Der Text ist das intellektuellste Element des Beitrags. Damit der überhaupt wirken kann, muss aber das emotionale Feld bereitet werden. Und genau das passiert über die anderen Elemente eines Films. Die Musik unter Bildern von der Wahlkampfreise des Bundeskanzlers verändert die Wahrnehmung. Der mit viel Text versehene und auf emotionale Bilder verzichtende Magazinbeitrag oder Nachrichtenfilm „zwingt" den Zuschauer, entweder wegzusehen oder wegzuhören. Wer sich für eines von beiden entscheiden muss, kann keins von beiden genießen. Die Erwartung vieler Politiker, mit einer Fülle von Informationen und Äußerungen gespickte Filme wären eine sinnvolle Form der Fernsehberichterstattung, irrt also! Die Bilder bleiben der besondere Reiz des Mediums Fernsehen.

Warum sind Köpfe so interessant?

Jeder Fernsehjournalist, auch der politische Berichterstatter, sendet nicht im luftleeren Raum, sondern will ein Publikum, will „seine" Zuschauer erreichen.

Der Fernsehjournalist sucht deshalb nach Wegen, Sachpolitik anschaulich zu machen. Deswegen baut er bei komplexen oder abstrakten (und doch wichtigen!) Themen wie der Haushaltspolitik Comics oder Spielhandlungen ein. Es gilt, die Materie für den Zuschauer fassbar zu machen, nicht etwa zu „entpolitisieren".

Die naheliegendste Form der Darstellung von Wahlkampf ist aber der Politiker selbst, gewissermaßen der Kopf statt abstrakter Themen. Die Aussage „Menschen wählen Personen, nicht Wahlprogramme" bringt diese Überlegungen auf den Punkt. Köpfe liefern das, was Fernsehleute lieben und am dringendsten brauchen: Bilder und Emotionen. Der bekannte amerikanische Fernsehjournalist Daniel Schorr hat diese Überlegung so zusammengefasst: „Fernsehen ist Theater, unser Medium lebt von Emotionen, wir brauchen Helden und Schurken. Grautöne und langatmige, ausgewogene Analysen langweilen den Zuschauer".

Studien der Wahrnehmungspsychologie haben ergeben, dass der Mensch über 80 % seiner externen Eindrücke über das Sinnesorgan Auge aufnimmt. Dieses Phänomen gilt selbstverständlich, wenn der Politiker auf dem Marktplatz spricht oder das Altenheim besucht genauso. Aber nur im Fernsehen bekommen Tausende von Menschen gleichzeitig den Politiker so hautnah „serviert". Jede Regung, jede Geste lässt sich gewissermaßen mit Händen greifen. In besonders eindrucksvoller, fast tragischer Weise konnte man dies bei Wolfgang Schäuble während der Auseinandersetzung in der CDU-Spendenaffäre beobachten.

Um die Bedeutung des äußeren Eindrucks wissen wir schon lange, jeder handelt mehr oder weniger unbewusst nach den Spielregeln der „Psychologie des ersten Eindrucks". Das Fernsehen schafft deswegen ja auch keine neue Realität, sondern transportiert Beobachtungen in Millionen Haushalte, die sonst einer kleinen Zahl von Insidern vorbehalten blieben.

Der Zuschauer misst seiner Beobachtung besondere Bedeutung und Aussagekraft bei: „Das was ich sehe, glaube ich." oder auch „Das haben sie gestern im Fernsehen gezeigt." sind typische Aussagen. Der Fernsehzuschauer erlebt in vielen Fällen aber nicht einen Menschen mit Ecken und Kanten, sondern ein auf Hochglanz poliertes Produkt von Wahlkampfstrategen.

Kleidung oder Brille sind optimiert, die Wahlkampfauftritte fernsehgerecht inszeniert. Da der Zuschauer dies erkennt, achtet er unbewusst auf das Zusammenspiel von Aussage und Aussehen, oder anders formuliert: Passen verbale und nonverbale Kommunikation zusammen? Lange bevor der Mensch im Laufe des Evolutionsprozesses reden lernte, verständigte er sich mit Zeichen des Körpers. Diese Zeichen sind uns in Fleisch und Blut übergegangen, wir wissen, was sie bedeuten. Und da diese Körpersprache nicht oder nur wenig zu kontrollieren ist, gilt: Der Körper lügt nie! Ob ein Politiker im Fernsehen glaubwürdig wirkt, entscheidet sich an dieser Stelle.

Nur wenn Mitgefühl oder Engagement vor der Kamera „vorgelebt" werden, nimmt der Betrachter die inhaltlichen Aussagen ab.

Was sind Fernseh-Themen?

Wie komme ich aber nun als Politiker mit „meinen" Themen überhaupt ins Fernsehen und wenn ich es schaffe, wie muss ich mich verkaufen? Dass die Bilder der Dreh- und Angelpunkt sind, haben wir schon diskutiert. Ein Thema, das keine eindrucksvollen Bilder verspricht, wird es also schwer haben. Aber Bilder allein reichen nicht aus. Welche Inhalte aber sind gefragt? Die hohe Schule der politischen Berichterstattung sind natürlich die nationalen Programmangebote. Nachrichtensendungen wie das „Heute Journal" oder die „Tagesschau" oder Politikmagazine wie „Fakt" und „Panorama" erreichen ein Millionen-Publikum. Doch der Platz für politische Berichterstattung in den nationalen Fernsehangeboten ist beschränkt.

Deshalb gilt für den Wahlkämpfer:

„Auch in der Regionalliga wird gespielt."

Dass heute auch viele Themen, die nicht zur Bundespolitik zählen, im Fernsehen Platz finden, hat zwei Gründe:

Viele regionale Anbieter sind in den vergangenen Jahren entstanden. Dazu zählen die Regionalfenster der öffentlich-rechtlichen Anbieter (NDR, WDR, MDR, SWR), aber auch privat veranstaltetes Ballungsraumfernsehen (Hamburg, München oder Berlin) und Lokalfernsehen, wie es beispielsweise in Sachsen in fast jeder Gemeinde existiert. Erfolg haben diese Programme, weil das Interesse an regionalen Themen enorm gewachsen ist. Früher ließen nur internationale Vorgänge das Publikum aufhorchen. Heute interessiert sich der Bürger mindestens genauso stark dafür, was vor seiner Haustür geschieht. In einer globalen Welt wird das eigene Dorf oder der Stadtteil, in dem ich wohne, zum Mittelpunkt meines Interesses. Vor allem aus dieser Überlegung heraus sind die neuen regionalen Fernsehangebote entstanden.

Übrigens: Wer hofft, mit derselben Presseinformation die „Tagesschau", das lokale Anzeigenblatt und das Landesprogramm des WDR neugierig machen zu können, wird meist enttäuscht.

Die vielen neu entstandenen Fernsehstudios haben für Landes- und Kommunalpolitiker auch noch eine andere Konsequenz: Die Zeiten, als ein Fernsehauftritt nur denen im fernen Bonn „drohte", sind vorbei. Da Schnelligkeit im Online-Zeitalter mehr denn je den Fernsehmarkt prägt, werden durch Satellitenübertragungswagen oder Schaltgespräche auch die entferntesten Winkel der Republik fernsehmäßig erfasst.

Was interessiert den Zuschauer?

Gleich, ob national oder regional, jeder Fernsehmacher ist auf der Suche nach erfolgreichen Themen. Eigenschaften, die über den Erfolg beim Zuschauer entscheiden, sind zum Beispiel:

- die Exklusivität (Ist das Thema neu?),
- die Relevanz (Geht mich das Thema etwas an?),
- der Unterhaltungswert (Reden die Leute darüber?),
- der Nutzwert.

Keines dieser Kriterien aber ist absolut zu betrachten. Ein Thema, das bei der Hamburger Tagesschauredaktion sofort in den Papierkorb wandert, kann für die „Berliner Abendschau“ der „Aufmacher“ sein. Je mehr Kriterien ein Thema erfüllt, desto mehr Erfolg beim Zuschauer verspricht es.

Die Umsetzung im Fernsehen

Mindestens genau so wichtig ist aber die zweite Frage: Wie bringe ich meine Inhalte ideal an den Mann und die Frau vor dem Bildschirm? Bevor der Zuschauer das erste Bild zu sehen bekommt, entscheidet der Fernsehmacher über die konkrete Umsetzung. Und den Part des Politikers.

In welche Situationen kann ich im Fernsehen kommen?

1. Das Interview

Das Interview ist die wohl wichtigste Fernsehsituation für jeden Politiker. Man kann eine Reihe von Grundfällen unterscheiden: Entweder wird das Gespräch mit Ihnen ganz oder in wesentlichen Passagen auch als Interview gesendet. Oder das Interview wird aufgenommen, um hinterher nur mehr oder wenige kurze Passagen in einen sogenannten “gebauten“ Beitrag einzufügen. Stattfinden kann das Interview theoretisch an jedem Ort. Besonders häufig sind Interviews in der Nähe von Plenarsälen, Unternehmen oder im Fernsehstudio.

Unter dem Blickwinkel der Ausstrahlung unterscheidet man das aufgezeichnete vom live ausgestrahlten Interview. Vor Beginn des Gesprächs, am besten sogar vor der Zusage zu einem Interview, sollte Ihnen bekannt sein, welche Art von Interviewsituation gegeben ist.

Beim Interview haben Sie, im Gegensatz zum Statement, einen realen Partner, der Ihnen gegenübersteht bzw. gegenübersitzt. Ihn sprechen Sie an, nicht die Kamera. Jeder Verstoß gegen diese Grundregel wird vom Zuschauer als unhöflich empfunden (oft völlig unbewusst). Sieht er doch, wie Sie auf die Frage eines Reporters Ihre Antwort nicht an ihn richten, sondern an ein imaginäres Publikum. Eine Unsitte, die weit verbreitet, aber dennoch nicht zu empfehlen ist.

Eine weitere Regel klingt zwar sehr banal, ist aber nur sehr schwer in die Tat umzusetzen:

Verhalten Sie sich und sprechen Sie so natürlich wie möglich!!

Das ist inmitten von Monitoren und Scheinwerfern in einem Fernsehstudio natürlich noch sehr viel schwieriger als im gewohnten eigenen Büro. Oft reagieren Interviewte auf die für sie ungewohnte Situation mit Aggressivität oder Arroganz, beides ist verkehrt. Behandeln Sie den Interviewer, der Ihnen ja als Vertreter der Zuschauer gegenübertritt, als Partner. Beantworten Sie auch freche, bewusst provozierende Fragen sachlich und ruhig. Nur dann, wenn der Interviewer erkennbar jede sachliche Ebene verlässt, sollten Sie darauf hinweisen und entsprechend argumentieren.

Und schließlich:

Seien Sie ehrlich.

Denken Sie immer daran, dass die Kamera unerbittlich entlarvend ist. Der Zuschauer bemerkt unweigerlich nach kurzer Zeit, ob Sie Ihrer Sache sicher sind oder nur bluffen. Wer also auf eine Frage wirklich keine Antwort weiß, sollte dies offen zugeben. Begründen Sie dies aber auf jeden Fall sofort und bieten Sie eine rasche Klärung der Frage an.

2. Das Statement

Im Unterschied zum Interview handelt es sich beim Statement nicht um ein (gestelltes) Gespräch mit einem tatsächlich vorhandenen Partner, sondern um eine direkte Ansprache des Fernseh-Publikums. Sie sollten trotzdem auf jede direkte Anrede der Zuschauer verzichten, ebenso auf den Dank, Gelegenheit zur Stellungnahme zu haben. Alle diese Teile werden ohnehin „weggeschnitten".

Wiederholen Sie auch nicht die gestellte Frage, sondern beginnen Sie sofort mit Ihrer Antwort. In einem Statement sollen Sie die wichtigsten Aussagen in möglichst kurzer Form möglichst klar und verständlich vortragen. Das hört sich indes einfacher an, als es ist. Zumal die zur Verfügung stehende Zeit meist maximal eine Minute beträgt. Deshalb sollten Sie, vor allem bei kurzen Statements, Ihren Text vorher ausformulieren.

Gute Aussagen lassen sich nicht improvisieren!

Nur im Notfall sollte der Text abgelesen werden, da nur sehr Geübte den Eindruck einer freien Rede vermitteln. Sehr viel wirkungsvoller ist ein wirklich freier Vortrag. Glaubwürdig wirken solche kurzen Texte übrigens meist nur dann, wenn sie der Vortragende auch wirklich selbst formuliert hat.

Schreiben Sie Statement-Texte selbst!

Besondere Sorgfalt sollten Sie auf die beiden ersten und letzten Sätze verwenden, da sie über die Wirkung der gesamten Aussage entscheiden.

3. Das Schaltgespräch

Zu einem Schaltgespräch kommt es immer dann, wenn die Teilnehmer eines Interviews oder einer Diskussion (siehe unten) nicht an einem Ort zusammen zu bringen sind.

Der klassische Fall: Ein Politiker soll zu einem tagesaktuellen Thema befragt werden, befindet sich aber auf einer Wahlkampfreise. Dann wird dieser Gesprächspartner in ein dortiges Fernsehstudio gebeten und, meistens live, zugeschaltet (daher der Name).

Das Besondere an dieser Situation des Schaltgesprächs: Der Politiker sitzt entweder ganz allein oder mit einem Aufnahmeleiter in einem mehr oder weniger kleinen Studio. Er hat meist keinen direkten Kontakt zur Redaktion der Sendung und kann oft nur mit Mühe Inhalt und Länge des Gesprächs erfahren. Sein „Gesprächspartner“ ist zudem die Kamera, eine für Neulinge schwierige Situation, da man kein „Feedback“ erhält.

Damit Sie sich möglichst gut auf die ungewohnte Situation einstellen können, sollten Sie dreißig Minuten vor Ihrem Auftritt vor Ort sein.

4. Die Diskussion

Jede Fernsehdiskussion, egal, ob aufgezeichnet oder live ausgestrahlt, stellt besonders hohe Anforderungen an Sie als Teilnehmer. Vor allem die Überraschungsmomente sind sehr viel stärker als beim Interview oder beim Statement. Bei der Diskussion müssen Sie ständig mit neuen inhaltlichen Themenstellungen oder veränderten äußeren Bedingungen rechnen und damit blitzschnell fertig werden. Beweglichkeit, Präsenz und Durchsetzungskraft sind hier besonders gefragt.

Um zu vermeiden, dass Sie in der Hitze des Gefechts wichtige Argumente vergessen, sollten Sie diejenigen Punkte, die Sie unter allen Umständen in die Diskussion einbringen wollen, vorher schriftlich festhalten.

Damit Sie die richtigen Argumente auch zur rechten Zeit einsetzen können, brauchen Sie oft eine gehörige Portion Durchsetzungskraft. Denn bei jeder Fernsehdiskussion gilt, dass die Zeit der größte Gegner ist – sie läuft allen Teilnehmern davon. Deshalb sollten Sie Ihre besten und wichtigsten Argumente auch immer sofort vortragen. Es ist für Sie nie zu früh, aber schnell einmal zu spät.

Eine besonders heikle Situation ist folgende: Sie merken im Verlauf der Sendung, dass der Moderator seiner Aufgabe nicht gewachsen ist. Sei es aus Unkenntnis oder aus ideologischer Einäugigkeit. In diesem Falle sollten Sie versuchen, diese Tatsache auch dem Zuschauer klarzumachen. Unterlassen Sie es, so wird Ihre (eventuell nur daraus resultierende) schwache Position nur Ihnen allein angekreidet.

5. Die Talkshow

Für die bei allen Sendern beliebten Talkshows gelten ähnliche Regeln wie bei einer Fernsehdiskussion, aber auch einige wichtige Abweichungen.

Sie sind häufig als Politiker der einzige Fachmann zu einem bestimmten Thema. Dafür werden Sie dann aber nicht nur vom Talkmaster, sondern auch von den anderen Gästen und sogar vom Publikum „in die Zange genommen“. Und zwar oft genug unsachlich oder provozierend. Sie müssen jederzeit mit gezielten Schlägen „unter die Gürtellinie“ rechnen.

Während Diskussionssendungen, vor allem bei einer fairen und routinierten Gesprächsführung, sachlich bleiben, ist dies bei Talk-Sendungen nicht unbedingt der Fall (und auch nicht immer beabsichtigt!).

Sie müssen daneben auch mit ganz gezielten Fragen aus dem persönlichen Umfeld rechnen, die Sie in einer Diskussionssendung nie und nimmer beantworten würden. Allein schon deshalb muss ein Auftritt in einer Talkshow gut überlegt und vorbereitet sein.

Andererseits haben Talkshows aber auch einen wichtigen Vorzug: Sie können sich und damit Ihre Partei in einem sehr lockeren Umfeld menschlich präsentieren.

Drei goldene Regeln gelten für alle Situationen

So unterschiedlich die einzelnen Fernsehsituationen sein mögen, einige Regeln gelten in jedem Falle. Nur wer sie einhält, wird im Fernsehen erfolgreich auftreten.

1. Sprechen Sie die Fernsehsprache

Jedes Wort, das im Fernsehen gesprochen wird, hört der Zuschauer normalerweise nur einmal. Jeder Text muss also so formuliert werden, dass ihn der Zuschauer auf Anhieb verstehen kann. Deshalb sollten Sie folgende Faustregeln kennen:

- Ihre Sprache muss einfach und leicht verständlich sein.
- Ihre Sätze müssen kurz und knapp sein.
- Verzichten Sie auf Nebensätze, Rückbezüge oder Einschübe.
- Benutzen Sie soviel Umgangssprache wie möglich.
- Vermeiden Sie Fremdworte.
- Vermeiden Sie Fachausdrücke (z. B. Outsourcing oder Verkehrsfläche).
- Vermeiden Sie Abkürzungen (z. B. ÖPNV oder KSZE).
- Wiederholung zentraler Begriffe ist besser als ständige Abwechslung.
- Metaphern und Bilder erhöhen die Verständlichkeit.
- Bei schwierigen technischen oder administrativen Vorhaben sollten Sie Beispiele oder Analogien aus dem Alltag suchen.

Vor allem bei Vergleichen muss mancher Politiker sein Herz in beide Hände nehmen, ist doch mancher Vergleich streng wissenschaftlich vielleicht nicht korrekt. Doch immer gilt:

Hauptsache Sie werden verstanden!!

2. Argumentieren Sie fernsehgerecht

Was aber sind die Argumentationswege, die im Fernsehen erfolgreich die eigene Position darzustellen helfen? Bei aller Vielschichtigkeit gibt es doch einige Grundregeln.

- Was ist Ihre Botschaft?

Überlegen Sie vor jedem Interview, vor jedem Statement ganz genau, was Sie dem Zuschauer sagen wollen. Da Sie nur wenig Zeit zur Verfügung haben (oft weniger als zwei Minuten!), muss Ihre Botschaft vorher feststehen. Es kommt auf jeden Halbsatz an. Verlassen Sie sich niemals, vor allem nicht im Krisenfall, auf Ihre Intuition oder auf Ihre in anderen Situationen bewährte Rhetorik.

Der Interviewer hat immer einen „Heimvorteil", er kennt das Medium und beherrscht es im Zweifelsfalle auch. Selbst wenn das Interview in Ihrem Büro aufgezeichnet wird und Ihr Spezialgebiet betrifft, sollten Sie vorher ganz genau festlegen, was Sie dem Zuschauer mitteilen wollen. Wann haben Sie schon die Chance, kostenlos mehrere Hunderttausend oder gar Millionen Menschen zu erreichen.

- Beginnen Sie mit dem Wichtigsten

Viele Politiker sind es durch ihre Ausbildung und das tägliche Geschäft gewohnt, im Stil juristischer Gutachten zu denken und zu formulieren. Also erst die Darstellung und Beschreibung eines Problems und dann die Schlussfolgerung oder Handlungsempfehlung. Diese Methode ist für das Medium Fernsehen ungeeignet. Gerade der flüchtige Zuschauer verliert schnell den roten Faden in längeren Argumentationsketten. Und schaltet ab und ist für Sie und Ihre Botschaft verloren.

Machen Sie es dem Zuschauer leichter, indem Sie Ihre Argumentation einfach umdrehen und mit dem wichtigsten Gedanken beginnen. Dann folgt die Begründung und dann nochmals eine kurze Zusammenfassung. So bleibt Ihre zentrale Aussage besonders gut haften und Sie laufen nicht Gefahr, dass der Interviewer Ihnen das Wort abschneidet, bevor Sie mit Ihrer Argumentation überhaupt ans Ende gekommen sind. Sie können sich dieses Vorgehen visuell vorstellen, wenn Sie an eine auf den Kopf gestellte Pyramide denken!

- Positiv denken

Viele politische Entscheidungen sind strittig oder bedeuten (finanzielle) Belastungen oder Einbußen. Relativierungen oder Bezüge zu wichtigeren politischen Vorhaben können durch geschickte Argumentation hergestellt werden. Beispiele für mögliche Formulierungen sind: „Wir haben erreicht, ...", „Es ist uns gelungen, ..."

3. Bereiten Sie Ihren Auftritt vor

In wenigen Berufssituationen liegen Chance und Risiko zeitlich und sachlich so dicht beieinander wie im Fernsehauftritt. Damit Sie jede Chance (und davon gibt es viele!) nutzen können, sollten Sie auch auf kürzeste Statements oder Interviews gut vorbereitet sein.

Vorbereitung ist gut investierte Zeit!

In einem Unternehmen muss jeder Verkaufsleiter oder Marketingmann „seine" Zielgruppe kennen, um sie ganz gezielt ansprechen zu können. Beim Fernsehauftritt ist das eigentlich nicht anders. Ihre eigentliche Zielgruppe sind natürlich die Menschen vor dem Bildschirm. Um die erreichen zu können, brauchen Sie den Sender und damit auch die dort arbeitenden Journalisten.

Jeder Sender, jede Sendung hat eine bestimmte Zielgruppe, ein bestimmtes Publikum, eine spezielle journalistische Arbeitsweise. Nur wenn Sie die Rahmenbedingungen Ihres Fernsehauftritts genau kennen, können Sie ziel(gruppen)gerecht argumentieren. Deshalb brauchen Sie folgende Informationen:

- Um welche Sendung handelt es sich?

Bei einer Nachrichtensendung steht nur wenig Zeit zur Verfügung und Sie müssen ganz besonders verständlich argumentieren (Die Zielgruppe heißt „Alle"!) Bei einer Dokumentation für eine Zielgruppensendung in einem Dritten Programm finden Sie eine andere Situation vor: Sie haben relativ viel Zeit und ein fachkundiges, zumindest besonders interessiertes Publikum.

- Was für ein Beitrag ist geplant?

Ob eine längere Reportage oder ein kurzer Nachrichtenfilm produziert werden soll, interessiert nicht nur die Macher, sondern muss auch Sie interessieren. Denn neben der zur Verfügung stehenden Zeit hängt auch die Art Ihrer Aussagen davon ab. In einem nüchtern-sachlichen Nachrichtenfilm sollten Sie in ebenso nüchternen Sätzen kurz und knapp zu einem Sachverhalt oder Ereignis Stellung nehmen. In einer oft emotional angelegten Reportage werden Sie zum Beispiel am Ort des Geschehens mit Zeugen oder

Gegnern konfrontiert. Von sachlicher Auseinandersetzung ist man schnell weit entfernt und Sie müssen schon vorher festlegen, wie sie inhaltlich und sprachlich mit einer solchen Situation umgehen wollen oder dürfen.

- Welche „Rolle“ sollen Sie spielen?

Ganz wichtig ist es, die Ihnen zugedachte „Rolle“ herauszufinden. Sind Sie der neutrale Sachverständige, der ein Problem bewerten oder erklären soll? Oder sitzen Sie und Ihre Politik gewissermaßen auf der Anklagebank? Frage- und Antwortspiel in einem Interview können sich also ganz gewaltig unterscheiden.

- Die Länge des Beitrages und Ihr Anteil

Zwischen einem 45 Sekunden langen Nachrichtenfilm für die „Tagesschau“ und der einstündigen Reportage für das Dritte Programm liegen Welten. Finden Sie deshalb unbedingt heraus, wie lang der Beitrag werden soll und wie lang Ihr Statement oder Ihr Interview-Teil werden soll. Fernsehjournalisten legen sich dabei nur sehr ungern fest. Jedes Interview kann schließlich neue Informationen, neue Aussagen oder neue Spuren bringen. Trotzdem sollten Sie vor Drehbeginn klären, wie lang das Gespräch werden soll. Ansonsten besteht nämlich die Gefahr, dass im Schneideraum aus dem 20-Minuten-Interview nur ein oder zwei Sätze herausgenommen werden und Sie sich anschließend völlig missverstanden fühlen.

- Wird geschnitten?

Sie sollten vor Beginn der Dreharbeiten ebenfalls klären, ob das Interview oder Statement bzw. die Diskussion nach der Aufzeichnung bearbeitet werden soll. Vor allem bei Interviews wird heute fast immer sehr stark geschnitten. Eine grundsätzliche Ablehnung dieses Verfahrens ist nicht zu empfehlen. Vereinbaren Sie aber vor allem bei längeren Gesprächen, dass Sie darüber informiert werden, welcher Teil verwendet werden soll.

Ganz wichtig: Zeichnen auch Sie mit Hilfe eines kleinen Aufnahmegerätes das Gespräch auf. Sie können dann ggf. nachprüfen, ob manipuliert oder verfälscht wurde. Viele Profis geben lieber Live-Interviews, weil dann nicht geschnitten werden kann!

Wenn eine Aufzeichnung erfolgt, sollten Sie sich nicht aufs Glatteis führen lassen und für eine 40-Sekunden-Passage 30 Minuten lang ein Interview führen!

- Wer tritt noch auf?

Nicht nur bei Diskussionsrunden und Talkshows (siehe oben) ist es wichtig zu wissen, wer in derselben Sendung auftritt. Auch bei Magazinbeiträgen oder Dokumentationen sollten Sie darüber informiert sein. (Große US-Konzerne klären dies übrigens mit Hilfe eines schriftlichen Fragebogens, erst dann wird eine Drehgenehmigung erteilt.) Nur wenn man die Gesamtsituation verlässlich einschätzen kann, findet man die ideale Argumentation!

Werden Sie TV-Profi!

Wer sich dem Medium Fernsehen stellt, wird schnell merken, dass man als Politiker, gerade in Wahlkampfzeiten, das Medium nutzen kann. Indem man Fernsehredaktionen mit interessanten bilderträchtigen Themen versorgt. Auch bei kniffligen Themen als Gesprächspartner zur Verfügung steht. Und wenn die Kamera läuft, kurz und verständlich argumentiert.

2. Verhalten vor der Kamera – Wie setze ich mich richtig ins Bild?!

Holger Doetsch

Einige Vorbemerkungen

Erfolg hängt nicht nur von der Substanz, sondern zunehmend auch von der richtigen Präsentation einer Botschaft ab. Nicht ohne Grund wird daher gerade im Bereich der Politik immer mehr „inszeniert und theatralisiert", wie es die „Neue Zürcher Zeitung" einmal sehr richtig umschrieb. Wahlkämpfe zielen nicht mehr in erster Linie auf Informationsvermittlung ab, sondern auf die emotionale Wirkung, die sich mit Aktionen, Auftritten etc. erzielen lässt. Hierbei sind die handelnden Personen zunehmend auf die Massenmedien angewiesen.

Die Möglichkeit eines Fernsehauftrittes bringt erhebliche Chancen mit sich. Das Fernsehen ist Garant dafür, dass Sie einem breiten Publikum, ach was, Millionen Menschen Ihre Ziele, Ihre Vorstellungen, Ihr Programm etc. näher bringen können. Auf jeden Fall empfehle ich Ihnen über die Lektüre dieses Buches hinaus eine professionelle Imageberatung, die darauf ausgelegt ist, Ihre positiven Eigenschaften und Ihre Stärken, die zum Teil vielleicht noch in Ihnen „schlummern", aus Ihnen herauszuholen, damit sie einsetzbar werden. Um Ihre „Aura" wirkungsvoll zur Geltung kommen zu lassen, sollten Sie also den kundigen Ratschlag eines Bühnen- bzw. Kostümbildners einholen!

Um die Chancen des Fernsehens zu nutzen und gleichzeitig die Risiken zu meiden, bedarf es einer umfangreichen Vorbereitung. Vergessen Sie nicht: Wenn eine Kamera ins Spiel kommt, ist das Medium Fernsehen nicht einfach nur neutraler Beobachter. Nein, durch die Kameraführung wird in das Geschehen und die Dramatik einer Sendung eingegriffen.

A. Vor der Sendung

Sofern Ihr Auftritt in einer Fernsehsendung erst in zwei oder drei Wochen geplant ist, schauen Sie sich die Sendung, in der Sie auftreten sollen, vorher an. Zeichnen Sie diese am besten auf und nehmen Sie eine Analyse wie folgt vor:

- Um welches Sendeformat handelt es sich? (Ist es ein lockeres Magazin? Eine strenge Diskussionsrunde? Herrscht Sachlichkeit vor oder geht es um „Blut und Tränen“? etc.)

- Wie verhält sich der Moderator/Diskussionsleiter etc. gegenüber seinen Gästen? (Ist er ein Stichwortgeber wie Alfred Biolek? Oder ein harter Aufklärer wie Ulrich Meyer? Oder gar ein Inquisitor? Dürfen die Gäste bei dem Moderator ausreden, ihre Gedanken zu Ende führen? Werden die Gäste „aufeinander gehetzt“? etc.)

- Welche Struktur ist bei dieser Sendung erkennbar? (Gibt es ein Schwerpunktthema? Werden bestimmte Themen bevorzugt? Gibt es Werbepausen? Wie viele und in welchem Abstand?)

- Befindet sich Publikum im Studio?

- Wird das Publikum in die Diskussion mit einbezogen (Fragerunde etc.)?

- Wie sieht die Studiokulisse aus (wichtig u. a. für das Thema „Kleidung“)?

- Sitzen die Studiogäste? Vielleicht gar auf einem Sofa, in das man „versinkt“? Oder steht man an einem Panel etc.?

- Sind die Diskussionsteilnehmer ganzkörperlich zu sehen oder nur der obere Bereich?

Üben Sie sich in der Kunst des richtigen Verkaufens! Nutzen Sie die Geheimnisse der Rhetorik!

- Halten Sie Blickkontakt zum Interviewer: Auch mit Blicken kann man beeinflussen.

- Körpersignale sagen unendlich viel aus: Wenn Sie die Arme verschränken, verschließen Sie sich der Diskussion/den Argumenten. Ist Ihr Körper hingegen leicht nach vorne gebeugt, verrät das Interesse. Lassen Sie die Schulter nicht hängen.

- Ihre Hände müssen frei liegen, haben also in der Hosentasche nichts zu suchen (Das ist nicht nur höchst unhöflich, sondern es wird mitgeteilt, dass Sie sich als der Grösste fühlen.).

- Sorgen Sie dafür, dass Sie sicher und fest stehen. Wer seine Beine übereinanderkreuzt oder hampelt, weist auf seine Unsicherheit hin.

- Vermeiden Sie „Nebenkriegsschauplätze“, spielen Sie also nicht mit dem Kugelschreiber und zupfen Sie nicht laufend an Ihrer Kleidung herum.

- Setzen Sie Arme und Hände ein, um Ihre Argumentation zu unterstreichen (bildhafte Gesten).

- Das von Ihnen gewählte Redetempo muss der Größe der Studios und dem Thema angepasst sein.

- Machen Sie kleine Pausen zur Entspannung.

- Nutzen Sie zur Vorbereitung auf die Sendung die Videokamera und den Spiegel und wenden Sie die beschriebenen Regeln zur Übung an!

Die Sprache unserer Muskeln

Der Körper verrät die Gefühle und ihre Intensität. Somit hilft es, seinen Körper zu kennen, ihn „unter Kontrolle“ zu halten und durch eine diesbezügliche Beobachtung anderer Menschen diese kennen zu lernen, ohne zu Beginn auch nur ein Wort mit ihnen sprechen zu müssen. Lernen Sie also

Gesichtsausdrücke und die dazugehörigen Bewegungsmodule („Action Units“) kennen.

Hierbei aktivierte Muskel:

- **Angst:** Heben der Nasenwurzel und/oder der Augenwinkel, Senken der Augenbrauen, Heben der Augenlider, Öffnen der Lippen;
- **Wut:** Senken der Augenbrauen, Heben der Augenlider;
- **Ekel:** Heben der Oberlippe, Runzeln des Kinns, Rümpfen der Nase, Vorschieben der Unterlippe;
- **Freude:** Heben der Wangen, Heben der Mundwinkel;
- **Trauer:** Heben der Nasenwurzel, Senken der Augenbrauen und der Mundwinkel;
- **Überraschung:** Heben der Nasenwurzel, der Augenwinkel und/oder der Augenlider.

Vergessen Sie Folgendes nie: Sie müssen sich in jeder Phase Ihrer Vorbereitung über Ihre Ziele im Klaren sein! Was wollen Sie in der Fernsehsendung mitteilen? Haben Sie zu dem Thema überhaupt was zu sagen? Verfügen Sie über ausreichendes Fachwissen?

- Der Talkmaster etc. könnte Sie mit allen möglichen Fragen bombardieren. Machen Sie sich in der Vorbereitung also zuerst klar, was Sie eigentlich sagen wollen. Dies punktgenau, also fixiert auf das Wesentliche! Erst wenn Sie hierüber Klarheit gewonnen haben, können Sie sich auf weiteres Terrain begeben. Im Übrigen: Wenn Sie sich später in der Sendung „verzetteln“, wird beim Zuschauer kaum etwas von Ihrer eigentlichen Botschaft hängen bleiben.
- Denken Sie daran: Sie können in eine Sendung nicht mit einem Redemanuskript etc. gehen. Schon deshalb sollten Sie die wichtigsten Aussagen „abspeichern“.
- Und: Die beste Rhetorik, das schönste Kleid oder der teuerste Anzug wird Ihnen nicht helfen, wenn Sie nicht 100-prozentig im Thema stecken.

Eine der wichtigsten Fragen: Was ziehe ich an?

„Kleider machen Leute“, meinte Gottfried Keller. Recht hatte er! „Le style, c´est l´homme“ – So wie sein Stil, so ist auch der Mensch, sagte Buffon. Auch dem ist wenig hinzuzufügen.

Die Auswahl der Kleidung nimmt bei Ihrem Image einen besonderen Stellenwert ein. Denken Sie daran: Ihr äußeres Erscheinungsbild wirkt zumeist nachhaltiger als Ihr Fachwissen:

- Ein guter „erster Eindruck“ wirkt während und nach der Sendung!

- Ein schlechter „erster Eindruck“ ist zugleich der letzte!

Wolfgang Denz: „(...) wer mit schmutzigen Schuhen (...) kommt, wer unpünktlich ist, gilt als ungepflegt, schmutzig und unpünktlich. Keiner fragt, warum die Schuhe schmutzig sind. Sie sind es. Der Träger ist es. Seine Leistung wird nicht in Ordnung sein. Wir alle reagieren ganz automatisch nach diesem Muster (...)“ (Aus „Erfolgsfaktor Verkauf (...)“ - Siehe Literaturverzeichnis).

Tipps für die Frau:

- Vermeiden Sie im Fernsehen extreme Farben, vor allem Dunkelrot, weil die Umrisse „flattern“.

- Einfache Kleidung ist für das Fernsehen am besten geeignet. Ein einfarbiges Kostüm mit sauberem Halsausschnitt strahlt immer Eleganz und Seriösität aus.

- Zuviel Farbe oder ein rosa Kostüm mit gelben Blümchen – ein solcher Aufzug wirkt (nicht nur bei Fernsehauftritten) nicht nur albern, er lenkt von Ihrer Botschaft ab.

- Auch beim Schmuck ist weniger oft mehr. Wer laufend mit Armbändern klimpert oder an den Ohrringen zupft, eröffnet „Nebenkriegsschauplätze“, die schlimmstenfalls dazu führen, dass man Ihnen nicht mehr zuhört.

- Besonders als Politikerin: Vermeiden Sie bunte Tücher. Man könnte (falsche) Schlussfolgerungen auf Ihre Persönlichkeit ziehen.

Tipps für den Mann:

- Auch bei Ihnen kommt es auf ein gelungenes farbliches Zusammenspiel an: Krawatte und Hemd müssen mit dem Anzug abgestimmt sein.
- Tragen Sie möglichst einen Anzug in einem mittleren Farbton (mittlere Blautöne, nicht zu dunkles Anthrazit etc.).
- Sofern Sie eine helle Hautfarbe haben oder hellblond sind, tragen Sie keinesfalls ein weißes Hemd. Dieses würde Ihnen eine weitere Blässe verleihen.
- Übertreiben Sie keinesfalls beim legeren Outfit. Vermeiden Sie allzu Buntes, grelle Krawatten mit albernen Comicfiguren etc.
- Ein 2000-Mark-Anzug macht keinen Sinn, wenn Sie weiße Socken tragen und die Absätze Ihrer Schuhe abgelaufen sind.
- Uralte Weisheit, doch immer wieder falsch gemacht: Die Farbe des Gürtels ist die Farbe der Schuhe und umgekehrt.
- Denken Sie daran: Starke Rosatöne oder ein tiefes Rot sind der Horror eines jeden Kameramannes.
- Ziehen Sie nur an, was zusammengehört. Ein Jackett über einem Jeanshemd ist nicht jugendlich-chick, es ist unmöglich.
- Nehmen Sie zur Sendung am besten ein passendes Ersatzhemd, eine zweite Krawatte, einen zweiten Anzug mit.

Für beide gilt:

- Sie sollen nicht unbedingt Ihre Lieblingskleidung anziehen. Ungeachtet dessen ist es aber auch wichtig, dass Sie sich wohlfühlen. Vertrauen Sie auf „ihre Magengegend“.

- Beginnen Sie bei der Auswahl der Kleidung „am Kopf“: Welche Kleidung passt zu meiner Botschaft? Und welche zu meinen Augen, zu meiner Frisur etc.?

- Vermeiden Sie Experimente. So ist die Gefahr zu groß, dass Sie ein Image verpasst bekommen, das Sie gar nicht wollen.

- Verkleiden Sie sich nicht.

- Welcher Typ sind Sie? Fragen Sie sich das selbst und fragen Sie auch andere. Wenn Sie ein „weicher“ Typ sind, unterstreichen Sie das nicht durch ein gelbes oder ein roséfarbenes Hemd etc.

- Vermeiden Sie kontrastreiche Muster, Blümchen, Dinos oder kleinkarierte Pepitajacken etc.

- Biedern Sie sich mit Ihrer Kleidung nicht an. Wenn es sich um eine Sendung mit Jugendproblematik handelt, nimmt man Ihnen ein Nike-Shirt nicht unbedingt ab. Ein solcher Auftritt bewirkt zumeist das völlige Gegenteil.

- Ein Unternehmen darf nicht laufend sein Logo verändern. Dies gilt in Abwandlung auch für Ihre Kleiderwahl: Nuancieren Sie also auch Ihr äußeres Erscheinungsbild im Rahmen Ihrer Möglichkeiten. Tragen Sie nicht heute einen dunkelblauen Zweireiher und morgen eine Trachtenjacke.

- Tragen Sie nichts Glänzendes (Moiré-Seide etc.).

- Stimmen Sie Ihre Kleidung farblich an die Studiokulisse an.

- Im Zweifelsfall gilt eines immer: Wenn Sie sich nicht entscheiden können, entscheiden Sie sich für etwas Schlichtes, Einfaches, Klassisches, Unifarbenes. So erreichen Sie eine „Reduzierung“ auf das Wesentliche: Die Wahrnehmung ihrer verbal vorgebrachten Botschaft, unterstrichen durch eine passende Mimik und Gestik.

B. Kurz vor der Sendung

- Seien Sie früh genug da. Teilen Sie also Ihre Zeit so ein, dass Sie keinesfalls abgehetzt und genervt im Studio ankommen.

- Lassen Sie sich von der Sendeleitung *und* vom Moderator/Interviewer nochmals erklären, um was es geht, wie viel Zeit Sie haben, ob es aktuelle Vorkommnisse/Nachrichten zum Thema gibt, welche Intention die Sendung verfolgt etc.

- Sie sollten es möglich machen, sich kurz vor Beginn der Live-Sendung/der Aufzeichnung sammeln zu können. Machen Sie sich mit der hektischen Situation eines Sendestudios vertraut. Und klären Sie für sich noch einmal die wichtigsten Botschaften, die Sie mitteilen wollen.

- Atmen Sie tief ein... Alles wird gut!

C. Während der Sendung

- Begrüssen Sie freundlich den Moderator/den Interviewer und vergessen Sie nicht, auch kurz dem Publikum „zuzunicken".

- Vermeiden Sie am Anfang dümmliche Phrasen wie „Ich freue mich, hier sein zu dürfen." etc.

- Schauen Sie nie in die Kamera. Sie halten schließlich keine Rede zur Lage der Nation.

- Versuchen Sie, von Anfang an das Publikum (sofern vorhanden) auf Ihre Seite zu ziehen (durch Sympathie – vermeiden Sie also Langatmigkeit, Besserwisserei, Anbiedern, Egozentrik, elitäres Gehabe und anderes).

- Behandeln Sie den Moderator/Interviewer als „gleichwertigen" Partner. Kein Widerspruch: Akzeptieren Sie, dass *er* durch die Sendung führt.

- Hören Sie geduldig zu und unterbrechen Sie nicht laufend. Sofern die Sendung bei anderen Diskussionsteilnehmern in eine „Brüllerei" ausartet, machen Sie nicht mit. Der Zuschauer wird Sie, und nur Sie, dafür lieben.

- Lassen Sie sich nicht provozieren. Denken Sie daran: Wenn Sie angegriffen werden, ist die Kamera zumeist auch auf Sie gerichtet, ohne dass Sie das merken. Fast jede Ihrer Regungen wird gezeigt, auch wenn Sie gerade nicht sprechen.

- Vergegenwärtigen Sie sich immer wieder die rhetorischen Kniffe, die Sie zuvor erlernt haben (leicht nach vorne gebeugter Oberkörper, sympathisches Lächeln, Augenkontakt zum Gegenüber etc.).

- Äußern Sie sich keinesfalls negativ über das Publikum, wenn es Ihnen Missfallen entgegenbringt.

- Versuchen Sie, zum Schluss das Wort zu bekommen. Wiederholen Sie hierbei Ihr stärkstes Argument. Das bleibt bei den Zuschauern „sitzen“.

D. Nach der Sendung

- Analysieren Sie mit Ihren Freunden kritisch die gemachte Bandaufnahme.

- Hinterfragen Sie: Ist das, was ich sagen wollte, auch rübergekommen?

- Hinterfragen Sie weiter: Habe ich mich provozieren lassen? War ich nervös? Hat man mich verstanden?

- Stellen Sie gemachte Fehler ab!

Literatur:

Bauer, Georg: „Rhetorik. Eine Anleitung für Rede, Gespräch, Verhandlung und Diskussion". / Friedrich Kiehl Verlag, Ludwigshafen;

Berth, Rolf: „Aufbruch zur Überlegenheit", Düsseldorf;

Bredemeier, Karsten: „Fernsehtraining. Erfolg vor der Kamera". / Orell Füssli Verlag, Zürich (1993);

Denz, Wolfgang: „Erfolgsfaktor Verkauf - Handeln im Wandel". / Wirtschaftsverlag Langen Müller / Herbig, ISBN 3-7844-7357-1;

Fast, Julius: „Körpersprache". / Rowohlt-Taschenbuch-Verlag, Reinbek bei Hamburg;

Lambeck, Alfred: „Die Krise bewältigen" in der Reihe „Kommunikation Heute und Morgen". / IMK-Verlag der „Frankfurter Allgemeinen Zeitung", ISBN 3-927282-13-8;

Lay, Rupert: „Dialektik für Manager - Methoden des erfolgreichen Angriffs und der Abwehr". / Ullstein-Verlag, ISBN 3-548-34469-0;

Lengenfelder, Werner G.: „Erfolgreich präsentieren". / Augustus-Verlag, ISBN 3-8043-4012-1 (mit CD-Rom);

Mohler, Alfred: „Die 100 Gesetze überzeugender Rhetorik". / Wirtschaftsverlag Langen-Müller/Herbig, ISBN 3-7844-7137-4

Popper, Karl R. und Eccles, John C.: „Das Ich und sein Gehirn", München (1989);

Spillane, Mary: „Image Guide für den Mann". / Bern, Hallwag-Verlag, 1994;

Spillane, Mary: „Image Guide für die Frau. Erfolgreich in Beruf und Öffentlichkeit". / Bern, Hallwag-Verlag 1994;

Sollmann, Ulrich: „Schaulauf der Mächtigen - Was uns die Körpersprache der Politiker verrät" / Knaur-Verlag, ISBN-3-426-77470-4;

Studer, Jürg: „Rhetorik. Sprechen - Vortragen - Überzeugen". / Bassermann-Verlag, ISBN 3 8094 0114 5 .

Thiel, Erhard: „Die Körpersprache verrät mehr als tausend Worte". / Ariston Verlag, Genf (1984).

3. Kleidung und Maske

Ralph Burkei

Es ist inzwischen unbestritten, dass sich die Vermittlung von Politik nicht allein über deren sachliche Inhalte vollzieht. Vielmehr hat vor allem in den vergangenen 20 Jahren die Vermittlung politischer Inhalte durch und über Unterhaltungsangebote zugenommen. Allerdings, so lässt sich feststellen, wird zwar in der modernen Wahlkampfforschung die große Bedeutung von Unterhaltungssendungen und Talkshows für die politische Kommunikation betont, die umfassenden Analysen zu diesem Thema konnten allerdings mit der Zunahme der tatsächlichen Bedeutung der audiovisuellen Massenmedien für das Politik- und Wahlverhalten der Wähler nicht annähernd Schritt halten. Bei der Analyse audiovisueller Massenmedien – insbesondere des Fernsehens – ist der Forschungsaufwand nicht nur durch die erschwerte Zugänglichkeit verschiedener Dokumentationen erheblich höher, hier müssen neben den inhaltlichen Sachverhalten auch sogenannte „weiche Einflussfaktoren" berücksichtigt werden, die unsere Wahrnehmung und unser Sympathieverhalten entscheidend beeinflussen können. Dies stellt besondere Anforderungen an die Analyse von Film- und Fernsehbildern und verlangt von Politikern entsprechende Konsequenzen.

Amerikanisierung des modernen Wahlkampfes

In der traditionellen Wahlkampfforschung wird die beobachtete Zunahme amerikanischer Einflüsse auf den modernen deutschen Wahlkampf oft bedauert und gleichgesetzt mit Inhaltslosigkeit von Wahlkampagnen, die Reduktion auf Personality-Kampagnen und imageträchtige Wettkämpfe, kurz und gut die Entertainisierung politischer Kommunikation.

Das Phänomen in der Veränderung des modernen Wahlkampfes in Deutschland wird von professionellen Beobachtern dementsprechend mit dem Begriff der „Amerikanisierung" beschrieben. Der Begriff beschreibt den Entwicklungsprozess zur professionelleren Kommunikation, Präsentation und Vermarktung von politischen Inhalten.

Dabei spielen die Massenmedien, insbesondere das Fernsehen, eine wesentliche Rolle. Jeder Haushalt verfügt heute über ein oder mehrere Fernsehgeräte und diese haben in der täglichen Kommunikation einen wichtigen Stellenwert eingenommen. Man kann dies nun bewerten, wie man möchte, und über die kulturelle Veränderung der modernen Kommunikation durch das Fernsehen philosophieren. Man wird dabei feststellen, dass über das Fernsehen vermittelte Inhalte und Eindrücke unsere Erziehung und unser Wertesystem beeinflussen. Das alles ändert allerdings nichts daran, dass dem so ist und dass dies einige nicht unbeträchtliche Konsequenzen auf andere Kommunikationsbereiche ausübt. An dieser Tatsache kommt heute niemand vorbei, der öffentlich wirksam werden will. Während eben bereits in anderen Demokratien wie den USA bzw. auch schon auf bundesdeutscher Ebene diese Tatsache genutzt wird, tun sich Landes- und noch mehr Kommunalpolitiker mit einer fernsehgerechten Präsentation ihrer Botschaften recht schwer. Diese Tatsache ist umso erstaunlicher, als dass es gerade Lokal- und Regionalfernsehen in Deutschland nunmehr seit bereits nahezu 20 Jahren gibt. Diese Unerfahrenheit im Umgang mit Kameras ist zudem recht unverständlich, wenn man berücksichtigt, dass das Fernsehen nach wie vor das einzige Massenmedium ist, welches es erlaubt, die Wählergemeinschaft am intensivsten und am vollständigsten anzusprechen. Allerdings setzt das voraus, sich auf die Wirkungsprinzipien des Fernsehens auch einzulassen. Seit der Etablierung privater Sende- und Rundfunkanstalten erleben wir eine exzessive Personalisierung und die Entwicklung eines politischen „Starsystems“, zunehmend begleitet von einer ausgeprägten „Darstellungs- und Imagepolitik“, die wiederum gekennzeichnet ist durch professionelle Auftrittsplanung, Inszenierung kameragerechter Ereignisse und Bemühen um eine fernsehgerechte Selbstdarstellung.

Kleider machen Leute

Was sich in der Politik bislang nur zögerlich durchsetzt, ist in anderen Bereichen bereits als wesentlicher Erfolgsfaktor unumstritten, im Fernsehen weiß man, dass die Macher vor der Kamera bestimmen, was in Deutschland „in“ ist. Erfolge von Sendern basieren zu einem nicht unbedeutenden Teil auf dem visuellen Transport von Inhalten und Lebensempfinden. So beschäftigt beispielsweise der Kölner Sender Viva ein ganzes Team von Kostümbildnern, Stylisten und Trendscouts, die die verrücktesten und modischsten Outfits vor die TV-Kameras des Musiksenders bringen sollen: aus angesagten Clubs, von den Straßen, Modemessen usw. Der Erfolg dieser Sender basiert auf der visuellen Vermittlung von Lifestyle, Fashion und jugendlicher Dynamik. Vor allem seit der Etablierung der Privatsender und bestimmter Programmformate sind sich die Programmgestalter darüber im Klaren: Der Erfolg ihrer Sendungen und des gesamten Senders hängt vom Image der Moderatoren ab. Und dieses wiederum wird wesentlich davon geprägt, was sie tragen und in welchem Outfit sie erscheinen.

Die Parallelen zur Vermittlung politischer Inhalte durch Imageträger liegen dabei auf der Hand. Sogenannte „Dresscodes“ existieren überall und hängen zum einen von der Erwartungshaltung der Zielgruppe, also der Wähler, ab und zum anderen von der Persönlichkeit des Imageträgers.

„Starre Regeln gehören nicht in unsere Zeit. Wir haben andere, vielleicht feinere Regeln, die auf plumpe Signale verzichten. Die individuelle Entscheidung steht auf jeden Fall im Mittelpunkt.“, erklärte Deutschlands bekannteste Designerin, Jil Sander, auf die Frage, welche Rolle „Dresscodes“ für die Karriere spielen. Ein gutes Outfit sollte deshalb vor allem die Stärken der Persönlichkeit unterstreichen, um damit positive Eindrücke auf die Umwelt zu vermitteln.

Besonderheiten von Kleidung, Maske und Styling im Fernsehstudio

Die richtige Kleidung für den Auftritt vor der Kamera ist wichtig. Dabei spielt nicht nur die optische Wirkung auf den Zuschauer oder der persönliche Geschmack eine wichtige Rolle, die Wirkung Ihres Äußeren wird auch durch die technische Fähigkeit der Kamera stark beeinflusst. Haben Sie öfter Auftritte vor der Kamera oder gar im Fernsehstudio, so sollten Sie die folgenden Ratschläge beherzigen:

1. Tragen Sie keinesfalls besonders knallige Farben wie die sogenannten Neonfarben. Nicht nur, weil dies auch den bereits oben genannten Gründen widersprechen würde, sondern weil dies die Leistungsfähigkeit der Kameras überfordern würde.

2. Schwarze und weiße Kleidung vor der Kamera sind ungünstig, da in Anbetracht unserer Wahrnehmungspsychologie der Zuschauer auf die gesamte Dekoration um Sie herum abgelenkt würde. In direktem Bezug zu schwarzen oder weißen Objekten auf der Bildfläche lösen alle anderen farblich abgestimmten Objekte mehr Aufmerksamkeit aus.

3. Jeder Kameramann wird Sie mehr oder weniger genervt um eine Alternative bitten, wenn Sie feingestreifte Kleidungsstücke, Karo- oder

Pepitamuster tragen. Dies überfordert schlicht die Fähigkeit der Kameras zur Farbauflösung und führt zu unerwünschten Flimmereffekten. Auch im Zusammenhang zu den bereits genannten Aspekten eignen sich im Fernsehstudio vor allem Kleidungsstücke in Pastellfarben am besten.

4. Wenn Sie ein Interview oder ein Statement in einem professionellen Fernsehstudio mit einer Blue Box geben, so sei empfohlen, auf blaue oder grüne Kleidung zu verzichten. Bei der sogenannten Blue Box handelt es sich um ein rein elektronisches Mischverfahren, bei dem das Hintergrundbild, das der Studio-Szene hinzugefügt werden soll, im Studio selbst nicht zu sehen ist. In das stehende oder bewegte Hintergrundbild wird die Studioszene als Vordergrundmotiv hineingestanzt. Die Studioszene wird dazu vor einer in der Regel tiefblau, gelegentlich auch tiefgrün eingefärbten und voll ausgeleuchteten Fläche aufgenommen. Tragen Sie zufällig ein Kleidungsstück in ähnlicher tiefblauer Farbe wie die Blue Box, so kann es passieren, dass das eingestanzte Bild auch auf Ihrem Jacket erscheint.

5. In einem professionellen Fernsehstudio sollten Sie sich niemals selbst schminken, da Sie vor allem als Laie kaum richtig einschätzen können, wie viel Schminke das starke Studiolicht erfordert. Vertrauen Sie dabei auf das Können der Maskenbildner, die weitaus besser wissen, was Fernsehkameras und das in jedem Studio individuell eingestellte Studiolicht erfordern.

6. Achten Sie bei einfachen Fernsehinterviews, die sich nicht unbedingt im Studio abspielen, darauf, dass Sie immer ein Taschentuch und vor allem etwas hautfarbenes Puder dabei haben. Durch die starke Lichtwärme ist es praktisch nicht zu verhindern, dass Sie vor der Kamera „glänzen", auch wenn Sie sonst vielleicht nicht zum Schwitzen neigen. Es ist nicht nur hygienischer, wenn Sie Ihr eigenes Puder verwenden können, sondern auch sicherer, dass Sie die Puderfarbe mithaben, die zu Ihrem Hauttyp passt. Zudem ist nicht gesichert, dass Journalisten und Kameramänner bei Außendrehs unbedingt diese Utensilien dabei haben.

7. In Anbetracht der speziellen Lichtverhältnisse im Fernsehstudio sollten Männer ordentlich rasiert sein, da im Scheinwerferlicht jedes auch noch so kleine Haar zu sehen ist.

Prinzipiell sollten Sie gutgemeinte Ratschläge von erfahrenen Kameraleuten und Maskenbildnern beherzigen, die mit möglichen technischen und gestalterischen Problemen und Alternativen vertraut sind.

Fernsehauftritte sollte man nicht über sich ergehen lassen, sondern für seine Botschaften nutzen. Dafür hat man Sie auch in das Fernsehstudio eingeladen. Passen Sie sich dabei auch an die laufenden Sendungen etwas an, die Zuschauer und die Journalisten werden es Ihnen danken.

Sicher hat der Auftritt des Kanzlers Gerhard Schröder in der ZDF-Erfolgssendung „Wetten, dass ...?“ für zahlreiche Diskussionen gesorgt. Allein deshalb, weil man solche Auftritte von seinem Vorgänger nicht gewohnt war. Gleichzeitig stärkte dieser Auftritt allerdings auch Schröders Image, frischen Wind in die Politik bringen zu können und im Vergleich zu Kohl einfach weniger „verstaubt“ zu sein ... Es muss nicht unbedingt der Auftritt in „Wetten, dass ...?“ sein, aber als Politiker sollte man sein Publikum auch außerhalb politischer Nachrichtenmagazine erreichen können.

Transport politischer Inhalte durch Sympathie- und Imageträger im modernen Wahlkampf

Der Begriff „Image“ gehört primär in den kommerziellen Sprachgebrauch und bezeichnet darin die Vorstellungen der Konsumenten von Produkten und Firmen, die nicht unbedingt vollständig (oder auch überhaupt nicht) der Realität entsprechen müssen. Ganz allgemein sind Images Komplexe aus Gefühlen, sachlichen Informationen und Handlungsabsichten. Bestimmte Merkmale eines Imageträgers sind in der Regel dominierend und reichen dabei weit über die tatsächliche Situation hinaus. Images können Wahrnehmungen steuern und haben Einfluss auf die Interpretation von Inhalten. Das Image sind also Vorstellungsbilder, die es dem Wähler einfacher machen, Schlussfolgerungen und Meinungen über komplexe Sachverhalte zu entwickeln, in denen sie sich nicht professionell bewegen. Es wird deutlich, dass ein Image nicht die fotografische Abbildung der Realität ist, sondern durch gewisse Schlüsselreize bzw. durch die Psychologie des ersten Eindrucks, durch eine überschaubare Einheit zwischen dem zu vermittelnden Inhalt und der präsentierten Form festgemacht wird. Dabei sind Politiker für die von ihnen dargestellten Inhalte die Imageträger, insbesondere in so intensiven Zeiten wie während der Wahlkämpfe. Dankbarer Kommunikations- und Imagetransport ist – so wurde bereits ausreichend festgestellt – das Fernsehen.

The Show must go on ...

Images sind allerdings im Gegensatz zu beispielsweise Vorurteilen ausgesprochen dynamisch und durchaus Veränderungen unterworfen. Sie sind zwar nicht beliebig veränderbar, aber doch bedingt beeinflussbar, wie mit Hilfe von Imageberatern und Wahlkampfstrategen in der Politik auch gezielt versucht wird.

„Erfolg ist immer ein über die Medien vermittelter Erfolg oder er ist gar kein Erfolg", definierte 1998 der SPD-Kanzlerkandidat Gerhard Schröder und nicht nur sein Wahlsieg gab ihm letztendlich recht.

Eine professionelle Auftrittsgestaltung gewinnt immer mehr an Bedeutung im Wahlkampf und der Politiker ist schlecht beraten, der das ignoriert und sich in die „politische Sachlichkeit", quasi in die „Politik pur", rettet. Berührungsängste mit dem Fernsehen sollten beiseite gelegt werden. Es ist im modernen Wahlkampf nur jedem Politiker zu empfehlen, sich für eine professionelle Imageberatung zu entscheiden, die ihm Fernsehauftritte angemessen vorbereitet. Schließlich ging und geht es letztendlich doch immer darum, die Wahl auch zu gewinnen!

4. Die richtige Brille

Jürgen Hopf

Früher – zu Beginn des Medienzeitalters – waren Brillen groß, dickrandig, schwer. Ihre Träger verströmten eine Aura von Intelligenz und Kompetenz, aber auch von Respekt und Unnahbarkeit und waren ohne ihre Brille gar nicht vorstellbar: von Kurt Schumacher bis Gustav Heinemann, von Erich Mende bis Helmut Kohl, von Charles de Gaulle bis Aristoteles Onassis. Selbst Schauspielern wie Curd Jürgens und Heinz Erhard gelang es, mit massiven, dunkelrandigen Brillen seriös und gesetzt zu wirken.

Persönlichkeit und Brille

Eine Erkenntnis aus dieser Zeit ist, dass zwischen Brille und Persönlichkeit ein enger Zusammenhang besteht. Doch wer heute eine gute Brille sucht, hat ein Problem: Bei Brillenfassungen sorgen weit über 1000 Kollektionen, Namen und Marken (echte Marken, Transfermarken, Pseudomarken) für absolute Orientierungslosigkeit. Befragt man einen angehenden Brillenträger – und das wird mit der beginnenden Altersweitsichtigkeit oder Presbyopie ab etwa dem 40. Lebensjahr eigentlich jeder Mensch – nach seinen wirklichen Bedürfnissen, hört man, dass jeder gut sehen will, aber besorgt ist, mit einer Brille weniger gesellschaftlich akzeptiert zu werden. Man will als Mensch schön, attraktiv und sympathisch sein und hat das Unbehagen, dass die Brille dabei stört. Bei der Brille geht es also im wahren Sinne des Wortes darum, das Gesicht zu wahren.

Genuss und Lebensfreude mit der richtigen Brille

Wie kann sich also der Brillenträger zurechtfinden, insbesondere wenn er eine Rolle im öffentlichen Leben spielt oder spielen will? Das eigene Gesicht steht deshalb im Mittelpunkt der Auswahl einer Brille. Es gibt weltweit eine Handvoll Unternehmen, dazu zählen auch die bekannten deutschen Hersteller wie Rodenstock, Menrad, Eschenbach und Silhouette, die Brillen für Menschen gestalten und fertigen, die ihre Brille bejahen und in ihr ein Ausdrucksmittel für ihre Persönlichkeit sehen. Ein Träger einer Rodenstock-Brille hat auch deswegen diese Wahl getroffen, weil er sich die von allen gewünschte soziale Akzeptanz mit eben dieser Brille schaffen oder erhalten will. Für diese Menschen ist die Brille mit Genuss und Lebensfreude verbunden.

Man muss allerdings ein Auge dafür haben, um das gewisse Etwas einer guten Brille zu erkennen: Das Design spielt sich nicht in den Vordergrund, die Formensprache ist auf das Wesentliche reduziert. Diese Brillen besitzen verborgene Eigenschaften, die entdeckt werden wollen, dann aber ganz entscheidend zu einem ästhetischen Genuss beitragen.

Design und Brille

Worauf sollte der moderne, erfolgreiche Brillenträger, der sich auch öfters in den Medien wiederfindet, achten? Zu prüfen sind im Wesentlichen zwei Kriterien: die Gebrauchsfunktionen und die sinnlichen Funktionen.

Gebrauchsfunktionen sind solche Funktionen, die das eigentliche Wesen eines Produktes ausmachen, in diesem Fall das Sehen mit der Brille. Eine Brille dient einem ganz bestimmten Zweck. Sie wird gebraucht. Sie muss so gestaltet sein, dass sie den Anforderungen, die sich aus dem Gebrauch ergeben, möglichst optimal entspricht. Das klingt selbstverständlicher, als es oftmals ist. Das Design der Brille unterstützt das bessere Sehen. Es gestaltet Brillenfassungen als funktionale Träger der optischen Gläser. Es sichert ergonomische Grundvoraussetzungen, das heißt präzise Passgenauigkeit und hohen Tragekomfort. Für die gute Passform einer Brille ist beispielsweise die rutschfeste und druckfrei gestaltete Nasenauflage entscheidend. Weitere wichtige Elemente für die funktional gut gemachte Passform sind die Bügel. Das Schlupfgefühl an den Schläfen und die richtig dosierte Andruckstärke geben sicheren Seitenhalt. Die Scharniere sind für maximale Stabilität bei geringen Abmessungen konstruiert und dürfen weder zu schwer noch zu leicht gehen. Die angenehme Flexibilität des Federscharniers bietet

Details wie eine gut gestaltete Nasenauflage entscheiden über den Tragekomfort einer Brille.

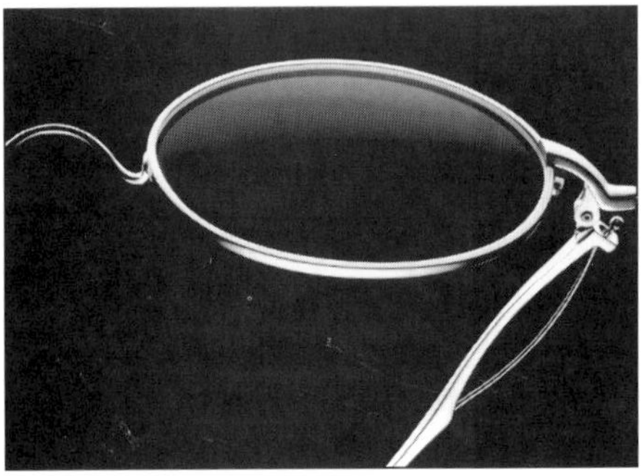

zusätzlichen Komfort. Ebenso wichtig sind das Oberflächenfinish, die anatomisch korrekte Anlage von Winkeln und Kurven sowie die Leseneigung der Brillengläser.

Technik, ästhetisch sichtbar gemacht am Beispiel eines Federscharniers.

Qualität ist fühlbar

Eine gute Brille soll auch nach langem Tragen so druckfrei, schwerelos und rutschfest sitzen, dass sie dem Träger wie ein Teil seines Gesichts vorkommt. Diese funktionale Qualität kann man sogar spüren: beim ersten In-die-Hand-nehmen und Aufsetzen. Hände, Finger und speziell die Fingerspitzen sind äußerst empfindliche Sensoren, denen selten etwas entgeht. Nimmt man beispielsweise eine Rodenstock-Brillenfassung in die Hand und konzentriert sich darauf, wie sich diese anfühlt, wird man sehr schnell feststellen, dass die Brille leicht und ausgewogen ist, ihre präzise gearbeitete Form trotzdem keine scharfen Ecken und Kanten besitzt und ihre Oberflächen sehr schnell die Temperatur von Händen und Haut annehmen.

Die Brille kommuniziert

Sinnliche Funktionen sind in erster Linie visuell wahrnehmbare Eigenschaften einer Brille, also Größe, Proportionen, Oberflächenstruktur, Farben oder formale Ausprägungen. Sinnlich meint aber nicht nur die Gestaltwahrnehmung, sondern auch die Bedeutungsinhalte von Brillenfassungen, ihren wahrnehmungspsychologischen und soziokulturellen Bezugsrahmen. Brillen sind als kommunikative Zeichen zu verstehen oder haben, anders ausgedrückt, wie alle anderen Artefakte der heutigen Umwelt eine spezielle Form von (Zeichen-)Sprache mit psychologischer Bedeutung, Symbolcharakter, Status-Assoziationen. Brillen können einem Menschen zum Beispiel ein konservatives oder modisches Aussehen verleihen. Das hat für den öffentlichkeits- und medienorientierten Brillenträger Konsequenzen.

Mode und Brille

Der labile Geschmack vieler Menschen ist für Brillenhersteller eine große Verlockung – es gibt wenig, was leichter und gewinnbringender ausgenutzt werden könnte, als die schnelllebige Bedarfsdeckung modischer Attitüden. Das Design vieler Brillen ist unverkennbar bestimmt von der Spekulation auf die Schwächen der Käufer. Das mag kurzfristig gesehen erfolgreich sein, dennoch ist es in Wahrheit kein wirklicher Erfolg. Unternehmen wie Rodenstock haben kein Interesse, an einem Markterfolg teilzuhaben, der auf die Ausnutzung der Schwächen anderer aufgebaut ist. Brillenfassungen mit gewolltem, gesuchtem und exaltiertem Design drängen sich auf. Sie nehmen sich wichtiger als sie sind. Sie reißen die Aufmerksamkeit an sich. Sie verhindern, dass ihr Träger ein angemessenes Verhältnis zu ihr findet – ein Verhältnis, das über den Tag hinaus Gültigkeit besitzt. Ein in den Medien präsenter Brillenträger sollte genau prüfen, ob er seinem Gesicht einen modisch bedingten Verschleiß diverser Brillen antun will.

Gerade bei Menschen im Rampenlicht kommt es auf die Proportionen der Brille, auf ihre Ausgewogenheit und Harmonie an. Alle Teile und Elemente einer Brillenfassung, Formen, Flächen und Farben sollten in einem harmonischen, ausbalancierten Verhältnis zueinander stehen. Eine ausgewogene, abgestimmte Gestaltungsauffassung verleiht den Brillen eine bestimmte Art von Brauchbarkeit: Sie fügen sich besser und wohltuender in die menschliche Physiognomie ein. Wenn beispielsweise Rodenstock versucht, Brillen mit ausgewogenen Proportionen zu gestalten, dann versucht es im Grunde, sie in ausgewogene Proportion zum menschlichen Gesicht zu bringen. Die Brille prägt ein Gesicht und nimmt damit Einfluss auf die gesamte Persönlichkeit.

Ein Gesicht ist einmalig und eine Brille sollte es nicht dominieren.

Je dünner, desto kameratauglicher

Der professionelle Umgang mit der Gestaltung von Brillen führte in den vergangenen Jahren zu immer leichteren Brillen mit hohem Tragekomfort. Schlichtes, ja oftmals reduziertes Design – nach dem Motto „Weniger ist mehr“ – war dabei ein gutes Rezept. Unterstützt wurde dieser Prozess von intensiver Forschung und Entwicklung in neue Werkstoffe und in neue Verfahren.

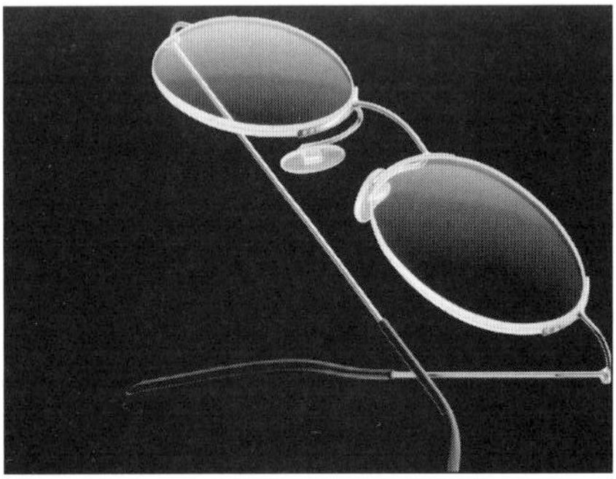

Dünne oder unsichtbare Brillenränder „zerschneiden" das Gesicht nicht.

Davon profitiert im wahrsten Sinne des Wortes der Mensch im Scheinwerferlicht am meisten: Neue Materialien wie Titan ermöglichen leichte Brillenfassungen mit extrem dünnen Rändern bei gleichzeitig hoher Festigkeit und Stabilität. Randlose Brillenfassungen mit ausgeklügelten und oftmals unsichtbaren Befestigungen der Brillengläser lassen die Brille im Gesicht nahezu schweben. Die Vorteile: Dünne oder unsichtbare Brillenränder „beschatten" das Gesicht kaum, es wirkt insbesondere auf dem Fernsehschirm nicht zerschnitten. Keine „Balken" vor den Augen zu haben, wirkt sympathisch und erleichtert den direkten Blickkontakt. Leichte, dünne Brillen lassen sich in der Regel auch gut anpassen und überzeugen durch einen perfekten, dauerhaften Sitz. Eine rutschende, immer wieder zurecht gerückte Brille irritiert die Zuschauer und lässt ihren Träger unsicher und nervös erscheinen – ganz besonders vor laufender Kamera. Gutes Sehen mit der richtigen Brille unterstreicht die Persönlichkeit, stärkt das Selbstbewusstsein, wirkt intelligent und erzeugt Vertrauen.

Auch Brillenfassungen aus Kunststoff haben wegen neuer, leichter Werkstoffe und transparenter Farbgebung nichts mehr mit den massiven Fassungen der 50er Jahre gemein. Die neuen Materialien aus Metall oder Kunststoff eignen sich gleichermaßen für Brillen mit Einstärkengläsern, wie sie ein fehlsichtiger Brillenträger meist seit seiner Jugend trägt, und für Brillen mit Gleitsichtgläsern, die ein stufenlos scharfes Sehen von weit bis nah er-

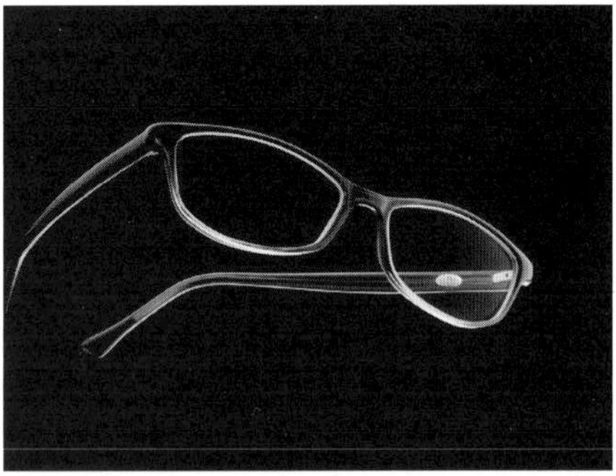

Neuartige Kunststoffbrillen liegen wieder im Trend, konnten jedoch die Vorherrschaft der Metallbrillen mit weit über 70 % Anteil nicht gefährden.

möglichen und in der Regel bei der altersbedingten Weitsichtigkeit (Presbyopie) zum Einsatz kommen, die jeden Menschen ab etwa dem 40. Lebensjahr treffen kann. Übrigens, die früher sehr weit verbreiteten sogenannten Zweistärken- oder Bifokal-Brillengläser – also Brillengläser mit einem eingesetzten Nahteil – verlieren immer mehr an Boden. Zum einen ist das Sehen längst nicht so komfortabel wie die „stufenlosen" Gleitsichtgläser, zum anderen macht das an den Trennkanten erkennbare, eingesetzte Nahteil alt – Großaufnahmen einer Fernsehkamera können da regelrecht entlarvend wirken. Und der weibliche Medienstar signalisiert mit der Bifokal-Brille ganz deutlich: Schaut her, ich bin altersweitsichtig, habe also das 40. Lebensjahr schon weit hinter mir gelassen.

Die Brille bewusst einsetzen

Eine gewisse Sonderstellung nehmen Halbbrillen oder Lesebrillen ein. Eine Lesebrille wird notwendig, wenn das altersbedingte Nachlassen des Akkomadationsvermögens der Augenlinse auf nahe Entfernungen kein scharfes Sehen mehr zulässt. Erkennbar wird dies in der Regel auch daran, dass beispielsweise beim Zeitunglesen „die Arme zu kurz" erscheinen. Wenn keine weitere Sehschwäche vorliegt, ist eine Halbbrille eine gute Lösung, weil sie nur im Bedarfsfall aufgesetzt wird und aufgrund ihrer „Kleinheit" einschließlich Etui überall hin mitgenommen werden kann. Bei der Auswahl der Lesebrille ist darauf zu achten, dass es am Oberrand der Brillengläser nicht zu Sichtfeldstörungen kommt, also möglichst zu einer randlosen Version oder mit einem sehr dünnen Metallrand gegriffen wird.

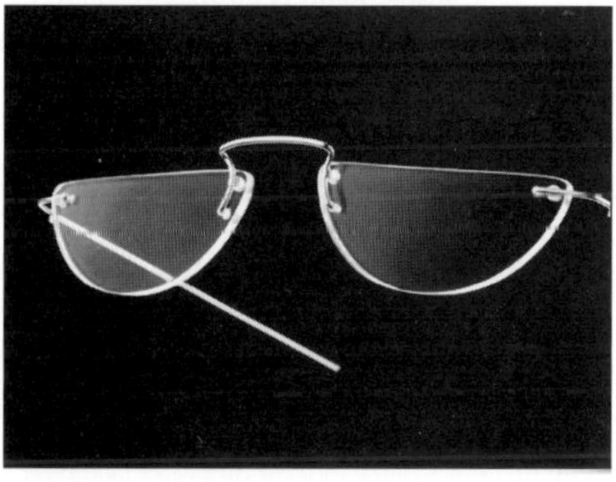

Randlose Lesebrille auf die absolut notwendigen Bauteile reduziert.

Eine Halbbrille kann der Brillenträger ganz bewusst einsetzen und dadurch eine besondere Wirkung erzielen. Wer beispielsweise bei einem Fernsehinterview ein Zitat vorliest und dazu vorher seine Lesebrille aufsetzt, unterstreicht die Wirkung des Vorgelesenen und die Ernsthaftigkeit der Aussage. Eine Lesebrille kann aber auch Distanz schaffen: Ein langer, prüfender Blick über den Brillenrand kann den Gegenüber auf Abstand halten. Beim Auftritt in den Medien sollten diese Wirkungen einer Halbbrille unbe-

Keine andere Brille lässt sich so gezielt einsetzen wie eine Halb- oder Lesebrille.

dingt berücksichtigt werden. Und noch ein Punkt: Auch wenn einige Fernsehmoderatoren ihre Halbbrille während einer Sendung zu allem Möglichen und am wenigsten zum Lesen verwenden, der professionelle Umgang mit einer Lesebrille ist, sie wieder wegzustecken, wenn sie nicht gebraucht wird. Im Übrigen gilt für den Einsatz einer Lesebrille das gleiche wie für die Bifokal-Brille: Wer sie benutzt, lässt Rückschlüsse auf sein Alter zu.

Dass eine Sonnenbrille im Fernsehstudio trotz der hellen und oftmals blendenden Scheinwerfer nichts zu suchen hat, versteht sich eigentlich von selbst. Auch unter freiem Himmel wirkt eine Sonnenbrille allenfalls bei einem Popstar „cool". Sollten die Lichtverhältnisse wirklich ungünstig sein, so kann man immer noch das Fernsehteam bitten, den Aufnahmeort an eine „gleichmäßiger" ausgeleuchtete Stelle zu verlegen. Nur in einem situationsbedingten Umfeld, zum Beispiel beim Wassersport oder auf dem Golfplatz, kann die Sonnenbrille beim (kurzen) Statement vor der Kamera ausnahmsweise aufbleiben.

Brillengläser sorgfältig auswählen

Die Brille ist für den Brillenträger heute wesentlich mehr als eine zweckdienliche Sehhilfe. Auch die Brillengläser wurden in Hinblick auf die Anforderungen der Brillenträger weiterentwickelt und immer mehr vervollkommnet. Kein Brillenträger muss sich heute noch mit schweren Brillengläsern aus Mineralglas plagen. Brillengläser aus Kunststoff sind in der Regel nur halb so schwer und sind aufgrund moderner Beschichtungen voll alltagstauglich. Das Ergebnis sind nicht nur flachere, schlankere und leichtere Brillengläser, sondern darüber hinaus auch Veredelungen in Form von Tönungen und reflexmindernden Beschichtungen. Der Auswahl der richtigen Brillengläser sollte deshalb ebenso viel Sorgfalt gewidmet werden wie der Auswahl der Brillenfassung.

Leicht und dünn ist auch bei Brillengläsern Trumpf

Was in Bezug auf Leichtigkeit und Tragekomfort für die Brillenfassung gilt, kommt noch mehr bei den Brillengläsern zum Tragen: Moderne, leichte und dünne Brillengläser sind heute aus Kunststoff, und zwar aus einem Gießharz (technische Bezeichnung: CR 39) mit verschiedenen Beimischungen für unterschiedliche Brechungsindizes. Je höher dieser Brechungsindex – Standard bei Kunststoffbrillengläsern ist heute ein Brechungsindex von 1,6, der Spitzenwert liegt bei 1,74 – ausfällt, desto dünner und damit auch leichter wird das Brillenglas. Im Einstärkengläser-Bereich werden gerade Brillenträger mit hohen Plus (übersichtig)- oder Minus (kurzsichtig)-Wirkungen die Vorteile dieser Brillengläser zu schätzen wissen, ließen sie sich doch mit konventionellen Mineralglas-Brillengläsern gerade bei Film- und Fotoaufnahmen meist nur sehr unvorteilhaft „in Szene setzen“. Achten sollte man auch darauf, dass die Brillengläser asphärisch sind. Asphärische Brillengläser sind flacher, schlanker, haben verbesserte Abbildungseigenschaften und verhindern Verzerrungen, insbesondere in den Randbereichen.

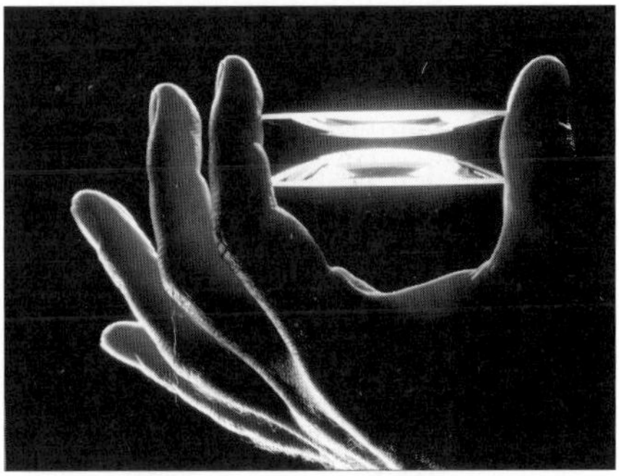

Leicht und dünn ist Trumpf: Dickenvergleich eines normalbrechenden mit einem hochbrechenden Brillenglas.

Brillengläser aus dem Kunststoff Polycarbonat besitzen zwar die höchste Bruchfestigkeit aller Brillengläser und werden deshalb in der Regel dort eingesetzt, wo es besonders auf Sicherheit ankommt wie bei Kinder- oder Sportbrillen, doch sind sie in ihren Abbildungseigenschaften den anderen Kunststoffbrillengläsern unterlegen.

Individuelle Gleitsichtgläser sind der Renner

Wer – in welcher Form auch immer – im betrieblich-unternehmerischen oder politisch-öffentlichen Leben steht, sollte die Grundregel befolgen, es sich so einfach wie möglich zu machen, um nicht zusätzliche Belastungen und Stress zu haben. Auf die Brille bezogen heißt das: Gleitsichtgläser sind besser als das Hantieren mit zwei oder gar mehreren Brillen.

Wer jemals den Seh- und Tragekomfort einer hochwertigen, gut angepassten Gleitsichtbrille erlebt hat, wird nicht mehr zu seinen alten Gläsern zurückkehren wollen. Jüngste Fortschritte in der Brillengläser-Entwicklung erlauben es heute, die Gleitsichtbrillengläser ganz individuell und persönlich dem Kopf und Gesicht des Brillenträgers anzupassen. Bisher wurden lediglich die Korrektionswerte des Brillenträgers bei der Fertigung der Brillengläser berücksichtigt. Für die genaue Position der Brillengläser vor den Augen wurden standardisierte Durchschnittswerte verwendet, die für alle Menschen als gleich angenommen wurden. Rodenstock hat mit dieser Standardisierung jetzt Schluss gemacht und eine neue Technik entwickelt, die bei der Fertigung von Gleitsichtgläsern mehr berücksichtigt als die üblichen Korrektionswerte: Erstmals gehen in die Berechnung der neuen Brillengläser zusätzliche Messwerte wie der Abstand zwischen den Pupillen, der Abstand zwischen Auge und Brillenglas oder Sitz und Form der ausgewählten Brillenfassung mit ein.

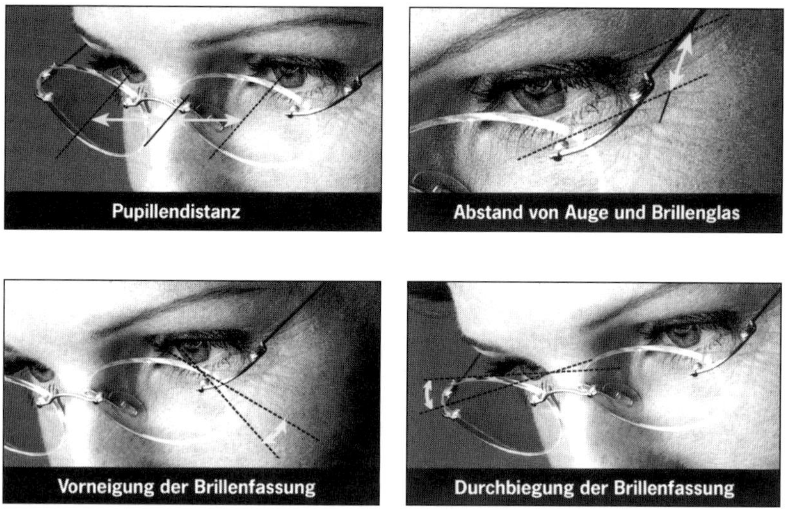

Maßgeschneiderte Brillengläser für höchsten Sehkomfort

Das bedeutet eine bisher nicht möglich gewesene individuelle Anpassung der Brille und damit eine echte Optimierung der Sehqualität.

Dabei muss der Brillenträger nicht länger auf seine neue Brille warten: Die Aufnahme der zusätzlichen Messwerte und die sorgfältige Anpassung durch den Augenoptiker kostet nur unwesentlich mehr Zeit, bringt aber ein natürliches Sehen in allen Entfernungen und ein einfaches, schnelles Eingewöhnen an Gleitsichtgläser – ohne den lästigen „Schaukeleffekt", der bei herkömmlichen Gleitsichtbrillen zu echtem Sehstress führen kann.

Die neue, nur wenige Sekunden dauernde Berechnung der individuellen Brillengläser wird von den heutigen schnellen und leistungsfähigen Computern begünstigt. Ein neues Fertigungsverfahren lässt die hochgenaue, computergesteuerte Herstellung auch von äußerst komplizierten Brillenglasgeometrien zu. So hat Rodenstock sämtliche korrigierenden Werte ausschließlich auf der Rückfläche des Brillenglases konzentriert, weil die Rückfläche näher am Auge liegt als die Vorderfläche und dadurch die Abbildungsqualität nochmals verbessert wurde.

Die Neuentwicklung bedeutet nicht nur für den Bereich der Gleitsichtgläser, sondern auch für die Entwicklung der Brille als Ganzes einen weiteren entscheidenden Fortschritt. Innovationen wie die neuen Gleitsichtgläser Impression machen es möglich, die Individualität des Einzelnen mit seinen individuellen Anforderungen und Ansprüchen stärker in den Mittelpunkt zu rücken. Das Ergebnis sind in der Tat einzigartige Brillen, für jeden einzelnen Brillenträger persönlich optimiert. Ein Träger einer solchen Brille erscheint souverän in jeder Sehsituation und meistert sicher auch die hohen Ansprüche vor einer Kamera mit Bravour.

„Kosmetische" Tönung bringt Vorteile

Von der leichten, „kosmetischen" Tönung bis zum schützenden Sonnenbrillenglas reicht die Spannweite der modernen selbsttönenden Brillengläser.

Leichte, sogenannte kosmetische Tönungen der Brillengläser, im Bereich von 10% bis 20% Lichtdämpfung, steigern den Sehkomfort durch verringerte Durchlässigkeit der kurzwelligen sichtbaren und der UV-Strahlung. Ihre vorteilhafte Wirkung beruht auf der Abschwächung des blauen Lichtes und der damit verbundenen Kontraststeigerung des wahrgenommenen Bildes. Die in geschlossenen Räumen vielfach von Leuchtstofflampen erzeugte künstliche Beleuchtung wird als weniger unangenehm und damit als wohltuender empfunden als mit farblosen Brillengläsern oder dem bloßen Auge. Auch bei kontrastarmer Beleuchtung können diese schwachen Tönungen die Detailerkennbarkeit erhöhen und die Sehbedingungen des Brillenträgers spürbar erhöhen. Ein weiterer Vorteil liegt insbesondere bei leicht rosé oder bräunlich getönten Brillengläsern in der Ähnlichkeit zur natürlichen Hautfarbe des Brillenträgers, die einen harmonischen Gesamteindruck der Brille unterstützen und auch unter dem harten Licht von Studiokameras ihre Wirkung erzielen. Vor allem Brillengläser aus Kunststoff einschließlich der neuartigen Gleitsichtgläser bieten nahezu unbegrenzte Tönungsmöglichkeiten in allen Ausführungsvarianten.

Eine relativ neue Variante der getönten Brillengläser sind die phototropen oder selbsttönenden Brillengläser. Moderne Brillengläser mit automatischer Abdunklung und Aufhellung decken einen Tönungsbereich von klar bis rund 70% Lichtdämpfung – entspricht der Wirkung einer guten Sonnenbrille – ab. Weil die Wirkungsweise der phototropen Brillengläser von Faktoren wie (niedriger) Umgebungstemperatur und (hoher) UV-Einstrahlung abhängt, dürfen diese Brillen auch im Studio getragen werden, ohne dass der Brillenträger Angst haben muss, seine Augen verschwinden hinter verdunkelten Gläsern.

Reflexe stören immer

Jede polierte Glasfläche reflektiert das Licht gerichtet, das heißt, sie „spiegelt". Ein Brillenglas besitzt immer zwei Flächen, die auftreffendes Licht reflektieren. Aus diesem Grund entstehen an Brillengläsern die bekannten Doppelbilder heller Lichtquellen. Sie sind besonders gut erkennbar, wenn man ein Brillenglas beispielsweise unter eine Leuchtstofflampe hält und das Glas leicht hin und her bewegt. Die Größe der Reflexbilder hängt neben der Größe der Lichtquellen und ihrer Entfernung insbesondere von der Durchbiegung der Brillengläser ab. Welche Reflexe demzufolge eine Studiobeleuchtung auf einer Brille erzeugen kann, kann man sich leicht vorstellen.

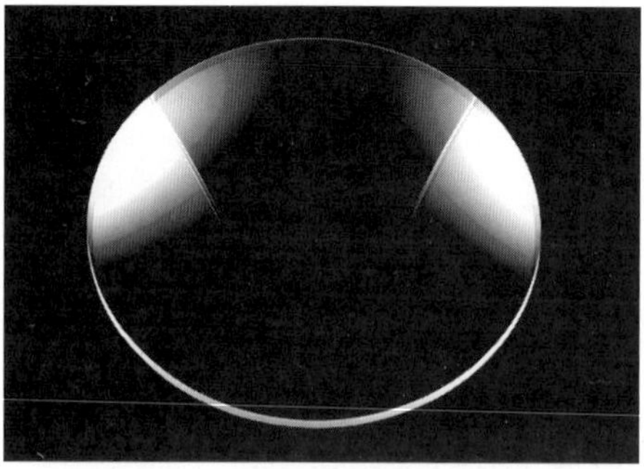

Die Vorteile der Rodenstock-Veredelungsschicht für leichte Kunststoffbrillengläser: volle Alltagstauglichkeit und reflexfreies Sehen.

Bei einem normalen farblosen Brillenglas kommt es also sowohl an der Vorderfläche wie auch an der Rückfläche des Glases zur Reflexion eines Teils des auftreffenden Lichtes. Als grobe Faustformel kann man von einem Reflexionsverlust von etwa 4% bis 5% je Fläche ausgehen. Mit anderen Worten verlassen nur etwa 90% bis 92% des ursprünglichen Lichtes das Brillenglas wieder.

Man unterscheidet zwischen Reflexbildern, die vom Betrachter auf den Gläsern des Brillenträgers gesehen werden, und Reflexbildern, die der Brillenträger selbst wahrnimmt. Die ersteren werden vordere Reflexe, die anderen, nur für den Brillenträger sichtbaren, rückwärtige oder innere Reflexe genannt. Die vom Betrachter wahrnehmbaren vorderen Reflexe überlagern die Augenpartie des Brillenträgers hinter den Gläsern und lassen die Brille unvorteilhaft erscheinen. Größere Bedeutung kommt den vom Brillenträger selbst wahrgenommenen Reflexen zu. Je nach Situation überlagern sie sich dem gesehenen Objekt als mehr oder weniger scharfes Doppelbild oder auch nur als Lichtschleier und verringern so den Kontrast. Störend sind sie vor allem dann, wenn sie als Nebenbilder heller Lichtquellen vor dunklem Hintergrund auftreten. Ein markantes Beispiel dafür bildet etwa die Situation der Straßenbeleuchtung und Fahrzeugscheinwerfer auf nächtlicher Straße oder auch die Beleuchtungssituation bei Fernsehaufnahmen.

Hightech-Fertigung von Brillengläsern: Entspiegelungsschicht wird in aufwendigen Hochvakuumanlagen aufgebracht.

Reflexe an optischen Oberflächen lassen sich durch reflexmindernde Schichten verringern, sogar nahezu beseitigen. Dabei handelt es sich um hauchdünne, im Hochvakuum auf die Brillenglasflächen aufgedampfte Schichten bestimmter Materialien. Damit kann in einem weiten Bereich des sichtbaren Spektrums die Reflexion auf weniger als 0,5% reduziert werden, im Idealfall sogar auf „Nullreflexion". Die Lichtdurchlässigkeit (Transmission) eines Brillenglases, die in unbeschichtetem Zustand wegen des Reflexionsverlustes etwa 92% beträgt, kann durch eine hochwertige Entspiegelung auf über 99% angehoben werden. Die reflexmindernde Beschichtung der Brillengläser bewirkt also nicht nur eine Abschwächung der unerwünschten Reflexe, sondern führt auch zur Erhöhung der Lichtdurchlässigkeit – und je mehr Licht ein Brillenglas durchlässt, desto kontrastreicher und komfortabler ist das Sehen.

Zu guter Letzt: Selbst die Brillen-Reinigung ist einfacher

Hochentspiegelte Gläser einer Brille erwecken oft den (erwünschten) Eindruck, als befänden sich überhaupt keine Brillengläser in der Fassung. Die nahezu völlige Reflexbeseitigung macht die Gläser regelrecht unsichtbar. Umso deutlicher sichtbar werden jedoch auch schon geringfügige Verschmutzungen der Brillengläseroberflächen durch Staub, Fingerabdrücke oder die Flecken getrockneter Wassertropfen. Auf nicht entspiegelten Gläsern sind die gleichen Verschmutzungen weniger auffällig, weil sie durch die stets sichtbaren Reflexe verdeckt werden.

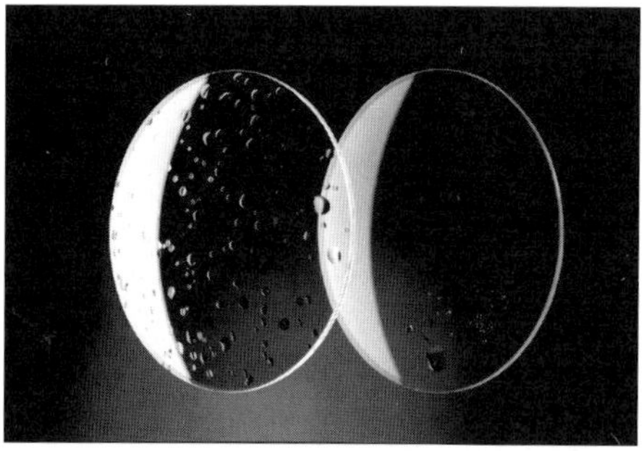

Brillengläser mit Clean-Effekt lassen sich problemlos reinigen.

Auch die Oberflächenstruktur der Entspiegelungsschicht neigt dazu, gewisse Verschmutzungen fester zu halten als die glatte Oberfläche eines unbe-schichteten Glases. Weil dort selbst geringe Schmutzrückstände immer noch relativ auffallend sind, verlangen hoch- oder superentspiegelte Brillengläser eine häufigere Reinigung, also intensivere Pflege. Die Lösung des Problems ist durch die Einführung einer sogenannten Clean-Schicht gelungen: Diese Schicht reduziert die Adhäsionsneigung deutlich, die Oberfläche fühlt sich glatter an. Auch Wassertropfen perlen sofort ab und Wasserflecken sind mühelos zu entfernen. Das Ergebnis: Brillengläser mit Clean-Effekt lassen sich problemlos reinigen und sind insgesamt pflegeleichter. Und die beste Pflege der Brillengläser ist auch bei Ausrüstung mit Clean-Effekt immer noch unter fließendem warmen Wasser mit einem Tropfen Spülmittel.

5. Die Bedeutung der Phonetik

Wilhelm Wieben

„Da ist ebensoviel Beredsamkeit im Ton der Stimme,
in den Augen und in der ganzen Atmosphäre,
die ein Redner um sich verbreitet,
wie in der Wahl seiner Worte!“

(La Rochefoucauld)

Die Stimme entscheidet über die Stimmung. Die Stimme ist also eines der wichtigsten Instrumente, wenn es darum geht, ein Publikum zu erreichen beziehungsweise Menschen für sich und seine Ideen zu gewinnen. Insofern hat das Thema „Phonetik“ eine immens große Bedeutung. Die Menschen reagieren zumeist unbewusst darauf, ob eine Stimme angenehm oder ob sie schrill klingt. Ist sie angenehm, hören die Menschen zu, lassen sich vielleicht gar für etwas begeistern. Ist sie nervend, schalten viele ab, vielleicht baut sich gar Aggression auf.

Kontrollieren Sie Ihre Stimme!

Machen Sie regelmäßig Tonbandaufnahmen, hören Sie sich diese an und machen Sie sich Notizen, was Ihnen (und anderen) im Klang oder im Dialekt verbesserungswürdig erscheint!

Besuchen Sie einen Phonetik-Kurs!

Sie werden merken, dass ein guter Phonetik-Lehrer vieles aus Ihrer Stimme „herausholt“, sie dynamisch, vielleicht gar unverwechselbar wird. Sie werden lernen, wie Sie den vorhandenen Resonanzboden am besten nutzen. Dies geschieht zum Beispiel durch gezielte Atemübungen. Manches wird Ihnen zu Beginn komisch vorkommen, wenn Sie etwa die Tonleiter singen oder mit einem Kugelschreiber im Mund reden müssen. Gesangseinlagen und Grimassenschneiderei dienen hier als Lockerungsübungen.

Grundsätzlich den „Mut zum Dialekt“ aufbringen!

Es ist nicht notwendig, einen Dialekt gänzlich aufzugeben. Das gelingt sowieso in den seltensten Fällen. Merke: Auch eine Dialektfärbung dient als Bestandteil der Persönlichkeit. Allerdings sage ich auch, dass jemand, der einen sehr starken Dialekt spricht, nicht sonderlich angenehm rüberkommt. Gerade Personen, die sich bundesweit äußern müssen, Politiker etwa, sollten an ihrem Dialekt arbeiten. Besonders wichtig ist dies bei einem Dialekt, wo aus einem „s“ ein „sch“ wird... Ein Dialekt darf auf keinen Fall dazu führen, dass man nicht verstanden wird!

„Verschlucken“ Sie Anfangs- und Endsilben nicht!

Wie gesagt, von unserer Stimme hängt es ab, ob wir verstanden werden. Die undeutliche Aussprache und das „Verschlucken“ von Anfangs- und Endsilben führt zum Nicht-Verstanden-Werden! Hieran müssen Sie unbedingt arbeiten.

Was betont werden muss, muss betont werden!

Wichtige Bestandteile Ihrer Rede oder Ihres Statements benötigen auch die besondere Betonung. Wollen Sie „aufrütteln“, heben Sie Ihre Stimme. Wollen Sie jemanden nachdenklich stimmen, senken Sie sie. Setzen Sie durch die besondere Betonung einzelner Silben, Wörter oder Satzteile die Akzente, die Sie für notwendig erachten. Zusammengefasst: Ihre Stimme muss Assoziationen hervorrufen.

Falsches Sprechen kann entlarven!

Gerade Politiker zeigen durch ihre Sprache, ob sie das, was sie sagen, auch wirklich meinen. Überbetonen sie zum Beispiel das Wort „Koalition“ als „Ko-al-iti-on“, zeigt das Unsicherheit. Wer hingegen selbstsicher ist und richtig spricht, betont die letzten Buchstaben: „Koalit**ion**“.

Die Stimme als „Sympathieträger“

Vielen Menschen ist dieser oder jener Politiker sympathisch. Wenn sie aber gefragt werden, warum das so ist, wissen sie oftmals keine Antwort. Es ist also das Charisma, das sie begeistert. Eine gute Stimme wiederum ist ein wichtiger Bestandteil einer charismatischen Persönlichkeit!

6. Fernsehmarkt und Fernsehnutzer

Otto Altendorfer

Mehrere TV-Geräte die Regel

Seit 1980 gehören Fernsehgeräte in der Bundesrepublik Deutschland zum Standard eines jeden Haushalts; mehr als ein Drittel der Haushalte verfügt über zwei oder mehr Geräte. Unterschiede zwischen Ost und West gibt es dabei nicht.

Die Fernsehnutzung erfolgt zu knapp 60 % über Kabel und zu 25 % über Satelliten-Direktempfang; die terrestrische Fernsehverbreitung wird nur noch von einem geringen Teil der Haushalte genutzt und geht rasch zurück.

Täglicher Fernsehkonsum auf hohem Niveau

Die tägliche Nutzung des Fernsehens nimmt trotz einer in den letzten Jahren eingetretenen Verlangsamung des Anstiegs immer noch zu; dies gilt vor allem für jugendliche Zuschauer. Ein Erwachsener ab 14 Jahre sieht derzeit täglich über drei Stunden fern. Es zeigt sich, dass Neue Medien wie das Internet das Fernsehen nicht verdrängen, sondern dass dem Neuen Medium zusätzliche Zeit gewidmet wird.

Nutzung von Fernsehen:
[in Minuten]

Jahr	Sehdauer Zuschauer gesamt	Sehdauer Jugendliche14-19
1964	70	-
1985	121	-
1995	175	107
1996	183	112
1997	183	108
1998	188	114
1999	185	119

Quelle: Berg/Kiefer, Massenkommunikation V/Zimmer, Interaktives Fernsehen

Auch zukünftig ist davon auszugehen, dass die Fernsehnutzung zwar etwas rückläufig sein wird, sich aber weiterhin auf hohem Niveau befindet; eine Prognos-Studie rechnet für 2005 mit einer täglichen Fernsehnutzung von 154 Minuten, 2015 von 150 Minuten.

Hohe Anzahl von Fernseh-Extensiv-Nutzern

Fast die Hälfte der Fernsehzuschauer wird zu den sogenannten Vielsehern gezählt; sie nutzen täglich durchschnittlich mindestens 220 Minuten das TV-Gerät. Die Zahl der Vielseher ist in den neuen Bundesländern deutlich höher als in den alten.

TV- Viel- und Wenig-Nutzer pro Tag/1995:
[in %/in Minuten]

	Alte Bundesländer		Neue Bundesländer		Gesamt	
	extensiv	schwach	extensiv	schwach	extensiv	schwach
Anteil an der Gesamtbevölkerung	45	12	61	6	49	11
TV-Nutzung	224	27	240	36	228	28

Quelle: Berg/Kiefer, Massenkommunikation V

Nutzungszeiten des Fernsehens verändern sich

Der Schwerpunkt der Fernsehnutzung liegt für die meisten Bundesbürger in West und Ost nach wie vor in den Abendstunden. Allerdings gab es dazu in den letzten Jahren einige signifikante Veränderungen.

Waren bis 1985 die Zuschaueranteile bis 15.00 Uhr kaum messbar, steigt seit einigen Jahren die Nutzungskurve kontinuierlich und rasch an. Die Tendenz, schon zu Mittag mit dem Fernsehen zu beginnen, ist vor allem bei den jüngeren Altersgruppen zu verzeichnen. Dies ist aber auch ein Ergebnis vor allem der Angebote privater TV-Sender. Die Zeiten werden sich noch weiter nach hinten, beginnend mit dem Morgen, verlagern.

Nutzungshöhepunkte in den Abendstunden sind im öffentlichen-rechtlichen Programm die Tagesschau-Zeit um 20.00 Uhr, beim privaten Programm um 21.00 Uhr.

Je jünger die Zielgruppen, desto höher die Quoten für die Privaten

Generell bleibt festzustellen, dass in den Altersgruppen der 14- bis 19-Jährigen, 20- bis 29-Jährigen und 30- bis 39-Jährigen die Einschaltquoten für private Fernsehanbieter deutlich vor denen des öffentlich-rechtlichen Fernsehens liegen. Öffentlich-rechtliches Fernsehen hat seine Fangemeinde insbesondere in den Altersgruppen ab 50 Jahren aufwärts.

Dabei ist grundsätzlich davon auszugehen, dass die Quoten für privates Fernsehen in Ostdeutschland in fast allen Altersgruppen weitaus höher sind als in den alten Bundesländern.

Marktanteile der TV-Sender an der Sehdauer

03.00 bis 03.00 Uhr:
[Erwachsene 14 bis 49 Jahre/in %/1998]

Sender	Marktanteil
RTL	17,8
Pro Sieben	13,9
SAT.1	12,9
ARD	11,2
ZDF	9,0
RTL II	5,0
Kabel 1	4,7
VOX	3,7
Super RTL	2,6

19.00 bis 23.00 Uhr:
[Erwachsene 14 bis 49 Jahre/in %/1998]

Sender	Marktanteil
RTL	19,6
Pro Sieben	13,3
SAT.1	12,9
ARD	11,2
ZDF	9,0
RTL II	5,0
Kabel 1	3,8
VOX	3,8
Super RTL	2,6

Quelle: IP

Zahl der TV-Sender nimmt zu

Die zunehmende Digitalisierung der Medien bewirkt in den nächsten Jahren eine enorme Zunahme der Zahl der Fernsehsender. Vor allem das Bezahlfernsehen wird dadurch mit einer Fülle von Programmen weiteren Aufschwung nehmen.

Den Markt teilen sich aktuell im frei empfangbaren Bereich:

Bundesweit ausgestrahlte öffentlich-rechtliche und private Sender:

Bundesweit über Satellit, Kabel und teilweise Terrestrik verbreitet werden

a) die öffentlich-rechtlichen Vollprogramme von ARD und ZDF und

b) die privaten Vollprogramme SAT.1, RTL, PRO Sieben, RTL 2, VOX und Kabel 1.

Hinzu kommen insbesondere als Spartenprogramme in bundesweiter Verbreitung, teilweise aber nur über Satellit und/oder Kabel:

a) Öffentlich-Rechtliche Anbieter:
Dritte Programme der Landesrundfunkanstalten, 3SAT, ARTE, Phoenix, Kinderkanal, BR Alpha.

b) Private Anbieter:
Super RTL, n-tv, N-24, Bloomberg, DSF, VIVA, VIVA Zwei, MTV u.a.

Landesweit ausgestrahlte öffentlich-rechtliche und private Sender:

Nur landesweit und in der Regel terrestrisch und/oder über Kabel verbreitet werden in der Regel die für das jeweilige Bundesland lizenzierten privaten Fernsehsender wie
- Hamburg 1 und
- Saar TV.

Ballungsraum-Fernsehen:

Ballungsraum-Fernsehprogramme sind werbefinanzierte Fernsehangebote, die speziell auf einen städtischen Ballungs- und Verdichtungsraum mit einer hohen Bevölkerungsdichte und einer Bevölkerungszahl von mindestens einer Million Einwohner gerichtet sind. Das Verbreitungsgebiet von Ballungsraum-Fernsehen ist idealerweise ein homogener Wirtschafts- und Kommunikationsraum.

Ballungsraum-Fernsehen wird zum einen als eigenständiges 24-Stunden-Programm angeboten, dessen sämtliche Programmteile (Information,

Unterhaltung, Sport, Kultur) am Sitz des Senders produziert werden; wesentlich verbreiteter ist die zweite Programmform, nämlich die teilweise eigenständige Produktion von Programmteilen, speziell Information und lokale News, am Sendesitz, während der Rest des Programms als eine Art Mantelprogramm von bundesweit tätigen Anbietern eingekauft wird; speziell der Unterhaltungs- und Filmteil fällt unter diese Zulieferung.

Ziel von Ballungsraum-Fernsehen-Angeboten ist die Bedienung von spezifischen regionalen Informationsnachfragen der Bevölkerung und darüber hinaus die Ausschöpfung des regionalen Werbemarktes.

Ballungsraum-Fernsehen in Deutschland:

Ballungsraum	Sender
Berlin	tv.berlin, FAB-Fernsehen aus Berlin
Chemnitz	Sachsen Fernsehen
Dresden	Sachsen Fernsehen
Hamburg	Hamburg 1
Karlsruhe	B.TV Baden
Hoyerswerda	HOY-TV
Leipzig	Sachsen Fernsehen
Mannheim	RNFplus
München	tv.münchen
Nürnberg	Franken Fernsehen
Saarbrücken	Saar TV
Stuttgart	B.TV Würtemberg
Zwickau	Zwickau TV

Quelle: Eigene Recherche

Lokales Fernsehen:

Völlig unterschiedlich je nach Bundesland ist die Struktur im lokalen Fernsehmarkt. Während zum einen in Ostdeutschland in jeder Kommune kleine lokale TV-Stationen vorzufinden sind, die einmal wöchentlich via Kabel für etwa 30 Minuten ein aktuelles Programm produzieren und dieses dann täglich mehrmals wiederholen, kennen die westlichen Bundesländer eine solche Struktur nur rudimentär.

Literatur:

www.ard.de
www.zdf.de
www.alm.de

Altendorfer, Otto, Mediensystem der Bundesrepublik Deutschland, 2 Bde., Opladen 2001

Arbeitsgemeinschaft der Landesmedienanstalten in der Bundesrepublik Deutschland (Hg.), Programmbericht zur Lage und Entwicklung des Fernsehens in Deutschland 1998/99, Berlin 1999

Berg, Klaus/Kiefer, Marie-Luise (Hg.), Massenkommunikation V. Eine Langzeitstudie zur Mediennutzung und Medienwirkung 1964-1995 (Schriftenreihe Media Perspektiven, Bd. 14), Frankfurt 1996

Eimeren, Birgit van/Gerhard, Heinz, ARD/ZDF-Online-Studie 2000: Gebrauchswert entscheidet über Internetnutzung, in: Media Perspektiven 8 (2000), S. 338-349

Heinrich, Jürgen, Medienökonomie, Bd. 2, Opladen 1999

Zimmer, Jochen, Interaktives Fernsehen – Durchbruch via Internet, in: Media Perspektiven 3 (2000), S. 110-126

7. Der TV-Wahlwerbespot

Fred Weichsel

Von der klassischen Werbeagentur zum Politikmanagement

Im Zuge der Diskussion um integrierte Kommunikation in der Wirtschaft wird heute auch die Politikkommunikation weitaus umfassender interpretiert. Beratende Kommunikationsagenturen für politische Werbung generieren von klassischen Werbeagenturen zu allgemeinen Politikmanagern, die die Möglichkeiten moderner Kommunikation voll ausschöpfen. Dem häufig in der deutschsprachigen Literatur gefällten Urteil, die Bedeutung von Werbeagenturen in der Politikkommunikation nehme in der „Fernsehdemokratie“ ab, muss hier widersprochen werden.[1] Gerade wegen ihrer veränderten Funktion als Politikmanager darf ihr Wirken nicht unterschätzt werden. Was die amerikanische Wahlkampfforscherin Montague Kern Ende der achtziger Jahre für die USA konstatierte, gewinnt inzwischen auch in der Bundesrepublik an Gewicht: „Consultants professionally responsible for developing a campaign´s televised message are also playing a key role in determining who the nation´s top leadership will be.“[2]

Integrierte Kommunikation und Politikmanagement sind die Eckpfeiler moderner Wahlwerbung. Dies bedeutet einerseits, dass die gesamte Breite an Kommunikationsmitteln (Print, TV, Radio, New Media usw.) genützt wird und durch eine übergreifende, langzeitliche Strategie Synergieeffekte erzielt werden. Andererseits bedeutet dies auch, dass beratende Agentur und Entscheider in der Politik eng zusammenarbeiten. Wie gut dies funktioniert, hängt von der Bereitschaft beider Seiten ab, sich dem Gegenüber zu öffnen. Gegenseitiges Vertrauen und eine offene Informationspolitik sind hier die Grundlage des gemeinsamen Erfolges. Der Politik, sprich der Partei, muss es möglich sein, die Agentur als ihre „Kommunikationsdrehscheibe“, ihren „Moderator“ zu nutzen. Die Agentur ihrerseits muss Außenansichten und Kommunikations-Know-how an die Politik herantragen können. Nur durch dieses Zusammenspiel ist es möglich, das gemeinsame Ziel zu erreichen, den Aufbau eines „Political Brand“: Die Partei wird als einmalige Marke auf dem politischen Markt etabliert, die sich von den „Konkurrenzprodukten“ eindeutig abgrenzt.

Grundsätzlich ist die Wahlwerbung von der Tagespolitik abhängig – auch wenn sie in der Regel konkrete politische Aussagen vermeidet. Ihre Aufgabe ist es, auf dem politischen Meinungsmarkt mehrheitsfähige Aussagen, Bedürfnisse, Ängste und Wünsche auszumachen und in schlagkräftige Headlines zu integrieren. Dieser Meinungsmarkt hängt von der Tagespolitik ab. Der Idealfall eines Zusammenspiels zwischen Politik und beratender Agentur ist daher eine „Task-Force" für Tagespolitik. Aktuelle Ereignisse der Politik werden von der Politikwerbung aufgegriffen und umgehend in kampagnenfähige Aussagen umgewandelt.

Die Bedeutung des TV-Wahlwerbespots im Kommunikationsmix

Zweifelsohne ist der TV-Wahlwerbespot das bedeutendste politische Werbemittel. Die amerikanische Forschung attestiert dem Wahlwerbespot am ehesten eine – zumindest kurzfristige – direkte Wirkung auf die Wähler. Dies sowohl im kognitiven als auch im emotionalen Bereich. Erste kleinere Untersuchungen in Deutschland bestätigen dies.[3] Dieser Umstand ist qualitativ den Eigenschaften des Mediums an sich zu verdanken, dessen wesentliche Wirkung die Erzeugung von emotionaler Erregung über audiovisuelle Reize ist. Bilder implizieren dem Rezipienten darüber hinaus ein hohes Maß an Glaubwürdigkeit. So stellt der Wahlkampfforscher Peter Radunski pointiert fest: „ Das Fernsehen unterscheidet sich von den anderen Medien, weil es mehr empfunden als empfangen wird."[4] Quantitativ beeindruckt die enorme Reichweite des Mediums. Vor der Bundestagswahl 1990 sahen im Mittel 9,4 Millionen Bürger die Wahlspots der im Bundestag vertretenen Parteien. Damit wurden durchschnittlich 50,7% aller Zuschauer erreicht.[5]

Der wichtigste Vorteil für die Parteien ist, dass ihre Spitzenpolitiker quasi ungefiltert durch die Medien in die Wohnzimmer der Menschen gelangen und diese direkt ansprechen können. Die Selbstdarstellung der Parteien und insbesondere ihrer Spitzenkandidaten steht damit im Mittelpunkt der Werbespots. Selbstdarstellung heißt in diesem Falle weniger Programmdarstellung als vielmehr emotionaler Imageaufbau. Die potentielle Wählerschaft soll sich mit der Partei und deren Spitzenpolitiker identifizieren können. Somit wirken die Wahlwerbespots unterstützend für den, dem Wähler oft trocken und kompliziert erscheinenden, politischen Betrieb.

Mechanik des TV-Wahlwerbespots

Eine Problematik für die Wahlwerbung ist der Spagat zwischen Stammwählern auf der einen Seite und Jung-, Wechsel- und Nichtwählern auf der anderen. Erste gilt es zu bewahren, letztere zu gewinnen. Wahlwerbespots müssen deswegen integrierenden Charakter besitzen. Generations- und milieuübergreifende Aussagen müssen kreiert werden, mit denen sich im Grunde jeder identifizieren kann und die niemanden ausschließen oder abstoßen. Dies geschieht, indem traditionelle Werte und allgemeingültige Aussagen modern und ansprechend verpackt werden. Dem hohen ästhetischen Anspruch der Konsumenten an kommerzielle (Fernseh-) Werbung muss Rechnung getragen werden.

Die Erfahrung hat gezeigt, dass konkrete politische Aussagen in Wahlwerbespots relativ problematisch sind. Politische Parteien zeigen wenig Bereitschaft, sich vor der Wahl detaillierter festzulegen. Konkrete Aussagen bergen die Gefahr, bestimmte Wählergruppen zu verschrecken oder durch unerwartete Ereignisse im politischen Tagesgeschäft ad absurdum geführt zu werden. Leitlinie der Wahlwerbung ist deshalb ein allgemeiner, die Emotionen berührender Slogan, der den roten Faden der gesamten Kampagne bildet. Erfolgreiche Slogans, wie „Die Kraft, die bewegt" (CSU, Europawahl 1999), geben dem Wähler das Motiv für die Wahl der Partei in die Hand. Der Slogan wird durch einzelne Themen und Schwerpunkte, wie zum Beispiel Freiheit, Sicherheit, Wohlstand, inhaltlich gefüllt. Verkauft werden diese Statements über das Gesicht des Spitzenkandidaten, der als emotionale Integrationsfigur dient. Es gilt, einen Mythos von dieser Person zu kreieren. Der Kandidat muss als strahlende Figur in einem typischen Lebensumfeld der Wähler dargestellt werden: sympathisch, engagiert und kompetent. Wie gut dies gelingt, ist entscheidend für die mobilisierende Wirkung der Spots. Der Kandidat wird zum „Zugpferd" für die Wähler.

Der Faktor „Emotion" spielt beim TV-Wahlwerbespot die größte Rolle. Dies bedeutet jedoch nicht, dass rationale Botschaften ganz außen vor bleiben. Wie groß der Anteil an rationalen Aussagen in einem Wahlwerbespot ist, hängt vom Status der jeweiligen Partei ab. Während die großen Volksparteien auf rationale Aussagen fast ganz verzichten und allenfalls vorsichtige rationale Aussagen in ihren Spots verarbeiten, sind kleine Parteien und ganz besonders wenig bekannte Parteien wesentlich stärker auf Rationalität angewiesen. Parteien, deren politische Ziele und

Programmpunkte in der täglichen Politikberichterstattung wenig Aufmerksamkeit erfahren, bekommen durch ihren Anteil an Sendezeit die Gelegenheit, ihre Vorstellungen einem breiteren Publikum nahezubringen. Emotionalität rückt dabei eher in den Hintergrund, da erheblicher rationaler Erklärungsbedarf herrscht.

Das emotionale Verkaufen der Politik über den Spitzenkandidaten gestaltet sich in der Praxis oft schwierig. Spitzenpolitiker nehmen sich aufgrund gedrängter Terminkalender nur wenig Zeit für Drehtermine. Außerdem sind Politiker zwar den Umgang mit Medien gewöhnt, dies bedeutet aber noch lange nicht, dass sie wie Schauspieler bei Filmaufnahmen auf „Knopfdruck" natürlich lächeln oder überzeugend gestikulieren können. Die Gefahr besteht deshalb, dass die Auftritte in Werbespots hölzern und unnatürlich wirken. Es empfiehlt sich in diesem Fall für die Regie, möglichst viel Text aus dem Off einzuspielen und durch ständige Schnitte Bewegung in den Spot zu bringen. Es ist besser, den Politiker bei alltäglichen Handlungen zu zeigen, als ihn verkrampft hinter einem Rednerpult zu einem imaginären Publikum sprechen zu lassen (vgl. CSU 1994 und 1998). Auf die wichtige Direktansprache der Wähler durch den Kandidaten darf trotzdem nicht verzichtet werden. Damit diese den bestmöglichen Effekt erzielt, sind Mediatrainings für die Politiker unumgänglich.

Den Parteien werden von den öffentlich-rechtlichen Fernsehanstalten nach den jeweiligen Rundfunkgesetzen und der Wahlwerbesatzung ab dem 31. Tag vor der Wahl sogenannte Sekunden-Kontingente zugebilligt, die je nach Ergebnis der vorangegangenen Wahl proportional zugeteilt werden. Seit der Europawahl 1999 ist die Maximallänge der einzelnen Wahlspots von 2,5 Minuten auf 1,5 Minuten reduziert worden. Die Parteien selbst haben erkannt, dass die Aufnahmebereitschaft der Konsumenten für 2,5 Minuten Wahlwerbung nicht ausreicht. Es ist sogar durchaus empfehlenswert, die Spots auf eine Minute zu beschränken.

Seit der Bundestagswahl 1990 wird auch im Privatfernsehen Wahlwerbung betrieben. Die Spots sind aufgrund der entstehenden Kosten jedoch ungleich kürzer und werden meist nur von den großen Parteien geschaltet. Große Parteien können es sich in der Fernsehdemokratie nicht leisten, „Informationsinseln" entstehen zu lassen. Schon allein deshalb sind sie gezwungen, ihre Werbespots flächendeckend zu schalten. Zwar bekommen Parteien von den privaten Fernsehanstalten Rabatte von weit über 50 Prozent, die weiterhin hohen Schaltungskosten zwingen die Parteien jedoch dazu, bei der Länge der Spots und bei den Produktionskosten zu sparen. Dies hat zur Folge, dass die meisten Parteien nur noch einen Spot oder wenige, nur leicht veränderte Spots schalten. Werbestrategisch muss dies kein Nachteil sein. Ganz im Gegenteil: Weniger ist oft mehr. Die Spots werden durch ihre Kürze „knackiger" und ihr Wiedererkennungswert wird aufgrund fehlenden Varianz höher.

Ein teilweise umstrittenes Mittel der Wahlwerbung ist die negative Kampagne. Hier wird der politische Gegner direkt angegriffen. Nicht eigene Leistungen werden betont, sondern Fehler der Konkurrenz werden offengelegt. Nach Ansicht der meisten Experten für politische Kommunikation ist diese Methode nur in seltenen Fällen geeignet, ein positives und kompetentes Image der Partei aufzubauen. In der Regel kann es sich nur die Opposition leisten, in Wahlwerbespots aggressiv gegenüber dem politischen Gegner aufzutreten. Regierungsparteien laufen hingegen Gefahr, durch derartige Werbung an Integrität zu verlieren. Dies wirkt sich eher kontraproduktiv auf das Wahlklima aus. Provokation kann für kleine Parteien ein probates Mittel sein, Aufmerksamkeit zu erregen. Als jüngstes Beispiel dient hier die äußerst erfolgreiche FDP-Kampagne im NRW-Landtagswahlkampf 2000. Andreas Mengele, Berater für die FDP in NRW, über seine Philosophie: „Unser Plakat hängt nur an jedem zehnten Baum. Also muss der brennen."[6] Was für Plakate gilt, betrifft kleine Parteien auch im Falle kürzerer Sendezeiten.

Ergänzend zu den Fernsehspots sind Wahlwerbespots im Kino empfehlenswert. Die CSU hat dieses Instrument als erste Partei seit 1994 voll genutzt und in fast allen bayerischen Kinos 60-Sekunden-Werbespots geschaltet. Gerade bei der Kinowerbung hat sich gezeigt, wie wichtig der ästhetische Aspekt bei Wahlwerbung ist. Spielfilmqualität muss garantiert sein, um gegenüber den „Hochglanzwerbespots" der Industrie bestehen zu können. Die damit verbundenen höheren Produktionskosten zahlen sich jedoch aus. Die emotionale Ansprache an die Konsumenten ist aufgrund der audio-visuellen Eigenschaften des Mediums Kino um ein Vielfaches noch stärker als im Fernsehen.

Literatur:

Fischer, Bettina: Formale und inhaltliche Strukturen politischer Werbung. Ein Vergleich ausgewählter Wahlwerbespots zur Bundestagswahl 1990 im öffentlich-rechtlichen Fernsehen. Magisterarbeit an der LMU München, München, 1992.

Kaid, Lynda Lee/Holtz-Bacha, Christina:
Die Beurteilung von Wahlspots im Fernsehen.
In: dies. (Hrsg.): Die Massenmedien im Wahlkampf. Untersuchungen aus dem Wahljahr 1990. Opladen, 1993, S.185-207.

dies.: „Simply the best". Parteienspots im Bundestagswahlkampf 1994 - Inhalte und Rezeption. In dies.: Wahlen und Wahlkampf in den Medien. Untersuchungen aus dem Wahljahr 1994. Opladen 1996, S.177-207.

Kern, Montague: 30-sekond Politics. Political Advertising in the Eighties.
New York, 1989.

Krebs, Thomas: Parteiorganisation und Wahlkampfführung. Wiesbaden 1996.

Noelle-Neumann, Elisabeth: Wahlentscheidung in der Fernsehdemokratie.
Würzburg, 1980.

dies.: Meinungsklima und Wahlforschung. In: Kaase, Max / Klingemann, Hans-Dieter: Wahlen und Wähler. Analysen aus Anlaß der Bundestagswahl 1987. Opladen, 1990.

Radunski, Peter: Wahlkampfführung. München, 1980.

Reiser, Stefan: Parteikampagne und Medienberichterstattung im Europa-Wahlkampf 1989. Eine Untersuchung zu Dependenz und Autonomieverlust im Verhältnis von Massenmedien und Politik. Konstanz 1994.

Steinseifer-Papst, Wolf: Wahlen und Wahlkampf in der Bundesrepublik Deutschland. 2. neubearbeitete Auflage, Heidelberg, 1994

Wachtel, Martin: Die Darstellung von Vertrauenswürdigkeit in Wahlwerbespots. Eine argumentationsanalytische und semiotische Untersuchung zum Bundestagswahlkampf 1987. Tübingen, 1988.

Wolf, Werner: Der Wahlkampf. Theorie und Praxis. Köln, 1980.

w&v – Interview: Politik sucht Markenprofil. w&v Nr. 19/2000, S.146-149.

Anmerkungen:

1 vgl. stellvertretend Wolf, 1980.
2 Kern, 1989, S.207.
3 vgl. Kaid/Holtz-Bacha, 1996.
4 Radunski, 1980, S.69
5 Zahlen nach Fischer, 1992.
6 w&v-Interview, 2000

V. Wahlkampf im Hörfunk

1. Wahl-Marketing

Wolf-Peter Knipp

Öffentlichkeit bedeutet Macht!

Schon seit es Medien im weitesten Sinne gibt, haben Parteien und politische Organisationen die Notwendigkeit erkannt, ihre Ziele sowie ihr Handeln sowohl inhaltlich als auch personengebunden in eine möglichst große Öffentlichkeit zu kommunizieren.
Der Grund ist denkbar einfach: Öffentlichkeit bedeutet Macht!

Jedes Unternehmen hängt von der Öffentlichkeit und ihrer Meinung über es ab. Die Meinung der Öffentlichkeit entscheidet darüber, wie viel das Unternehmen gilt. Die der Kunden, als einem Teil der öffentlichen Meinung, über den Erfolg. Wem es gelingt, Menschen zu erreichen und zu überzeugen, darf erwarten, dass sich in der öffentlichen Meinung ein Vorsprung gegenüber Mitbewerbern im Ringen um die Gunst der Wähler ergibt. Dies heißt auch auf der Gegenseite: Je weniger die Öffentlichkeit über ein Unternehmen, dessen Produkte oder Dienstleistungen weiß, desto größer ist die Gefahr, dass ein Erscheinungsbild in der Phantasie zusammengesetzt wird, das mit den tatsächlichen Unternehmenszielen nichts mehr zu tun hat.

Früher waren es die Herrscher, die ein starkes Interesse daran hatten, über Kommunikation nach innen und außen sowohl eine stabile Grundlage für die Staatsgeschäfte zu schaffen als auch den eigenen Machtbereich zu sichern.

In Deutschland wurde die Politikvermittlung durch Bismarck auf eine neue Ebene gehoben, als er die „amtliche Pressepolitik unter der Führung des Innenministeriums in Preussen reorganisierte. Dabei wurde das bisher gepflegte offiziöse Pressewesen mit Literarischem Büro und Provinzialkorrespondenz ergänzt bzw. abgelöst. Die mit der 'Povinzial-Korrespondenz' gepflegte offene Form staatlicher Selbstdarstellung wurde durch verdeckte Beeinflussung der Öffentlichkeit ersetzt.“ (1)

Die sogenannten „Welfen“- oder „Reptilienfonds“ wurden dazu verwendet, ein Netzwerk von Vertrauensleuten wie Korrespondenten, Zeitungsverlagen sowie Honoratioren aus dem öffentlichen Leben zu finanzieren oder zu subventionieren. Ziel war es, die eigenen loyalen Gruppen zu bündeln, die Untentschlossenen zu binden sowie politische Gegner auszugrenzen. (2)

An diesen Kernüberlegungen hat sich im modernen Medienwahlkampf nicht viel geändert. Jedoch die Methoden und der Aufwand zur Erreichung dieser Ziele haben sich modifiziert. Sie tragen heute mehr und mehr den Erfordernissen moderner Medien Rechnung. Marketing und Public Relations (PR) sind die Instrumente, über die politische Kommunikation in die Öffentlichkeit gebracht wird. Die Partei von heute bedient sich klassischer Marketingstrategien und Werbemittel, um die eigenen Kräfte zu massieren, neue Zielgruppen sowie Randzielgruppen zu erschließen und sich vom politischen Gegner abzugrenzen. Die Begriffe Marketing und PR sind im Verständnis aus den Wirtschaftswissenschaften abgeleitet und dienen dem Absatz von Waren und Dienstleistungen ebenso wie dem Management für moderne Unternehmensführung.

Erfolg durch Management – Medien und Politik

Um das Verhältnis und die besondere Beziehung zwischen Medien und politischer Transparenz auf die Grundlage einer Betrachtung zu stellen, die die Möglichkeiten zur Erreichung großer Zielgruppen im Hörfunk für politische Inhalte aufzeigt, ist es eine notwendige Überlegung, die Inhalte politischer Kommunikation auf die Eigenheiten des Mediums zuzuschneiden.

Modernes Management von Unternehmens-Kommunikation kann also im vorliegenden Betrachtungsgegenstand gleichgesetzt werden mit dem Kommunikations-Management einer Partei. Der Begriff Kommunikations-Management soll im Folgenden unter Berücksichtigung von Marketing-Begrifflichkeiten des Mediums Hörfunk erörtert werden.

Zielgruppenerschließung mit Hilfe von Profis

Da die Bundesbürger im Schnitt drei Stunden Radio hören und dabei sowohl flexibel als auch mobil sind, die Menschen insbesondere im privaten Umfeld erreicht werden, ist es notwendig für das Kommunikations-Management von Parteien, diese hohe Marktdurchdringung in der eigenen Media-Planung zu berücksichtigen. Dabei werden nun die gleichen Parameter angelegt, die für eine erfolgreiche Werbe- /PR-Kampagne im Hörfunk gelten. In diesem Zusammenhang scheint es notwendig für die Kommunikations-Strategen aus Parteien, sich auf den „Markt“ der Hörer/potentiellen Wähler genauestens einzustimmen.

Ziel ist die Hörer-/Wählerbindung, also genau das, was Unternehmen aus der werbetreibenden Wirtschaft anstreben, um die eigene Identität, die eigenen Ideen und Ziele zu kommunizieren. Daher muss die Zielgruppenansprache sowie die Zielgruppendefinition vorausgeschickt werden. Im klassischen Radiogeschäft wird sich demzufolge ein Unternehmen an eine professionelle Werbeagentur wenden, um zu erfahren, welches die reichweitenstarken Sender sind und dann den Werbespot produzieren lassen, der dann wiederum in der Zielgruppe größtmögliche Wirkung erzielen soll.

Somit drängt sich auch für Parteien die Möglichkeit, ja fast schon Notwendigkeit, professionelle Unterstützung einzuholen, geradezu auf. Nach zögerlichen Anfängen setzt sich das Outsourcing bei den Parteien vermehrt durch, eine Möglichkeit, Fachwissen über Medien, Medienwirkungsforschung und eine darauf basierende Marketing-/PR-Strategie von Spezialisten aus Agenturen zu erhalten und mit diesen eine öffentlichkeitswirksame Werbekampagne zu entwickeln. Waren professionelle Agenturen bislang häufig nur ausführende Partner für eine zeitlich begrenzte Aktion, sollte unter den Gegebenheiten eines modernen Managements von Wahlkämpfen mit Hilfe Neuer Medien und der Notwendigkeit, beständiges Marketing/gezielte PR über lange Zeiträume zu betreiben, eine beständige Begleitung von Profis als Postulat außer Zweifel stehen.

Wahl-Marketing als Werte-Marketing

Eine Werbekampagne soll hier verstanden sein als ein Instrument vernetzten Marketings, das sich sowohl klassischer Werbung/Werbemittel als auch der Möglichkeiten moderner PR bedient. Zu den notwendigen Voraussetzungen einer solchen Aktion gehört marktspezifisches Wissen um die Ziel-/Hörergruppen und Reichweiten von Radiosendern, das ebenso zum Fundus guter Agenturen gehört.

Mit Blick auf klassisches Radio-Marketing ist:

- die Partei das Produkt,
- das Programm der Nutzwert,
- der Wähler der Hörer.

Zu beachten ist nun, dass Wahl-Marketing für Parteien ein echtes Bench-Marketing ist. Wesentlich stärker als bei Produkten oder Dienstleistungen, die einen eigenständigen Gebrauchs- und Nutzwert besitzen, muss das Wahl-Marketing ein Wertesystem vermitteln und auf diese Weise die „Kunden", also die Hörer/Wähler, binden.

Die Notwendigkeit, ein Wertesystem zu vermitteln, kann sich nicht nur „trockener" und logischer Programmatik bedienen, sondern muss auch hier klassischen Werbestrategien Rechnung tragen und den Inhalten ein emotionales Gepräge verleihen. Nur so kann man davon ausgehen, dass eine Botschaft im Herzen, im Bauch und letztlich auch im Kopf ankommt, ja sogar gelernt wird. Wahl-Marketing muss einen auf Langfristigkeit angelegten Lernprozess beim Hörer/Wähler auslösen, denn Wahlen werden nicht im Wahlkampf im direkten Vorfeld gewonnen. Am Wahltag wird die Quittung für die Führung der Politik während der gesamten Legislaturperiode erteilt.

„Wahltag ist Zahltag!" (3)

Die strategischen Überlegungen

In der wirtschaftswissenschaftlichen Marketingforschung, aber auch in der PR-Theorie wird auf die Abhängigkeit der Kommunikation von den jeweiligen Kommunikationspartnern und der Zielgruppe hingewiesen. (4)

Aus diesem Grunde betreiben die Unternehmen der Werbewirtschaft umfangreiche Marktanalysen sowie Konkurrenz- und Kundenanalysen, bevor sie ihren Werbe-Etat vergeben. Übertragen auf das System Hörfunk bedeutet dies, ein Instrumentarium zusammenzustellen, mit dem zielgruppenorientiertes Wahl-Marketing betrieben werden kann.

Marktanalyse/Marktforschung muss hier bedeuten, das genaue Zahlenmaterial der Media-Analysen zu durchforsten, um festzustellen, welche

Hörfunksender welche Zielgruppen in welcher Stärke bedienen. (Eine Auswahl wichtiger Dienste zur Ermittlung von Markt-, Medien- und Meinungsforschung findet sich ebenso wie Internetadressen akademischer und kommerzieller Medienforschung im Band 6 Media Studien.) (5)

Zielgruppenanalyse muss hier bedeuten, die Bedürfnisse der Klientel weitestmöglich zu ermitteln.

Konkurrenzanalyse muss hier bedeuten, zu untersuchen, mit welchen „Produkten" bzw. Programmen die politischen Mitstreiter arbeiten und welche Strategien sie verwenden.

Eigenanalyse muss hier bedeuten, die eigenen Ressourcen (Personen, Inhalte etc.) auf Effektivität und synergetische Vernetzung als funktionierendes System zu überprüfen, zu verifizieren und gegebenenfalls zu falsifizieren.

Sind die klassischen Analyse-Schritte erfolgt, müssen jetzt noch einige Schlagworte aus der Hörfunk-Werbung genannt werden, um eine erfolgreiche Kampagne möglich zu machen bzw. sie zu flankieren.

- AIDA-Prinzip für Wahlwerbespots !
- Weniger ist mehr !
- Wiedererkennung schaffen !

Ein erfolgversprechender Wahlwerbespot sollte nach denselben Prinzipien aufgebaut sein, wie sie auch der Produktwerbung und sogar den redaktionellen Stilformen zu Eigen sind:

AIDA (Attention, Interest, Desire, Action)

Es gilt Aufmerksamkeiten (über Problemfelder aktueller Politik) zu schaffen, Interesse (für die parteiinternen Lösungsvorschläge) zu erreichen, das Bedürfnis zu erwecken (die Inhalte und Programme unterstützen zu wollen/ dazu gehören zu wollen) und eine Handlung (aktive Unterstützung durch Wahl) herbeizuführen.

Um Aufmerksamkeit zu erreichen gilt es, den qualitativen Sprung von unwillkürlicher hin zu willkürlicher Aufmerksamkeit zu schaffen. (6) Nur so kann die Handlung (Wahl) ausgelöst werden. Dazu muss eine nachhaltige

Gedächtniswirkung erzielt werden, die den Rezipienten der Botschaft zum aktiven Wähler macht.

Im Zusammenhang mit dem Entstehen des Kaufwunsches spricht Walter Venohr davon, dass eine Werbebotschaft, die den sogenannten Triebwünschen des Menschen entgegenkommt, akzeptiert wird. Aus diesem Grund empfehlen die (Werbe-) Botschaften idealerweise nicht die Objektivität einer Ware oder Leistung, sondern allein deren Bedeutung für deren späteren Besitzer. (7) Hier ist also auch wieder der Nutzwert/Gebrauchswert genannt, der über emotionale Assoziationen vermittelt werden soll.

Gefühle sind es, die als starke Verbündete einer Werbekampagne die Zielgruppe ansprechen. Inhalte, Worte, Musik, sympathische Darstellung und vieles mehr sind in der Lage, über Erfolg oder Nicht-Erfolg einer Werbebotschaft mit zu entscheiden. Werbung muss also den Menschen mit seiner Gefühlsebene in den Mittelpunkt stellen und abstraktere Sachverhalte personifizieren. Und hierbei gilt die Regel: Weniger ist mehr!

So kann es sinnvoller sein, anstelle von rationalen Argumentationsketten bildhaft und plakativ Positiv-Bilanzen zu ziehen, die den Erfolg der politischen Arbeit der Partei in die Öffentlichkeit transportieren.

Erfolgreiche Werbung benötigt neben all diesen inhaltlichen Überlegungen ebenso eine professionelle „Verpackung". In Bezug auf den Betrachtungsgegenstand heißt das, Wahl-Werbung muss eine akustische Anmutung erhalten, wie sie aus der Hörfunkwerbung der Werbewirtschaft bekannt ist.

Zur akustischen Anmutung gehört es beispielsweise, die Corporate Identity der Partei mit einer musikalischen Kennung auszustatten, damit bei jedem Einsatz in jedem Radiosender (sogar im Fernsehen) bereits durch die Klänge der Wiedererkennungs-Effekt einsetzt, der auch bei geringer Aufmerksamkeit sofort Assoziationen zur Partei wachruft. Ebenso empfehlenswert ist es, eine „Station-Voice" auszuwählen, die dann in Folge immer die Inhalte/Spots zu sprechen hat. Der Effekt tritt hier ebenso durch Wiedererkennung auf, ganz wie bei einer Synchron-Stimme eines bestimmten Schauspielers; hören wir diese Stimme beispielsweise ohne Bild oder im Radio, sehen wir genau diesen Schauspieler mit all seinen aufgebauten/gelernten Image-Eigenschaften vor unserem geistigen Auge. Auch eine Station-Voice unterstützt ein unverwechselbares Marken-Image.

Wahlkampfführung als Management von Medienereignissen

Neben einer Kampagne in Massenmedien, einer zusätzlichen Werbekampagne darf das Potential nicht unterschätzt werden, das sich aus der eingangs erwähnten Mobilisierung der parteiinternen Kräfte ergibt. (8) Denn die Stärke einer Partei im Blick der Öffentlichkeit hängt maßgeblich von der Einigkeit der eigenen Mitglieder und Anhänger ab.

So muss Wahl-Marketing im Hörfunk sowie anderen Medien über die Instrumente der PR kontinuierliche positive Medienereignisse schaffen, die in der Lage sind, die Öffentlichkeit von einer geschlossenen und starken Corporate Identity zu überzeugen, aber auch die Parteimitglieder und Anhänger in interner Kommunikation und ständiger Transparenz für das gemeinsame Ziel zu bündeln.

PR-Aktivitäten, gesteuert über ein marketingorientiertes Management, können beispielsweise über das Medium Hörfunk initiierte Interviews zu ausgewählten und aktuellen Themen sein, Service-Themen und -Hotlines für Hörer sowie nachrichtenrelevante Veröffentlichungen (Pressearbeit) unter dem Vorzeichen einer gemeinsamen Identität.

PR muss also der Common Sense der Partei-Identität werden, die es den Mitgliedern von der Ortsgruppe bis zur Bundesebene möglich macht, eine gemeinsame Corporate Identity zu leben und in der Öffentlichkeit zu kommunizieren.

Im Spannungsfeld von Bundesebene und Ortsverband

Aus der Überlegung, dass es eine echte Corporate Identity geben muss, leitet sich jedoch auch ein Problemfeld ab. Für die großen Werbe-Kampagnen, die sehr kostenintensiv sind, kommen derzeit in der Hauptsache nur Bundestagswahlkämpfe oder Landtagswahlkämpfe in Frage. Die kleinen Ortsverbände oder Kreisverbände stehen vor dem Problem, dass für ihre Werbe-Aktionen vor Ort kaum oder kein Geld zur Verfügung steht.

Um hier eine Lösung zu finden, bietet es sich gerade unter dem Dach einer Gesamt-Corporate-Identity an, die Hörfunk-Spots (sowie alle anderen Werbemittel) so zu produzieren, dass sie überall in der Republik eingesetzt werden können. Dies würde bedeuten, die Mittel so zu verplanen, dass die kleinen Verbände auch berücksichtigt werden können. Die Station-Voice, die den Main-Claim, also den Haupt-Slogan spricht, sollte dann auch als Sub-Claim, also als Untertitel, einen Kreisverband oder Ortsverband benennen.

Eine derartige Wahl-Marketingstrategie könnte den Kreis schließen helfen, der sowohl die eigenen Mitglieder als auch die Anhänger vor Ort in ein Gesamt-System einbinden kann und somit höchsten Identifikationswert schafft.

Zusammenfassung

Moderner Medienwahlkampf ist zunehmend auf den Einsatz neuer Medien angewiesen und fordert von den Parteien ein professionelles Management ihres Wahl-Marketings. Das Outsourcing von Werbegestaltung und PR verliert den Einzelaktions-Charakter und wird zu einem selbstverständlichen Instrument einer ständigen und langfristigen Parteien-Öffentlichkeitsarbeit.

Für ein gelungenes Wahl-Marketing im Hörfunk können nahezu die gleichen Parameter angelegt werden, die auch für den Werbe-Erfolg von Produkten und Dienstleistungen aus der Werbewirtschaft gelten und sich die Eigenheiten des Mediums Radio zunutze gemacht haben.

- Anwendung wirtschaftswissenschaftlicher Parameter aus der Werbung
- Kreation einer Corporate Identity für Parteien
- marketingorientierte PR nach innen und nach außen
- professionelle Optimierung von Wahl-Werbespots
- emotionale Besetzung von Themen aus dem aktuellen Lebensumfeld der Hörer

Quellenangaben:

(1) Auf der Suche nach Identität; Peter Szyska (Hrsg.). - Berlin : VISTAS, 1997. (Serie Öffentlichkeitsarbeit, Public Relations und Kommunikationsmanagement; Bd. 6), Seite 199.

(2) ebd.,

(3) Der Prozess der Meinungsbildung, dargestellt am Beispiel der Bundestagswahl 1961. Viggo Graf Blücher, K.F. Flockenhaus, Klaus D. Eberlein, H. Paul und Dr. D. Uhr. EMNID-Publikation; EMNID Verlag, 1962.

(4) Politische Kommunikation und Public Relations in der Rundfunkpolitik; Eine politikfeldbezogene Analyse. Ulrich Wieck. - Berlin : VISTAS, 1996. (Serie Öffentlichkeitsarbeit, Public Relations und Kommunikationsmanagement; Bd. 3); Seite 226.

(5) Medienforschung in Sachsen. Ein Gutachten im Auftrag der Sächsischen Landesanstalt für privaten Rundfunk und neue Medien; Hans-Jörg Stiehler, Klaus Liepelt. Leipziger Universitätsverlag 1999. (Media Studien Heft 6; Hrsg. Rüdiger Steinmetz); Seite 109.

(6) Werbliche Psychologie. Walter Vehnohr; Kulturbuch-Verlag, Berlin, 1954. (Werbewissen Band 2); Seite 18.

(7) ebd.,

(8) Massenmedien und Wahlen - Perspektiven der europäischen Forschung. Klaus Schönbach. Verlag Ölschläger GmbH, München, 1983. (Berichtsband der 26. Arbeitstagung der „Deutschen Gesellschaft für Publizistik- und Kommunikationswissenschaft“ gemeinsam mit dem Institut für Publizistik der Westfälischen Wilhelms-Universität Münster vom 2. bis 4. Juni 1982 in Münster/Westf. zum Thema „Massenmedien und Wahlen in der Demokratie“); Seite136.

Weitere Literaturangaben:

- Wahlwerbung in Hörfunk und Fernsehen: Die juristische Problematik der Sendezeitenvergabe an Parteien/von Einhard Franke. – Bochum: Studienverlag Brockmeyer, 1979. (Bochumer Studien zur Publizistik- und Kommunikationswissenschaft; Bd. 22)
- Öffentlichkeitsarbeit: Hörfunk. Handbuch über den Umgang mit dem Medium Hörfunk. Tom Buschhardt. – Berlin: VISTAS, 1998.
- Wahlumfragen: Empirische Befunde zur Darstellung in den Medien und zum Einfluss auf das Wahlverhalten in der Bundesrepublik Deutschland und den USA. Frank Brettschneider. München: Minerva-Publ., 1991.

2. Interviewführung

Frank Brachvogel / Hans-Jürgen Kratz

1. Was bei Interviews im Hörfunk beachtet werden muss

Interview ist nicht gleich Interview. Das ist nämlich ein Trugschluss, dem unerfahrene und auch erfahrene Interviewte oft unterliegen. Denn bei jedem Interview ist die Situation eine ganz andere. Doch wovon hängt nun ab, dass ein Interview geführt bzw. aus Ihrer Sicht gegeben wird?

Zunächst einmal kommt es auf den Journalistenkollegen an sich an. Ist dieser entspannt und kann sich für das Interviewthema Zeit lassen? Oder drängt er Sie regelrecht zu einem Interview, weil er unter Zeitdruck steht?

Auch die Erfahrung des Journalisten ist für den Interviewten von großer Bedeutung. Ist der Kollege schon länger im Geschäft oder ein Anfänger? Hat er spezifische oder eher allgemeine Fragen? Verfügt er über Hintergrundwissen oder ist er auf Ihr Wissen angewiesen?

Weiterhin ist für Sie interessant zu wissen, wo und wie das Interview geführt werden soll. Will der Kollege das Interview mit Ihnen persönlich führen? Kommt er zu Ihnen oder sollen Sie zu ihm ins Büro kommen? Soll das Interview telefonisch erfolgen? Ist es live oder wird es aufgezeichnet?

Schließlich sollten Sie sich klarmachen, dass Sie ein Interview für den Hörfunk geben. Wieviel Zeit haben Sie also für das Interview? Haben Sie den Mund frei? Können Sie konzentriert und ungestört antworten? Müssen Sie vorher noch einen Schluck Wasser trinken, damit Sie nicht wie nach einer durchzechten Nacht klingen?

Spaß beiseite. Aber diese und andere Faktoren bestimmen im Wesentlichen die Interviewführung und dessen Verlauf. Darüber sollten Sie sich immer im Klaren sein. Denn nur wenn Sie sich wohl fühlen und möglichst viel auch vom anderen wissen, dann wird Ihr Interview ein Erfolg!

2. Welche Themen interessieren einen Journalisten?

Eine interessante Frage, die wir allgemein nicht so einfach beantworten können, da es sehr verschiedene Kollegen von sehr verschiedenen Medienunternehmen gibt. In der Regel können Sie davon ausgehen, dass ein Journalist bei Ihnen immer dann auf der Matte steht, wenn er glaubt, ...

a) neue Informationen aus Ihrem Unternehmen erhalten zu können,
b) einen Tipp von einem Ihrer Mitarbeiter oder Konkurrenten erhalten hat, von dem er glaubt, dass er diesem nachgehen muss,
c) Informationen eher als andere bekommen zu können (zum Beispiel wenn Sie eine Pressekonferenz angekündigt haben),
d) eine Hintergrundgeschichte über Sie/Ihr Unternehmen usw. machen zu können,
e) Sie als Experten für ein allgemein interessantes Thema interviewen zu müssen.

Oft ist abzusehen, wann Sie ein Journalist kontaktieren wird. So sind Bilanzen eines Unternehmes (halbjährlich), neue Arbeitsplätze, Probleme am Arbeitsplatz, Gerüchte über eine Scheidung ebenso interessant wie ein Todesfall, ein neues Medikament oder der neue Modetrend. Wenn Sie in der Öffentlichkeit stehen, dann sollten Sie fast immer damit rechnen, dass jemand etwas Interessantes über Sie, Ihr Leben oder Ihre Firma wissen möchte.

3. Die Vorbereitung auf das Interview

a) Typische Interviewfragen von Journalisten

Worauf müssen Sie sich auf jeden Fall in einem Interview gefasst machen? Dafür gibt es einen einfachen Fragenkatalog, den jeder Journalist während seiner Ausbildung eingehämmert bekommt und den Sie sich unbedingt über Ihren Schreibtisch hängen sollten. Man nennt diesen die sogenannten W-Fragen, da alle mit dem Buchstaben „W“ beginnen. Es wird darüber gestritten, ob die W-Fragen nun aus fünf, sechs oder sogar sieben wichtigen Fragen bestehen. Hauptsache ist, dass Sie sich vor dem Interview diese „W´s“ selbst stellen, um gewappnet zu sein.

Wer ...	hat vor, neue Arbeitsplätze zu schaffen?
Was ...	ist der Anlass dafür?
Wo ...	soll das neue Werk entstehen?
Wie ...	soll das umgesetzt werden?
Wann ...	ist dies vorgesehen?

Warum ...	sollen neue Arbeitsplätze geschaffen werden?
Weshalb ...	ist der Betriebsrat darüber nicht informiert worden?
Wieso ...	haben Sie nicht in Erwägung gezogen, ein neues Werk in Europa zu bauen?

b) Das Vorgespräch

Wenn Sie einen Anruf von einem Journalisten erhalten mit der Bitte um ein Interview, sollten Sie nicht in Panik verfallen, sondern grundsätzlich kühlen Kopf behalten. Denn schließlich will man von Ihnen etwas wissen und Sie können jederzeit entscheiden, ob Sie dies tun wollen. Ausnahmen bestehen natürlich dann, wenn Sie in einer Behörde, bei einer Partei oder einer anderen Institution arbeiten, von der die Öffentlichkeit das Recht ableiten kann, informiert werden zu müssen. Sollte dies nicht der Fall sein, überlegen Sie sich dann einfach, ob und wozu Sie das Interview geben wollen. Und damit sind wir schon beim wesentlichsten Punkt der Interviewvorbereitung aus Ihrer Sicht. Denn schon vor dem Interviewtermin sollten Sie wissen, was Sie erwartet.

Deshalb sollten Sie den Anruf des Journalisten für ein Vorgespräch nutzen. Will Sie dieser abwimmeln nach dem Motto „Das können wir dann auch noch im Interview klären", dann sollten Sie trotzdem darauf bestehen, vorab in Ruhe das genaue Interview-Prozedere zu besprechen. Fragen Sie, was konkret das Thema und das Ziel des Interviews sein sollen. Fragen Sie den Journalisten auch, welche konkreten Fragen er stellen will, damit Sie sich optimal vorbereiten können. Sagen Sie ihm am besten gleich, auf welche Fragen Sie nicht antworten können oder wollen. Sollte der Journalist sehr konkrete Vorstellungen von Ihren Antworten haben, gleichen Sie diese mit Ihren Antworten ab und erklären Sie ihm, welche Aussagen Sie unter keinen Umständen machen können. Weisen Sie den Journalisten im Vorgespräch auch auf Fehlannahmen oder falsche Informationen hin – er wird Ihnen dankbar dafür sein. Legen Sie mit dem Kollegen das Ziel für das Interview fest, das am Ende als Aussage stehen soll. Und denken Sie immer daran, dass Sie sich gerade bei Hörfunk-Interviews kurz fassen sollten. Deshalb vermeiden Sie lange Sätze, sondern sprechen Sie in möglichst kurzen, gut strukturierten Sätzen, die jeder versteht und verzichten Sie soweit es geht auf Fachchinesisch – es sei denn, es ist ein Interview für ein Fachmedium.

c) Nutzen Sie Ihr gutes Recht

Sollten Sie im Interview trotz eines ausführlichen Vorgesprächs eine Frage gestellt bekommen, die Sie nicht beantworten wollen oder die vorher nicht so abgesprochen war, dann sagen Sie deutlich Ihre Meinung wie „Darauf bin ich jetzt nicht vorbereitet", „Dazu möchte ich mich nicht äußern" oder „Dazu kann ich nichts sagen". Sollte es sich bei dem Interview um eine Aufzeichnung handeln, haben Sie das Recht, sich die geschnittene Version vor der Ausstrahlung anzuhören und diese zu autorisieren. Dies ist gerade bei Kollegen empfehlenswert, die Ihnen nicht glaubwürdig, erfahren oder sachkompetent erscheinen. Oftmals wird der Kollege stöhnen, dass dies mit großem technischem und zeitlichem Aufwand verbunden ist. Jedoch sollten Sie in Zweifelsfällen darauf bestehen. Wenn Ihnen während der Interviewaufzeichnung oder danach eine Passage Ihres Interviews inhaltlich oder fachlich nicht gefällt, können Sie den Journalisten auffordern, dies nicht zu verwenden. Auch beim Vorgespräch können Sie dem Journalisten notwendige Informationen als Hintergrund geben, damit er mehr im Thema ist, mit dem Zusatz „Das können Sie aber nicht verwenden". Somit gehen Sie sicher, dass Sie mit heiklen Aussagen nicht zitiert werden, der Journalist die Sachlage jedoch besser einschätzen kann.

4. Eine typische Interviewfalle von Journalisten

Natürlich möchten Journalisten meistens sehr provokante oder kontroverse Aussagen von Ihrem Interviewpartner. Denn gerade im Hörfunk sind Aussagen, die auf den Punkt gebracht sind, wesentlich verständlicher und reizen zum weiteren genauen Zuhören. So wird in einigen Interviewsituationen sicher versucht, Ihnen etwas „in den Mund zu legen". Mit dieser Gesprächssituation und der folgenden Auswertung wollen wir Ihnen noch einen letzten Tipp für Ihre Interviewzukunft geben:

Journalist: Ist es denn aus Ihrer Sicht als Experte nicht auch so, dass dieser Mord hätte verhindert werden können, wenn die Polizei auf die Hinweise der Nachbarn eher reagiert hätte?

Interviewter (Polizeisprecher): Ja.

Eine selbst formulierte Meldung aus dieser Interviewsituation könnte am nächsten Morgen in den Nachrichten eines Hörfunksenders lauten:

„Der Sprecher der Polizei gab in einem Interview mit uns zu, dass der Mord hätte verhindert werden können. Die Polizei habe einfach eher auf die Hinweise der Nachbarn reagieren müssen.“

3. Verhalten vor dem Mikrophon

Winfried Bürzle

A. Ihre Medienkompetenz ist gefragt

Kurz vor Beginn der Fußball-Europameisterschaft 2000 war Bundestrainer Erich Ribbeck im Radio mit seinen Plänen zur Aufstellung der deutschen Elf zu hören: „Spielen kann letztlich am Montag nur eine Mannschaft, die mit elf Spielern besetzt ist", so Ribbeck im Originalton. Welch eine unglaubliche Erkenntnis!

Natürlich war die kurze Moderation mit O-Ton augenzwinkernd gehalten und natürlich war das Zitat gekürzt. Ribbeck hatte im geschnittenen Nebensatz angefügt „...die fit sind... und...".

Ein kleiner Gag zum Schmunzeln auch für Nichtfußballfans. Ein Gag, den sich Hörfunkjournalisten täglich erlauben. Nichts Schlimmes an dieser Stelle. Fatal kann ein solch kleiner Schnitt werden, wenn es um politische Äußerungen geht. Noch dazu, wenn das Umfeld der Sendung dem Hörer keinen Anlass zur Annahme gibt, es handle sich um eine ironische oder gar satirische Spitze.

Aufzeichnung oder live?

Das Beispiel mag Ihnen verdeutlichen, wie dringend diese Frage geboten ist. Und es sollte die erste Frage sein, die Sie an den Redakteur stellen, bevor Sie ins Studio gehen. Eine Aufzeichnung wird erfahrungsgemäß immer länger als die eigentliche Ausstrahlung! Heißt in der Praxis: Der Redakteur legt die Schere an. Diese Schere funktioniert heute digital und ist kinderleicht zu handhaben. Im Hörfunk ist ein Schnitt fast an jeder Stelle zu setzen. Ein entscheidender Vorteil gegenüber dem Fernsehen. Dort führen solche Schnitte zu ungeliebten „Bildsprüngen" (Ganz nebenbei: Das obige Zitat entstammt einem geschnittenen Fernsehton.).

Nun werden Sie einwenden: „Aber das geht doch nicht." Wie leicht es aus technischer Sicht geht, habe ich Ihnen geschildert. Bleibt also das Presserecht. Ich muss Ihnen wohl nicht erklären, dass dieses Instrument nicht besonders schlagkräftig ist. Was aber noch entscheidender ist, ist die mangelnde Überprüfbarkeit. Stellen Sie sich vor, Sie stehen im Wahlkampf und geben täglich zig Interviews. Können Sie auch alle hören? – Sehen Sie, und wo kein Kläger, da auch kein Richter.

Nun singen Sie bitte nicht das bekannte Klagelied: „Journalisten sind eben hinterhältig, ich wusste es schon immer." Gründe für einen schlechten Schnitt gibt es viele. Die Eile des Redakteurs, die Unkonzentriertheit, schlichte handwerkliche Fehler beim Schnitt oder eben Sie selbst! Sie haben ausschweifend argumentiert, ohne Punkt und Komma geredet. Irgendwann musste die Schere eben sein! Tun Sie alles, dies zu vermeiden.

Welches Programmumfeld?

Sie sind in ein Studio eines Hörfunksenders eingeladen. Wissen Sie eigentlich, um welchen Sender es sich handelt? Welche Hörer er hat? Welche Reichweite? Welches Sendegebiet er abdeckt? Welche Programmfarbe er hat? Wie sein Durchschnittshörer aussieht?

Ich könnte den Fragenkatalog fast endlos vergrößern. Die wichtigsten Fragen allerdings haben Sie soeben gelesen. Wenn Sie alle spontan beantworten können, dann haben Sie die wesentlichen Hausaufgaben gemacht. Wenn nicht, dann informieren Sie sich oder beauftragen entsprechende Stellen, Ihnen diese Informationen zu beschaffen. Tun Sie sich und dem Sender diesen Gefallen. Das wichtigste – noch unangesprochene – Glied in dieser Kette wird es Ihnen danken: Der Souverän Hörer – Ihr potenzieller Wähler!

Es macht einen großen Unterschied, ob Sie frühmorgens an einem Werktag in die Hektik des Aufbruchs einer Familie platzen oder zur mittäglichen Stunde eines regnerischen Sonntags Antworten auf Fragen geben. Prüfen Sie sich selbst, wie unterschiedlich Ihre eigene Aufnahmefähigkeit zu verschiedenen Themen und Zeiten ist.

Passen Sie Inhalt, Sprache und Tonfall der Anmutung des Senders an. Biedern Sie sich aber nicht an! In einem jugendlich orientierten Programm jugendliche Themen in den Vordergrund zu stellen macht Sinn. Die Jugendsprache zu übernehmen ist Unsinn!

Thema geklärt?

Moderatoren, Redakteure und Reporter lieben es nicht, Fragen mit Ihnen wortwörtlich abzusprechen. Sehen Sie diese kleine Eitelkeit nach. Oftmals ist sie für ungeübte Gesprächspartner sogar zum Vorteil.

Sie verhindert die typische erste Antwort: „Wie ich Ihnen vorhin schon sagte..." Dies klingt nach Absprache, nach Mauschelei zwischen Moderator und Gesprächspartner.

Sie haben allerdings ein Recht darauf, Themengebiete abzusprechen. Machen Sie dem Moderator klar, dass Sie mit Fakten aufwarten möchten. Nicht alle haben Sie im Kopf. Ihre Vorabinformationen dienen dem Moderator, Ihnen selbst und dem Hörer. Sie denken also an den Erfolg des Produktes. Diese Argumentation überzeugt!

Formalien klar?

Kennen Sie den Namen des Moderators, der das Gespräch/Interview mit Ihnen führt? Ich hoffe, Sie können ihn auch richtig aussprechen. Denken Sie daran: Der Moderator ist der „Verbündete" seiner Hörer. Wegen ihm/ihr schalten sie unter anderem das Programm ein. Verscherzen Sie es sich mit den Hörern nicht schon wegen vermeidbarer Lappalien.

Wie viel Zeit haben Sie für das Gespräch vereinbart? Die heutigen Massenprogramme (Und dort lohnt sich für Sie ein Auftritt!!) sind formatiert. Das heißt u.a., dass Wortblöcke (Breaks) nicht nur hinsichtlich Sendezeitpunkt, sondern auch der Sendelänge relativ starr gehandhabt werden. In der Regel ist bei drei Minuten Schluss. Wie viele Themenbereiche (Fragen) hatten Sie nochmals abgesprochen? – Fünf? Dann rechnen Sie: 30 Sekunden Anmoderation – bleiben 2 Minuten 30 Sekunden Restzeit = 30 Sekunden Antwort pro Frage. Sie mögen jetzt resignieren. Tun Sie das nicht. Glauben Sie mir, es geht! Und wenn Sie es dann schaffen, wird man Sie als Gesprächspartner für immer und ewig schätzen.

B. Sie sind „on air"

Menschen neigen dazu (auch Politiker!), in ungewohnten Situationen unsicher zu reagieren. Plötzlich ein Mikrophon vor sich zu haben und/oder in einem Studio zu sitzen und in wenigen Augenblicken etwas von sich zu geben, ist eine ungewohnte – weil nicht alltägliche – Situation.

Es gibt keinen Grund, sich aus der Ruhe bringen zu lassen. Die Leute dort wollen etwas von Ihnen, nicht umgekehrt! Deswegen bestimmen Sie die Spielregeln.

Sicherer Stand, sicherer Abstand

Sprechen Sie in kein Mikrophon, das Ihnen akrobatische Übungen abverlangt. Sie stehen oder sitzen vor einem Pult/Tisch in aufrechter, gerader Position. Nehmen Sie eine Haltung ein, die bequem und sicher ist. Ihrer Haltung entsprechend muss der Tontechniker/Moderator Ihr Mikrophon ausrichten. Aber denken Sie daran: Ihre einmal gewählte Haltung ist die Haltung, die Sie während des gesamten Gesprächs/Interviews beibehalten. Viele Gesprächspartner neigen dazu, in der Live-Situation plötzlich zurückzugehen oder stark gestikulierend das ganze Raumangebot des Studios zu nutzen. In dieser Situation kann auch der beste Techniker nur noch bedingt etwas retten. Ebenso verhält es sich mit Gesprächspartnern, die im Ernstfalle zu wahren „Mikrophonbeißern" mutieren.

Verlangen Sie eine Sprechprobe

Einen Kopfhörer zu tragen ist Gewohnheitssache. Für einen Moderator ist es Pflicht. Und die meisten Moderatoren könnten ohne auch gar nicht mehr arbeiten. Ich will Ihnen nichts aufdrängen. Aber ich will Ihnen die Vorteile nennen, die ein Kopfhörer hat. Sie hören, wie Ihre Stimme technisch bearbeitet ist. Es gibt zahlreiche Möglichkeiten, ihre Stimme laut zischend und piepsend erklingen zu lassen. Genauso viele verleihen Ihnen ein tiefes, angenehmes und warmes Timbre. Ohne Kopfhörer aber können Sie nicht einschätzen, wie Sie klingen!

Sicherlich, auch „ohne" zu sprechen kann einen Vorteil haben. Wie ich schon sagte, Kopfhörer bedürfen einer Übung. Wenn Sie keinen tragen, bleiben Sie u.U. ungekünstelt und natürlicher. Entscheiden Sie selbst.

Bestehen Sie aber darauf, dass der Techniker Ihre Stimme vor der Ausstrahlung aussteuert. Denn Übersteuerung oder Untersteuerung wirken unabhängig vom „Sound" der Stimme lästig.

Reagieren und agieren Sie

Das Gespräch/Interview hat begonnen. In wenigen Augenblicken sind Sie dran. Der Moderator führt in die Thematik ein. Er „moderiert" Sie „an". Achten Sie auf jedes Wort des Moderators. Wie ich oben schon erwähnte, die meisten Journalisten wollen Ihnen nichts Böses. Sie sind froh, wenn das Gespräch gut verläuft. Dennoch kann es einen versteckten Anwurf (absichtlich oder unbewusst) in dieser Anmoderation geben. Die eigentliche erste Frage allerdings hat damit gar nichts mehr zu tun. Ihr erste Pflicht:

Nehmen Sie den Anwurf auf und dementieren Sie oder rücken ihn zurecht. Sie können in Ihrer ersten Ausführung noch so brillieren. Wenn der Anwurf unbeantwortet stehen bleibt, haben Sie beim Hörer bereits verloren!

Die Aufforderung zuzuhören, sollte während des gesamten Gesprächs oberste Priorität haben. Auch im weiteren Verlauf gibt es genügend journalistische Finessen (Balkonfrage mit verstecktem Vorwurf, Suggestiv- und Unterstellungsfragen etc.), Sie in ein ungünstiges Licht zu rücken.

Nehmen Sie daneben aber Ihre Chancen wahr, Ihre „Message rüberzubringen". Irgendwann kommt die Gelegenheit, Ihre eigene Botschaft zu vermitteln.

Bleiben Sie souverän

Ich habe es oben schon erwähnt: Der Moderator ist der Verbündete des Hörers. Sie haben also nichts davon, ihn sich zum Gegner zu machen. Und wenn, dann müssen Ihre Argumente im wahrsten Sinne des Wortes „schlagkräftig" sein.

Egal, für welche Strategie Sie sich entschieden haben und wie auch immer das Gespräch verläuft: Bleiben Sie souverän und ruhig. Ihre Stimme verrät Ihre Stimmung. Lassen Sie sich nicht aus der Fassung bringen. Behalten Sie einen ruhigen Tonfall. Brausen Sie keinesfalls auf. Fallen Sie dem Moderator nicht ins Wort. Lassen Sie ihn Fragen stellen und antworten sie ruhig. Und antworten Sie vor allem sachlich. Inhaltliche Cleverness schlägt jede erregte Emotion!

Übernehmen Sie keine Sendeverantwortung

Ein gutes Interview oder Gespräch zu führen, erfordert eine hohe intellektuelle Leistung. Ihr Partner muss Ihnen zuhören und je nach Antwort u.U. spontan ein völlig neues Interview generieren. Das bedeutet Stress. Noch höher wird der Druck, wenn sich der Gesprächspartner auf knappe, präzise Antworten beschränkt. Ein häufig praktizierter Trick in solchen Momenten, um Zeit für eine neue Frage zu gewinnen: Der Journalist hält Ihnen auch nach Beendigung Ihrer Antwort das Mikrophon „unter die Nase" oder/und stellt keine weitere Frage. In dieser Situation heißt es: Ruhe bewahren und schweigen! Nicht Sie sind für den Fluss des Gesprächs verantwortlich, sondern Ihr Gegenüber! Wenn Sie also eine ebenso kurze wie treffliche Antwort gegeben haben, dann lassen Sie es damit bewenden. Alle Erfahrung zeigt: Mit jedem Nachsatz – vor allem mit jedem „erzwungenen" –

nimmt die Qualität der Aussage ab. Zudem könnten Sie unter diesem selbstauferlegten Druck Dinge von sich geben, die Sie gar nicht äußern wollten.

C. Die Sprache im Hörfunk

Der Hörfunk ist ein schnelles und flüchtiges Medium. Das war schon immer so. In den letzten Jahrzehnten hat es sich zudem zum absoluten „Nebenbei-Medium" entwickelt (das Fernsehen übrigens ebenso, auch wenn seine Macher das nicht gerne wahrhaben wollen). Deswegen bedarf es einer Sprache, die diesen Umständen gerecht wird. Eine kurze, prägnante Sprache, frei von Floskeln und Schmuckwerk. Die Sprache in den elektronischen Medien muss auf einen einzigen Zweck ausgerichtet sein, den bereits der Dichter Freidank im Hochmittelalter verblüffend modern so auf den Punkt brachte: „Verständig sprechen ist viel wert, gesprochenes Wort nicht wiederkehrt." Die Forderung nach Verständlichkeit ist zwar eine häufig gehörte. Mindestens ebenso häufig aber wird sie missachtet. Dabei gibt es einige klare Regeln:

Natürlicher Satzbau

Ein einfacher deutscher Satz ist so aufgebaut:
Subjekt – Prädikat – Objekt. Oder übersetzt: Jemand tut etwas.
Halten Sie sich an diese Vorgabe. Damit halten Sie sich auch an die Forderung, aktiv zu reden und nicht passiv.

Kurze , klare Sätze

Wenn Sie sich immer an die erste Forderung halten, dann können Sie gegen die obige Regel eigentlich gar nicht mehr verstoßen. Ich will Sie auch nicht unnötig mit Vorgaben aus dem amerikanischen Nachrichtenjournalismus schockieren. Die dort erhobene Forderung hinsichtlich der Anzahl der Wörter in einem gesprochenen Satz ist so gut wie nicht einzuhalten. Zumindest nicht im Deutschen. Zudem wäre ein ausschließliches Dreiwort-Postulat völlig unsinnig, weil monoton. Es genügt, wenn Sie sich zudem die Regel merken.

Keine Schachtelsätze

Einschubsätze haben in der Sprache der elektronischen Medien nichts verloren. Kurze einfache Sätze im Wechsel mit einfach gebildeten Nebensätzen sind sowohl verständlich als auch einem natürlichen Sprechrhythmus entsprechend. Aber denken Sie daran: Auch einfache Nebensätze können Schnittfallen sein, wie das Eingangsbeispiel deutlich gemacht hat. Besondere Vorsicht ist vor Konditionalsätzen geboten, die im Nebensatz die Bedingungen für das im Hauptsatz Gesagte nennen!

Keine unnötigen Zahlen

Bei Wahlergebnissen kommt auch der Hörfunk nicht ohne eine Flut von Zahlen aus. Vor allem nicht bei Erstmeldungen, wo auch Verschiebungen nach dem Komma viel aussagen können. Ähnlich verhält es sich bei sensiblen Zahlen, wie z. B. Arbeitslosenzahlen. In den meisten anderen Bereichen lassen sich Zahlen vermeiden, relativieren, auf- oder abrunden und umgangssprachlich verwenden. Wenn Sie in einem Statement von 30 Sekunden mit vier Zahlen operieren, können Sie sicher sein, dass sich der Hörer nicht eine gemerkt hat. Ein Tipp: Verwenden Sie eine Zahl, die wichtigste, und relativieren alle anderen in umgangssprachlicher Form (etwas mehr als, leicht rückläufig dagegen, ein bisschen höher allerdings etc.).

Keine Fremdwörter

Es ist eine Unart unseres Bildungswesens, das uns bereits in der Schule und im Studium zur Verundeutschung anleitet, ja sogar zwingt. Keine gute Doktorarbeit ohne entsprechend gewählte – will sagen fremdsprachliche – Durchdringung. Dabei verfügt die deutsche Sprache über einen unglaublichen Wortschatz. Lassen Sie sich nicht blenden. Springen Sie über Ihren Schatten und reden Sie deutsch! Es geht um Verständlichkeit und sonst gar nichts (s. o.). Eine Minorität, deren Expansionsintention in Dependenz zu Subventionen steht, ist nichts anderes als eine Minderheit, die ihr Streben nach Ausdehnung davon abhängig macht, ob sie unterstützt wird!

Kein Soziolekt

Der Dialekt in unserem Lande stirbt allmählich aus. In München am Marienplatz sprechen die Kids von heute kaum noch anders als am Fischmarkt in Hamburg. Schade! Schade vor allem vor dem Hintergrund, dass der authentische Dialekt von einem kalten Soziolekt abgelöst wird. Die Sprache einer bestimmten Gruppe tritt an seine Stelle. Im angesprochenen Fall ist es die Jugendsprache. Der Soziolekt bestimmter Berufsgruppen mag nachvollziehbarer sein. Besser im Hinblick auf die Verständlichkeit ist er nicht. Bemühen Sie sich also um allgemeingültige Bezeichnungen, meiden Sie Begriffe aus Ihrer Berufssprache.

Keine Floskeln, Blasen, Phrasen

Politiker neigen zu Phrasen, zu Umschreibungen von Problemen. Das ist keine neue Erkenntnis. Oft ist dies sogar nachvollziehbar. Bloß nicht an jedem Wort gemessen werden. Die Magazine ergötzen sich in immerwährenden Wiederholungen. Dennoch: Nennen Sie die Dinge beim Namen! Sie wirken glaubwürdiger, ehrlicher! Die wohl bekannteste Phrase klingt in etwa so: „Die nach wie vor anhaltend problematische Situation am Arbeitsmarkt..." Gemeint sind die nach wie vor hohen Arbeitslosenzahlen.

Kein Nominalstil

Nominalismen sind Ausdruck verkümmerten Sprachempfindens. Als häufigsten Grund für einen Nominalstil hört man die vermeintliche Kürze. Dies stimmt nur in den wenigsten Fällen. Häufiger geschieht es, dass Verben zu Nomina erhoben werden, die dann ihrerseits ein neues Verb nach sich ziehen. Bsp.: Man kann etwas durchführen oder auch etwas zur Durchführung bringen.

Forderung: Lassen Sie die Verben leben!

Keine Dachbegriffe

In der Schule lernten wir zu abstrahieren. Ein Kleber ist nicht automatisch ein „Uhu". Die Übung mag für den Lehrer aus didaktischen Gründen Sinn machen. Die Sprache zwischen zwei Menschen (Und nur so sollte sich gesprochene Sprache in den Medien anhören!) lebt jedoch von Anschaulichkeit. Anschaulichkeit gewinnt die Sprache aber durch Beispiele. Beispiele von greifbaren Dingen, mit denen wir jeden Tag umgehen. Dinge, die wie „Bilder" in unserem Gedächtnis gespeichert sind. Ein Beispiel: Wenn sie zu steigenden Preisen im „Nahrungsmittelsektor" Stellung beziehen, dann können Sie dieses Wort natürlich verwenden. Ich schlage Ihnen vor, von Brot und Butter zu sprechen, die wieder teurer werden.

Redundant sprechen

Redundanz definiert der Duden mit Überladung. Im technischen Bereich meint ein redundantes System ein Ersatzsystem, das im Notfall einspringt. Sprechen Sie redundant! Wiederholen Sie Begriffe, Namen, Aussagen. Greifen Sie Dinge wieder auf und erläutern Sie sie. Zur Erinnerung: Verständlichkeit ist Ihr oberstes Ziel. Literaturpreise wollen Sie nicht einheimsen. Verwenden Sie aber keine Synonyme. Sie sind Gift für die Verständlichkeit. Beispiel: Augsburg bleibt Augsburg und nicht etwa die Fuggerstadt, die Brunnenstadt, die alte Römerstadt, die schwäbische Regierungshauptstadt, die Lechmetropole... Am Ende haben Sie die Hörer durch fünf weitere Städte geschickt!

Umgangssprache verwenden

Die gesprochene Sprache hat mit der Schriftsprache nicht viel gemein. Die Sprache der elektronischen Medien ist die Umgangssprache. Sie befinden sich in einer Dialogsituation mit dem Hörer, auch wenn es sich hier um eine permanente Einweg-Kommunikation handelt. Sie begleiten den Hörer personifiziert, als möglicher Gesprächspartner. Ob als Beifahrer im Auto, auf dem Sessel im Wohnzimmer oder am Schreibtisch im Büro. Entsprechend gilt die Merkregel:

Die um die grammatikalischen Unsauberkeiten bereinigte Umgangssprache ist die Sprache der elektronischen Medien.

D. Sonderformen vor dem Mikrophon

Überfall-Interviews

Die Anzahl der Sender in Deutschland hat in den letzten Jahren stark zugenommen. Der Konkurrenzdruck wird stärker. Die Jagd nach der Erstmeldung mit O-Ton immer hektischer. Vor diesem Hintergrund gibt es kaum noch ein Ereignis von halbwegs politischer Relevanz, das nicht von zahlreichen Mikrophonen „belauscht“ wird. Da die Sender zudem immer stärker Wert auf „persönliche“ Befragung stellen, nehmen die Spontan-Interviews zu.

Angenommen, Sie haben soeben eine Pressekonferenz beendet. Unmittelbar danach beginnt auf dem Weg von Ihrem Platz die Jagd nach Statements oder Kurz-Interviews. Denken Sie jetzt daran: Alle bisher empfohlenen Verhaltensregeln gelten auch in dieser Situation!

Lassen Sie sich nicht zu unüberlegten Äußerungen hinreißen, nur weil 20 Mikrophone Sie bedrängen. Behalten Sie Ruhe und Übersicht. Mehrere Fragen werden Ihnen vermutlich gleichzeitig gestellt. In diesem Falle haben Sie zwei Möglichkeiten: Entweder Sie bitten die Journalisten, sich auf eine Erstfrage zu einigen, oder Sie greifen sich eine der gestellten Fragen heraus. Wichtig ist auch in dieser Situation, dass Sie die Frage eindeutig und klar verstanden haben. Lassen Sie sich auch hier Zeit, über Ihre Antwort zuerst nachzudenken, bevor Sie sprechen. Wenden Sie sich demjenigen zu, der die Frage gestellt hat. Sprechen Sie nur in diese Richtung und behalten Sie sie während der gesamten Antwort bei. So können und werden sich die anderen Journalisten mit ihren Mikrophonen darauf einstellen und müssen Ihnen nicht ständig „nachfahren" (Solche O-Töne sind oft unbrauchbar und werden u.U. vom Hörer Ihnen angelastet!). Dieser Grundsatz gilt nicht mehr bei regelrechten „Massenaufläufen". Sollten Sie von Mikrophonen und Kameras förmlich umringt sein, ist es besser, die Blick- und Sprechrichtung zu wechseln.

„Überschreien" Sie nicht evtl. vorhandene laute Geräusche wie Straßenlärm etc. Bitten Sie die Kollegen an einen ruhigeren Ort, bevor Sie antworten. Denken Sie daran: Die Mikrophone sind dicht vor Ihrem Mund oder sind sogenannte RichtMikrophone. Der Hörer bekommt u.U. den Anlass für Ihre Lautstärke gar nicht mit (Er hat keine Fernsehbilder der Situation!), er hört Sie lediglich schreien.

Das Telefon als Mikrophon

Der „dünne" Telefondraht ist an sich bei Radiomachern als Tonquelle nicht sehr beliebt. Eigentlich ist er der Information aus Aktualitätsgründen vorbehalten (Erstinformation nach außerordentlich brisanten Ereignissen). Oben genannte Bedingungen führen aber neben so simplen Gründen wie Sparmaßnahmen dazu, dass so mancher Beitrag oder manches Interview vom Ort des Geschehens vom Telefoninterview ersetzt wird. Wie auch immer. Auch hier gelten grundsätzlich alle angesprochenen Empfehlungen. Berücksichtigen Sie in dieser Situation aber noch einige Besonderheiten.

Der Telefondraht ist – wie bereits erwähnt – „dünn". Ihre Stimme verliert an Resonanz und Präsenz. Wesentliche Charakteristika gehen verloren. Der Moderator jedoch ist für die Hörer in Studioqualität zu hören. Sie haben mit Ihrem Einverständnis also bereits einen Nachteil in Kauf genommen. Damit will ich ihnen keinesfalls eine Bereitschaft zu einem Telefoninterview ausreden. Es kann absolut notwendig sein, sich einem solchen zu stellen! Denken Sie lediglich darüber nach, ob es in dieser Situation richtig ist. Denken Sie auch darüber nach, ob Sie den sicherlich zuerst angebotenen Studiobesuch nicht doch wahrnehmen können.

Es ging also nicht anders. Gut. Denken Sie daran, Sie haben Ihren Gesprächspartner nicht „vor Augen“. Keine Mimik, keine Gestik verrät die Stimmung und Haltung Ihres „Gegenübers“. Sie müssen am Tonfall erkennen, wie das Gesagte wirklich gemeint ist. Hören Sie also besonders gut zu! Halten Sie sich noch kürzer als sonst. Ihr Gegenüber kann Ihnen keine nonverbalen Zeichen geben, dass die Zeit drängt. Keine Sorge: Zu kurz können Sie nicht werden!

Sie waren zu lang oder zu unbequem: Der Moderator hat bei dieser Sendeform allein aus technischer Sicht alle Macht bei sich. Er kann Sie einfach „rausziehen“. Er schließt den Kanal, auf dem Ihr Telefon aufliegt. Sie merken es daran, dass er zur nächsten Frage kommt. Behalten Sie die Ruhe. Laut werden und einfach weiterpoltern bringt Sie nicht weiter. Es macht Sie beim Hörer unsympathisch. Unterbrechen Sie Ihren Redefluss und greifen Sie auf Ihren Gedanken zurück, nachdem der Moderator weiter gefragt hat. Er kann Sie nicht dauernd „rausziehen“.

Lassen Sie sich nicht „überfallen“. Ein Telefoninterview morgens um halb sechs kann aus Aktualitätsgründen notwendig sein. Als Ersatz für einen ausgefallenen zeitlosen Beitrag sollten Sie sich nicht missbrauchen lassen. Vor allem nicht innerhalb von drei Minuten. Alle bisherigen Regeln gelten auch in diesem Falle. Fragen Sie , worum es genau geht. Vielleicht brauchen Sie zur Beantwortung von Fragen noch Unterlagen aus Ihrem Büro im Hause, das sich einen Stock höher befindet. Machen Sie all dies im Vorgespräch dem Moderator klar!

Haben Sie schon ein paar Minuten gesprochen oder wollen Sie sich dem Hörer als „verschlafener“ Politiker präsentieren? Denken Sie auch darüber nach, bevor Sie „on air“ gehen!

4. Phonetische Besonderheiten

Norbert Seuß

Mal ehrlich, bei wie vielen Radiointerviews haben Sie schon nach den ersten Sätzen die Search-Taste gedrückt, um schnell wieder einen Sender zu finden, der Musik spielt? Oder wie oft haben Sie weitergedreht, bis Sie einen Sender hatten, der spannende Beiträge im Programm hat? Oder wie oft haben Sie sich gefragt, was „der da gerade gemeint hat“? Alles normale Reaktionen von Radiohörern, wenn beim Hören mehr Fragezeichen statt „Kino im Kopf“ entstehen, wenn beim Hören der Sprecher oder Interviewte alles Mögliche redet, aber nichts Konkretes sagt.

Egal, ob es bei massenattraktiven Radioprogrammen mehr auf die Musik und die „Verpackung“ ankommt und das Gewicht bei Informationsprogrammen mehr auf Beiträgen und Nachrichten liegt, eins ist bei jeglicher Art von Radio gleich: Überall wird geredet, überall wird „Wort“ gesendet. Abgesehen von allen Tricks und Mitteln, mit Geräuschen und Effekten „Stimmung“ im Radio zu erzeugen, ist die gesprochene Sprache die einzige Möglichkeit, Information und Inhalte zu vermitteln. Es gibt kein Foto, keinen Film, keine Sätze, die man sich anschauen oder noch mal nachlesen kann. Der Beitrag, die Nachricht, das Interview, die Moderation ist vorbei, wenn sie gesprochen. „Es hat sich versendet“, heißt es oft salopp in den Redaktionen und damit wird deutlich, wie wichtig der richtige Umgang mit der Sprache im Radio ist. Auch deshalb, weil sich die Wirkungsweise des Mediums Radio auch zu Beginn des 21. Jahrhunderts nicht geändert hat, es spricht nach wie vor zunächst nur ein Sinnesorgan an: die Ohren. Nur über diesen Weg wird der Hörer angesprochen und nur über diesen Weg wird das Interesse beim Hörer ausgelöst, so dass er tatsächlich zuhört.

Warum diese lange Vorrede mit Dingen, die „ja vollkommen klar“ sind? Radio ist und bleibt ein klassisches Begleitmedium und steht mehr denn je einerseits im Wettbewerb der zahlreichen Programme untereinander, andererseits im Wettbewerb zu den anderen Medien. Begleitmedium heißt auch, es wird „nebenbei“ genutzt, bei allen möglichen Tätigkeiten, beim Auto fahren, im Büro, zu Hause oder irgendwo unterwegs. Das heißt, die eigentliche Botschaft muss so aufbereitet sein, dass sie Aufmerksamkeit erregt, dass der Hörer hinhört. Selbstverständlich gilt das auch für „das Wort“!

Heißt das, man muss neu sprechen lernen?

Natürlich sollte man „im Radio", bei einem Interview oder für einen Beitrag ganz normal sprechen. Nichts ist schlimmer als gekünstelte Redewendungen, ellenlange Sätze und wenn man merkt, dass sich der Redner in seinen eigenen Formulierungen verheddert.

Ein Beispiel: Sie werden am Rande einer Wahlkampfveranstaltung gefragt, was Sie von den Plänen Ihres politischen Gegners in punkto Benzinpreiserhöhung halten.

Antwortmöglichkeit 1: „Also zunächst möchte ich einmal sagen, dass ich natürlich grundsätzlich anderer Meinung bin. Was Herr Schrittzurück hier vorgeschlagen hat, nämlich die nochmalige Erhöhung der Benzinpreise, ist vollkommen zu verurteilen, denn, wie so oft – und das haben wir bereits in den letzten Debatten immer wieder angeführt – trifft es vor allem den kleinen Mann, den normalen Steuerzahler, der keinerlei Möglichkeiten hat, diesen Erhöhungen auszuweichen."

Antwortmöglichkeit 2: „Eine Erhöhung der Benzinpreise ist mit mir nicht zu machen. Der Staat hat dadurch keine wesentlichen Mehreinnahmen. Es belastet vor allem diejenigen mit geringen Einkommen. Unser Vorschlag ist ..."

Die Frage nach der prägnanteren Antwort und der Aussage, die wahrscheinlich eher beachtet und vom Hörer „behalten" wird, stellt sich hier nicht mehr, es ist Möglichkeit 2.

Der grundlegende Unterschied der Antwortmöglichkeiten lässt sich an diesem Beispiel einfach herausarbeiten und leicht bei Antwortmöglichkeit 2 erklären:

1. Formulieren Sie kurze Sätze mit maximal 15 Worten. Allein schon das sorgt für Klarheit der Sprache.

2. Formulieren Sie Sätze mit maximal einem Komma. Sätze mit Einschüben, Gedankenstrichen, Kommata verlängern unnötig und verwirren den Zuhörer. Anders gesagt: Man versteht nicht mehr, was Sie sagen wollten, denn man verliert durch die von Ihnen formulierten Einschübe den Zusammenhang.

3. Verwenden Sie einen einfachen Satzbau. Subjekt, Prädikat, Objekt. Sie werden sich wundern, wie einfach das mit ein bisschen Übung ist.

4. Verwenden Sie einfache und klare Worte. Fremdworte versteht nicht jeder.

5. Sprechen Sie plakativ und „verarbeiten“ Sie bitte pro Satz nur einen Gedanken oder einen Fakt.

Nehmen Sie diese Faustregeln für jegliche Art von Interview oder Statement im Medium Hörfunk. Ob für einen Nachrichten-O-Ton mit max. 30 Sekunden oder für ein langes Interview über mehrere Minuten in einem Magazin-Programm oder einem Informationskanal.

Gibt es eine „Radiosprache“?

Selbst wenn es sie geben sollte, Radio lebt von seiner Authentizität. Deshalb gelten auch hier sehr einfache Regeln:

1. Sprechen Sie einfach so, wie Sie ganz normal auch reden.

2. Versuchen Sie nicht, Ihre Stimme zu verstellen, weil es vielleicht Ihrer Meinung nach besser klingt.

3. Es hört sich schlimmer an, wenn Sie versuchen, ein unnatürliches Hochdeutsch zu sprechen. Besser ist auch hier in jedem Fall, Ihre Natürlichkeit zu bewahren, Dialektfärbung gehört im Zweifelsfall dazu.

Es ist oft erstaunlich zu beobachten, wie sich Interviewpartner verändern, wenn plötzlich ein Mikrophon auftaucht. Der Körper strafft sich, die Gesichtszüge spannen sich an, man räuspert sich und der große Moment ist da: Man darf in dieses wundersame Wesen Mikrophon hineinsprechen. Spätestens dann hat man alle Tipps vergessen, die in diesem Text bereits gelesen wurden. Das Mikrophon wird zum großen Feind, man verheddert sich in ellenlangen Sätzen, verliert den Faden. Das passiert natürlich keinem Interviewprofi, aber denjenigen, die nicht so oft in die Gelegenheit von Interviews kommen.

Wie geht man mit dem Mikrophon um? Auch hier ganz einfach:

1. Das Mikrophon ist ein ganz normales Arbeitsgerät, sprechen Sie direkt hinein, aber beachten Sie es auch nicht weiter.

2. Wenn es Sie irritiert, dann schauen Sie im Gespräch nicht das Mikrophon, sondern Ihren Interviewer an!

3. Verhalten Sie sich gegenüber dem Mikrophon so, als ob Sie Ihrem guten Bekannten etwas erzählen. Das ist die beste Art, auch zu der gewünschten natürlichen Sprechweise zu kommen.

Alles Sprechen und alle Tipps nutzen allerdings nichts, wenn Ihnen zwischendurch im wahrsten Sinne des Wortes „die Luft ausgeht". Atmen ist einerseits wichtig, damit Sie den nötigen „Atem" zum Sprechen haben, andererseits gehört das richtige Atmen zu dem durchaus effektvollen Umgang mit der Sprache.

Vor das Sprechen wurde leider die Zeichensetzung gesetzt, die aber durchaus nützlich zum Atmen ist. Denn: Sie geben Ihnen ein Zeichen, wann und wo geatmet werden kann und wo nicht, damit Sie problemlos und ohne Atemnot sprechen können.

Die wichtigsten Zeichen hierfür sind Komma und Punkt! Beides sind Stellen, an denen Atmen erlaubt ist, ohne dass ein gesprochener Satz unverständlich „veratmet" statt verständlich gesprochen wird. Am einfachsten lässt es sich so beschreiben:

1. Vor Satzanfang „Luftholen" und mit dem Sprechen beginnen.

2. Ist ein Komma im Satz (Bitte nur ein Komma!), gehen Sie mit der Stimme im Rahmen Ihrer normalen Sprechmelodie leicht nach oben. Mit Erreichen des Kommas können Sie atmen und zeigen Ihrem Gesprächspartner/Hörer durch die leicht angehobene Stimme, dass der Satz auch noch weitergeht. Außerdem haben Sie wieder genügend Luft, den Satz weiterzuführen.

3. Am Ende des Satzes, zum Punkt hin, gehen Sie mit der Stimme nach unten. Das ist die nächste „Atemholmöglichkeit" und Ihr Gesprächspartner weiß, dass der Satz zu Ende ist.

Falsch ist in diesem Zusammenhang die sogenannte „Reporteratmung“, salopp gesagt, die Angst des Reporters oder Interviewten vor dem Ende der Sendung. Man spricht einfach über den Punkt eines Satzes hinweg und atmet nach einem der ersten Worte des folgenden Satzes. Damit erreichen Sie zwar, dass Sie der Interviewer nicht so einfach unterbrechen kann. Wenn er es aber dennoch muss, fällt er Ihnen schlicht ins Wort. Das zerstört im Zweifelsfall die Rhythmik Ihrer Sätze, in jedem Fall aber die Aussagekraft Ihrer Worte.

Das Wichtigste ist daher im Medium Radio:
Nicht auf die Menge der Worte kommt es an, sondern auf das „Wie“.

5. Pressemitteilung für den Hörfunk

Erwin Linnenbach

Medienwelt

Nicht ganz unrecht hat, wer behauptet, die Medien verändern die Welt. In jedem Fall recht hat, wer behauptet, die Welt verändert die Medien. Nun sei zunächst bemerkt, dass im ausgehenden 20. Jahrhundert die Bedeutung von Kommunikation und damit die Bedeutung von Kommunikatoren einen größeren Stellenwert besitzt als je zuvor. Ganz gleich, welchen Lebensbereich der Menschheit betreffend, war Kommunikation von jeher die Grundlage jeden Tuns und entwickelte sich bis zum heutigen Tage sprunghaft weiter. Und so eng das Tun mit Kommunikation verbunden ist, ist Kommunikation mit den Bedürfnissen der Menschen verbunden. So verwundert es nicht, dass die Bedürfnisse der Menschen den Mittelpunkt in der neuzeitlichen Kommunikation bestimmen. Der Erfolg moderner Massenmedien ist deshalb auf der Grundlage der Informationsbedürfnisse der Mehrzahl einer Zielgruppe aufgebaut. So unterschiedlich die Interessen, das soziale Umfeld, das Bildungsniveau und der Lebensraum von Mediennutzern sind, so unterschiedlich sind nicht nur die Inhalte, sondern auch die Kommunikationsmittel selbst. Als eine der jüngsten Mediengattungen ist der Hörfunk im Jahr 2000 in Deutschland nicht nur meistgenutztes Medium der Deutschen und einer der wichtigsten Informationsträger neben Zeitungen und Fernsehen, sondern ein emotional bewegender Begleiter im Leben der Konsumenten.

Der Hörer als Politiker

Am Anfang steht das Ziel! Da jeder Hörer mit einiger Wahrscheinlichkeit sein bester Politiker ist, ist einer der wichtigsten Punkte politischer Kommunikation tatsächlich nicht nur im Hörfunk zunächst der Empfänger. Hat der kommunikative Problemlöser den Empfänger seiner Mitteilung erst einmal ausgemacht und sind Massenmedien als günstigstes Kommunikationsinstrument festgestellt, verbleibt die Frage, welchen Hörfunksender der geneigte Empfänger einer Mitteilung aller Wahrscheinlichkeit nach nutzt.

Dabei steht zunächst im Zusammenhang mit dem durch Länderzuständigkeiten reglementierten Medienmarkt in Deutschland die Frage nach der geografischen Zuordnung eines Empfängers entsprechend der Qualität der politischen Information lokal, regional oder national reglementiert. Wesentliche Bestandteile der Analyse sind entsprechend der kommunikativen Zielsetzung u. a. das Bildungsniveau, die Interessenlage, das soziale Umfeld, Einkommensverhältnisse und Konsumgewohnheiten.

Die deutschen Medienlandschaften bieten in aller Regel die Möglichkeit, die existierenden Kenntnisse über den Informationsempfänger zielgerichtet über den Hörfunk auszunutzen. So ist der Hörfunk, neben der Tatsache, das mit Abstand aktuellste Massenmedium zu sein, ein ständiger Begleiter, der seine Hörer mit Information und Unterhaltung emotional bewegt und überall erreicht.

Die Aufklärer des Hörers

Unabhängig also von der Qualität der politischen Information ist zunächst die zielgruppenaffine Kommunikation im Hörfunk in nahezu unnachahmlicher Weise einer der wesentlichen Vorteile des Radios gegenüber anderen Massenmedien. Nichtsdestotrotz sind bei der Zusammenstellung der Kommunikationsziele klare Aussagen und fassbare Informationen von außerordentlicher Bedeutung. Da sich die im Zusammenhang mit der Mediennutzung unterschiedlicher Zielgruppen reglementierte Auswahl eines Hörfunksenders als sekundäres oder primäres Medium auf den Erfolg der kommunikativen Problemlösung auswirkt, sollte der Hörfunk nur bedingt zum Austragen politischer Grundsatzdebatten und damit sehr komplexer Inhalte überdacht werden. Es empfiehlt sich bei der Selektion bei der für den Hörfunk gedachten Informationen und der zu erreichenden Kommunikationsziele also, den wesentlichen *Benefit* der Aktualität mit prägnanten Mitteilungen auszunutzen – Agenda Setting ist der wirkliche USP!

Der Kommunikator als Opfer

Nicht unwesentliche Bedeutung hat bei der Auswahl des Kommunikators oder Senders zunächst neben dem Umfang seiner generellen Kommunikationskraft seine (politische) Glaubwürdigkeit beim Empfänger. Schlicht töricht wäre der Versuch, ein mit Comedy-Image besetztes Format-Programm für die Übertragung einer politischen Diskussionsrunde zu nutzen. In diesem Zusammenhang empfiehlt sich zunächst, entsprechend der Themenstellung, private oder öffentlich-rechtliche Programme als Instrumente im Kommunikationsplan festzuhalten. Je nach technischer Reichweite, den jeweiligen Zielgruppen, der tatsächlichen Hörerzahl und vor allem der damit im professionellen Zusammenhang stehenden Programminhalte ist es sinnvoll, eine „akustisch" sinnvolle Medieninformation überhaupt an den Sender zu schicken. Generell ist es sicher auch sinnvoll, sich bei der Arbeit mit Hörfunk unter derzeitigen Gegebenheiten auf UKW-Programme zu beschränken. Somit bieten sich neben nationalen Nachrichten- und Informationsprogrammen, wie beispielsweise Deutschlandfunk und Deutschlandradio, zunächst im gleichen „Elite"-Zielgruppensegment regionale Informationsprogramme oder gegebenenfalls Kultursender an. Klassisch massenrelevante Programme sind in aller Regel private Formatsender, die zumeist in Zielgruppensegmenten zwischen 14 und 49 Jahren lokal oder regional reglementiert AC-Formate mit Hits der letzten 25 Jahre ausstrahlen – und dies mit massenhaftem Erfolg.

Der lange Arm des Problemlösers

Zunächst ist festzuhalten, dass kein Politiker oder Pressesprecher eine so große Nähe zum Hörer besitzt wie ein Moderator oder Nachrichtensprecher. Zunächst ist auch festzuhalten, dass keiner ein größeres Desinteresse an der zielgerichteten Verbreitung politischer Botschaften hat als der Moderator oder Nachrichtensprecher eines Hörfunksenders. Wenngleich gewisse Einschränkungen für traditionelle, vergleichsweise wenig marktorientierte Hörfunkprogramme geltend zu machen sind, gilt die Aufmerksamkeit der Radiomacher in aller Regel den Bedürfnissen ihrer Hörer. Das ausgewählte Kommunikationsziel, der damit im Zusammenhang stehende Kommunikator und die nun folgende Darbietungsweise der politischen Information sind also in hohem Maße an eben diese Bedürfnisse anzulehnen. Die an den Interessen der Zielgruppe gemessene interessante Information ist darüber hinaus in einer Medieninformation in kurzer und prägnanter Weise als Headline aufzunehmen. Ähnlich wie in anderen Medienbranchen ist eine knapp formulierte *Sub-Headline* zweckdienlich. Beide Überschriften sollten den klaren, im Zusammenhang mit einer politischen Information stehenden *Benefit* für die Nutzer des jeweiligen Hörfunkprogrammes enthalten. Darüber hinaus sollte sich der anschließende Text mit dem gleichen Gedankengang an den Bedürfnissen der Hörerschaft ausrichten, möglichst prägnant und in Absätzen layoutiert sein.

Die Medieninformation an den Hörfunk unterscheidet sich in erheblichem Maße von Medieninformationen an andere Branchenzweige durch eine unbedingt zu empfehlende Personifizierung der Mitteilung. Als audiophones Medium sind Hörfunkmacher in aller Regel zur Gestaltung ihrer Programme auf Stimmen angewiesen, die eine verbreitete Information belegen oder ergänzen und überdies die Mitteilung durch ihre persönliche Stimmungslage emotionalisieren. Aus diesem Grund empfiehlt sich beim Versenden einer Medieninformation an Hörfunkredakteure in jedem Fall die Integration einer unkomplizierten, zwingend zeitnahen Kontaktchance der Redakteure zu einem autorisierten Interviewpartner. Gleichsam sinnvoll kann unter Umständen auch die Lieferung von fertigen O-Tönen oder PR-Beiträgen sein.

Hörfunk ist schnell, nah und mobil. Hörfunk macht die Zeitung von morgen zum Thema von gestern. Vor allem aber ist Radio verbindlich emotional – gut für die Hörer, für Politiker manchmal auch nicht!

6. Hörfunkmarkt und Hörfunknutzer

Otto Altendorfer

Begleitmedium Radio

Rund 80 % der bundesdeutschen Haushalte verfügen über mindestens zwei Hörfunkgeräte; die Haushaltsausstattung in den neuen Bundesländern ist dabei teilweise höher als im Westen.

Der Empfang von Hörfunk erfolgt in der Regel über terrestrische Sender. Nur am Rande oder noch nicht genutzt werden die Verbreitungswege über Kabel, Satellit und Digital Audio Broadcasting (DAB).

Seit einigen Jahren stagniert der Zeitaufwand für die Nutzung des Hörfunks bei einer durchschnittlichen Hördauer von täglich maximal drei Stunden. Dies ist ein Verweis auch darauf, dass das Fernsehen mit einer Vielzahl zielgruppengenauer Sender und einem ausgeweiteten täglichen Programmangebot teilweise die Funktion eines aktuellen Tagesbegleitprogramms übernommen hat.

Nutzung von Hörfunk:
[Personen ab 14 Jahre/in Minuten]

Jahr	Hördauer
1964	89
1985	154
1990	177
1995	155
1999	179

Quelle: Berg/Kiefer, Massenkommunikation V/Klingler, MA 99

Altersgruppe der 40- bis 49-Jährigen hört täglich am längsten Radio

Die längste Hördauer der einzelnen Altersgruppen haben die 30- bis 59-Jährigen, während bei den 14- bis 29-Jährigen die Nutzungsdauer unterdurchschnittlich ausgeprägt ist. Frauen hören täglich rund 15 Minuten länger Radio als Männer.

Der Schwerpunkt der Hörfunknutzung im Auto liegt ebenfalls in den mittleren Altersgruppen und bei den Berufstätigen, gleichzeitig auch bei den Männern.

Hörfunknutzung nach soziodemographischen Gruppen:
[Personen ab 14 Jahre/in Minuten/MA 99]

Alter	Hördauer
14 - 19	125
20 - 29	164
30 - 39	195
40 - 49	196
50 - 59	193
60 - 69	187
70 und älter	160

Quelle: Klingler, MA 99

Zahl der Extensiv-Nutzer von Radio rückläufig

Im Vergleich zu den letzten Jahren und im Gegensatz zum Fernsehen geht die Anzahl der extensiven Radiohörer zurück. Medienvielnutzer sind, anders als in den 80er und teilweise 90er Jahren des vorigen Jahrhunderts, nicht mehr Extensivnutzer des Radios, sondern des Fernsehens.

Ein extensiver Radiohörer nutzt durchschnittlich über 270 Minuten täglich den Hörfunk. Im bundesweiten Vergleich hält sich dabei die Nutzung von öffentlich-rechtlichem und privatem Hörfunk die Waage. Allerdings ist die Nutzung privater Programme in den neuen Bundesländern höher als in Westdeutschland.

Hörfunk-Viel- und Wenig-Nutzer pro Tag/1995:
[in %/in Minuten]

	Alte Bundesländer		Neue Bundesländer		Gesamt	
	extensiv	schwach	extensiv	schwach	extensiv	schwach
Anteil an der Gesamtbevölkerung	45	12	61	6	49	11
Hörfunk-Nutzung	272	22	286	24	276	22

Quelle: Berg/Kiefer, Massenkommunikation V

Vormittagsmedium Hörfunk

Nach wie vor ist der Hörfunk das traditionelle Vormittagsmedium. Allerdings haben sich auch hier in den letzten Jahren Veränderungen ergeben.

So erreicht der Hörfunk sein größtes Publikum nicht mehr morgens um 07.00 Uhr, sondern erst ab 08.00 Uhr. Hier scheinen sich Lebensgewohnheiten zu wandeln. Genutzt wird der Hörfunk dann vorwiegend bis 10.00 Uhr.

Die Nutzung sinkt dann bis 18.00 Uhr deutlich, um dann nach 18.00 Uhr und in den Abend- und Nachtstunden erneut zu verflachen. Es bewahrheitet sich recht deutlich die Auffassung, dass das Radiogeschäft zunehmend ein Vormittagsgeschäft ist.

Im Unterschied zu den übrigen Altersgruppen verteilt sich die Radionutzung bei den 14- bis 29-Jährigen relativ gleichmäßig über den Tag hinweg bis 18.00 Uhr.

Bemerkenswert ist der Ost-West-Unterschied im Hörfunkkonsum; der durchschnittliche Ostdeutsche hört täglich erheblich länger Radio und er nutzt das Medium vor allem auch zeitlich früher (ab 05.00 Uhr morgens).

Privates Radio hat jüngere Hörer

Die Altersgruppe der 20- bis 29-Jährigen ist bei den privaten Hörfunkprogrammen generell überrepräsentiert, im Publikum der öffentlich-rechtlichen Anbieter dagegen unterdurchschnittlich präsent.

Voll auf die öffentlich-rechtlichen Anbieter setzt nur die Altersgruppe der über 60-Jährigen und teilweise die Gruppe der Nichtberufstätigen. Unterschiede zwischen Ost und West sind hierbei nur mehr am Rande anzutreffen.

Marktanteile des Hörfunks nach Sendesystemen:
[in %,Personen ab 14 Jahre]

Media-Analyse	ARD-Hörfunk	Privater Hörfunk
MA 92	70	29
MA 94	60	40
MA 96	59	41
MA 98	56	44
MA 99	53	45

Quelle: Klingler, MA 99

Zahl der Radio-Sender nimmt zu

Die zunehmende Digitalisierung der Medien und die Verbreitung über Online-Medien bewirkt in den nächsten Jahren eine Verdichtung der Zahl der Hörfunkunternehmen. Den frei empfangbaren Programm-Markt teilen sich derzeit folgende Sender:

Bundesweit über UKW terrestrisch ausgestrahlte Sender:

Es werden nur öffentlich-rechtliche Anbieter bundesweit ausgestrahlt:

a) Deutschlandradio Berlin,
b) Deutschlandfunk Köln,
c) Nachtprogramme der ARD-Rundfunkanstalten.

Ein auf diesem Übertragungsweg verbreitetes privates, bundesweites Hörfunkprogramm gibt es nicht.

Bundesweit über Satellit und/oder Kabel verbreitete öffentlich-rechtliche und private Anbieter:

Über das System „ASTRA Digital Radio“ (ADR) wird eine Vielzahl von öffentlich-rechtlichen und privaten Radios verbreitet. Sie können entweder über Kabel oder Dekoder empfangen werden. Folgende Programme können u.a. auf diesem Wege empfangen werden:

a) fast alle Hörfunkangebote der öffentlich-rechtlichen Rundfunkanstalten,
b) eine Vielzahl der von den großen landesweiten Privatradios ausgestrahlten Programme, z.B. Antenne Bayern, Radio FFH, Radio Hundert,6, Radio Hamburg, Radio RPR, Antenne Niedersachsen,
c) eine kleine Zahl von privaten Programmen, die für den bundesweiten Markt konzipiert sind, darunter Klassik-Radio und Jazz-Radio.

Landesweit über UKW terrestrisch ausgestrahlte öffentlich-rechtliche und private Sender:

Nur landesweit und in der Regel terrestrisch und/oder über Kabel verbreitet werden in der Regel die für das jeweilige Bundesland lizenzierten privaten Hörfunksender sowie die Hörfunksender der zehn öffentlich-rechtlichen Landesrundfunkanstalten, deren Zahl je nach Rundfunkanstalt zwischen zwei und fünf Sendern schwankt.

Terrestrisch ausgestrahlte Landessender privater Anbieter (Auswahl):

1) Bayern: Antenne Bayern,
2) Berlin: Radio Hundert,6, Berliner Rundfunk, Radio r.s.2, 104.6 RTL,
3) Hamburg: Radio Hamburg,
4) Mecklenburg-Vorpommern: Radio MW,
5) Niedersachsen: Antenne Niedersachsen, Radio FFN,
6) Rheinland-Pfalz: Radio RPR,
7) Saarland: Radio Salü,
8) Sachsen: Radio PSR, Hit-Radio Antenne Sachsen,
9) Sachsen-Anhalt: Hit-Radio Sachsen-Anhalt, Radio SAW,
10) Schleswig-Holstein: Radio RSH,
11) Thüringen: Antenne Thüringen, Landeswelle Thüringen.

Über UKW terrestrisch und/oder Kabel ausgestrahlter lokaler und regionaler Hörfunk:

Völlig unterschiedlich je nach Bundesland ist die Struktur im lokalen und regionalen Hörfunkmarkt. Während Bayern und Nordrhein-Westfalen über Dutzende von lokalen Hörfunkstationen verfügen, gibt es in einer ganzen Reihe anderer Bundesländer keine lokalen Radiosender. In Baden-Württemberg fehlt ein landesweiter Hörfunk, dafür werden drei Regionalradios verbreitet.

Hörfunk über DAB und Mittelwelle:

Ganz im Trend ist wieder die Mittelwelle, über die eine Reihe vorwiegend privater Hörfunkprogramme verbreitet wird.
Über Digital Audio Broadcasting (DAB) gesendet wird landesweit eine Vielzahl öffentlich-rechtlicher und privater Programme.

Literatur:

www.ard.de
www.vprt.de

Altendorfer, Otto,
Mediensystem der Bundesrepublik Deutschland,
2 Bde., Opladen 2001

Berg, Klaus/Kiefer, Marie-Luise (Hg.),
Massenkommunikation V. Eine Langzeitstudie zur Mediennutzung und Medienwirkung 1964-1995
(Schriftenreihe Media Perspektiven, Bd. 14),
Frankfurt 1996

Eimeren, Birgit van/Gerhard, Heinz,
ARD/ZDF-Online-Studie 2000: Gebrauchswert entscheidet über Internetnutzung,
in: Media Perspektiven 8 (2000), S. 338-349

Heinrich, Jürgen,
Medienökonomie,
Bd. 2, Opladen 1999

Klingler, Walter/Schaack, Jens,
MA 99: Hörfunk behauptet sich in der Medienkonkurrenz,
in: Media Perspektiven 10 (1999), S. 506-517

7. Der Hörfunk-Wahlwerbespot

Fred Weichsel

Die Stellung des Radio-Wahlwerbespots im Kommunikationsmix

Wie auch der TV-Wahlwerbespot sollte der Radio-Wahlwerbespot in ein Konzept integrierter Kommunikation eingebettet sein. Dabei ist der Hörfunk Ergänzung der Basismedien TV und Print (Anzeigen, Plakate, Mailings usw.). Letztlich lassen sich drei Eckpfeiler definieren, die den Stellenwert des Radiospots bestimmen: die Gewährleistung von Massenkommunikation, die Regionalisierungsfunktion und die Mobilisierungsfunktion.

Gewährleistung von Massenkommunikation

Eine Werbekampagne, die sich nur auf Basismedien stützen würde, kann einem massenmedialen Anspruch nicht genügen. Die Folge wären sogenannte „Informationsinseln". Eines der klassischen Klischees diesbezüglich ist die alte Dame, die keinen Fernseher hat und deshalb nur über das Medium Radio zu erreichen ist. In einer modernen, mobilen Welt spielen im Zusammenhang mit Informationsinseln andere Szenarien eine Rolle. Man denke zum Beispiel an die vielen Berufsreisenden, die im Auto nur über Radio zu erreichen sind. Um jede Zielgruppe effektiv zu erreichen, müssen deshalb alle Kommunikationsformen genutzt werden – nicht zuletzt das populäre und dennoch oftmals unterschätzte Medium Hörfunk. Untersuchungen haben ergeben, dass durch das Medium Radio rund zwei Drittel aller Wähler erreicht werden.[1]

Regionalisierung

Der Hörfunk bietet weitaus bessere Möglichkeiten auf regional unterschiedliche Erwartungen der Wähler einzugehen als das Fernsehen. Dies hat zwei Gründe: Zum einen liefert die große Vielfalt an regionalen Hörfunkstationen im föderalen Rundfunksystem beste technische Voraussetzungen zu einer Regionalisierung der Wahlwerbekampagne – wobei Grundsätze der Wiedererkennung natürlich nicht missachtet werden dürfen (Slogan). Zum anderen gewähren die wesentlich niedrigeren Produktionskosten den Spielraum, variablere Spots zu produzieren. Insbesondere bei Kommunalwahlen spielen diese Möglichkeiten eine wichtige Rolle in der Politikkommunikation. In der Regel werden Rahmenspots produziert, an die Statements der jeweiligen Regionalkandidaten angehängt werden.

Mobilisierung

Die sicherlich wichtigste Funktion der Hörfunkkampagne ist die Mobilisierung von Wählerschichten. Natürlich ist dies wesentliche Aufgabe der gesamten Werbemittel. Hohe Reichweite und Flexibilität ermöglichen es jedoch besonders in diesem Medium, in der entscheidenden Phase durch Aufrufe zum Urnengang mobilisierend auf die Wählerschaft einzuwirken. Da den Parteien im Normalfall ein Interesse an einer hohen Wahlbeteiligung gemein ist – schon aus Gründen der demokratischen Legitimation – und es gilt, die eigenen Stammwähler zu mobilisieren, wird die jeweilige Wahl in der Kampagne zur „Schicksalswahl" hochstilisiert, bei der jede Stimme zählt. Deshalb werden besonders die Tage vor der Wahl zu intensiven, direkten Wähleraufrufen genutzt. Ein Aspekt ist dabei die ständige Wiederholung des Wahltermins.

Ohne visuelle Reize fehlt dem Radio-Wahlwerbespot die emotionale Wirkkraft eines Fernsehspots. Höhere Sendezeitanteile und sinnvolle, rationale Botschaften in direkter Ansprache können diesbezüglich jedoch Ausgleich schaffen.

Mechanik des Radio-Werbespots – Beispiel CSU-Wahlkampf zur Europawahl 1999

Als Teil eines integrierten Kommunikationskonzeptes ist auch beim Radio-Werbespot die Wiedererkennung wichtige Voraussetzung zur Bildung eines „Political Brand". Der Slogan als roter Faden des Wahlkampfes ist hier von besonderer Bedeutung, da visuelle Wiedererkennungsmerkmale wie Parteifarben, Logos usw. fehlen. Von tragender Rolle sind auch die Stimmen prominenter Politiker, in der Regel der Spitzenkandidaten, die jedermann sofort zuordnen kann. Ist das Gesicht das Verkaufsinstrument für Politik im Fernsehspot, so ist dies quasi die Stimme im Hörfunkspot. Klar ist, dass mit der Stimme allein weniger Effekt zu erzielen ist als mit der gesamten Persönlichkeit. Deswegen treten im Radiospot rationale Aspekte in den Vordergrund. So wandte sich zum Beispiel Dr. Edmund Stoiber (CSU) vor der Wahl zum Europaparlament 1999 über alle Radiostationen Bayerns wie folgt an die Bürger:

„Die CSU will eine bürgernahe und gerechte Politik für ein gemeinsames Europa. Wir brauchen mehr Mitspracherecht statt zentralistischer Entscheidungen. Dafür werde ich mich persönlich einsetzen. Wählen Sie am 13. Juni die CSU. Für ein starkes Bayern in Europa.“[2]

Diesem Statement wurden emotionale Aussagen junger Menschen, wie zum Beispiel „Mein Europa hat mehr Phantasie statt Bürokratie“, vorausgeschickt. Somit wurden in dem Spot emotionale Aussagen mit rationalen kombiniert. Der Slogan „CSU – die Kraft, die bewegt“ und inhaltliche Parallelen zu den Fernsehspots leisteten den entscheidenden Beitrag zur Wiedererkennung der Marke CSU.

Das Sekunden-Kontingent der CSU war vor der Wahl zum Europaparlament 1999 im Hörfunk ungleich höher als im Fernsehen. Insgesamt betrug es bei 50 Radiostationen 66.420 Sekunden, im Durchschnitt rund 1.330 Sekunden pro Sender. Zum Vergleich: Im Fernsehen betrug ihr Sekunden-Kontingent 19.800 Sekunden, d.h. rund 760 Sekunden pro Sender. Die Schaltung der Radiospots fiel mit durchschnittlich rund 44 30-Sekündern pro Sender weitaus intensiver aus. Hinzu kam, dass die Spots überwiegend zu den Primetimes der Stationen ausgestrahlt wurden. Die enorme Reichweite des Mediums Hörfunk wird dadurch deutlich.

Kleinere Parteien weisen natürlich auch im Radio geringere Sendezeit auf, da die Sekunden-Kontingente ebenfalls nach einem Proporzschlüssel zugeteilt werden. Die insgesamt höheren Sendezeiten geben jedoch gerade den weniger bekannten Parteien die Möglichkeit, auf sich aufmerksam zu machen und in der politischen Landschaft an Profil zu gewinnen.

Die niedrigen Produktionskosten von Radiospots erlauben es den Parteien, mehrere Spots zu entwickeln, die verschiedene Themenbereiche mit prägnanten Aussagen abdecken. Die CSU ließ zur Europawahl 1999 sechs unterschiedliche Hörfunkspots produzieren, die diverse Themen zu Europa einzeln ansprachen (z.B. Finanzierung, Entbürokratisierung). Die rationalen Aussagen waren möglichst allgemein gehalten, um generations- und milieuübergreifend integrierend zu wirken. Eine breite Mehrheit konnte sich mit den angesprochenen Problemen und Themen identifizieren. Die

CSU und ihr Parteivorsitzender, Dr. Edmund Stoiber, boten sich dem Bürger als in der Sache kompetente und engagierte Partner an.[3]

Auf Veränderungen des politischen Klimas im Laufe des Wahlkampfs kann im Hörfunk schneller und kostengünstiger durch Wahlwerbung reagiert werden. Grundsätzlich gilt jedoch auch bei den Hörfunk-Wahlwerbespots: „Weniger ist oft mehr." Es ist angebracht, die Anzahl der Spots überschaubar zu halten, um eine Penetration der Wählerschichten zu gewährleisten. Dies bezieht sich besonders auf die oben erwähnte Regionalisierungsfunktion der Hörfunkspots. Um die Bildung eines „Political Brand" zu fördern, muss der rote Faden in der Kampagne verfolgt werden. Sein Leid mit der Verwässerung des politischen Markenprofils im Zusammenhang mit der Regionalisierung von Wahlkämpfen klagt Christian Boros, Berater von Bündnis 90/Die Grünen im Landtagswahlkampf NRW 2000:

„Es gab bei den Grünen beispielsweise Logo-Variationen in verschiedenen Regionen, die völlig geschmacks- und nicht markenorientiert waren. Wir haben ihnen daher wie einem Markenartikler geraten: Verzettelt euch nicht, sondern blast in ein Rohr."[4]

Da der Wahlkampfslogan im Hörfunk an die Stelle der Logos tritt, ist er der absolut wichtigste Baustein für den Aufbau der Marke „politische Partei". Im Zusammenspiel mit den übrigen Werbemitteln entfaltet er seine volle Wirkung als Speerspitze der Wahlkampfkampagne.

Literatur:

Fischer, Bettina: Formale und inhaltliche Strukturen politischer Werbung. Ein Vergleich ausgewählter Wahlwerbespots zur Bundestagswahl 1990 im öffentlich-rechtlichen Fernsehen. Magisterarbeit an der LMU München, München, 1992.

Kaid, Lynda Lee/Holtz-Bacha, Christina: Die Beurteilung von Wahlspots im Fernsehen. In: dies. (Hrsg.): Die Massenmedien im Wahlkampf. Untersuchungen aus dem Wahljahr 1990. Opladen, 1993, S.185-207.

dies.: „Simply the best". Parteienspots im Bundestagswahlkampf 1994 – Inhalte und Rezeption.
In dies.: Wahlen und Wahlkampf in den Medien. Untersuchungen aus dem Wahljahr 1994. Opladen, 1996, S.177-207.

Kern, Montague: 30-sekond Politics. Political Advertising in the Eighties. New York, 1989.

Krebs, Thomas: Parteiorganisation und Wahlkampfführung. Wiesbaden, 1996.

Noelle-Neumann, Elisabeth: Wahlentscheidung in der Fernsehdemokratie. Würzburg, 1980.

dies.: Meinungsklima und Wahlforschung. In: Kaase, Max/Klingemann, Hans-Dieter: Wahlen und Wähler. Analysen aus Anlaß der Bundestagswahl 1987. Opladen, 1990.

Radunski, Peter: Wahlkampfführung. München, 1980.

Reiser, Stefan: Parteikampagne und Medienberichterstattung im Europa-Wahlkampf 1989. Eine Untersuchung zu Dependenz und Autonomieverlust im Verhältnis von Massenmedien und Politik. Konstanz, 1994.

Steinseifer-Papst, Wolf: Wahlen und Wahlkampf in der Bundesrepublik Deutschland. 2. neubearbeitete Auflage, Heidelberg, 1994.

Wachtel, Martin: Die Darstellung von Vertrauenswürdigkeit in Wahlwerbespots. Eine argumentationsanalytische und semiotische Untersuchung zum Bundestagswahlkampf 1987. Tübingen, 1988.

Wolf, Werner: Der Wahlkampf. Theorie und Praxis. Köln, 1980.

w&v – Interview: Politik sucht Markenprofil. w&v Nr. 19/2000, S.146-149.

Anmerkungen:

1 vgl. Fischer, 1992.

2 vgl. Radiospot auf der beigefügten CD-ROM.

3 Lange wurde in den Entscheidergremien des Wahlkampfmanagements diskutiert, ob man die Kandidaten für das Europaparlament oder den bayerischen Ministerpräsidenten in den Vordergrund der Kampagne stellen sollte. Der Erfolg gab der beratenden Agentur recht, die den Minsterpräsidenten als Kampagnenmittelpunkt vorschlug. Die CSU erreichte in Bayern 64% der Stimmen, ein Zuwachs von rund 15% gegenüber 1994.

4 w&v-Interview, 2000.

VI. Wahlkampf in Zeitungen und Zeitschriften

1. Die richtige Verkaufsstrategie

Reinhard Bütikofer

Eigentlich spricht doch alles für die Zeitung. Denn das Geschriebene bleibt – scripta manent, wie es im Lateinischen heißt. Oder etwas volkstümlicher im Deutschen: Was du schwarz auf weiß besitzt, kannst du getrost nach Hause tragen. Nach wie vor sind gedruckte Medien die mit Abstand reichweitenstärksten in Deutschland. Immerhin nutzen vier von fünf über 14-jährigen Bundesbürgern regelmäßig eine Zeitung. Sie tun dies durchschnittlich mehr als eine halbe Stunde und wesentlich konzentrierter und informationsorientierter als bei der Nutzung anderer Medien. Zudem kommen die Printmedien – die in 25 Millionen Exemplaren erscheinungstäglich publizierten Zeitungen zumal – der universellen Alltagskompetenz immer noch am nächsten.

Doch wer in der Bundesrepublik Deutschland über die richtigen Strategien der Vermittlung von Politik sinniert, tut dies längst in einem komplex ausgebildeten Mediensystem. Und da ist es dann meist ein anderes Medium, das strategische Überlegungen dominiert – das wegen seiner vermeintlichen Überlegenheit gegenüber anderen Medien und permanenter Präsenz schier übermächtig anmutende Fernsehen. Es darf inzwischen wohl als unbestritten in weiten Teilen der politischen Elite gelten, dass ihm das Primat im Vermitteln und Transportieren politischer Positionen und Botschaften zukommt. Lohnt es also überhaupt das Nachdenken, wie Politik in den Printmedien vermittelt werden kann?

Die Renaissance des gedruckten Wortes

Was für eine Frage. Hat doch kein anderes Medium eine derartig lange Tradition in der Vermittlung von Politik, wie die gerade 350 Jahre alt gewordene Zeitung. Geraume Zeit und vor allem nach der faktischen Inflation von Fernsehsendern und -sendungen sind die Printmedien jedoch in ihrem tatsächlichen Stellenwert für die Politikvermittlung vernachlässigt worden. Die PR-Strategen in den Parteizentralen machten allzu sehr die Telegenität zum Maßstab ihres Erfolges. Die Zeiten aber, in denen Politiker sich darauf verlassen konnten, dass eine gute Performance vor den Fernsehkameras nahezu alleine gleichbedeutend mit dem Erfolg der eigenen Kampagne ist, sind wohl vorbei.

Vier wesentliche Ursachen determinieren diese Entwicklung maßgeblich. Zum einen ist es die Rückbesinnung vieler Politiker auf die differenzierten Darstellungsmöglichkeiten der gedruckten Medien. Zahlreiche komplexe politische Zusammenhänge lassen sich längst nicht mehr in den berühmten 1:30-Stücken der elektronischen Nachrichten adäquat darstellen. Wer unverständliche Versatzstücke oder lapidare Allgemeinplätze nicht zu seiner bevorzugten Artikulationsweise erkoren hat, findet zumindest im reichweitenstarken Fernsehen eben wenige befriedigende Formate.

Die gedruckten Medien profitieren außerdem von der anhaltenden Entpolitisierung der Fernsehberichterstattung, die sich sowohl in geringerem Anteil als auch in kürzeren Einzelbeiträgen niederschlägt. Weit weniger als das Fernsehen unterliegen die Printmedien überdies dem Zwang zur Bebilderung ihrer Inhalte. Im Umkehrschluss bedeutet dies, dass auch Themen in Printmedien publiziert werden, zu denen es wenig oder keine Bilder gibt.

Einher geht ein anhaltender Glaubwürdigkeitsverlust der elektronischen Medien, seit die privaten TV- und Rundfunkanbieter auf einer Flut von Kanälen und Frequenzen senden und Infotainment zunehmend politische Sendungen prägt. Wahrheitsgetreue Berichterstattung erwarten die meisten Deutschen jedenfalls von den Tageszeitungen, nur die öffentlich-rechtlichen Sender können da einigermaßen mithalten.

Zunehmend an Bedeutung gewinnt ein vierter Aspekt: Ausgerechnet das Internet mit seiner spezifischen Art und Weise der Informationsvermittlung sorgt für eine Renaissance der Schrift, deren traditionelle Verbreitung zuvor ausschließlich über Printmedien erfolgte und für diese absolut signifikant ist. Zwar steigt der Anteil von bewegten Bildern auch im Internet permanent, doch vergegenständlichen lassen diese sich ebenfalls nur gedruckt. Nachdenken über Strategien der Politikvermittlung in den Printmedien lohnt also allemal.

Die Möglichkeiten der Beeinflussung sind begrenzt

Mehr als 10.000 Journalisten arbeiten von der Bundes- bis in die Lokalebene in den politischen Redaktionen deutscher Zeitungen und Zeitschriften. Sie sind einerseits auf politische Informationen angewiesen, um ihren Job erledigen zu können. Andererseits beeinflussen sie maßgeblich die öffentliche Meinung. Was liegt da für den Politiker näher als der Versuch, diese entscheidenden Multiplikatoren so weit wie möglich selbst zu manipulieren? Ein weitgehend müßiges Unterfangen, denn drei Viertel dieser Journalisten sehen sich als neutrale und präzise Informatoren, die komplizierte Sachverhalte den Lesern erklären und vermitteln. Zudem gehören Kritik und Kontrolle zum zentralen Selbstverständnis der Branche. Die Skepsis gegenüber PR-Produkten ist in den Politik-Redaktionen von Zeitungen und Zeitschriften von jeher überdurchschnittlich groß.

Freilich haben insbesondere die Grünen über Jahre auch davon profitiert, dass in den Redaktionen der Anteil von Journalisten mit Sympathien in linksliberaler und grün-alternativer Richtung überproportional und deutlich höher als im Management, in den Vorständen und unter den Eigentümern der Verlage war. Die in den War Rooms der Parteien und Kandidaten letztlich angestrebte völlige Kontrolle der Kommunikation während des Wahlkampfes bleibt jedoch in den deutschen Printmedien schon deshalb eine Utopie, weil sie in der Summe ihrer politischen Ausrichtung den gesellschaftlichen Pluralismus widerspiegeln. Die privatwirtschaftliche Verfasstheit der deutschen Printmedien erlaubt im Unterschied zu den öffentlich-rechtlichen Sendern zumindest keine institutionalisierte Einflussnahme. Wenig erfolgverheißend hat sich auch das fortwährende Intervenieren in den Redaktionen wegen missliebiger Berichterstattung erwiesen. Redaktionen, die sich keine groben handwerklichen Fehler haben zuschulden kommen lassen, reagieren weitgehend souverän und resistent, werden an ihrer Darstellung festhalten und in der Zukunft eher die Kritik noch intensivieren.

Gemessen an der Gesamtzahl der politischen Journalisten hat ohnehin nur eine kleine Gruppe von Korrespondenten tatsächlich relativ permanenten Zugang zur bundespolitischen Elite und betreibt einen angemessen hohen persönlichen Rechercheaufwand für die politische Berichterstattung. Selbst von den ca. 750 bei der Bundespressekonferenz in Berlin akkreditierten Journalisten – mehr als die Hälfte davon arbeitet für Printmedien – gelingt dies nur einer Minderheit. Viel ist im Laufe der langen Bonner Jahre über die Nähe von Bundespolitikern und diesen Korrespondenten sinniert worden. Einzelne Journalisten mögen die notwendige kritische Distanz gelegentlich überschritten haben – im Ganzen hat der Journalismus als korrektives System funktioniert. Und von Berlin geht ohnehin die Rede, dass die Nähe weiter abgenommen hat. Wenngleich erfolgreiche Pressearbeit natürlich vom ständigen Kontakt und Dialog der Politiker und ihrer Öffentlichkeitsarbeiter mit Journalisten lebt, werden die Möglichkeiten der direkten Einflussnahme doch weit überschätzt.

Der Medienlogik folgen, ohne ihr zu erliegen

Nur wer den Journalismus als selbstreferentiellen gesellschaftlichen Teilbereich mit den ihm eigenen Regeln und Strukturen begreift und akzeptiert, wird seine Positionen aber auf Dauer professionell über die Medien vermitteln können. Das gilt in besonders ausgeprägtem Maße für den Printjournalismus, in dem wesentlich differenzierter agiert wird als bei anderen Mediengattungen. Es bedarf also genauer Kenntnis der redaktionellen Organisation und journalistischen Spielregeln, des Aktualitätszwangs, der Recherchemethoden und Kriterien der Nachrichtenselektion, der Darstellungsformen, aber auch der Ressourcenbegrenzung, dem Streben nach Effizienz und rationeller Technik sowie der längst praktizierten großbetrieblichen Produktionsweise in den Zeitungshäusern.

Die daraus resultierende Absicht, der Medienlogik im erforderlichen Maße zu folgen, hat zum Teil recht banal anmutende Konsequenzen. Die Beachtung von Redaktionsschlusszeiten ist eine davon. Es macht nämlich wenig Sinn, Pressekonferenzen zu veranstalten oder Presseerklärungen abzugeben, die den Weg in die Ausgabe des nächsten Tages nur deshalb nicht finden, weil die Redaktionen ihre Seiten bereits dicht gemacht haben. Die Berücksichtigung der bei vielen überregionalen und regional bedeutenden Zeitungen meist immer noch am Nachmittag liegenden ersten Redaktionsschlüsse ist deshalb ein unbedingtes Gebot bei der zeitlichen Planung sämtlicher Medienaktivitäten. Gleiches gilt für die Wochenplanungen mit Blick auf die Möglichkeit, Wochenzeitungen, Zeitschriften bzw. Nachrichtenmagazine noch erreichen zu können. Es versteht sich von selbst, dass Beachtung der Medienlogik nicht bedeuten kann, ihr vollständig zu erliegen.

Zeitungen und Zeitschriften, inzwischen sogar die Nachrichtenmagazine, aber auch einzelne Redaktionen und Journalisten stehen untereinander in einem zum Teil sehr harten Wettbewerb. Für die gezielte Vermittlung von Politik erweist sich dies als weiterer Vorteil. Es lohnt sich deshalb durchaus, die Motivations- und Gratifikationsmechanismen der Journalisten zu kennen und zu bedienen. Selbstverständlich wird die bei weitem überwiegende

Zahl der öffentlich zugänglichen politischen Informationen den Medien zur freien Verfügung angeboten. Allerdings schließt dies nicht aus, dass einzelnen Journalisten oder Redaktionen der Zugang zu Informationen von hohem Publikationsrang früher, ausführlicher oder ganz und gar exklusiv gewährt wird. Dieser vorübergehende Wettbewerbsvorteil ermöglicht meist die beabsichtigte relativ authentische Information.

Verlass ist auch auf den Jagdinstinkt in den Redaktionen. Stärker als unter dem permanenten Aktualitätsdruck, dem die elektronischen Medien unterliegen, ist es in Printredaktionen möglich, über einen längeren Zeitraum an Stories zu recherchieren. Entsprechend wirkungsvoller lassen sich diesen Redaktionen Hinweise lancieren, denen nachzugehen lohnt. Das gezielte Durchsickernlassen von ausgewählten Informationen ist deshalb ein durchaus wirkungsvolles Instrument sowohl zur positiven Selbstdarstellung als auch zur Diskreditierung von Gegnern. Es ist in diesem Zusammenhang übrigens kein Zufall, dass an der Aufklärung des CDU-Spendenskandals die gedruckten Medien überproportionalen Anteil hatten.

Der Trend zur symbolischen Politik funktioniert dagegen in den Printmedien nur bedingt und jedenfalls in geringerem Ausmaß als in den elektronischen Medien. Die inzwischen üblich gewordene Inszenierung von Pseudo-Ereignissen, sogenannter Events, wird in Zeitungen und Zeitschriften als solche offenbart und mit Ausnahme einzelner Zeitschriften grundsätzlich kritischer dargestellt als beispielsweise im Fernsehen, das zumindest teilweise der Macht der Bilder unterliegt. Allenfalls können sich solche Veranstaltungen atmosphärisch auf die Berichterstattung in Printmedien auswirken.

Nachrichtenfaktoren entscheiden über den Wert der Meldung

Dass gerade so viel auf der Welt passiert, wie in die tägliche Zeitung passt, dürfte heutzutage nicht einmal mehr die Illusion besonders geneigter Leser sein. Die Selektion und Bewertung des aktuellen Geschehens zählt vielmehr zu den wesentlichen journalistischen Aufgaben. Sie vollzieht sich nach professionellen Standards, die weitgehend allgemeingültig sind. Die Kenntnis und Anwendung dieser Standards ist deshalb für die Politikvermittlung von entscheidender Bedeutung, um in den Printmedien überhaupt mit eigenen Positionen und Botschaften vorzukommen.

Der Wert von Nachrichten ist ausschlaggebend für deren Veröffentlichung. Mehr als 90 % des in Zeitungs- oder Zeitschriftenredaktionen eingehenden Materials wandert postwendend in den Papierkorb. Über den Wert einer Nachricht entscheiden die Redaktionen anhand der Summe der Nachrichtenfaktoren. Die zentralen Nachrichtenfaktoren sind die Relevanz und das Publikumsinteresse der Meldung. Während sich die Relevanz einer Nachricht an deren Ausmaß und Konsequenzen bemisst, lässt sich Publikumsinteresse anhand verschiedener Faktoren erreichen. Die zahlreichen sogenannten Human Interests zählen ebenso dazu wie Nähe und Prominenz oder Aktualität. Die weitere Personalisierung der Politikvermittlung ist unter diesen Gesichtspunkten auch gegenüber den Printmedien unabdingbar. Die gezielte Anwendung dieser Kenntnisse auf Pressekonferenzen, in Interviews oder Presseerklärungen ist zwingende Voraussetzung für die Wahrnehmung in den Redaktionen. Allgemein kann gelten, dass die Publikationswahrscheinlichkeit und prominente Platzierung im Blatt umso höher ist, je mehr die Nachrichtenfaktoren ausgeprägt sind.

Von Vorteil ist ebenfalls, bei der Politikvermittlung den handwerklichen Regeln des Nachrichtenaufbaus zu folgen. Das Wichtigste gehört demnach an den Beginn einer Presseerklärung oder Pressekonferenz bzw. eines Interviews. Erst danach folgen Details und Hintergrundinformationen. Unerlässlich für den Publikationserfolg ist zudem eine verlässliche Quelle der zu verbreitenden Information. Dass bei alledem die wahrheitsgemäße und sachliche Information der Redaktionen im Vordergrund stehen muss, gebietet neben politisch-ethischen Maßstäben ebenfalls die Medienlogik. Schließlich wollen die Zeitungs- und Zeitschriftenredaktionen zutreffende Meldungen verbreiten. Authentizität und Transparenz der Politikvermittlung gewährleisten höhere Akzeptanz der eigenen Positionen.

Die herausragende Bedeutung der Nachrichtenagenturen

Bedenkt man, dass die überwältigende Mehrzahl der in Deutschland erscheinenden Tageszeitungen lokal und regional verlegt wird, erklärt sich die große Bedeutung der Nachrichtenagenturen für die Politikvermittlung. 349 der insgesamt 367 Blätter sind lokale und regionale Abonnementzeitungen, die immerhin die stolze Zahl von mehr als 17 Millionen Exemplaren verbreiten. Im Unterschied zu den meist personell und materiell gut ausgestatteten Redaktionen der überregionalen, Wochen- und Sonntagszeitungen sowie der Nachrichtenmagazine sind die Lokal- und Regionalzeitungen in starkem Maß auf die Zulieferungen der Nachrichtenagenturen angewiesen. Nur wenige verfügen über annähernd so komfortabel besetzte Korrespondentenbüros wie die überregionalen. Oft verrichten Korrespondenten als Einzelkämpfer ihren Dienst, die unmöglich das gesamte bundespolitische Geschehen reflektieren können. Eine nicht unbedeutende Zahl von Printmedien verzichtet sogar ganz auf eigene bundespolitische Berichterstattung.

Umso wichtiger ist deshalb die Verbreitung politischer Informationen über die Nachrichtenagenturen. Sie beliefern die Lokal- und Regionalzeitungen nicht nur mit politischer Berichterstattung, sondern determinieren mit Auswahl und Aufmachung der Meldungen und Berichte auch maßgeblich die Behandlung des jeweiligen politischen Themas in den Redaktionen. Nur was die Agenturen senden, kann in vielen Printmedien überhaupt zur Veröffentlichung gelangen. Und selbst solche Zeitungen, Zeitschriften und Magazine, die über ausreichend journalistische Kapazität für die politische Berichterstattung verfügen, bedienen sich der Nachrichtenagenturen zumindest zur Themen- und Ereignisorientierung sowie zur Hintergrundinformation.

Von Vorteil für die Politikvermittlung ist, dass die Agenturen streng nach den relevanten journalistischen Selektionskriterien vorgehen, ihre Berichterstattung demzufolge bis zu einem bestimmten Grad berechenbar ist. Außerdem bemühen sie sich noch stärker als die einzelnen Printmedien um neutrale Verbreitung von Informationen, was der Authentizität der publizierten politischen Positionen zugute kommt. Auch die Nachrichtenagenturen stehen in einem harten Wettbewerb um aktuelle Informationen, den sich die Politik zunutze machen kann. Allerdings lassen die Agenturen im Kampf um Schnelligkeit gelegentlich die erforderliche Gründlichkeit vermissen und geben Informationen ungeprüft weiter. Ihrer im Mediensystem verankerten Vorfilter-Funktion ist dies abträglich.

Themen vorgeben, Timing steuern

Das vergangene Jahrzehnt hat die Strukturen der Printredaktionen nachhaltig verändert. Die meisten Verlagshäuser haben trotz teilweise erzielter Rekordrenditen kaum in die journalistischen Ressourcen investiert, sondern im Gegenteil das Lean Management in den Redaktionen fröhliche

Urständ' feiern lassen. Ausnahmen bestätigen die Regel. Letztlich bedeutet dies aber, dass die Mehrzahl der Zeitungen und Zeitschriften über keine hinreichende Recherchekapazität verfügen, um ihren öffentlich-rechtlichen Informationsauftrag zu erfüllen. Sie sind deshalb bis zu einem gewissen Grad abhängig vom Umfang und der Qualität von Zulieferungen der politischen Öffentlichkeitsarbeit. Etwa zwei Drittel aller Meldungen, die von den Printmedien verbreitet werden, stammen ohnehin aus Pressestellen bzw. PR-Agenturen.

Unter diesen Bedingungen kann die Politik bis zu einem gewissen Maß die aktuellen Themen der Berichterstattung vorgeben und deren Timing steuern. Dies gelingt allerdings nur bei mehrstufigem strategischem Herangehen unter Verwendung verschiedener Instrumente wie Interview, Pressekonferenz und -mitteilung, Briefing oder Hintergrundgespräch. Nur weil ein bestimmter Teil der politischen Elite ein Thema zu einem bestimmten Zeitpunkt in den Zeitungen, Zeitschriften und Nachrichtenmagazinen lesen möchte, vollzieht sich dieser Wunsch publizistisch noch lange nicht. Auch hier erweisen sich die Nachrichtenfaktoren und die Berücksichtigung weiterer Elemente der Medienlogik als sehr hilfreich. So ist die prominente und fortwährende Besetzung des Themas Voraussetzung für dessen Präsenz in der öffentlichen Wahrnehmung. Die Vorgabe eigener Themen führt zu dem nicht zu unterschätzenden Effekt, dass anstelle eines reaktiven Bildes der Politik eine aktive Rolle tritt. Im politischen Meinungskampf ist es jedenfalls ein wesentlicher Vorteil, mit selbst vorgegebenen Themen öffentlich präsent zu sein, als sich die Themen vom politischen Gegner oder der aktuellen Medienlage aufzwingen zu lassen.

Die Medienbeobachtung intensivieren

Schließlich gehört zur erfolgreichen Strategie der Politikvermittlung auch die laufende Beobachtung der Medien. Sie gestaltet sich bei den meinungsführenden überregionalen Leitmedien noch relativ überschaubar. Schwieriger wird es bei den lokal und regional erscheinenden Zeitungen. Stellt man jedoch in Rechnung, wie viele Leser damit erreicht werden, ist die permanente Beobachtung und Bedienung auch dieser Printmedien über ein dezentrales Netz ein vordringliches Gebot.

Erst die konsequente Medienbeobachtung ermöglicht überhaupt eigene Reaktionen auf öffentliche Äußerungen des politischen Gegners. Solcherart Reaktionsfähigkeit ist aber in Wahlkämpfen besonders wichtig, wenn nicht sogar von ausschlaggebender Bedeutung. Schließlich kommt es darauf an, mit Korrekturen, Gegenangriffen oder der bloßen eigenen Darstellung von Sachverhalten noch in den laufenden Nachrichtenzyklus einzudringen – ohne permanente Medienbeobachtung ein aussichtsloses Unterfangen. In Fällen krasser journalistischer Fehlleistung ermöglicht sie zudem die zeitnahe Intervention in der Redaktion. Und last, but not least gilt es, damit den Erfolg der eigenen Aktivitäten in den Printmedien dauerhaft zu kontrollieren.

2. Fotos: Wie man sich in die richtige Position bringt

Hans-Günther Kaufmann

In der Mode-und Werbefotografie dienen Models dazu, Produkte verkaufsfördernd zu präsentieren. Bei Wahlkampffotos sind Model und Produkt weitgehenst identisch.

Politiker stehen für Werte, für Inhalte, für Programme. Einmal an der Macht, erwartet der Wähler Führungsqualität und Glaubwürdigkeit.

Viele Tugenden! Diese alle mittels der Fotografie zu signalisieren, ist eigentlich nur dann kommunizierbar, wenn die Persönlichkeit all diese Tugenden, Stärken, auch besitzt – so ist. Wenn wir von Fotografie, von dem Bild sprechen, dann sprechen wir von einem Moment, von diesem einen Augenblick, der angeblich „mehr als tausend Worte" sagen soll.

Ich will mich in diesem Beitrag auf subjektive Erfahrungen begrenzen, also nicht über „Wahlkampf-Fotografie" referieren, sondern das Wesentliche meiner Begegnungen mit Politikern und Kamera zusammenfassen.

Briefing

Das Wort Wahlkampf schon beschreibt, worum es geht. Um Kampf – es muss einen Sieger und Verlierer geben. Es geht auch um viel Geld. Entsprechend aufwendig das „Briefing". Ganze Begriffsketten, oft visuell nicht relevant, weil fotografisch nicht darstellbar, die der Kandidat/Kandidatin da visualisieren soll.

Ich will die wissenschaftlich vorgetragenen Erkenntnisse – welche Brille, welche Kleidung, welche Gesten, Umfeld, Hintergrund usw. nicht in Frage stellen.

Solche Erkenntnisse aber sind auf dem Markt, also kaufbar. Würden sich alle Kandidaten dieser sicher fundierten Erkenntnisse bedienen, wäre Uniformität die Folge. Der gestylte Politiker oder Styling als Element der Politik?

Inszenierung des Authentischen

Ich fotografiere ausschließlich Politiker, die mich überzeugen und die ich mag. Das mag nach Luxus klingen, ist es aber nicht. Warum? Lässt sich von mir ein Politiker für den Wahlkampf fotografieren, muss er mir und meinen Fähigkeiten vertrauen. Er muss mich auch mögen – zumindest für die Zeit der Aufnahmen. Wenn „Model" und Fotograf nicht voneinander überzeugt sind, wenn sie sich nicht mögen, entstehen keine „strahlenden" Bilder.

Das Ambiente

Spitzenpolitiker sind von der Aura der Macht und ihren Ritualen umgeben. Vor dem Fototermin prüfen Sicherheitsleute die Örtlichkeit, das Eintreffen wird über Funk angekündigt, dann folgt im Pulk, zeitlich immer bedrängt, „der Kandidat". Jetzt geschieht Entscheidendes. Der Kandidat muss sich wohlfühlen, entspannen, mir seine ganze Aufmerksamkeit widmen. Wenn es möglich ist, arbeite ich mit „Available Light" (natürliches Tageslicht) und mit wenigen Personen, am liebsten nur Kandidat und ich.

Es muss mir jetzt gelingen, dem Kandidaten glaubwürdig zu vermitteln, ihn fühlen zu lassen, dass ich von ihm überzeugt bin und ich ihn mag..., dann geschieht der „Echo-Effekt". Es wird subjektiv bleiben, aber ich spüre sehr wohl, wenn ich „nur" angelacht werde oder dieses Lächeln von innen kommt, aus dem Herzen. Wenn das Lachen die Freude über die Begegnung (Foto=Moment) ehrlich widerspiegelt, dann lachen auch die Augen! Erst in dieser Einheit, wenn Auge und Mund Freude signalisieren, spreche ich von einem „strahlenden Bild", etwas, das mich auch im In-

nersten anspricht, berührt. Aufgesetztes Profi-Cheese und kalter Blick – ich denke, dass das negativ wahrgenommen wird, wenn auch nicht bewusst. Ich bin überzeugt, dass der Wähler echte, authentische Persönlichkeit wünscht und schätzt.

Wenn ich es mir leiste, nur diejenigen zu fotografieren, die mich überzeugen, die ich mag, dann ist das kein Luxus, sondern Erfolgsprinzip. Freilich, um auf die „Inszenierung des Authentischen" zurückzukommen, ignoriere ich keineswegs Äußerlichkeiten wie Kleidung, Umfeld, Brille etc.

Natürlich kleidet mich etwas gut oder weniger und das Äußere signalisiert auch etwas von innerer Haltung. Ein Armani kleidet, Persönlichkeiten aber macht er keine.

Mein Ideal bei Wahlkampffotos ist die „Inzenierung des Authentischen", die Persönlichkeit, die ich schätze, die ich mag, so ins rechte Licht zu setzen, dass diese, meine empfundene Sympathie und Wertschätzung auch auf den Betrachter des Bildes überspringen. Das mir angetragene Thema „Wie man sich in die richtige Position bringt" ist richtig betitelt. Meine positive Position führt zu der richtigen, authentischen Fotografie im, auch modernen, Medienwahlkampf.

Die Fotoserie zeigt Edmund Stoiber,
Bayerischer Ministerpräsident und Vorsitzender der CSU.
Sie entstand für den Europawahlkampf 1999.

3. Die Pressemitteilung

Peter Zimmermann

Wissen ist Macht

... sagt ein sehr altes Sprichwort. Zunächst jedoch meint es, dem Wissen vorausgehend: Information ist Macht! Und so wie jede Hierarchie menschlichen Zusammenwirkens zunächst durch die Weitergabe von Informationen aufgebaut, gesteuert und gehalten wird, ist eine zielgerichtete Kommunikation die Grundlage für strategische Imagebildung. Ungeachtet unterschiedlicher Empfänger stellt das urmenschliche Informationsbedürfnis eine in der Neuzeit tendenziell steigende Nachfrage nach Kommunikation dar. Ungeachtet auch von Kommunikationswegen und Instrumenten ist jedwede Art zielgruppenaffiner Information wiederum die Grundlage menschlichen Zusammenwirkens und im Zusammenspiel mit Ort und Zeit Chance und Gefahr zugleich. Der mit eben dieser Zielsetzung verbundene Konsument einer Information ist damit der Mittelpunkt strategischer Kommunikation und schließlich selbst wiederum Kommunikator und Multiplikator.

Zeitung zum Fisch einwickeln

Nur natürlich ist der unterschiedliche Umgang verschiedener Menschen mit Informationen. Ganz selbstverständlich also auch die verschiedenartige Nutzung von Informationsträgern oder Kommunikatoren und damit Medien. Die Art des Mediums deshalb schließt Zielgruppen aus oder ein, erreicht sie besonders günstig oder eher wenig, lässt Konsumenten maximalen Spielraum bei der Nutzung oder eben auch nicht. Zunächst ist festzustellen, dass Zeitungen und Zeitschriften entgegen neuzeitlichen elektronischen Medien ihre Akzeptanz beim Leser betreffend rückläufig sind. Während der Hörfunk seine Position als emotionaler Agendasetter und das Fernsehen als aktueller audiovisueller Informationsträger ausbauen, liegt ebenfalls mit steigender Tendenz der USP von Zeitungen und Zeitschriften nicht nur in ihrer spezifischen inhaltlichen Zielgruppenreglementierung, sondern je nach Art des Printproduktes in seiner individuellen Benutzerfreundlichkeit und seiner Mobilität bzw. seines umfassenden Gehaltes.

Grundlage für die politische Kommunikation mittels Zeitungen und Zeitschriften sind neben Kenntnissen über das Mediennutzungsverhalten der jeweiligen Zielgruppe somit das Bildungsniveau, das Konsumverhalten bzw. das soziale Umfeld des Lesers. Je nach Art der politischen Information ist bei der zielgerichteten Kommunikation also in jedem Fall zunächst möglichst detailliert von der jeweiligen Zielgruppe und deren Mediennutzungsverhalten auszugehen. Erweisen sich Zeitungen und Zeitschriften in diesem Zusammenhang als geeignetes Kommunikationsinstrument, sind Aktualität, Inhalt sowie eine entsprechende geografische Reglementierung weitere wesentliche Koordinaten, die die Art und Weise der Informationsweitergabe beeinflussen sollten.

Die Kombination von Aktualität und Archiv

Tatsächlich bieten Zeitungen und Zeitschriften ein deutlich umfassenderes Podium zum Austragen politischer Grundsatzfragen oder Fachdiskussionen. Während sich Printtitel nur bei wirklich dauerhafter Themensetzung bedingt als Agendasetter empfehlen, liegt ihr Vorteil in der Komplexität der Darstellung von politischen Themenstellungen. Einschränkend seien vorrangig tägliche Kaufzeitungen genannt, die durch ihre in aller Regel stark emotionalisierte Wiedergabe von politischen Zusammenhängen auf Titelseiten die Kaufentscheidung des jeweiligen Blattes beeinflussen und oft als Trendsetter für kurzfristige politische Stimmungslagen gewertet werden können. Tägliche Abonnementzeitungen hingegen unterteilen ihre Publikationen häufig wiederum in einzelne Fachbereiche wie Regionales, Wirtschaft, Kultur und Politik. Ausgehend von einer im Wahlkampf notwendigen Massenkommunikation sei sich im Folgenden bei den Betrachtungen der „Pressemitteilungen für Zeitungen“ auf tägliche Printerscheinungen beschränkt.

Bei ihnen darf zunächst auch vom Konsumenten ausgehend entschieden werden, ob kurzfristig Themen gesetzt und Stimmungslagen beeinflusst oder im Vorfeld einer Wahl eine dauerhafte Diskussion in Gang gesetzt werden soll. Während Kaufzeitungen sich, wie beschrieben, in ihren Nutzungsgewohnheiten eher für kurzfristige Themenstellungen eignen und durch die eben genannte starke Emotionalisierung in aller Regel eine verminderte politische Glaubwürdigkeit besitzen, bieten zumeist Abonnementzeitungen vor allem mit integrierten Politikseiten die Möglichkeit zu einer langfristigeren sachlichen und fachlichen Darstellung von Problemstellungen.

Alle Zeitungen und Zeitschriften betreffend, sei jedoch ein weiterer wichtiger Punkt angemerkt: Reportagen, Berichte, Glossen, Kommentare etc. sind in ihrer Substanz als gedruckte Informationsträger deutlich einfacher zu archivieren als Beiträge elektronischer Medien. Aus diesem Grund verfügen Verlagshäuser in aller Regel über umfassende Archive mit Text und Fotomaterial. Auch ob vergleichsweise langer Produktionszeiten (In elektronischen Medien handelt es sich oft um wenige Minuten oder Stunden.) ist eine Recherche jedweder Art von Themenstellungen über das eigentliche Tagesgeschäft hinaus deutlich günstiger möglich. Aufgrund dieser Tatsache vermischen sich vor allem im Bereich von täglichen Abonnementzeitungen häufig aktuelle politische Tagesdebatten mit Text- und Fotomaterial aus der Vergangenheit. Was die Glaubwürdigkeit der Zeitung durch eine sachliche, fachlich saubere Darstellung erhöht, vermag oft genug Bumerang für politische Know-how-Träger zu werden. Dies unterstreicht auch die Notwendigkeit von Kenntnissen über Journalisten und Fotografen sowie auch deren Bildungsniveau, soziales Umfeld etc.

Zielgruppe Instrument

Wie bei keinem anderen Massenmedium spielt im Zusammenhang mit der Notwendigkeit von politischer Kommunikation das Verhältnis zum Kommunikator somit eine tragende Rolle. Zunächst aus 355 nationalen, regionalen und lokalen deutschen Tageszeitungen zielgerichtet geografisch ausgewählt, sollten als Grundlage für den Erfolg einer Pressemitteilung genaueste Kenntnisse über deren Empfänger angesammelt werden. Auch in dieser Hinsicht muss zunächst davon ausgegangen werden, mit welcher tagesaktuellen Zielstellung Reporter, Fotografen und Redakteure unter dem Focus auf ihre Leserschaft Zeitungen produzieren. Der klare Mehrwert für die Leser des Printtitels sollte also auch bereits im Zentrum der Mitteilung an Redaktionen stehen. Zu beachten ist auch, dass wie bei keinem anderen Medium die Macher von Blättern sehr häufig in fest-freien oder freien Arbeitsverhältnissen zum Verlag stehen und aus diesem Grund nicht zwingend in Studios, Labors oder Redaktionen sitzen. Nicht nur ob dieser Tatsache, sondern auch ob in aller Regel klar strukturierter redaktioneller Arbeitsabläufe in Redaktionen bietet sich im Printbereich häufig die langfristige Zusammenarbeit mit einzelnen Redakteuren an. Es ist zu beobachten, dass nationale und regionale Verlage deutlich häufiger auf eigene oder verlagsübergreifende Korrespondentennetze zurückgreifen und die Zusammenarbeit mit freien Journalisten deutlich intensiver als in lokalen Tageszeitungen ist.

Der Trend zur Agentur

Für die Gestaltung einer Presseinformation für Redakteure in Zeitungen und Zeitschriften ist zunächst thematisch wiederum der Redakteur „zu übergehen". Headline, Sub-Headline und Inhalte sollten klare Benefits und damit einen informativen Mehrwert für die Zielgruppe von Zeitungen und Zeitschriften, den Leser, enthalten. Je nach Reglementierung der Leserschaft einzelner Zeitungen sollten Medieninformationen deshalb plakativ und boulevardesk oder gegebenenfalls sach- und fachspezifisch aufgebaut sein. In aller Regel empfiehlt sich in der Headline, den Kern der politischen Information und in der Sub-Headline eine Personifizierung der Information durch einen politischen Know-how-Träger vorzunehmen. Nachdem Medieninformationen grundsätzlich so verfasst sein sollten, dass sie von Redakteuren der jeweiligen Zeitungen de facto benutzerfreundlich als Artikel übernommen werden könnten, ist zunächst auch in Bezug auf das Layout auf eine Benutzerfreundlichkeit, sprich Übersichtlichkeit der Medieninformation zu achten. Das Hervorheben bestimmter Namen oder sinntragender Textpassagen durch fettgedruckte Worte sowie die Gestaltung der Mitteilung in Absätzen oder Themenbereichen erweisen sich als günstig. Neben der beschriebenen Personifizierung empfiehlt sich darüber hinaus das Angebot von Foto- und Grafikdiensten. Unter anderem ob der Notwendigkeit von Fotos und Grafiken, jedoch auch durch die Geschwindigkeit und ein deutlich besseres Handling intensivieren viele Redaktionen von Tageszeitungen die Zusammenarbeit mit elektronischen Agenturdiensten. Neben klassischen Nachrichtenagenturen bietet die Zusammenarbeit mit kommerziellen Agenturdiensten, wie bspw. OTS, die Möglichkeit, sehr zielgerichtet Pressemitteilungen inklusive grafischer Datenanhänge zu verbreiten. In jedem Fall ist mit Adresse, Telefon etc. in einer Pressemitteilung für Redakteure eine schnelle Kontaktmöglichkeit aussagefähiger, kompetenter Personen, Urheber oder politischer Know-how-Träger zu schaffen. Nicht nur vor dem Hintergrund einer klar strukturierten, zielgerichteten politischen Kommunikation und der damit gebotenen notwendigen Kürze, sondern auch zur Schaffung von emotionalen Befindlichkeiten sollten Medieninformationen lediglich kurze prägnante Mitteilungen enthalten, die in aller Regel langfristig strategisch aufgebaut und ausgerichtet sind. Denn in der Zusammenarbeit mit Zeitungen und Zeitschriften gilt wie in keinem anderen Medium: Die veröffentlichte Wahrheit entsteht häufig aus Aktualität und Archiv! Nicht zuletzt diese Tatsache macht Zeitungen in der Kombination von Text und Bildern zum politisch glaubwürdigsten Informationsträger auch noch in der Neuzeit.

4. Der Aufbau einer Pressemitteilung

Holger Doetsch

Das Problem vieler, die Pressemitteilungen verfassen müssen, ist, dass sie den redaktionellen Alltag beziehungsweise redaktionelle Abläufe nicht kennen. In einer Lokalzeitung etwa treffen alltäglich bis zu 100 Pressemitteilungen ein. Damit wird klar, dass der Papierkorb eines der wichtigsten Arbeitsmittel eines Journalisten ist.

Damit wird aber auch klar, dass nur die Pressemitteilung eine Chance hat, abgedruckt zu werden, die auffällt.

Einige Grundregeln:

Verwenden Sie gutes Papier mit einem auffallenden Logo!
Das Logo muss natürlich zu der Institution, für die Sie Pressemitteilungen schreiben, passen. Wenn Sie beziehungsweise Ihr Vorstand sich einmal für ein Logo entschieden haben, muss dieses beibehalten werden. Schließlich soll ein Logo für Unverwechselbarkeit sorgen! Vermeiden Sie auf jeden Fall unnötige Anschreiben an die Zeitung gemäß dem Motto „In der Anlage übersenden wir Ihnen eine Pressemitteilung...“.

Wählen Sie eine „fetzige“ Überschrift!
Auch hier gilt, dass die gelungene Wahl einer Überschrift dazu beiträgt, dass sich der Journalist, der Ihre Pressemitteilung auf den Tisch bekommt, für Ihr Thema interessiert.

Überschrift und „Lead“ müssen die wichtigsten Informationen enthalten!
Denken Sie daran: Bei 100 Pressemitteilungen ist es dem Journalisten unmöglich, alles zu lesen. Je schneller Sie auf den Punkt kommen, desto besser.

Vermeiden Sie langweilige Chronologien!
Erst wurde die Tagesordnung bestätigt, dann der Schatzmeister gewählt, dann ... Wen soll das interessieren? Merke: Das Wichtigste, also zum Beispiel die Neuwahl eines Vorsitzenden oder die Ablehnung eines wichtigen Leitantrages, gehört ganz oben hin. Unwichtigeres gehört an den Schluss,

denn dort wird zumeist gekürzt! Anders formuliert: In einer Pressemitteilung werden die „Ausrufezeichen“ nach unten hin immer kleiner!

Schreiben Sie verständlich!
Es geht nicht darum, Ihren Vorstand zu informieren. Es geht darum, Menschen, die (noch) nicht Mitglied Ihres Vereines etc. sind, über Ihre Arbeit zu informieren. Empathie ist wichtig, also die Fähigkeit, sich in die Situation anderer hineinzuversetzen.

Vermeiden Sie also weitgehend (vereinsinterne) Fremdwörter, sofern sie sich nicht vermeiden lassen, beschreiben Sie diese in einem Nebensatz. Abkürzungen einmal zu Beginn ausschreiben!

Beachten Sie Regeln bei der Ausgestaltung der Pressemitteilung!
„Fetzige“ Überschrift und ein gelungener, halbfett gedruckter „Lead“ (Das ist der erste Absatz einer Pressemitteilung.) sind noch nicht alles.

Sie müssen Ihre Pressemitteilung mit einem Datum und einer laufenden Nummer versehen (Beispiel: „11/20. August 2000“). Sofern Ihr Text ein bestimmtes Ressort innerhalb einer Redaktion betrifft, vermerken Sie dies. So vermeiden Sie, dass Ihre Einladung zu einer Gemäldeausstellung bei der Sport-Redaktion landet und sich dort im Papierkorb wiederfindet.

Schreiben Sie unter den Text, wer für ihn verantwortlich zeichnet (V.i.S.d.P. = Verantwortlich im Sinne des Pressegesetzes) und wie Sie bei Rückfragen erreichbar sind (Beispiel: „V. i. S. d. P. Karl Mustermann, Vorsitzender des Kaninchenzüchterverbandes Mülheim/Ruhr, Telefon tagsüber ... oder ...“).

Nehmen Sie ruhig einmal Kontakt zum Journalisten auf!
Nicht übertreiben! Doch ist es nützlich, einen Journalisten einmal anzurufen und zu fragen, ob die Pressemitteilung angekommen ist und ob diese Sinn macht. Sie erreichen damit zweierlei: Der Journalist wird sich (vermutlich) geschmeichelt fühlen, dass Sie ihn um Rat gefragt haben. Und: Hat der Journalist Ihnen Verbesserungsvorschläge gemacht, ist die Chance des Abdrucks Ihrer Pressemitteilung künftig umso größer!

Hilfreich kann es auch sein, sich einmal einen Termin geben zu lassen und sich hiernach in der Redaktion vorzustellen. Das macht besonders Sinn, wenn Sie als Pressesprecher neu bestimmt worden sind. Auf jeden Fall handelt es sich um eine vertrauensbildende Maßnahme, denn beide Seiten wissen künftig, mit wem sie es zu tun haben.

Formulierung einer Pressemitteilung

Die Formulierung einer Pressemitteilung ist „handwerklich" angelehnt an die Entwicklung eines Zeitungsartikels.

Folgende Regeln gelten somit auch für sie:

1. Beachten Sie, dass in der Pressemitteilung alle fünf „W" vorkommen. Denken Sie daran: Fehlt ein „W", ist die Information unvollständig.

1.1 **W** er hat etwas veranstaltet etc.?

1.2 **W** o fand die Veranstaltung etc. statt?

1.3 **W** as fand statt?

1.4 **W** ann fand etwas statt?

1.5 **W** ie fand etwas statt (Begleitumstände, Stimmung, Anzahl der Teilnehmer etc.)?

2. Vermeiden Sie weitgehend Fremdwörter.

3. Unumgängliche Fremdwörter (z.B. „Bruttosozialprodukt") müssen in einem Nebensatz kurz erklärt werden: „Das Bruttosozialprodukt, also die Summe aller ... etc."

4. Vermeiden Sie den „Aküfi", gemeint ist der Abkürzungsfimmel. Schreiben Sie z.B. Ihren Verband etc. zu Beginn einmal aus, setzen Sie in nachfolgender Klammer die korrekte Abkürzung für Ihren Verband. Fortan können Sie mit dieser Abkürzung arbeiten (z.B. „Die Junge Union (JU) .... Wie der JU-Vorsitzende anschließend weiter mitteilte ..." etc.).

5. Schreiben Sie etwas konkret – vermeiden Sie also Allgemeinplätze. (Beispiel: Ein Stuhl ist zuerst ein Stuhl, dann erst ein Möbelstück.).

6. Vermeiden Sie die „Substantivierungsflut" – besser ist die verbale Form (Einigung = sich einigen).

7. Die Namen handelnder Personen einmal zu Beginn voll ausschreiben („Die Vorsitzende der Frauen Union (FU), Prof. Dr. Rita Süssmuth ...“ Fortan reicht es, wenn Sie „Süssmuth“ schreiben bzw. variieren: „Die Vorsitzende“, „die X-Jährige“, „Die Politikerin“ etc.).

8. Zahlen bis „zwölf“ werden ausgeschrieben.

9. Arbeiten Sie mit Absätzen, vermeiden Sie „Bleiwüsten“.

10. Verwenden Sie eine lesefreundliche Schriftart (z.B. „Arial“).

5. Zeit- und Artikelplanung in der Lokalredaktion

Martin Lohmann

Auf- und Erklären – oder der Chronistenpflicht genügen ? (Die Rolle der regionalen Tageszeitung in der Wahlberichterstattung)

„Soll der Bürger politische Entscheidungen treffen, muss er umfassend informiert sein, aber auch die Meinungen kennen und gegeneinander abwägen können, die andere sich gebildet haben. Die Presse hält diese Diskussion in Gang, sie beschafft die Informationen, nimmt selber Stellung und wirkt damit als orientierende Kraft der öffentlichen Auseinandersetzung." So hat das Bundesverfassungsgericht einmal die Aufgabe der Presse im Prozess der demokratischen Willensbildung präzisiert. Das gilt natürlich besonders für eine große Regionalzeitung und selbstverständlich auch für den Lokalteil einer Tageszeitung. Erst recht zu Wahlkampfzeiten.

In der Region ist der Kontakt zwischen den Lesern, den Redakteuren der Lokalredaktion sowie den Vertretern der Parteien und den aufgestellten Kandidaten unmittelbarer als in der sogenannten „großen Politik". Das birgt Chancen für vielfältige, informative, detaillierte, menschelnde, bunte Berichterstattung. Andererseits ergibt sich aus dieser sozialen Nähe jede Menge Konfliktstoff, weil alle beteiligten „Parteien" im Blatt besser präsentiert werden wollen als die jeweils anderen. Die Redaktionen sind häufig unentschieden, an welchen Kriterien sich angemessene Berichterstattung orientieren soll. Werden alle gleich behandelt? Ist das Ergebnis der vorigen Wahl ein Maßstab, der annähernd das Leserinteresse widerspiegelt? Kommen dann die kleinen Parteien, die „Exoten", die Randgruppen, die Newcomer nicht zu kurz?

Bei einzelnen Tageszeitungen sollten strenge Wahlkampfrichtlinien den Lokalredakteuren diese Entscheidungen erleichtern und den unterschiedlichen Regionalausgaben eine einheitliche Linie vorgeben. Woanders bildeten locker gehaltene Hinweise grobe Eckpfeiler der Berichterstattung.

Um sich nicht der Kritik aussetzen zu müssen, einen Kandidaten zu bevorzugen, einen anderen zu ignorieren, mit dieser oder jener Äußerung gar das Ergebnis beeinflusst zu haben oder beeinflussen zu wollen, haben sich in der Vergangenheit viele Zeitungen gerade im Lokalen lange Zeit hinter selbstauferlegten Richtlinien „versteckt". Nach festgelegten Kriterien wurden Wahlkampftermine besetzt und Pressemitteilungen sowie Ankündigungen der Kandidaten veröffentlicht. Von einem bestimmten Stichtag an – ein, zwei Wochen vor der Wahl – lief dann im Blatt gar nichts mehr zum Thema. „Die Redaktion nimmt sich bewusst zurück", hieß es dann, schließlich wolle man dem Wähler beim Kreuzchen-Machen nicht den Griffel führen. Etwas großzügiger war man dann bei Wahlveranstaltungen mit Ministern, Parteivorsitzenden und ähnlich bekannten „Unterstützern". Schließlich müsse man der „Chronistenpflicht" genügen. Und „Prominenz" wollte auch die Redaktion nicht ignorieren, berichtete deshalb über das Drumherum und vernachlässigte die politischen Aussagen. – Man will ja schließlich nicht Partei ergreifen ...

Für die Lokalredaktion war ein solches Vorgehen – abgesehen von dem Terminstress und dem Ärger mit den Ergebnistabellen zum Finale – immer relativ konfliktfrei. Die Parteien und Kandidaten wussten, woran sie sich zu halten hatten, und nutzten die „Schlupflöcher" solcher Richtlinien zu ihrer Selbstdarstellung. Vermeintlich „professionell" agierte, wer als Kandidat aus jedem noch so an den Haaren herbeigezogenen Thema eine Pressemitteilung machte und aufgrund seiner hervorragenden Kontakte die meisten Promis in die Region karrte. Die Politik – Partei und Kandidaten – steuerte letztlich, was in der Zeitung steht. Der Leser blieb auf der Strecke – genau wie der Auftrag der Presse, die politische Meinungsbildung der Bürger zu erleichtern, ihnen Information und Orientierung zu bieten.

Die Redaktion einer Tageszeitung hat aber gerade im Lokalen die Chance, diesen Auftrag zu erfüllen. Nur sie kann – trotz Internet, der Vielfalt neuer Medien, lokaler Fernsehsender und Anzeigenblätter – derzeit die Flut von Informationen und Nachrichten bündeln, strukturieren, auswerten, werten und dem Leser in der Region einen nachvollziehbaren und umfassenden Überblick über Parteien, Programm und Personen bieten.

Damit aus dem Wahlkampf kein Wahlkrampf wird
(Von der Notwendigkeit zielorientierter Planung in der Lokalredaktion)

Kumulieren, panaschieren – wer sich darunter die neueste Zubereitungsart für Zucchini oder ein Kartoffelgericht vorstellt, kann dem Leser wohl kaum vermitteln, was er am Wahltag in der Kabine tun soll. Dabei hat die Redaktion die Möglichkeit, durch das Vermitteln und Erklären, zum Beispiel von Wahlverfahren, deutlich zu machen, welche Chancen der Mitbestimmung dem Bürger durch das Wahlrecht eingeräumt werden. Schließlich hat er es mit in der Hand, wie die Sitze in Räten, Kreis- und Landtagen sowie im Bundestag besetzt werden. Wenn seit Jahren von „Wahlmüdigkeit", „Politik-" und „Parteienverdrossenheit" die Rede ist und sinkende Wahlbeteiligung dies bestätigt, muss die Redaktion als autonome Instanz in diesen Meinungsbildungsprozess eingreifen. Auch die Lokalpresse hat – wenn sie sich nicht zum Sprachrohr und Repräsentationsmedium von Mandatsträgern und öffentlichen Organisationen reduziert wissen will – den gesellschaftlichen Auftrag, dem Bürger deutlich zu machen, warum das Wählen keine Belastung ist, auf die man gern verzichtet, wenn schönes Wetter ins Schwimmbad lockt, sondern ein demokratisches Recht, das „lebt", wenn es von möglichst vielen Menschen wahrgenommen wird.

Eine gute Entscheidung setzt Information voraus. Um Leser gut informieren zu können, muss die Redaktion gut informiert sein. Sie muss unterscheiden können zwischen Programmen und Parolen, Verhältniswahl und Mehrheitswahl, zwischen populären Aussagen und populistischen – und diese Punkte dem Leser transparent machen. Und das stets möglichst nah an der Lebenswirklichkeit und Interessenlage der Menschen.

Nicht in jedem Jahr sind überall Wahlen. Auch der versierteste Wahlkampfroutinier in der Redaktion muss sich deshalb jedes Mal neu ins Thema eindenken, rechtliche Änderungen und deren Konsequenzen recherchieren und sich mit neuen Prozeduren in den Verwaltungen auseinandersetzen.

Qualifizierte, kontinuierliche Wahlberichterstattung braucht ein Konzept und gründliche Vorbereitung. Einen wirklichen Überblick bieten kann nur, wer sich selbst einen Überblick verschafft hat. Deshalb ist eines der obersten Gebote für die Wahlberichterstattung in der Lokalredaktion: Überblick verschaffen und behalten.

Ziele lokaler Wahlberichterstattung

Durch gezielte Berichterstattung im Vorfeld von Kommunal- und anderen Wahlen kann eine lokale Tageszeitung deutlich machen, dass für Verdruss auf lokaler Ebene zumindest im Hinblick auf die Einflussmöglichkeiten der Bürger bei den Wahlen kein Anlass besteht. Die Redaktion kann die Leser ihrer Zeitung über ihre Rechte informieren und die Chancen betonen, statt die vermeintliche Politikverdrossenheit zu mehren, durch ausführliche und lesergerechte Information „Lust auf Wahl" machen.

Gerade auf kommunaler Ebene ist die grundsätzliche Bereitschaft jedes Bürgers zu würdigen, der sich zu einer Kandidatur für ein Ehrenamt bereiterklärt. Wenn die lokale Tageszeitung ihm und seinen Mitbewerbern die Möglichkeit einräumt, seine Ziele darzustellen, haben die Bürger wiederum die Chance, sich sachgerecht über die Kandidaten zu informieren.

Termine, Termine, Termine – Am Anfang steht die Recherche

Am Anfang aller Berichterstattung steht die Recherche. Vor der eigentlichen Entwicklung eines lokalen „Wahlkampf-Konzepts" muss sich die Redaktion schlau machen. In dieser Info-Phase sind schon frühzeitig neben dem eigentlichen Wahltermin die wichtigsten Stichtage zu ermitteln. Welche Fristen müssen eingehalten werden? Bis wann muss eine Kandidatur angemeldet werden? Was tun die Wahlausschüsse und wann entscheiden sie? Die zuständigen Mitarbeiter in Kreis- und Stadtverwaltungen sind da meist gut informierte und verlässliche Quellen. Es lohnt sich, zu ihnen einen „kurzen Draht" aufzubauen, denn im Laufe der Recherchen tauchen immer wieder Fragen auf, bei deren Beantwortung es gut ist, auf das Expertenwissen der Verwaltungsmitarbeiter zurückgreifen zu können.

Sind die wichtigsten Termine abgecheckt, kann die Redaktion ihr Konzept erarbeiten und zum Teil an diesen Stichtagen ausrichten. Wer nicht frühzeitig weiß, wie er das Thema steuern und gestalten will, und keinen entsprechenden „Fahrplan" aufgestellt hat, wird Gefahr laufen, von Parteien, Listen und Kandidaten die Berichterstattung diktiert zu bekommen. Zur redaktionellen Termin- und Zeitplanung für die Berichterstattung hin zum Höhepunkt Wahltag und für die Tage danach ist es ferner unerlässlich, Meilensteine zu definieren, an denen einzelne Elemente des Konzepts fertig umgesetzt sind.

Nicht alle können alles machen – team- und ergebnisorientiertes Arbeiten

In der Lokalredaktion ist es zur kontinuierlichen Berichterstattung wichtig, dass „Experten" einzelne Kommunen über längere Zeiträume vor allem im Hinblick auf die Kommunalpolitik betreuen. Entscheidungen lassen sich schwer einordnen und kommentieren, wenn der jeweilige Berichterstatter nicht auch schon den Entscheidungsprozess verfolgt hat. In der heißen Phase des Wahlkampfes und am Wahltag selbst ist die Kompetenz dieser „Experten" einfach unerlässlich. Würden aber alle Redakteure gemeinsam ein Konzept zur Wahlberichterstattung erarbeiten und gleichermaßen umsetzen, blieben andere Themen und das Tagesgeschäft auf der Strecke.

Effektiv ist es, zur Konzeption, zur Recherche ausgabenweit interessanter Wahl-Themen, zur Information der Leser, als Ansprechpartner für Kandidaten, Parteien und Leser sowie zur Organisation der Berichterstattung interessierte Mitarbeiter möglichst aus dem Tagesgeschäft herauszulösen. Diese Kleingruppe stellt in der gesamten Redaktion ihre Konzeption zur Diskussion und liefert in der Regel Wahl-Themen und Texte für die jeweils aktuelle Ausgabe zu. Eine räumliche Rückzugsmöglichkeit für das Team erleichtert ungestörtes Arbeiten, die Ideensammlung, die Recherche und die Umsetzung.

Nicht jeder muss sich mit allen Details beschäftigen, wenn die Mitglieder dieser Gruppe innerhalb der Redaktion zu Fachleuten werden, die kompetent kommentieren, Zusammenhänge herstellen und die Zeitplanung entsprechend der Konzeption steuern können. Sie nutzen die Synergien, die sich bei der Recherche verwandter Themen ergeben. Sie haben den Überblick, wenn's Detailfragen gibt, sie koordinieren sämtliche Wahlberichterstattung und setzen ein Großteil davon um.

Eigene Themen setzen / Eigene Termine setzen / Leser einbeziehen

Wer seinen Auftrag, an der kompetenten Meinungsbildung mitzuwirken, kompetent erfüllen will, muss in der Lage sein, eigene Themen und Termine zu setzen. Vor allem sollten die Leser einbezogen werden in diesen Prozess, denn schließlich wird die Zeitung für niemand anders gemacht als für die Leser. Und diese Leser haben ein Recht, jene Informationen zu bekommen, die ihnen die Entscheidung bei der Wahl erleichtert. Das bedeutet für die Zeitungsmacher, im selbstverständlichen und dauerhaften Dialog mit den Lesern jene Fragen an die Kandidaten zu profilieren, mit deren Beantwortung sich die Kandidaten schließlich profilieren können. Hier zeigt sich der Vorteil der unmittelbaren Nähe zum Bürger, den nur eine Regionalzeitung mit starker lokaler Verwurzelung bietet. Leseraktionen zu bestimmten Themen und an bestimmten, dafür besonders geeigneten Tagen schaffen Transparenz und helfen bei der Meinungsbildung.

- Wenn Kandidat X von der Partei A sich zur Umweltpolitik äußert und sich sein Gegenkandidat Y von der Partei B im Bereich Schulpolitik profilieren will, hat der Bürger keine Chance, aufgrund dieser Aussagen eine sachgerechte Wahlentscheidung zu treffen. Aufgabe der Lokalredaktion muss es sein, die Aussagen beider Kandidaten zu beiden Themen – und unter Umständen zu vielen anderen – gegenüberzustellen. Im Idealfall ist ein solcher Vergleich Bestandteil des Redaktions-Konzeptes. Die Kandidaten oder Parteien werden gebeten, auf mehrere gleichlautende Fragen zu antworten, die aktuelle, möglichst regionale politische Problemfelder betreffen. Optisch in Tabellenform aufbereitet, sind dann die Argumente der Kontrahenten für den Leser leicht nachvollziehbar.

- „Wie war's beim letzten Mal?“, ist nicht nur für die spätere Analyse wichtig, sondern interessiert auch im Vorfeld. Mit der passenden Infografik wird es dem Leser leicht verständlich aufbereitet. Mit den entsprechenden Erläuterungen werden ihm Entwicklungen aufgezeigt.

Das Drumherum / Das Procedere

- Berichte und Fotos über Wahlvorbereitungen der Behörden und Wahlhelfer erleichtern dem Leser das Verständnis für das Procedere. Die

Redaktion macht damit deutlich, dass sich neben den Kandidaten Tausende von Bürgern für die Wahl engagieren.

- Wie funktioniert´s? Briefwahl oder an die Urne? Serviceleistung für den Leser, die oft interessante Hintergründe bietet.

Humor und Menschliches

Die „Lust auf Wahl“ läßt sich nicht allein durch trocken-sachliche Berichterstattung wecken. In der Regel verstehen die Kandidaten Humor und nutzen gerne die Möglichkeit, sich auch auf der menschlichen Ebene zu präsentieren.

- „Fünf freche Fragen“ zum Beispiel bringen die sonst eher ernsten Kommunalpolitiker auf eine menschlichere Ebene.

- „Homestorys“ bieten sich an, wenn nicht allzuviele Kandidaten konkurrieren. Hier bewegt sich der Bewerber in seinem privaten Umfeld. Bei einem solchen Portrait stehen nicht Sachthemen zur Debatte, sondern zum Beispiel die persönliche Motivation, sich zu engagieren, Hobbys, das familiäre Umfeld oder die kleinen liebenswerten Schwächen der Menschen. Der Leser erfährt Persönliches aus dem Umfeld des Kandidaten, das bei öffentlichen Diskussionen und Vorstellungen gar nicht angesprochen würde.

Eigene Themen kann eine kompetente, kreative und gut informierte Redaktion mehr als genug setzen. Dabei gibt es vielfältige Methoden, die Leser aktiv mit einzubeziehen. So können deren Fragen an die Kandidaten gebündelt weitergeleitet und die Antworten strukturiert im Blatt veröffentlich werden.

Selbst Termine zu setzen, kann ein anderer Weg sein, die Leser einzubeziehen und sich gleichzeitig als aktive Redaktion einer Tageszeitung zu profilieren. Eine Diskussionsveranstaltung mit allen Kandidaten, von der Zeitung veranstaltet und von sachkundigen Redakteuren moderiert, kann einen sinnvollen Beitrag zur Meinungsbildung der Bürger leisten.

Bei all dem, was die Redaktion in Sachen Wahlberichterstattung plant, muss immer der Terminkalender im Auge behalten werden. Einmal initiierte Serien können nicht abgebrochen werden und müssen an einem vorher festzulegenden Stichtag kurz vor der Wahl beendet sein. Ein solcher Stichtag sollte auf jeden Fall mit einem zeitlichen Puffer zum Wahltag festgelegt werden. Schließlich gehen wichtige aktuelle Ereignisse bei der Berichterstattung vor und unter Umständen muss deshalb ein Serienteil verschoben werden.

Keinesfalls sollte die Redaktion mit ihrem Angebot in vielfacher Hinsicht „über ihre Verhältnisse“ planen. Die Kapazität der Redakteure, die neben der Wahlberichterstattung auch die tägliche Produktion der Zeitung sicherstellen müssen, ist ebenso zu berücksichtigen wie blattplanerische Möglichkeiten. Zudem sind sicher auch die bereitwilligsten Kandidaten und Parteifunktionäre, die sich auf kommunaler Ebene ehrenamtlich engagieren, im Hinblick auf ihren zeitlichen Aufwand nicht über Gebühr zu strapazieren.

Der Leser braucht Orientierungshilfe
(Struktur ins Blatt)

Nicht nur inhaltlich soll die Lokalredaktion dem Leser einen Überblick verschaffen. Auch die Texte, Grafiken und Fotos sollen so strukturiert veröffentlicht werden, dass es leicht ist, sich in der Zeitung zu orientieren. Die Wahlberichterstattung soll die übrigen regionalen und lokalen Themen im Blatt nicht vollkommen verdrängen. Deshalb ist es wichtig, dass die Leser erst einmal einzelne Themen und Themenschwerpunkte auf den gewohnten Seiten wiederfinden.

Artikel, Kommentare und Themenblöcke, die sich mit der Wahl beschäftigen, sollen für den Nutzer klar erkennbar sein. Ein entsprechendes Logo, eingeblockt in alle Texte zum Thema Wahl, kann dem Leser die Orientierung erheblich erleichtern.

Am Wahltag den Überblick behalten

Der Wahltag ist Höhepunkt, aber nicht Endpunkt der Wahlberichterstattung in der Lokalredaktion. Allerdings ist an diesem Tag wohl der größte personelle Aufwand nötig. Zahlen, Daten, Fakten und auch Stimmungen und Statements gibt es erst am Abend, wenn die Wahllokale geschlossen werden. Dennoch soll dem Leser am Tag nach der Wahl eine rasche, lebendige, umfassende und lesergerechte Information geboten werden.

Je regionaler die Wahl, desto mehr Ergebnisse gibt es, die nach Schließung der Wahllokale abgerufen und in Form gebracht werden müssen. Fax, E-Mail, Telefon oder selbst in der Verwaltung als Ausdruck besorgt – egal, welcher Weg genutzt wird, das Bündeln von Prozenten, Sitzverteilung, Namen und Stimmen ist ein erheblicher logistischer Aufwand. Deshalb muss der Ablauf im Vorfeld möglichst detailliert geklärt sein, um der Datenfülle Herr zu werden. Für den Notfall – zum Beispiel beim Ausfall des Fax-Geräts – sollte ein zweiter Kommunikationsweg zur Verfügung stehen.

Fast zeitgleich mit den Ergebnissen müssen die Stellungnahmen der Kandidaten eingeholt werden, erste Analysen erstellt und Entwicklungen kommentiert werden. Gibt es einen Machtwechsel? Gingen Mehrheiten verloren? Sind Koalitionen nötig/möglich? Stehen noch Stichwahlen an?

Selbst bei späten Andruckzeiten kann das ohne wirksames Zeitmanagement und klare Aufgabenteilung zu deutlichem Druck führen. Unvorhergesehenes lässt sich dann kaum noch managen. Umso wichtiger ist es gerade an solchen Tagen, die Aufgaben nach den Stärken und Schwächen der einzelnen Redaktionsmitglieder aufzuteilen.

Dass es außer den Wahlen auch andere berichtenswerte aktuelle Ereignisse gibt, sollte sich ebenfalls im Blatt widerspiegeln. Bei sinnvoller Planung sind diese Artikel und Seiten bereits fertiggestellt, bevor die Redaktion die ersten Wahlergebnisse bekommt.

Wer Stimmung einfangen möchte, Features schreiben will, auch die menschelnden und unterhaltsamen Aspekte der Wahl unterbringen möchte, sollte dafür personelle Kapazitäten berücksichtigen.

100 Tage – und noch mehr?
(Mit dem Wahlabend ist die Berichterstattung längst nicht beendet.)

Ziel erreicht? Soll die Redaktion gleich nach dem Wahlabend wieder zum Tagesgeschäft übergehen? Genug mit dem Leserservice? – Nach der Wahl heißt es, den Leser nicht alleine zu lassen mit den Ergebnissen. Auch hier muss Hilfestellung zum Einordnen geleistet werden. Warum kam genau dieses Votum zustande? Welche Auswirkungen hat das? Die Berichterstattung in den Tagen nach der Wahl muss an das im Vorfeld Geleistete anknüpfen – jetzt geht es erst recht um Ergebnisse und Analysen – und auch um Unterhaltung.

Zu einem umfassenden Service gehört es, dem Leser die Wahlergebnisse in ihrer Fülle, so detailliert wie möglich – Prozente, Sitzverteilung, Namen, Stimmen – und „leicht verdaulich" zu „servieren". Neben reinen Tabellen erleichtern zum Beispiel Torten- oder Balkendiagramme das Verständnis.

Auch über die reinen Zahlen hinaus will der interessierte Leser wissen, was sich aus dem Votum ergibt. Er soll erfahren, was sich politisch vor seiner Haustür mit welchen Auswirkungen warum ändert. Dazu kann der jeweilige Experte in der Redaktion sachliche Analysen, einordnende Kommentare und interessante Hintergründe liefern sowie Äußerungen zum Ergebnis veröffentlichen. Unter Umständen wird deutlich, dass sich der Streit um ein kommunalpolitisches Thema oder auch Konflikte in der Bundespolitik im Ergebnis widerspiegeln oder dass sich der eher unscheinbare Kandidat einer kleinen Partei zum Überraschungs-Star entwickelt hat.

Und – schließlich ist eine Tageszeitung in der Region möglichst nah am Interesse der Menschen – die Wähler möchten auch gerne wissen, wie es denn bei der Wahl, am Wahlabend und danach war – beim Feiern oder beim „Wundenlecken". Stellvertretend für die Leser besuchen die Redakteure Gewinner und Verlierer. Sie sammeln Eindrücke und holen Stimmungen ein, präsentieren die netten Episoden, die in den Wahllokalen passiert sind, und die Pannen, die immer mal wieder vorkommen. Je vielfältiger die Berichterstattung, desto größer ist die Möglichkeit, das Interesse der Leser so zu wecken, dass sie auch weiter bei politischen und kommunalpolitischen Themen „am Ball bleiben".

Agieren statt Re-agieren
(Große Chance, demokratische Prozesse in der Region informierend mitzugestalten)

Bei keinem anderen „Großereignis" sind so viele Menschen involviert wie bei Wahlen auf kommunaler Ebene. Selten hat sonst vor allem der Lokalteil einer Regionalzeitung die Möglichkeit, eingebunden in das Gesamtkonzept zur Wahlberichterstattung im überregionalen Mantelteil, einen

Themenkomplex lesergerecht aufzubereiten, der jeden Erwachsenen betrifft. Von den Lokalredaktionen ist diese Möglichkeit als große Chance anzunehmen, dem Leser Politik als greifbare Angelegenheit des persönlichen Umfelds nahezubringen, die Wahl in der Region im Sinne der Leser informierend mitzugestalten und mitzuprägen.

Nur mit Agieren statt Re-agieren lässt sich der journalistische Auftrag, zur Meinungsbildung beizutragen, erfüllen. Nur durch eine Aufbereitung des komplexen Themas, die wirklich verständlich, informativ und unterhaltsam ist, kann der Adressat der Berichterstattung – der Leser und Wähler – erreicht werden. Solche umfassende, detaillierte und lesernahe Berichterstattung im Vorfeld einer Wahl, zum Wahltag selbst und eine kontinuierliche „Nachberichterstattung" bis zur nächsten Wahl ist nur von lokalen Redaktionen leistbar.

Entscheidend ist freilich letztlich, dass eine große Regionalzeitung mit lokaler Kompetenz und überregionalem Anspruch den Lesern insgesamt gleichsam ein Vollangebot an Informationen liefert. Die Kompetenz bei der Berichterstattung im Lokalen korrespondiert mit der Kompetenz der Berichterstattung im Mantel – und umgekehrt. Daher ist es wichtig, dass auch im Mantelteil einer Tageszeitung umfassend und informativ berichtet wird. Genauer noch: Im Mantel wird das über das Lokale hinaus Interessante gebündelt und entsprechend präsentiert. Wahlen müssen sich also – aus journalistischer Sicht – auch im Mantel widerspiegeln. Das Gesamtkonzept einer die Leser ernst nehmenden Zeitung ist entscheidend – im Lokalen und darüber hinaus.

6. Zeitungsmarkt und Zeitungsleser

Otto Altendorfer

Deutschland: Geringe Zeitungsdichte

Im internationalen Vergleich ist die Zeitungsdichte in Deutschland relativ gering. Mit 317 verkauften Tageszeitungsexemplaren pro 1 000 Einwohnern steht die Bundesrepublik international auf einem Mittelplatz – hinter Japan (575), Schweiz (410), Österreich (328) und Großbritannien (321), aber noch vor den USA (309), Frankreich (156), Italien (113) und Russland (54).

Zeitungsnutzung: Zeitungsabonnements gehen zurück

Zwar verfügen rund 75 bis 80 % der bundesdeutschen Haushalte über eine regelmäßig gekaufte Zeitung oder ein Zeitungsabonnement; dennoch hat die Versorgungsdichte der Zeitungen in den letzten Jahren deutlich abgenommen. Diese Tendenz gilt sowohl für West- als auch für Ostdeutschland, wobei die Abonnementszahlen im Osten erheblich höher liegen als im Westen.

Die regelmäßige Zeitungsversorgung geht vor allem bei der Personengruppe der bis zu 40-Jährigen zurück, während der Rückgang bei den über 50-Jährigen unterproportional bleibt.

<u>Zeitungsnutzung in Deutschland:</u>

	Alte Bundesländer		Neue Bundesländer		Gesamt
	1990	1995	1990	1995	1995
Tageszeitung	71	64	78	69	65

Quelle: Berg/Kiefer, Massenkommunikation V

Zeitaufwand für die Zeitungsnutzung stagniert

Während der durchschnittliche Zeitaufwand für die Nutzung von Fernsehen steigt und der Nutzungsaufwand für Hörfunk etwas zurückgeht, stagniert der zeitliche Aufwand für die Nutzung der Tageszeitung auf relativ niedrigem Niveau.

Trotz Programmausweitungen in Fernsehen und Hörfunk und Neuen Medien konnte die Tageszeitung in den letzten Jahrzehnten ihr Zeitbudget halten. Die rund 30 Minuten Nutzungszeit sind bereits über eine längere Periode stabil.

Zeitaufwand für die Nutzung der Tageszeitung pro Werktag im Rahmen des Mediennutzungs-Budgets:
[in Minuten]

Jahr	Tageszeitung	Mediennutzung gesamt
1964	35	188
1970	35	214
1985	33	295
1990	30	327
1995	31	318

Quelle: Berg/Kiefer, Massenkommunikation V

Zeitung als Morgenlektüre

Ähnlich wie der Hörfunk ist die Tageszeitung das Medium des frühen Morgens und des Vormittags. Das gilt für neue und alte Bundesbürger gleichermaßen.

Die Mehrheit der Bundesbürger West, die täglich eine Zeitung in die Hand nimmt, liest diese zwischen 07.00 und 09.00 Uhr; häufig wird die Zeitung auch in der Mittagszeit zwischen 12.00 und 13.00 Uhr gelesen. Danach sinkt der Zeitungskonsum kontinuierlich.

In Ostdeutschland ähneln die Nutzungskurven zunehmend denen des Westens; dennoch gibt es signifikante Unterschiede. So findet die Tageszeitung hier ihre größte Leserschaft zwischen 07.00 und 09.30 Uhr und hat auch noch am Nachmittag eine relevante Lesergröße zu verzeichnen.

Die Zeitung ist ein Männermedium

Die Tageszeitung ist vor allem ein Männermedium; Frauen stellen konstant unterdurchschnittliche Anteile bei der Leserschaft.

Überdurchschnittlich viel gelesen wird die Zeitung insbesondere von den 40- bis unter 60-Jährigen; unterdurchschnittlich vertreten sind bei der Leserschaft die unter 30-Jährigen.

Gegliedert nach Bildungstypen, besteht die Zeitung aus zwei Kernleserschaften; zum einen sind es die Volksschüler und zum anderen Personen mit Hochschulbildung. Die Tageszeitung ist das Medium der Verheirateten, während ledige Personen unterdurchschnittlich vertreten sind.

Zahl der Zeitungen stagniert nach Rückgang

Während in Westdeutschland die Zahl der Zeitungen durch Aufkäufe und Gebietsbereinigungen schon seit Jahrzehnten zurückgeht, stieg die Zeitungszahl nach dem Fall der Mauer an, bevor sich auch in Ostdeutschland die Monopole der ehemaligen SED-Bezirkszeitungen wieder durchsetzten.

Folgende Zeitungsstruktur ist zu unterscheiden:

Überregional verbreitete Tageszeitungen:

Die überregional verbreitete Tageszeitung bietet ein umfassendes Bild über das politische, gesellschaftliche, kulturelle und sportliche Leben der Bundesrepublik Deutschland.

Dazu zählen u.a.
a) die Süddeutsche Zeitung (SZ),
b) die Frankfurter Allgemeine Zeitung (FAZ),
c) die Frankfurter Rundschau (FR) und
d) Die Welt.

Überregional und regional verbreitete Kaufzeitungen:

Neben den zumeist im Abonnement bezogenen Tageszeitungen gibt es auf nationaler und regionaler Ebene auch noch sogenannte Boulevard- oder Kaufzeitungen.

Dazu zählen u.a.
a) Bild,
b) Kölner Express,
c) Morgenpost Sachsen.

Überregional verbreitete Wochenzeitungen:

Einen harten Überlebenskampf bestreiten die Wochenzeitungen, deren Leserschaft scheinbar eng begrenzt ist.

Wochenzeitungen mit zu beachtender Auflage sind u.a.:
a) Rheinischer Merkur,
b) Die Woche,
c) Die Zeit.

Überregional und regional verbreitete Sonntagszeitungen:

Der Markt der Sonntagszeitungen ist in Deutschland noch ein Markt, der erhebliche Lücken aufweist. In vielen Gebieten gibt es lediglich überregional angebotene Sonntagszeitungen, regionale Zeitungen fehlen.

Wichtige überregionale und regionale Sonntagszeitungen:
a) Bild am Sonntag (BamS),
b) Welt am Sonntag (WamS),
c) Berliner Morgenpost am Sonntag.

Regionale Abonnementszeitungen:

Das größte Gewicht auf dem Zeitungsmarkt haben die regionalen Abonnementszeitungen, die die regionalen Printmedienmärkte in den jeweiligen Bundesländern beherrschen und die großenteils zu den überregional agierenden Verlagsgruppen gehören.

Zu diesen Blättern zählen in den Bundesländern u.a.

a) Baden-Württemberg: Stuttgarter Zeitung, Stuttgarter Nachrichten,
b) Bayern: Münchner Merkur, Passauer Neue Presse,
c) Berlin: Berliner Morgenpost, Der Tagesspiegel, Berliner Zeitung,
d) Brandenburg: Lausitzer Rundschau,
e) Hessen: Frankfurter Zeitung,
f) Niedersachsen: Hannoversche Allgemeine Zeitung,
g) Nordrhein-Westfalen: Westdeutsche Allgemeine Zeitung, Rheinische Post,
h) Rheinland-Pfalz: Die Rheinpfalz, Rheinzeitung,
i) Saarland: Saarbrücker Zeitung,
j) Sachsen: Leipziger Volkszeitung, Freie Presse Chemnitz, Sächsische Zeitung,
k) Sachsen-Anhalt: Magdeburger Volksstimme,
l) Schleswig-Holstein: Kieler Nachrichten,
m) Thüringen: Freies Wort Suhl, Thüringische Allgemeine.

Literatur:

www.bdzv.de
www.vdz.de

Altendorfer, Otto, Mediensystem der Bundesrepublik Deutschland, 2 Bde., Opladen 2001

Berg, Klaus/Kiefer, Marie-Luise (Hg.), Massenkommunikation V. Eine Langzeitstudie zur Mediennutzung und Medienwirkung 1964-1995 (Schriftenreihe Media Perspektiven, Bd. 14), Frankfurt 1996

VII. Wahlkampf im Internet und in den Online-Medien

1. Die Rückkehr der Bürgerdemokratie – Politik und Wahlkampf im Internet

Guido Westerwelle

I. Die Rückkehr der Bürger zur Politik?

In Deutschlands politischer Landschaft sind überraschend gegenläufige Trends zu beobachten. Die Wahlbeteiligung bei Landtags- und Kommunalwahlen geht tendenziell seit Jahren zurück. Immer mehr Bürgerinnen und Bürger bleiben den Wahlurnen, teils als bewusstes politisches Signal, teils aus Enttäuschung, fern. Traditionelle Wahlkampfveranstaltungen der Parteien in der Region haben nur noch Zulauf, wenn Führungspersönlichkeiten mit hohem Bekanntheitsgrad aus dem Fernsehen als Redner aufgeboten werden. Und alle Parteien sind mehr denn je gezwungen, ihre eigene Parteibasis jenseits der Ideologie zu motivieren, um sie zur Verbreitung der klassischen Werbung von Plakatständern bis hin zum Wahlkampf-Flyer zu ermutigen. Und auch jenseits der politischen Parteien ist eine Abkehr vom klassischen Engagement unübersehbar. Mobilisierten Ökologiebewegung und Friedensbewegung in den 80er Jahren noch Zehntausende zu Demonstrationen und Veranstaltungen, sind die Veranstalter der Ostermärsche heute schon froh, wenn sie mehrere hundert Teilnehmer vermelden können. Nur ein gegenläufiger Trend ist bei der Politisierung zu verzeichnen: Die Abwendung der Bürgerinnen und Bürger von den klassischen Formen der Politik wird begleitet von einer Hinwendung derselben zur Politik in der digitalen Welt.

Verzeichnete die 1996 neu eingerichtete Homepage der F.D.P. damals noch 9.000 Hits pro Woche, so steigerte sich diese Zahl über 70.000 Hits in 1997, 700.000 Hits in 1998 auf jetzt annähernd 200.000 Page Views pro Woche. Dies zeigt, dass nicht Politik als solches für die Menschen uninteressant geworden ist, sondern dass die Menschen nach neuen Formen suchen, um sich mit Politik auseinander zu setzen, nach besseren Wegen suchen, ihre Interessen in die Politik einzubringen. Politik muss die modernen Medien nutzen, um die Bürgerinnen und Bürger für ihre programmatischen Zielsetzungen zu erreichen. Sicherlich ist es verfrüht, wie Claus Leggewie von einer „Renaissance der athenischen Agora mit digitalem

Stimmzettel“ zu sprechen, doch dass die digitale Öffentlichkeit zu einer Revitalisierung der Demokratie führen kann, ist unbestreitbar.

Bevor wir uns aber den Konsequenzen zuwenden, die für die politischen Parteien im Hinblick auf ihre Kampagnenfähigkeit zu ziehen sind, muss deutlich werden, welche revolutionären Auswirkungen die digitale Welt auf das politische System in Deutschland hat.

II. Die Abkehr vom Glauben an den Staat

Konsens der bundesrepublikanischen Wirklichkeit seit 1949 waren die großen kollektivähnlichen Zusammenschlüsse in unserer Gesellschaft. Umfassende bürokratische Einrichtungen, gigantische Staatsbetriebe, nach Millionen zählende Gewerkschaften, dem Korporatismus verhaftete Verbände und die klassischen Volksparteien. Bedeutung in Deutschland hatte nur, was groß war. Staat und Regierung waren die zentral regelnden und steuernden Leitinstanzen der Gesellschaft. Der klassische kleine Selbständige wurde in dieser Gesellschaft ebenso an den Rand gedrückt wie die kleine bewegliche Organisation, die in den Flächenländern vor Ort den Massenorganisationen oftmals nur wenige aktive Mitglieder entgegenstellen konnte.

Die digitale Revolution hat diese Welt verändert. Die großen schwerfälligen Kollektive waren der Geschwindigkeit zahlreicher Entwicklungen nicht mehr gewachsen und wurden von der Politik oder der Wirtschaft selbst entflochten. Überall schießen Existenzgründer und junge Unternehmer aus dem Boden, die selbst aktiv werden wollen und denen nichts ferner liegt als der Flächentarifvertrag, die geregelte Arbeitszeit oder die Vollkaskomentalität der sozialen Sicherungssysteme. Der Wettbewerb und die Privatisierung haben in einstmals staatspolitischen Sektoren wie der Telekommunikation und der Energieversorgung eine Arbeitsplatzdynamik entfaltet und zugleich die Kosten für die Bürger gesenkt. Die „generation @“ verabschiedet sich vom Korporatismus. Sie verlangt viel seltener nach Verbänden, die ihnen bei der Regelung ihrer Angelegenheiten zur Seite stehen. Sie wendet sich ab vom Glauben an die Allmacht des Staates.

Und diese Menschen verlangen nach anderen Formen der politischen Kommunikation. Wer sieben Tage die Woche zehn bis zwölf Stunden Zeit in seine Arbeit investiert, ist selten in der Lage, am Ritual der klassischen

Ortsmitgliederversammlung teilzunehmen. Aber er ist deshalb nicht politisch desinteressiert. Alle politischen Parteien sind gezwungen, auf die Veränderungen, die die digitale Welt in der Gesellschaft ausgelöst hat, mit entsprechenden Veränderungen im politischen Kommunikationsmanagement zu reagieren. Und diese Veränderungen können selbst wieder nur auf Instrumente aus der digitalen Welt zurückgreifen.

III. Parteien und Bürger vernetzen - Chancen politischer Kommunikation via Internet

1. Bürgerdemokratie versus Parteiestablishment

Der vom Republikanischen Präsidentschaftsbewerber John McCain geführte Wahlkampf in den Primaries Anfang 2000 war im Wesentlichen ein Wahlkampf, der auf Internetkommunikation basierte. Seinem später erfolgreichen Konkurrenten George Bush jun. gelang es nur mit Hilfe fast des gesamten Republikanischen Parteiestablishments und unter Einsatz hoher finanzieller Mittel, seinen Konkurrenten zu schlagen. Möglicherweise werden die US-Primaries 2000 als der letzte Wahlkampf in den USA in die Geschichte eingehen, in denen die klassischen Möglichkeiten des Parteiestablishments über die Graswurzeldemokratie des World Wide Web die Oberhand behalten konnten. John McCain, der ohne eine funktionierende Parteistruktur den Wahlkampf führen musste, erhielt sowohl seine finanziellen Zuwendungen als auch die Mehrzahl der ihn unterstützenden Volunteers mit Hilfe seiner Internet-Homepage. Diese Entwicklung ist auch in Deutschland spürbar. Bereits in Kürze wird die F.D.P. täglich mit ihrer Internet-Seite mehr potenzielle Wählerinnen und Wähler erreichen, als mit einer großen Veröffentlichung in der Frankfurter Allgemeinen Zeitung. Und bereits heute besteht der Vorteil für die F.D.P. darin, dass die auf der Partei-Homepage wiedergegebene Position ungefiltert zu den Bürgerinnen und Bürgern gelangt. Dass diese zusätzlich noch den Weg der direkten digitalen Kommunikation mit der Parteizentrale nutzen können, ist als weiterer Vorteil unübersehbar.

2. Dem Ziel-Image gerecht werden

Die bundesdeutsche Gesellschaft hat sich in den letzten 50 Jahren einschneidend verändert. Und diese Veränderung hat selbstverständlich auch

Auswirkungen auf das Kommunikationsverhalten der politischen Parteien. Walter und Dürr haben mit ihrer Feststellung „es fehlen mittlerweile die homogenen Lebenslagen, Klassenstrukturen und sozial-moralischen Milieus, die früher die Grundlage für ein stimmiges politisches Konzept waren", die Entwicklung auf den Punkt gebracht.

Mit dieser Auflösung der klassischen Milieus ist es für die Parteien notwendig geworden, einen immer größeren Anteil der erforderlichen Wähler durch Entwicklung eines milieu-übergreifenden, massenkompatiblen Ziel-Images zu erreichen. Zuletzt gelang es der SPD im Bundestagswahlkampf 1998 mit dem immer wiederkehrenden Slogan „Innovation und Gerechtigkeit", den Eindruck zu erwecken, die Sozialdemokratische Partei Deutschlands sei in besonderer Weise geeignet, die anstehenden gesellschaftlichen Probleme zu lösen. Keine Partei in Deutschland kann auf ein Image der Modernität, der Weltoffenheit und der Innovationsbereitschaft verzichten. Welche Konsequenzen es haben kann, wenn Menschen eine Partei eher mit Verboten und Bürokratie als mit Freiraum und Technologiefreundlichkeit verbinden, lässt sich an den nachlassenden Wahlergebnissen von Bündnis 90/Die Grünen ablesen. Wie kein anderes Medium verkörpert derzeit das World Wide Web Modernität, Weltoffenheit und Innovationskraft. Nur eine Partei, die in diesem Medium angemessen repräsentiert ist, kann für sich auch in Anspruch nehmen, das gewünschte Ziel-Image zu verkörpern.

3. Attraktive Zielgruppen

Die Repräsentanten der digitalen Welt setzen auf freie Entfaltung des Individuums, auf Übernahme von Verantwortung und Risikobereitschaft, auf die Mehrung des Gemeinwohls und der sozialen Sicherung auf Basis des unternehmerischen Erfolgs. Auf den regional stattfindenden „First-Tuesday-Veranstaltungen" kommen trotz flexibler Organisationsformen und nicht vorhandener Bürokratie beispielsweise in Berlin jeden Monat mehr als 600 Vertreter der digitalen Welt zusammen. Im Vergleich dazu haben die klassischen Lobby-Organisationen, beispielsweise im Bereich der Landwirtschaft oder der Gewerkschaften, mehr und mehr Schwierigkeiten, ihre Mitglieder zu mobilisieren. Jeder dritte Arbeitsplatz, der im Moment in Deutschland neu entsteht, entsteht im Bereich der New Economy. Deutschlands Parteien sehen sich also einer wachsenden, häufig noch ungebundenen und flexiblen Zielgruppe von Wählerinnen und Wählern gegenüber.

Zumeist jedoch haben sie sich auf diese Zielgruppe noch nicht entsprechend eingestellt. Wer mit dieser Zielgruppe kommunizieren will, kann auf den Einsatz des Internets nicht verzichten.

4. Veränderte innerparteiliche Kommunikation

Parteien und andere politisch arbeitende Organisationen haben seit jeher darunter gelitten, dass es ihnen nur selten gelang, ihre Mitglieder auf die Verkündung einiger weniger zentraler politischer Botschaften zu fokussieren. Die Tatsache, dass insbesondere die kleineren Parteien in Deutschland in den meisten Landkreisen und Gemeinden über kein hauptamtliches Personal verfügen, sondern auf die Mitwirkung ehrenamtlicher Parteifreunde angewiesen sind, macht deutlich, dass keine Partei in Deutschland über eine dem Außendienst eines großen Konzerns vergleichbare schlagkräftige Organisation verfügt. Zwar haben die Massenmedien dazu beigetragen, die politischen Botschaften der einzelnen Parteien auch ohne die Existenz schlagkräftiger Organisationseinheiten vor Ort erkennbar zu machen, doch wurde die auf diesem Wege vermittelte kommunikative Botschaft der politischen Parteien durch das vermittelnde Medium formuliert. Das Internet ermöglicht politischen Parteien in zweierlei Hinsicht eine einschneidende Veränderung der bisherigen Kommunikationsstrategie. Die parteiinterne Kommunikation wird radikal enthierarchisiert und in einer bisher nicht möglichen Weise potenziert. Bisher war das klassische Mitgliedermagazin aller Parteien das einzige Informationsmedium, mit dem die Parteiführung alle Mitglieder auf zu kommunizierende politische Forderungen „einschwören" konnte. Alle anderen Medien, die seitens der Partei eingesetzt wurden, standen zumeist nur einem ausgewählten Funktionsträgerkreis zur Verfügung. Es blieb für die Parteiführung immer unbeeinflussbar, ob die an Funktionsträger der Partei gegebenen Informationen weitergeleitet wurden. Heute erreicht die F.D.P. beispielsweise an die 20% ihrer Mitglieder via E-Mail und einen zusätzlichen größeren Teil durch das interne Internet-Angebot. Damit werden die bisher aus Kostengründen nur einem ausgewählten Kreis von Mitgliedern zugänglichen Informationen in weit stärkerem Maße für jedes Mitglied verfügbar.

IV. Konsequenzen für die Kampagnenarbeit der Parteien

Die aufgeführten Veränderungen in der Gesellschaft machen klar: Parteien müssen sich mehr denn je an Individuen orientieren und sich nicht mehr in der traditionellen Weise auf die Mobilisierungskraft von Milieus verlassen. Wer glaubhaft digitale Politik als ein Instrument ansieht, die individualisierte Gesellschaft für seine politischen Programme zu erreichen, der muss sich auch klarmachen, dass digitale Politik mehr ist als Tele-Politik. Die Wählerinnen und Wähler werden in der digitalen politischen Gesellschaft zum mit der politischen Klasse kommunizierenden Subjekt und nicht wie in der Tele-Politik auf den Konsum reduziert. Der klassische Begriff der Amerikanisierung der Politik, hinter dem Kommentatoren und Wahlkampfberater allein die mediengerechte Visualisierung politischer Forderungen verstehen, ist aus meiner Sicht nur eine Übergangsphase. In der fragmentierten Gesellschaft der Tele-Politik reichte es aus, knappe Botschaften smart für die Fernsehkameras auf den Punkt zu bringen und anpassungsfähig auf entsprechende Fragen zu reagieren. Die digitale Politik allerdings bringt mit ihrer direkten Kommunikation zwischen Wählerinnen und Wählern und Politikern die Werte zurück. Die Rückkehr der Werte in die Politik wird zu einem Markenzeichen der digitalen Politik.

Politik und Wahlkampf im World Wide Web müssen also zweierlei Herausforderungen gerecht werden: Zum einen gewinnen die klassischen Elemente der politischen Arbeit, von der Programmerstellung über die Programmdiskussion bis hin zur Programmvermittlung mit Hilfe der Mitglieder und Sympathisanten einer Partei, wieder an Bedeutung. Zum anderen aber werden neue Formen der Kampagnenarbeit für die Parteien möglich. Politische Parteien sollten deshalb das World Wide Web sowohl als Verbesserung der klassischen Politikvermittlungsinstrumente nutzen als auch neue Kampagnenelemente entwickeln.

1. Die Rückkehr der Basisdemokratie

Bereits seit drei Jahren verfügt die F.D.P. in § 21 ihrer Satzung über die Möglichkeit, einen Mitgliederentscheid im elektronischen Abstimmungsverfahren durchzuführen. Auf dem Bundesparteitag im Jahr 2000 in Nürnberg hat die F.D.P. einen „web-Landesverband" gegründet, der Mitgliedern jenseits der klassischen Parteistrukturen die Möglichkeit zur Mitarbeit anbieten soll. Längst übertrifft die Zahl der Neu-Eintritte, die direkt über das World Wide Web ihre Mitgliedschaft in der F.D.P. beantragen, die Form der klassischen Neu-Eintritte mit dem schriftlich ausgefüllten Aufnahmeantrag, der beim Ortsvorsitzenden der F.D.P. abgegeben wird.

Und ein Ende dieser Entwicklung ist noch keineswegs abzusehen. So hatte beispielsweise der F.D.P.-Landesverband Baden-Württemberg im Kommunalwahlkampf 1999 auf den bisher üblichen zentralen Druck von Wahlkampfplakaten verzichtet und den Gliederungen der Partei CD-ROMs mit verschiedenen Materialmöglichkeiten zur Verfügung gestellt. Dies zeigt, dass die Parteien auf dem besten Weg sind, die neuen innerparteilichen Möglichkeiten der digitalen Kommunikation in ihre Arbeit einzubeziehen. Das einzelne Mitglied gewinnt an Bedeutung, hat mehr Möglichkeiten als bisher, auf politische Entscheidungen Einfluss zu nehmen, und verfügt über einen direkteren Kommunikationsweg zu den politischen Führungskräften. Dass diesem nur in begrenztem Maße eine reaktionsfähige Parteigeschäftsstelle gegenüber steht, wird eines der Probleme sein, denen sich Parteien in den nächsten Jahren zuwenden müssen.

Der Bundestagswahlkampf 2002 wird unter innerparteilichen Gesichtspunkten mit Sicherheit ein Internet-Wahlkampf sein. Das Programm wird in seinem gesamten Entstehungsprozess im Internet zur Diskussion zur Verfügung stehen. Die Werbemittel für die Kampagnen werden via Internet publiziert und den Gliederungen der Partei zur Verfügung gestellt. Und in eigens gebildeten Verbänden, die noch mit Satzungsrechten versehen werden müssen, haben Mitglieder die Möglichkeit, für die digitale Politik Mehrheiten in Parteien zu organisieren. Die Basisdemokratie kehrt zurück.

2. Neue Kampagnenformen

Abgeschottete innerparteiliche Kommunikationswege und die klassische One-Way-Kommunikation im Wahlkampf (Plakate, Verteilung von Prospekten) haben das Engagement von Bürgerinnen und Bürgern in Parteien zunehmend unattraktiv werden lassen. Noch verstehen viele Politiker es nicht, die Trennung zwischen den politischen Repräsentanten und den neuen Möglichkeiten digitaler Politik in ihrer Person selbst zu überwinden. Doch erst wenn die Kampagnenmöglichkeiten, die durch die digitale Welt neu entstehen, auch von Parteien und Politikern umgesetzt werden, erschließen wir uns die kompletten Optionen digitaler Politik.

Deshalb muss neben die parteiinternen Möglichkeiten die Bereitschaft der direkten Kommunikation mit dem Zielpublikum der Parteien treten. So hat beispielsweise der F.D.P.-Bundestagsabgeordnete Hans-Joachim Otto seine Kampagne gegen eine Gebührenpflicht bei der GEZ für Computer nicht vorrangig mit den klassischen Instrumenten der politischen Arbeit wie einer Anfrage oder einem Entschließungsantrag im Deutschen Bundestag geführt, sondern mit einer E-Mail-Kampagne und einer Unterschriftenliste im World Wide Web. Ähnliche Aktionen wurden seitens der F.D.P. bei der Neuregelung der 630-Mark-Jobs und beim BAföG gestartet.

Auch hinsichtlich ihrer Kampagnenarbeit zwischen den jeweiligen Bundestagswahlkämpfen legt die F.D.P. einen Schwerpunkt auf das Internet. So werden den Mitgliedern vor Ort auf den internen Seiten der F.D.P. Musteranfragen und Musterpressemitteilungen für Aktionen vor Ort zu den Kampagnenthemen Steuersenkung, Verbesserung der Bildungssituation und Reform der sozialen Sicherungssysteme angeboten. Die Nicht-Mitglieder der F.D.P. können die Kampagnenerfolge im Internet nachvollziehen und in einem Diskussionsforum politisch bewerten. Gerade diese Diskussionsforen, die bei den Liberalen von jedermann ohne Zensur – mit Ausnahme strafrechtlich relevanter Vorgänge – eingerichtet werden können, haben der Kommunikation zwischen Partei und Wähler einen erheblichen Schub verliehen. So ermöglicht allein die Beteiligungsquote an den einzelnen Foren bzw. die Neu-Einrichtung von Foren es den Parteien, die persönlichen Schwerpunkte der Wählerinnen und Wähler besser zu erfassen und in die aktuelle tagespolitische Arbeit einzubeziehen. Parteien sollten nicht den Fehler machen, die Notwendigkeit einer ernsthaften Auseinandersetzung in diesen Diskussionsforen zu unterschätzen. Die Rückkehr der Werthaltigkeit in die Politik durch das Engagement der Bürger im World Wide Web erfordert eine andere Herangehensweise an die Politik als die sogenannte Spaßgesellschaft mancher deutscher Privatsender.

Mittelfristig werden die Kampagnenmöglichkeiten des Internets auch die Wahlkampfführung der Parteien weiter verändern. Basiert bis heute im Vergleich zu den USA der Wahlkampf in Deutschland zumeist auf den mehr oder weniger schlagkräftigen Organisationseinheiten der Parteien, so ist bereits in Kürze damit zu rechnen, dass es Parteien gelingen wird, Freiwillige, die sich für begrenzte Zeit im politischen Wahlkampf engagieren wollen, via Internet zu gewinnen. Die F.D.P. hat auch diesbezüglich erste Ansätze umgesetzt. So können z.B. in aktuellen Kampagnen nicht der F.D.P. angehörende Bürgerinnen und Bürger eine Kampagnen-Mitgliedschaft aufnehmen. Dies ermöglicht es ihnen, sich an den politischen Kampagnen der F.D.P. zu beteiligen, ohne zugleich Mitglied der F.D.P. werden zu müssen. Die weiter abnehmende Zahl derer, die Jahr aus Jahr ein bei Wind und Wetter Plakate der Parteien kleben wollen, wird das Interesse der Parteien an solchen Mitgliedern auf Zeit weiter erhöhen.

Deutschlands Parteien stehen vor einer Revolution. Wie jede Revolution bietet sie Chancen und Risiken. Die klassischen Milieus der Parteien lösen sich auf. Deutschlands Wählerinnen und Wähler werden unabhängiger und selbstbewusster. Sie entscheiden jedes Mal neu und sie stellen mehr Ansprüche an die Werthaltigkeit von Politik. Das Internet und die Online-Medien sind die Kommunikationswege der Zukunft in einer individualisierten Gesellschaft. Nur die Partei, die sich darauf konzentriert, wird Erfolg haben.

2. Erstellung einer Homepage

Manfred Köcher

1. Vorwort

Der Run auf das Internet ist ungebrochen. Schätzungen gehen von weltweit 200 Millionen Menschen aus, die Zugang zum Internet haben.

Im ersten Quartal 2000 war bereits jeder fünfte Deutsche online (@facts, Studie Mediagruppe München). Laut DENIC (Deutsches Network Information Center) vom 03.06.2000 gibt es 2.408.610 registrierte Domains, und das Wachstum scheint noch immer nicht abgeschlossen.

Wie ist die Situation im Bereich Politik bzw. wie sind deutsche Politiker und Parteien im Internet vertreten? Die großen Veränderungen (?!) sind nach der Bundestagswahl 1998 eingetreten. Im Zeitalter der Informations- und Kommunikationstechnologie besitzt der Abgeordnete oft eine parteilich dargestellte Homepage. In der Regel ist dies eine Seite unter dem Domainnamen der Partei, meist mit Bild und persönlichen Daten zum politischen Werdegang des Mitglieds.

Die Illustrierten „Tomorrow" und „Politik Digital" haben die Auftritte der deutschen Volksparteien und ihrer Vertreter getestet (nachzulesen in „Tomorrow", Ausgabe April 2000).

Dabei ist deutlich zu erkennen, dass sich die Homepages der Kandidaten gerade im Wahlkampf enorm verbesserten. Die Palette der untersuchten Websites reicht von aufwendig gestalteten und sehr informativen Homepages bis zu einseitigen und dürftigen Darstellungen.

Die Wichtigkeit bzw. Notwendigkeit einer Internetpräsentation wurde jedoch erkannt. Dabei wird in Zukunft nicht mehr die Frage „Wie kommen wir ins Web?" lauten, sondern die Frage von morgen heißt: „Was muss ich tun, um dort erfolgreich zu sein?".

2. Das World Wide Web – nur ein Dienst im Internet

Das **W**orld **W**ide **W**eb (**WWW**) ist der jüngste Dienst innerhalb des Internets. Daneben existiert noch eine Reihe anderer Dienste, wie zum Beispiel Newsgroups, FTP und E-Mail, auf die ich in diesem Kapitel allerdings nicht näher eingehen möchte.

Das WWW (engl., weltweites Netz) ist ein Nachfolger des sogenannten Gopher-Dienstes. Dieser hatte ebenso wie das heutige Web den Zweck, große Informationsbestände leichter durchsuchbar zu machen. Der wohl entscheidenste Vorteil des WWW gegenüber dem älteren Gopher-Dienst ist, dass es Standards (wie z.B. HTML) gibt, um Bildschirmseiten zu gestalten und eigenständige Präsentationen zu schaffen.

Eine besondere Eigenschaft des WWW-Dienstes ist, dass er auch ungeübten Anwendern erlaubt, sich in diesem riesigen Informationsangebot sicher zu bewegen. Wenn Sie mit einem Browser (Programm zum Darstellen von Internetseiten) im Web unterwegs sind, brauchen Sie sich nicht, wie es früher der Fall war, um Dateinamen oder um komplizierte Eingabebefehle zu kümmern. Das einfache und bequeme Navigieren mit Hilfe weniger Mausklicks bringt die gewünschten Informationen sofort auf den Bildschirm.

3. Publikationen im Internet

Viele Firmen, die sich einen professionellen „Auftritt" im World Wide Web wünschen, wenden sich zunächst einmal an Werbeagenturen, weil sie das schon immer so gemacht haben, wenn es um Firmenpräsentation ging. Nichts gegen Werbeagenturen – aber die verstehen häufig das Neue Medium WWW nicht. Perfekte Grafik, auch das nötige Know-how in HTML und Ergänzungssprachen sind zwar meistens vorhanden. Oft fehlt aber eine kompetente Beratung darüber, welche Inhalte für das WWW geeignet sind und wie man die Seiten sinnvoll strukturieren könnte.

„Web-Design", der Oberbegriff für das Publizieren im WWW, umfasst Layout-Design einerseits, aber auch Content-Design, Navigations-Design, Hypertext-Design und Applikations-Design. Für eine private Homepage reicht es meist aus, was der Ersteller kann und was er für gut und richtig empfindet. Aber wenn man sich das Chaos bzw. das Nichtbeachten einfachster Design-Richtlinien auf den Web-Seiten mancher Firmen ansieht, kann man nur mit dem Kopf schütteln.

Ein weiteres Problem liegt auch darin, dass vermutlich viele Dienstleistungsanbieter in dieser Branche nicht ehrlich im Umgang mit dem Kunden sind. Oftmals sind sie nicht bereit zuzugeben, dass sie nur einen Teil des geforderten Spektrums abdecken können. Hier gilt es, verschiedene Spezialisten wie Redakteure, Grafiker und Programmierer gezielt zu koordinieren und wirksam einzusetzen.

3.1 Was darf man im WWW veröffentlichen?

Sobald man Texte, Bilder, Videos u.v.a. im Internet veröffentlicht, sind diese Informationen weltweit zugänglich. Aus diesem Grunde müssen alle gültigen nationalen und internationalen Gesetze und Regelungen für Veröffentlichungen eingehalten werden, z.B. das Urheberrecht, der Datenschutz, das Strafrecht, verschiedene Geheimhaltungspflichten, firmeninterne Regeln und vieles andere mehr.

Die meisten Institutionen, Universitäten, Firmen usw. legen außerdem großen Wert darauf, dass der Inhalt ihrer Veröffentlichungen dem Ansehen der Institution entspricht und mit ihrem sogenannten „Public-Relations-Konzept" im Einklang steht.

Das Speichern von Informationen im WWW bedeutet also nicht automatisch den Verzicht des Autors auf das Urheberrecht und die Nutzungsrechte („Copyright"). Alle Werke sind weltweit urheberrechtlich geschützt, auch wenn sie in Büchern, in Rundfunksendungen oder im World Wide Web veröffentlicht wurden.

Nachdem ich Ihnen recht kurz die rechtliche Seite erläutert habe, möchte ich nun ausführlich ein paar grundsätzliche Dinge zu den allgemeinen Gestaltungsprinzipien sagen. Dabei ist es ganz gleich, ob es sich um private oder kommerzielle Publikationen (Websites) handelt.

4. Vorüberlegungen zur Seitengestaltung

Bevor Sie mit der Gestaltung Ihrer Homepage überhaupt beginnen, sollten Sie zumindest ein grobes **Konzept** für den Inhalt, die Struktur und das Layout Ihrer Informationen erstellen. Sie werden in der Implementationsphase sehen, dass Ihnen dieses Konzept von großem Nutzen sein wird. Ich möchte Ihnen hier nur ein paar Anhaltspunkte geben, an denen Sie sich orientieren können.

1. Was wollen Sie vermitteln?

D.h. welche Informationen möchten Sie veröffentlichen? Welche Informationen können und dürfen Sie veröffentlichen? Mit welchen anderen Informationen hängen Ihre Informationen zusammen? Sind sie Teil eines umfassenderen Systems? Wie können Sie Inhalt, Struktur und Layout Ihrer Informationen mit anderen kombinieren?

2. Wen wollen Sie ansprechen?

Es kommt aber nicht nur darauf an, was Sie veröffentlichen, sondern auch für wen! Welche Leser möchten Sie erreichen? Welche Interessen, Vorkenntnisse und Erwartungen haben die Leser Ihrer Seiten? Welche Sprachen sprechen Sie? Über welchen Weg werden die Leser Ihre Informationen finden?

3. Welche Form passt zu Ihrem Inhalt?

Es macht dabei sehr wohl einen Unterschied, ob Sie Seiten zu einer wissenschaftlichen Diskussion veröffentlichen oder über ein Alltagsthema publizieren, ob es um sachliche Informationen oder ob es um pure Unterhaltung geht. (Im Idealfall ist natürlich auch ein wissenschaftlicher Text unterhaltsam.)
Man sollte dabei beachten, dass ein wissenschaftliches Thema sehr an Glaubwürdigkeit verliert, wenn die Farben nicht dazu passen oder animierte Grafiken „herumzappeln“. Im Gegensatz dazu wäre ein Bericht über eine Urlaubsreise ohne Bilder sehr langweilig.
Zusammengefasst bedeutet das: Wie können Sie Ihre Informationen am besten strukturieren und auf einzelne Seiten aufteilen? Wie können Sie erreichen, dass Ihre Informationen übersichtlich, verständlich formuliert und gut lesbar sind?

4. Veröffentlichung

Was kostet die Veröffentlichung Ihrer Informationen? Wie viel Speicherplatz und welche Software brauchen Sie auf Ihrem Server/PC? Über welchen Weg gelangen Ihre Seiten ins Internet? Wo können Sie Ihren Internet-Domain-Namen registrieren bzw. kaufen?

Natürlich können Sie beim Konzept für die Informationsstruktur und beim Layout/Design die Hilfe von Fachleuten in Anspruch nehmen oder Sie schauen sich gut gestaltete Seiten im Internet an. Auch bei der Frage der Registrierung/Kauf von Internet-Namen benötigt man fachkundige Hilfe.

4.1 Benutzerfreundliche Seitengestaltung

An dieser Stelle möchte ich nun ein paar Worte zu den Gestaltungsmitteln Text und Grafik sagen. Es geht in diesem Kapitel darum, wie man dem Leser eine optisch ansprechende Seite präsentiert, die ihn motiviert, sich länger mit den Themen Ihrer Seiten zu beschäftigen und im „Idealfall" irgendwann einmal wiederzukommen.

1. Text:

- Zu lange Textpassagen ermüden den Leser (Texte kürzen und ab und zu einen Absatz einfügen.).
- Nicht zu viele Begriffe mittels Hyperlinks vernetzen (Dies verringert stark die Konzentration beim Lesen.).
- Nicht zu viele verschiedene Schriftgrößen und Schriftfarben (lenken vom Wesentlichen ab) verwenden.

2. Grafiken:

- Grafiken lockern einen Text auf (entspannend für das Auge).
- Grafiken liefern Zusatzinformationen (Nicht alles lässt sich mit Worten erklären. Ein Bildbeispiel kann oft sehr hilfreich sein.).
- Grafiken helfen beim Navigieren (z.B. Schaltflächen zur Seitennavigation).
- Grafiken gliedern Texte (z.B. als Anfangsgrafik für jeden neuen Absatz).

- Grafiken verleihen Ihren Seiten eine individuelle Note.
- Grafiken im Hintergrund (Diese dürfen aber nicht vom Inhalt ablenken und die Lesbarkeit des Textes erschweren.).
- Ihre Seiten sollten ein einheitliches Erscheinungsbild haben.

Des Weiteren sollte man unbedingt folgende Dinge beachten.

1. Eine klare Gliederung

Eine Inhaltsangabe auf Ihrer Startseite und eine übersichtliche Gliederung Ihrer Themen machen es dem Betrachter leichter, auf Ihren Seiten schnell das zu finden, was ihn interessiert.

2. Deutliche Lesbarkeit

Sowohl Schriftgröße als auch die Schriftfarbe/Hintergrundfarbe sind entscheidend für eine gute Lesbarkeit.

3. Geringe Seitengröße

Sehr umfangreiche Seiten benötigen nicht nur viel Zeit beim Laden, sie beeinträchtigen auch die Konzentration des Betrachters erheblich. Es ist unkomfortabel, ständig die Seiten zu scrollen. Praktischer ist es, jedem Thema eine eigene Seite zuzuordnen.

4. Komfortable Navigation

Es ist für den Betrachter sehr demotivierend, wenn man von einer Seite nicht mehr „zurückkommt", unbedingt solche „Sackgassen" vermeiden. Es gibt auch die Möglichkeit, bei sehr langen Texten Navigationsmöglichkeiten innerhalb des Textes einzubauen.

5. Kurze Ladezeiten

Wer sehr lange auf den Aufbau einer Seite warten muss, wird schnell ungeduldig und kommt sicher so bald nicht wieder. Wie man die Ladezeiten verringern kann, erfahren Sie in dem separaten Abschnitt „Verringerung von Ladezeiten".

6. Alternative Grafik-Referenzierung

Manche Benutzer schalten die Bilddarstellung in ihren WWW-Browsern aus. Damit diese dann immer noch erahnen können, um was für eine Grafik es sich handelt, sollte man bei der Referenzierung der Grafiken die Alt(ernativ)-Angabe im HTML-Quelltext nicht vergessen.

7. Pflege der Seiten

Sobald Sie Links auf andere URL's haben, sollten Sie von Zeit zu Zeit überprüfen, ob diese noch existieren. Auch sollten Sie von Zeit zu Zeit den Inhalt Ihrer Seiten ändern oder aktualisieren.

8. Einrichten einer Mail-Adresse

Wer sich soviel Mühe mit seiner Internetpräsentation gibt, möchte eventuell ab und zu auch ein Feedback darüber bekommen. Eine E-Mail-Adresse gibt Besuchern die Möglichkeit, Ihnen einen Kommentar zukommen zu lassen.

4.2 Verringerung von Ladezeiten

Hier nun einige Tipps, wie Sie die Ladezeiten Ihrer Homepage verringern können.

1. Seitengröße:

Sehr lange Seiten benötigen sehr viel Zeit beim Laden, darum teilen Sie die Seiten in mehrere kleinere auf.

2. Einbinden von Bildern:

Anzahl der Farben – wann immer es möglich ist, die Farbanzahl so gering wie möglich halten. Oft reichen statt 16 Millionen auch 256 Farben oder weniger, bei einfachen Logos zum Beispiel.

Komprimieren von Grafiken (JPG-Format) – JPG-Grafiken lassen sich komprimieren. Wenn Sie das Bild z.B. um einen Faktor zwischen 10-20 komprimieren, reduzieren Sie die Speichergröße bei durchaus akzepta-

bler Bildqualität. Ebenso verhält es sich, wenn Sie ein Bild vom GIF-Format in JPG umrechnen lassen.
Die Angabe der Grafik-Größe innerhalb des IMG-Tags in HTML führt übrigens dazu, dass eine Seite inklusive Bildern geladen wird.

5. HTML – Hyper Text Markup Language

Nach all der Theorie möchte ich Ihnen nun die Seitenbeschreibungssprache **HTML** vorstellen, mit der Sie in der Lage sind, einfache Internetseiten zu erstellen.
Doch zunächst einmal Grundlegendes über HTML (Hyper Text Markup Language). Sie fragen sich sicher, was unter einem Hyper Text und einer Markup Language zu verstehen ist? Ich möchte versuchen, es Ihnen ein wenig verständlicher zu machen.

5.1 Markup Language

HTML ist die Abkürzung für **Hyper Text Markup Language**. Es handelt sich hierbei um eine Sprache, die mit Hilfe von SGML (Standard Generalized Markup Language) definiert wird.

HTML ist eine sogenannte Auszeichnungssprache (Markup Language). Sie hat die Aufgabe, die logischen Bestandteile eines Dokuments zu beschreiben. Als Auszeichnungssprache enthält HTML daher Befehle zum Markieren typischer Elemente eines Dokuments wie Überschriften, Textabsätze, Listen, Tabellen oder Grafikreferenzen.

WWW-Browser, die HTML-Dateien am Bildschirm anzeigen, lösen die Auszeichnungsbefehle auf und stellen die Elemente dann in optisch gut erkennbarer Form am Bildschirm dar. Darum brauchen Sie sich also beim Erstellen keine Gedanken zu machen.

Das Beschreibungsschema von HTML geht von einer hierarchischen Gliederung aus. HTML beschreibt Dokumente. Dokumente wiederum besitzen globale Eigenschaften, z.B. einen Titel oder eine Hintergrundfarbe. Der eigentliche Inhalt besteht aus Elementen, z.B. einer Überschrift, Text etc.

Eine der wohl wichtigsten Eigenschaften von HTML ist die Möglichkeit, Verweise zu definieren. Verweise („Hyperlinks") können zu anderen Stellen im eigenen Projekt führen, aber auch zu beliebigen anderen Adressen im World Wide Web. Durch diese simple Grundeigenschaft eröffnet HTML völlig neue Welten. Das Bewegen zwischen räumlich weit entfernten Rechnern wird mittels modernen grafischen WWW-Browsern auf ein paar Mausklicks reduziert. In Ihren eigenen HTML-Dateien können Sie Verweise festlegen und dadurch inhaltliche Verknüpfungen zwischen Ihren eigenen Themen und denen anderer Anbieter herstellen. Auf dieser Grundidee beruht letztlich das gesamte WWW.

HTML ist ein sogenanntes Klartext-Format. HTML-Dateien können Sie mit jedem simplen Texteditor erstellen und bearbeiten. Es gibt also keine bestimmte Software, die man zum Erstellen von HTML-Dateien benötigt. Allerdings gibt es mittlerweile mächtige Programme, mit denen man leicht einfache Seiten erstellen kann. Mit diesen HTML-Editoren kann man Webpages durch Anklicken der Formatierungselemente in Pull-Down-Menüs direkt am Bildschirm schreiben. Bei den meisten dieser Tools ist bereits die Möglichkeit eingebaut, das Aussehen der Seite mit dem lokalen Browser (mittels Preview = Vorschau) zu kontrollieren.

Bsp. für HTML-Editoren: Microsoft's Frontpage, Dreamweaver u.v.a.m.

HTML ist eine recht einfache Befehlssprache. Sie ist in Englisch gehalten, doch da die Anzahl der Befehle begrenzt ist, ist es auch ohne tiefere Kenntnisse der englischen Sprache möglich, sich schnell in HTML einzuarbeiten.

5.2 Hyper Text

Das HT in HTML steht für „Hypertext". Um der zunehmenden Komplexität der Informationen „Herr zu werden", eignet sich diese Art, Texte niederzuschreiben, besonders gut. Die Hypertext-Anwender sollen also nicht mehr stur einem bestimmten Lesepfad folgen, sondern sie sollen spontan auswählen, was sie lesen möchten. Außerdem sollen sie sich jederzeit neu orientieren können und von einzelnen Informationseinheiten zu verwandten oder das Thema vertiefenden Informationseinheiten springen können. Hier lauert auch die Gefahr, dass der Betrachter bei sehr großen Seiten mit vielen Links leicht die Orientierung verliert.

Ein guter Hypertext hat die Aufgabe, Ihnen als Anwender Folgendes zu bieten:

- eine nachvollziehbare Navigationsstruktur,
- eine Aufteilung der Informationen in überschaubare, in sich abgeschlossene Informationseinheiten
- eine intelligente Vernetzung der Informationseinheiten durch Verweise (Hyperlinks)

Wenn Sie möchten, dass Ihre Informationen von allen Interessenten gelesen werden können, dann müssen Sie darauf achten, dass Ihre HTML-Files von allen gängigen Web-Browsern richtig gelesen und interpretiert werden. Ein guter Anhaltspunkt dafür sind die vom W3-Konsortium zusammengestellten HTML-Spezifikationen.

URL: http://www.w3.org

5.3 Das Format der Markup-Befehle in HTML

5.3.1 HTML-Tags

HTML-Dateien bestehen aus ASCII-Text. Deshalb können Sie mit jedem einfachen Text-Editor arbeiten. Die Markup-Befehle („Tags") werden vom normalen Text dadurch unterschieden, dass sie in spitzen Klammern eingeschlossen sind.

Beispiel: <tag>normaler text </end tag>

Erklärung: Fast alle Befehle von HTML bestehen aus einem einleitenden und einem abschließenden Tag. Der Text dazwischen ist der „Gültigkeitsbereich" für die betreffenden Tags. Es spielt auch keine Rolle, ob die Tags groß- oder kleingeschrieben werden, obwohl großgeschriebene Elementnamen beim späteren Lesen optisch besser erkennbar sein können.

Weiterhin gibt es einige wenige Tags, die keinen abschließenden Tag besitzen (Standalone-Tags).

Beispiel: die erste Zeile, manueller Umbruch
und die nächste Zeile

Erklärung: Hier signalisiert das Tag <br>, dass ein manueller Zeilenumbruch eingefügt werden soll (br=break=Umbruch).

5.3.2 Verschachtelung von Tags

Tags können ineinander verschachtelt werden.

Beispiel: <h4><i>HTML</i> - die Sprache des WWW </h4>

Erklärung: Im Web-Browser erscheint dieser Text:
HTML – die Sprache des WWW
Die Anweisung <i> steht für italic (= kursiver Text). D.h. der Text zwischen <i> und </i> wird als kursiv interpretiert, abhängig von der eingestellten Schriftart und Schriftgröße für die Überschrift 4.Ordnung. <h4>

5.3.3 Tags mit Attributen

Einleitende Tags und Standalone-Tags können zusätzliche Angaben (Attribute, Parameter) enthalten.

Beispiel: <h4 align=center> HTML – die Sprache des WWW </h4>

Erklärung:
Im Browser erscheint folgende Ausgabe:
HTML – die Sprache des WWW
Durch align = center wird bewirkt, dass der Text zentriert ausgerichtet wird (align = Ausrichtung, center = zentriert).

In HTML-Tags gibt es folgende Arten von Attributen:

– alleinstehende Attribute, z.B. <hr noshade> (Trennlinie ohne Schatten),
– Attribute mit festgelegten Wertzuweisungen, z.B. <h1 align=center> statt **center** sind nur noch **left**, **right** und **justify** erlaubt,
– Attribute mit einer Wertzuweisung, z.B. <hr width=300> (Trennlinie, die 300 Pixel breit ist),

- Attribute, die Prozentangaben zugewiesen bekommen, z.B. <hr width=50%> (Trennlinie in der Hälfte des Anzeigefensters),
- Attribute, die Variablen/Namen zugewiesen bekommen, z.B. <img src="bild.gif"> (eine Grafikreferenz).

6. Aufbau einer HTML-Datei

Eine HTML-Datei muss immer aus den folgenden Bestandteilen aufgebaut sein.

Header (der Kopf)
Dieser enthält Angaben wie den Titel einer Seite, Meta-Tags, z.B. für Suchmaschinen, oder auch Javascript-Funktionen.

Body (der Körper)
Dieser enthält die eigentlichen Tags und Texte zum Beschreiben einer Seite für das WWW, z.B. Überschriften, Verweise, Grafikreferenzen u.v.a.m. Im einleitenden <body>-Tag können zusätzliche Attribute stehen, etwa für Farben und Hintergrundbilder.

Das Grundgerüst jeder HTML-Datei hat nachfolgenden Aufbau:

Beispiel:

```
<html> <!— Beginn der HTML-Datei —>
<head> <!— Beginn des Kopfteils —>
<title>Titel Ihrer Seite</title> <!— Titel Ihrer Seite —>
</head> <!— Ende des Kopfteils —>

<body> <!— Beginn des Körperteils —>
Text, Verweise, <!— Ihre HTML Tags zur Seiten
beschreibung —>
Grafikreferenzen usw.
</body> <!— Ende des Körperteils —>
</html> <!— Ende der HTML-Seite —>
```

Kommentare haben, wie oben ersichtlich ist, folgende Struktur:

<!— Kommentar —>

Jede HTML-Datei sollte einen aussagekräftigen Titel erhalten, der aber nicht zu lang sein darf. Dieser Titel erscheint dann in der Fensterleiste Ihres Browsers, oft auch in einer separaten Statuszeile, und es ist derjenige Eintrag, den der Browser bei Lesezeichen und beim Anzeigen der bereits besuchten Dateien (History) verwendet. Auch viele Suchmaschinen im WWW bauen ihre Datenbanken auf den Titeln von Dateien auf.

6.1 Die Angabe von Meta-Tags

Den Autor und andere Angaben, die sich auf Ihre Seite beziehen, können Sie innerhalb des Kopfes (<head>) mittels <link>, <meta> und <style> angeben. Meta-Tags dienen den Suchmaschinen zur Katalogisierung und zum Einordnen der Seite. Hier sollte man sich besondere Mühe geben, da ein guter Platz in den Suchmaschinen für eine größere Besucherzahl sorgt.

Die wichtigsten Meta-Tags:

	Bedeutung:
<meta name="author" content=" ">	Name des Autors
<meta name="publisher" content=" ">	Name des Veröffentlichers
<meta name="copyright" content=" ">	das Copyright
<meta name="keywords" content=" ">	Alle Begriffe und Wortkombinationen, unter denen die Homepage gefunden werden soll; die Begriffe werden durch Komma getrennt angegeben.
<meta name="description" content=" ">	kurze Beschreibung Ihrer Homepage
<meta name="language" content=" ">	Landessprache
<meta name="revisit" content="After 30 days">	Hier kann eine Tagesangabe gemacht werden, nach der die Suchmaschine wieder vorbeischauen soll, um neue Inhalte aufzunehmen.

Mit diesem Wissen sind Sie jetzt bereits in der Lage, einfache HTML-Seiten zu erstellen. Eine sehr gute und ausführliche Beschreibung der verschiedenen HTML-Tags gibt es im Internet unter http://www.selfhtml.de von Stefan Münz.

7. Bekannt machen der HTML-Files

Nachdem Sie nun eine Seite gespeichert haben, die Endung muss immer auf xxx.html oder xxx.htm lauten, möchten Sie Ihre Seite sicherlich auch für andere zugänglich machen.

Sie selbst können Ihr HTML-File als „lokales File“ mit Ihrem Webbrowser lesen. Damit nun wie gesagt auch andere Personen darauf zugreifen können, müssen Sie es aber auf einem an das Internet angeschlossenen WWW-Server speichern. Diese Server sind ständig ans Internet angeschlossen. Wenn Sie keinen solchen Server-Rechner besitzen, müssen Sie sich Speicherplatz von solch einem Rechner mieten. In diesem Bereich werden dann vom zugehörigen Webmaster Ihre HTML-Dateien und Bilder abgelegt. Meist besteht auch die Möglichkeit, mittels FTP und einem eigenen Passwort selbständig Änderungen an Ihren Seiten vorzunehmen.

Die schönste Web-Seite nützt nichts, wenn niemand erfährt, dass und wo es sie gibt. Ohne Bekanntmachung bringt auch eine gute Homepage keinen Erfolg. Das Web-Angebot muss bei Suchmaschinen und Verzeichnissen angemeldet werden, um so den Weg für Besucher und Kunden auszuschildern. Wer Ihre Präsentation im Internet sucht, wird sie finden.

8. Nachwort

Unabhängig der Parteizugehörigkeit – Versuchen Sie nicht das Rad neu zu erfinden, verbessern Sie es. Wenn Sie die einzelnen Schritte nutzen, um einen ersten Internetauftritt zu kreieren, um den Bekanntheitsgrad über den Wahlkreis hinaus zu erhöhen, haben Sie damit gute Aussichten.

Die Erreichbarkeit muss aber gewährleistet sein. Der Wähler darf doch hoffen, dass die Damen und Herren Volksvertreter nicht nur eine E-Mail haben, sondern diese auch abholen und beantworten.

Quellen:

http://www.selfhtml.de (von Stefan Münz)
http://www.iwns.de (Verweise zu HTML-Editoren)
http://www.boku.ac.at (HTML Einführung von Hubert Partl)

3. Wahlkampf im Internet

Kamilo Kolarz

„Ihre (virtuelle) Stimme zählt!"

Auf dem Weg ins 21. Jahrhundert beeinflussen die digitalen Medien eine Vielzahl unserer Lebensbereiche. Allen voran das World Wide Web: Als oberster Repräsentant der modernen Informations- und Kommunikationstechnologien verändert es die Welt, in der wir leben, radikal. Das Internet wird immer mehr zu einer Plattform, auf der sowohl materielle als auch immaterielle Güter und Dienstleistungen global gehandelt werden. Es besteht längst kein Zweifel mehr, dass das Internet auf dem Weg zum Massenmedium ist. Zahlen bestätigen dies: In den letzten fünf Jahren erreichte es weltweit rund 150 Millionen Menschen – eine Zahl, die sich alle zwei Jahre verdoppeln wird. Allein in Deutschland haben mittlerweile mehr als 18 Millionen Menschen Zugang zum World Wide Web.

Nur wenigen ist allerdings die Tatsache bekannt, dass das Internet bereits seit 30 Jahren Geschichte schreibt: Der Grundstein für unser heutiges Internet wurde 1969, im Jahr der ersten Mondlandung, in Kalifornien gelegt. Über die Entfernung von 500 Kilometern – von der Universität Kaliforniens/Los Angeles zum Stanford Research Institute – wurden vier Rechner zusammengeschlossen und ein kleines Datenpaket trat seine Reise an. Als der Buchstabe G im Wort LOGIN eingegeben wurde, kam es zum ersten totalen Systemabsturz des soeben ins Leben gerufenen Internets. Zu dieser Zeit konnte kein Mensch sich vorstellen, dass Computer binnen weniger Jahre für jedermann erschwinglich sein werden und das Internet die gesamte Menschheit einander näher bringen wird. Die darauffolgenden Jahre waren geprägt von der Entwicklungsfreudigkeit der Wissenschaftler und engagierter Nutzer, die das Internet als ihr neues Kommunikationsinstrument entdeckt hatten. Insbesondere der E-Mail-Verkehr stieg rapide an und ermöglichte eine weltweite Zusammenarbeit von Projektteams.

Der wahre Boom beginnt im Jahr 1991 mit der Einführung des World Wide Web. Immer regelmäßiger berichten die klassischen Medien über das Internet – das eine ungeahnte Aufmerksamkeit in der breiten Öffentlichkeit erregt. Schon bald kristallisiert sich heraus, dass das Internet nicht nur zu rein wissenschaftlichen Zwecken genutzt werden kann und soll, sondern künftig – dank seiner Interaktivität – eine exorbitante Verbreitung finden wird. In rasend schnellem Tempo beginnen bereits 1992 erste Unternehmen und Institutionen mit dem Aufbau ihres Online-Auftritts. War es in der Anfangsphase noch eher „Good-Will", Internetpräsenz zu zeigen, galt es schon bald als ein „Must", dort vertreten zu sein. Zügig entwuchs das Web den Kinderschuhen. Bereits frühzeitig war Internet gleichzusetzen mit Information – verwertbarer und breitgefächerter Information wohlgemerkt, die allen Interessierten von Anfang an zugänglich ist. So avancierte das Web nahezu unverzüglich zu **dem** modernen Meinungsbildungsinstrumentarium. Indem sich aufgrund dieses digitalen Mediums erstmals die Möglichkeit anbot, mit dem User orts- und zeitunabhängig in einen aktiven Dialog zu treten, haben insbesondere die großen Parteien bereits sehr zeitig begonnen, sich im Internet zu positionieren. Dementsprechend findet Politik immer stärker auch im Internet statt.

Der Dreisatz für einen erfolgreichen Wahlkampf im Internet:

I.) Information, Aktualität und Interaktivität

Längst schon finden Wahlkämpfe nicht mehr nur auf Plakatwänden, Zeitungsseiten oder Fernsehbildschirmen statt. Eine neue Arena der Wahlkampfkommunikation ist mit dem World Wide Web entstanden: Schauplatz ist die im Online-Format geschaffene, virtuelle Parteizentrale. Gerade in der unmittelbaren Vorwahlzeit gewinnen die Websites hinsichtlich der aktuellen Wahlberichterstattung mit Hilfe von Umfragen, Prognosen, Chats und Diskussionsforen zusehends an Gewicht. Spätestens seit dem Wahljahr 1998 verzichtet keine Partei darauf, den Wahlkampf auch im Internet auszutragen: Mehrere hundert Internet-Nutzer chatteten beispielsweise vor den Wahlen live mit dem damaligen Bundeskanzler Helmut Kohl und die Zugriffe bei der CSU verdoppelten sich in der heißen Phase des Wahlkampfs – im September 1998 auf 1,5 Millionen Hits. Gegenwärtig übernimmt das Bündnis 90/Die Grünen aus Baden-Württemberg Vorkämpferrolle: Im November 2000 will man erstmals einen vollständig virtuellen Parteitag abhalten – als Testlauf für die Demokratiefähigkeit der Neuen Medien. Nach Erhalt einer PIN und eines persönlichen Zugangscodes können die Delegierten über mehrere Tage hinweg online über Anträge debattieren und abstimmen.

Die Kommunikationsaktivitäten einer Partei stützen sich auf zwei Pfeiler: zum einen auf ein Extranet, wie es die CSU derzeit gerade ins Leben ruft, das der Binnen- und Mitgliederkommunikation vorbehalten ist. Es dient der internen Öffentlichkeitsarbeit und stellt den direktesten Draht der Parteiführung zur eigenen Basis dar. Geprägt ist es durch die zwischenmenschlichen Kontakte der Parteimitglieder; es forciert darüber hinaus eine schnelle Kommunikation zwischen Basis und Parteizentrale. Denn die Politik muss die mit dem Internet neu erworbene Schnelligkeit auch auf ihre internen Strukturen anwenden, um mit dem vorgegebenen Tempo Schritt zu halten.

Zweiter Pfeiler ist die externe Kommunikation. Diese zielt darauf ab, der eigenen Position die nötige Resonanz in der Öffentlichkeit zu verschaffen: Der Schlagabtausch zwischen den Kontrahenten erfolgt sukzessive schneller und intensiver. Auch die Wähler können schneller und öffentlichkeitswirksamer agieren. Um sich im Internet Gehör zu verschaffen, muss man nicht bekannt, sondern reaktionsschnell sein. Damit ist eine völlig neue Form der Öffentlichkeit im Entstehen – insbesondere dem Wähler offenbart sich eine neue Form des Mitspracherechts, das von den Parteien kaum mehr zu beeinflussen ist. Positiver Nebeneffekt ist, dass die Möglichkeiten des Wahlkampfs nicht mehr allein auf finanzieller Stärke beruhen. Vor allem kleinen Parteien eröffnen sich ungeahnte Profilierungschancen: Die Qualität der Information ist ausschlaggebend – Quantität bringt das Internet bekanntermaßen (fast) von alleine mit sich.

Generell erhalten die Parteien mit dem Medium Internet die große Chance, der Politikverdrossenheit – gerade unter den jungen Bürgern - aktiv gegenzusteuern. Die große Herausforderung besteht darin, das Medium Internet so einzusetzen, dass es keinen Abklatsch des analogen Wahlkampfs darstellt, sondern sich eine markante Position im Datenraum sichert, z.B. durch eigenständige, dynamische „Online-Spots“, die Nachrichten rund um die Wahl bündeln. Aufgrund der verjüngten Wählerschaft macht es durchaus Sinn, neue Themen in den Wahlkampf einzubringen. Junge, aktive Politiker können selbst aktiv werden. Sie erscheinen im Medium Internet besonders glaubwürdig, da sie einer Generation angehören, die das Internet wirklich lebt und auch belebt. Zudem ermöglicht das Internet die Kommunikation mit Sympathisanten. Online-Medien sind das ideale Werkzeug, um Sympathisanten „mitreden“ zu lassen, ohne sie zu einem permanenten Dabeisein oder zu einem Verbandseintritt zu zwingen. Das offene Forum kann von allen zum zielgerichteten Informationsaustausch genutzt werden.

Die klassischen Wahlkampf-Kampagnen müssen revolutioniert werden. Sie greifen im Medium Internet nicht mehr. Sicherlich lässt sich der Rahmen planen, doch erfordert das Medium Internet Flexibilität. Die konkrete Ausgestaltung des Wahlkampfs für einen Kandidaten lässt sich nicht mehr Monate im Voraus planen. Damit verliert der Politiker ein Stück Distanz und Unnahbarkeit zu seinen Wählern. Kommt diese Erkenntnis zu spät, verliert er allerdings seine Wählerschaft. Er selbst ist zunehmend gefordert und muss mit schnellen Statements multimedial präsent sein. Der Kontrahent ist nur einen Maus-Klick entfernt. Papier ist geduldig, das Internet ist es nicht. Es mag auf den ersten Blick paradox erscheinen: Einerseits ermöglicht das Internet eine breitere Palette an Wahlkampf-Inhalten und „objektiviert“ damit die Entscheidungsfindung, andererseits hat der Faktor Technik die Macht, auf diesen Prozess ebenfalls Einfluss zu nehmen. Das interaktive Potenzial des Internets rückt bei den Parteien immer mehr ins Bewusstsein und schon bald wird sich der Online-Wahlkampf auch zu einem technischen Wettlauf der politischen Kontrahenten entwickeln. Eine akribische Konkurrenzbeobachtung bewirkt bei den Parteien bereits heute ein sofortiges Reagieren auf etwaige Neuerungen, wie beispielsweise in die Homepage integrierte Audio- und Videostreams oder Direktübertragungen.

Nicht zu unterschätzen ist der Multiplikator-Effekt von interaktiven Elementen: Schnell ist ein Link weitergeleitet oder eine E-Mail geschrieben. Verstärkt wird dieser schnell stattfindende Meinungsaustausch durch das Abonnieren von sogenannten Mailing-Listen. D.h. alle Teilnehmer haben automatisch das Recht, ihre eigenen Kommentare und Meinungen über einen Listserver an die anderen Abonnenten zu senden, so dass die Abonnenten untereinander in regem Kontakt stehen.

II.) Personalisiertes Online-Branding

Durch die wahlkampfbedingte Intensivierung des Online-Angebots der virtuellen Parteizentralen quellen diese regelrecht über vor Informationen. Als logische Konsequenz findet spätestens in einer zweiten Phase der Wahlkampagne eine Differenzierung der Schauplätze des Cyper-Campaignings, neudeutsch für Wahlkampf im Internet, statt: personenbezogene Wahlkampfseiten mit eigenständiger Internet-Adresse. Diese sogenannten Namendomains bieten den Spitzenkandidaten jeglichen Freiraum zur Selbstinszenierung.

Die Politiker werben unter www.schroeder98.de, www.stoiber.de oder www.guido-westerwelle.de mit ihrem guten Namen. Neben einer Biographie, programmatischen Statements und Reden sind auch Auskünfte aus dem Privatleben zu finden. Bis dato jedoch fungieren diese Kandidatendomains allerdings – solide und funktional – als schmückendes Beiwerk zur traditionellen Kampagne. Dabei könnte die Sichtbarkeit im Netz viel mehr forciert werden. Oft fehlt beispielsweise der Querverweis von den klassischen Medien auf den Eintrag im Netz. Einige Kandidatendomains amtieren als sogenannte Platzhalter, so z.B. die durchaus intuitive Adresse www.gerhard-schroeder.de, deren Namensrechte die Junge Union Oberpfalz erworben hat. Es verwundert also nicht weiter, dass Schröder dort als Autokanzler deklariert wird, unter dem die Spritpreise erstmals die 2,00-DM-Hürde/Liter genommen haben.

Prinzipiell gilt: Eine neue, bislang nicht gekannte Bürgernähe wird durch Interaktivität im Internet geschaffen. Interaktive Elemente holen die Kandidaten noch stärker „ins Wohnzimmer", als es die Medien Radio und TV bisher vermochten. Der potentielle Wähler entscheidet mit nur einem Klick, wann er sich den Kandidaten anhören bzw. ansehen möchte. So können die Spitzenkandidaten jederzeit auftreten, ohne – wie bisher – zu einem bestimmten Zeitpunkt auf dem Marktplatz stehen zu müssen. Kleine Trailer über die Politiker oder regelmäßige Chat-Events mit Parteivertretern ermöglichen nahezu beiläufig eine Fokussierung auf personenbezogene Inhalte, die sich in der hervorgehobenen Erreichbarkeit durch den exponierten Domain-Namen widerspiegelt.

Gerade auf diesen Seiten sollten umfassende Möglichkeiten geschaffen werden, um ein umfassendes Feedback der potentiellen Wähler zu erhalten – Umfragen auf der Straße sind vergleichsweise unrepräsentativ. Durch das Internet bleibt die Anonymität zu 100 % gewahrt und die Antworten fallen somit viel ehrlicher aus. Deshalb sollte ein Hauptaugenmerk darauf liegen, diese Sites kontinuierlich auszuwerten, um gegebenenfalls schnell auf Wählerstimmungen reagieren zu können. Auch außerhalb der Wahlkampfphase gebührt es der Site, lebendig und aktuell gehalten zu werden, um den Internet-Nutzer an die einzelnen Features dieses noch neuen Mediums zu gewöhnen.

III.) Das digitale Wahllokal

Wenn es Briefwahl gibt, warum sollte man nicht auch online wählen können? Bequemer ist es in jedem Fall. Am gesetzlichen Rahmen wird derzeit gearbeitet und die technischen Voraussetzungen für eine sichere und anonyme Stimmabgabe werden in den nächsten Monaten geschaffen sein. Wenn das Internet dann auch in benachteiligten sozialen Schichten etabliert ist, steht einer Online-Wahl hierzulande nichts mehr im Wege.

In Amerika ist man bereits einen Schritt weiter: Um ihre Stimme bei der Präsidentenwahl online für Gore oder Bush abzugeben, müssen die US-Wähler lediglich eine vorab beantragte PIN-Nummer, das Geburtsdatum und die Nummer des Bundesstaates eingeben. Eine SSL (Secure Socket Layers)-Verschlüsselung gewährleistet die sichere Übertragung der Daten. Doch kaum beginnen Online-Wahlen sich durchzusetzen, sind erste illegale Eskalationen erkennbar. Im August diesen Jahres musste das US-Justizministerium erstmals einschreiten, da einige unentschlossene Wähler oder Nichtwähler ihre Online-Stimme zur Präsidentenwahl in virtuellen Auktionshäusern wie www.voteauction.com zur Versteigerung anboten; die gebotenen Summen beliefen sich teilweise auf mehrere tausend Dollar, obwohl der Stimmenhandel eindeutig gegen die amerikanischen Bundesgesetze verstößt.

Generell wird die Online-Wahl immer nur Ergänzung zur persönlichen Wahl bleiben, da wohl nie **alle** Stimmberechtigen über die notwendige Ausrüstung oder das Wissen verfügen werden. Aber selbst wenn künftig nur ein Teil der Wahlen online abgewickelt wird, lassen sich langfristig gesehen enorme Kosten für Organisation und Unterlagen einsparen. Lediglich ein einmaliger organisatorischer Aufwand steht dem gegenüber – nämlich die Bürger mit individuellen Codes zur Identifizierung auszustatten. Ist diese Infrastruktur einmal geschaffen, können Europa-, Bundestags-, Landtags- und Kommunalwahlen problemlos online stattfinden. Auch Volksbefragungen während der einzelnen Legislaturperioden ließen sich mit diesem Medium leicht organisieren – ein Zugewinn für die Demokratie!

Der Zeitpunkt für eine flächendeckende Einführung von „Internet-Voting" hängt sowohl von politischen als auch von technischen Faktoren ab. Auf technischer Seite gilt es, Sicherheit und Identitätsverifikation des Online-Wählers sicherzustellen. Viele Bürger haben Angst, dass Hacker den Wahlserver knacken, das Login der Wähler blockieren oder Tausende von ungültigen Stimmen abgeben und somit das Wahlergebnis verfälschen. Wie groß diese Gefahren wirklich sind, kann jedoch niemand realistisch einschätzen, bevor nicht die ersten Internetwahlen durchgeführt worden sind. Einen Vorgeschmack bietet die URL www.internetvoting.com: Hier kann der interessierte Online-Wähler eine Testversion ausprobieren.

Resümee:

Das Internet ist auf dem besten Wege, unentbehrlich für das tägliche Leben zu werden.

Zwar hat das Internet vieles auf den Kopf gestellt, Konventionen über Bord geworfen und traditionelle Entscheidungsträger ihrer Macht und ihres Erfolges beraubt – jedoch bietet es demjenigen, der das Internet wirklich nutzt, ungeahnte Möglichkeiten und Herausforderungen: durch die – im Vergleich zu den klassischen Medien – potenzierte Reaktionsgeschwindigkeit ist eine neue Form der Offenheit, der Transparenz und des Dialogs entstanden. Durch seine zentrifugale Ausweitung ist das Internet zudem als Polit-Arena die optimale Ergänzung, um Wahlwerbung und -berichterstattung im neuen Format zu kommunizieren: Das Internet gehört denen, die es benutzen!

4. Nutzer und Nutzungsstruktur der Online-Medien

Otto Altendorfer

Demokratisierung des Internets

Die Nutzerstruktur des Internets nähert sich in der Bundesrepublik Deutschland immer mehr der allgemeinen Bevölkerungsstruktur an; das Internet wird zunehmend zum Breiten- und Massenmedium und hat sich als weiteres Medium neben Printmedien, Fernsehen und Hörfunk etabliert. Für die meisten Anwender ist es ein Informationsmedium mit ganz praktischem Nutzwert.

Zu diesem Ergebnis kommen als aktuelle Studien sowohl der GfK-Online-Monitor der Gesellschaft für Konsum-, Markt- und Absatzforschung (GfK) als auch die ARD/ ZDF-Online-Studie 2000.

Die Einzelergebnisse

1. *Gesamtzahl der Nutzer steigt weiterhin an:*

   Rund 18 Millionen Bundesbürger nutzen derzeit das Internet. Damit hat sich die Zahl der Nutzer zwischen 1999 und 2000 fast verdoppelt, zwischen 1997 und 2000 fast vervierfacht.

Entwicklung der Online-Nutzung in Deutschland:

Jahr	Nutzung in Millionen	Nutzung in %
1997	4,1	6,5
1998	6,6	10,4
1999	11,2	17,7
2000	18,3	28,6

Quelle: ARD/ZDF-Online-Studie 2000

2. *Private Nutzung auf dem Vormarsch:*

Die Nutzerzuwächse ergeben sich fast ausschließlich aus der Tatsache, dass sich immer mehr Bundesbürger zu Hause einen Online-Anschluss einrichten lassen.

Ort der Online-Nutzung in Deutschland:
[Angaben in %]

Jahr	Nutzung nur am Arbeitsplatz	Nutzung nur zu Hause	Nutzung sowohl als auch
1997	59	27	14
1998	36	41	23
1999	29	42	29
2000	22	43	33

Quelle: ARD/ZDF-Online-Studie 2000

3. *Frauen sind immer noch unterrepräsentiert:*

Die Steigerungsraten bei den Online-Nutzern erzielen derzeit vor allem Bevölkerungsgruppen, die bis vor wenigen Jahren kaum Kontakt zu dem Neuen Medium hatten: Frauen, ältere Bürger und Menschen mit mittlerem Bildungsabschluss.

Nach wie vor sind Frauen bei den Internet-Usern in der Minderheit. Ihr Anteil liegt bei rund 40 % der Nutzer.

Geschlecht der Online-Nutzer:
[Angaben in %]

Jahr	Frauen	Männer
1997	27	73
1998	28	72
1999	35	65
2000	39	62

Quelle: ARD/ZDF-Online-Studie 2000

4. *Nur wenig Interesse bei den Senioren:*

Weiterhin sehr reserviert stehen die älteren Semester dem Internet gegenüber. Das Bild wandelt sich nur langsam; dennoch zählen erst rund 5 % der 60- bis 69-Jährigen zu den Nutzern.

5. *Weiterhin signifikante Unterschiede bei der Online-Nutzung:*

Insgesamt gibt es trotz aller Fortschritte bei der Nutzerstruktur Unterschiede hinsichtlich Alter, Bildung und Einkommen. Jüngere Jahrgänge und besser Gebildete sind bei den Nutzern im Vergleich zur Gesamtbevölkerung überrepräsentiert. Dazu kommt ein auffallend hoher Anteil Besserverdienender.

Von den unter 30-Jährigen ist jeder zweite inzwischen online, bei den über 60-Jährigen nicht einmal jeder zwanzigste. Der Anteil der Netz-User beläuft sich bei den akademisch gebildeten Personen auf über 85 %, unter den Personen mit Volksschulabschluss auf rund 7,5 %. Unter den Nicht-Berufstätigen und Rentnern liegt der Anteil der Online-Nutzer bei unter 7 %.

<u>Nutzeranteil nach Bevölkerungsgruppen:</u>

[Angaben in %]

	1997	1998	1999	2000
Alter in Jahren:				
- 14 bis 19	6,3	15,6	30,0	48,5
- 20 bis 29	3,2	20,7	33,0	54,6
- 30 bis 39	12,4	18,9	24,5	41,1
- 40 bis 49	7,7	11,1	19,6	32,2
- 50 bis 59	3,0	4,4	15,1	22,1
- 60 und älter	0,2	0,8	1,9	4,4
Schulbildung:				
- Volksschule	1,3	2,9	4,9	7,5
- Abitur	16,5	23,9	50,9	79,2
- Studium	29,1	48,5	62,5	86,0
Berufstätigkeit:				
- in Ausbildung	15,1	24,7	37,9	58,5
- berufstätig	9,1	13,8	23,1	38,4
- Rentner	0,5	1,7	4,2	6,8

Quelle: ARD/ZDF-Online-Studie 2000

6. Nutzungszeiten steigen:

   Im Jahr 2000 sind die Internet-User durchschnittlich über 90 Minuten im Netz; sie wächst an den Werktagen überproportional und ist an den Wochenenden stabil.

Durchschnittliche tägliche Online-Nutzungsdauer:
[Angaben in Minuten]

	1997	1998	1999	2000
An Werktagen	71	76	82	91
Am Wochenende	87	80	85	90
Montag bis Sonntag	76	77	83	91

Quelle: ARD/ZDF-Online-Studie 2000

Tägliche Nutzung noch nicht die Regel

Rund 44 % der Nutzer gehen täglich online; das sind rund acht Millionen Bundesbürger. Allerdings nimmt die Zahl der täglichen Nutzer („Heavy User") massiv zu. Innerhalb einer Woche gehen rund 72 % der Nutzer einmal ins Netz und knapp 10 % nutzen alle 14 Tage das Internet.

Für die meisten Nutzer scheint das Netz ein universeller Informations- und Wissensspeicher zu sein, bei dem die pragmatischen Möglichkeiten vor den unterhaltend-spielerischen im Vordergrund stehen.

Differenzierte Nutzungszeiten

Die Stoßzeiten bei der Nutzung des Internets liegen vormittags zwischen 09.00 und 12.00 Uhr und zwischen 18.00 und 21.00 Uhr. Dies erklärt sich insbesondere durch die externe Nutzung am Arbeitsplatz und den privaten Einsatz nach Arbeitsschluss am Feierabend.

Die Zeiten haben sich in den letzten Jahren immer mehr hin zur Abendnutzung verschoben. Rund die Hälfte der User ist zwischen 18.00 und 21.00 Uhr aktiv.

Nutzung des Internets: Zugpferd „E-Mail"

Bei den Motiven für die Nutzung des Internets steht nach wie vor das Versenden von privaten E-Mails an der Spitze; dahinter folgt bereits knapp das Motiv „Surfen zum Vergnügen".

Nutzungsmotive der Internet-User von 14 bis 69 Jahren:

Nutzungsmotive	Angaben in %
Private E-Mails	67,8
Surfen zum Vergnügen	62,3
Aktuelle Nachrichten	43,4
Geschäftliche E-Mails	40,2
Wirtschaftsinformationen	38,9
Downloaden von Software	37,2
Datenbank bestimmter Themen	37,1
Touristische Angebote	35,9
Schulische und berufliche Weiterbildung	35,2
Produktinfo/Bestellmöglichkeit	34,9

Quelle: GfK-Online-Monitor 2000/Medienspiegel 36 (2000)

Nutzung von E-Commerce weiter im Aufwind

Stark im Ansteigen ist in Deutschland auch die Nutzung von E-Commerce; mehr als die Hälfte der Internet-User hat 1999 schon einmal online eingekauft. Über das Netz beschafft werden vor allem Bücher, CDs und Softwareprodukte.

Nutzung von E-Commerce in Deutschland:

(Internet-User zwischen 14 und 69 Jahren)

Nutzungszweck	Angaben in %
Bücher	20,3
CDs	12,9
Anwendungssoftware	10,3
Kauf von Eintrittskarten	9,3

Nutzungszweck	Angaben in %
Computer/Hardware	8,8
Kleidung/Schuhe	8,6
Buchung von Hotels	8,2
Buchung von Reisen	7,3
Kauf von Wertpapieren und Aktien	7,3
Online-Auktionen	6,9
Kauf von Bahn-Tickets	6,2
Telekommunikationsprodukte	6,1
Geschenkartikel	6,1
Kauf von Flugtickets	5,7

Quelle: GfK-Online-Monitor 2000/Medienspiegel 36 (2000)

Internet verdrängt nicht die anderen Medien

Aufgeräumt werden muss mit der These, dass das Internet die Nutzung anderer Medien verdrängt. Mittlerweile kristallisiert sich heraus, dass dem Neuen Medium zusätzliche Zeit gewidmet wird.

Während via Netz als zielgruppengerichtetes Medium Informationen nachgefragt werden, bleibt zum Beispiel das Fernsehen als genreübergreifendes Leitmedium erhalten, das dem Nutzer ein breites Angebot an Informationen, Nachrichten, Unterhaltung und Sport bietet.

Gefahr droht allenfalls für den Hörfunk. Vor allem für die junge Generation wird die Bedeutung des Radios weiter abnehmen, da alle Serviceleistungen aus dem Internet gezogen werden können. Mit dem Möglichkeit des Musiktitel-Downloads wird auch die Alleinstellung des Hörfunks als Musiklieferant bedroht.

Politische Nutzung des Internets ist eine Männer-Domäne

Weitaus mehr als die allgemeine Nutzung des Internets ist die politische Nutzung des Netzes eine fast reine Männer-Domäne. Nach einer empirischen Erhebung zur Bundestagswahl 1998 (Gellner/Strohmeier) waren 82,6 % der Nutzer männlich, nur rund 14,3 % weiblich.

Nutzungsdominierend war die Altersgruppe der 21- bis 30-Jährigen (44,9 %), gefolgt von der Altersgruppe der 31- bis 40-Jährigen (27,0 %). Kaum genutzt wird das politische Netz ab einem Alter von 50 Jahren.

In sehr hohem Maß ist die Nutzung politischer Netzinhalte abhängig von der Bildung; 34,5 % der Nutzer besitzen Abitur, 31,7 % verfügen über einen Universitätsabschluss und 11,3 % über einen Fachhochschulabschluss. Berufsmäßig gliedern sie sich primär in Angestellte, Beamte, Schüler, Studenten, Selbständige und Freiberufler. Nur gering vertreten sind Facharbeiter, Auszubildende, Arbeitslose, Hausfrauen und Rentner.

62,6 % der Nutzer sind ledig, 30,8 % verheiratet. Ihre Wahlbeteiligung richtet sich nach dem Durchschnitt der Bevölkerung aus. Mit 70,7 % ist der Anteil derjenigen relativ hoch, die angeben, sich mit einer Partei zu identifizieren.

Die durchschnittliche tägliche Nutzungszeit für politische Informationen liegt in der Regel bei unter 30 Minuten; 56,3 % der Befragten nutzen der Netz dafür bis zu 15 Minuten, 21,6 % zwischen 15 und 30 Minuten und 12,9 % über 30 Minuten.

Ein Indiz, dass die Parteien noch hart an ihren Online-Auftritten arbeiten müssen, ist die Tatsache, dass 55,9 % der Befragten eher zufällig auf die politischen Informationen im Netz gestoßen sind. Nur 35,3 % riefen gezielt die Websites der Parteien auf und nur 33,1 % haben ihnen schon einmal eine E-Mail geschickt.

Bei der Webnutzung spielen auch die Kosten eine Rolle; 53,2 % der Befragten gaben an, wegen der bei der Übertragung entstandenen Kosten schon einmal die Informationssuche im Netz abgebrochen zu haben.

Grundsätzlich stellt die Studie fest, dass mehr als die Hälfte der Befragten dem Internet im Vergleich zu den traditionellen Medien einen höheren Informationswert einräumt; 46,9 % betrachten Internet-Informationen als aktueller, 37,8 % als spezieller, jedoch nur 8,3 % als unverzerrter. 57,3 % messen den Informationen aus dem Netz einen ergänzenden Charakter bei. Bemerkenswert und wichtig für die Wahlkampfstrategie ist die Erkenntnis, dass Nutzer politischer Internetinformationen überdurchschnittlich stark als „Opinion Leader" auftreten. 64 % der Befragten versuchten in persönlichen Gesprächen, die eigene Meinung mitzuteilen und andere zu überzeugen. Angesprochen werden vor allem Freundeskreis und Familie.

Die Tendenzen

Derzeit gehen Experten davon aus, dass sich rund 50 % der Bevölkerung auch mittelfristig nicht an das weltumspannende Internet anschließen lassen. Besonders hoch ist die Zahl der Nicht-Anschlusswilligen („Offliner") unter den Menschen ab 40 Jahren.

Ihnen reichen die traditionellen Medien als Informationsquelle, ist das Equipment noch zu teuer oder der Nutzerwert nicht vorstellbar. Diese sog. Offliner sind ein nicht einzuschätzender Unsicherheitsfaktor in der zukünftigen Entwicklung der Online-Medien und geben der Gefahr einer medialen Bruchstelle innerhalb der Gesellschaft Raum.

Gründe, sich keinen Internetzugang anzuschaffen:

Grund der Nichtanschaffung	Angaben in %
TV, Radio und Zeitung reichen als Informationsquelle	93
Brauche es weder beruflich noch privat	88
Kann andere bitten, sollte ich es brauchen	78
Keine Zeit/Lust, mich damit zu beschäftigen	56
Habe über Freunde/Bekannte Zugang	55
Kosten sind mir zu hoch	47
Soziale Kontakte werden vernachlässigt	45
Internetnutzung kann auch frustrierend sein	32
Traue mir die Benutzung nicht zu	31
Lehne Internet grundsätzlich ab	19

Quelle: ARD/ZDF-Offline-Studie 2000

Literatur:

Altendorfer, Otto, Mediensystem der Bundesrepublik Deutschland,
2 Bde., Opladen 2001

Eimeren, Birgit van/Gerhard, Heinz, ARD/ZDF-Online-Studie 2000: Gebrauchswert entscheidet über Internetnutzung,
in: Media Perspektiven 8 (2000), S. 338-349

Gellner, Winand/Strohmeier, Gerd, Netzwahlk(r)ampf. Die Wahlkommunikation im Internet,
in: Holtz-Bacha, Christina (Hg.),Wahlkampf in den Medien – Wahlkampf mit den Medien. Ein Reader zum Wahljahr 1998,
Opladen 1999, S. 86-108

Gleich, Uli, Entwicklung und Nutzung neuer Medien,
in: Media Perspektiven 7 (2000), S. 326-332

Grajczyk, Andreas/Mende, Annette, Nichtnutzer von Online: Zugangsbarrieren bleiben bestehen,
in: Media Perspektiven 8 (2000), S. 350-358

Neuberger, Christoph, Massenmedien im Internet 1999,
in: Media Perspektiven 3 (2000), S. 102-109

Oehmichen, Ekkehardt/Schröter, Christian, Fernsehen, Hörfunk, Internet: Konkurrenz, Konvergenz oder Komplement?,
in: Media Perspektiven 8 (2000), S. 359-368

Schweiger, Wolfgang, Medienglaubwürdigkeit – Nutzungserfahrung oder Medienimage? Eine Befragung zur Glaubwürdigkeit es World Wide Web im Vergleich mit anderen Medien,
in: Rössler, Patrick/Wirth, Werner (Hg.), Glaubwürdigkeit im Internet. Fragestellungen, Modelle, empirische Befunde,
München 1999, S. 89-110

Shyam, Sundar S., Exploring receivers' criteria for perception of print and online news,
in: Journalism Quarterly 76 (1999), S. 373-386

Stipp, Horst, Nutzung alter und neuer Medien in den USA,
in: Media Perspektiven 3 (2000), S. 127-134

Theilmann, Rüdiger, Individuell, aber unverständlich? Eine Untersuchung zu Rezeption von Onlinenachrichten,
in: Wirth, Werner/Schweiger, Wolfgang (Hg.), Selektion im Internet. Empirische Analysen zu einem Schlüsselkonzept,
Opladen 1999, S. 200-219

5. Wie errege ich Aufmerksamkeit im Internet?

Frank Sarfeld

Einleitung

Die alte Faustformel, wonach die USA den Deutschen in der allgemeinen Internet-Entwicklung ein bis zwei Jahre voraus sind, bestätigt abermals ein Vergleich zwischen den Online-Aktivitäten der deutschen Parteien und ihren Counterparts in den USA – und dies insbesondere jetzt, zur Zeit des sich zuspitzenden Präsidentschaftswahlkampfes, der sich zunehmend ins Internet hinein verlagert. Welche Mittel werden auf der anderen Seite des Atlantiks bemüht, um die Aufmerksamkeit der Internet-User auf sich ziehen?

Wird das Online-Campaigning amerikanischer Parteien in verschiedene Bereiche eingeteilt und einer Bewertung unterzogen, erfordert die Fragestellung eine spezielle Gewichtung der einzelnen Aspekte. Handwerkliche Methoden, die den Online-Auftritt deutscher Parteien bereits seit längerem prägen, werden entsprechend knapp behandelt, während dem Instrumentarium des Negative-Campaigning oder der vielversprechenden neuen Wahlkampfwaffe des politischen Online-Advertising deutlich mehr Aufmerksamkeit geschenkt wird. Da die USA einen höchst liberalen Umgang mit datenschutzrechtlichen Bestimmungen pflegen, hat dies auch Auswirkungen auf den gezielten Einsatz von Werbemaßnahmen. Vor diesem Hintergrund nehmen in Amerika Mailings – anders als in Deutschland –einen hohen Stellenwert ein und finden hier nur der Vollständigkeit halber Erwähnung. Der US-amerikanische Internet-Nutzer ist zudem erheblich länger online als der bundesdeutsche Web-Surfer. In den USA ist ein AOL-Mitglied pro Tag eine gute Stunde online, der deutsche AOL-Kunde dagegen nur 29,5 Minuten – damit immerhin dreimal so lang wie T-Online-Kunden, die es auf nur 9,5 Minuten bringen[1]. Der Grund für die Diskrepanz liegt in der minutenbasierten Abrechnung der Telefongebühren beim Internetzugang durch die Deutsche Telekom, während amerikanische Telefongesellschaften ihren Kunden für rund 30-35 DM einen kompletten Telefonanschluss mit einer „Flatrate", also inklusive aller Ortsgespräche und Interneteinwahlen, bieten. Informationsabruf und Kommunikation durch das Internet ist – genauso wie Online-Shopping und E-

Commerce – in den USA eine Selbstverständlichkeit, während hierzulande der Internet-Nutzer immer durch den tickenden Gebührenzähler der Telekom in einer sinnvollen und ausführlichen Nutzung des Internets behindert wird.

Der Schlussteil kann nicht mehr als einen Ausblick bieten – ein endgültiges Fazit zu ziehen, wäre mehr als überheblich. Der ständige Wandel im Online-Kampf um die Aufmerksamkeit lässt es kaum zu, eine abschließende Bewertung vorzunehmen. Vielmehr können hier nur perspektivisch mögliche Konsequenzen angerissen werden. Von besonderem Interesse ist dabei die Frage, wo gemeinsame Schnittmengen amerikanischer Online-Campaigns und künftiger Online-Wahlkämpfe in Deutschland liegen könnten.

Webseiten zwischen Interaktivität und Schaubude

Zweifellos kommt bei der Gestaltung politischer Webseiten der Frage, wie die Online-Präsenz im Idealfall aussehen sollte, um ein Größtmaß an Aufmerksamkeit zu erreichen, steigende Bedeutung zu. Freilich kann hier noch nicht auf Patentlösungen zurückgegriffen werden. Inzwischen scheint sich in den USA aber die Erkenntnis durchgesetzt zu haben, dass vor allem Ausgewogenheit zählt – in grafischer Hinsicht wie im Content-Bereich. Konkret heißt das, dass eine politische Webseite kein High-End-Produkt darstellen sollte – schließlich müssen auch Internet-User, die nicht den aktuellsten Browser verwenden, Web-Inhalte problemlos abrufen können.

Dasselbe Maß an Ausgewogenheit gilt es, im Content-Bereich zu beachten: So wichtig der Unterhaltungsfaktor gerade für die im Netz dominierende junge Generation ist, darf dieses Kalkül keinesfalls das inhaltliche Angebot verdrängen. Dank flexibler Internet-Strukturen gelingt der Spagat allerdings recht unkompliziert: User, die mehr an persönlichen Details der Spitzenkandidaten interessiert sind, tauchen von der im Idealfall übersichtlich gestalteten Startseite einfach in die Welt der politischen Persiflagen und Unterhaltung ein, während der ernsthaft gestimmte Zeitgeist den Verlinkungen ins Reich der Sachpolitik und der Programmatik folgt.

Zunehmend wichtig wird auch die Interaktivität, d.h. eine optimierte Webseite sollte „atmen“ und nicht ausschließlich die Zweitverwertung von

Offline-Inhalten betreiben, also das inhaltliche Angebot nicht auf Flugblätter, digitalisierte Reden oder Parteiprogramme reduzieren. Vielmehr müssen die zahlreichen Möglichkeiten des Internets ausgeschöpft werden. Das bedeutet, E-Mail-Anfragen ernst zu nehmen und gleichzeitig zügig zu beantworten oder Diskussionsforen und Chat-Events einzurichten, um dem Besucher das Gefühl zu geben, lebendiger Bestandteil der virtuellen Welt zu sein. Überdies wird die Attraktivität einer Webseite gesteigert, wenn neben dem Standard-Angebot auch vermeintliche „Exklusiv-Informationen" publiziert werden, wie etwa stündlich aktualisierte News oder Gegnerbeobachtungen. Gerade der Bereich Gegnerbeobachtung erfreut sich auf amerikanischer Seite steigender Beliebtheit, die dank akribischer Dokumentationen über den politischen Gegner interessante Einblicke in die Welt der Versprecher und missglückten politischen Botschaften geben. Verlinkungen auf den Eingangsseiten verweisen unmittelbar auf Content-Bereiche, in denen beispielsweise bei den sogenannten „Gore Files" der Republikaner Al Gores widersprüchliche Aussagen fein säuberlich dokumentiert sind[2]. Zweifellos wird das gängige Internet-Angebot auf diese Weise attraktiver gemacht. In Deutschland dagegen beschränkte man sich im Wesentlichen bisher darauf, nur einzelne Positionen des politischen Gegners zu hinterfragen; eine derart intensive Auseinandersetzung für den kommenden Wahlkampf 2002 wäre sicherlich nicht uninteressant und würde einen Teil der beinah dogmatischen Seriosität deutscher (Online-) Wahlkämpfe erfrischend verändern.

Bei einem Vergleich der prominentesten deutsch-amerikanischen Webseiten[3] wird bei genauerem Hinsehen schnell deutlich, dass die Amerikaner den Webauftritt ihrer Parteien noch ein Stück professioneller betreiben, um die hart umkämpfte Aufmerksamkeit möglichst breiter Schichten von Internet-Usern zu gewinnen: So unterteilten die Demokraten unter www.democrats.org/outreach ihre Zielgruppen mit nebenstehenden Verlinkungen, inwieweit welche Gruppe – ob nun Homosexuelle, Einwanderer oder Frauen – ihre Bedürfnisse bei den Demokraten wiederfinden. Dagegen ist das Angebot der deutschen Volksparteien verbesserungsbedürftig. Das Angebot ist weniger subtil konzipiert, da hier im Content-Bereich im Wesentlichen nur politische Positionsbestimmungen abrufbar sind.

Immerhin aber halten beide Parteien, SPD wie CDU, auch englischsprachige Seiten bereit. Hinsichtlich der Wählerfokussierung ist diese Begrenzung auf eine Fremdsprache allerdings zu eng gefasst. Denn während in den USA die zwei dominierenden Parteien ihr Angebot auch an das Spanisch sprechende Wahlvolk richten, sucht man auf den Webseiten von CDU und SPD vergeblich nach türkischsprachigen Seiten – und das, obwohl die Mehrheit aller Immigranten aus der Türkei stammt und am Wahltag mehr als nur zum Zünglein an der Waage geraten könnte.

Überaus überarbeitungsbedürftig sind im Vergleich zu den USA vor allem die Domains der potentiellen Kanzlerkandidaten für das Jahr 2002, die mittlerweile – in Deutschland wie in den USA – durch den hohen Grad der Personenzentrierung obligatorisch sind. Unter der Adresse www.gerhard-schroeder.de erscheint jedoch der lapidare Hinweis, dass die Seite sich noch im Aufbau befände, was freilich daran liegt, dass die Domainrechte in der Hand einer Jugendorganisation der CSU liegen. Brandenburgische Wähler fanden auf der Suche nach SPD-Ministerpräsident Manfred Stolpe auf www.stolpe.de den Wahlkampfauftritt seines Konkurrenten Jörg Schönbohm. Die CDU hatte sich rechtzeitig die Domains Stolpe.de und Manfred-Stolpe.de gesichert. Kostenpunkt: runde 50 Mark. Medienecho: gigantisch und unbezahlbar.

Dagegen findet man bei der neuen Parteivorsitzenden der Union, unter www.angela-merkel.de, immerhin ein paar Inhaltsangebote. Insgesamt aber, grafisch wie im Content- und Service-Bereich, kann die Seite selbst für einen unerfahrenen Internet-User einen Vergleich mit amerikanischen Kandidaten-Seiten nicht standhalten. Unter www.georgewbush.com oder www.algore2000.com werden die dargebotenen Inhalte auf hohem Web-Niveau miteinander verknüpft.

Die Zeichen der Zeit erkannt hat jedoch in jedem Fall die laut Selbstaussage „8-%-Partei“, FDP, im nordrhein-westfälischen Wahlkampf. Ein mit flotter Musik hinterlegtes Eingangs-Intro führt auf die grafisch aufwendig gestylte Motto-Seite www.nrwbrauchttempo.de, die den Web-Besucher dazu auffordert, unter Anspielung auf die umstrittene „Kinder-statt-Inder“-Kampagne von Jürgen Rüttgers, an einer fiktiven Geschichte über den nach Bombay reisenden Ministerpräsidenten-Kandidaten weiterzuschreiben. Darüber hinaus ist die Seite auch stark in ihrer Interaktivität, worunter allerdings keinesfalls der Content-Bereich oder die Menüführung leiden.

Man muss erst gar nicht ins Detail gehen, um die Frage, wer von beiden Konkurrenten, Rüttgers oder Clement, das Rennen im Cyberspace gewinnen würde, zu beantworten. Unter der Adresse www.clement2000.de wird in Anlehnung an amerikanische Kandidaten-Seiten dem Besucher eine übersichtliche Webseite präsentiert, die unterhaltend und informierend zugleich ist. Dagegen mutet das Design und die Menüführung unter www.juergen ruettgers.de eher altertümlich an – und das, obwohl sich als Domaininhaber eine Werbeagentur ausgibt[4].

Ingesamt gesehen ist die Mehrzahl politischer Webangebote in Deutschland zwar durchaus ansehnlich, im Vergleich zu den USA haben sie aber durchaus noch Entwicklungspotential, speziell im Marketing-Bereich. Denn so entscheidend für eine Website die inhaltliche und grafische Aufbereitung auch ist, erhöht dies nicht automatisch die gewünschte Reichweite. Websites sind schließlich nur Passiv-Instrumente zur Erzeugung von Aufmerksamkeit und benötigen umfassende Vermarktungs-Strategien, damit dann schließlich die Früchte der Arbeit für eine solide gestaltete Website geerntet werden können. Um den Besucherradius einer Webseite aber über den Kreis der Parteimitglieder und Sympathisanten hinaus zu erweitern und damit auch Unentschlossene oder Wechselwähler zum Besuch animiert werden, ist folglich die Einbindung von Webpräsenzen in Werbekampagnen unerlässlich. Dabei ist Umdenken gefragt: Campaigns müssen offline wie online erfolgen: Abseits der virtuellen Welt muss auf Plakaten neben politischen Botschaften auch ein Verweis auf die Internet-Adresse angebracht werden. Im Online-Bereich gilt es wiederum, auf andere Instrumente zurückzugreifen, wie etwa Online-Advertising, um den Internet-User dazu zu bewegen, per Mausklick auf die Kampagnenseiten der Partei zu gelangen.

Auf diese Weise schließt sich der Kreis: Wer erfolgreiche Online-Campaigns initiiert und eine ansprechende Homepage publiziert, reüssiert auch anderweitig. So trugen sich binnen zwei Wochen auf den Webseiten John McCains 40.000 Internet-User als Unterstützer ein.[5] Mit Hilfe der schnell wachsenden Mailingliste konnten die neu geworbenen Unterstützer wiederum regelmäßig informiert und zum Spenden ermuntert werden.

Negative Domains

Was in den USA seit mehreren Jahren zum etablierten Online-Wahlkampfinstrument zählt, ist in Deutschland noch gänzlich unbekannt: das Initiieren von Schlammschlachten durch Negative Domains, die den politischen

Gegner der Lächerlichkeit preisgeben oder eine Sammlung aller jener Aussagen dokumentieren, die im aufgeheizten Wahlkampfklima die Stimmung für das öffentliche Erscheinungsbild des politischen Gegners verschlechtern. Es ist kaum nachvollziehbar, weshalb die deutschen Internet-User mit dieser Art von Campaigning bisher noch nicht konfrontiert wurden; schließlich verspricht diese unterhaltsame Wahlkampf-Nische eine Menge Aufmerksamkeit.

Mittlerweile sind in den USA Negative Domains derart populär, dass es immer schwerer fällt, noch den Überblick zu behalten. Im Negative-Online-Campaigning wird kaum ein politischer Bewerber verschont; je prominenter, desto zahlreicher sind seine Negative Domains. Die Clintons werden auf unzähligen Seiten ins Visier genommen, wie bspw. www.nothillary.com oder besonders derb www.clinton.org. Nicht immer stecken hinter den Negative Domains gegnerische Parteien oder Kandidaten; häufig werden sie einfach nur von engagierten Netzaktivisten betrieben, um so ihr persönliches Scherflein zum Wahlkampf beizusteuern.

Das Flaggschiff einer von den Washingtoner Republikanern initiierten Anti-Hillary-Clinton-Seite unter www.stophillarynow.com zeigt eine heimtückisch wirkende Hillary, die in King- Kong-Manier ganz Manhattan okkupiert. Parallel dazu publizieren Sympathisanten des New Yorker Bürgermeisters, Rudolph Giuliani, unter www.hillaryno.com eine weitere Negative Domain, auf der gleichzeitig Online-Spenden für Giuliani entgegengenommen werden. Dabei agieren die Gegner Hillarys höchst einfallsreich: So befindet sich auf der von amerikanischen Konservativen gehosteten Seite neben dem Lügen- und Sündenregister Hillarys ein Anti-Hillary-Quiz sowie ein interaktives Modul, mit dem Hillarys Frisur spielerisch verunstaltet werden kann.

Angesichts der Bandbreite amerikanischer Negative Campaigns – von persönlich diffamierend bis politisch fragwürdig – muss den deutschen Parteien nicht unbedingt die Empfehlung ausgesprochen werden, hier gleichzuziehen. Andererseits darf ihr Einsatz, gerade in Wahlkampfzeiten, auch nicht unterschätzt werden. Nachdem beispielsweise George W. Bush die auf ihn abgestellte Negative Domain www.gwbush.com in aller Öffentlichkeit kritisierte, verzeichnete die umstrittene Seite einen Anstieg auf monatlich sechs Millionen Besucher[6].

Selbst für kleinere, regional begrenzte Wahlkämpfe lohnen sich die Investitionen in Negative Domains: So riefen die Anti-Hillary-Seite www.HillaryNo.com monatlich immerhin mehrere 100.000 Besucher auf; überdies wurde im Durchschnitt alle zehn Minuten eine gegen Hillary Clinton gerichtete Online-Petition unterzeichnet. Als Zusatzleistung bietet die Webseite professionelle (Negative-) Werbebanner an, die problemlos auf jedweder Homepage angebracht werden können[7].

Die Zukunft: Zielgruppengerechte Werbe-Banner

Nachdem das Erscheinungsbild vom Internet seit mehreren Jahren von kommerziellen Werbebannern geprägt wird, haben in den USA seit kurzem auch die Präsidentschaftskandidaten den Wert der kleinen Werbeeinblendungen begriffen. Dabei orientieren sich die Einsatzkriterien streng an der Vermarktungsstrategie kommerzieller Banner. So setzten die Präsidentschaftskandidaten Bush und McCain ihre Werbebanner auf zahlreichen, speziell selektierten Webseiten ein[8].

Im Online-Kampf um die Aufmerksamkeit profiliert sich insbesondere die von Bush beauftragte Firma *Aristotle Publishing,* die sich durch intelligent konzipierte Banner von der Masse der üblichen Einblendungen abhob: Beispielsweise können sich Internet-User mit einem kurzen Mausklick auf eines der Werbebanner ausrechnen lassen, welche konkrete Einkommensverbesserung Bushs Steuerpläne versprechen[9]. Zwar konnten oder wollten Bushs Wahlkämpfer bisher keine konkreten Zahlen über den Erfolg der Werbeeinblendungen nennen, weitaus gesprächsbereiter zeigte sich hingegen ein Sprecher McCain's, der erklärte, dass von seinen 10.000 Werbeeinblendungen immerhin rund 2 % angeklickt würden – wobei rund die Hälfte jener 2 % sich sogar noch näher mit dem Online-Angebot McCain's beschäftigten und am Ende die Online-Petitionen McCain's freiwillig unterzeichnen würde[10]. Nahezu revolutionäre Erkenntnisse erbrachte eine weitere Studie, in der erstmals empirisch nachgewiesen wurde, welch durchschlagende Wirkung politische Banner haben. Das Fazit der Untersuchung lautete: Bannerschaltungen während der Gouverneurswahlen beeinflussten in New York die politische Haltung von Unentschlossenen, Wechselwählern und häufigen Internet-Nutzern in signifikanter Weise[11].

Inzwischen droht in den USA sogar der Stellenwert von Werbebannern den von TV-Spots zu übersteigen. Die Tendenz erscheint allerdings plausibel: Der Kostenvorteil im Vergleich zu TV-Spots liegt auf der Hand. So können für umgerechnet rund 22.000 DM mehr als eine Million Werbeeinblendungen im Internet geschaltet werden[12]. Die offensichtlichen Differenzen im Preis-Leistungs-Verhältnis manifestieren sich auch im unterschiedlichen Wirkungsgrad. Untersuchungen zufolge taucht 1 % aller Banner-Betrachter für immerhin fünf bis zehn Minuten in die Webseiten eines Kandidaten ein[13]. Im Vergleich zu einem 30-sekündigen TV-Spot ist dieser Zeitraum beinahe eine halbe Ewigkeit.

Freilich erfordern erfolgreiche Banner-Campaigns zielgruppengerechte Marketingstrategien, die allerdings ohne weiteres auch auf Deutschland übertragen werden können. Mit Hilfe des sog. „Site Targeting", mit dem die Schaltung von Werbebannern, bspw. auf Webseiten von Politik- oder Wirtschaftsmagazinen, gesteuert wird, vergrößert sich die Reichweite eines Werbebanners, je exakter der potentielle Rezipientenradius ermittelt wird. Freilich verlangt effizientes „Site Targeting" internet-spezifisches Know-how, über das nur professionelle externe Dienstleister verfügen, wie etwa die amerikanische Cyberadvocacy Agentur *Aristotle,* die in der Lage ist, für politische Klienten binnen kurzer Zeit Bannerwerbungen auf über 5.000, nach speziellen Kriterien ausgewählten Webseiten zu platzieren[14]. Da jedoch in Deutschland die Branche des politischen Banner-Advertising noch gänzlich unbekannt ist, ist davon auszugehen, dass innovative PR-Agenturen diesen Geschäftsbereich bald mit ähnlichem Ernst wie in den USA betreiben könnten.

In Deutschland muss folglich die Einsicht wachsen, dass die Konzentration auf Webpräsenzen alleine lange nicht mehr ausreicht, um das gewünschte Maß an Aufmerksamkeit zu erzielen. Obligatorische Besuche von surfenden Parteimitgliedern oder Sympathisanten reduzieren die potentielle Reichweite einer politischen Webseite auf ein unnötiges Minimum. Notwendig ist daher die strategische Verknüpfung und Verlinkung – und die effizienteste Lösung zur Erregung von Aufmerksamkeit sind zweifelsohne Werbebanner, die auf prominenten Seiten wie Welt.de, ZDF.MSNBC.de, Lycos.de, in Onlinediensten wie AOL, auf Internet-Portalen wie AOL.de oder CompuServe.de ein Millionenpublikum erschließen können.

Darüber hinaus gilt es, künftige Kampagnen über die Offline-Welt hinaus zu verbreiten. So bietet sich beim Thema „Bildung" Bannerwerbung auf Webseiten von Magazinen an, deren Besucher sich vorwiegend aus jugendlichen Erwachsenen oder Eltern rekrutieren – bei einem Thema für ein Einwanderungsgesetz in Verbindung mit der „Green Card“ kämen wiederum alle Medien in Frage, die sich mit Wirtschaftsfragen auseinandersetzen. Dadurch werden nicht nur erhebliche Streuverluste vermieden, auf diese Weise bleiben vor allen Dingen auch die Werbe-Ausgaben überschaubar.

Die deutschen Parteien haben auf dem Sektor des Online-Advertising zweifellos noch genügend Nachholbedarf und stehen nun vor der Aufgabe, das vielversprechende amerikanische Online-Marketing auf deutsche Verhältnisse zu übertragen. Die Zeit drängt jedoch, zumal amerikanische Online-Strategen die Defizite deutscher Parteien deutlicher nicht vor Augen führen könnten; sie prognostizieren bereits beim jetzigen amerikanischen Präsidentschaftswahlkampf, dass die politische Bannerwerbung in ihrer Bedeutung Kandidaten-Webseiten noch übersteigen dürfte[15].

Online-Chats

Mittlerweile erfreut sich der Online-Chat, d.h. der interaktive Talk mit interessierten Netz-Surfern, weltweit steigender Beliebtheit. Der Reiz, den diese neuartige Kommunikationsform ausmacht, liegt womöglich in der Hoffnung begründet, dass durch die direkte Kontaktaufnahme mit den Chat-Teilnehmern eine gewisse Bindung hergestellt wird. Tatsächlich aber hat man als Teilnehmer bei einem virtuellen Chat kaum eine reale Chance, unmittelbar Einfluss auf den Verlauf des Dialogs mit dem jeweiligen Politiker zu nehmen. Bei 50.000 engagierten Teilnehmern[16], wie zuletzt bei einem Chat Bill Clintons, wurden Fragen schon aus praktischen Erfordernissen entsprechend vorsortiert. Ein AOL Live!-Chat mit George W. Bush brachte eine Rekordbeteiligung. Zehn Fernsehteams und 35 Polit-Redakteure von Tageszeitungen und Nachrichtenagenturen drängelten sich in der deutschen AOL-Zentrale, als der Hamburger CDU-Fraktionschef Ole von Beust zum Höhepunkt der CDU-Spendenaffäre auf dem AOL Live!-Talksofa Platz nahm. Mehrere hunderttausend Internet-Nutzer verfolgten die Live-Übertragung in Bild und Ton auf ihrem PC. Und am nächsten Tag zitierten alle deutschen Tageszeitungen aus dem AOL-Talk. Erstmals wurde ein Online-Dienst als Nachrichtenmedium anerkannt.

Der Wirkungsgehalt einer solchen Sitzung darf nicht unterschätzt werden, da hier, im Gegensatz zum eindimensionalen Fernsehen mit lediglich einem Moderator, der Zuschauer das Gefühl vermittelt bekommt, Teil des interaktiven Mediums zu sein. Der virtuelle Teilnehmer tritt im Chat aus seiner passiven Rezipientenrolle heraus – und kann den Verlauf des Chats durch Beiträge beeinflussen. Chats sind in ihrer Wirkung allerdings nicht zu unterschätzen und aus dem professionellen Online-Campaigning kaum noch wegzudenken, da sie über die klassischen Medien weitertransportiert werden.

Zu ihrer Optimierung sollte allerdings die Konzeption überarbeitet werden. So könnte man beispielsweise – um die Bindung interessierter Internet-User zu festigen –, ähnlich wie beim Clinton-Chat, die Zahl der Höchstgrenze auf 50.000 virtuelle Gäste begrenzen. Aktiv teilnehmen und Fragen stellen dürften dann auch nur diejenigen, die sich zu Beginn des Chats nachweislich durch das politische Hintergrund-Angebot der Kandidaten-Homepage geklickt haben. Durch den pflichtgemäßen Nachweis würde der Chat zum einen für virtuelle Störenfriede unattraktiver werden und zum anderen bliebe durch diese Maßnahme bei potentiellen Wechselwählern sicherlich die eine oder andere politische Botschaft hängen.

Mailings

Das Webseiten-Angebot von Parteien oder Kandidaten, sich als Besucher in einen E-Mail-Verteiler eintragen zu lassen, um durch Mailings mit den aktuellsten Informationen versorgt zu werden, gilt hierzulande wie auch in den USA inzwischen zum Standard-Angebot. Durch die in Datenbanken gespeicherten E-Mail-Adressen entsteht die komfortable Möglichkeit, beispielsweise über Kampagnen oder Presseerklärungen, in Sekundenschnelle Dutzende von Journalisten und Tausende von Internet-Usern zu erreichen. Mit Hilfe gut durchdachter Mailings, d.h. die E-Mail-Empfänger sollten nicht überfordert werden, indem etwa täglich neue Meldungen lanciert werden, wird wie schon beim Chat die Bindung zum Internet-User aufrecht erhalten. Neben der reinen Informationsfunktion können Mailings im Verlauf des Wahlkampfs auch dazu verwendet werden, die Empfänger zu einer aktiveren Rolle zu ermuntern, indem sie etwa aufgefordert werden, E-Mail-Adressen von Freunden weiterzugeben oder spontan über Online-Formulare kleinere Beträge zu spenden.

Ausblick

Das neue Jahrtausend läutete im Online-Wahlkampf einen Paradigmenwechsel ein. Die anfänglich zu beobachtende Internet-Aufgeregtheit Mitte der 90er Jahre hat sich nun gelegt und wich einem neuen Verständnis: Virtuelle Adressen von Politikern fungieren jetzt nicht mehr als Ausweis für besonders modernes und innovatives Denken. Das antiquierte Kalkül wurde abgelöst von einem offensiveren Umgang mit der Netzwelt. Das Internet wird verstärkt als Werbemedium eingesetzt, um die klar definierten Ziele – hohe Reichweiten und ein Höchstmaß an Aufmerksamkeit – möglichst auch zu erreichen.

Die Professionalität, mit der in den USA Online-Campaigns betrieben werden, wird auf absehbare Zeit auch die Sichtweise und den Umgang deutscher Parteizentralen mit dem Internet verändern. Jede Partei, die es versäumt, die vorhandenen Marketing-Instrumente einzusetzen, wird künftig nicht nur virtuell ins Hintertreffen gelangen. Je größer das Netz-Publikum wird, desto größere Auswirkungen werden erfolgreiche Online-Campaigns auch auf Wahlergebnisse haben, wie das Beispiel New York eindrucksvoll unter Beweis stellte. Noch surfen in Deutschland zwar erst 14 % der Bevölkerung im Internet, während in den USA schon über 50 % aller Haushalte online sind. Da sich in den westlichen Industrienationen die Zahl der User international aber immer mehr nivelliert, stehen die deutschen Parteien nun vor der Herausforderung, aus den Erfahrungen amerikanischer Online-Campaigns ihre Lehren zu ziehen und sie in kommenden Wahlkämpfen hinreichend zu berücksichtigen.

Dabei gehört auch die umständliche Verfahrensweise, Spenden an deutsche Parteien nur offline überweisen zu können, auf den Prüfstand. Schließlich wird durch die Implementierung von Kreditkarten-Zahlsystemen auf Webseiten den potentiellen Spendern ermöglicht, ohne viel Aufwand kleinere Beträge zu überweisen. Alleine der ehemalige Präsidentschaftskandidat McCain konnte binnen weniger Monate stolze 4,1 Millionen Dollar über seine Webseite einsammeln[17]. Nicht von ungefähr setzen auch die Cyberadvocacy Consultants Giulianis verstärkt auf das Internet:

> *„Forget boring dinner parties and time-consuming photo shoots. Political candidates in need of donations are racing to the Web for some quick cash."*[18]

Noch befinden sich die deutschen Parteien in der komfortablen Lage, beim Erfahrungsaustausch vom Vorreiter USA profitieren zu können. Darüber hinaus ist von Vorteil, dass die Amerikaner offline zwar unterschiedliche Wahlkampftraditionen pflegen; das Online-Campaigning ist jedoch im großen und ganzen durchaus auf den europäischen Kontinent übertragbar. Daher muss man kein Visionär sein, um sich den deutschen Online-Wahlkampf im Jahr 2002 vorzustellen. Getreu der eingangs angesprochenen Formel, wonach die USA Deutschland in der allgemeinen Internetentwicklung um ein bis zwei Jahre voraus sind, werden die kommenden Monate den Wahlkampf-Strategen in den deutschen Parteizentralen wohl ausreichen, die nötige Mehrdimensionalität eines modernen Wahlkampfs zu berücksichtigen und sich der geeigneten Online-Instrumente zu bedienen.

Im Übrigen erlaubt die zunehmende Bedeutung des Internets ein anderes, speziell deutsches Hindernis, auszutricksen: Die Möglichkeiten der Parteien, Massenpublikum für sich zu gewinnen, sicherten während der heißen Wahlkampfphase bisher nur TV-Spots. Allerdings werden die Sendezeiten und die Häufigkeit ihrer Ausstrahlungen durch restriktive Rundfunkstaatsverträge in engen Grenzen gehalten. Diesen Regelungen ist die politische Bannerwerbung im Internet dagegen nicht unterworfen: Solange der Gesetzgeber auf diesem Feld eine Lücke offen lässt, ist es den Parteien freigestellt, schon Monate vor dem Wahltermin Werbebanner zu publizieren und damit schon frühzeitig Aufmerksamkeit auf sich zu lenken, Spendengelder online einzusammeln oder Mailinglisten zu vervollständigen.

Zwingend erforderlich werden in Zukunft auch die Verknüpfungen von Online-Campaigns mit der realen Welt – genannt „*Net piggybacking*“[19], was soviel bedeutet, dass in Offline-Medien wie Zeitungen oder Zeitschriften Kandidat X Anzeigen zu speziellen Themen schaltet. Nebenstehend wird auf eine Campaign-Webseite verwiesen – bspw. www.Gegen-Oeko-Steuer.de. Auf dieser Motto-Domain würden nicht nur die vergangenen „Steuersünden“ der Regierung beschrieben – gleichzeitig hätte man die Möglichkeit, Online-Petitionen gegen weitere Erhöhungen auszufüllen. Oder www.IOT.de, die Seite der Initiative „Internet ohne Taktung“. Innerhalb weniger Wochen unterzeichneten mehrere zehntausend Internet-Nutzer eine Petition, mit der die Telekom zur Einführung einer Internet-Flatrate aufgefordert wird. Eine geschickte Öffentlichkeitsarbeit dieser reinen Web-Initiative hat das Thema auf die politische Tagesordnung von Bundeskanzler

Schröder, seines Staatsministers Bury sowie Wirtschaft-Staatssekretär Morsdorf gebracht.

Aktionsformen dieser Art bewirken mindestens zwei Effekte: Erstens tragen Kampagnen, die mit einer Online-Petition flankiert werden, dazu bei, die demokratische Partizipation des Citoyen zu festigen. Und Zweitens käme nach Abschluss der Kampagne für den Initiator noch einmal kostenlose PR hinzu, nachdem die Zahl der Unterstützer medienwirksam bekannt gegeben wird.

Parteizentralen, die das Internet und seine Mechanismen begreifen, dürften analog zu den steigenden Nutzerzahlen auf absehbare Zeit nicht nur den Online-Wahlkampf gewinnen. So sehr sich allerdings das Internet anschickt, das Fernsehen in seiner Bedeutung zu übertreffen, erlaubt das Internet im Gegensatz zum Fernsehen keine „Ruhephasen", da Web-Standards von heute morgen längst wieder veraltet sein können. Wer daher beständig Aufmerksamkeit erregen und den Rezipientenradius für politische Botschaften vergrößern möchte, muss sich dem Wandel dieses Mediums kompromisslos anpassen. Künftig geht es also darum, dem politischen Gegner, wie etwa durch den Ersteinsatz von Bannern im New Yorker Gouverneurswahlkampf, technisch und marketing-strategisch immer eine Nasenlänge voraus zu sein.

Und ein Großteil des SPD-Erfolgs bei der letzten Bundestagswahl ist sicherlich auch dem erfolgreichen, von Telekom und T-Online in Teilen gesponserten Internetauftritt sowie der effizienten, einen schnellen Informationsaustausch ermöglichenden Verknüpfung aller SPD-Geschäftsstellen über das SPD-Intranet zu verdanken.

Gleichzeitig ist das Internet aber auch eine Chance für kleine Parteien, die bisher noch nicht im Bundestag vertreten sind. Der einst als Außenseiter verspottete Kandidat im Präsidentschaftswahlkampf, McCain, bewies eindrucksvoll, dass professionelles Online-Marketing etablierte politische Strukturen von heute auf morgen verändern kann. Nicht zuletzt McCains unmissverständliche Worte sollten die Entscheidungsträger in deutschen Parteizentralen endlich aufhorchen lassen:

> *„I would argue that one of the major reasons we've had the success we've had so far is because of the Internet."*[20]

Anmerkungen

1) Unabhängige Reichweitenanalyse Mediametrix Europe, März 2000
2) http://www.democrats.org/news/bulletins/index.html; http://www.rnc.org/gorefiles/index [Stand: 17.06.00]
3) SPD: www.spd.de; CDU: www.cdu.de; Republikaner: http://www.rnc.org; Demokraten: http://www.democrats.org
4) Laut Denic.de ist Domain-Inhaber die *Terramedia Werbung & Kommunikation GmbH*
5) http://slate.msn.com/netelection/entries/00-02-17_75298.asp [Stand: 17.06.00]
6) http://slate.msn.com/netelection/entries/99-09-16_34989.asp [Stand: 10.06.00]
7) http://www.campaignsolutions.com/rc4-1-99.htm [Stand: 21.06.00]
8) http://www.slate.com/netelection/entries/00-01-04_68180.asp [Stand: 23.06.00]
9) http://www.aristotle.org/banners/bush.html [Stand: 23.06.00]
10) http://www.slate.com/netelection/entries/00-01-04_68180.asp [Stand: 23.06.00]
11) http://www.zdnet.com/zdnn/stories/news/0,4586,2200974,00.html?chkpt=zdnnrlb [Stand: 15.06.00]
12) http://www.bettercampaigns.org/STANDARD/junesoap.HTM [Stand: 21.06.00]
13) http://www.bettercampaigns.org/STANDARD/junesoap.HTM [Stand: 21.06.00]
14) http://www.aristotleonline.com/banner.asp [Stand: 21.06.00]
15) http://www.zdnet.com/zdnn/stories/news/0,4586,2204211,00.html?chkpt=zdnnrlb [Stand: 19.06.00]
16) http://www.capitolwatch.com/story/11_09story1.html [Stand: 23.06.00]
17) http://slate.msn.com/netelection/entries/00-02-11_74812.asp [Stand: 10.06.00]
18) http://www.campaignsolutions.com/wbj1_13-00.htm [Stand: 21.06.00]
19) http://slate.msn.com/netelection/entries/99-09-16_34989.asp [Stand: 10.06.00]
20) http://slate.msn.com/netelection/entries/00-02-11_74812.asp [Stand: 16.06.00]

6. politikerscreen.de – ein politischer Intermediär

Klemens Joos / Alexander Bilgeri

1. Digitalisierung der Politik – aktuelle Entwicklungen

Das Internet gewinnt auch in der Politik mehr und mehr an Bedeutung. Zuerst sahen politische Verantwortungsträger im Netz lediglich eine weitere Möglichkeit sich zu präsentieren. Vermehrt wurden Web-Visitenkarten von Politikern und Organisationen ins Netz gestellt. Inzwischen erwartet der politisch interessierte Nutzer des Internets (Hintergrund-)Informationen, Entertainment und ein ansprechendes Design. Politik und politische Meinungsbildung haben neue – bisher oft desinteressierte – Gruppen erreicht.

Die „Young Generation" ist politisch interessiert – nur demonstrieren sie nicht mehr auf der Straße mit Transparenten für ihre Forderungen, sondern mit Tastatur und Mouse. So wurde bereits der erste Internetkanzler gewählt (www.dol2day.de). Der Wahl ging ein spannender Internetwahlkampf verschiedener politischer Internetgruppierungen voraus. Dieser „Spaßwahl" werden auch reale Wahlen folgen. So gab US-Präsident Bill Clinton eine einjährige Machbarkeitsstudie bei der National Science Foundation mit dem Ziel in Auftrag, nach Möglichkeiten zu suchen, Wahlen per Internet beispielsweise hinsichtlich des Wahlgeheimnisses sicher zu machen. Inzwischen wurden bereits die Primaries (Vorwahlen zur Präsidentschaftsnominierung) der Republikanischen Partei in Alaska oder die Urabstimmung bei Boeing mit Hilfe des World Wide Web durchgeführt. Unternehmen wie e-vote.com (www.e-vote.com) oder votehere.net (www.votehere.net) treiben diese Entwicklungen weiter voran.

Das Internet ist für die „Young Generation" Medium der politischen Willensbildung. Hier besteht das Problem, dass zwar eine Vielzahl von Internetseiten mit politischen Inhalten existiert, aber die Qualität der Information oft nicht von einem User beurteilt werden kann. Es stellt sich daher die Frage nach der Seriosität und Neutralität des jeweiligen Internetangebots. So gibt es im Netz eine Vielzahl von Angeboten, die politisch einseitig ausgerichtet sind, persönliche Meinungen widerspiegeln oder einen zu „universitären" Charakter haben (www.politik-digital.de, www.e-politik.de). Eine Ausnahme stellt politikerscreen.de, das politische Informationsportal in Kooperation mit dem Zweiten Deutschen Fernsehen (www.politikerscreen.de), dar.

2. politikerscreen.de – die Idee einer politischen Portalseite

politikerscreen.de greift als politische Portalseite den in den USA festzustellenden Trend hin zu zielgruppenspezifischen Nischenportalen auf. Denn nach der Überzeugung von Experten werden zukünftig mehr und mehr User ihre virtuelle Reise durch das Netz von einer Portalseite aus starten und gerade Nischenanbieter mit „Special Interest Content" werden davon profitieren. Die Vorteile der Spezialportale liegen in der klaren Fokussierung auf eine Zielgruppe bzw. Angebotsgruppe oder -form.

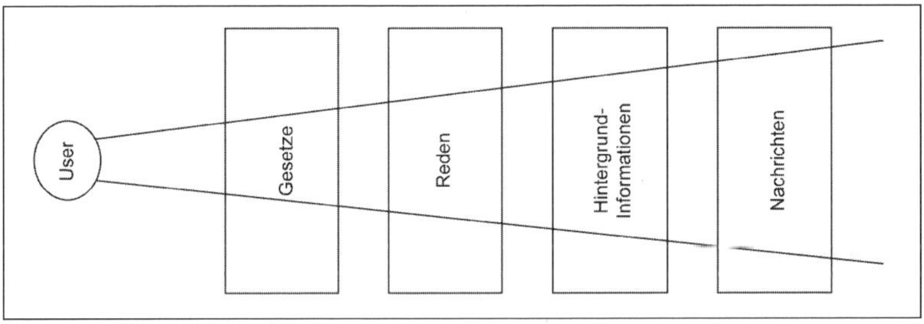

Relevante Bereiche für den politisch Interessierten und Handelnden

Daher ist politikerscreen.de als ein online verfügbarer Informationspool zum Themenbereich „Politik" konzipiert. Es findet jedoch keine Beschränkung auf Politik im Kern statt. Vielmehr werden sämtliche Informationen, die für den politisch Interessierten bzw. Arbeitenden von Bedeutung sind, über politikerscreen.de zugänglich gemacht. User können – wie in oben stehender Abbildung dargestellt – mit Hilfe des Portals übersichtlich, zielführend und kostenlos sowohl Daten zu politischen Fragen als auch nützliches Werkzeug für die politische Arbeit aus dem Internet abrufen.

Zielgruppe des Angebots sind politisch interessierte User in Deutschland über die Parteigrenzen hinweg, die sich über gelegentliche oder tägliche Zeitungs- und Magazinlektüre bzw. über den Konsum von Fernseh- und Hörfunknachrichten hinaus über politische Sachfragen informieren wollen. Hierbei spielt es keine Rolle, ob der User aus privaten oder beruflichen Gründen an der Information interessiert ist.

Die Realisation bzw. Weiterentwicklung des Internetportals www.politikerscreen.de erfolgte bzw. erfolgt auf der Basis von vier wesentlichen Gesichtspunkten: (1) Interaktivität, (2) Integration, (3) Individualisierung und (4) Unmittelbarkeit (vgl. nachfolgend teilweise Meyer 1999):

(1) Interaktivität:
Der Begriff der Interaktivität steht für „(...) mehr als rein strukturierte, passive Auswahlmöglichkeiten durch den Benutzer (...)“ (Meyer/ Pfeiffer 1998: 299). Dabei handelt es sich um „(...) the extent to which users can participate in modifying the form and content of a mediated environment“ (Steuer 1992: 84). Um die Interaktivität zu gewährleisten, wurden Feedback-Funktionen eingebaut. Neben einer Kontaktmöglichkeit via E-Mail sollen weitere (themenspezifische) Online-Formulare geschaffen werden, die es dem User ermöglichen, seine Wünsche und Probleme im Zusammenhang mit dem Portal mitzuteilen.

(2) Integration:
Voraussetzung für die Integration der Wünsche und Bedürfnisse der User ist die vorstehend beschriebene Interaktivität. Auf Basis dieser Feedbacks findet eine Weiterentwicklung des Portals statt, denn erst die Integration der Ideen der User ermöglicht kundenorientierte Innovationen und somit Wettbewerbsvorteile.

(3) Individualisierung:
Um einen zusätzlichen Usernutzen zu generieren und somit den Komfort für den Nutzer weiter zu steigern, ist eine Individualisierung/Personalisierung der Page möglich. So kann der User entsprechend seinen Bedürfnissen die Startseite einstellen. Hierbei kann er u.a. eine Vorauswahl hinsichtlich der Themenbereiche im Rahmen von Nachrichten/Aktuelles treffen.

(4) Unmittelbarkeit:
Inhalte, Angebote und Informationen müssen für den User direkt, sofort und überall abrufbar bzw. verfügbar sein. Daher werden mittelfris-

tig weitere Möglichkeiten der Informationsübermittlung hin zum User (z.B. Live-Streams) realisiert.

3. Die Struktur von politikerscreen.de

Grob gliedert sich die Struktur von politikerscreen.de in drei Bereiche: (a) Linksammlung (linker Frame), (b) News/Nachrichten (rechter Frame) und (c) Redaktionelles (Mittelframe).

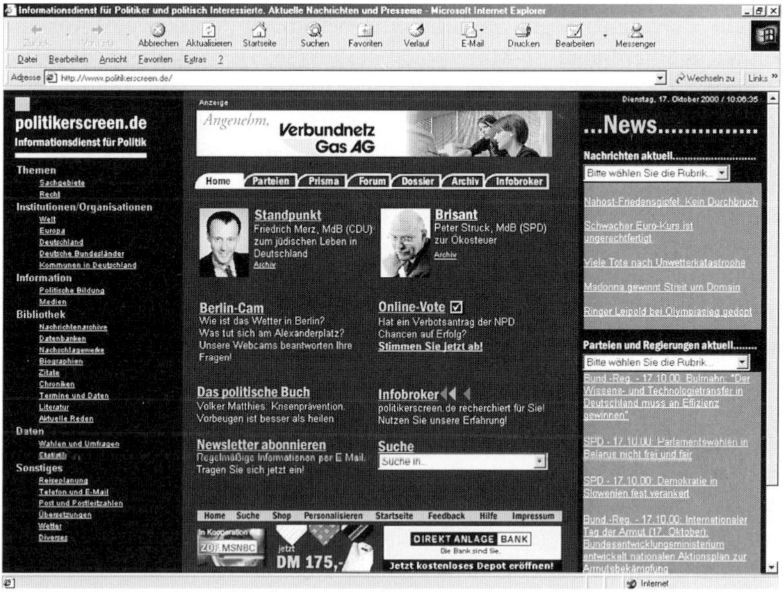

Screenshot der Homepage (Stand 17. Oktober 2000)

(a) Linksammlung

Die Link-Sammlung schafft für das wohl größte Problem im Netz Abhilfe: die Unübersichtlichkeit der angebotenen Informationen. Knapp 2.000 Links wurden daher nach thematischen Gesichtspunkten mit kurzen Erläuterungen zusammengetragen. Unter der Rubrik „Sachgebiete“ befindet sich beispielsweise eine umfangreiche Stichwortliste mit weiterführenden Links, die sich an den nahezu alle Gesellschaftsbereiche abdeckenden

Ressorts der Bundesministerien orientiert. Darüber hinaus wurden auch viele Links mit stark serviceorientiertem Charakter aufgenommen, von der Biographiedatenbank über Terminpläne bis hin zu aktuellen Reden und Wahlergebnissen.

(b) News/Nachrichten

Für politisch interessierte User hat die gedruckte Zeitung viele Nachteile. Nachrichten kommen mit deutlicher Verspätung beim Leser an, aus Platzgründen müssen sich viele Zeitungen zudem mit einer Auswahl der wichtigsten Meldungen begnügen. Im Fernsehen sollen Politiker ihre Ansichten auf die berühmte „1-Minute-30“ verkürzen. Hinzu kommt, dass die Berichterstattung in Print und TV entweder von Agenturen stammt oder journalistisch aufbereitet wurde. Dies bedeutet, dass der User bislang nur mit sehr viel eigenem Aufwand an die Originalmeldungen aus Parteien und Regierungen herankam. Wer beispielsweise tagtäglich über alle Meldungen von Parteien auf Fraktions-, Bundes- und Europaebene sowie von allen Landesregierungen mitsamt zugehörigen Ressorts unterrichtet werden möchte, müsste 184 Seiten absurfen. Hat er allerdings nur Interesse an steuerpolitischen Themen, wird ein Großteil dieser Seiten keinerlei Informationen bereitstellen.

An diesem Punkt setzt die Rubrik „Nachrichten aus Parteien und Regierungen“ von politikerscreen.de an. Hier werden die Pressemeldungen der Parteien, Bundes- und Landesregierungen ungekürzt und unbearbeitet wiedergegeben. Getreu dem Stichwort „Individualisierung“ kann sich der Benutzer nur Meldungen einer bestimmten Partei oder eines Bundeslandes anschauen und über eine Archivsuche auf alle Meldungen seit Mai 2000 zurückgreifen.

In der Rubrik „Nachrichten aktuell“ spielt das ZDF ständig seine Nachrichten aus allen Ressorts ein. Auch hier besteht die Möglichkeit, sich bestimmte Ressorts voreinzustellen oder im Archiv des ZDF gezielt zu recherchieren. Mit dem Nachrichten-Angebot von politikerscreen.de ist der politisch interessierte User immer aktuell und umfassend informiert.

(c) Redaktionelles

Der redaktionelle Inhalt des Informationsportals befindet sich in ständigem Ausbau. Der nachfolgend beschriebene Content bezieht sich daher auf Oktober 2000. Weitere Angebote sind in Planung. Der Bereich „Redaktionelles“ ist in sieben Kategorien gegliedert: Home, Parteien, Prisma, Forum, Dossier, Archiv und Infobroker.

Home: In den Rubriken „Standpunkt“ und „Brisant“ ermöglicht politikerscreen.de wöchentlich Politikern, zu einem aktuellen Thema ungekürzt Stellung zu nehmen. Brisant unterscheidet sich vom Standpunkt durch seine noch höhere Aktualität. Auch hier ergibt sich wieder eine „Win-Win-Situation“: Der Politiker kann einerseits seine Ansicht zu einem Thema ohne verkürzende Zuspitzung in aller Ruhe darlegen. Dem User bietet sich andererseits die Möglichkeit, alle Argumente zu lesen und sich dann eine Meinung zu bilden. Die Rubrik „Online-Vote“ soll die Interaktivität des Portals noch weiter erhöhen. Der User erfährt sofort nach der Abstimmung das derzeitige Ergebnis. Auch wird ein aktuelles politisches Buch rezensiert.

Parteien: Diese Kategorie bietet gebündelt und übersichtlich alle Informationen zu Regierung und Opposition im Deutschen Bundestag.

Prisma: Hierunter findet man *polis!*, eine von politikerscreen.de erstellte Datenbank zur Abgeordnetensuche, einen wechselnden Webtest und in Kooperation mit der Zeitung „Das Parlament“ die im Bundestag geführten Debatten als Volltext-Version.

Forum: Im interaktiven Forum können die User von politikerscreen.de zu aktuellen Fragen Stellung nehmen und miteinander diskutieren.

Dossier: Die Kategorie „Dossier“ kann als redaktionelle Aufbereitung der Linksammlung gesehen werden. Die Redaktion stellt hier im wöchentlichen Wechsel umfangreiche Dossiers zu aktuellen wirtschaftlichen, gesellschaftlichen und politischen Themen zusammen, die politisch und journalistisch arbeitenden Menschen einen Großteil der Recherche abnehmen sollen. Es handelt sich hierbei jedoch nicht um ein voll ausgearbeitetes Manuskript, sondern vielmehr um ein Hyper-Link-Dokument. Denn der User möchte auch hier keine bearbeiteten Informationen, sondern Zugang zu den Originalquellen.

Archiv: Vorausgegangene redaktionelle Beiträge können im Archiv abgerufen werden.

Infobroker: Der Infobroker ist eine kostenpflichtige Dienstleistung. Hier kann der User das Know-how der Mitarbeiter von politikerscreen.de für Rechercheaufträge nutzen. Erstellt werden u.a. Nachrichtenrecherchen, Hintergrunddossiers, Artikel, Datenpools für Mailings und Biografien.

Das Angebot von politikerscreen.de umfasst auch eine integrierte Suchfunktion. Mit Hilfe von Schlagworten kann nach speziellen Pressemeldungen und Links auf den Seiten gesucht werden. Abgerundet wird die Suchfunktion durch eine in Zusammenarbeit mit paperball.de (www.paperball.de) ermöglichte Recherche in der aktuellen Tages- bzw. Wochenpresse.

Im Shop-Bereich von politikerscreen.de bieten führende Internetunternehmen ihre Waren und Dienstleistungen an.

4. Akzeptanz und Resonanz

Aufgrund der politischen Neutralität, der Aktualität und der direkten Verfügbarkeit von Informationen wird politikerscreen.de inzwischen von einer Vielzahl von Abgeordneten und Mitarbeitern aus dem Deutschen Bundestag, den Länderparlamenten und dem Europäischen Parlament sowie von Journalisten genutzt. Die Welt beschreibt das Angebot als eine „Fundgrube für politisch Interessierte“ (Die Welt, 03.07.2000), Reinhard Bütikofer, Bundesgeschäftsführer von Bündnis 90/Die Grünen, spricht im Zusammenhang mit politikerscreen.de von einem „Synonym für schnelle Informationen“ und „aktuellste Nachrichten“ und CSU-Generalsekretär Dr. Thomas Goppel bekennt, dass es Spaß macht, mit politikerscreen.de zu arbeiten. Inzwischen werden die von der politikerscreen.de-Redaktion recherchierten und aufbereiteten Beiträge regelmäßig von Nachrichtenagenturen und Redaktionen aufgegriffen.

Die Resonanz bestätigt, dass die zielgruppenorientierte Ausrichtung eines Internetangebots die Einnahme einer Nischenposition ermöglicht und somit ein solches Angebot auch gegenüber den „Massenportalen“ (www.yahoo.de, www.t-online.de) bestehen kann.

Das Angebot von politikerscreen.de – mit den geplanten Ausbaustufen – ist ein Schrittmacher in Richtung Demokratisierung des Internets. Durch das neutrale und objektive Angebot wird politikerscreen.de – sowohl im ehrenamtlichen als auch hauptamtlichen Bereich – eine weiter steigende Bedeutung im Rahmen der politischen Information und Willensbildung zukommen. Politik im Internet ist inzwischen viel mehr, als nur eine Visitenkarte im Netz zu hinterlassen.

Literatur

Meyer, A. (1999), Die Zukunft im Online-Business: Vom Vertriebsweg zu neuen Herausforderungen, in: Picot, A. (1999), Marktplatz Internet, Vortragsschrift zur Tagung Münchener Kreis 25.-26.02.1999, Heidelberg 1999, http://www.marketing.bwl.unimuenchen.de/pages/innen/research/frameges.htm

Meyer, A./Pfeiffer, M. (1998), Der Einsatz interaktiver Medien: Nutzen und Konsequenzen für Dienstleistungs-Anbieter, in: Meyer, A. (Hrsg., 1998), Handbuch Dienstleistungs-Marketing: Theoretische Erkenntnisse und praktische Beispiele, Stuttgart 1998, S. 297 – 318

Steuer, J. (1992), Defining Virtual Reality: Dimensions Determining Telepresence, in: Journal of Communication, 4 (1992), S. 73 – 93

VIII. Journalisten zu Freunden machen

1. Hintergrund-Kontakte

Wolfgang Baake

Es war alles so schön eingefädelt worden – und ging doch gründlich schief: Monatelang hatten die Medienexperten der Partei um diesen Termin gekämpft – mit Gott und der Welt und vor allem mit den Programmverantwortlichen. Am Telefon, im Büro, beim Bier. Alle Kontakte genutzt.

Schließlich ging es darum, den neuen, aufsteigenden Kandidaten im privaten Umfeld zu präsentieren. Lieb zu Kindern und Tieren, kompetent in staatlicher Haushaltspolitik und privater Haushaltsführung. Interviewt von der allerliebsten Journalistin mit den passenden Fragen. Soweit der Plan.

Doch der „kommende Mann" hatte einen schlechten Tag erwischt. Er hatte schlecht geschlafen, war mit dem falschen Bein aufgestanden, fühlte sich nicht recht wohl – und fuhr seine Berater an, was der ganze Aufwand solle. Es bringe doch ohnehin nichts, stehle ihm die Zeit – und so weiter. Die Kameras waren schließlich aufgebaut, da kam die Ehefrau nach Hause, ebenfalls schlecht gelaunt. Statt Familienharmonie gab es laute Worte, Tränen, Ärger. Und ein ratloses Fernsehteam.

„Wenn das der medienfreundlichste Mann der Partei ist, dann will ich die anderen gar nicht erst sehen", soll die genervte Journalistin nachher gesagt haben. So beschreibt es BBC-Journalist Jon Sopel in einer Biographie.

Nein, ich habe diese Geschichte nicht erfunden. Sie soll sich vor Jahren wirklich so zugetragen haben. Im Wahlkreis des damals jungen britischen Labour-Abgeordneten Tony Blair. Peter Mandelson, damals Kommunikationsdirektor der Labour Party und heute Minister für Nordirland im Kabinett seines einstigen Schützlings, soll es noch heute grausen, wenn er an diese Episode zurückdenkt, die im Parteihauptquartier Millbank in London nur „Das Massaker von Sedgefield" heißt.

Medien machen Meinung

Journalisten und Politiker – eine nicht immer problemlose Beziehung. Zumindest jenseits der Dorfpolitik, wo der Bürgermeister dem freien Mitarbeiter der Heimatzeitung abends beim Bier seine Sicht der Welt und der Gemeindepolitik erklärt, die er – bitteschön – im Blatt wiederzufinden wünsche. Mit jovialem Schulterklopfen und dem Hinweis, der Dank des Vaterlandes und bei nächster Gelegenheit wieder ein Bier seien ihm gewiss.

Nein, die Dinge zwischen Handelnden und Berichterstattern, zwischen Macht und Meinung, sind komplizierter. Sie verachten oft den jeweils anderen Berufsstand, sind sich nicht selten in persönlicher Abneigung verbunden und brauchen doch einander wie Blüte und Biene.

Manchmal halten sich Journalisten für die besseren Politiker. Und nicht wenige Politiker wären gern einmal einen Tag lang Chefredakteur, um „endlich mal eine gescheite Berichterstattung“ zu ermöglichen.

Was sie verbindet: das schlechte Image. Beide buhlen jeweils in Umfragen um die Gunst des letzten Platzes bei der Fragestellung: „Vor welchem Berufstand haben Sie die meiste Achtung?“. Ärzte, Professoren und Ingenieure sind ganz vorn – unsere beiden angesprochenen Branchen streiten sich auf den Abstiegsplätzen mit dem ältesten Gewerbe der Welt.

„Wer nicht in den Medien vorkommt, der hat keine Chance.“ Dies ist mehr als eine Binsenweisheit des Medienzeitalters. Politiker brauchen die massenhafte Verbreitung ihres Namens, um bekannt zu werden. Später brauchen sie gute Kritiken, um die Beliebtheit beim Wähler zu steigern und bekannt zu bleiben. Radio und Fernsehen transportieren zudem Stimme und Erscheinung, nach der Divise: Tue Gutes und rede darüber.

Die Medien benötigen andererseits die Politik, damit die Zeitung keine weißen Flecken auf der Titelseite und im Lokalteil aufweist. Journalisten geht es um Neuigkeiten von Belang, die sie schnell haben möchten, möglichst als erste und exklusiv. Und sie nehmen sich das Recht heraus, Vorgänge und Entscheidungen zu kommentieren.

Medien können Politiker in höchste Höhen schreiben – und auch wieder fallen lassen wie eine heiße Kartoffel. Bundeskanzler Gerhard Schröder ist ein sehr gutes und treffendes Beispiel dafür. Die Medien haben ihn als Kanzlerkandidaten hochgeschrieben und nach dem ersten sehr erfolglosen Jahr als Bundeskanzler einer von ihm geführten Bundesregierung gnadenlos runtergeschrieben. Schröders Rettung waren die schwarzen Kassen der CDU.

In den Archiven der Zeitungen werden Dossiers über Politiker gesammelt – die Parteien wissen viel über die Journalisten. Es ist ein Geben und Nehmen. Natürlich geht es um politische Vorlieben – aber ebenso gut auch um persönliche Sympathie oder Abneigung.

Wo Menschen agieren, da „menschelt" es eben. Beide Seiten versuchen, dies zu ihren Gunsten zu nutzen.

Ich kenne beide Seiten. In diesem Buch geht es freilich um die Frage, wie der Wahlkämpfer mit den Medien umgeht – wie sein PR-Konzept, seine Strategie aussehen muss. Deswegen bin ich ein wenig parteiisch.

PR im Wahlkampf

Public Relations (PR) ist – verkürzt gesagt – der zielgerichtete Versuch, Vertrauen zu schaffen. Ein Verhältnis zu schaffen, das den Transport der eigenen Botschaft ermöglicht.

Aber Vorsicht: PR muss langfristig geplant und durchgeführt werden und bringt im seltensten Fall kurzfristigen Erfolg. Ohnehin kann im Zuge der PR nur das transportiert werden, was auch wirklich geschieht.

Niemand kann auf Dauer ein Image aufbauen, das nicht der Realität entspricht. Niemand kann dauerhaft die Öffentlichkeit belügen. Es kommt alles heraus. Und eine Beziehung ist viel schneller zerstört als aufgebaut.

Wer die Medien nur als Mittel zum Zweck betrachtet und nutzt, wer nur den eigenen Vorteil im Auge hat, der hat auf Dauer keinen Erfolg. Journalisten lassen sich gelegentlich einspannen, um ein bestimmtes Thema zu forcieren. Sie lassen sich jedoch nicht missbrauchen oder vor einen Karren spannen.

Wer macht die Medien munter?

Erfolgreiche Medienberater wissen das. Und ohne sie sollte man in keinen Wahlkampf gehen, weder kommunal noch in einer höheren Liga.

Die heutige Beratergeneration besteht aus Vollprofis, die ihr Handwerk beherrschen und das Gelände, auf dem sie sich bewegen. Sie kennen die Kunst – das richtige Thema in der richtigen Form im richtigen Augenblick dem richtigen Gesprächspartner zu servieren. „Spin Doctors" heißen sie im Angelsächsischen – und ohne sie geht nichts. Es gibt sie mittlerweile auch in Deutschland. Das ist gut so. Ich möchte jedoch ein Beispiel aus Großbritannien schildern.

Noch einmal zurück zum Anfang: Trotz des „Massakers von Sedgefield" wurde Tony Blair im Mai 1997 zum Premierminister des Vereinigten Königreiches von Großbritannien und Nordirland gewählt. Mit dem größten Vorsprung eines Labour-Kandidaten in der jüngeren Vergangenheit.

Mit ein Erfolg einer einzigartigen Medienkampagne, die über Jahre auf diesen Tag hingearbeitet hatte. Und der Erfolg eines Mannes, um den sich Sagen und Legenden ranken. „Mein Dank gilt auch Bobby", sagte Tony Blair, als er sich zunächst im internen Duell um die Parteiführung gegen den heutigen Schatzkanzler Gordon Brown durchgesetzt hatte. Niemand wußte an diesem Abend etwas mit dem Namen anzufangen, außer „Bobby" selbst. Ein Codename für einen Parteifreund, der nicht genannt werden wollte, weil er auch mit Brown befreundet war: Peter Mandelson.

Mandelson hatte in den 80er Jahren sein Amt als Kommunikationsdirektor der Labour Party angetreten, die sich in einem desolaten Zustand befand. Getreten vom Wahlvolk, verhöhnt von der erfolgreichen „Eisernen Lady" Magaret Thatcher, hatte Labour so ziemlich jedes unpopuläre Thema erkannt und sogleich besetzt, in Folge Wahl auf Wahl verloren und war zudem in internen Streitigkeiten verhaftet.

Niemand beneidete Mandelson um seine Aufgabe – außer ihm selbst. Geschickt setzte er an. Er analysierte die Zusammenhänge. Wer schrieb was? Wer war für welche Themen bei welcher Zeitung verantwortlich? Und überhaupt: Wie kam bei dieser oder jener Zeitung ein Thema auf die Seite 1, in den Leitartikel oder auf die Seite mit den „weichen Geschichten"?

Er fand heraus, wen er zu welchem Thema brauchte, welcher Journalist mit welchem Politiker „konnte", wer Schwierigkeiten in der Redaktion hatte und wer obenauf war, wer Kaffee trank und wer doch lieber Whisky. Er lobte und tadelte. Er gab der Presse die Themen vor, beschwerte sich lautstark und tief verletzt, wenn ein Journalist die wegweisende Politik von

Labour nicht hatte verstehen wollen – und sorgte dafür, dass er es beim nächsten Mal konnte.

Von lautem Gebrüll wechselte er fließend zu sympathischem Klatsch über diesen oder jenen Kollegen. Mandelson war überall und nirgends. Auf der anderen Seite bestimmte er in der Partei, wer zu welchem Thema sprach – und wer schon genug geredet hatte. Obwohl nicht gewählt, war er einer der mächtigsten Männer in der Politik. Er bestimmte, wer sich mit wem zu Hintergrundgesprächen traf – auf beiden Seiten.

Leider werden in Deutschland Pressesprecher und Kommunikationsexperten gerade von Regierungen, die neu ins Amt kommen, immer noch nach falschen Kriterien ausgesucht. Da ist vielerorts die Frage wichtiger, ob sich der Bewerber „im Haus darstellen" lässt als dessen Fähigkeiten als „Spin Doctor".

Dabei ist es doch gar nicht die Frage, ob der Ministerialdirigent Dimpfelmoser im Ministerium den Pressesprecher als Nichtjuristen akzeptiert. Die Informationen muss er ohnehin an die Pressestelle weitergeben, wenn sie abgefragt werden. Es kommt auf die taktischen und kommunikativen Fähigkeiten an. Auf sonst nichts.

Übrigens ist dies nicht allein ein Problem der Politik. In der Kirche sollen Pressesprecher Pfarrer sein, bei der Polizei am besten Beamte mit Kommissarlaufbahn und in der Bank Ökonomen oder Betriebswirte. Eine abgrundtief unsinnige Einstellung. Die Angelsachsen machen sich weniger Gedanken darüber, ob der Mitarbeiter, der Themen, Marken und Personen nach außen „verkauft", dem Stab im Innern „zu verkaufen" ist.

Ebenso typisch deutsch ist die Geheimniskrämerei und die Suche nach „undichten Stellen", statt eine gescheite offensive Informationspolitik zu machen. Auch Ortsverbände von Parteien ergehen sich in halbakademischen Diskussionen, ob der Bürgermeisterkandidat zwölf, zehn oder vier Wochen vor der Wahl bekanntgegeben wird – und vergeuden so wertvolle Zeit.

Es gibt übrigens eine sichere Methode, ein Geheimnis an die Öffentlichkeit zu bringen. Sagen Sie vorher: „Was ich jetzt sage, bleibt unter uns hier am Tisch."

Unter eins, unter zwei, unter uns

Oft wird der Vorwurf erhoben, Politik werde in Hinterzimmern betrieben. In der Tat: Vieles, was sich zwischen Politik und Medien abspielt, scheut das Licht der Öffentlichkeit.

Hintergrundgespräche sind ein probates Mittel, die öffentliche Meinung zu beeinflussen – zumindest jedoch Themen, Strategien und Personen zu testen. Wenn in der Zeitung steht, dieses oder jenes Thema habe die Redaktion „aus gut unterrichteten Kreisen" erfahren, dann war der Reporter beim Hintergrundgespräch.

Mal feste, mal neue Kreise treffen sich mit Politikern zum sogenannten Hintergrundgespräch. Sie werden in Deutschland in drei Stufen der Vertraulichkeit verabreicht – an die man sich in Journalistenkreisen hält. Wenn nicht, dann ist man nämlich „draußen".

Erklärt der Pressesprecher oder der Gesprächspartner, das Gespräch laufe „Unter Eins", dann kann geschrieben werden, dass Minister Meyer-Müller-Schulze eine komplett andere Auffassung zum wichtigen Sachthema hat als der Rest des Kabinetts. Die möglichen Folgen trägt der Minister. Solche Fälle sind selten, weil Kritik an der eigenen Truppe immer ein Thema ist – und in solchen Fällen eine Pressekonferenz der bessere Rahmen ist, der mehr Aufmerksamkeit erzielt.

Da lohnt die nächste Stufe der Vertraulichkeit schon eher: „Unter Zwei". Die besagt in Kürze, Minister Müller-Meyer-Schulze ist zwar der Auffassung, der Rest des Kabinetts sei auf dem Holzweg – und dies müsse die Öffentlichkeit auch erfahren. Prinzipiell auch von ihm. Doch sei er sich nicht sicher, ob gerade sein Name zum jetzigen Zeitpunkt damit in Verbindung gebracht werden müsse. Man wisse ja nicht, was dann passiere – und überhaupt sei alles ganz schwierig.

Die Journalisten werden in einem solchen Fall schreiben, „gut informierte Kreise" hätten die Botschaft mitgeteilt. Für die eigenen Parteifreunde ist dies das Signal zum Angriff, um den „Verräter" in den eigenen Reihen zu finden. Aber es nutzt nichts, weil sich der Stichwortgeber der öffentlichen Kontroverse durch die selbst gewählte Anonymität entzieht.

Ganz vertraulich – und richtig interessant – wird es „Unter Drei". Hier können Politiker Dampf ablassen, Dinge diskutieren und die Meinung der

Journalisten einholen. Hier begegnen sich Journalisten und Politiker im kleinen Kreis.

Hier zählen nicht mehr Rhetorik, sondern Inhalte und Charisma. Mancher Politiker hat erkannt, dass er hier seine Stärken hat. Es gibt Politiker, die haben Charisma in großen Hallen und auf Plätzen – oder im ganz kleinen Kreis. Oft wirken sie dort völlig anders als in den Medien. Wenn man das weiß, sollte man es sich zunutze machen.

Ich habe gestandene Journalisten aus der Provinz erlebt, mit viel Berufserfahrung und klarem (linken) Weltbild, die nach einem Hintergrundgespräch mit dem ehemaligen deutschen Bundeskanzler Helmut Kohl regelrecht ergriffen waren. Es hätte noch gefehlt, dass sie sich von diesem „Meister des kleinen Kreises" ein Autogramm hätten geben lassen.

Obwohl gerade Helmut Kohl mit nicht wenigen Journalisten auf „Kriegsfuß" stand, waren gerade die vertraulichen Gespräche, bei starkem Kaffee und Pfälzer Wein, Sternstunden für alle Beteiligten. Und es waren in Bonn nicht wenige Journalisten, die im Sommer 1990 wussten, wie Kohl dem damaligen sowjetischen Präsidenten Gorbatschow im vertraulichen Gespräch die deutsche Einheit samt NATO-Beitritt abgehandelt hatte. Sie kannten Kohls Stärke aus unzähligen Treffen.

Im Hintergrundgespräch kann ein Politiker Themen erörtern und die Reaktion testen. Springen die Journalisten auf ein Thema oder nicht? Was halten die Journalisten von bestimmten Personalvorschlägen?

Natürlich spielt die Psychologie eine nicht unwesentliche Rolle. Warum kommen die Journalisten zu einem Gespräch, über das sie nichts schreiben dürfen? Ganz einfach. Sie wollen dazu gehören, fühlen hier wie vielleicht sonst nirgendwo ihre eigene Macht. Und sie können – allzu menschlich – im Kollegen- oder Freundeskreis erzählen, dass sie („in ganz kleiner Runde") mit Kanzler, Minister oder Oppositionsführer beraten haben.

Wer kommt zum Hintergrundgespräch?

Die Frage, wer zum Hintergrundgespräch geladen wird, hängt nicht nur von der Bedeutung des Themas ab.

Kein Politiker kann es sich leisten, bestimmte Medien auf Dauer auszugrenzen. Die Zeiten sind vorbei, als ein deutscher Bundeskanzler einem

Hamburger Nachrichtenmagazin jahrelang das Gespräch verweigerte. Aber beim „Ausgrenzen" hat Kohl einen Nachfolger. Johannes Rau soll als Bundespräsident in Bezug auf ein Münchner Nachrichtenmagazin von Helmut Kohl gelernt haben. Genauso kann es sich der Landrat nicht leisten, eine ihm unliebsame Zeitung auf Dauer von Hintergrundgesprächen fern zu halten.

Damit wir uns recht verstehen: Wir reden nicht über die allgemeine Informationspflicht bei Pressekonferenzen. Hier kann ein Bürgermeister nicht einfach Meldungen an eine Zeitung geben und eine andere „vergessen". Hierzu gibt es einschlägige Rügen des Presserates und auch Gerichtsurteile.

Wir reden über Hintergrundgespräche, bei denen sich der Gastgeber die Besucher aussucht und einlädt. Natürlich setzt dies die Kenntnis der Lage voraus. Wie in einem der vorherigen Kapitel geschildert, benötigt man Kenntnisse über die Presseszene.

Wer gerade nicht Kanzler ist, bei dem sowieso alle Eingeladenen kommen, sollte auf die Zusammensetzung achten. Es bringt nichts, zwei Presseleute einzuladen, die sich wirklich spinnefeind sind und sich gegenseitig den Grund liefern, künftige Treffen nicht mehr zu besuchen.

Genauso wenig ist es sinnvoll, exponierte Unterstützer des politischen Gegners zu vertraulichen Runden zu bestellen. Wenn man solche Menschen nicht vermeiden kann, sollte die Einladung zumindest „dosiert" werden. Dann gibt es eben eine Einladung zu einem Weihnachtsessen oder ähnlichem mit lockerem Plausch. Dann kann zumindest niemand behaupten, die eine oder andere Zeitung oder ein bestimmter Journalist seien ausgegrenzt worden.

Eine dauerhafte Beschäftigung mit Medien, die den politischen Gegner hofieren, bringt nichts. Es sei denn, dass sich Freundschaften über die politische Gesinnung hinweg etablieren. Wer sich nur über „feindliche" Medien verbreitet – in der Hoffnung, diese für sich zu gewinnen – erleidet Schiffbruch.

Er wird so lange gebraucht, wie er Munition gegen die eigenen Parteifreunde liefert – und dann kann er gehen (oder fahren).

Politische Beobachter (übrigens auch ein Begriff, der meist den Schreiber des Textes meint) haben es nie verstanden, dass ein führender Politiker in Deutschland sich über Jahre hinweg nie der seiner Partei nahestehenden

Medien bedient hat, sondern fast ausschließlich anders Gesinnten. Als er schließlich in Bedrängnis war, fielen ihm die seiner Partei gewöhnlich wohl gesonnenen Zeitungen in den Rücken.

Neben dem Starten eines Versuchsballons und dem gewollten oder vermeintlichen Hineinnehmen von Journalisten in Entscheidungsprozesse, gibt es noch eine andere Spielart des Hintergrundgesprächs. Es ist jedoch nur wirksam, wenn es die Ausnahme darstellt und nicht zur Regel wird. Man kann „heiße“ Themen auch „tot machen“, indem man sie vor Journalisten vertraulich anspricht – und die dann nicht darüber berichten dürfen.

So funktioniert seit Jahren die Pressepolitik in einem Land, das als Demokratie westlichen Zuschnitts keine Zensur kennt – und doch ein anderes Sicherheitsbedürfnis hat: Israel. Dort ist es üblich, dass Sicherheitskreise Journalisten über bevorstehende oder angelaufene Operationen unterrichten – und zum Schweigen vergattern.

Pressegespräche - wie man es richtig macht

Grundsätzlich gilt: Wer nichts zu sagen hat, der sollte auch nicht schwatzen. Auch Dinge, die man bei einer Pressekonferenz oder durch eine Pressemitteilung sagen kann, gehören nicht in ein Hintergrundgespräch.

Es verbietet sich übrigens auch, bekannte Journalisten anzurufen und ihnen vermeintliche „Scoops“ (Knüller) zu „stecken“, die eine halbe Stunde später ohnehin bekannt werden. Der Inhalt zählt. Journalisten wollen ernst genommen werden, damit sie einen selbst auch ernst nehmen.

Der Kreis von Journalisten bei Hintergrundgesprächen sollte übersichtlich sein. Im großen Kreis lässt sich nicht vernünftig reden. Es versteht sich von selbst, dass bei derartigen Gesprächsrunden Getränke und am besten auch ein kleiner Imbiss gereicht werden. Dem Oppositionspolitiker kann es doch egal sein, ob die Journalisten in erster Linie kommen, weil der Winzer aus seinem Wahlkreis aus der Traube einen erstklassigen Kabinett keltert, solange seine Bemühungen genau dahin (ins Kabinett) führen.

Michael J. Inacker, Leiter des Hauptstadtbüros der Tageszeitung „Die Welt“, schreibt dazu: „Wie man Journalisten zu Hintergrundgesprächen lockt: Im Berliner Journalistenalltag gibt es so genannte Hintergrundgespräche von Politikern, zu denen die Hauptstadtkorrespondenten gerne oder auch weniger gerne hingehen.

Natürlich hängt die Beliebtheitsskala für solche Termine stark vom Informationsgehalt ab. Aber fast genauso entscheidend sind Unterhaltungs- sowie der kulinarische Nährwert.Einen festen Platz hat sich inzwischen der CSU-Landesgruppenchef und Unionsfraktionsvize Michael Glos erworben. Seine mit geschickter Hand von Pressesprecherin Sabine Bastek vorbereiteten Runden kommen deshalb so gut an, weil es selbst im preußischen Berlin eine wunderbare Weißwurst samt Brezeln gibt. Dazu nimmt Glos in seinen politischen Bewertungen kein Blatt vor dem Mund und informiert so fair und offen, dass es der Unionsschwester nicht immer gefällt. Ebenso beliebt wegen ihrer manchmal polit-kabarettistischen Einlagen sind die Hintergrundgespräche von SPD-Generalsekretär Franz Müntefering! Das Essen ist deftig – und einige Aussagen des Generals ebenso. Dabei schwingt bei Müntefering immer Selbstironie mit. Eine Gabe, über die nicht viele in der Politik verfügen, die ihn aber unter Berliner Journalisten Sympathien verschafft. Auch bei der CDU-Vorsitzenden Angela Merkel fallen Qualität von Inhalt und Essen zusammen. Immerhin versucht die CDU trotz eingeschränkter Kassenlage, die Journalisten nicht verhungern zu lassen. Lediglich der Humor hält sich manchmal in Grenzen. Karg geht es dagegen in der Regierung zu. Lädt Außenminister Joschka Fischer tagsüber zum Hintergrund ein, fehlt sogar das sonst übliche Gebäck. Bei Wasser und Kaffee müssen die Journalisten den – zugegeben – zumeist interessanten Ausführungen des Ministers lauschen. Nicht viel mehr bietet übrigens auch Kanzler Gerhard Schröder. Vielleicht sollen die Journalisten gar nicht erst auf die Idee kommen, länger im Kanzleramt zu bleiben.“

Bitte keinen Fehler machen

Wie bei allem, so gilt es auch im Vorfeld von Begegnungen mit der Presse und während des Gesprächs, Fehler zu vermeiden. Vor allem unsinnige Quasselei. Auch erfahrene Haudegen der Politik lassen sich dazu hinreißen.

Das ist nur normal. Ihnen gegenüber sitzt ein oder sitzen mehrere Journalisten, die über Politik berichten. In nicht wenigen Landtagen läuft diese Truppe gegen zehn Uhr in der Kantine ein und bespricht dort erst einmal die Lage. Alle sind Kenner der Szene, halten sich zumindest dafür, und sind stets auf dem Laufenden.

Für einen Politiker sind sie die idealen Gesprächspartner. Sie sind keine Parteifreunde, bei denen man aufpassen muss, was man sagt. Sie sind auch keine Gegner, die einem das Schwarze unter dem Fingernagel nicht gönnen. Sie sind vermeintlich neutral – und kennen trotzdem die Szenerie.

Nicht wenige Politiker neigen bei solchen Treffen zu „Heul- und Klagestunden". Sie berichten dem Journalisten dann, wie grundsätzlich schwierig alles sei – in der Fraktion, in der Regierung und im Wahlkreis. Dass einen niemand versteht, dass man alles selbst machen muss, dass jeder mit jedem noch so kleinen Problem anruft – und wie es zu Hause dem Hund (oder der Katze) geht.

Journalisten sind jedoch weder Seelsorger noch Psychologen. Man erzielt auch keine Achtung, wenn man solche Auftritte öfter hinlegt. Im schlimmsten Fall kommen irgendwann Dinge ans Tageslicht, die besser nie gesagt worden wären.

Der Journalist, das unbekannte Wesen

Generell gilt für den Umgang mit Journalisten, dass man ihre Arbeit respektieren sollte. Es bringt niemandem etwas, den Journalisten zu verstehen zu geben, dass man den ganzen Berufsstand für überflüssig hält.

Berüchtigt war etwa das schlechte Verhältnis von Bundeskanzler Kohl zu den Fotografen. Wie viele unvorteilhafte Fotos von sich hätte er sich ersparen können, wenn er weniger harsch und mitunter verletzend auf die Bildberichterstatter reagiert hätte.

Es ist schwer genug, Journalisten zu Freunden zu machen. Man sollte aber tunlichst vermeiden, dass sich Feindschaften aufbauen. Der beste Weg zur dauerhaften Feindschaft ist der Satz: „Ich werde mit ihrem Chefredakteur ein ernstes Gespräch über Sie führen." Wer so etwas sagt – und am Ende gar tut – schlägt Türen zu, die schwer wieder aufgehen. Politiker benötigen ein dickes Fell. Das bedeutet nicht, dass man sich alles gefallen lassen muss. Die Frage ist nur, wie man reagiert.

Berichterstatter, die es gut mit einem meinen, sollten dafür auch „belohnt" werden. Warum nicht einmal eine Information exklusiv einem befreundeten Journalisten „stecken". Der ist dankbar dafür, wenn die „Geschichte" wirklich gut ist. Natürlich darf auch das lediglich die Ausnahme darstellen.

Fazit

Die Pressearbeit ist nur ein Teil eines erfolgreichen Wahlkampfes – aber ein wichtiger.

Neben allen Theorien ist es noch immer so: Eine gute Politik setzt sich durch. Das entbindet die politisch Handelnden freilich nicht von der Nutzung von PR-Strategien.

Politik muss dargestellt werden – und das professionell. Was für die Bundesebene gilt, hat auch lokal seine Berechtigung. Verschiedene Fachleute bieten ihre Dienste an – freie Agenturen und angestellte Medienexperten der Parteien. Die Dienste dieser Fachleute sollten auf jeden Fall in Anspruch genommen werden.

Und plötzlich wird ein Wahlkampf auch auf kommunaler Ebene ein interessanter Wettstreit der Interessen und Personen. Ich habe Wahlkämpfe auf kommunaler Ebene erlebt, die besser und informativer waren als regionale oder sogar überregionale.

Es geht nur mit den Journalisten – und nicht gegen sie.

2. Wichtiges auf den Punkt gebracht – im Interview bestehen

Ulrich Meyer

Da steht er also, der Journalist/die Journalistin. Den Schreibblock in der Hand, den Kassettenrekorder parat, das Kamerateam hinter sich, neugierig, argwöhnisch – feindlich.

Auf den ersten Blick ist klar:
Ihr **Freund** ist der da/die da bestimmt nicht.

Und jetzt ahnen Sie auch, warum dieses Kapitel überschrieben ist mit den Worten: „Im Interview bestehen". Soll heißen: Ein hundertprozentiger Erfolg, also ganz in Ihrem Sinne, kann so ein Interview eigentlich niemals werden – davor sei die Berufsehre des Journalisten.

Es sei denn – und das mag Sie jetzt parteipolitisch treffen –, Sie machen es so wie Westerwelle. Denn eins muss man FDP-Guido lassen:
Der kann's ...

Viele, viele andere können´s nicht.
Und schlimmer noch: Sie bemühen sich auch nicht drum.

Via negationis ... oder: So nicht

Wer im Sinne unseres Exkurses Fortschritte machen will, der sollte sich Folgendes aber auch dringend verkneifen:

- Journalisten einfach stehen lassen,
- mit Journalisten nur im Gehen reden,
- die Fragestellung korrigieren („Das ist nicht die Frage"),
- sie von den Bodyguards bedrängen lassen,
- die Antwort einleiten mit „Bevor ich auf Ihre Frage komme...",
- auf der Anrede Herr Doktor, Frau Professor, Eminenz bestehen,

- sich hinter der Würde des Amtes und der Wucht der Funktion verschanzen,
- aber auch gar nichts zu sagen haben,
- und trotzdem den Mund aufmachen und verbal laufen lassen.

All das können Sie natürlich tun, wie so viele (im Wahlkampf). Aber kaum haben Sie es gemacht, haben Sie auch schon verloren. Damit machen Sie sich bestimmt keine Freunde und unter Journalisten schon gar nicht.

Wie also die ewig drohende Schulterniederlage im Interview verhindern, wie etwas für den eigenen Nutzen herausziehen?

Die schlichte Realität einiger gottgegebener Prämissen

Denn im Regelfall ist der Vorteil auf Seiten des/r Journalisten/in.
Er/sie bestimmt

- den Zeitpunkt, wann Sie für ihn/sie interessant sind,
- wie scharf das Interview geführt wird,
- wie das so entstandene Material verwendet wird.

Die Interview-Initiative geht also vom Journalisten aus. Die Variante „Machen Sie doch mal ein Interview mit mir!“ – die gibt’s auch. Aber das klappt meist nur, wenn Sie so richtig was zu erzählen haben (Was eventuell Ihrer politischen Karriere wiederum nicht unmittelbar förderlich ist.).

Wenn nun ein Journalist sich mit Ihnen verabredet auf ein Interview, dann geht die Arbeit los – erst einmal ohne den Journalisten.

Denn Vorbereitung ist alles!

Erwarten Sie niemals, dass Ihnen tiefschürfende Fragen gestellt werden, die Sie in brillanter Art und Weise unter Bemühung all Ihrer bildungsbürgerlichen Gewandtheit aus dem Stegreif retournieren können.

Nichts wird Ihnen *so* gelingen:
Denn

- der Journalist hat bestimmt nicht den Platz bzw. die Sendezeit, all Ihre luziden Gedanken in ihrer funkelnden Einzigartigkeit schillern zu lassen.

- Ihr Leser/Zuhörer/Zuschauer hat mit Sicherheit noch weniger Zeit – und noch weniger Aufmerksamkeit, schon gar nicht am Ende eines langen Tages.

- diejenigen, die Ihnen politisch (?) *nicht* wohl wollen, werden in Ihren Arabesken die Formulierung finden, die Ihnen das Genick anknackst.

Deshalb überlegen Sie sich vorher, was Sie sagen/verkaufen wollen:

Drei Botschaften und nicht eine mehr

- Diese Botschaften – und drei kann man sich als Rezipient schon merken – verpacken Sie in schlichte einfache Sätze: Subjekt, Prädikat, Objekt. Keine Fremdwörter.

- Auch wenn Sie stundenlang über das Thema reden können, Glückwunsch. Aber das interessiert niemanden.

- „KISS“ ist Ihre Parole: Keep it simply stupid:
  „Ein Pfund Schweinebauch kostet drei Mark fünfzig.“
  „Wir brauchen die Startbahn West.“
  „Ich möchte die Mehrwertsteuer um zwei Prozentpunkte erhöhen.“
  „E ist gleich M mal C Quadrat.“

Merke: Die Wahrheit ist immer konkret.

Erst danach, wenn Sie das rausgebracht haben, dürfen Sie ein wenig plaudern. **Dann** dürfen Sie nämlich sicher sein, dass der Journalist/die Journalistin Ihren O-Ton/Ihren Sound-Bite/Ihren Sauerteig für seine/ihre Überschrift auch im Kasten hat. Aber kommen Sie von sich aus nie ins Schwafeln. Das Interview in Gang zu halten, ist überraschenderweise **nicht** Ihre Aufgabe.

Wendige Journalisten werden nachfragen, indem sie Reizwörter Ihres Statements aufnehmen, variieren und in eine neue weiterführende Frage kleiden. Aber Vorsicht. Wenn Sie sich in der Vokabel vergreifen: PR-GAU!

Drei Botschaften, kurz, knapp und präzise – so kommen Sie nie in die Verlegenheit, sich vielleicht zu verplauschen wie Bundesministerin a.D. Claudia Nolte (CDU), die versehentlich etwas über eine Mehrwertsteuererhöhung murmelte – sehr zum Ärger ihres Kanzlers. Überlegen Sie sich am besten noch eine **knackige Formulierung,** die Ihnen am Ende auch noch den Ruf der Originalität einbringt.

Wie verpackt unser Westerwelle seine Kritik an Militär-Bischof Dyba, der sich Homosexuelle im Wehrdienst nicht und homosexuelle Paare schon gar nicht vorstellen kann? Er sagt: „Kardinal Dyba – der macht sich doch so langsam zum Ernst-August der katholischen Kirche."

Wenn Sie so was drauf haben, wird das nächste Gespräch mit der FAZ anfangs vielleicht ein bisschen schwierig, die Kollegen von RTL aktuell werden Sie zu ihrem neuen Liebling erküren. So eine Formulierung muss natürlich ein Treffer sein: Wenn nicht, dann sind Sie der drohenden Schulterniederlage wieder ein Stück näher, die Gegenseite wird den Armhebel ansetzen. Denn der Journalist/die Journalistin ist ein Verführer: Führt *Sie* auf Wege, die *ihm/ihr* genehm sind, auf denen *Sie* ins Straucheln geraten, damit *seine* Klientel mehr davon hat. Folgen Sie ihm, aber folgen Sie ihm nur so weit, wie **Sie** wollen:

Deshalb (siehe oben) verbreiten Sie Ihre Wahrheit in Grundbotschaften, die Sie im weiteren Gespräch nur noch (redundant) variieren müssen,

– damit er/sie merkt, dass es heute mehr nicht gibt,
– damit Sie aber auch sicher sein können, dass Ihre Botschaft rüber kommt,
– denn Ihr Sound-Bite/Ihre Überschrift/Ihr Zitat (siehe oben) – die stehen längst.

Und wenn Sie sich ordentlich vorbereitet und etwas Glück haben, dann kommt das, was **Sie** wollen, so präzise rüber,

– dass das Phänomen „Stille Post" keine Chance hat,

– dass die kollektive selektive Wahrnehmung, der jeder erliegt, Ihnen nicht das Wort im Munde herum dreht.

Und wenn Ihnen das Interview so richtig bevor steht, dann nehmen Sie sich ruhig die Zeit und trainieren ein wenig.

Trainieren Sie

...vor allen Dingen Ihr Timing. Finden Sie heraus, gern auch mit einem Blick auf den Sekundenzeiger Ihrer Armbanduhr, wie viel Zeit Ihre wesentlichen Sätze in Anspruch nehmen.
20 Sekunden, die entscheiden.
Diese 20 Sekunden, mit Überzeugung intoniert, vorher und nachher eine kleine Pause gemacht, damit der Kollege/die Kollegin später im Schnitt schneiden bzw. vor Ihren Augen gleich korrekt mitschreiben kann – und Sie haben gewonnen, auf jeden Fall nicht verloren.

Viel reden

... hilft nämlich im Regelfall überhaupt nicht viel. Schnell reden noch viel weniger.

Dann entsteht nämlich der Eindruck,

– dass Sie froh sind, endlich mal gefragt zu werden und
– dass Sie möglichst viel in möglichst kurzer Zeit unterbringen wollen, weil Ihnen länger sowieso keiner zuhört.

Also: Trainieren Sie Ihre Kernsätze und denken Sie daran, dass sie kurz und technisch verwendbar sein müssen und wenden Sie sich sodann ihr zu, der

hohen Schule.

Denn eigentlich (Schock!) ist es gar nicht so wahnsinnig wichtig, *was* Sie sagen – viel wichtiger für den TV-Zuschauer ist es, *wie* Sie es sagen. Dieses gilt natürlich *zuvorderst* fürs Fernsehen – aber das ist in Zeiten des Wahlkampfs ja ohnehin das wichtigste Medium.

Im Fernsehen ist es nie falsch, Wert auf Optik zu legen – auch wenn Sie es schamlos finden.

- Lassen Sie sich, *bevor alles los geht*, erklären, was der Kameramann so vorhat. Am Ende gehört es zu den formalen Grundsätzen der Sendung, für die Sie etwas erzählen, dass der Kameramann sich um Sie herumbewegt, Sie irritiert, aus dem Konzept bringt. Und darauf wollen Sie ja wohl sicher nicht hereinfallen.

- Fragen Sie den Kameramann/den Redakteur/die Redakteurin, wohin Sie schauen sollen. Fast immer ist es richtig, knapp an der Kamera vorbei zu sehen. Der Blick direkt ins Objektiv ist dem Moderator vorbehalten. Wenn **Sie** sich so direkt ans Volk wenden, wirkt das meist anmaßend, unangemessen, deplatziert.

- Suchen Sie sich oder lassen Sie sich den Standort aussuchen, an dem Sie sprechen wollen (!): Kommen Sie heraus aus der Deckung Ihres wuchtigen Schreibtischs.

- Flüchten Sie auch nicht gleich in den nächsten Sessel, das kommt oft müde, ausgelaugt und verkrampft rüber.

- Stellen Sie sich locker dorthin, wo der Hintergrund so repräsentativ wirkt, wie Sie das möchten, und so lebendig, wie es Ihren Zuschauer gerade nicht ablenkt.

- Fragen Sie ruhig, was die Kamera alles erfasst. Manchmal achten nicht einmal Kameraleute darauf, dass hinter Ihnen Vierzehnjährige Faxen machen oder offene Türflügel den Blick freigeben in gähnende Dunkelheit.

- Natürlichkeit, die können Sie sich nicht abverlangen. Also lassen Sie's. Wenn Sie sich aber vorgenommen haben, *was Sie sagen wollen*, dann fühlen Sie sich wenigstens sicher – und können sich auf vieles einlassen, was so ein Interview an Überraschungen und ungeahnten Möglichkeiten (auch in Ihrem Sinne) bietet.

- Am späteren Nachmittag sollten Sie sich noch mal rasiert/geschminkt haben – die Utensilien dazu gehören einfach in Ihr Büro (auch aus anderen Gründen).

Und bevor alles losgeht, gebührt der letzte Griff der Krawatte. Denn es sieht immer blöd aus, wenn Sie Ihr Hemd bis oben hin zugeknöpft haben, aber vergessen, die Krawatte hochzuziehen. Dass Sie nichts Schwarzes, nichts Weißes, nichts Ferrarirotes, nichts Kleinkariertes anhaben, das im Fernsehen zu sehr flirrt – das versteht sich natürlich von selbst.

Und wenn Sie in einer größeren Runde diskutieren, dann haben Sie sich natürlich über die Kontrastfarbe Ihres Anzuges umfangreich Gedanken gemacht. Denn einer, der *nicht* Dunkelgrau oder Dunkelblau trägt, der sticht aus der Menge der Diskutanten schon hervor, bevor er überhaupt den Mund aufgemacht hat. Als Frau erzielen Sie diesen Effekt bereits aufgrund Ihres Geschlechts – Frauen sind erstaunlicherweise immer noch höchst selten in manchen Gesprächsrunden vertreten.

Und selbst wenn Sie ein echter Kerl sind und sich nicht mal zu Karneval schminken: Wenn Sie ins Fernsehen kommen, wischen Sie sich wenigstens mit einem Papiertaschentuch über das Gesicht. Besser noch: Lassen Sie sich von Ihrer Assistentin etwas abpudern. Schließlich haben Sie sich so viele Gedanken gemacht, wie Sie Deutschland retten wollen – und haben es nicht verdient, dass der Zuschauer nur darüber reflektiert, warum Sie so reflektieren/glänzen. Mit der ganzen Schminkerei sind Sie in bester Gesellschaft: Silvio Berlusconi (Italien) geht ohne Maske im Wahlkampf gar nicht aus dem Haus und Al Gore (USA) trägt angeblich generell die Langzeit-Schminke.

Wenn's dann losgeht, brauchen Sie erst einmal keine Sorgen mehr zu haben:

Sie sind bestens vorbereitet.

- Sie wissen, was Sie auf jeden Fall sagen wollen !

- Sie haben etwas dafür getan, dass die Journalisten am Ende mit dem Material zufrieden sein können.

- Zum charmanten Schmelz gehört natürlich, dass Sie sich vorher gemerkt haben,

- wie Ihr Interviewer heißt,
- wie die Sendung heißt, in der das alles stattfinden/die Zeitung, in der das alles stehen soll,
- wie man den Ort des Geschehens ausspricht (nicht Süke bei Bremen, sondern Sieke bei Bremen) und welche Probleme die Locals hier vor Ort haben (Wahlkampf!).

Im Interview selbst geht's dann so wie in der Bibel:

Ihre Rede sei JA JA NEIN NEIN.

Natürlich soll das keineswegs die *erschöpfende* Antwort sein – aber machen Sie präzise klar, was Sie wollen, wo Sie stehen. Klarheit hat die Karriere von Strauß und Lambsdorff stets begleitet. Drumrum reden können Sie sich wieder leisten, wenn Sie Außenminister sind.

Ein Geheimtipp:

Ermöglichen Sie ein *schnelles* Gespräch!
Belehren Sie Ihren Gesprächspartner nicht,
seien Sie nicht besserwisserisch, das kostet nur Zeit und Sympathien.
Machen Sie Tempo durch schnelles Parieren.
Kurze präzise Antworten und dann der aufmunternde Blick auf den Interviewer. Das bringt nämlich auch den in die Bredrouille.
Sie ahnen nicht, wie viele Journalisten es gibt, die im Live-Interview fürchten, dass ihnen die *Fragen* ausgehen.

Der schnelle Schlagabtausch wirkt meistens spannend,
die Redaktion wird nachher zufrieden sein („Das guckte sich schnell weg...")
– und Sie sind niemandem auf den Leim gegangen.

Dies geht natürlich umso leichter, wenn Sie sich um

Ihre Wirkung

Gedanken gemacht haben, wenn Sie genau wissen, ob Sie wirklich mokant grinsen können – oder nur subjektiv das Gefühl haben, wie ein Honigkuchenpferd zu strahlen, objektiv aber keine Miene verziehen.

Wichtig, so sagt der Bundeskanzler (a.D.), ist, „was am Ende rauskommt". Das gilt natürlich auch für Ihr Interview. Muntere Minuten mit dem Interviewer – und dann das böse Erwachen, wenn Sie's schwarz auf weiß lesen oder zusammen geschnippelt im Fernsehen sehen/im Radio hören.

Auch dagegen kann man sich (in Maßen)

absichern.

- Klären Sie, lassen Sie klären und zwar im Vorhinein, für welche Sendung/Zeitung/in welchem Zusammenhang Ihr Interview gemacht wird.
- Lassen Sie sich zusichern, dass Sie vorab um Zustimmung zu fragen sind, welche Ihrer Zitate in welchem Print-Zusammenhang verwendet werden.
- Bei längeren Gesprächen („Spiegel-Gespräch") ist es üblich, dass Sie das Interview autorisieren (Dabei werden Sie staunen, wie redegewandt/geistreich/schlagfertig Journalisten in der Schriftform auf einmal sind, die beim mündlichen Interview recht maulfaul wirkten.).
- Vorsicht: Machen Sie beim Bearbeiten des Manuskriptes bloß niemals den Fehler, *die Frage eines Journalisten* zu streichen.

Und: Lernen Sie, rechtzeitig

NEIN

zu sagen. „Nein"

- zu einem doofen Fotomotiv,
- zu einer Station-ID für's Radio, die Sie nicht geben wollen („Hier ist Otto Schulze, Ihr Landtagskandidat, und ich höre immer 98.7 Super-Radio.").

– zu einem blöden Standort für die Aufzeichnung Ihres O-Tons, bei dem es später im Fernsehen aussieht, als wüchsen Ihnen irgendwelche Stahlträger aus dem Kopf.

Absprachen

... lassen sich weit treiben. Einer, der mal Außenminister war, die längste Zeit der Geschichte der Bundesrepublik Deutschland, ließ sich zusichern, dass seine Antworten nicht geschnitten würden und innerhalb der nächsten vierundzwanzig Stunden zu senden seien, danach auf keinen Fall mehr.

All das nur müssen Sie im *Vorhinein* bedenken. Im *Nachhinein* macht es keinen Sinn mehr.

Ein Interview ist im Regelfall **keine Sache für die Ewigkeit**.

Namentlich im Wahlkampf, so kann es gehen, überlebt Ihr Statement gerade mal einen Nachmittag. Dann haben andere zum selben Themenkomplex etwas Knackigeres gesagt – oder Sie selbst haben irgendwo anders bei einem anderen Interview noch mal nachgelegt. Denn gerade im Wahlkampf ist der Weg des Kandidaten lang, hat viele Interviews, und Sie wollen doch auf keinen Fall immer dasselbe erzählen. Deshalb überlegen Sie sich sorgfältig, wem Sie wann was erzählen (von Übelmeinenden auch Salamitaktik genannt) und stimmen Sie rechtzeitig mit Ihren Getreuen ab, in welcher Geschwindigkeit Sie welche Statements aufeinander folgen lassen.

Trotz allem: Auch dem Geübtesten kann passieren, dass ihn ein

Blackout

ereilt („Wer bin ich ? Was mache ich hier? Wer ist der Mann?“).

Für diesen Fall können Sie, ohne dass Sie Ihre Angst vorher so präzise erwähnen, vorab vereinbaren, dass „aus technischen Gründen abgebrochene Sequenzen natürlich auch nicht ausschnittweise verwendet“ werden dürfen. Erst wenn Sie diese Zusage haben, können Sie im Zweifelsfall Ihre (misslungene) Antwort abbrechen mit der scheinheiligen Frage: „Ist das Ihr Handy, das da klingelt, oder meins?“

Übrigens: Wenn der Chef Interviews gibt, sind alle Handys aus.

Die Journalisten können mit dem Rest – wenn's den bisher erwähnten Kriterien genügt – immer etwas anfangen. Und auf sich müssen schon Sie selbst aufpassen.

Dennoch gelten die

NoNos

und wenn Sie etwas werden wollen zumal.

- Wenn Sie als dröger Typ bekannt sind, versuchen Sie keine Scherze, das nimmt Ihnen keiner ab. Das Publikum findet nur diejenigen witzig, die es seit langem als witzig kennt.
- „Ironie kommt nie!" Auch wenn Sie glauben, Ironie sehr elegant zu beherrschen, der Zuschauer wird es (garantiert) missverstehen, Ihre politischen Freunde werden es ausschlachten.
- Vergessen Sie nie: Sie haben ein Ziel, Sie wollen sich ja nicht nur nett unterhalten.
- Und wenn Sie den Faden mal verloren haben, dann sagen Sie auf keinen Fall „Schnitt" und hören auf zu sprechen – das mögen Rundfunk- und Fernsehjournalisten gar nicht. Eine Wiederholung müssen die schon selbst anbieten – was sie im übrigen auch tun, namentlich in aufgezeichneten Schaltgesprächen ins Studio. Die Wiederholung können Sie auch selbst herbeiführen: Sie müssen bei der Aufzeichnung so lange reden, dass man damit garantiert nichts mehr anfangen kann.
- Sagen Sie nie gar nichts (siehe oben). Das reizt nur zu immer schärfer werdenden Nachfragen – und wer weiß, in welcher Sackgasse Sie dann landen.
- Lügen ist das größte NoNo. Denn irgendwann kommt alles raus. Selbst wenn Sie nur Praktikantin sind und ein kleines Licht im Weißen Haus...

Bestehen im Interview

– eigentlich ist es gar nicht so schwer. Nur wenn man es lernen muss, dann scheinen die Fallstricke schier unzählig und unbeherrschbar.

Ob Sie im Radio oder Fernsehen ein Einzelinterview geben oder an einer Talkrunde teilnehmen, ob Sie bei den Printkollegen ein Buch vorstellen oder nur einen Satz für ein Zeitungszitat absondern, ob Sie gezielt als Mandatsträger angesprochen werden oder nur zufällig als Adabei-Promi bei der Premiere des neuen James-Bond-Films Ihr Lieblings-Bondzitat zum Besten geben sollen – denken Sie immer daran:

Die wenigsten können es aus dem Handgelenk.
Aber sogar mangelndes Talent lässt sich ausgleichen.
Wenn Sie sich vorbereiten – stets.
Denn Journalisten sind immer und überall.

Die Generalschwierigkeit aber, die bleibt:

Es vermittelt sich beim (TV)-Interview nämlich ein schneller Eindruck der *ganzen* Persönlichkeit – und die lässt sich nur begrenzt verbiegen.

So, und wenn Sie das *alles* berücksichtigen, dann kann es geschehen, dass Sie im Wahlkampf Journalisten zu Ihren Partnern machen.

Journalisten zu Freunden machen – das ist, so hoffe ich im Sinne unseres Berufes, noch viel viel schwieriger.

3. Die Pressekonferenz: Vorbereitung, Durchführung, Nachbereitung

Hans Weller

Wann bietet sich die Pressekonferenz als Form der Informationsvermittlung an?

Von grundlegender Bedeutung ist es, die Organisation und den Ablauf einer Pressekonferenz zu beherrschen. Eine Pressekonferenz zeigt schnell und deutlich, ob Pressesprecher, Unternehmensvertreter und Politiker neben ihrer fachlichen Eignung auch die Fähigkeit besitzen, komplexe Themen und Inhalte der Öffentlichkeit nachvollziehbar zu erläutern. Falsch organisierte Pressekonferenzen können einen nachhaltigen Schaden für die Veranstalter verursachen, übertrieben ausgerichtete den Veranstalter in eine peinliche Situation bringen. Veranstalter müssen eine genaue Abwägung vornehmen, ob eine Pressekonferenz dem Anlass dienlich ist oder eine andere Weise der Informationsübermittlung ausreicht. Eine Pressekonferenz terminiert man nur dann, wenn etwas von Bedeutung mitgeteilt werden soll.

Pressekonferenzen sind keine einseitigen Verkündigungsveranstaltungen, um auf Journalisten so Einfluss zu nehmen, dass sie kritiklos das schreiben, was ihnen vorgetragen wird. Die Folge schlechter Pressekonferenzen sind spürbare quantitative und/oder qualitative Rückgänge in der Zahl der teilnehmenden Journalisten. Anlässe für Pressekonferenzen können sein:

- größere Veranstaltungen und Vorführungen,
- Erläuterung und Präsentation von Geschäftsberichten, Vorschau auf Veranstaltungen oder Vorführungen,
- Stellungnahme zu Fragen von politischer und gesellschaftlicher Relevanz,
- öffentliche Stellungnahme eines Politikers, eines Unternehmens, einer Behörde, Institution oder Organisation,
- Erläuterung von Projekten,

- die Erläuterung eines komplizierten Sachverhalts oder Themas,
- ein aktuelles, bedeutendes und wichtiges Thema für die Öffentlichkeit,
- Erläuterung von politischen Ereignissen, Begründung von politischen Entscheidungen.

Pressekonferenzen sind nur dann sinnvoll, wenn ein Thema nicht mit einer Pressemitteilung erläutert werden kann. Sie müssen vor allem die Möglichkeit bieten, dass Journalisten intensiv Fragen stellen und sich ein umfassendes Bild von dem Thema machen können. Die Pressekonferenz sollte unter Berücksichtigung folgender Prinzipien anberaumt werden:

- Die Pressekonferenz muss einen konkreten Anlass haben.
- Sie muss eine interessante Nachricht präsentieren.
- Das Thema kann nur durch eine Pressekonferenz den Journalisten vermittelt werden.
- Es muss sich immer um eine konkrete und neue Information handeln.
- Die Pressekonferenz hat jeweils nur eine begrenzte Themenwahl.
- Es ist rechtzeitig vorher einzuladen.
- Auch kritische Journalisten müssen eingeladen werden.
- Es muss ein idealer Veranstaltungszeitpunkt gewählt werden.
- Moderatoren und Redner müssen ein Thema sachbezogen präsentieren.

Pressekonferenzen bieten den Journalisten die Chance, sich einen Sachverhalt detailliert erläutern zu lassen. Sie ermöglichen, durch Nachfragen Missverständnisse zu beseitigen und Informationslücken direkt zu schließen.

Eine Pressekonferenz darf grundsätzlich nur ein Thema behandeln. Dies gilt überwiegend für alle Pressekonferenzen. Ausnahmen sind Bundes- und Landespressekonferenzen, die über mehrere Beschlüsse des Kabinetts oder der Parlamente berichten. Der Grund für die Erörterung nur eines Themas in einer Pressekonferenz ist leicht nachvollziehbar. In den Medien gibt es für die verschiedenartigen Themen unterschiedliche Redaktionen und Fachjournalisten. Kaum eine Redaktion kann es sich zeitlich leisten, mehr als einen Journalisten zu derselben Pressekonferenz zu entsenden, da eine Beeinträchtigung der redaktionellen Arbeit die Folge wäre. Andere, ebenso wichtige Pressekonferenzen könnten eventuell nicht mehr wahrgenommen werden. Bei mehreren Themen besteht zudem die Gefahr, dass im Verhältnis zueinander ein Thema wichtiger erscheint als das andere. Durch die anschließende Berichterstattung durch die Journalisten werden Präferenzen in der Bewertung der Themen gesetzt.

Die Maximalzeit einer Pressekonferenz darf nicht überschritten werden, egal ob ein oder mehrere Themen erörtert werden. Weniger Zeit für das wichtige Thema bedeutet auch weniger Fakten oder keine ausreichende Zeit für die Fragen der Journalisten. Das Ergebnis für die Berichterstattung ist unbefriedigend. Die anwesenden Journalisten können allerdings auch zu anderen Themen Fragen stellen.

Informationen müssen immer eine Nachricht enthalten. Dieser Grundsatz aus der täglichen journalistischen Arbeit gilt auch für Pressekonferenzen. Wie bei der Nachricht gilt auch für die Pressekonferenz die Anforderung der Aktualität. Die Themen, die in der Pressekonferenz vermittelt werden sollen, müssen einen aktuellen Informationswert haben. Nachrichten zum Thema einer Pressekonferenz, die bereits im Vorfeld in die Öffentlichkeit gelangten und veröffentlicht wurden, können keine Neuigkeiten mehr vermitteln. Eine Neuigkeit allein ist noch nicht ausreichend, es muss die Verdeutlichung eines Sachverhaltes hinzukommen. Auf die Pressekonferenz bezogen bedeutet dies, dass in einer Pressekonferenz primär nur Tatsachen weitergegeben werden dürfen. Natürlich ist die Pressekonferenz auch dazu geeignet, über bestimmte Ursachen, Zusammenhänge und Hintergründe zu berichten. Die Nachricht über einen neuen Sachverhalt muss dabei im Vordergrund stehen. Kann diese Forderung nicht erfüllt werden, so ist eine Pressekonferenz überflüssig.

So wie für die Nachricht gelten auch einige der Forderungen für die Pressekonferenz. Dazu gehört eine relative Vollständigkeit, die Transparenz, die Sachbezogenheit und die interne Strukturierung. Die Forderung nach Vollständigkeit verlangt, dass Informationen so umfassend wie möglich gegeben werden müssen. Nebensächlichkeiten und Ausschmückungen sind der Pressekonferenz nicht dienlich. Kürzungen oder das Verschweigen bestimmter Informationen dürfen nicht dazu führen, dass die Wahrheit beeinträchtigt oder der Sinn der Nachricht entstellt wird. Die Transparenz bezieht sich auf die Quellen einer Information, d.h. diese muss genannt werden und bei widersprüchlicher Quellenlage die Widersprüchlichkeit dargestellt werden. Zur Forderung nach Neutralität gehört eine möglichst emotionsfreie Behandlung des Nachrichtenstoffes.

Erste Informationen zum Thema einer Pressekonferenz werden von Journalisten häufig bereits vor dem Termin der Pressekonferenz erbeten. Je nach Interessenlage der anfragenden Journalisten müssen zusätzliche Erläuterungen zum Thema gegeben werden. Grundsätzlich können erklärende Hinweise zum Thema der Pressekonferenz gegeben werden. Es sollte bei derartigen Anfragen darauf hingewiesen werden, dass über den Inhalt erst in der Pressekonferenz umfassend berichtet wird. Eine Vorabinformation würde andere Journalisten benachteiligen und die Pressekonferenz hinfällig werden lassen. Soll verhindert werden, dass ein Thema vor dem Termin einer Pressekonferenz in den Medien genannt wird, so muss ein entsprechender Hinweis in der Art eines Sperrvermerks auf der Einladung vorhanden sein.

Wann und wie soll zu Pressekonferenzen eingeladen werden?

Für die Einladungen zu Pressekonferenzen sind verschiedene Form- und Fristregelungen zu beachten. Sie müssen informativ sein und neugierig machen. Die Einladung muss in höflicher Form die Bitte zum Ausdruck bringen, an der Pressekonferenz teilzunehmen. Auch ein etwaiges Nachfassen, um festzustellen, wer teilnimmt, muss immer den Grundsatz der Freiwilligkeit der Teilnahme beachten. Bei der Festsetzung des Termins sollte der Tagesablauf der Journalisten berücksichtigt werden. Der Arbeitstag der meisten Journalisten beginnt mit der täglichen Redaktionskonferenz. Sie findet in den meisten Redaktionen zwischen 9.00 Uhr und 10.30 Uhr statt. In dieser Zeit ist es den Journalisten nur in wichtigen Ausnahmefällen möglich, die Redaktion zu verlassen. Auch in der Zeit zwischen der Mittagspause und dem Abend sind Journalisten nicht begeistert, Außentermine wahrzunehmen, da nach der Mittagspause der Zeitpunkt immer näher rückt, zu dem die Zeitung fertig werden muss. In dieser Zeit müssen Artikel geschrieben und letzte Recherchen vorgenommen werden.

Ähnliche Abläufe gibt es auch in Hörfunk- und Fernsehredaktionen, da die regionalen und überregionalen Nachrichtensendungen meist in den späten Nachmittags- und Abendstunden liegen. Dies bedeutet nicht, dass es völlig ausgeschlossen ist, in den Nachmittagsstunden Pressekonferenzen zu veranstalten. Diese müssen allerdings einen besonders aktuellen Anlass haben oder es müssen Umstände vorliegen, die es unmöglich machen, bereits am Vormittag die Pressekonferenz zu veranstalten. Trotz einer nachvollziehbaren Begründung für eine Pressekonferenz in den Nachmittagsstunden sollten Veranstalter damit rechnen, dass aus den bereits erläuterten Gründen nicht alle erwarteten Journalisten teilnehmen können. Werden Redaktionsabläufe für die Terminfindung zugrunde gelegt, so ist der ideale Zeitpunkt für den Beginn einer Pressekonferenz zwischen frühestens 10.30 Uhr und spätestens 11.30 Uhr angeraten. Vor der endgültigen Festsetzung des Termins einer Pressekonferenz muss geprüft werden, ob am gleichen Tag und vielleicht zur gleichen Stunde andere Pressekonferenzen stattfinden. Mit Rücksicht auf andere Veranstalter muss in solchen Fällen ein anderer Termin gewählt werden.

Um Terminüberschneidungen zu vermeiden, sollte in den örtlichen Redaktionen nachgefragt werden, ob zum beabsichtigten Termin bereits Einladungen für andere Pressekonferenzen vorliegen. In den meisten Fällen können die Mitarbeiter im Redaktionssekretariat einen Überblick über feststehende Termine für Pressekonferenzen geben. In Berlin gibt das Sekretariat der Bundespressekonferenz, in den Landeshauptstädten geben die Büros der Landespressekonferenzen hierüber Auskunft. Auch überregionale Redaktionen helfen in derartigen Fällen gern weiter, da Terminüberschneidungen für alle wenig hilfreich sind.

Nicht ratsam sind auch mehrere Pressekonferenzen des gleichen Veranstalters zu verschiedenartigen Themen am selben Tag. In derartigen Fällen werden Medien einen Schwerpunkt für die Teilnahme und in der Berichterstattung setzen. Als Veranstaltungstage eignen sich am besten der Dienstag, Mittwoch oder Donnerstag. Der Montag ist nicht besonders geeignet, da die Themen des Wochenendes aufbereitet und die Planungen für die Woche fixiert werden. Vorsicht ist geboten, wenn dem Tag der Pressekonferenz ein Feiertag folgt, da – ähnlich wie am Freitag – die Gefahr besteht, dass Themen zeitlich verzögert veröffentlicht werden. Der Freitag ist für eine Veranstaltung grundsätzlich nicht zu empfehlen. An diesem Tag werden in den Redaktionen der Printmedien die umfangreichen Wochenendausgaben mit Sonderberichten und Sonderseiten vorbereitet, Hörfunk- und Fernsehredaktionen planen ihre Wochenendsendungen.

Themen der Pressekonferenzen, die an einem Freitag präsentiert werden, haben nur eine geringe Chance, am Sonnabend veröffentlicht oder ausreichend dargestellt zu werden. Die Gefahr ist groß, dass sie erst am Montag oder vielleicht erst am Dienstag veröffentlicht werden. Besonders interessante und aktuelle Themen können allerdings auch am Freitagvormittag in einer Pressekonferenz vorgestellt werden. Ist diese Voraussetzung gegeben, können durch die besonders hohen Auflagen der Sonnabendausgaben mehr Leser erreicht werden als an anderen Tagen der Woche. Eine weitere Ausnahme für die Terminierung an einem Freitag nachmittag sind Pressekonferenzen im Anschluss an wichtige Konferenzen, Sitzungen oder Verhandlungen, die aktuelle und wichtige Ergebnisse präsentieren. Eine vorhandene wichtige Aktualität ist immer ein Grund, ein Thema noch kurz vor Redaktionsschluss in die Berichterstattung aufzunehmen und dafür andere Themen nicht zu berücksichtigen. Die plötzlich entstehende, besonders öffentlichkeitswirksame Aktualität macht es immer erforderlich, dass Pressekonferenzen auch am Freitag oder in den Mittags-, Nachmittags- oder Abendstunden veranstaltet werden. Das Thema muss allerdings so aktuell sein, dass eine zeitlich spätere Pressekonferenz ein Interesse der Medien ausschließt bzw. sich die Medien die Informationen anderweitig beschaffen können.

Eine Pressekonferenz muss rechtzeitig geplant und vorbereitet werden. Die ideale Einladungsfrist beträgt 14 Tage, die Mindestfrist sieben Tage vor der Veranstaltung. Kürzere Einladungsfristen sind bei besonders akuten, aktuellen Ereignissen erforderlich. In diesem Fall bietet es sich an, die Einladung zu faxen. Eine Übermittlung der Einladung durch E-Mail ist nur dann möglich, wenn Journalisten auch über eine Mail-Adresse verfügen. Es ist ratsam, dies dann zusätzlich zu nutzen, da viele Journalisten nicht täglich in ihrem Computer nach den eingehenden Meldungen schauen.

Ist eine besondere Aktualität gegeben und eine Pressekonferenz noch am gleichen Tag erforderlich, so muss den benachrichtigten Journalisten genügend Zeit gegeben werden, in angemessener Zeit zum Konferenzort zu gelangen. Maßstäbe hierzu sind die am weitesten entfernt arbeitenden Journalisten, die regelmäßig an bereits veranstalteten Pressekonferenzen teilgenommen haben.

Bevor Einladungen zu einer Pressekonferenz verschickt werden, muss detailliert die Zielgruppe der einzuladenden Journalisten bestimmt werden. Alle Medien, Presseagenturen, freien Journalisten, die an dem Thema der Pressekonferenz Interesse haben könnten, sollten eingeladen werden. Darüber hinaus sollten auch diejenigen Journalisten berücksichtigt werden, die regelmäßig an Pressekonferenzen teilgenommen haben. Eine Einladung ist keine Garantie für die Teilnahme. Entsprechend der Erfahrung darf eine Teilnehmerzahl zwischen zehn und 30 Journalisten als gut gewertet werden. Eine größere Teilnehmerzahl wird in der Regel nur bei großen Veranstaltungen von überregionaler Bedeutung sein. Überregionale Medien bedienen sich in der Regel der Berichterstattung durch Agenturen. Wird das Thema der Pressekonferenz durch Agenturmeldungen aufgegriffen, so kann erwartet werden, dass es zu weiteren Berichterstattungen verschiedenster Medien kommt, die nicht durch einen Vertreter an der Pressekonferenz teilgenommen haben.

Die Einladung darf sich nicht nur an eine Auswahl positiv berichtender Journalisten richten. So sollten Journalisten nicht unberücksichtigt bleiben, weil sie in der Vergangenheit oft kritisch berichtet haben oder deren Fragestellungen bei vergangenen Pressekonferenzen nicht auf Gegenliebe stießen.

Grundvoraussetzung für zielgerichtete Einladungen ist ein aktueller Presseverteiler. Er ist einer der wichtigsten Arbeitsgrundlagen einer Pressestelle. Presseverteiler sind nach den jeweiligen Anforderungen in einer Pressestelle angelegt. Für spezielle Themen, wie zum Beispiel Kultur, Sport, Wirtschaft und Politik, müssen Verteiler mit entsprechenden Fachredaktionen und Fachmedien aufgebaut werden. Die beste Pressemeldung ist erfolglos, wenn sie nicht an die richtigen Empfänger gelangt. Ein effektiver Presseverteiler ist die Voraussetzung dafür, dass die Medienarbeit den unterschiedlichsten Belangen der Redaktionen gerecht wird. Unerlässlich für den Aufbau eines zielgerichteten Presseverteilers sind Nachschlagewerke, in denen Adressen der Medien genannt sind und die immer wieder aktualisiert werden können.

Eine Einladung sollte die unterschiedlichen Fachredaktionen erreichen. In den meisten Zeitungshäusern, Hörfunk- und Fernsehsendern gibt es mehrere Redaktionen, die Interesse an der Einladung zu einer Pressekonferenz haben könnten. Es reicht nicht aus, eine Einladung an die zentrale Redaktion zu senden oder darauf zu hoffen, dass eine Redaktion die Mitteilung an andere Redaktionen weiterleitet. Die Kenntnis der Redaktionsstrukturen garantiert, dass Einladungen nicht oder zu spät in die richtigen Redaktionen gelangen.

Nur ein regelmäßiges Überprüfen und Aktualisieren der vorhandenen Adressendatei gewährleistet, dass die Einladungen und Pressemitteilungen den richtigen Adressaten erreichen. Empfänger der Einladung sollten die Redaktionen sein. Über die Teilnahme an Pressekonferenzen entscheidet in der Regel die Redaktionskonferenz. Eine namentlich ausgesprochene Einladung kann nur zusätzlich erfolgen, wenn dieser Wunsch durch einzelne Journalisten geäußert wurde. Ausnahmen sind Einladungen an freie Journalisten und Journalisten, zu denen ein besonders persönlicher Kontakt besteht.

Einladungen werden auf dem üblichen, für Pressemitteilungen benutzten Pressekopfbogen ausgesprochen. Für Rückfragen sollte immer ein kompetenter Ansprechpartner beim Auftraggeber zur Verfügung stehen. Über dem Text der Einladung steht das Wort „Einladung“, damit eine plakative Unterscheidung zur Pressemitteilung signalisiert wird. Eine Headline ist erforderlich. Sie ist die Nachricht über das Thema der Pressekonferenz. Sie muss die zentrale Aussage beinhalten. Für die Nachricht und die Pressemitteilung ist sie ein wichtiges und unverzichtbares Strukturelement. Auch für die Einladung zu einer Pressekonferenz sind die „W-Fragen“ unverzichtbar: was, wann, wo, wer, wie. Das „Was“ beantwortet Fragen zum Thema der Pressekonferenz. Mit dem „Wann“ werden das Datum und die Uhrzeit genant, mit dem „Wo“ der genaue Veranstaltungsort. Das „Wer“ nennt die Sprecher der Pressekonferenz, und das „Wie“ gibt zusätzliche Informationen, ob vielleicht ein Imbiss oder Presserundgang geplant sind oder wie der Veranstaltungsort zu erreichen ist.

Der Beginn der Einladung muss auf das Thema der Pressekonferenz kurz eingehen und soll das Interesse der Journalisten wecken. Eine klare Themenbeschreibung vermeidet Missverständnisse. In der Einladung müssen der Zeitpunkt, also Wochentag, Datum, Uhrzeit, sowie der genaue Ort, also Stadt, Stadtteil, Straße, Gebäude, Raum, genannt werden. Eine Wegbeschreibung mit Skizze, besonders wichtig für auswärtige Teilnehmer, ergänzt die Einladung. In der Einladung müssen die Vor- und Nachnamen sowie Funktionen der Gesprächspartner genannt werden. Die Funktionen stehen üblicherweise hinter den Namen. Ausnahme: Es handelt sich bei den Funktionen der Teilnehmenden um Titel der Anrede, wie Oberbürgermeister, Oberstadtdirektor, Minister, Staatssekretär etc. In diesem Fall müssen sie vor die Namen gesetzt werden.

Unterschrieben wird die Einladung immer von dem Pressesprecher. Dies ist erforderlich, da sie/er die Kontaktperson zur Presse ist. Nachfragen der Journalisten werden immer an die Person gerichtet, die eine Einladung unterschrieben hat und die in der Vergangenheit Ansprechpartner für die Presse war. Neben dem Namen des Pressesprechers muss für eventuelle

Rückfragen die vollständige Adresse genannt werden. Dazu gehören auch die Telefon- und Faxnummer sowie die E-Mail-Adresse.

Grundsätzlich melden sich Journalisten zu Pressekonferenzen nicht an, wenn nicht in der Einladung ausdrücklich darum gebeten wird. Ist aus organisatorischen Gründen ausnahmsweise eine Anmeldung erforderlich, sollte ein Vordruck für die Anmeldung der Einladung beigefügt werden. Organisatorische Gründe können sein: der Druck von Unterlagen, Planungen für einen Imbiss oder eine der Teilnehmerzahl entsprechende Raumreservierung. Der Anmeldetermin sollte sehr kurzfristig, zwei bis drei Tage vor der Pressekonferenz, angesetzt werden. In der Regel muss damit gerechnet werden, dass bis zu ein Drittel der angemeldeten Journalisten nicht teilnimmt.

Bedingungen für die erfolgreiche Durchführung von Pressekonferenzen

Eine Pressekonferenz muss an einem Ort stattfinden, der zum Thema passt. Fabrik- oder Werfthallen, alte Gebäude, Museen, Theater oder Galerien sind originelle Veranstaltungsorte für Pressekonferenzen. Aber auch historische oder passende Gastronomiebetriebe bieten sich an, wenn eine thematische oder räumliche Verbindung zum Anlass der Pressekonferenz vorhanden ist. Ist ein außerordentlicher Veranstaltungsort nicht gegeben, so sollte ein Ort gewählt werden, der zentral ist. Für alle Örtlichkeiten gilt, dass sie geräumig sein sollen und alle technischen Voraussetzungen bieten müssen. Orte, an denen Pressekonferenzen stattfinden, müssen gut erreichbar sein.

Die Veranstalter sollten eine gewisse Zeit vor Beginn am Ort sein und sich darum kümmern, dass Getränke bereitstehen, prüfen, ob die erforderlichen Medien funktionieren, die Unterlagen für die Presse auslegen, Tische und Stühle so stellen, dass die Journalisten direkten Blickkontakt mit den Teilnehmern haben und sie nicht von der Seite ansprechen müssen. Als Unterlagen werden Informationen ausgelegt. Stift und Papier bringen die Journalisten selber mit. Die Informationen können in Form einer Pressemappe bereitgelegt werden. Es muss sich nicht zwangsweise um eine Mappe handeln. Gemeint sind Informationen und Materialien, die den Journalistinnen und Journalisten die Arbeit erleichtern.

- eine Zusammenstellung der zentralen Aussagen der Referenten (Sprechzettel),
- Zahlen, Daten, Statistiken (wenn erforderlich), Bildmaterial,
- eine Selbstdarstellung des Vereins oder weiteres Hintergrundmaterial.

Die technische Ausstattung des Raumes, in dem die Pressekonferenz stattfindet, richtet sich nach der Größe und Bedeutung der Pressekonferenz. Die Sitzungsordnung für Pressekonferenzen sollte folgendermaßen organisiert werden: Ist nur ein Redner vorgesehen, dazu aber noch ein Sachverständiger, der bei Bedarf antworten soll, allerdings kein Statement abgibt, so wird der Redner in der Mitte platziert, der Sachverständige links und der Moderator aus Sicht der Journalisten rechts daneben.

Wird eine Pressekonferenz in einer Gaststätte veranstaltet, so ist darauf zu achten, dass während der Konferenz nicht „bedient" wird. Das Klappern von Tassen oder das Herumlaufen von Servicepersonal führen zu erheblichen Störungen. Selbstverständlich dürfen in Gaststätten Außenstehende keinen Zutritt zum Konferenzraum haben. In direkt benachbarten Räumen können keine störenden Veranstaltungen stattfinden. Eine angemessene Versorgung mit Getränken und Gebäck ist bei Pressekonferenzen üblich. An Getränken werden Kaffee, Tee und Kaltgetränke, wie Mineralwässer und Säfte, serviert. Auch ein wenig Gebäck, belegte Brötchen oder Kanapees sollten nicht fehlen. Alkoholische Getränke sind nicht üblich.

Für alle Redner sind Namensschilder erforderlich, die als Klappschilder vor den Rednern aufgestellt werden. Die Namen müssen groß genug und so deutlich geschrieben sein, dass sie von allen Journalisten gelesen werden können. Auf dem Namensschild stehen der Vor- und Familienname, der akademische Grad und die Funktion. Nicht immer sind alle Journalisten persönlich bekannt, besonders dann nicht, wenn überregionale Medienvertreter an einer Pressekonferenz teilnehmen. Es ist daher ratsam, eine Namensliste auszulegen, in der sich die eintreffenden Journalisten eintragen. Dieses Verfahren hilft, in der Pressekonferenz alle Journalisten namentlich anzusprechen und im Nachklang der Pressekonferenz weiteres Informationsmaterial zuzusenden.

Pressekonferenzen sollten moderiert werden. Die Gesprächsführung übernimmt sinnvollerweise die oder der Verantwortliche für Pressearbeit, auch Pressesprecher oder Pressereferent genannt. Der Pressesprecher begrüßt die Journalisten und stellt sich vor, falls ihn nicht alle kennen. Er erläutert in wenigen Worten den Anlass der Pressekonferenz, stellt die Teilnehmerinnen vor und gibt eine kurze Vorschau, wer zu welchem Thema spricht. Nach den Statements der Teilnehmer eröffnet der Pressesprecher den Hauptteil der Pressekonferenz: die Frage-und-Antwort-Runde. Hierbei ist zu beachten, dass derjenige, der eine Pressekonferenz durchführt, bereit sein muss, alle Fragen zu beantworten. Als Regel gilt: Es gibt keine dummen und unzulässigen Fragen. Wer etwas zu verschweigen hat, sollte keine Pressekonferenz durchführen. Nur prominente Politiker, Spitzenmanager sowie Stars der Unterhaltungsbranche können es sich mitunter leisten, ohne Kommentar zu antworten. Wer zu einer Pressekonferenz einlädt, sollte auf unangenehme Fragen vorbereitet sein. Es gehört zur Arbeit von Journalistinnen und Journalisten, nachzubohren. Ausreden und Ausflüchte fordern dazu besonders heraus. Wenn Sie eine Frage nach Zahlen, Daten, Fakten nicht beantworten können, sagen Sie es offen und versprechen Sie, die Information umgehend nachzureichen. Fragen sollten nicht kommentiert, sondern beantwortet werden. Antworten sollen informieren und nicht belehren. Sie dürfen sich wünschen, dass Journalisten, die zu Ihrer Pressekonferenz kommen, etwas von der Materie verstehen, um die es geht. Sie dürfen aber nicht davon ausgehen. Und Sie dürfen schon gar nicht laut aufstöhnen, wenn eine Frage Unkenntnis demonstriert. Jede Form von Belehrung oder Tadel ist unangebracht.

Lässt das Interesse nach und es werden keine Fragen mehr gestellt, so schließt der Pressesprecher die Pressekonferenz. Die Veranstalter sollten noch Zeit haben für Interviews, themenbezogene und allgemeine Nachfragen oder eine Unterhaltung. Das Gespräch danach kann unter Umständen wichtiger sein als die eigentliche Pressekonferenz. Mit Journalisten, die man bislang noch nicht kannte, können erste Kontakte geknüpft werden. Und es besteht die Möglichkeit, sich in informellen Gesprächen Rückmeldungen über die Pressekonferenz zu verschaffen.

Sorgfältiges Nachbereiten der Pressekonferenz

Wer Mühe und Zeit in die Vorbereitung einer Pressekonferenz investiert hat, sollte die Arbeit anschließend resümieren. Entscheidendes Kriterium für den Erfolg ist das Medienecho. Eine kritische Nachbereitung setzt bereits bei den Fragen an „Wie viele Journalistinnen und Journalisten kamen zur Pressekonferenz?“, „Welche Medien waren bzw. waren nicht vertreten?“. Diese Fragen können anhand der Anwesenheitsliste zuverlässig beantwortet werden. Eine Anwesenheitsliste ermöglicht einen Vergleich zwischen der Zahl der Einladungen, die verschickt wurden, und der Zahl der Journalisten, die an der Pressekonferenz teilnahmen. Sie ermöglicht eine Überprüfung der Frage, welche Journalisten über die Pressekonferenz berichtet haben. Sie verschafft einen Überblick, bei welchen Medien noch einmal nachgefragt werden sollte. Die Anwesenheitsliste ist schließlich eine wichtige Grundlage zur Erweiterung bzw. Ergänzung des Presseverteilers. Nach jeder gut oder schlecht besuchten Pressekonferenz sollte ausgewertet werden, ob der Anlass bzw. das Thema der Pressekonferenz auf Resonanz stieß, ob Zeit und Ort richtig gewählt waren und ob die Einladung wirklich die Eingeladenen angesprochen hat. Ob eine Pressekonferenz erfolgreich war, lässt sich mit drei Fragen überprüfen:

- Haben alle anwesenden Journalisten berichtet?
- Wie umfangreich haben sie berichtet?
- Welche Tendenz lässt die Berichterstattung erkennen?

Um Konsequenzen für künftige Pressekonferenzen ziehen zu können, ist vor allem darauf zu achten, was aufgegriffen wurde bzw. was auf kein Interesse stieß, welche Aussagen wirklich zitiert wurden und was fehlerhaft wiedergegeben wurde. Hier stellt sich die Frage, woran das gelegen haben mag.

Kontakte, die während der Pressekonferenz mit den Journalisten geknüpft wurden, gilt es langfristig zu pflegen und im Medien-Netzwerk aufzunehmen. Anhand der Namensliste kann überprüft werden, welche Medien die Nachrichten der Pressekonferenz gebracht haben. Bei unbefriedigender Resonanz sollte man sich nicht scheuen nachzufragen, woran es gelegen hat. War die Nachricht der Pressekonferenz etwa keine Meldung wert? Anhand einer Checkliste kann geprüft werden: Wurde das Thema aufgenommen? Wurde es von anderen Themen überlagert, wenn ja, von welchen? Wie umfangreich waren die Ausführungen? Wurden Botschaften, Wortwahl und Bilder übernommen? Wurde dokumentiert oder kommentiert? Wie war der Tenor: positiv, neutral oder negativ? Die so gewonnenen Erkenntnisse helfen, beim nächsten Mal Fehler zu vermeiden.

Oft hängt von Pressekonferenzen sehr viel ab: Investoren finden, einen Kundenstamm halten, Journalisten für die Argumentation der Politiker gewinnen etc. Presse- und Öffentlichkeitsarbeit lässt sich nicht allein anhand von Checklisten sicher gestalten. Dafür sind äußere Einflussfaktoren zu schwer einschätzbar und kalkulierbar. Unter Umständen können ein falscher Satz oder ein falsches Wort genügen, um eine negative Grundstimmung vor einem eigentlichen positiven Hintergrund zu erzeugen. Hier zählen Erfahrung und Professionalität der Leute im Hintergrund. Aber auch die Mitarbeiter eines Unternehmens, die in der Öffentlichkeit stehen, müssen ihrer Aufgabe gewachsen sein. Spezielle Medientrainings, die das Auftreten vor einer breiten Öffentlichkeit trainieren, verhelfen zu einer Grundausbildung von Führungskräften.

Checkliste für die Durchführung von Pressekonferenzen

- Die Pressekonferenz muss einen triftigen Grund haben.
- Liste der Einzuladenden festlegen, dabei entscheiden, ob Fachpresse und allgemeine Presse gemeinsam oder getrennt eingeladen werden
- Umschläge schreiben lassen
- Rundruf bei den Redaktionen, um den besten Termin auszumachen
- gut gelegenen, zentralen Ort für die Konferenz aussuchen
- für Konferenzen geeigneten Raum aussuchen
- technische Hilfsmittel einplanen
- Umfang der Konferenz festlegen und dementsprechend Getränke oder Essen im Hotel bestellen
- Vorabeinladung per Telefax mit der Bitte um Terminblockade versenden
- Einladung versenden, falls nötig, Antwortkarte und Straßenplan beilegen
- telefonisch bei den Redaktionen nachfragen, ob die Einladung angekommen und registriert wurde
- Pressemappen zusammenstellen
- Tischordnung festlegen
- Schreibbüro – wenn nötig – einrichten
- Namensschilder bereitstellen
- Zeitplan aufstellen
- Sprechzettel für die Vortragenden ausarbeiten
- auf mögliche kritische Journalistenfragen Antworten vorbereiten
- Pressefotograf bestellen
- ggf. Ausschnittsbüro mit der Dokumentation beauftragen
- Diskussionsleiter festlegen
- nach der Pressekonferenz Bericht an die Presse senden
- Veröffentlichungen sammeln

- Presseauswertung an die Geschäftsführung, Politiker etc.
- kritische Analyse der Veranstaltung vornehmen, um Fehler beim nächsten Mal zu vermeiden

4. Schaffung von Events

Josef Hollerith

„Tue Gutes und rede darüber"

Dieser ebenso bekannte wie zeitlos gültige Grundsatz jeder Öffentlichkeitsarbeit gilt in besonderer Weise auch für die politische Public Relation. Lokal wie überregional gilt für den Wähler: Es gibt nur die Wirklichkeit, die die Medien berichten. Notwendig ist deshalb auf der Ebene der Gemeinde/Stadt, des Stimmkreises und des Wahlkreises, Ereignisse zu schaffen, über die die lokalen Medien wie Tageszeitungen, Anzeigenblätter, Hörfunk und Fernsehen berichten. Im Folgenden werden dazu zwölf Beispiele vorgestellt, die in der Praxis erprobt und bewährt sind. Zu nahezu allen Punkten finden Sie Einladungsmuster auf der CD-ROM.

1. Der Vor-Ort-Termin

Der Vor-Ort-Termin unterscheidet sich hinsichtlich seiner räumlichen Nähe in den Terminen im Landkreis/Stimmkreis oder in der Gemeinde/Marktgemeinde/Stadt.

a) Der Vor-Ort-Termin in der Gemeinde/Marktgemeinde/Stadt

Die Einladung erfolgt durch den Ortsverband oder die Fraktion. Eingeladen sind die Mitglieder und die gesamte Öffentlichkeit, sprich alle Bürgerinnen und Burger. Die Form der Einladung an die Mitglieder ergeht durch schriftliche Ladung, an die Öffentlichkeit über die Presse bzw. das örtliche Mitteilungsblatt der Gemeinde, eine besondere Kür der Einladungsform ist die Verteilung von Handzetteln an alle Haushalte und das Aushängen von genügend Plakaten. Selbstverständlich wird die Lokalpresse geladen.

Das Besondere an dem Vor-Ort-Termin ist, dass scheinbar Alltägliches neu entdeckt wird. Denn wer kennt schon den örtlichen Brunnen, der die Versorgung mit Trinkwasser hoher Qualität, dem Lebensmittel erster Güte für alle Hauhalte, sicherstellt? Wer weiß, wo das Abwasser sorgfältig geklärt in die Flüsse abgeleitet wird? Wem ist bekannt, wie die Müllsortierung funktioniert? Wer kennt die Geschichte des Ortes, die von Zeitzeugen erzählt wird? Wer hat schon einmal die Arbeit am Bauhof erlebt? Wer kennt die Mühen und Sorgen, die entstehen, um einen optimalen Kinderspielplatz und Abenteuerspielplatz zu errichten? Wissen alle Gemeindebürger, welch hoch qualifizierte Firmen im Gemeindegebiet Arbeitsplätze schaffen, Wertschöpfung leisten und Gewerbesteuer zahlen? Wie viele Bürger haben das Heimatmuseum schon besucht? Wer kennt die fantastische Leistung der Feuerwehr vor Ort, im Feuerwehrhaus und den entsprechenden gut gepflegten Fahrzeugen? Wer hat schon einmal das Waldmuseum besucht? Welche Schlachtdenkmale gibt es im Gemeindegebiet? Wie bekannt ist die Leistung in den Alten- und Pflegeeinrichtungen? Die Begegnung mit Behinderten in entsprechenden Werkstätten ist immer lohnend. Die Belegschaft der Krankenhäuser freut sich über das Interesse, um über die eigene Leistungsfähigkeit zu informieren.

Der Fantasie für den Besuch von örtlichen Einrichtungen ist also keine Grenze gesetzt. Wagen Sie es, Sie werden Erfolg haben! Eine Variante ist, mit einer Fahrradtour im Sommer mehrere Einrichtungen zu besuchen.

b) Der Vor-Ort-Termin im Landkreis/Wahlkreis

Zweckmäßig laden hier der Kreisvorstand oder die Kreistagsfraktion ein. Besonders freuen sich Einrichtungen über den Besuch, die eine landkreisweite Ausstrahlung bzw. ein landkreisweites Einzugsgebiet haben. Es können unter anderem sein Altenpflegeeinrichtungen, Behindertenwerkstätten, Waldmuseen, der Aussichtsturm, herausragende Firmen, deren Produkte weit über die Region hinaus Bedeutung haben. Der Waldspaziergang mit Führung durch einen Qualifizierten, z.B. Jäger oder Förster, Müllverarbeitungsbetriebe, wie z.B. Deponien, Verbrennungsanlagen, Kompostieranlagen. Wichtig dabei bleibt, dass die Mandatsträger den Termin wahrnehmen, damit die Betroffenen vor Ort auch ihre Sorgen und Nöte an den Mann bringen können. In der Umsetzung muss dann auch eine entsprechende Bearbeitung und Antwort erfolgen.

2. Das Forumsgespräch

Diese besondere Veranstaltungsform will Zielgruppen mit interessanten Referenten ansprechen. Einladen sollte der örtliche Wahlkreis- oder Stimmkreisabgeordnete. Das Einzugsgebiet umfasst also einen Landkreis oder das Gebiet eines Bundestagswahlkreises. Wichtig ist vor allem eine gut entwickelte Adressdatei. Dabei dürfen Spenderadressen nicht fehlen, damit die Spender auch erkennen können, dass sie während der Wahlperiode auch beachtet werden. Zielgruppenorientiert können Themen wie das Sozialforum, das Zukunftsforum, das Wirtschaftsforum, das Gesundheitsforum als Themen besetzt werden. In der begleitenden CD-ROM finden Sie Beispiele für Einladungen und Referenten.

3. Das Fachgespräch

Das Besondere am Fachgespräch ist, dass exakt zielgruppengenau eingeladen wird. Das heißt z. B., zum Fachgespräch „Pflegeversicherung“ werden die ambulanten Pflegeeinrichtungen, die Pflegedienste der Krankenhäuser, die karitativen Träger von Pflege- und Altenheimen, der medizinische Dienst geladen. Der Abgeordnete will sich über die Sorgen, die Erfahrung in der Praxis und die Nöte informieren. Einleitend wird der aktuelle Stand durch den Abgeordneten, der Einladender ist, kurz am besten über Visualisierung, z. B. mit Overheadprojektor, vorgestellt. Wichtig ist dabei, dass die Eingeladenen reichhaltig zu Wort kommen. Erfahrungsgemäß ist eine Dauer von zwei Stunden hinreichend. Entscheidend ist für den langfristigen Erfolg, dass der Abgeordnete die gewonnenen Erkenntnisse am Schluss zusammenfasst, anschließend bearbeitet und schriftlich beantwortet. In einem Folgegespräch können dann Ergebnisse berichtet werden. Für das Fachgespräch eignen sich praktisch alle Themen, die politisch aktuell sind, sich gerade in der Gesetzgebung befinden. Dies gilt neben der Pflege für die Gesundheit, die Rente, den Wehrdienst, die Gerichtsreform, den Euro. Wichtig ist dabei immer, dass der Prozess der Gesetzgebung noch nicht abgeschlossen ist. Oder ein Gesetzgebungsvorgang, der heftig umstritten war, wie z. B. die Einführung des Euro, in der Umsetzung durch Erfahrungsberichte begleitet wird.

4. Die Podiumsdiskussion

Im Unterschied zum Forumsgespräch und dem Fachgespräch wird bei der Podiumsdiskussion unter der Leitung des Einladenden, gewöhnlich der Abgeordnete oder der Kreis- oder Ortsvorsitzende, ein fachkundiges und sachkundiges Podium gebildet. Dabei sollte bei der Auswahl der Podiumsteilnehmer auch auf unterschiedliche Positionen abgestellt werden, damit Lebendigkeit in der Diskussion entsteht. Eingeladen werden über Direktmailing Mitglieder, vorhandene Zielgruppenadressen und über die Presse und Plakate die breite Öffentlichkeit. Das Kennzeichen der Podiumsdiskussion ist, dass es neben der Kontroverse der Diskussion darum geht, besonders aktuelle Themen aufzugreifen, wie z. B. Frauen in die Bundeswehr, BSE-Skandal, Gentechnik in Nahrungsmitteln, örtlich verseuchte Grundstücke mit entsprechender Betroffenheit. Geeignet sind für diese Methode grundsätzlich alle Themen aus der örtlichen, regionalen, Landes-, Bundes- und Europaperspektive. Wichtig sind vor allem die Aktualität und die Kontroverse der Diskussion.

5. Bürger fragen – Politiker antworten

Diese Form der Veranstaltung wird nach dem Muster der bekannten Sendereihe „Jetzt red i" im Bayerischen Fernsehen abgewickelt. Eingeladen wird die breite Öffentlichkeit, Zielgruppen per Mailing, insbesondere die eigenen Mitglieder in dem jeweiligen Ortsverband. Kennzeichen der Veranstaltung ist, dass nicht die Politiker zu reden beginnen, sondern die Teilnehmer an dem Gespräch. Als kompetente Antwortgeber sind die örtlichen Mandatsträger, der Bürgermeister oder stellvertretende Bürgermeister, der Landrat, der Bezirksrat, der Stimmkreisabgeordnete und Bundestagsabgeordnete als quasi Podiumsvertreter im Saal. Was vorkommen kann, ist, dass auf eine spezielle Frage eines Bürgers keine konkrete Antwort gegeben werden kann. Dann ist es außerordentlich wichtig, dass schriftlich von dem entsprechenden Zuständigen eine qualifizierte Antwort erfolgt, die dann auch veröffentlicht werden kann.

6. Der Fotowettbewerb

Dieser kann auf Orts- und auf Kreisebene zielgruppengenau durchgeführt werden. Erfahrungsgemäß organisieren sich Fotoclubs regional und in Teilen eines Landkreises oder auch in größeren Gemeinden oder Städten. Als Themen eignen sich z. B. unsere Heimat im Jahr 2000, unsere Heimat im Wandel mit Bezügen auf vor 50 Jahren, 20 oder 30 Jahren, unsere Feldkreuze, unsere Natur in ihrer Schönheit und Zerstörung. In der Jury sollten neben einem Vertreter des jeweiligen Fotoclubs der Stimmkreisabgeordnete und/oder Landrat vertreten sein. Als Preise empfehlen sich Reisen für zwei

Personen nach Straßburg, nach Berlin, in den Bayerischen Landtag nach München sowie Buchpreise. Auf jeden Fall muss das Ergebnis in einer Ausstellung dokumentiert werden, an deren Eröffnungstermin die Preise vergeben werden.

7. Das Schafkopfrennen/Watt-Turnier oder Skatturnier

Diese Form ist eine sehr beliebte Zielgruppenansprache. Wichtig dabei ist, das richtige Lokal zu wählen und eine perfekte Organisation zu gewährleisten. Eingeladen werden sollte über lokale Medien und Plakate. Für die Werbung können die Spielkarten des örtlichen Landtags- oder Bundestagsabgeordneten eingesetzt werden. Für die Preise werden unterschiedliche Formen gewählt. Sachpreise oder Geldpreise oder eine Kombination davon. Üblich und erwartet werden ein Einsatz von 10 DM pro Spieler. Die beliebten Fahrten nach Straßburg, Berlin und in den Bayerischen Landtag nach München sollten selbstverständlich eingesetzt werden. Am besten ist, wenn die Preisträger von den entsprechenden Stiftern, Abgeordnete für Europa, Bundes- und Landtag, mit dem Preis beehrt werden.

8. Tag der Deutschen Einheit

Am glücklichsten können die Verbände und Abgeordneten sein, die seit dem Beginn der Wiedervereinigung jährlich diesen Tag der Deutschen Einheit mit einer Festveranstaltung begangen haben. Bei aller Last, die finanziell die Wiedervereinigung, die Altlastenbeseitigung des Kommunismus für das deutsche Volk bedeuten, bleibt doch die glänzende Perspektive künftig dauerhafter Friedenssicherung und wirtschaftlicher Prosperität. Diese Botschaft lässt sich in dieser Veranstaltungsform glänzend herüberbringen. Eingeladen wird über vorhandene Zielgruppenverteiler mit einer besonderen Form und Gestaltung der Einladung. Der Rahmen der Veranstaltung sollte gehoben sein. Einleitung mit Musik, Begrüßung durch den Einladenden, Kreisvorsitzender bzw. Abgeordneter. Hauptreferat durch eine bekannte Persönlichkeit, die einen Bezug zum Thema hat, wie z. B. Politiker, möglichst prominent, aus den neuen Bundesländern, Handwerkerpräsident, DIHT-Präsident oder auch Stars aus Kunst, Sport und Wissenschaft. Beendet werden sollte die Veranstaltung mit dem Bayernlied und der Deutschlandhymne. Zur Erinnerung müssen natürlich die Texte auch an den Tischen ausgelegt sein, da nicht mehr alle die Lieder in der Schule gelernt haben. Wegen der Organisation ist bei der Einladung eine Rückmeldekarte vorzusehen.

9. Der Neujahrsempfang

Auch in dieser Veranstaltungsform empfiehlt sich, eine jährlich wiederkehrende Rhythmik einzuführen. Einladen sollte der Ortsvorsitzende, Bürgermeister, Kreisvorsitzende, Stimmkreisabgeordnete oder Bundestagsabgeordnete. Wichtig ist, dass die Leute ins Gespräch kommen. Dies bedeutet, dass der prominente Redner maximal 30 Minuten, nach der kurzen Einführung und Begrüßung durch den Einladenden, spricht. Der Rahmen muss stimmen. Es empfiehlt sich deshalb, eine geeignete Lifemusik zu organisieren.

10. Die Sommerwanderung

Hier bieten sich viele Varianten an. Der Abgeordnete des Bundestages wandert jedes Jahr im Sommer (August/September während der Ferienzeit) durch einen Abschnitt seines Wahlkreises, begleitet von Bürgerinnen und Bürgern unter sachkundiger heimatkundlicher Führung. Abschluss einer solchen Wanderung bildet eine zünftige Brotzeit mit einer politischen Diskussion. Angekündigt wird die Veranstaltung über die örtlichen Medien, die Einladung an die Mitglieder und Sympathisanten und über Plakate. Erfahrungsgemäß ist diese Form der Öffentlichkeitsarbeit besonders effektiv, weil während des Wanderns auch viele persönliche Kontakte der Bürger zum Abgeordneten ungezwungen möglich sind, Berührungsängste nicht bestehen. Für die Sangesfreudigen besteht sogar die Möglichkeit, ein Lied zu singen.

11. Das Sommerfest / Waldfest

Für die nachrichtenarmen Sommermonate bietet sich die Organisation von Sommer- bzw. Waldfesten an. Dabei werden unterschiedliche Varianten gewählt. Der Ortsverband lädt in einen bekannten Biergarten ein. Die Teilnehmer zahlen selbstverständlich ihre Getränke und ihr Essen selbst. An jeden Gast wird ein Los verteilt, das attraktive Preise gewährleistet.

Eine andere Variante bedeutet erheblich mehr Organisationsaufwand. Der Ortsverband lädt an einen bekannten Grillplatz bzw. in einen Bauernhof, wo auch bei schlechtem Wetter in einer Halle die Veranstaltung stattfinden kann. Dabei wird Grillfleisch gereicht. Mitglieder des Ortsverbandes bringen Salate mit. Ein besonderer Höhepunkt wäre das Grillen einer ganzen Sau, das Profis beherrschen.

In jedem Fall hat sich eine solche Veranstaltung bewährt, indem alle Mitglieder eingeladen werden, um das Miteinander zu pflegen. Attraktiv bleibt es auch, die Öffentlichkeit einzuladen, um ins Gespräch zu kommen.

12. Der Innovationspreis oder der Preis für das Ehrenamt

Die Stiftung eines solchen Preises kann durch den Kreisverband, den Ortsverband bzw. den Stimmkreis- oder Wahlkreisabgeordneten erfolgen. In der Jury müssen die sachkundigen Verbände wie Handwerksorganisation, IHK-Kreisgremium, beim Preis für das Ehrenamt selbstverständlich die karitativen Organisationen mit ihren Führungspersönlichkeiten vertreten sein. Nicht die Höhe des Preisgeldes, mindestens sollten es 1.000 DM sein, ist entscheidend, sondern die mit der Preisverleihung sichtbar gemachte Anerkennung und Würdigung des Engagements. Natürlich müssen die Medien nach bekanntem Muster geladen werden.

Wagen Sie diese Veranstaltungsformen, binden Sie Verbände ein. Sie werden Erfolg haben! Der Fantasie und dem Mut sind keine Grenzen gesetzt.

Der Tipp zum Schluss:

Am Tag vor der Veranstaltung rufen Sie unbedingt die örtlichen Medien an, um sicherzustellen, dass ein Redakteur bzw. zusätzlich ein Bildreporter die Aktion begleiten. Bei Engpässen in der Redaktionsarbeit muss sichergestellt sein, dass eine professionell aufbereitete Presseerklärung nachgereicht wird.

IX. Erfolgsfaktoren des Wahlkampfes

1. Von Popularität bis Polarisierung: Zum Stellenwert des Plakativen in der politischen Kommunikation

Coordt von Mannstein

Wohl keine Form der Werbung ist so „öffentlich“ und so stark in der Diskussion wie die politische Kommunikation.

Tagtäglich wird die Wahlwerbung relativiert: von der Presse, in den elektronischen Medien, in Gesprächen unter Freunden, Nachbarn und Kollegen – und möglicherweise auch von unvorhersehbaren politischen und sonstigen Ereignissen.

Wahlwerbung kann nichts verkaufen, sie muss überzeugen. Rational wie emotional. Sie muss Stimmung nutzen, um Stimmen zu gewinnen – diese Aufgabe, ein Stück Demokratie in unserem Medienalltag werbewirksam umzusetzen, ist eine der höchsten Anforderungen an die politische Kommunikation.

Im Blick auf fünfzig Wahlkämpfe und eine Vielzahl institutioneller Werbekampagnen ist und war das Plakat ein unverzichtbarer Erfolgsfaktor für modernes (Wahlkampf-) Medienmanagement. Gleichwohl: Kein Werbemittel allein entscheidet über die Wirkung von Werbung, jedes Medium hat seine eigene, spezifische Überzeugungskraft. Aber als öffentliches Medium spielt das Plakat bei öffentlich-relevanten Themen eine traditionell bedeutende Rolle und übernimmt gesellschaftspolitische Funktionen, nicht nur für politische, sondern auch für karitative und soziale Anliegen. Dies gilt uneingeschränkt auch fast 150 Jahre nach Aufstellen der ersten Litfaßsäule in Berlin, dem Ursprung der modernen Plakatwerbung in Deutschland.

Und wie kein anderes Medium schafft gerade das Plakat durchgängige und unmittelbare Präsenz in der Öffentlichkeit, der sich Passant und mobile Bevölkerung nicht entziehen können. Außenwerbung – und das gilt gleichermaßen für Plakat-, Verkehrsmittel- bis hin zur Licht- und Luftwerbung

– kann durch den Rezipienten nicht überblättert, weggezappt oder abgeschaltet werden.

Natürlich stehen Plakate dabei nicht isoliert, sondern im Wettbewerb zueinander. Plakate in ihrer Massivität erzeugen aber gerade das öffentliche, das erforderliche politische Klima. Sie thematisieren die Wahl in einem Umfeld aus Produkten und Dienstleistungen. Das schafft aufmerksamkeitserzeugenden, demokratischen Dialog; die Plakatwände werden zum Spiegelbild gesellschaftlicher Strömungen.

Auch wenn im Folgenden zumeist das 18/1-Bogenplakat als Umsetzungsbeispiel herangezogen wird, soll der Vollständigkeit halber auf die Vielzahl an Werbeträgern der Plakatwerbung hingewiesen sein, die sich durch ihre Formate, durch ihre Ausstattung und durch ihre Standorte unterscheiden. Neben den klassischen Plakat-Werbeträgern (Allgemein- und Ganzstellen, Großflächen und City-Light-Poster) hat sich in Deutschland in den letzten Jahren eine Vielzahl an weiteren Werbeformen der Außenwerbung etabliert, die in ihrer Gesamtheit in der folgenden Aufstellung kurz beschrieben sind.

Zur Typologie der Plakatwerbeträger in Deutschland

- Allgemeinstellen: Litfaßsäulen oder Tafeln, die von mehreren Werbetreibenden gleichzeitig benutzt werden. Sie stehen auf öffentlichem Grund und sind gleichmäßig über das Stadtgebiet verteilt (Anzahl ca. 57.000); darüber hinaus stehen den Parteien für die Plakatierung von DIN A0/1-Formaten zu Wahlkampfzeiten u.a. sogenannte Dreiecksständer zur Verfügung, deren Aufstellung kommunal reguliert wird.

- Ganzstellen: Litfaßsäulen, die nur von einem Werbungtreibenden genutzt werden. Sie sind zumeist an frequenzreichen Straßen, Kreuzungen und Plätzen, an denen sie von allen Seiten gut einsehbar sind, platziert (Anzahl ca. 17.000).

- Großflächen: Tafeln, die für die Anbringung eines 18/1-Bogen-Plakates vorgesehen sind. Sie stehen sowohl auf öffentlichem und privatem Grund und werden in einer Stadt von mehreren Unternehmen angeboten (Anzahl ca. 230.000); zusätzliche Sonderflächen, die im Wahlkampf platziert werden, lassen sich bei privaten Anbietern, wie z.B. Wesselmann, anmieten.

- City-Light-Poster: Vitrinenplakatierung, wobei die Plakate mit Leuchtröhren von hinten durchleuchtet werden. City-Light-Poster sind in Wartehallen des öffentlichen Personennahverkehrs integriert oder z.B. in Fußgängerzonen prominent platziert (Anzahl ca. 82.000).

- Superposter: Plakattafeln in der Dimension 526 cm breit und 372 cm hoch, zum Großteil beleuchtet.

- Megalights/City-Light-Bords: Plakatvitrinen für 18/1-Bogen-Plakate, von hinten beleuchtet und zum Teil als Plakatwechsler, wobei im rotierenden Verfahren bis zu sieben unterschiedliche Motive gezeigt werden.

- Leuchtsäulen: Litfaßsäulen, die verglast und hinterleuchtet werden; Standorte in zentralen Lagen von Großstädten.

- Riesenposter/Blow-up: großformatige (100 bis 1000 m^2 Fläche), beleuchtete Kunststoff-Netzplanen, die an Baugerüsten oder Häuserfassaden angebracht werden.

- Elektronische Medienwände: Bildwände, die elektronisch gesteuert und mit wechselnden Inhalten bestückt werden können, wobei zwei unterschiedliche Techniken im Markt verfügbar sind. Video Boards/LED-Wände via Leuchtdioden, auf denen Werbespots und sonstige Informationen in Videoqualität abgespielt werden sowie das Infoscreen-Verfahren mit digitalen Hochleistungsprojektoren. Infoscreen-Anlagen finden sich in den U- und S-Bahn-Stationen der Großstädte.

Bevor ich weiter auf die für die politische Kommunikation relevanten Eigenarten des Mediums Plakat eingehe, möchte ich kurz zugrunde legen, warum sich gerade für konzeptionelle Anforderungen an die politische Kommunikation plakative Werbeträger bedingen.

Politische Kommunikation erfordert Plakativität

Bei der entscheidenden zentralen Aussage zeigt sich die Kunst der Werbebotschaft in der Politik: Sie muss den Nerv von Millionen Wählern treffen und dabei mit dem Image von Kandidaten und dem Auftritt der Gesamtpartei identisch sein. Die Werbebotschaft in der Politik ist mit einer konzeptionellen Datenkompression zu vergleichen, die so lange eine Vielzahl von politischen Inhalten verdichtet, bis drei, vier, fünf Worte übrig bleiben, die aber die gesamte Botschaft wiedergeben. Eine gute Werbebotschaft in der Politik muss zwangsläufig immer eines sein: plakativ, um sich im medialen Umfeld durchzusetzen.

Hessen 1987. Im März zerbricht die SPD-Grüne-Koalition. Urplötzlich ist Wahlkampf, den das Key-word DIESMAL und der Appell „Nutz' Deine Chance, Hessen" als Wort-/Bild-Marke von Anfang an prägen. Die kommunikative Strategie, auf Wechselwählerpotentiale zu focussieren, erweist sich als richtig: Nach über 40 Jahren erlebt Hessen erstmals den Wechsel.

Und in der geforderten Plakativität liegt auch der Grund, dass in der Regel jede konzeptionelle Wahlkampf-Werbeidee zunächst in Plakatform umgesetzt wird: Die Plakativität wird so zum Prüfstand der Massen-Kommunikationsfähigkeit und Güte der Idee.

Das Plakat argumentiert nicht, es ist Botschaft in sich

In der Plakatwerbung sind Werbeträger und inhaltliche Botschaft identisch; das Plakat ist ganzheitliche Aussage in kürzester Form. Argumente bzw. ihre Herleitung bleiben anderen Medien vorbehalten. Das Medium erfährt vom Rezipienten zumeist nur eine flüchtige Zuwendung, da es – mit Ausnahme von elektronischen Bildwänden – keinen redaktionellen Teil besitzt. Umso wichtiger ist die Gestaltung der Werbebotschaft, die gemeinsam mit einer wirkungsvollen Platzierung des Plakates dafür verantwortlich ist, die Aufmerksamkeit von Passanten und Straßenverkehrsteilnehmern zu gewinnen, bestenfalls zum Stadtgespräch zu werden.

Berlin 1985. von Mannstein entwickelt ein Plakatkonzept, das auf die sichtbaren Erfolge der CDU und den Berlin-Stolz der Bürger setzt. Emotionalisierende Plakate, prominent platziert, werden zum „Talk of town".

Plakate müssen deshalb aus wenigen prägnanten Elementen zusammen gesetzt sein, die leicht zu verstehen und zu lernen sind. Die Plakativität und spontan verständliche Werbebotschaft als Grundbedingungen, um in kürzester Zeit vom Rezipienten wahrgenommen zu werden, zwingen zu inhaltlicher und kommunikativer Disziplin. Hier verdichtet sich die Botschaft, das politische Anliegen, auf ein Maximum, bedingt durch die Forderung nach absoluter, blitzschneller Eindeutigkeit in der Kommunikation.

Bundestagswahl 1994. Einzigartige Reduktion: Die Großfläche ohne Worte – für eine Marken-Persönlichkeit, die keiner weiteren Erklärung bedarf. Ein Foto wird via Plakat zur aussagekräftigen Wahlkampfbotschaft

Hohe Kontaktdosis

Der Mangel an bewusster Hinwendung zum Medium wird durch die starke und fast allgegenwärtige Präsenz von Plakaten im Stadtbild und damit durch die Vielzahl an Plakatkontakten aufgewogen. Letztendlich ist die Mobilität der Bevölkerung ausschlaggebend dafür, dass durch Plakate außerordentlich viele Menschen sehr oft angesprochen werden. Durch die Vielzahl an unterschiedlichen Wegen, die ein mobiler Mensch zurücklegt, werden schnell Mehrfachkontakte und damit in kürzesten Zeiten ein hoher Werbedruck aufgebaut.

Gerade dadurch besitzt das Plakat eine gewaltige Durchsetzungskraft und die aufgeführten Spezifika machen das Medium insbesondere auch für die Erreichung politischer Werbeziele geeignet, wie z.B. die Bekanntheit eines Kandidaten schnell zu erhöhen oder auch das Image von Politiker/ Partei nachhaltig zu stärken. Auch das (oft gescholtene) Politiker-Portrait wird via Plakat zum größtmöglichen Bewerbungsfoto, wenn es darum geht, die Persönlichkeit zu vermitteln und bekannt zu machen, die hinter Inhalten, Tagespolitik und Programm steht.

Hessen 1999. Bekanntheit und Aufmerksamkeit aus der Opposition heraus. Das Plakat mit der Wort-/Bild-Marke dramatisiert den Macher und initiiert den landespolitischen Neuanfang.

Punktgenaue Platzierung

Eine weitere Eigenart des Mediums, die insbesondere auch der politischen Kommunikation dienlich ist, sind seine geografische Flexibilität und seine regionale Abgrenzung. Da Plakate teilweise bis auf die einzelne Stelle zu selektieren sind, ist die Belegung mit lokalen, heute Straßenzug-genauen, Erkenntnissen (z.B. dimap) über Hochburgen von Wählerpotentialen optimal abzugleichen; Streuverluste bleiben dadurch gering.

Aber auch die Selektion nach Kontaktqualität der Standorte bildet einen weiteren Schwerpunkt der Plakatplanung. Je höher und besser Plakatflächen eingesehen werden können, umso höher ist die Wahrscheinlichkeit, dass das Plakat bemerkt, beachtet und erinnert wird. Diese Rezeptionsfaktoren berücksichtigen insbesondere auch die in Wahlkampfzeiten speziell anzumietenden und aufzustellenden Sondergroßflächen; die Erfassung der täglichen Verkehrsströme, durch z.B. exponierte Lagen an Ausfallstraßen oder auf Verkehrsinseln, maximiert die Kontaktdosis.

Dazu kommt, dass gerade auf kommunaler Ebene, dort wo es um örtliche Bezüge, um lokale Persönlichkeiten geht, das Plakat die Aufgabe der durchtragenden zentralen Botschaft erfüllt. Das Plakat wird zum größtmöglichen Träger des Erscheinungsbildes. Auch in diesem Bereich ist es funktional unersetzbar.

Das Plakat, Event an sich – für den Sprung in die Medien

Wer heute die Menschen bewegen will, muss immer auch die Medien bewegen! Die Medien befördern Botschaften, die Bewusstwerdungsprozesse einleiten, umleiten oder kanalisieren können. Sie sind zwar nicht die öffentliche Meinung, bestimmen aber, wer oder was zur „Botschaft des Tages" wird.

Der Sprung in die Medien muss deshalb auch ein vorrangiges Ziel in der politischen Werbung sein; sie muss durch ihre Konzeption Teil des öffentlichen Stoffwechsels werden, ihre Wirkung mit redaktioneller Hilfe potenzieren können. Der Sprung in die Medien steht für die Durchsetzungskraft, die (politische) Werbung heute und in der Zukunft braucht. Sie muss im Medien-Dschungel den günstigsten Weg zu den Zielgruppen finden und sich ihn in einer sich permanent ändernden Welt immer wieder neu bahnen. Transporteure und moderne Pfadfinder der Botschaft sind dabei medienwirksame Ereignisse, Events und „Storys", über die man spricht – denn Medien und Wähler wollen auch unterhalten sein.

Auch für das redaktionelle Agenda-Setting ist das Plakat geeignetes Vehikel. Es kann hervorragende Dienste leisten, ob flächendeckend distribuiert oder nur in wenigen Exemplaren – und zum Event-Instrument der Presse- und Öffentlichkeitsarbeit im Wahlkampf werden, Kreativität bei der Entwicklung der Botschaft vorausgesetzt.

Drei Beispiele:

- In der Landtagswahl 1992 in Schleswig-Holstein war Engholm der designierte Kanzler-Kandidat der SPD und de facto scheidender Ministerpräsident von Schleswig-Holstein.

  Wir polarisierten mit dem Manko seiner absehbaren „Landesflucht" und entwarfen eine Großfläche, die erstmalig auch den politischen Gegner zeigte. Abgewandt, aber an der Tabakpfeife erkennbar – mit dem Hinweis: „Halb weg!" Daneben, „Ganz da!", sein CDU-Herausforderer Ottfried Hennig, dynamisch auf den Betrachter zugehend.

  Dazu der Clou für die mediale Inszenierung: Je länger das Plakat Tageslicht ausgesetzt war, desto mehr verblasste Engholm, denn seine Bogenteile waren mit einem niedrigeren Lichtechtheitsfaktor gedruckt. Nicht nur in Schleswig-Holstein, auch bundesweit wurde die PR-Idee medial aufgegriffen.

Schleswig-Holstein 1992. Der Medien-Trick, mit dem Engholm erblasst: von Mannstein schafft eine PR-trächtige Story mit bundesweiter Wirkung.

- Als vor der Bundestagswahl 1994 für einen großen Teil der Wahlsieger bereits feststand und Helmut Kohl abgeschlagen schien, startete die CDU mit ihrem Hamburger Parteitag im Februar die Offensive.

  Dazu entwickelten wir ein Plakatsujet, das in Hamburg den Medien vorgestellt und ansonsten nur in zwei Exemplaren vor dem Konrad-Adenauer-Haus in Bonn affichiert wurde: „Politik ohne Bart" – mit einem versonnen lächelnden Bild des Kanzlers; ein Plakat, das auf sympathische Art den Gegenkandidaten Scharping konterkarierte.

  Quer durch alle Medien – selbst in den ARD-Tagesthemen – liefen Berichte über das spektakuläre Motiv; eine kostenintensive flächendeckende Streuung konnte vermieden werden, allein durch die Medien wurde der Stimmungsumschwung eingeleitet.

Frühjahr 1994. Europa- und Bundestagswahl ante portas: Eine ungewöhnliche Kanzler-Großfläche, die augenzwinkernd auf den Oppositionsführer Scharping zielt, schafft den kommunikativen Gegentrend via medialer Berichterstattung.

- Nach den Landtagswahlen im Juni 1994 in Sachsen-Anhalt ließ sich die rot-grüne Minderheitsregierung von der PDS tolerieren. Für den CDU-Bundestagswahlkampf konzipierten wir ein neues Thema und plakatierten es: Die „Roten Socken" – eine der wirkungsvollsten Kampagnen der CDU, deren Sujet von Seiten der Medien bis in den 98er Bundestagswahlkampf hineintransportiert wurde.

Bundestagswahl 1994. Kein Plakat sorgt für mehr Polarisierung und größere mediale Aufmerksamkeit. Ganze vier Jahre hält die redaktionelle Berichterstattung bis in den Bundestagswahlkampf 1998 hinein.

Drei Motive, die den Wahlkampf von der Plakattafel in die Medien zu verlagern vermochten. Plakate, die z.T. nur in wenigen Exemplaren erschienen waren, erreichten weit überproportionale Aufmerksamkeit und Wirkung. Weil sie sich selbst inszenierten und politische Inhalte auf den Punkt brachten, wie es kein sonstiges Medium mit adäquatem Format und öffentlicher Präsenz vermag. Das führte in Konsequenz nicht zuletzt dazu, dass Sondermotive zu politischen Tagesthemen seitdem ihren Stammplatz vor den großen Parteizentralen innehaben.

Das Plakat, das aus der Krise führt

Politische Kommunikation ist – neben dem Einfluss der Medien – vielfältigen externen Wechselwirkungen ausgesetzt, die, zumeist unvorhersehbar, eine schnelle Reaktion erfordern. Wahlkampf ist immer auch Krisenmanagement; seine besondere Dimension, wie durch kein Szenario erfassbar, erfuhren wir im Landtagswahlkampf 1986 in Niedersachsen, als urplötzlich das Meinungsklima gegen die CDU-Regierung unter Ernst Albrecht umzuschwingen drohte: Auslöser war „Tschernobyl", der weltweit größte Atomreaktorunfall – sechs Wochen vor dem Wahlsonntag der Super-GAU auch für die im Voraus geplante Werbekonzeption. Über Nacht musste eine neue Botschaft konzipiert, umgesetzt, abgestimmt, produktionstechnisch realisiert und gegen die gestreuten Werbemittel ausgetauscht werden.

Nun ist das Plakat traditionell kein Ad-hoc-Medium: Reinzeichnung, Lithografie, Druck und Anlieferung bei den Plakat-Pächtern (in der Regel ein bis zwei Wochen vor Affichierungsbeginn) können Einflussfaktoren, für die gerade die politische Kommunikation anfällig ist, immer wieder zeitliche Angriffsfläche bieten.

Fortschreitende Technologie (z.B. durch Digital-Druckverfahren) und Flexibilität bei den Plakatierungsunternehmen führen heute zu verkürzten Realisationszeiten; aber schon damals in Niedersachsen gelang durch professionelles Wahlkampfmanagement der Kampagnen-„Relaunch" auch plakativ in wenigen Tagen – zeitig genug, um den Gegentrend zu stoppen.

Letztlich wiegen die Vorzüge des Mediums für die Penetration politischer Kommunikation das Manko etwaiger Anfälligkeit für „überholte Botschaften" immer auf. Zur Aktualisierung dienen darüber hinaus Aufkleber, die Zusatzbotschaften kurzfristig transportieren können.

Niedersachsen 1986. „Tschernobyl" erschüttert den CDU-Landtagswahlkampf. Innerhalb von nur drei Tagen klebt flächendeckend ein Plakat, das aus der Krise und zum knappen Wahlsieg führt.

Plakat – populäres Medium mit Zukunft

Das Plakat hat und wird sich – solange Menschen mobil sind – gegen den Wettbewerb elektronischer und digitaler Medien behaupten; es wird seinen Platz sichern und wie die Typologie der neuen Werbeträger aufzeigt, die Neuen Medien und technischen Möglichkeiten für sich zu nutzen wissen.

Zusammenfassend lässt sich feststellen: Das Plakat ist – trotz zumeist flüchtiger Zuwendung durch den Rezipienten – kein flüchtiges Medium: Seine Stärke ist mit einem Fels in der Kommunikations-Brandung zu vergleichen. Seine emotionalisierende Kraft bleibt vergleichsweise lange öffentlich, seine kämpferische Wirkung für die politische Auseinandersetzung unverzichtbar. Es stärkt den Wahlkämpfern im Straßenbild den Rücken, wendet sich polarisierend an Unentschlossene und führt bestenfalls zu Irritation und Verunsicherung beim politischen Gegner.

Und vergleichbar mit der Reaktivierung von Marken-Welten kurz vor dem Kaufentscheid am Point of Sale, unterstützt das Plakat die Stimmabgabe noch auf dem Weg ins Wahllokal.

Thüringen 1999. Polarisierung von Unentschlossenen und Verunsicherung des politischen Gegners. So urteilt DIE WELT vom 23.8.1999: „Dem Eisenacher Bahnhof gegenüber leuchtet eine Großfläche. Nichts als ein blutroter Theatervorhang und darauf in weißer Schrift die Frage: Was wird gespielt hinter rot/roten Kulissen? Darunter klein: Ein Trauerspiel für Thüringen. Die CDU als Auftraggeber erscheint nur unten rechts. Für Dewes (Anm. d. V.: SPD-Gegenkandidat) ein brandgefährliches Plakat".

Darüber hinaus ist dem Plakat ein zeitloser Faktor inhärent, der Motive lange über den Tag der Erstauflage hinaus attraktiv und nachgefragt halten kann. Und das Plakat erfährt zudem vom Rezipienten in der Einstellung zu anderen Werbemitteln mit die höchste Zustimmung. Es unterbricht weder redaktionellen Lesefluss noch die Filmhandlung am spannendsten Punkt; es ist übergroß, aufmerksamkeitsstark und doch nicht aufdringlich. Schein-

bar entscheidet der Rezipient selbst die Wahrnehmung. Auch darin liegt für ihn mit Sicherheit ein Teil der Popularität des Werbeträgers Plakat in zunehmend reizüberfluteter Zeit begründet. Den Macher hingegen fasziniert der Zwang zur Reduktion.

Der Poster-Klassiker.
Mitte der 70er Jahre entwickelt – heute noch nachgefragt.

2. Der Info-Stand

Christian Hoose

1. Einleitung

Brauchen wir bei den modernen Medien wie Fernsehen, Hörfunk und Internet überhaupt noch eine Kommunikation über den guten alten verstaubten Info-Stand? Kann man nicht viel besser die Menschen über das Fernsehen erreichen? Kann der Politiker seine Botschaften nicht viel gezielter in der medialen Welt „rüberbringen"? Sind die Bürger nicht sehr viel empfänglicher für inszenierte Bilder im Fernsehen? Ersetzen die Talkshows mit Politikern nicht den persönlichen Kontakt der Politiker mit den Bürgern?

Aber was zeigt uns eigentlich die mediale Welt? Ist es die Wirklichkeit, die wir tagtäglich erleben?

Viele Menschen kennen die Politiker doch überhaupt nur aus dem Fernsehen. Sie sind oft verwundert, wenn sie die Politiker in natura sehen und hören. Sie sind möglicherweise überrascht, wie positiv oder wie negativ sich manche Politiker im direkten Gespräch mit dem Bürger verändern. Politiker täuschen uns im Fernsehen zum Beispiel oft über ihre Körpergröße und ihr tatsächliches Aussehen. Gut geschminkt und mit gefärbten Haaren wirken sie jugendlicher und kleine Menschen wirken größer. Die Bundeskanzler Schmidt und Schröder sind gute Beispiele dafür. Nicht jeder Bürger ist heute schon gewillt, sich mit den Politikern nur noch über „Chat-Rooms" zu unterhalten oder seine Meinung über E-Mails oder einen TED zu äußern. Bei all den neuen Kommunikationsmethoden, die zukünftig sicher eine immer größere Rolle spielen werden, die Bürger werden nicht auf den ganz direkten Kontakt mit den Politikern verzichten wollen. Hier kann man einen sehr viel besseren Eindruck von einer Person gewinnen. Der gute alte Info-Stand hat also doch nicht ausgedient.

2. Info-Stand – gestern

Früher gab es nicht so viele Möglichkeiten bei einem Wahlkampf, die Bürger zu erreichen. Es gab wie heute auch die großen Kundgebungen und es gab die Stände der Parteien, überall aufgestellt, um die Bürger zu informieren und mit ihnen ins Gespräch zu kommen. Sie dienten auch dazu, die Kampagnenfähigkeit einer Partei zu zeigen oder die berühmt-berüchtigten Werbematerialien der Parteien unters Volk zu bringen, die Kugelschreiber, die Flaschenöffner, die Anstecknadeln oder die Kochlöffel und Feuerzeuge. Um die Stände herum bildeten sich oft Menschengruppen, die eifrig diskutierten. Man kam mit dem Kandidaten, aber auch mit anderen Parteimitgliedern ins Gespräch und diskutierte kontrovers über politische Ansichten oder aber auch über die Spitzenkandidaten der Parteien. Je mehr der Hörfunk und das Fernsehen sich etablierten, umso mehr wurden sie auch für Wahlkampfzwecke benutzt. Der Informations-Stand verlor an Gewicht, weil ich über das Medium Fernsehen und Hörfunk eine größere Anzahl von Bürgern erreichen konnte; entweder durch Werbespots oder in vielen Diskussionsrunden, die vor Wahlen zu den verschiedensten Themen angeboten werden.

3. Info-Stand – heute

Aber bis heute haben alle Parteien auf ihn nicht verzichtet. Der direkte persönliche Kontakt zu den Wählern ist wichtig und meiner Meinung nach in einer immer virtueller werdenden Welt besonders wichtig. Der Politiker kann den direkten Fragen nicht ausweichen und sich hinter abgedroschenen Phrasen verstecken. Vielfach soll es ja Politiker geben, die diese Wahlkampfform genauso wenig mögen wie Diskussionen mit Publikum und mehreren Kandidaten.

4. Info-Stand – Management

Wenn ich heute im Wahlkampf einen Info-Stand einsetze, muss ich zunächst ein paar grundsätzliche Überlegungen anstellen.

- Wo soll der Info-Stand stehen?
- Wann ist die richtige Tageszeit?
- Wie mache ich den Standort bekannt?
- Was für Informationsmaterial verwende ich?
- Soll ich durch zusätzliche Dinge für Aufmerksamkeit sorgen?
- Muss ich den Info-Stand genehmigen lassen? Und wo muss ich dies tun?

Der Überlegung, wo der Info-Stand aufgestellt werden soll, kommt eine große Bedeutung zu. Der Ort muss so gewählt sein, das möglichst viele Menschen erreicht werden, weil sie an dem Stand vorbeigehen müssen. Es muss ausreichend Platz vorhanden sein, damit Menschen stehen bleiben können, ohne dass Nichtinteressierte behindert werden. Es bieten sich zum Beispiel Plätze vor Einkaufszentren oder in der Nähe von Straßenbahn- oder Busknotenpunkten an. Auch Stände in der Nähe von Marktplätzen, großen Fabriken, in Fußgängerzonen können sich als geeignet erweisen. Der Standort muss von allen Seiten möglichst gut sichtbar sein. Außerdem sollte man ihn leicht und schnell auf- und abbauen können. Meist reicht ein Schirm mit der Aufschrift der Partei, um eine erste Aufmerksamkeit zu erreichen. Auch die Tageszeit, zu der Stand aufgestellt wird, spielt eine wichtige Rolle. Da man eine möglichst große Anzahl von Menschen erreichen will, sollte man Zeiten wählen, in denen viele Bürger am Standort des Standes vorbeikommen und etwas Zeit haben, um am Stand stehen zu bleiben. Samstage sind deshalb gut geeignet, da viele Menschen unterwegs sind und sie gleichzeitig weniger unter Zeitdruck stehen. Aber auch auf dem Heimweg von der Arbeit können die Menschen ganz gut angesprochen werden. In den Innenbereichen der Städte kann sich auch die Mittagszeit als günstig erweisen, viele Menschen durch einen Info-Stand zu erreichen.

Eine Kurzbiographie des Kandidaten und die üblichen Wahlkampfmaterialien – je nach persönlichem Geschmack – sollten vorhanden sein. Der Stand sollte mit mehreren erfahrenen und freundlichen Wahlkampfhelfern besetzt sein, da der Kandidat ja immer nur mit einem oder wenigen Bürgern sprechen kann. Aber auch der gute alte Luftballon sollte nicht fehlen. Gerade Kinder fühlen sich von Luftballons, die fertig aufgeblasen an einer Schnur oder einem Draht mitgenommen werden können, magisch angezogen. Für das Aufblasen der Luftballons und das Verteilen an die Kinder sollten extra Helfer eingesetzt werden. Die Helfer sollten im Aufblasen der Ballons mit Gas geübt sein. Eine Schlange bei der Ausgabe der Luftballons kann bereits zu Gesprächen mit den begleitenden Erwachsenen genutzt werden.

Da Info-Stände alleine vielleicht nicht ausreichen, um eine möglichst große Aufmerksamkeit zu erreichen, muss überlegt werden, wie man den Info-Stand möglicherweise durch zusätzliche Attraktionen noch interessanter machen kann. Die Luftballons gehören mit Sicherheit auch dazu. Man könnte daraus auch einen Luftballonwettbewerb veranstalten. Im letzten Landtagswahlkampf in Sachsen hatte ein Kandidat seinen Info-Stand mit dem längsten Trabbi geschmückt und dadurch zusätzliche Aufmerksamkeit erregt. Dadurch war auch die Lokalpresse bereit, über den Kandidaten und seinen Info-Stand zu berichten. Die Lokalpresse ist auch in Wahlkampfzeiten durchaus bereit, über witzige und pfiffige Ideen zu schreiben. Somit kann man zwei Dinge gleichzeitig erreichen. Zum einen den direkten persönlichen Kontakt zu den Bürgern, zum anderen auch noch eine Medienwirkung, die diejenigen erreicht, die nicht persönlich am Info-Stand waren. Hier können die Ideen nicht witzig genug sein. Lassen Sie sich also etwas einfallen.

Nichts läuft in Deutschland ohne Verwaltung. Also muss auch die Aufstellung eines Info-Standes vorher beim zuständigen Ordnungsamt genehmigt werden. Die Beantragung kann per Fax erfolgen. Der Antrag muss Folgendes enthalten: Ort und Zeitraum des Info-Standes, Thema und die Benennung eines Verantwortlichen. Die Genehmigung sollte spätestens eine Woche vorher beantragt werden.

5. Ausblick

Was kann man aus dem bisher Gesagten ableiten?

Der Info-Stand hat meiner Meinung nach noch nicht ausgedient. Er ist nach wie vor ein geeignetes Mittel, um im Wahlkampf mit den Menschen direkt in Kontakt zu treten. Der Info-Stand hat seine Berechtigung auch in einer Zeit, da Wahlkämpfe nur noch von Werbemanagern medial inszeniert werden. Man muss aber versuchen, den Info-Stand mit weiteren interessanten und auch publikumswirksamen Dingen zu verbinden, die das Interesse der Menschen wecken.

Ich würde sogar noch weiter gehen: In einer Zeit, wo das Vertrauen in die Politiker durch zahlreiche Skandale erschüttert ist, bietet der direkte Kontakt am Info-Stand eine Möglichkeit, verlorenes Vertrauen im persönlichen Gespräch wiederzugewinnen. Sicher ist es nicht für jeden Politiker ganz einfach, direkt und ungeschützt dem Bürger gegenüberzutreten. Dadurch kann aber vielen Politikern wieder deutlich werden, wo den Bürger der Schuh drückt und was ihn bewegt. Die Politik muss die Probleme der Menschen ernst nehmen und nicht nur alle vier oder fünf Jahre auf sie zugehen. Einem Info-Stand nicht nur als Einbahnstraße, nämlich zur Information des Wählers, sondern einem Info-Stand, an dem der Bürger über seine Sorgen redet und seine Meinung sagt und der Politiker zuhört, könnte die Zukunft gehören. Wir sollten uns auch in einer immer vernetzteren Welt dies versuchen zu bewahren. Obwohl auch hier die Entwicklung nicht stehen bleibt.

Die virtuelle Zukunft des Info-Standes im „World Wide Web“ hat nämlich bereits begonnen. Im Internet wird der virtuelle Info-Stand als interaktives Medium bereits genutzt. Der Bürger kann Fragen stellen und er bekommt sie via Internet beantwortet. Genauso geht es umgekehrt, der Politiker kann sich mit gezielten Fragen an die Bürger wenden, die dann die Möglichkeit haben, entsprechende Kommentare abzugeben. Als Beispiele für einen virtuellen Info-Stand nenne ich hier den Info-Stand des nordrhein-westfälischen Landesbeauftragten für den Datenschutz oder den Info-Stand der Sächsischen Staatskanzlei zum „Tag der Sachsen“, der jedes Jahr am ersten September-Wochenende im Freistaat gefeiert wird.

3. Bürgergespräche

Frank Seidel / Kati Klaba

Ein wolkenverhangener Samstag, Pfingsten, es gießt in Strömen: Das monotone Regengeklopfe an diesem grauen Vormittag wird von Telefongeklingel unterbrochen. „Seidel", meldet sich der Zwickauer CDU-Mann. Und augenblicklich verwandelt sich der Dauerregen in einen Gewitterguss. Der Bäckermeister vom anderen Ende der Stadt macht sich ordentlich Luft: Schon längst hätte etwas getan werden müssen, aber wie immer passiere nichts und jetzt habe er die Scherereien... Es dauert nicht lange und der politische „Hans Dampf in allen Gassen", Seidel, weiß Bescheid. Der Regen hat die abschüssige Straße in eine Schlammpiste verwandelt, die zugehörige ablaufende Brühe ist bereits in die bergab gelegene Bäkkerei geflossen – im Keller schwimmt der Modder. Und nun, mein lieber Stadtrat, tu was. Und zwar gleich.

Seidel fragt nicht, warum ausgerechnet er helfen soll. Er fragt dies nicht, obwohl er weiß, dass zum Beispiel der Baubürgermeister der Stadt gleich um die Ecke wohnt – beim Bäcker um die Ecke. Er fragt es nicht, obwohl Pfingstsamstag ist und seine Familie sich schon lange auf den gemeinsamen Nachmittag freut.

Seidel fragt nicht. Er setzt sich ins Auto und fährt ans andere Ende der Stadt. Der Schlamm sickert immer noch in des Bäckermeisters Keller, der Regen denkt nicht ans Aufhören. Da der Ursache des Übels an diesem Pfingstsamstag weder vom Bäcker noch vom Stadtrat zu Leibe gerückt werden kann, gehen sie dem Ergebnis der bisherigen Nachlässigkeiten an den Kragen.

Ein wolkenverhangener Samstag, Pfingsten, es gießt in Strömen: Das monotone Regengeklopfe an diesem grauen Vormittag wird von einem Duett der Schaufelgeräusche unterbrochen. Stadtrat Seidel steht neben dem Bäckermeister und schippt Schlamm aus dessen Keller, Stunde um Stunde.

Der Bäckermeister kennt jetzt einen, der nicht nur Bürgernähe predigt, sondern auch lebt. Und der Stadtrat kennt einen, der nicht nur Sorgen hat, sondern auch weiß, was Bürgernähe heißen kann.

Leben ist Kommunikation. Leben ist auch Politik. Gespräche zwischen Volksvertreter und Bürger sind Bestandteil der kommunikativen Verbindung zwischen den Menschen. Der direkte Kontakt zu den Bürgern/Wäh-

Bürgernähe – das Gespräch suchen.

lern ist eine der wichtigsten Voraussetzungen für einen erfolgreichen Personenwahlkampf. Allerdings erwarten die Bürger einen ständig ansprechbaren Politiker und nicht nur dessen Präsenz erst kurz vor den Wahlen. Erfolgreiche Politik bedarf einer ständigen Präsenz vor Ort. Dafür muss das politische Mandat als Berufung, als Herzensaufgabe angesehen werden und nicht als Beruf.

Die Bürger wollen von den Volksvertretern ernst genommen werden. Dies bemerkt man am ehesten durch den direkten Kontakt – im Gespräch. Das persönliche Gespräch heißt Verbindung knüpfen, Informationen austauschen, gegenseitiges Verständnis für Probleme und Entscheidungen wecken. Den Bürger als Partner akzeptieren und ihm zuhören, das sind wichtige Voraussetzungen für das direkte Gespräch. Bürger sind Multiplikatoren in ihrer Umgebung.

1. Abgeordnetensprechstunde

Abgeordnetensprechstunden sollten zum regelmäßigen Bestandteil politischer Arbeit vor Ort gehören. Sie sollten direkt im Wahlkreis abgehalten werden, denn erstens zeigt der Politiker dadurch seine Nähe zum Bürger (Er kommt auf ihn, den Wähler, und seine Anliegen zu.) und zweitens registrieren auch jene, die die Abgeordnetensprechstunde nicht in Anspruch nehmen, sehr wohlwollend, dass der Volksvertreter sich vor Ort um „seine" Bürger kümmert. Finden die Sprechstunden in Parteiräumen statt, haben die Bürger zudem Gelegenheit, sich an Offenheit und Transparenz der Parteizentralen zu gewöhnen. Die Hemmschwelle sinkt und der Bürger kommt auch außerhalb von Sprechzeiten wieder.

Die Sprechstunden ermöglichen es den Bürgern, sich direkt mit Sorgen, Problemen, Anregungen an den Politiker zu wenden. Nachteilig ist, dass die Zeit für den Einzelnen innerhalb der Abgeordnetensprechstunde sehr begrenzt ist. Es besteht kaum die Möglichkeit für ein längeres Gespräch. Umso wichtiger ist es, dass der Bürger seine Sorgen an den Mann bzw. die

Frau bringen kann und eine Antwort erhält. Von elementarer Bedeutung ist, dass in der Sprechstunde ausbleibende Antworten, sei es beispielsweise durch fehlende Hintergrundinformationen oder durch notwendige Gespräche mit anderen Beteiligten, unbedingt nachgereicht werden.

Neben dem direkten Kontakt vor Ort, dem persönlichen Gespräch ist ein weiterer positiver Aspekt der Abgeordnetensprechstunde, dass der Politiker nach dem Gespräch die Adressen der Bürger kennt und diese später jederzeit wieder aktiviert werden können.

2. Termingespräche

Wenn der Bürger, möglicherweise bereits beim ersten Kontakt, anzeigt, dass er mit dem Abgeordneten ein längeres inhaltliches Gespräch führen möchte, sollte ein separater Termin vereinbart werden. Es bietet sich an, das Gespräch beim Bürger, in dessen häuslicher Umgebung zu führen. Gründe: die Achtung vor dem Bürger und das direkte Erfahren seiner Lebensumstände. Ein Volksvertreter sollte sich nicht vom Lebensniveau seiner Bürger distanzieren oder gar absondern. Die Menschen fühlen sich zu Hause sicher, sie müssen sich nicht an andere Verhältnisse anpassen, was häufig zu Verunsicherungen führt.

Wie leben meine Wähler? Der Politiker sollte sich nicht vom Lebenskreis „seiner" Bürger abgrenzen.

Auf das Termingespräch kann sich der Politiker weit besser vorbereiten als auf die Abgeordnetensprechstunde, kennt er doch im Vorfeld bereits in groben Zügen das oder die Anliegen des Bürgers. Wichtig auch hier: Kann der Volksvertreter nicht in jedem Detail sofort eine Antwort geben, so darf er sie in der Nachbereitung dem Bürger keinesfalls schuldig bleiben. Um es auf den Punkt zu bringen – diese Regel gilt eisern für alle Arten von Kontakten mit dem Wähler/Bürger.

3. Einwohnerversammlung

Die Einwohnerversammlung ist eine besondere Art der Gesprächsführung. Der Volksvertreter erreicht dabei eine Vielzahl von Bürgern, die Einwohnerversammlung erlaubt mehreren Bürgern gleichzeitig, sich zu informieren und Fragen zu stellen. Am Rande einer solchen Veranstaltung ist es jederzeit möglich, mit einzelnen Bürgern ins Gespräch zu kommen.

Die Einladung zur Einwohnerversammlung sollte über die Medien erfolgen. Ist die Versammlung territorial begrenzt, sollte jeder einzelne Haushalt eine Einladung erhalten. Dadurch erfährt auch der medien-desinterresierte Anwohner, dass der Volksvertreter vor Ort ist. Und auch wer nicht zur Einwohnerversammlung kommt, kennt den Namen des Abgeordneten, er wird bekannt.

4. Straßenversammlung

Die Straßenversammlung ist besonders geeignet, ein konkretes Vor-Ort-Problem zu diskutieren und eventuell eine demokratische Mehrheitsentscheidung, eine Lösung des Problems zu erreichen. Großer Vorteil ist auch hier, dass der Anwohner (wie bei der Einwohnerversammlung) ohne großen Aufwand teilnehmen kann, den Abgeordneten persönlich kennen lernt, gleich zu anderen Fragen sprechen kann und gemeinsam mit anderen Anwohnern und dem Abgeordneten an einer gemeinsamen Lösung arbeiten kann.

Die Einladung zur Straßenversammlung sollte über Medien und vor allem Postsendungen in jeden betreffenden Haushalt gelangen. Ein Tipp: Der Volksvertreter nimmt sich die Zeit und verteilt die Einladungen persönlich. Dies gibt zusätzlich Gelegenheit zu persönlichen Kontakten, Vorabinformationen für die anstehende Straßenversammlung und führt meist auch zu weiteren Vor-Ort-Terminen.

5. Sorgentelefon

Ein in regelmäßigen Abständen eingerichtetes Sorgentelefon, notwendigerweise immer mit der gleichen Telefonnummer, erlaubt einen schnellen und unkomplizierten Kontakt des Bürgers zum Politiker. Er wird ohne großen Aufwand seine Fragen und Probleme los.

Der Bürger kann hinsichtlich seines Aussehens anonym bleiben. Der Volksvertreter sollte aber, entgegen den Gepflogenheiten bei herkömmlichen Sorgentelefonen, Name, Adresse und Telefonnummer der Anruferin/des Anrufers erfragen, um einen Folgekontakt seinerseits zu ermöglichen.

6. Zufällige Gespräche

Zufällige Gespräche können an jedem Ort stattfinden, ob in der Bank, auf der Straße, beim Friseur, im Freibad, im Theater, in der Schule oder am Rande von Kultur- und Sportveranstaltungen. Der Volksvertreter sollte immer für Gespräche offen sein und sich Zeit für den Gesprächspartner nehmen. In stressigen Situationen, also bei Zeitknappheit, unbedingt einen anderen Gesprächstermin anbieten. Zufällige Gespräche haben eine weitaus höhere Bedeutung als viele glauben. Im täglichen Leben nehmen die Bürger den Politiker gern unter die Lupe: Da ist er nicht in aufgesetzter („offizieller“) Stimmung, sondern eben im Alltag.

7. Stammtischgespräche

Die Oberherrschaft über die Stammtische ist der Schlüssel für Bürgerakzeptanz. Die Gespräche am Tagesrand in lockerer Runde zeigen die Geselligkeit des Volksvertreters, seine Fähigkeit, auf die Lebensgewohnheiten seiner Wähler zuzugehen, und geben ihm die Möglichkeit, dem Volk so richtig „auf's Maul zu schauen“. Politstammtische erlauben es anderseits dem geselligen Kneipenbesucher, dem Politiker auch mal so richtig seine Meinung zu sagen.

8. Kontakt-Aktionen

Ein typisches Beispiel für Kontakt-Aktionen ist der Frauentag. Der Volksvertreter macht sich mit Blumen oder anderen kleinen Aufmerksamkeiten auf den Weg und spricht Frauen, z.B. in den Innenstädten, Einkaufszentren oder vor Kindertagesstätten, auf ihren Ehrentag an. Er stellt sich vor und überreicht mit einem freundlichen Lächeln (besser noch ist ein charmantes) seine Aufmerksamkeiten.

Ist vielleicht die Gelegenheit, gleich in ein tieferes Gespräch zu kommen, nicht allzu häufig, so bleiben Name und Konterfei des Abgeordneten bei den Betreffenden jedoch sicher im Gedächtnis.

9. Gespräche in Vereinen und Organisationen

Vereine und Organisationen sind bestimmte Interessenvertreter, die Unterstützung und Akzeptanz suchen, diese andererseits aber auch vermitteln können (siehe auch Kapitel X). Mit ihnen ins Gespräch zu kommen, ist Pflicht für jeden Volksvertreter. Vorteil ist auch hier die gezielte Vorbereitung sowie Rede und Antwort mit mehreren Bürgern.

Selten nur hat der Politiker diesbezüglich selbst eine Einladepflicht. Aus vorhandenen Adressen von Mitgliedern von Interessenverbänden kann er aber auch selbst aktiv werden und gezielt einladen.

10. Mediengespräch

Interviews in Rundfunk und Presse oder die Teilnahme an TV-Stammtischen erlauben es dem Politiker, sich einem breiten Bevölkerungsspektrum vorzustellen und sich den Fragen der Zuschauer/Leser/Hörer zu stellen. Mediengespräche sind Kontaktaufnahme auf große Entfernung.

Der Volksvertreter muss wissen, dass diese Gespräche eine größere Aufmerksamkeit beim Bürger erreichen können. Damit ist auch ein hoher Anspruch an sich selbst verbunden. Der Bürger bleibt anonym, der Politiker allerdings wird von allen beobachtet.

Schlussbemerkung:

Gespräche sind direktere Kontaktmöglichkeiten als Briefe. Beide Gesprächspartner müssen sofort reaktionsbereit sein und auf ihr Gegenüber eingehen. Gespräche sind eine wunderbare Art der Kommunikation und sollten ein Leben lang gepflegt werden.

4. Events / Eventmanagement

Stephan Overkott / Jens Heinrich

Warum Events?

Erlebnisbedürfnis als Folge eines gesellschaftlichen Wandels

Politische Parteien sind seit den siebziger Jahren als ideologische Heimat der Menschen immer mehr in den Hintergrund getreten. Fragen des Lebensstils und der Lebensqualität verdrängen rationelle, wirtschaftliche oder traditionelle Gründe für Parteipräferenzen. Institutionen wie Familie, Schule, Kirche, Partei oder soziale Schicht verlieren an Orientierungskraft. Die Menschen entscheiden immer mehr selbst über ihren Lebensweg, tragen damit aber auch ein erhöhtes Enttäuschungsrisiko.

Die vielfältigen und allgemein immer zugänglicheren Konsummöglichkeiten haben die Lebensauffassung vieler, vor allem junger Menschen verändert. Das Lebensgefühl dieser „generation @" ist von Internet und Neuen Medien geprägt, die eine gigantische Informationsflut verbreiten, die eigentlich niemand mehr verarbeiten kann; das Leben wird zum Pool multipler Identitäten und wandelbarer Wirklichkeiten. Aber auch die ältere Generation wird erlebnisorientierter: Erlebnisgastronomie, Erlebniseinkauf und Erlebnisreisen. Übersättigte Konsumenten verlangen nach immer Neuem, nach nie Dagewesenem, bei dem Steigerungen unmöglich scheinen. „Just do it!" ist zum kategorischen Imperativ unserer Zeit geworden, die Werbung fragt fordernd: „Und – was haben Sie heute schon erlebt?".

Am Übergang in das dritte Jahrtausend bekommen das direkte, reale Erleben und die Emotionalität eindeutig eine neue, außerordentliche Bedeutung. Die Sehnsucht nach unmittelbarer Kommunikation von Mensch zu Mensch rückt wieder in den Mittelpunkt des Geschehens. Emotionen werden als elementare Antriebsfaktoren des menschlichen Handelns und als Motivation zu Entscheidungen erkannt. Soziale Milieus bilden sich heute vor allem als Erlebnisgemeinschaften in Form von Cliquen, Clubs, Vereinen und vor allem auch über Medien.

Politische Institutionen sehen sich dem Druck ausgesetzt, auf diese Veränderungen reagieren zu müssen – und: Sie erkennen zunehmend die darin liegenden Chancen. Ziel muss es sein, das eigene Auftreten nicht nur den veränderten Bedingungen anzupassen, sondern auch aktiv den Weg auf die neu entstehenden Plattformen zu wählen. Dazu gehört in Zukunft vor allem die Vermittlung spezifischer emotionaler Erlebniswerte. Das sind sinnliche Erlebnisse, die in der Gefühls- und Erfahrungswelt der Menschen verankert sind und einen realen Beitrag zu ihrer Lebensqualität leisten. Ein geeignetes und im PR-Mix immer wichtiger werdendes Instrument dafür sind Events.

Was ist und was kann ein Event?

Im Sprachgebrauch und in der Literatur wird der Begriff „Event" immer wieder unterschiedlich definiert. Das Forum Marketing-Eventagenturen FME, der offizielle Verband der Eventmarketing-Branche, definiert Events als „Veranstaltungen und Aktionen, die primär Marketingzielen dienen und Informationen, Produkte, Dienstleistungen, Strategien erlebnisorientiert vermitteln".

Events sind das Ergebnis professioneller strategischer Planung. Sie leben vom Einmal- und Einzigartigkeitscharakter oder werden als Angebote in zeitlich regelmäßigen Abständen positioniert. Wer Menschen im Kopf erreichen will, muss zunächst ihre Gefühle ansprechen. Ein gutes Event ist daher eine glaubwürdige emotionalisierende Darstellung von Inhalten und Philosophien, ein sinnliches Erlebbarmachen von Botschaften und Ideen.

Im Produktmarketing motiviert die erfolgreiche Live-Vermittlung von Markenwerten und -welten zu einem entsprechenden Kaufverhalten. Events schaffen damit den erfolgsrelevanten Markenwert, Kaufimpulse und Kundenbindung zugleich. Dieses Prinzip gilt für die politische PR-Arbeit ebenso. Denn wie der Konsument müssen auch die Wähler sowie Medien und Meinungsbildner für ein entsprechendes Wahlverhalten gezielt emotional angesprochen werden.

Marketing-Events werden dafür z.B. als „ultimatives Match" konzipiert, an das die Besucher noch lange zurückdenken (Beispiel Boris Becker). Ein politisches Event hat tiefgreifende Wirkung, wenn z.B. noch jahrelang danach über die „Signalwirkung einer Krönungsmesse“ gesprochen wird (Beispiel Parteitag Leipzig 1998, Gerhard Schröder).

Ein Event macht aus konsumierenden, passiven Zuschauern mitwirkende, aktive Teilnehmer, die sich selbst als Teil eines gelungenen Ereignisses fühlen können. Attraktive Events bewirken dadurch einen zusätzlichen Effekt: Massen von Menschen setzen sich in Bewegung, werden mobil, um dabei zu sein. Das Ereignis kommt nicht – wie in den Medien oder im Internet – zum Konsumenten, sondern die Zielgruppe tritt die Reise zum erlebbaren, realen Ereignis selbst an. Der Eventtourismus verdrängt die Tournee, Events ersetzen die Versammlungsplätze und Foren früherer Jahrhunderte.

Doch welchen konkreten Beitrag können Events im politischen Wahlkampf leisten? Wie wird sich die Event-Kultur im nächsten Jahrtausend entwickeln? Welche Rolle spielen die aktuellen Trends und wie behaupten sich Events im Kontext zu den neuen Medienangeboten?

Medien, PR und Events lassen den Wähler Politiker immer mehr danach bewerten, ob sie als Person glaubhaft und sympathisch erscheinen. Eine veränderte politische Kultur ist entstanden, in der Unterhaltung, inszenierte Emotionen und sogar Privates zum Bestandteil der Politik selbst werden. Die Stimmen werden lauter, Politik dürfe nicht Anhängsel des Showbusiness werden. Aber lässt sich in der Medien-Demokratie Ansehen überhaupt noch ohne Aufsehen vermitteln? Hat nicht nur noch derjenige Erfolg, der als Politiker das Talent des Entertainers hat, die Fähigkeit, andere mit einem Auftritt im emotionalen Maßanzug beim richtigen Event auf populäre Weise zu unterhalten?

Unstrittig ist, dass die Emotionalisierung von Personen, Parteien und Botschaften, die Segmentierung von Zielgruppen, die individuelle, direkte und unmittelbare Ansprache an Bedeutung gewinnen wird. Unstrittig ist aber auch, dass Neue Medien, neue Kommunikationsmittel und -wege das Kommunikationstempo ungeheuer forcieren werden. Hieraus ergeben sich die Anforderungen für das nächste Jahrtausend. Erlebnisorientierte Bausteine im Rahmen vernetzter Kommunikationsstrategien werden immer wichtiger werden.

Die Neuen Medien werden als einzelne Maßnahmen im Rahmen komplexer Gesamtstrategien ebenso an Bedeutung gewinnen wie die unmittelbare, erlebnisorientierte Zielgruppenansprache mit Hilfe von Events. Je leichter es ist, standardisierte Informationen abzurufen, zu übermitteln, zu speichern und weiterzuleiten (Internet), je mehr die rationelle Information über Medien erfolgt (TV), umso mehr wird das Bedürfnis wachsen, Parteien, Personen und Inhalte direkt und emotional zu erleben.

So bieten Events im Gegensatz zu klassischen Medien Spielräume, die heute weder ausgeschöpft noch in Zukunft begrenzt sein werden. Events werden in den kommenden Jahren Innovationsträger für Marketing und PR. Sie werden neue Perspektiven aufzeigen, neue Sichtweisen deutlich machen, neue Empfindungen auslösen – kurz: Sie werden Parteien und Wahlkämpfern helfen, ihre Programme und Botschaften in ein emotionales Umfeld einzubinden, mit dem sie ihre Zielgruppen auf allen Ebenen direkt, emotional und damit erfolgreich erreichen. Im politischen Bereich bedeutet das, dass Wähler eine Person, eine Partei und die kommunizierten Inhalte, Programme, Visionen und Strategien als glaubwürdig, authentisch, offen und sympathisch wahrnehmen können. Vor allem die frühzeitige Präferenzbildung junger Menschen stellt einen Grund dar, über glaubwürdige Events die emotionale Bindung mitzubestimmen.

In diesem Zusammenhang darf aber auch nicht verschwiegen werden, dass im Zuge der allgemeinen „Eventmania“ zunehmend die Gefahr besteht, zwischen Show- und Sensationseffekt, kurzlebigem Spektakel ohne Folgen und lächerlicher, weil unglaubwürdiger Inszenierung unterzugehen: Events als teure, kurzlebige und unverbindliche Ereignisse, die keine nachhaltige Wirkung haben und im schlimmsten Fall einen gegenteiligen Effekt auslösen.

Die Eventkultur lebt von Themen-, Konsum- und Erlebniswelten: Sie fordern zu emotionalen, kultur- und gesellschaftskritischen Diskussionen heraus. Gerade das macht sie für den politischen Bereich so attraktiv. In Zukunft werden Parteien erfolgreich sein, die es schaffen, ihre Wähler wirklich glaubwürdig in die Kommunikation mit einzubeziehen.

Events werden damit aber auch zur sensiblen Zone, in der Parteien und Personen ihre Botschaft authentisch erlebbar machen müssen. Denn wenn das politische Leben nur noch einer endlosen Reihe von Unterhaltungsveranstaltungen gleicht, dann werden Inhalte und Botschaften, Strategien und Maßnahmen unehrlich, austauschbar und nicht mehr wahrgenommen. Dieser Gefahr kann jedoch entgegengewirkt werden, wenn Events zielgerichtet und professionell eingesetzt werden.

In der Eventgesellschaft inszeniert inzwischen jeder alles: der Sport seine Spiele, die Medien ihre Topereignisse und die Kultur ihre Festivals. Partys, Veranstaltungen oder Ausstellungen sind schnell zum „Mega-Event“ hochstilisiert. Was bedeutet das für die Politik? Sollte der nächste Wahlkampf unter dem Boxkampf-Motto „Eine Frage der Ehre“ stehen und mit einer spektakulären Roadshow in Begleitung von Tina Turner beginnen?

Die neue Eventkultur ist leichter, unterhaltsamer und gegenwartsnäher. Während die Ansprache über Medien „für die Zukunft bildet“, lebt die Eventkultur im Hier und Jetzt, ist gegenwartsbezogen, personen- und sozialorientiert. Events werden ernst genommen – nur mit dem Unterschied, dass man ihnen den Ernst nicht anmerkt, weil er nicht anstrengend und langweilig, sondern unterhaltsam und erlebnisreich ist. „Höher, schneller, weiter“ führt nur dann zum Erfolg, wenn es zum Produkt, zum Unternehmen, zur Marke – respektive zum Programm, zur Partei und zur Person passt. Die intelligentere Lösung, der subtilere, zielgruppenspezifischere Auftritt hat vielfach eine größere Wirkung im Sinne einer vernünftigen Kosten-Nutzen-Relation als der spektakuläre Overkill.

Dafür sind zu Beginn des neuen Jahrtausends Kommunikationsagenturen gefragt, die in der Lage sind, ganzheitlich zu denken, integrierte Kommunikationsmaßnahmen nicht nur zu adaptieren, sondern selbst zu entwickeln und in einer langfristigen Zusammenarbeit zielorientiert umzusetzen.

Wie funktionieren Events?

Events wirken über mehrere Erlebnisdimensionen und Erfolgsfaktoren:

- emotionale Einbeziehung sinnlichen Erfahrens, Erlebbarkeit einer Botschaft,
- Möglichkeiten der Interaktion – und dies nicht allein, sondern in der Gemeinschaft unter Gleichgesinnten,
- Glaubwürdigkeit, Authentizität,
- starke Zielgruppenorientierung und geringer Streuverlust,
- langfristige Erinnerungswirkung.

Eine stimmungsvolle Atmosphäre und ein emotionalisierendes, glaubwürdiges Programm mit den Attributen „live, persönlich, interaktiv, emotional“

lassen die Botschaft gemeinschaftlich erlebbar werden, fördern die inhaltliche Auseinandersetzung und versetzen die Besucher in eine positive Haltung, die nachwirkt – auch über das Event hinaus.

Bezogen auf den politischen Bereich können grundsätzlich zwei Strategien der Erlebnisvermittlung unterschieden werden, um emotionale Beziehungen zu einer Partei oder Person aufzubauen:

1. Die Kommunikationsbotschaft löst bei der Zielgruppe sympathische Gefühle für Partei, Programm oder Person aus, ohne aber spezifische Erlebnisse zu vermitteln (z.B. Werbegeschenke oder sympathische, aber austauschbare Bilder).

2. Die Kommunikationsbotschaft vermittelt der Zielgruppe nicht nur sympathische Gefühle, sondern zusätzlich ganz spezifische Erlebnisse (z.B. über die Ansprache mehrerer Sinne wie Sehen, Hören, Fühlen, Riechen, Schmecken). Die Partei/Person erhält dadurch einen eigenständigen, emotionalen Charakter, der von anderen klar und nachhaltig unterscheidbar wird.

Events bewegen sich grundsätzlich im zweiten Bereich. Sie leben dabei von bestimmten Grundelementen:

- *Inszenierung und Dramaturgie* (beeindruckende Erlebnisse durch Szenerie und Dramaturgie),

- *besondere Attraktionen* (Einzigartigkeitsscharakter durch das Gefühl des Unwiederholbaren und Außergewöhnlichen, kombiniert mit dem Kick des Überraschenden und Unvorhersehbaren),

- *Gemeinsamkeitsgefühl und hohe Kontaktintensität* (Ob öffentliche Großveranstaltung oder exklusiver VIP-Treff: Gemeinsames Erleben bedeutet intensiveres, gesteigertes Erleben. Das „Dabeisein und Dazugehören“ ist schon ein Erlebnis.),

- *„Alles-ist-möglich“-Devise und perfekte Organisation* (Umsetzung mit Hilfe erstmalig erlebbarer, kreativer Ideen in Architektur, Medien und Programm, Planung und Abwicklung nach dem Null-Fehler-Prinzip).

Um diese Erlebnisdimensionen perfekt auf die eigene Partei oder die Person des Wahlkämpfers abstimmen zu können, sind bei der Planung, Organisation, Durchführung und Nachbereitung von Events mehrere Faktoren zu beachten.

Wie plant man Events?

Zielsetzung
Ein gutes Event lebt von einer klaren Zielsetzung. Sie ist die Basis aller weiteren Überlegungen und lässt sich wie folgt entwickeln:

1. Die Partei/Person: Wofür stehen sie, was macht sie aus?

2. Wer ist meine Zielgruppe?

3. Welche Inhalte, Botschaften, Images sollen vermittelt werden? (Glaubwürdigkeit!)

4. Was soll meine Zielgruppe nach dem Event anders machen/anders wahrnehmen?

Briefing
Die prägnante Definition der Zielsetzung trägt dazu bei, passende Partner-Agenturen auszuwählen und zu briefen. Um in der aktuell boomenden Medien- und Eventkultur mit einem politischen Event einen professionellen, positiven und nachhaltigen Eindruck zu hinterlassen, ist es ratsam, sich bereits in einem frühen Stadium der Hilfe einer strategisch erfahrenen und kreativen Event-Agentur zu bedienen. Grundlage für eine konstruktive und erfolgreiche Zusammenarbeit ist ein gutes Briefing. Es dient nicht nur als Aufgabenbeschreibung für die Agentur, sondern strukturiert das Event auch für die Abstimmung der eigenen Maßnahmen mit den Leistungen von Agentur und weiteren Dienstleistern.

Agenturauswahl
Heutzutage sind meist immer noch klassische PR-Agenturen die Etat-Leader, die die Kommunikationsstrategien entwickeln und mit einem eigenen Netzwerk aus Units oder Spezialagenturen für die einzelnen Kommunikationsformen PR, Event, New Media etc. federführend umsetzen. Eventagenturen werden häufig noch als reine Production-Companys wahrge-

nommen. Doch hinter dem Begriff „Eventagentur“ lässt sich durchaus der feine Unterschied zwischen einer strategisch orientierten Marketing-Eventagentur mit Full Service und einer lediglich operativ ausgerichteten Event-Production-Company erkennen und nachfragen.

Kriterien für die Agenturauswahl sollten sein:

- Kompetenz in der strategischen Kommunikationsberatung,
- Erfahrung mit Dramaturgie und Inhaltsvermittlung,
- technische und logistische Durchführungskompetenz,
- ein Netzwerk an Partnern aus allen notwendigen Bereichen (Logistik, Entertainment, Medien, Technik, Locations, Hotels, Catering).

Timing /Maßnahmenplan
Das Timing für die Planung, Vorbereitung und Durchführung des Events kann auf Basis eines kompletten Briefings gemeinsam mit der beratenden Agentur erstellt werden. Ein Timing- bzw. Maßnahmenplan ist abhängig von der Größenordnung des geplanten Events und unterliegt Einflüssen wie Verfügbarkeit von Referenten, Künstlern und Locations sowie der Koppelung an Medien und andere Kommunikationsmaßnahmen. Als absolutes Minimum und ausreichende Planungsgrundlage sind mindestens drei Monate vor dem Event zu rechnen. Zu beachten ist in diesem Zusammenhang auch, dass die Monate Januar bis April und September bis November meist schon stark mit Events besetzt sind. Dies kann sich negativ auf die Verfügbarkeit von Kapazitäten (Locations, Künstler) auswirken, kann andererseits aber auch gezielt für Synergieeffekte genutzt werden.

Umsetzung
Eine professionelle Agentur erstellt in der Umsetzungsphase regelmäßig aktuelle Maßnahmenpläne und Timings und führt sowohl mit dem Kunden als auch mit den Dienstleistern Jour fixe durch, an denen der Projektstatus sowie die damit verbundenen Änderungen, Anpassungen und Deadlines besprochen werden. Parallel findet eine permanente Kostenkontrolle statt.

Im Folgenden wird abschließend eine Checkliste dargestellt, auf deren Basis die Strukturierung des Events und ein Briefing entwickelt werden können.

Event-Checkliste

1. Die Eckdaten
- Terminvorgabe, Zeitraum, Dauer des Events
- Land/Region/Ort

2. Die Zielgruppe
- Art der Zielgruppe, angestrebte Personenzahl, Altersgruppe von – bis
- Regionen
- besondere Affinitäten/Tabus der Zielgruppe
- Welche Events mit welchen Inhalten wurden für die Zielgruppe bereits erfolgreich durchgeführt? (Wiederholung erwünscht?)

3. Die Zielsetzung
- zu erreichende Ziele
- zu vermittelnde Inhalte, Botschaften, Images

4. Detailinformationen
   Zielsetzung soll prinzipiell erreicht werden durch
- aktive Kommunikation (z.B. Redebeiträge, Präsentationen),
- passive Kommunikation (z.B. Displays, Ausstellungen),
- interaktive Kommunikation (z.B. Beiträge mit Meinungsabfrage, Workshoprunden, Spiele),
- Aktivierung der Zielgruppe (z.B. Animation),
- persönliches Service- oder Luxuserlebnis,
- Gemeinschaftserlebnis,
- Unterhaltung.

5. Ablaufvorgabe
- Anforderungen an Location und Catering
- Übernachtungen
- Art der Anreise
- spezielle Vorgaben Technik, Medientechnik
- spezielle Vorgaben Akteure/interne Mitwirkende
- bereits vorhandene Medien, noch zu erstellende Medien
- Event-Dokumentation
- flankierende und begleitende Maßnahmen

6. Das Budget
- Budgetvorgabe gesamt bzw. Preis pro Person
- Budgetverteilung (z.B. Architektur/Bühne, Referenten, Entertainment, Medien)

7. Briefing/Agenturauswahl

8. Agenturentscheidung
- Aufgabenbereiche der Agentur, sind weitere Agenturen involviert?
- Welche Leistungen werden intern erbracht?

9. Umsetzung
- Zeitplanung
- Grobkonzeption
- erste Korrekturen bzw. Freigabe
- Feinkonzeption und Detailkostenplanung
- Freigabe
- Zwischenabnahme, z.B. Rohschnitt, Andrucke
- Einladungsversand
- Rücklaufkontrolle und Auswertung
- letzte Abstimmung Teilnehmerablauf
- Anreise Staff
- Aufbaubeginn
- Proben
- Veranstaltungsbeginn
- Veranstaltungsende
- Beginn Abbau
- Ende Abbau
- Abreise Staff
- Veranstaltungsnachbereitung
- Auswertung
- Abschlussbesprechung
- Resümee

5. Wahlkampfzeitung – Management, Redaktion, Produktion, Vertrieb

Dietmar Bergmann

Klassisches Beispiel für eine Wahlkampfzeitung der neueren Zeit ist die sozialdemokratische „Zeitung am Sonntag" (ZaS). Die ZaS erschien erstmals an vier Sonntagen vor der Bundestagswahl 1976 auf Initiative mehrerer prominenter SPD-Mitglieder ausschließlich in Nordrhein-Westfalen. Hauptmotiv der Herausgeber war es, auf dem einseitig von Blättern des Springer-Konzerns („Bild am Sonntag", „Welt am Sonntag") dominierten Sonntagszeitungsmarkt ein sozialdemokratisch geprägtes Blatt zu platzieren.

Die überaus positive Resonanz führte dazu, dass die ZaS in den folgenden 20 Jahren in den meisten Wahlkämpfen – von den Europa- über Bundestags-, Landtags- bis zu den Kommunalwahlkämpfen – als eines der zentralen sozialdemokratischen Wahlkampfinstrumente eingesetzt wurde. So erreichte die ZaS bei der Bundestagswahl 1990 an vier Sonntagen jeweils eine Auflage von über 20 Millionen Exemplaren. Markenzeichen der ZaS war ein komplettes redaktionelles Angebot von aktuellen Meldungen bis hin zur Samstags-Sportberichterstattung und den Lottozahlen, gemischt mit Berichten, Kommentaren und Reportagen zum SPD-Wahlkampf. Tausende von SPD-Mitgliedern verteilten die Zeitung in den Wahlkämpfen jeweils Sonntag morgens an die Haushalte. Ohne dieses ehrenamtliche Engagement wäre eine Finanzierung nicht möglich gewesen. Dies ist auch der Grund dafür, dass ähnliche Projekte mit aktuellen Wahlkampfzeitungen von anderen Parteien nicht aufgegriffen wurden.

Aufgrund der veränderten Mediensituation – wachsende Bedeutung des Fernseh-Wahlkampfes, immer stärkere Verbreitung von Sonntags-Anzeigenblättern – und anderer Schwerpunktsetzung im Wahlkampf verzichtete die Wahlkampfleitung der SPD im Bundestagswahlkampf 1998 auf einen erneuten Einsatz der Zeitung. Dennoch wurde und wird in der SPD weiter über den Einsatz der ZaS nachgedacht.

Neben der aktuell gestalteten Wahlkampfzeitung mit breiter Ressortaufteilung gibt es viele weitere Formen – von der Zielgruppen-Zeitung bis hin zur Wahlkampfillustrierten, die – reich bebildert – Person und Ziele des Spitzenkandidaten bzw. der Spitzenkandidatin vorstellt. Die Übergänge zwischen den Formen sind dabei fließend. Die Entscheidung über Einsatz und Form einer Wahlkampfzeitung ist die Frage der strategischen Wahlkampfplanung und hängt von unterschiedlichen Faktoren ab.

Generell gilt, dass eine Wahlkampfzeitung – wie die anderen Wahlkampfinstrumente auch – in erster Linie Stimmungen verstärken sowie die eigene Stammwählerschaft und unentschlossene Wählerinnen und Wähler mobilisieren kann. Überzeugte Anhängerinnen und Anhänger der gegnerischen Partei wird man auch mit einer Zeitung nicht überzeugen können. Die sollte man auch bei der Festlegung der Gebiete, in denen die Zeitung verteilt werden soll, berücksichtigen.

1. Formen von Wahlkampfzeitungen

1.1 Aktuelle Wahlkampfzeitung mit breitem Informationsangebot

Ziele
Die aktuelle Wahlkampfzeitung soll ihre Leserschaft über eine aktuelles, bunt gemischtes Informationsangebot, verbunden mit der Kommunikation der eigenen zentralen Wahlkampfthemen und -botschaften, ansprechen und positiv für die Partei einstimmen.

Außerdem soll sie die eigenen Mitglieder und Sympathisanten im Wahlkampf mobilisieren– vor allem auch durch die aktive Einbeziehung in die Haushaltsverteilung.

Redaktionelles Konzept
Titelseite mit einem politischen oder aktuellen Aufmacher, politischen Meldungen und Berichten, aktuellen Meldungen (Sport, Vermischtes), Wetter, ggf. Lottozahlen.

Weitere Ressorts:
- Politik mit Berichten, Meldungen, Kommentaren, Gastbeiträgen etc.
- Reportage mit Schwerpunktthemen

- Landes- bzw. Regionalseite
- ggf. Lokalseiten
- Sport mit aktuellen Berichten und Gastbeiträgen
- Vermischtes mit bunten Meldungen, Aktionen, Service, Kreuzworträtsel, Gewinnspiel etc.

Format/Layout
Das Format wird von den technischen Voraussetzungen der Druckerei abhängen, sich aber an den gängigen Formaten von Regional- bzw. Boulevardzeitungen orientieren – etwa zwischen Rheinischem Format (350 x 528mm) und halbem WAZ-Format (237 x 340mm). Bei einer Leserbefragung zur ZaS nach der NRW-Landtagswahl 1990 sprachen sich 40% für das größere, „gewohnte" Format, lediglich 12% für das kleinere Format aus (Quelle: INFAS, Bad Godesberg, Zur Akzeptanz und Nutzung der ZaS bei der Landtagswahl NRW 1990).

Da kostenlos verteilte Wahlkampfzeitungen um Aufmerksamkeit und Interesse der Leserschaft werben müssen – ähnlich wie Verkaufszeitungen –, wird das äußere Erscheinungsbild (Layout) irgendwo zwischen gemäßigten Boulevardstil und Regionalzeitungs-Layout liegen. Die Titelseite ist Aushängeschild, sie entscheidet, ob der Leser weiterblättert oder die Zeitung sofort zur Seite legt.

Einsatz/Verteilung
Die Verwendung aktueller Meldungen und Berichte zwingt zur Konzentration auf einen eingeschränkten Verteilungszeitraum (bei der ZaS der Sonntagmorgen). Neben der Haushaltsverteilung ist natürlich auch eine Verteilung an Orten möglich, an denen viele Menschen zusammenkommen (Veranstaltungen, Kneipen). Entscheidend ist, dass die Zeitung wirklich „frisch" unter die Menschen gebracht wird, denn nichts ist uninteressanter als die Nachricht von gestern.

Um mit einer aktuell gestalteten Wahlkampfzeitung Wirkung zu erzielen, muss ein mehrmaliges, regelmäßiges Erscheinen geplant und kalkuliert werden. (Die ZaS erschien in der Regel an den drei Sonntagen vor der Wahl und am Wahlsonntag.) Mehrmaliges Erscheinen in einem kurzen zeitlichen Rhythmus steigert in erheblichem Maße die Wiedererkennung und die Nutzung der Zeitung.

1.2 Nichtaktuelle Wahlkampfzeitung

Ziele
Die nichtaktuelle Wahlkampfzeitung nutzt Erscheinungsbild und Stilformen der Zeitung, um – in Massenauflage – die zentralen programmatischen Ziele und Kandidatinnen und Kandidaten der Partei bekannt und populär zu machen.

Redaktionelles Konzept
Titelseite mit einem „Aufmacher", der die Person des/der Spitzenkandidaten/in oder eine zentrale Wahlaussage der Partei thematisiert. Weitere Meldungen und Berichte zum Wahlkampf und zur Programmatik der Partei, ggf. Anreißerleiste zu den Schwerpunkten der weiteren Seiten runden die Titelseite ab.

Auf den weiteren Seiten können folgen:
- Berichte und Reportagen und Meldungen zu den zentralen Wahlaussagen der Partei (Beispiel: Reportage über einen Jugendlichen, der im Rahmen einer Ausbildungsplatzinitiative eine Lehrstelle gefunden hat; Erfolgsmeldungen zur Leistungsbilanz der Partei),
- Interviews mit Kandidaten/innen, Experten oder Prominenten zu Einzelthemen des Wahlprogramms,
- Kommentare oder Glossen,
- Testimonial-Kampagnen, in denen sich Bürgerinnen und Bürger – mehr oder weniger prominent – zu Zielen und Kandidaten/innen einer Partei bekennen,
- Infokästen/Infografiken zu verschiedenen Sachthemen (Beispiel: Entwicklung der Arbeitslosigkeit),
- Service: Tipps zum Steuersparen, Verbrauchertipps, Förderprogramme des Landes oder Bundes etc.,
- Mitmach-Aktionen: Telefonaktionen mit bekannten Politikern/innen, Internet-Chat, Info-Schecks für weiteres Info-Material, aber auch Gewinnspiele oder Rätsel.

Format/Layout
Format und Layout einer nichtaktuellen Wahlkampfzeitung werden sich an der gängigen Zeitungsoptik orientieren. Dabei sollte beachtet werden, dass der Absender der Zeitung eindeutig erkennbar ist, da hier nicht die aktuelle Berichterstattung als „Vehikel" zum Leser genutzt werden kann. Insofern ist es sinnvoll, das optische Erscheinungsbild der Zeitung an das Design

der Wahlkampagne anzugleichen bzw. zentrale grafische Elemente der Kampagne in das Layout aufzunehmen. Titel und Kopf der Zeitung sollten eindeutig die Partei kenntlich machen.

Einsatz/Verteilung
Die nichtaktuelle Wahlkampfzeitung eignet sich ebenso für die Haushaltsverteilung wie für die Verteilung an Informationsständen oder bei anderen Wahlkampfaktionen bzw. -veranstaltungen.

Die Zeitung kann ohne tagesaktuelle Berichte und Meldungen durchaus über einen längeren Zeitraum eingesetzt werden. Dabei ist es eine Frage des Budgets, ob sie nur einmal oder mehrfach im Wahlkampf erscheint. Anlass für ein Erscheinen können dabei andere zentrale Wahlkampf-Ereignisse sein.

Beispiel für zweimaliges Erscheinen:

- Erster Einsatz nach dem Parteitag mit der Verabschiedung des Wahlprogramms und der Wahl des/der Spitzenkandidaten/in,
- Zweiter Einsatz wenige Tage vor der Wahl als Mobilisierungsinstrument mit Wahlaufruf, Infos zur Wahl etc.

1.3 Zielgruppenzeitung

Die Zielgruppenzeitung orientiert sich in Aufmachung und Darstellungsformen an der nichtaktuellen Wahlkampfzeitung, zielt aber bei den Inhalten auf die Interessen spezieller Bevölkerungsgruppen (Beispiel: Arbeitnehmerzeitung mit Themen aus den Bereichen Arbeitswelt, Wirtschaft, Sozialpolitik etc. oder Jugendzeitung mit der entsprechenden Themenpalette).

Zielgruppenzeitungen eigenen sich besonders zum Einsatz bei gezielten Aktionen (Betriebsverteilungen von Arbeitnehmerzeitungen) oder Zielgruppenveranstaltungen (Jugendzeitungen bei Musikveranstaltungen etc.).

1.4 Wahlkampfillustrierte

Bei der Wahlkampfillustrierten handelt es sich um eine Sonderform der Wahlkampfzeitung. Sie thematisiert eher weichere Wahlkampfthemen (Biografie, Familie, Hobbys des/der Spitzenkandidaten/in). Die Wahlkampfillustrierte spricht noch mehr als die Zeitung die Emotionen der Leserschaft an, indem sie großformatige Fotos mit positiver Ausstrahlung verwendet und subjektivere journalistische Darstellungsformen wie Reportage, Feature oder Interview einsetzt.

2. Produktion

2.1 Kalkulation / Kostenplanung

Folgende Kosten müssen für Produktion und Vertrieb einer Wahlkampfzeitung berücksichtigt und kalkuliert werden:

- Druckvorstufe (ggf. Satz, Foto-Scans, Filmerstellung),
- Druck und Verpackung (Diese beiden Posten werden in der Regel komplett von der Druckerei angeboten.),
- Vertrieb (bei einer Zeitung, die landes- oder bundesweit erscheinen soll, über eine Spedition),
- (Agentur-) Kosten für Layout und Reinzeichnung,
- Personalkosten Redaktion (Redakteure, Fotografen, Autoren, freie Mitarbeiter, Sekretariat),
- Sachkosten Redaktion (Büroausstattung, Computer, Telefon, Internet, Kosten für Text- und Bildagenturen etc., Leseraktionen etc.),
- außerordentliche Kosten (z.B. Rechtshilfe bei presserechtlichen Auseinandersetzungen (Gegendarstellungsansprüchen etc.)).

2.2 Druck

Die Wahl der Druckerei richtet sich nach Art und Umfang des geplanten Zeitungsprojektes. Für Druck einer Zeitung in Massenauflage auf Zeitungspapier im Rollenoffsetdruck kommt als möglicher Kooperationspartner der Verlag der regionalen Tageszeitung in Frage. Die entsprechenden Druckhäuser nehmen in der Regel Fremdaufträge entgegen und bieten ggf. sogar einen Fullservice – vom Layout über Filmerstellung bis zur Auslieferung über eine Spedition – an. Bei bundesweit erscheinenden aktuellen Wahlkampfzeitungen wird man wahrscheinlich sogar an mehreren Druckorten produzieren müssen.

Bei kleineren – kommunalen – Zeitungsprojekten kommt natürlich auch die Zusammenarbeit mit einer normalen Druckerei in Frage. Geklärt werden muss neben den Kosten vor allem die Frage des möglichen Zeitungsformats und des Papiers. Format und Papier prägen den späteren Eindruck einer Zeitung entscheidend mit. Bei einem Beratungsgespräch sollte man sich von der Druckerei Muster erstellen und vorführen lassen. Dass für den Druck Angebote mehrerer Druckereien eingeholt werden sollten, ist selbstverständlich.

2.3 Vertrieb

Bei kleineren Zeitungsprojekten erfolgt die Auslieferung des fertigen Produktes in der Regel ab Druckerei. Bei landes- oder bundesweiten Projekten werden die Dienstleistungsangebote von Speditionen in Anspruch genommen werden müssen. Dabei können die Druckereien mit Sicherheit Kontakte zu kompetenten Speditionen vermitteln. Nach einem Tourenplan fährt die Spedition festgelegte Auslieferungspunkte an, an denen die Unterverteilung der Zeitungspakete an die Parteiorganisation erfolgt. Hierbei ist es wichtig, die lokale Parteiorganisation und die Mitglieder, die für die weitere Verteilung zuständig sind, exakt über den Auslieferungsort und -zeitpunkt sowie über Gewicht, Größe und Umfang der einzelnen Zeitungspakete zu informieren, um einen reibungslosen Ablauf zu garantieren.

2.4 Redaktion

Die personelle Besetzung der Redaktion hängt eng mit Art und Umfang des geplanten Zeitungsprojektes zusammen. Bei Herausgabe einer aktuellen Wahlkampfzeitung im Stile der ZaS ist das Engagement professioneller Journalisten mit praktischen Erfahrungen über Produktion und Arbeitsabläufe bei einer Tageszeitung unerlässlich. Für diese Redaktion werden die üblichen Arbeitsstrukturen mit Chefredakteur, Chef vom Dienst, Redakteuren für die einzelnen Ressorts, Produktionsredakteuren, freien Mitarbeitern etc. benötigt. Ergänzt werden kann das redaktionelle Angebot durch die Verpflichtung prominenter Gastautoren (Politiker, Künstler, Sportler).

Ebenso muss in Absprache mit dem Druckhaus ein exakter Redaktions- und Produktionsplan mit festen Konferenzterminen, Redaktionsschluss für die einzelnen Seiten, Andruckzeiten etc. erstellt werden. Zur Ausstattung einer aktuellen Redaktion gehört natürlich auch ein modernes Redaktionssystem mit Zugang zu den wichtigen Nachrichtenagenturen (dpa, ddp, Reuters, Sport-Informations-Dienst etc.). Weitere Zulieferer können Bildagenturen bzw. Infografik-Anbieter sein.

Bei einer nichtaktuellen Wahlkampfzeitung ist dieser organisatorische Aufwand nicht erforderlich. Hier wird es genügen, ein ausreichend besetztes, ggf. professionell unterstütztes Redaktionsteam zu installieren, das Inhalt und Produktion der Zeitung plant und umsetzt. Notwendig ist hier allerdings auch ein konkreter, mit der Druckerei abgestimmter Produktions- und Zeitplan, der für alle Beteiligten verbindlich ist. Auf ein aktuelles Nachrichtenangebot kann die Redaktion wahrscheinlich verzichten. Text- und Bildrecherche, Textproduktion, Zusammenarbeit mit freien Autoren bleiben aber fester Bestandteil der Redaktionsarbeit.

2.5 Zeitungsdesign

Das Zeitungsdesign bestimmt das Gesicht der Zeitung. Modernes, professionellen Kriterien genügendes Design entscheidet mit über den späteren Erfolg des Produktes. Dabei umfasst Design alles, was das äußere Erscheinungsbild einer Zeitung ausmacht: Papierqualität und -farbe, Titel und Kopf, Typographie, Seitenaufbau mit Spaltenzahl und Blockumbruch, Ästhetik und Einsatz von Fotos, Einsatz von Farbe, Logos, Linien, weiteren Seitenelementen etc. Entscheidend sind Klarheit des Aufbaus, Lesbarkeit, Unverwechselbarkeit und Wiedererkennbarkeit.

Sinnvoll ist es, mehrere unterschiedliche Entwürfe zur Auswahl von einem Zeitungsdesigner bzw. einem mit Zeitungsdesign erfahrenen Grafiker anfertigen zu lassen. Ist die Entscheidung über das grundsätzliche Design gefallen, muss sich das Layout für die einzelnen Seiten verbindlich an die Vorgaben halten.

2.6 Produktion

Die Zeitung entsteht in einem wechselseitigen Prozess zwischen Redaktion und Layoutern. Aus den Themen-, Bild- und Grafikvorschlägen der Redaktion entwickeln die Layouter Seiten-Scribbles, die dann in gemeinsamer Absprache zu einem verbindlichen Seitenlayout weiterentwickelt werden. Die sich aus dem festen Layout ergebenden Text- und Überschriftenlängen sowie Bildgrößen sind wiederum für die Redaktion verbindlich.

Bei der Produktion einer aktuellen Wahlkampfzeitung arbeiten Redaktion und Layout auch räumlich eng zusammen, da besonders gegen Redaktionschluss schnelle Absprachen und Entscheidungen notwendig sind. Bei einer nichtaktuellen Zeitung wird das Layout in der Regel an eine Agentur bzw. Produktionsfirma vergeben. Aber auch hier ist eine enge Kooperation zwischen Redaktion und Layoutern unerlässlich.

Als Desktop-Publishing-Standard, mit dem die meisten Agenturen und Druckereien, aber auch viele Redaktionen arbeiten, hat sich die Software QuarkXPress in Verbindung mit Apple-Macintosh-Rechnern etabliert. Die Software ermöglicht präzises und schnelles Zeitungslayout, die kompletten Seiten entstehen quasi am Bildschirm. In Verbindung mit einer im Rechner installierten ISDN-Karte wird ein schneller Datenaustausch zwischen den Kooperationspartnern (Redaktion, Belichtungsstudio, Druckerei etc.) möglich.

Sind Layout und Seitenmontage an eine externe Agentur vergeben, werden die einzelnen Zeitungsseiten nach Fertigstellung zur endgültigen Freigabe noch einmal an die Redaktion übermittelt. Als Software für plattform- und programmübergreifenden Datenaustausch bietet sich das

Produkt „Adobe Acrobat“ an. Die mit Hilfe dieser Software – z.B. aus Quark-Dokumenten – erzeugten pdf-Dateien können einfach per E-Mail übertragen und mit Hilfe des kostenlosen Acrobat-Readers (gibt es im Internet unter www.adobe.de oder auf CD-ROM der einschlägigen Computerzeitschriften) sowohl auf Windows- als auch auf Macintosh-Rechnern geöffnet werden.

2.7 Lokale Seiten

Das Angebot, eine bundes- bzw. landesweit erscheinende Wahlkampfzeitung um lokale Seiten zu ergänzen, erhöht die Akzeptanz der Zeitung in den lokalen Parteigliederungen und eröffnet diesen die Möglichkeit, relativ kostengünstig ihre lokalen Wahlprogramme und Kandidaten in hoher Auflage zu präsentieren.

Die Produktion von Lokalseiten erfordert sorgfältige Vorbereitung und einen erhöhten organisatorischen Aufwand. Mit deutlichem Abstand vor Projektstart müssen die lokalen „Redakteurinnen“ und „Redakteure“ geschult und auf ihre Aufgabe vorbereitet werden. Ein „Regiebuch“, das die einzelnen Arbeitsschritte und Zeitabläufe während der Produktion noch einmal genau festhält, hilft Fehler und Missverständnisse zu vermeiden. Neben technischen Hinweisen kann ein „Regiebuch“ natürlich auch Tipps zur Themenfindung, zur Recherche, zur journalistischen Schreibe, zum Texten der Überschriften und zur Aufnahme und Auswahl von guten Pressefotos enthalten.

Eine Zentralredaktion steuert die Produktion der Lokalteile: Die Lokalredaktionen produzieren Texte, Bilder und Grafiken zu festgelegten Redaktionsschlusszeiten nach der Vorgabe von Musterlayouts, die die Zentralredaktion zur Verfügung stellt. Diese kontrolliert den vollständigen Eingang der Texte und Bilder und ist zuständig für die Schlussproduktion der fertigen Lokalseiten.

Die Übermittlung der Texte erfolgt auf Manuskriptpapier oder – besser und schneller – auf Diskette oder per E-Mail. Die Vorgaben über die Textverarbeitungs-Software wird ebenfalls die Zentralredaktion machen. Für die Bildbearbeitung sind ebenfalls beide Wege – Papier bzw. Negativ oder elektronischer Scan – möglich. Hierbei ist aber unbedingt die Qualität des Scanners und der damit erzeugten Bilddaten zu beachten.

Für die Zeitungsausgaben, die keine lokalen Seiten enthalten, produziert die Zentralredaktion Ersatzseiten, die in der Regel mit politischen Hintergrundgeschichten, Reportagen und Features gefüllt werden.

2.8 Rechtliches

Jede Zeitung muss zwingend ein Impressum mit Angaben über den Herausgeber, den Druckort und den verantwortlichen Redakteur bzw. bei genauer Bezeichnung der einzelnen Ressorts die verantwortlichen Redakteure enthalten. Die als verantwortlich genannten Personen sind verpflichtet, den Inhalt der Zeitung auf straf- und zivilrechtlich relevante Tatbestände zu überprüfen und können straf-, zivil- und presserechtlich haftbar gemacht werden.

Um rechtliche Auseinandersetzungen von vornherein zu vermeiden, sollte es in der Redaktion grundsätzliche Kenntnisse über Presserecht – in Deutschland Länderrecht –, Gegendarstellungsrecht, Persönlichkeitsrecht, Urheberrecht etc. geben. Wichtige Hinweise findet man in den Landespressegesetzen, den Kommentaren und der Fachliteratur. Darüber hinaus empfiehlt sich die Zusammenarbeit mit einer Anwaltskanzlei mit Fachkenntnissen in diesen Rechtsbereichen.

6. Wahlkampf-Veranstaltungen

Gerd Müller

Zweck, Ziel und Zukunft der Wahlkampfveranstaltung

„Wahlkampfveranstaltung – Nein danke, nicht für mich!" Diese Einstellung ist doch heute weit verbreitet. Lohnt es sich überhaupt, an dieser Form von Veranstaltungen festzuhalten? Bietet das heutige Medienzeitalter nicht viel attraktivere Formen der Information und des politischen Dialogs? Wer Wahlkampf mit Show verwechselt, muss zu dieser Auffassung kommen. Wer allerdings unter Demokratie konkurrierende Meinungsbildung im Dialog versteht, kann auf die Wahlkampfveranstaltungen nicht verzichten. Ziel von Wahlkämpfen ist es nämlich, die zwischen den Parteien konkurrierenden Ideenentwürfe zur Gestaltung der Lebenswirklichkeit in unserer Gesellschaft im Dialog mit den Bürgerinnen und Bürgern zu entwickeln, zu korrigieren und zu diskutieren. Dies setzt voraus, dass die Parteien den Bürger ernst nehmen und Wahlkämpfe auch als Bewährungs- und Orientierungsphase für die parteipolitischen Lösungsansätze betrachten.

Wahlveranstaltungen sind kein Selbstzweck

Trotz und gerade neben den vielen neuen Kommuinikationsformen wie Internet, Pay-TV, Fernsehen, Telefoncanvassing, neuen Printmedien etc. sind Wahlveranstaltungen die einzigen realen Dialogveranstaltungen zwischen den zukünftigen Entscheidungsträgern, den Kandidaten/innen und den Bürgern. Wahlkampfveranstaltungen haben demnach verschiedene Funktionen:

1.) Der reale Dialog in einer virtuellen Welt und seine Wirkung

Die Wirkforschung zeigt uns, nichts beeinflusst den Menschen in seiner Einstellung mehr als der direkte Kontakt mit anderen Menschen. Mit jemanden sprechen, seine Stimme hören, den Kandidaten/innen in die Augen schauen, ihr/ihm die Hand geben und fühlen, ein paar Sätze wechseln, die Persönlichkeit erfassen und begreifen, all dies ist nur beim direkten Aufeinandertreffen möglich. Sympathie und Antipathie zu einem Menschen, einem Partner, Berufskollegen oder einem Politiker auf kommunaler, Landes- oder Bundesebene entscheidet sich zumeist über die Gefühlsebene und erst in zweiter Linie über die sachliche, intellektuelle Ebene. Deshalb ist für einen Politiker, um dessen Wahl es geht, nichts erfolgreicher als der direkte, persönliche Kontakt zu seinen potentiellen Wählerinnen und Wählern. Natürlich ist die persönliche Kontaktaufnahme nur begrenzt möglich und insbesondere für Kommunalpolitiker und lokale Wahlkämpfe in der Breite möglich.

2.) Wahlveranstaltungen als direkte Demokratie

Der Dialog beeinflusst gegenseitig Wähler und Kandidaten/innen. Keine Fernsehsendung, kein Internet-Chat , keine Diskette und kein Zeitungsartikel können das persönliche Argument ersetzen. Bei Wahlkampfveranstaltungen wird der/die Kandidat/in durch den persönlichen Dialog mit dem Bürger aller Schichten und Berufssparten mit allen Lebensproblemen und Lebensperspektiven konfrontiert. Der/die Kandidat/in kann sich diesen vielfältigen Einflüssen auf seine Persönlichkeit und letztendlich auch seine politische Einstellung nicht entziehen. Eine politische Talkrunde im Fernsehen kann abgeschaltet werden, ein Artikel wird weggelegt. Jeder von uns nimmt eine selektive Auswahl seiner Informationen vor. Bei einer Veranstaltung suchen Menschen mit den unterschiedlichsten persönlichen Lebensentwürfen den Kontakt zum Politiker. Es stehen Menschen direkt im persönlichen Dialog mit den zu wählenden Kandidatinnen und Kandidaten.

3.) Die Wahlveranstaltung bietet die beste und direkteste Form der Einflussnahme auf Politiker

Wahlveranstaltungen bieten reale Informationen. Nicht nur der Kandidat erfährt die Lebens- und Berufswirklichkeit ungeschminkt, sondern auch der Besucher von Veranstaltungen, der Bürger erlebt Demokratie live. Auch die modernen Kommunikationswege verkürzen heute zweifelsohne komplizierte politische und gesellschaftliche Zusammenhänge oft in nicht zulässiger Weise. Mit drei Sätzen die Rentenreform erklären oder in zwei Minuten die Position zur Gen- und Bioforschung darzustellen, ist unmöglich, aber beispielsweise im Medium Fernsehen notwendig. Hinter jeder politischen Entscheidung stehen eine Sachanalyse des Problems und viele Abwägungsfragen und Entscheidungen. Gespräche mit Experten, Betroffenen, Anhörungen, wissenschaftliche Stellungnahmen gehen dem politischen Entscheidungsprozess voraus. Diese Zusammenhänge und Hintergründe sind oft spannender als die sichtbare Entscheidung. Sie können aber oft nur im Gespräch dargelegt und erklärt werden. Der Dialog mit Politikern kann deshalb sehr spannend und bildend sein – für beide Seiten.

Wahlkämpfe sind für Kandidatinnen und Kandidaten die Konfrontation mit dem realen Leben. Sie sind für beide Seiten von hohem Informationswert, bieten Einblick in die Lebenswirklichkeit und Lebensproblematik aller gesellschaftlichen Schichten und sie zeigen Einzelprobleme, Konsequenzen und Auswirkungen politischer Entscheidungen auf. Unsere Demokratie würde viel höhere Akzeptanz erfahren, müssten sich alle gewählten Politiker dem Votum der Bevölkerung unterziehen. Ein Mehrheitswahlrecht im Land und im Bund würde zu einer gezielteren Auswahl der Kandidatinnen und Kandidaten und zu einer wesentlich höheren Legitimation und Klarheit der Politik führen.

Wahlkampfveranstaltungen als Medienevent

Veranstaltungen mit Politikern sind auch Events. Sie dienen nicht nur dem Direktdialog mit den Bürgerinnen und Bürgern, sondern sind und müssen auch ein Medienereignis sein. In einem Kommunalwahlkampf kann ein/e OB-Kandidat/in in einer Stadt wie Augsburg in drei Monaten vielleicht 20% seiner Wähler persönlich die Hand drücken und zwei Sätze wechseln. Einem/r Bundestagskandidaten/in ist dies vielleicht bei 5-10% seiner/ihrer potentiellen Wähler möglich. Ein Ministerpräsident oder Bundeskanzler ist natürlich fast ausschließlich auf die Medienberichterstattung über seine Person und seine Veranstaltungen angewiesen. Veranstaltungen müssen deshalb auch so konzipiert sein, dass sie gezielte und interessante Medienereignisse sind. Es stellt sich die Frage, welche neuen Formen von Veranstaltungsevents Zukunft haben. Die neuen Dialogmöglichkeiten des Internets bieten neue Mitwirkungsmöglichkeiten der Wählerinnen und Wähler. Es gibt natürlich kein Generalkonzept. Jede/r Kandidat/in, jeder Wahlkampf und jede Region hat ihre Eigenart, auf die präzise eingegangen werden muss. Grundsätzlich ist aber sicherlich allgemein festzuhalten, dass Wahlkampfveranstaltungen dem Kontakt mit dem Bürger dienen und nicht dem Austausch mit Parteifreunden. Aus dem eigenen Kreis der Parteimitglieder gilt es auszubrechen und über die Stammwähler hinaus Wechselwähler und Neuwähler anzusprechen. Dies ist Zielvorgabe für erfolgreiche Veranstaltungen. Der Erfolg solcher Veranstaltungen hängt letztendlich mit der Frage zusammen, welche Bürger werden mit einer Einladung erreicht und wie werden die Aufmerksamkeit und das Interesse für eine/n Kandidaten/in und eine Veranstaltung geweckt.

Drei Veranstaltungstypen bieten sich an:

1. Die themenorientierte Veranstaltung oder der themenaktuelle Internet-Chat

Es wird ein tagespolitisches Thema gewählt, z.B. „Die neue Rentenreform", „Das neue Gewerbegebiet", „Wege zu einer familienfreundlichen Stadt", „Der Benzinpreisschock.de" etc.

2. Die rednerorientierte Veranstaltung

Mit einem prominenten Redner oder Gast bietet sich diese Veranstaltungsform auch heute noch an.

3. Zielgruppenorientierte Veranstaltung

Die zielgruppenorientierte Arbeit ist heute der erfolgversprechendste Weg. Über die konkreten Sorgen und Vorstellungen, möglichst nahe an der Lebenswirklichkeit des Wählers orientiert, das Interesse der jeweiligen Zielgruppe zu wecken. Der Bürger definiert sich als Wähler sehr stark als Mitglied spezifischer Zielgruppen und hat deshalb besondere Erwartungen an die Partei und deren Kandidaten. Der individualiserten Ansprache der Wählerschaft soll durch neu durchdachte Veranstaltungsformen nachgekommen werden. Der Erfolg von Zielgruppen-Veranstaltungen hängt von der jeweiligen differenzierten Vorbereitung ab.

Notwendig ist:

- ein klar definiertes Veranstaltungsthema, z. B. das Drogenproblem an unserem Gymnasium,
- eine zielgruppengerechte Einladungsform mit Referenten, welche eine kontroverse offene, aber kompetente Diskussion mit Lösungsansätzen erwarten lassen (z.B. zu o. a. Thema der örtliche Gymnasialdirektor, Drogenabhängige aus der Schulszene, Sozialarbeiter, Kripo, Drogenspezialist),

- ein zielgruppenspezifischer Einladungsverteiler. Für jede erfolgversprechende Veranstaltung sollte ein zielgruppenspezifischer Verteiler aufgebaut werden. Aufbau und Pflege solcher Dateien sind schwierig, aber unbedingt Voraussetzung für den Erfolg.

- Die Definition von Zielgruppen muss über sozio-strukturelle Merkmale wie Alter, Geschlecht und Beruf hinausgehen. So definiert sich beispielweise die Frau als Wählerin in ihrer Rolle als junge Frau, Berufstätige mit oder ohne Kinder, Familienmanagerin, als Mutter, in der Elternrolle etc.

- Zielgruppenansprache darf nicht als ein Werbemittel für die Wahlkampfphase angesehen werden. Sie muss zur Basis der politischen Arbeit im Dialog mit dem Bürger schlechthin werden.

Bürgerinnen und Bürger wollen einen Erfolg ihres Engagements sehen. Sie wollen Einfluss nehmen auf die Entscheidungen der Politiker. Wo immer möglich, sollten deshalb Veranstaltungen, insbesondere mit lokalem Bezug, konsequent nachgearbeitet werden. Was war das zentrale Anliegen der Teilnehmer? Welche Konsequenzen, Anträge, Schreiben an Behörden, Ämter etc. müssen eingeleitet werden? Der Bürger muss über Unterschriftslisten, Abstimmungen im Internet, Volksbefragungen wesentlich stärker beteiligt und direkt angesprochen werden.

Wichtige und notwendige Zielgruppenarbeit im politischen Bereich bietet sich auf alle Fälle an für:

- Schüler
- Jugendliche
- Frauen
- Senioren
- Arbeitnehmer
- Behinderte
- Bundeswehrangehörige
- Öffentlicher Dienst und Schulen
- Mittelstand und Wirtschaft
- Landwirte und ländlicher Raum
- soziale Berufe und Dienste
- Kirchen
- Bereich: Sport
- Bereich: Umweltschutz
- Bereich: Tourismus
- Bereich: Kommunalpolitik
- Bereich: Europa
- Bereich: Wirtschaft

Wie bei den zunehmenden Spartenprogrammen müssen die Parteien auch für entsprechende Zielgruppen eine Sparteninformation und Spartenprogramme anbieten.

4. Das Internet ist die große Herausforderung und Chance

Bereits im Jahr 2001 wird es voraussichtlich mit der Kommunalwahl in Niedersachsen die erste Internetwahl in Deutschland geben. Das Internet bietet für jeden Politiker die ideale Möglichkeit, zielgruppenbezogen, themenorientiert und regionalspezifisch Informationen anzubieten. Darüber hinaus können aktuelle Zeitthemen mit interessierten Bürgern in Form eines Internet-Chats diskutiert werden. Der Internetauftritt eines Politikers sollte vor Ort nicht nur das zentrale Portal für politische Informationen sein, sondern auch als Dialogmedium zwischen Bürgern und Politikern ausgebaut werden. Über das Internet kann der Politiker vor Ort in Zukunft auch Volksbefragungen zu speziellen Themen durchführen. Eine erste flächendeckende Internet-Wahl wird in wenigen Jahren möglich sein. Für die Stimmabgabe werden dazu lediglich ein PC mit Internetanschluss, eine Chipkarte mit einer digitalen Signatur und eine PIN-Nr. notwendig sein. Am Wahltag werden die Stimmen per Mausklick abgegeben und in eine virtuelle Wahlurne geworfen.

Der Bausatz für eine Veranstaltung

Am Beispiel der Zielgruppe Familie soll ein Veranstaltungsaufbau aufgezeigt werden, der z.T. auf andere Bereiche übertragbar ist.

Thema:

<u>Neue Familie: Familienleitbilder – Familienrealitäten</u>

1. Was wollen wir wissen?

- Wie stellt sich die Situation für junge Familien heute in unserer Gesellschaft dar?

- Welche Problemstellungen treten insbesondere für betroffene Mütter und Väter auf, im Beruf, in der Schule, im Kindergarten, in der Freizeit, im Urlaub?

- Welche Unterstützung erfahren junge Familien und wo muss etwas passieren?

2. Wie bekommen wir Informationen?

Gespräche mit:

- Familien- und Erziehungsberatungsstellen,
- betroffenen Familien, Kindern, Jugendlichen,
- Arbeitgebern,
- Schulen, Kindergärten,
- Arbeitsamt,
- Kommunalpolitikern.

3. Auswertung der Informationen?

- Ist das Betreuungs- und Schulangebot in der Stadt ausreichend, flexibel und passend? (Erhebung durch Elternumfrage, Zielgruppenaktionen an Schulen, Kindergärten etc.)

- Sind die Fort- und Weiterbildungsmaßnahmen, Wiedereinstiegsmaßnahmen in den Beruf ausreichend?

- Ist das Freizeitangebot für Kinder und Jugendliche attraktiv?

Auf der Basis der Gespräche und Befragungen sollte eine Analyse der regionalen Gegebenheiten, Probleme und Vorstellungen vorgenommen werden.

4. Erarbeitung von Leitsätzen mit Schlussfolgerungen – in diesem Fall einer kinder- und familienfreundlichen Umwelt, Gesellschaft, Schule, Wirtschaft und Kommune.

Die Leitsätze sollten Basis einer öffentlichen Diskussion werden und mit betroffenen Zielgruppen ergebnisoffen hinterfragt und verändert werden. Ein Internet-Chat zu dem Thema bietet sich zusätzlich an.

Wahlveranstaltung und öffentliche Wirkung

Für eine öffentliche Diskussion können heute beispielhaft verschiedene Veranstaltungsmodelle gewählt werden.

1.) Ergebnisoffene Parteiveranstaltungen mit Podiumsdiskussion unter Einbeziehung aller örtlichen Familien, Frauen, Eltern und Erziehungsinstitutionen.

2.) Ein Expertengespräch „Pro und Contra" zum Thema: „Ist unsere Gesellschaft kinder-und familienfreundlich?"

Möglicher Ablauf:
Einführung in die Thematik durch ein Statement „Pro" und ein Statement „Contra" mit anschließender Diskussion unter Einbeziehung aller Teilnehmer.

3.) Ein Streitgespräch zum Thema mit einer Einführung durch Experten mit unterschiedlichen strittigen Auffassungen, welche an Stehpulten einander gegenüberstehen. Keine Podiumsbühne mit abgehobenen Experten, sondern Stehpulte mitten im Teilnehmerkreis. Das mindert die Distanz zum Publikum und ermöglicht eine schnelle Teilhabe aller Teilnehmer als belebendes Element einer solchen Veranstaltung. Voraussetzung dafür ist ein qualifizierter und sachkundiger Gesprächsleiter.

4.) Die Talkshow bietet sich auch als politische Veranstaltungsform an. In einer Talkshow besteht die Gelegenheit, Persönlichkeiten aus dem gesellschaftlichen und politischen Leben zu einem persönlichen und offen Gespräch einzuladen. Zu einem solchen Gespräch gehört nicht nur die Erörterung konkreter politischer Sachverhalte und Probleme, vielmehr sollte der Moderator auch auf den persönlichen Werdegang, Familie, Beruf, Karriere, Hobbys der Gäste eingehen. Die Talkshow verlangt vom Talkmaster eine umfassende und sensible Vorbereitung. Eine Talkshow kann nur in einer aufgelockerten positiven Atmosphäre gelingen. Dazu muss der Veranstaltungsraum geeignet sein, bequeme Sitzmöbel, angenehme Beleuchtung und Raumgestaltung und Bestuhlung sind ebenfalls notwendig.
Organisiert werden sollte ein besonderes Rahmenprogramm, z.B. Jazzfrühschoppen, Kleinkunstauftritte, Ausstellungen etc.

Schlussbemerkung:

Parteien und Politiker, Kandidatinnen und Kandidaten sind heute vielfach auch finanziell überfordert, attraktivste Formen der Wähleransprache und des Wahlkampfes umzusetzen. Die Konkurrenz zur medialen Welt, die Vielfalt des gesellschaftlichen Veranstaltungsprogramms der Freizeit- und Tourismuswirtschaft, die gebotenen täglichen Highlights schaffen Konkurrenzen, denen die Parteien kaum gewachsen sind. Parteien fehlt dazu das Geld, die Mitarbeiter und nicht die Ideen. Politikvermittlung, die inhaltliche Auseinandersetzung und der Dialog mit den Bürgerinnen und Bürgern dürfen aber auch nicht zur Show weiterentwickelt werden. Wir brauchen keine Talkmaster und Schauspieler als Politiker. Die Politiker und Parteien haben in der Demokratie eine Bringschuld gegenüber Bürgerinnen und Bürgern, diese aber auch eine Holschuld, d. h. Bürgerinnen und Bürger sind aufgefordert, sich zu engagieren, mitzumachen, nachzufragen, zu kritisieren, sich zu informieren, eigene Ideen einzubringen. Demokratie lebt von der Mitwirkung und Mitbeteiligung der Bürger. Dies bedeutet aber auch, dass die Wählerinnen und Wähler, die Bürgerinnen und Bürger sich nicht auf die Zuschauerrolle beschränken dürfen.

7. Direktwerbung, die Brücke zum Bürger

Jutta Felten

Plakatwerbung, Talkshows, Kino- oder Radiospots – die meisten Bürger erleben die politischen Parteien im Wahlkampf zunächst einmal durch die Massenmedien. Neben dieses zentrale Bild tritt der persönlich erlebbare Kontakt mit der Partei vor Ort. Hier können die Parteien ihren Kandidaten präsentieren und mit den Bürgern diskutieren. Der persönliche Dialog ist somit ein wichtiger Bestandteil des Wahlkampfs.

Direkt-Werbung ist ein sehr erfolgreiches Kommunikationsmittel, um persönliche, interaktive Kontakte zu den Bürgerinnen und Bürgern herzustellen. Mit den Direktmarketing-Instrumenten wie Telefonanrufe oder Mailings werden die Wählerinnen und Wähler direkt angesprochen. Da es den politischen Parteien nur erlaubt ist, Wählerinnen und Wähler anzurufen, die vorher bereits angeschrieben wurden, sind Mailings im Wahlkampf von besonderer Bedeutung.

Rund 75 % aller Bürgerinnen und Bürger informieren sich über Direktwerbe-Sendungen. Jeder Vierte liest alle an ihn persönlich adressierte Werbung. Jeder Achte liest auch alle allgemein gehaltenen Wurfsendungen. Viele bewahren persönlich adressierte Werbesendungen auf, besonders wenn Termine und Anlässe darauf vermerkt sind oder Response-Möglichkeiten genutzt wurden. Knapp 30 % aller Unternehmen verwenden die Form adressierter Werbesendungen, sprich Mailings, für ihre Kommunikation. Damit ist dieses Medium das meistgenutzte „klassische" Direktwerbe-Instrument.

Nach allen vorliegenden Untersuchungen erzielen Direktwerbe-Maßnahmen auch im politischen Wahlkampf die höchste Wirkung. Ihre Position als (Orts-)Wahlkampfleiter entspricht der eines guten Vertrieblers im Unternehmen. Sie sind die Schnittstelle zum Interessenten, zum Bürger. Einsatzart und -ort sowie Inhalt und Gestaltung Ihres Mailings entscheiden mit über den Erfolg der Aktion.

Erfolgreiches Werben per Post

Ziel	Hohe Response bei aktiven Zielgruppen
Vorteil/Kontaktqualität	adressierte Direktwerbung, exklusive Nutzung der Zielgruppe, Aufbewahrung oft wie ein persönlicher Brief, Massenaussendung, hoher Aufmerksamkeitswert bei interessanten Themen und Responsemöglichkeit
Basis	Kontaktchance für adressierte Werbesendungen rund 75 %, bei Massenaussendungen 50 %

Einbindung des Mailings in den Wahlkampf

Es ist wichtig, dass alle „Vertriebsstrategien", also auch das Mailing, in die gesamte Wahlkampfstrategie eingebunden werden. Die zentralen Themen des Wahlkampfs müssen aufgegriffen und das Corporate Design (Erscheinungsbild) der Partei sollte konsequent eingehalten werden. Dazu gehören Logo, Farben und Schriften der Partei, gegebenenfalls die Art von Graphiken und das Bildmaterial. Die weiteren Bestandteile des Mailingkonzepts variieren je nach Situation und Zielsetzung der Aktion.

Zwei Arten der Ansprache durch Mailings:
Kalt- und Warmansprache

Am Anfang der strategischen Überlegungen steht die Frage nach der Zielgruppe. Sollen alle Haushalte eines bestimmten Stadtteils oder Wahlbezirks, etwa einer Hochburg der eigenen Partei, angesprochen werden? Oder ausschließlich die eigenen Parteimitglieder? Von dieser Entscheidung ist die Art der Ansprache abhängig.

Unter „Kaltansprache" versteht man Mailings an Personen, die Ihre Partei nur vom Hörensagen kennen. Ein sinnvoller Einsatzort für Mailings mit

Kaltansprache sind z. B. Wahlkreise mit stark schwankenden Ergebnissen zwischen den verschiedenen Wahlen. Für diese Zielgruppe sollten Mailings idealerweise in mindestens zwei Schritten geplant werden. Das erste Mailing kann so konzipiert werden, dass der Empfänger nur mit einem Kopfnicken und „Ja" antworten möchte. Geben Sie ihm die Möglichkeit, weiteres Informationsmaterial anzufordern. Wer positiv auf solche Vorschläge reagiert, signalisiert sein Interesse. Die Zustellung des bestellten Materials muss kurzfristig erfolgen. Mit einem überzeugenden Nachfassmailing kann die Skepsis vieler Nichtreagierer ausgeräumt werden.

„Warmansprache" kommuniziert über namentlich adressierte Mailings mit der Zielgruppe. Parteimitglieder oder bekannte Stammwählerinnen und -wähler werden direkt und persönlich angesprochen. Ist im Anschluss ein telefonisches Nachfassen geplant, muss aus rechtlichen Gründen ein Hinweis auf den möglichen Telefonkontakt gegeben werden. Der Zusatz in Ihrem Mailing könnte möglicherweise lauten: „In den nächsten Tagen werden Sie eventuell einen Telefonanruf von einem/r unserer Mitarbeiter/ Mitarbeiterinnen erhalten. Falls Sie keinen Anruf wünschen, können Sie uns dies jederzeit unter folgender Nummer .../... mitteilen."

Wann und zu welchem Zweck sollten Mailings eingesetzt werden?

Grundsätzlich ist der Einsatz von Mailings in verschiedenen Phasen des Wahlkampfs denkbar. Als besonders erfolgversprechend gelten mehrstufige Mailingaktionen.

Ein erster Brief, versehen mit einer Response-Möglichkeit, dient zu Beginn des Wahlkampfs der Eröffnung des Dialogs. Eine Informationsveranstaltung kann etwa zwei Wochen später den Aufhänger für eine Nachfass-Aktion bieten. Kurz vor der Wahl rundet ein kurzes, prägnantes Mailing, versehen mit dem Appell, wählen zu gehen, die Aktion ab.

In Wahlkreisen mit einer hohen Stammwählerschaft ist die Kombination von personalisiertem Anschreiben in der Anfangsphase und einem Telefonanruf in den letzten beiden Wochen vor der Wahl ideal, um die eigene Anhängerschaft zu mobilisieren.

Als einstufige Mailings („Kaltansprache") zur Dialogeröffnung eignen sich beispielsweise Einladungen zu Diskussionsrunden, zum Besuch des Spitzenkandidaten vor Ort oder zu Informationsveranstaltungen. Auch hier sollten auf jeden Fall Response-Möglichkeiten, z. B. die Bestellung von Infomaterial, eingebaut werden.

In der „heißen Phase des Wahlkampfs“, am besten wenige Tage vor der Wahl, zeigen einstufige Mailings („Warmansprache“) in den Hochburgen mit der Appellfunktion „Bitte wählen gehen“ eine große Wirkung.

Auf die Ressourcen besinnen

Zufriedene und treue Parteimitglieder sind wichtige Multiplikatoren und dürfen in Ihrer Werbestrategie nicht vergessen werden. Sie empfehlen die Partei in ihrem persönlichen Umfeld weiter, privat und beruflich. Empfehlungen und Referenzen Dritter spielen bei persönlichen Entscheidungen oft eine große Rolle. Die Gewinnung von Wählerstimmen mit Hilfe von Empfehlungen ist deshalb besonders erfolgreich. Parteimitglieder sollten daher mit besonderen Informationen, Angeboten und Leistungen beworben werden. Das Direkt-Marketing bezeichnet diese Aktivitäten als „Member-get-Member“-Programm. In einem breiter gefassten Denk- und Handlungsrahmen wird auch von Empfehlungsmarketing gesprochen.

Was bedeutet Empfehlungs-Marketing?

Erfolg im Wahlkampf hängt auf regionaler Ebene stark davon ab, was die Bürgerinnen und Bürger über die Parteien reden. Wie wird das Image der Kandidaten in den Massenmedien transportiert? Wie führt der Kandidat vor Ort den persönlichen Dialog mit den Wählerinnen und Wählern? Letztgenannter Punkt ist besonders wichtig, denn nur hier ist die Plattform zur Beantwortung von Fragen, zur Artikulation von Unzufriedenheiten und für Modifizierungen gegeben. Hier können Sie Ihre Wähler und Wählerinnen mit Hilfe Ihrer ganzen Persönlichkeit begeistern und werden, quasi von „Mensch zu Mensch“, weiterempfohlen.

Empfehlungs-Marketing unterstützt Sie bei dieser erfolgreichen Wahlkampfstrategie. Kernbotschaft eines Empfehlungs-Mailings ist, Ihre Parteifreunde dazu aufzurufen, Ihre Partei durch „Mund-zu-Mund-Propaganda“ weiterzuempfehlen. Machen Sie ihnen klar, dass sich Freunde und Nachbarn während des Wahlkampfs für Informationen interessieren und vielleicht zur Wahl Ihrer Partei überzeugt werden können. Ergänzen Sie diese Kernbotschaft mit persönlich verbindenden Worten. Wichtige Fakten zum Wahlkampf und dem Parteiprogramm (z. B. als kleine Broschüre oder Flyer) sollten das Mailing komplettieren. Legen Sie jedem Brief mehrere Postkarten bei und fordern Sie die Mitglieder auf, diese Postkarten an Freunde und „Sympathisanten“ zu versenden, um so nochmals auf die Wahl und die Wichtigkeit jeder Stimme hinzuweisen.

Parteimitglieder leisten durch ihre Überzeugungsarbeit Ihnen als Kandidat und Partei einen wertvollen Dienst. Beziehen Sie sie in das große Parteiziel, Wahlsieger zu werden, mit ein.

Der erste Eindruck entscheidet
Aufbau und Inhalt des Briefes

In den ersten 20 Sekunden entscheidet es sich, ob ein Werbebrief gelesen wird – oder im Papierkorb landet. Denn in dieser Zeit ist die „Wegwerfquote“ besonders hoch.

Allgemein gilt: Wer kurz, kreativ, unkompliziert und spannend kommuniziert, hat alle Chancen. Untersuchungen haben gezeigt, dass kein Brief so gelesen wird, wie er geschrieben wird, nämlich Wort für Wort. Vielmehr verschafft sich das Auge zunächst einen Gesamtüberblick, indem es von Absatz zu Absatz springt. Das Einzige, das in der Anfangsphase der Reihe nach gelesen wird, ist der Nachsatz, das PS. Der Augenverlauf der meisten Leserinnen und Leser beschreibt zunächst die Form eines großen S. Eine Analyse der Leseverlaufskurve verdeutlicht, welche Elemente dafür verantwortlich sind, dass Ihr Brief die entscheidenden 20 Sekunden „übersteht“:

1) *Absender:* Die erste Frage lautet: „Wer hat mir geschrieben?“. Der erste Eindruck, der bereits durch den Umschlag vermittelt wurde, wird jetzt gefestigt. Ist der Absender akzeptiert? Das Logo der Partei und die Papierqualität müssen stimmen.

2) *Empfänger:* Wie kommt man auf mich? Kennt der Absender mich? Bei personalisierten Mailings ist unbedingt darauf zu achten, dass der Name richtig geschrieben ist. Die Nennung des Vornamens vermittelt Bekanntheit. Titel sollten genannt werden.

3) *Betreff:* Die Betreffzeile sollte vor allem neugierig machen. Vermeiden Sie Einstiege, die Fakten nennen, die bereits allgemein bekannt sind, z. B.: Die Landtagswahl in NRW im Mai 2000 o. Ä.

4) *Inhalt:* Hier kommt es im Wesentlichen auf Kürze und Prägnanz an. Hervorhebungen (fette Schrift oder Unterstreichungen) stoppen das Auge für mindestens eine Viertelsekunde. Der Text sollte nicht mehr als drei, höchstens vier Absätze mit jeweils fünf bis sechs Zeilen umfassen. Es sollte immer ein Aufhänger bzw. Anlass für das Schreiben genannt werden, an gemeinsame Erlebnisse erinnert und Emotionen geweckt werden.

Ein Brief an Parteimitglieder knüpft z. B. mit einer interessanten Anekdote an bestehende Parteibeziehungen an.

Leseverlaufs-Kurve

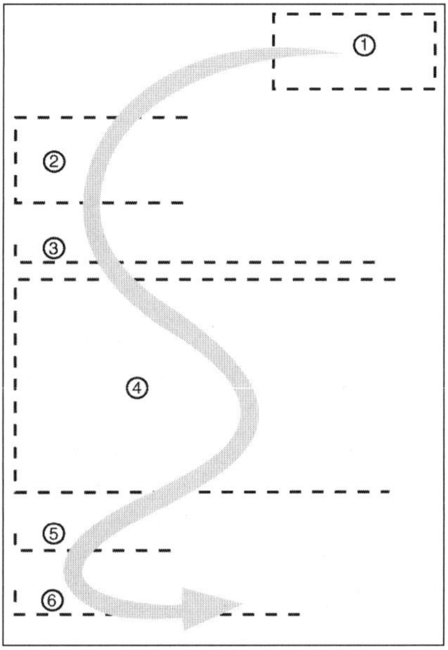

Der Brief an alle Bürgerinnen und Bürger einer Region beginnt mit einer kurzen, aber prägnanten Betrachtung eines im Umfeld bekannten, aktuellen Problems. Sofort wird zur Problemlösung übergeleitet, ein Angebot (z. B. ein persönliches Bürgergespräch) und ein Verstärker (z. B. das Angebot, zusätzliches Informationsmaterial anzufordern) runden den Brief ab.

5) *Unterschrift:* Sie trägt dazu bei, aus einem Monolog den gewünschten Dialog entstehen zu lassen. Ohne leserliche Unterschrift wird der Brief schnell wertlos. Unterschreiben Sie deshalb lesbar und setzen Sie den voll ausgeschriebenen Vor- und Nachnamen unter das Schreiben.

6) *Postskriptum:* Es wird als Erstes gelesen und ist deshalb ausgesprochen wichtig. Es kann beispielsweise einen Appell enthalten: „Jede Stimme zählt. Wählen gehen....“, Ihr wichtigstes Argument kann wiederholt oder die Vorfreude auf das persönliche Kennenlernen bei einem Wähler(innen)-Gespräch ausgedrückt werden.

Einen ersten Eindruck können Sie kein zweites Mal hinterlassen

Der erste Eindruck entscheidet darüber, ob Ihr Brief gelesen wird – und der fängt beim Umschlag an.

- Stimmt die Adresse, ist der Name richtig geschrieben, kennen Sie den Vornamen Ihres Adressaten? Achten Sie darauf, dass Ihre Adressdatei aktuell ist.

- Ist Ihr Logo auf dem Umschlag klar zu erkennen, weiß der Adressat, wer geschrieben hat? Ein ansprechender „Blickfang“ weckt zusätzliches Interesse (z. B. das Motto des aktuellen Wahlkampfs, ein Stimmzettel, der zum Wählen auffordert).

- Denken Sie bei Ihrer Planung an die Briefumschläge: Wenn Sie mit Adressaufklebern arbeiten (Sind genügend vorhanden?), benötigen Sie Briefe ohne „Fenster“; bei Mailings mit Adresse brauchen Sie genügend „Fenster“-Umschläge.

Und schließlich sollten Sie die Form, die die Post verlangt, beachten:

- Benutzen Sie die Standardformate der Post. Dadurch vermeiden Sie zusätzliche Portokosten (siehe Tabelle Seite 421).

- Die Adresse muss in der sogenannten Lesezone stehen und mindestens je 1,5 cm vom unteren und vom linken Rand entfernt sein. Zudem darf sie nicht breiter als 10 cm und nicht umrandet sein.

- Wichtig ist die sogenannte Codierzeile, die nicht beschriftet werden darf. Das ist bei Ihrem Umschlag der Bereich rechts unten, 1,5 x 14 cm groß.

In Erinnerung bleiben
Merkmale eines erfolgreichen Werbebriefes

Damit Ihr Brief in Erinnerung bleibt sowie die Leserinnen und Leser aktiviert und zu Reaktionen ermuntert, müssen verschiedene Kriterien beachtet werden.

Der Brief sollte Sicherheit ausstrahlen und verständlich sein. Kurze, klare Sätze wirken ruhig und überzeugend. Schreiben Sie so, wie Sie sprechen! Dadurch wirken Sie menschlicher und sind leicht zu verstehen. Positive Emotionen, beispielsweise Wohlwollen oder Sorge um das öffentliche Wohl, sind so übertragbar. Beschränken Sie sich auf eine Aussage pro Satz und vermeiden Sie Einschränkungen sowie negative Aussagen.

Wecken Sie Emotionen! Gefühle sorgen dafür, dass die Aussagen den Leserinnen und Lesern länger im Gedächtnis bleiben. Schlagen Sie eine Brücke zu der Erfahrungswelt Ihrer Leserinnen und Leser oder erzählen Sie eine persönliche Geschichte. Nutzen Sie bei Briefen an Bürgerinnen und Bürger eines bestimmten Wahlkreises ein Thema als Aufhänger, das einen möglichst großen Kreis der Angesprochenen persönlich betrifft. Das können z. B. die nächtliche Belästigung durch Fluglärm, unsichere U-Bahnhöfe im Viertel oder eine hohe Arbeitslosenquote sein. Analysieren Sie vor der Mailingaktion sorgfältig, welche Probleme Ihrer Zielgruppe besonders am Herzen liegen und wählen Sie anschließend ein Thema aus, bei dem Ihrer Partei ein Kompetenz-Vorsprung eingeräumt wird.

Aktivieren Sie die Leserinnen und Leser zum Handeln. Motivierend wirken z. B. das Herausstreichen gemeinsamer Anliegen, die Hervorhebung der Bedeutsamkeit jedes Einzelnen zum Erreichen des gemeinsamen Ziels oder Appelle.

Response-Möglichkeiten in Form von Antwortkarten und Einladungen zu Informationsveranstaltungen fördern den persönlichen Dialog. Auf den Antwortkarten sollten neben einer Bestellmöglichkeit einige freie Zeilen die Möglichkeit geben, dem Absender eigene Gedanken und Ideen mitzuteilen.

Vermitteln Sie Ihrer Zielgruppe Bedeutsamkeit. Warum sollte gerade dieser Leser/diese Leserin Sie als Person und Ihr Programm wählen? Aufwertende Wörter im Text wie „gerade Sie“, „für Sie allein“ oder „persönlich“ unterstreichen die Wichtigkeit jedes einzelnen Lesers.

Platzierung des Mailings

Neben dem Vertrieb über den Postweg können genau auf die Zielgruppe abgestimmte Mailings als Beilage für überregionale Werbemittel wie Kundenzeitschriften oder Themenfaltblätter genutzt werden. Zentrale Kernthemen werden so personalisiert und gezielt auf bestimmte Wahlkreise abgestimmt. In dieser Kombination ergänzen sich das zentrale Bild der Partei und der persönliche Dialog und versprechen einen optimalen Wahlerfolg.

Das kostet Sie Ihr Mailing,

wenn Sie Ihre „inhaltsgleichen Sendungen“ als „Infopost“ verschicken. Bei folgenden Punkten sind Abweichungen erlaubt: Anrede, Unterschrift, Datum, zusätzliche Absenderangaben (z. B. ein bestimmter Ansprechpartner), evtl. Ordnungsbezeichnungen, die Sie der Adresse zugeordnet haben. Sie können Ihre Sendungen offen oder verschlossen verschicken, allerdings darf die Post bei verschlossenen Sendungen Stichproben machen. Eine Variante zur Infopost ist der Infobrief, der sich vor allem bei kleineren Mengen (mind. 50 Stück) anbietet, die in unterschiedliche (Postleitzahlen-) Gebiete verschickt werden.

Wollen Sie Ihr Mailing breit streuen und nicht direkt adressieren, kommt für Sie die Postwurfsendung in Frage. Die Stückzahl beträgt mindestens 1000, Sie entscheiden, in welchem Gebiet Sie werben und welche Haushalte Sie ansprechen wollen.

Im Internet finden Sie unter www.postag.de weitere Informationen.

Größe und Gewicht Ihres Mailings	Wieviele Mailings wollen Sie verschicken, müssen Sie ein bestimmtes (Postleitzahlen-) Gebiet beachten?	Muss Ihr Mailing sortiert sein?	Das kostet Sie Ihr Mailing
Infopost Standard Länge: 14-23,5 cm, Breite: 9-12,5 cm, Höhe: 0,5 cm Gewicht: bis 20 g	Wenn Sie zwischen 50 und 249 Stück versenden, müssen die Postleitzahlen aus dem Leitbereich der Einlieferungsstelle stammen. Ab 250 Mailings müssen die ersten beiden Postleitzahlen übereinstimmen. Bei einer Stückzahl ab 4000 ist kein bestimmtes Postleitzahlengebiet notwendig.	Ja, auf- oder absteigend nach Postleitzahl	0,47 DM 0,24 EUR je Stück
Infopost Kompakt Länge: 10-23,5 cm, Breite: 7-12,5 cm, Höhe: 1 cm, Gewicht: 20-50 g	wie oben	Ja, auf- oder absteigend nach Postleitzahl	0,58-0,79 DM 0,30-0,41 EUR je Stück (gewichtsabhängig)
Infopost Groß/ Infopost-Maxi Länge: 10-35,3 cm, Breite: 7-25 cm, Höhe: 2 cm/ 5 cm, Gewicht: bis 1000 g	wie oben	Ja, auf- oder absteigend nach Postleitzahl	0,70-2,05 DM 0,36-1,05 EUR je Stück/ 1,42-2,77 DM 0,73-1,42 EUR je Stück (gewichtsabhängig)
Infobrief Standard (Maße wie Infopost Standard)	Sie wollen mind. 50 Mailings verschicken, egal in welches Postleitzahlengebiet.	Nein	0,80 DM 0,41 EUR je Stück
Infobrief Kompakt (Maße wie Infopost Kompakt)	mind. 50 Stück nicht notwendig	Nein	1,80 DM 0,93 EUR je Stück
Infobrief Groß/ Infobrief-Maxi (Maße wie Infopost Groß bzw. Infopost Maxi)	mind. 50 Stück nicht notwendig	Nein	2,70 DM 1,39 EUR je Stück/ 3,70 DM 1,90 EUR je Stück

Stand der Tarife: 1.4.2000

Wie wird das Mailing geplant? – Checkliste

- Wie groß ist das zu bewerbende Gebiet?
  Wie verteilen Sie Ihr Mailing?

- Datenverarbeitung: Mit welcher EDV wird gearbeitet? Erfolgt die Adressverwaltung im eigenen Haus?

- Vorbereitung eines Mailings:
  Adressensammlung – Wen will ich ansprechen?
  Mindestens zwei Zielgruppen definieren, z.B. Parteimitglieder und alle Haushalte im regionalen Umfeld.
  Wie kann ich meine Zielgruppe ansprechen? Durch einen Appell, eine persönliche Geschichte.
  Wie vermittle ich meiner Zielgruppe Bedeutsamkeit und ein Gefühl von Wichtigkeit? Warum soll der/die Leser/in Sie als Person und Ihr Wahlprogramm wählen?

- Was will ich erreichen?
  Ein Aufhänger für das Mailing muss gefunden werden (Gesprächstermine, Events, Anforderungsmöglichkeit von Informationsmaterial etc.).

- Wie kann ich eine gute Stimmung schaffen?
  Beispielsweise knüpft der Brief an die Parteimitglieder mit einer interessanten Anekdote an bestehende Parteibeziehungen an.

- Das Mailing-Konzept
  Idee, Planung und Aufbau des Mailings, Festlegung der Häufigkeit der Ansprache
  (z.B. Mailing in einem, zwei oder drei Schritten),
  Elemente (Briefumschlag, Brief, Prospekt, Response-Element),
  Gestaltung

- Response-Elemente
  Die Antwort- oder Bestellkarte: Neben einer Bestellmöglichkeit (z.B. für weitere Informationen über die Partei) sollten immer einige freie Zeilen die Möglichkeit geben, dem Absender Gedanken und Ideen mitzuteilen.

8. Die digitale Visitenkarte

Heinrich Wiedemann

„Wer wirklich auffallen will, verteilt heute eckige Mini-CD-ROMs. Sie sind nicht größer als die Kärtchen aus Papier, fühlen sich an wie Scheckkarten, und man kann sie bedrucken wie die althergebrachten Visitenkarten – je nach Geschmack auch knallbunt, hochglänzend und mit Foto.
Die multimediale Visitenkarte kann noch mehr." (1)

1. Antwort auf die E-Generation

Die digitale Visitenkarte ist multimedial und interaktiv. Sie ist eine Visitenkarte, die Bilder und Filme zeigt, spricht und direkt mit dem Internet verbindet. Die digitale Visitenkarte hat Platz für eine ganze Multimedia-Präsentation und lässt sich in fast jeden Computer einlegen. Die digitale Visitenkarte ist ein Quantensprung und eine zielführende Antwort auf die Bedürfnisse der E-Generation. Die E-Generation erwartet gebündelte Kommunikation: Information, Unterhaltung und Interaktion.

Digitale Revolution, virtuelle Gesellschaft, New Economy, E- bzw. M-Commerce – mit diesen oder ähnlichen Vokabeln versuchen Autoren und Medien die angebrochene gesellschaftliche Epoche zu beschreiben. Die modernen digitalen Informations- und Kommunikationstechnologien verändern alle Lebensbereiche. Die Auswirkungen betreffen Mensch und Markt, Gesellschaft und Politik. Die durch die Informations- und Kommunikationstechnologien ausgelösten Entwicklungen eröffnen eine Vielzahl neuer Chancen. Die politische Kommunikation als Verbindung zwischen Wählern und Gewählten, Regierenden und Regierten kann sich den generellen Kommunikationstrends und dem allgemeinen Kommunikationsverhalten der Menschen nicht entziehen. Ganz im Gegenteil: Moderne, innovative Politik wird im Cockpit digitaler Technologien gemacht. Formen und Stile, wie die Menschen arbeiten, wie sie lernen, wie sie kommunizieren, wie sie sich informieren und unterhalten lassen, kurz: wie die Menschen leben – diese Grundstrukturen menschlicher Kommunikation sind die Prämissen für erfolgreiche Politik und insbesondere auch für den modernen Medienwahlkampf.

2. Jeder braucht sie

Die Visitenkarte ist die „kleine Karte mit aufgedrucktem Namen und aufgedruckter Adresse", so steht es im Brockhaus (2). Heute natürlich mit E-Mail- und Internet-Adresse. Jeder hat sie, jeder braucht sie. Die Visitenkarte ist ein wichtiger Faktor menschlicher Kommunikation. Sie ist als Brücke für geknüpfte Kontakte nicht wegzudenken. Mit der Visitenkarte „hinterlässt" sich der Geber quasi beim Nehmer. In der Pappversion einer Visitenkarte hat sich seit Generationen im Prinzip nichts verändert. Name, Funktion und Adresse werden in Textform weitergereicht.

3. Plattform für sinnenreiche Kommunikation

Die digitale Visitenkarte ist eine Plattform für spannende, moderne und sinnenreiche Kommunikation. Trägermedium der digitalen Visitenkarte ist eine CD-ROM im Visitenkartenformat von 80mm mal 57mm und einer Stärke von gut 1mm. Die Ecken sind meist abgerundet. Sie lässt sich wie eine konventionelle Visitenkarte einstecken und aufbewahren.

Die digitale Visitenkarte verfügt über max. 34 MB Speicherplatz. Durch Komprimierung reicht die Datenmenge für eine umfängliche Multimedia-Präsentation. 34 MB entsprechen etwa 16.000 Seiten dieses Buches, 20 Minuten Ton bzw. mehreren Minuten Video.

4. Der Kick kommt aus Multimedia

Multimedia boomt. Das Internet ist hip. Bei diesem Mega-Trend nicht mitzumachen, kann sich eine Partei kaum noch erlauben. Im Gegenteil: Kandidaten und Parteien suchen nach Wettbewerbsvorteilen im Ringen um die Wählergunst.

Die digitale Visitenkarte ist ein multimediales, interaktives Kommunikationstool. Multimedia integriert verschiedene Medien wie Text, Bild, Video und Ton und kombiniert sie miteinander.

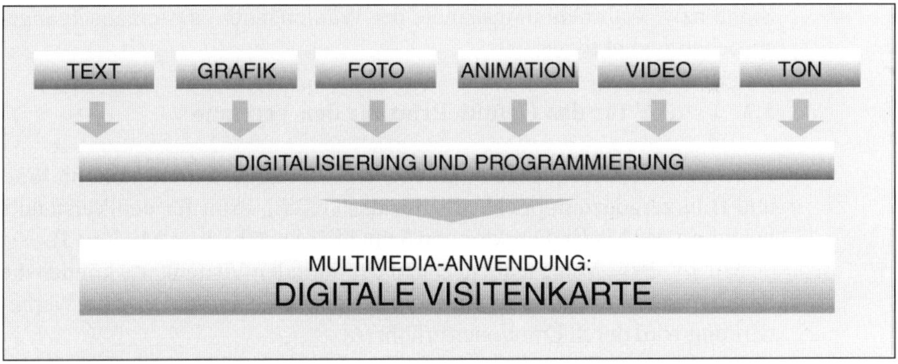

Dem Computer kommt hierbei eine zentrale Position zu, indem er die Koordination übernimmt und eine Interaktion von Medium und Anwender auf der einen und den Anwendern unter sich auf der anderen Seite ermöglicht. Multimedia ist also eine Kombination aus verschiedenen Einzelmedien, die inhaltlich verknüpft und digitalisiert vom Computer gespeichert und wiedergegeben werden können.

Politiker(in) und Partei können sich mit der digitalen Visitenkarte in Text, Grafik, Foto, Animation, Ton und Video präsentieren und via E-Mail und Internet mit den Wählern kommunizieren.

5. Mehrwert der digitalen Visitenkarte

Der Mehrwert der digitalen Visitenkarte ist mannigfaltig.

5.1 Im Reich der Sinne

Die Kombination von diversen Einzelmedien macht die digitale Visitenkarte zu einem attraktiven Medium. Interessierte können nicht nur auf Texte, sondern z. B. auch auf Redebeiträge bzw. Filmaufnahmen des Kandidaten bzw. der Kandidatin zurückgreifen. Mit Multimedia werden mehrere Sinne bzw. Wahrnehmungskanäle der Wähler(innen) systematisch angesprochen und aktiviert.

5.2 „TV für das Gefühl, Print für den Verstand"

Film- bzw. Videosequenzen wirken nicht nur suggestiv, sondern mit Wort und Bild geradezu doppelt. „TV für das Gefühl, Print für den Verstand", postuliert der Media-Direktor von Saatchi & Saatchi, Ron Mudge (3).

Mit TV- bzw. Videosequenzen auf der digitalen Visitenkarte können die Wähler(innen) hochgradig emotional angesprochen werden. Die Werbewirkung wird durch Emotionen erhöht (4).

Mit der Digitalisierung haben Bild und Text erstmals seit Erfindung des Buchdrucks vor über 550 Jahren wieder zu einer Einheit gefunden, die sie im Mittelalter schon einmal besaßen. Mit den Neuen Medien sind Instrumente entstanden, komplexe Inhalte insbesondere auch mit Hilfe der Visualisierung zu kommunizieren. Der Verleger Hubert Burda sieht geradezu einen „Pictorial-Turn" heraufziehen (5). Auch amerikanische Wissenschaftler sprechen zunehmend vom „Pictorial-Turn" in der Wissensvermittlung. In der Politik führt dies zu völlig neuen Formen der Kommunikation. Die digitale Visitenkarte ist ein Musterbeispiel.

5.3 „Multimedia sagt mehr als 1000 Bilder"

Dieser Paradigmenwechsel vom Text zum Bild wird durch das alte Sprichwort „Ein Bild sagt mehr als 1000 Worte" gestützt. Don Tapscott, Autor des Bestsellers „Die digitale Revolution", bringt die Chance von Digitalisierung und Multimedia auf folgenden Nenner: „Wenn schon ein Bild mehr sagt als 1000 Worte, so sagt das richtige Multimedia-Dokument zur richtigen Zeit mehr als 1000 Bilder." (6) Das visuelle Erlebnis mit Videosequenzen auf der digitalen Visitenkarte gibt dem Rezipienten ein Gefühl von Nähe zur

Person und zum Ereignis. Die „Macht des Bildes“ (7) schafft eine Vertrauensbasis. Vertrauen ist gerade in der Politik eine Maxime. Das bewegte Bild lässt Personen und Ereignisse authentisch und glaubwürdig wirken.

Die Chance der Visualisierung durch Bild, Animation, Ton und Video macht die digitale Visitenkarte zu einem faszinierenden und effizienten Kommunikationsmittel im modernen Medienwahlkampf. Vielleicht wird sogar eine Portion Lust an Politik geweckt.

5.4 Interaktivität

Der heutige Wahlbürger kommuniziert in vielfältiger Weise mit den Medien. Die Auswahl am Kiosk nimmt ständig zu, zig Hörfunk- und Fernsehprogramme begünstigen das Zapping. Im Computer und Internet gehört der interaktive Zugriff in Form freier, selbstbestimmter Auswahl zu den Grundprinzipien. Auch die digitale Visitenkarte als digitales Trägermedium erlaubt dem Nutzer den interaktiven Zugriff auf Auswahl und Abfolge der Information bzw. Unterhaltung.

5.5 Information und Unterhaltung im Doppelpack

Mit der digitalen Visitenkarte können Politiker(innen) und Parteien informieren und unterhalten. Den Trend zu unterhaltender Information bezeichnet der Begriff „Infotainment“. Kommunikationsvorgänge, die beide Hirnhälften erreichen, wirken tiefgründiger und werden länger gespeichert. „Die linke Hirnhälfte ist unser ausführendes Organ: Hier sitzen das Kognitive, das Rationale, das Logische und das Zahlen -, Zeit- und Raumvorstellungsvermögen. In der rechten Hemisphäre haben musische, kreative, emotionale und soziale, auch kommunikative Kompetenzen ihren Ort.“ (8) Menschen lernen am besten, wenn die Kommunikation beide Hirnhälften, den eher rationalen wie den eher emotionalen Bereich, erreicht.

Mit einem multimedialen Kommunikationsmedium können insbesondere auch die unterschiedlichen Lerntypen besser erreicht werden (z. B. der visuelle oder auditive). Es hat sich in der biologischen und psychologischen Grundlagenforschung gezeigt, dass Lernstoff umso stärker eingeprägt wird, je mehr Verstand **und** Gefühl eingebunden sind.

5.6 Internet und E-Mail

Die digitale Visitenkarte kann als Sprungbrett zu verschiedensten Internet-Angeboten genutzt werden. Mit einem Klick kann der User z. B. zur

Homepage des Kandidaten bzw. der jeweiligen Partei springen. Nutzwert schafft ein stets aktuelles Informations- und Unterhaltungsangebot. Durch den Zugang zu Internet-Angeboten können Kandidaten und Parteien gleichermaßen optimal und zuverlässig ihre Ziele kommunizieren, ohne wertvollen Speicherplatz auf der digitalen Visitenkarte zu beanspruchen. Über die Link-Sammlung wird die digitale Visitenkarte zur Drehscheibe aktueller Information, Kommunikation und Innovation. Über E-Mail wird der Kommunikationskreislauf zum Anbieter der Visitenkarte geschlossen.

5.7 Zielgruppendifferenzierung

Die redaktionellen Angebote auf der digitalen Visitenkarte können zielgruppengerecht gestaltet werden. Dies betrifft sowohl Inhalt als auch Design. Während z. B. junge Zielgruppen durch peppiges Design und fetzige Musik angesprochen werden, können ältere Zielgruppen mit eher moderaten Attitüden gewonnen werden. Für die Mobilisierung innovativer Zielgruppen scheint die digitale Visitenkarte eine Schlüsselposition einzunehmen.

5.8 Die Überraschung ist groß

Auf Grund ihrer noch äußerst geringen Verbreitung erzielt die digitale Visitenkarte hohen Aufmerksamkeits- bzw. Überraschungswert. Der Informations- und Unterhaltungswert ist durch die Aufmachung und Gestaltung der medialen Inhalte sichergestellt. Mit der digitalen Visitenkarte bleiben Kandidat(in) und Partei im Wahlkampf nicht nur im Gespräch, sondern fördern auch Feedback bzw. wechselseitige Kommunikation durch E-Mail bzw. Internet.

Die Empfänger der digitalen Visitenkarte können regelrecht überrascht werden: Welcher User rechnet z. B. schon mit einem Fallschirm springenden Kandi-

Die digitale Visitenkarte von CDU-Fraktionschef Frank Seidel.

daten, einer Politikerin beim Marathonlauf oder auch in einer hitzigen politischen Debatte? Audio- und Videosequenzen verleihen dem Kandidaten bzw. der Kandidatin und der Partei Glaubwürdigkeit und Authentizität. Die Möglichkeit, seine eigene Meinung über E-Mail „abzufeuern“ oder ein Spiel mit dem Kandidaten/der Kandidatin machen zu können, schaffen Bindung und Vertrauenswürdigkeit.

6. Produktion und Distribution

Sie möchten Ihre Zielgruppe multimedial mitten ins Herz treffen und dabei alle Möglichkeiten ausschöpfen? Dann ist es notwendig, dass Sie Ihr Vorgehen genau planen, Step by Step. Am Anfang stehen Kommunikationsziel und Zielgruppe. Mit dem Grobziel wird das Projekt definiert und in seinen Grundzügen beschrieben. Im Feinkonzept wird der im Grobkonzept abgesteckte Rahmen mit Leben, sprich Multimedia, ausgefüllt. Nachdem die Funktionen der Interaktions- und Navigationselemente feststehen, ebenso der Stil und die gewünschte Medienkombination, entwirft der Designer eine graphische Bedienungsoberfläche, die für den Benutzer möglichst leicht nachzuvollziehen ist. Der Drehbuchautor entwickelt nun Screen für Screen, wo was stehen soll, was wann passieren soll. Das Drehbuch ist die praktische Produktionsanleitung. Programmierung und Produktion in digitalisierter Form zur weiteren Verarbeitung bilden die Schlusspunkte des Multimedia-Projektes zur Fertigung einer digitalen Visitenkarte.

Die Kosten einer digitalen Visitenkarte bemessen sich nach dem Aufwand. Im Falle eines empfehlenswerten individuellen Designs ist von einer Größenordnung ab 10.000 DM auszugehen. Die Aufnahme von Audio- bzw. Videosequenzen oder Flash-Animationen erhöhen natürlich den Preis. Bei der Vervielfältigung ist je nach Stückzahl von ca. 3 DM pro digitaler Visitenkarte auszugehen.

Der hochwertige Standard und das signifikante Image des digitalen Kommunikationsmediums verbieten, abgesehen vom Preis, den Einsatz als Streuartikel. Die digitale Visitenkarte empfiehlt sich als intelligentes und innovatives Kommunikationsmedium in Wahlkämpfen für die Ansprache und Bindung innovativer Zielgruppen und Multiplikatoren. Diese Zielgruppen beeinflussen nachhaltig die Positionierung des Kandidaten bzw. der Partei im Wahlkampf. Meist hat der die Mehrheiten, der die Multiplikatoren auf seiner Seite weiß.

7. Kein Fall für´s Altpapier

Der moderne Medienwahlkampf ist digital. Die multimediale, interaktive, digitale Visitenkarte ist ein außergewöhnliches Kommunikationstool, das für High-Tech und Innovation steht. Multimedia illustriert eindrucksvoll Kandidat(in) und Partei. Die Wertschöpfung ist bei professioneller Gestaltung und Verteilung ideal. Die Zukunft von Staat und Gesellschaft ist digital. Die digitale Technologie wird zum Imperativ. Wenn dies auch für die Visitenkarte gilt, ist die Frage, ob kartoniert oder digital, entschieden. Last but not least: Im Altpapier wird sie nicht landen.

Quellenverzeichnis

(1) Streibel, Vera: In: Financial Times Deutschland vom 18. September 2000. S. 35.

(2) Brockhaus – Die Enzyklopädie. Leipzig, Band 30, S. 4333.

(3) Vgl. Print Process 1999, S. 41.

(4) Leven, Wilfried: In MEDIEN BULLETIN, 9/96, S. 30 f.

(5) Vgl. Programmheft der 3. Medien – Biennale der Burda Akademie zum Dritten Jahrtausend. „Envisioning Knowledge – Die Wissensgesellschaft und die neuen Medien“ am 03. und 04. Februar 1999 in München.

Vgl. Schmidt, Friedrich Reinhard, Zum Wandel der Didaktik und die Rolle der Ästhetik in 1000 Jahren höherer Lehre. Mittweida 1999.

(6) Tapscott, Don: „Die digitale Revolution“. Wiesbaden 1996, S.70.

(7) Frey, Siegfried: Die Macht des Bildes. In: ARD/ZDF-Online-Studie 1999.

(8) Struck, Pieter: Die Kunst des Weglassens.

In: Beilage der Süddeutschen Zeitung Nr. 112 vom 16. Mai 2000, S. 46.

9. Telefon-Wahlkampf

Klemens Joos

1. Voraussetzungen und Grundlagen

Aus den Wahlkämpfen der politischen Parteien in den westlichen Industrieländern sind Telefonaktionen nicht mehr wegzudenken. Sie eröffnen eine neue Dimension des Wahlkampfs, wie dies in den 70er Jahren etwa das Fernsehen gewesen ist. Der überragende Sieg des charismatischen Bundeskanzlers Willy Brandt bei der Bundestagswahl 1972 sowie die Niederlage Helmut Kohls 1976 gegenüber dem sich weltmännisch-hanseatisch präsentierenden Bundeskanzler Helmut Schmidt werden in ernsthaften Analysen zu einem wesentlichen Teil dem in den 70er Jahren zu einem überragenden Siegeszug in der deutschen Medienlandschaft antretenden (Farb-)Fernsehen zugeschrieben. Daher sind die publizistisch-kommunikativen Innovationen und Strategien, mit denen das Wahlvolk informiert und in seiner Stimmabgabe beeinflusst werden sollen, im Vorfeld von Wahlentscheidungen keinesfalls zu vernachlässigen.

Wenngleich aus heutiger Sicht die telefongestützte Wahlkampfführung weit davon entfernt ist, politische Wahlen zu entscheiden, so sind dennoch die Ursachen, Grundlagen, Möglichkeiten, Anwendungen und Grenzen dieser Form des modernen Medienwahlkampfes zu klären und einer eingehenderen Untersuchung zu unterziehen. Denn die politische und soziale Bedeutung dieses Bereiches wächst mit der sich verbreitenden und entwickelnden multimedialen Kommunikation.

a) Moderne Informationstechnik

Die gewaltige Entwicklung der Informations- und Kommunikationstechniken hat seit den 70er Jahren die Lebens- und Arbeitsbedingungen in den Industriestaaten dramatisch verändert. In der Informationsgesellschaft kommt der Speicherung, Verarbeitung, Verbreitung und Nutzung von Daten eine zentrale Bedeutung zu (Teleshopping und -learning, Online-Banking u.a.). Alle Lebensbereiche werden von den Veränderungen erfasst.

Die Informationstechnik (IT) stützt sich im Wesentlichen auf zwei technologische Säulen. Die Telekommunikation ist zu einer der Schlüssel-

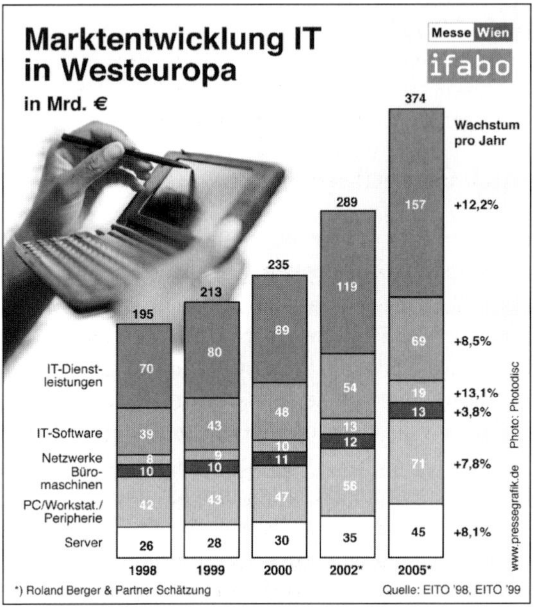

technologien unserer Zeit mit einem Wachstumspotential avanciert, dessen Ende nicht absehbar ist. Der weltweite Umsatz der Branche zwischen Ende 1993 und Ende 2000 wird sich nach Schätzungen verdoppeln. Einen ähnlich rasanten Aufwärtstrend verzeichnet auch die Computertechnik. Das Wachstum des Computermarktes übertrifft sogar noch die Zahlen und Erwartungen im Telekommunikationssektor. Weltweit hat die IT-Branche 1998 mit einem Marktvolumen von 2,6 Billionen DM die Autoindustrie erstmals überholt.

Die ökonomischen Zahlen sind lediglich ein Reflex auf die noch bis Anfang der 80er Jahre in diesem Ausmaß nicht für möglich gehaltenen technologischen Quantensprünge. Die derzeit von der Deutschen Telekom installierte ADSL-Technologie (Asymmetric Digital Subscriber Line – digitale asymmetrische Anschlussleitung) über das normale Telefon-Kupferkabel ermöglicht den Datenaustausch mit einer Übertragungsgeschwindigkeit von bis zu 8 Megabit/s gegenüber dem bereits sehr fortschrittlichen ISDN-Anschluss mit einer Übertragungsrate von „nur" 64 Kilobit/s, der seinen Siegeszug in Deutschland in den 90er Jahren feiern konnte. Als neuestes Produkt für Mobiltelefonierer wurde auf der CeBit 1999 der neue Standard WAP vorgestellt. Die ersten WAP-Handys sind bereits im Handel. WAP (Wireless Application Protocol – drahtloses Anwendungsprotokoll) ermöglicht es, Internetangebote auf dem Handy-Display anzeigen zu lassen. Mit WAP können grafisch aufbereitete Informationen aus dem Internet für die drahtlosen Handys auf handliche Textformate reduziert werden. E-Mails können gelesen und verschickt werden. Depot- und Kontenabfragen sowie die Erledigung diverser Bankgeschäfte werden über das Handy möglich. Damit beginnt das Zeitalter des mobilen und PC-ungebundenen Internets.

Die zum Teil revolutionär anmutenden Innovationen in den Informations- und Kommunikationstechniken können Entwicklungs-, Produktions- und Verteilungsprozesse in allen gesellschaftlichen Bereichen wesentlich verkürzen. In immer stärkerem Maße wird das Telefon eingesetzt, um Kunden zu gewinnen, Waren zu verkaufen und den Vertrieb zu unterstützen. Dabei wird zurückgegriffen auf Hotlines, Teleshopping oder Telefonbanking.

Beim Einsatz des Telefons unterscheidet man zwischen zwei Arten von Dienstleistungen. Der Anruf kann vom Unternehmen ausgehen (Outbound) – man spricht dann vom aktiven Telefonmarketing – oder vom Kunden (Inbound) wie beim passiven Telefonmarketing. Die Unternehmen sind immer stärker dazu übergegangen, eine unternehmensinterne oder –externe Organisationseinheit zur telefonischen Kundenbetreuung einzurichten. Der Einsatz derartiger Einrichtungen – Call-Center – hat sich besonders bei beratungsintensiven Produkten, für die Betreuung der Kunden von Software-Herstellern, im Versandhandel oder bei Direktbanken bewährt. Allein zwischen 1995 und 1998 hat sich in Deutschland der Anteil der Call-Center-Mitarbeiter, ein Gradmesser für die rasante Aufwärtsentwicklung und den Bedeutungszuwachs des Telemarketings, auf 151.000 nahezu verdreifacht. Alle Beobachter prognostizieren ein weiteres starkes Wachstum dieses Kundenservice. Bereits für das Jahr 2001 werden nach einer Globus-Prognose 262.000 Mitarbeiter in diesem Bereich erwartet.

Call-Center zeichnen sich aus durch eine Verbindung von Mensch, Telefon und Computer über Netzdienste. Mit Computerunterstützung werden die Anliegen der Kunden in direkter Kommunikation bearbeitet, ohne dass diese anwesend sein müssen. Die Mitarbeiter in den Call-Centern beraten, unterstützen und vermitteln bei Fragestellungen der Kunden. Call-Center-Dienste sind rund um die Uhr verfügbar und so gut wie stets erreichbar. Call-Center sind bereits heute die Kundenkommunikationsstelle vieler Dienstleister und das Anfangsglied einer Vorgangskette geregelter Unternehmensabläufe.

Der Nutzen von Call-Centern ist evident, sei es bei Inbound- oder Outbound-Vorgängen: Durch die technische Unterstützung werden Vorgänge besser strukturiert und effektiver erledigt. Der Informationsfluss wird verbessert und die Servicequalität kann optimiert werden. Der Kontakt ermöglicht dem Unternehmen eine schnellere und sicherere Lösung des Kundenanliegens. Die erzielten Zeiteinsparungen kommen der Lösung anderer Aufgaben zugute. Das Personal kann effizienter eingesetzt werden. Das Marketing kann zielgenauer gesteuert werden. Und schließlich erhöht die Intensivierung des Kundenkontaktes die Kundenbindung und trägt zur Erreichung der Unternehmensziele wesentlich bei.

b) „Amerikanisierung“ des Wahlkampfes

Mit der Revolution der Kommunikations- und Informationstechnologien und ihrer Anwendungen einhergehend ist seit den 80er Jahren eine Veränderung bei der Führung der Wahlkampagnen feststellbar. Zur Charakterisierung der Wahlkämpfe der politischen Parteien in Deutschland wird spätestens seit der zweiten Hälfte der 80er Jahre das Schlagwort der „Amerikanisierung“ verwendet. Bereits Anfang der 80er Jahre beschäftigten sich die Parteien und ihre Wahlkampfchefs mit dieser Entwicklung.

CDU-Bundesgeschäftsführer Peter Radunski formulierte damals wichtige Kriterien für eine – sogenannte – amerikanische Wahlkampfführung (P. Radunski: Wahlkämpfe, Moderne Wahlkampfführung als politische Kommunikation, München 1980). Seiner Ansicht nach ist die augenfälligste Komponente in der Personalisierungsstrategie der Parteien zu sehen, der Zuspitzung der Wahlkampagnen auf die Person der Kandidaten.

Ein weiteres wichtiges Kennzeichen einer „amerikanischen“ Wahlkampagne sieht Radunski in der Steuerung der Kampagne durch externe Spezialisten.

Bei der Etablierung amerikanischer Verhältnisse in Wahlkämpfen spielt jedoch nach Auffassung Radunskis die immer stärker ausgeprägte massenmediale Inszenierung des politischen Wettbewerbs und die Einbeziehung der Neuen Medien eine zentrale Rolle. Auf diesem Feld sind die bedeutsamsten und weitreichendsten Veränderungen festzustellen, die bereits in theoretischen Analysen wie in empirischen Fallstudien nachgewiesen wurden. Wahlkämpfe in Deutschland sind heute ohne Präsentation und Werbung in den Medien, vor allem dem Fernsehen, aber auch im Internet, nicht denkbar. Computer sorgen dabei z.B. für die Erzeugung von digitalen Bildern und Tönen, für die Errichtung einer perfekten, virtuellen Welt, die der natürlichen Welt übergestülpt wird und bestimmte Emotionen erzeugen soll. Besonders eindrucksvoll führte dies die SPD auf ihrem Leipziger Parteitag im April 1998 vor, als Gerhard Schröder zum Kanzlerkandidaten gewählt wurde.

Die „Amerikanisierung“ der politischen Kommunikation in Deutschland wird vor allem aber auch sehr stark verbunden mit der persönlichen Hinwendung der politischen Parteien, ihrer Kandidaten und Funktionsträger zum Bürger und Wähler – eine Entwicklung, die zweifellos durch die Gegebenheiten in Amerika beeinflusst wurde. Die politischen Parteien bemühen sich immer stärker um eine unmittelbare Ansprache der Wähler und das gezielte Gespräch mit den Bürgern. Noch nie gab es in der Wählerschaft so hohe Wechselbereitschaft wie in der heutigen Zeit. Daher wächst auch die Bereitschaft der Parteien, sich möglichst um jeden einzelnen Wähler persönlich zu kümmern. Den unmittelbarsten Zugriff auf mögliche Wechselwähler erhalten die Parteien nur durch den persönlichen Kontakt.

Noch nicht abschließend geklärt ist in der Politikwissenschaft die Frage, ob der professionelle Einsatz optimierter Kommunikations- und Werbestrategien und die Verkürzung des Handelns der politischen Kontrahenten als massenmediales Ereignis durch ihre Steuerungs- und Manipulationsfunktion die Legitimationskraft demokratischer Wahlen beeinträchtigen. Dem ist jedoch entgegenzuhalten, dass der der Medienkommunikation entgegenkommende inhaltliche Reduktionismus keineswegs zu einer politischen Entprogrammatisierung der Parteien führen muss, sondern eine begriffliche Zuspitzung fördert, die geeignet ist, die politische Willensbildung der Bevölkerung auf die wesentlichen Punkte zu lenken und klarer zu strukturieren.

2. Anwendungsformen und Anwendungsbereiche

Bei der direkten Hinwendung an den Wähler (sei es durch Briefe der Kandidaten an die Bürger, bei Hausbesuchen oder Info-Ständen) durch bestimmte Parteimitglieder oder die (ehrenamtlichen) Mitarbeiter und Helfer eines Kandidaten gewinnt der Einsatz des Telefons als Kommunikationsmedium und Instrument der Kontaktsuche immer mehr an Bedeutung.

Nicht nur auf ökonomischem Gebiet wird in immer stärkerem Maße computergestütztes Telefonmarketing betrieben. Seit einigen Jahren bedienen sich auch die politischen Parteien der zuerst von den Unternehmen angewandten und erprobten Instrumente. Telefon-Wahlkampf gehört nunmehr zum Routinerepertoire der Wahlkampfführung. Damit werden nicht zum ersten Mal Erkenntnisse aus der Wirtschaft auf die Politik übertragen oder auch wirtschaftswissenschaftliche Erkenntnisfortschritte politikwissenschaftlich nutzbar gemacht (z. B. bereits auf dem Gebiet der Entscheidungs- oder Erwartungsnutzentheorien).

Die Parteien sind darauf angewiesen, ein möglichst großes Publikum oder bestimmte Zielgruppen zu erreichen und aufgrund der Konkurrenzsituation gezwungen, alle Kommunikationsinstrumente auszuschöpfen. Die Parteien gehen in Wahlzeiten dazu über, Telefonaktionen in ihre Wahlkampfplanung fest zu integrieren. Telefonaktionen sind keine Gags mehr, die Parteien gelegentlich in Wahlkampfzeiten unregelmäßig aus dem Hut zaubern, sondern fester Bestandteil des Instrumentariums. Zugleich mit den Telefongesprächen werden auch Daten und Informationen in den PC eingegeben und können über das hausinterne Netzwerk innerhalb der Partei weiterverarbeitet werden (z. B. Ideen, Anregungen, Bestellung von Informationsmaterial, Informationen über Auffälligkeiten im Wahlkampf wie Erkenntnisse über den politischen Gegner oder Versäumnisse der eigenen Parteiorganisation vor Ort). Unmittelbar nach Ende des Gesprächs steht das Personal am Telefon sofort wieder für das nächste Telefonat bereit und muss nicht erst einen zehnminütigen Verwaltungsvorgang zur Bewältigung des Telefonates nachschieben. Daher wäre es zutreffender, von Wahlkampf-Call-Centern zu sprechen.

Es finden sich sowohl Telefonaktionen, bei denen die Anrufe von der Partei ausgehen, wie auch Aktionen, bei denen die Parteien auf die Anrufe der Wähler oder einer bestimmten Zielgruppe warten. Zu diesem Zweck werden von den Parteizentralen entsprechende Hotlines geschaltet, die potentielle Anrufer möglichst lange am Tag telefonisch erreichen können. Die aktive Variante des Telefonmarketings überwiegt dabei in der politischen Praxis eindeutig. Gelegentlich jedoch nutzen Parteien in versierter Weise beide Instrumentarien gleichzeitig, wie dies etwa die CSU im Vorfeld der bayerischen Landtagswahl und der Bundestagswahl 1998 praktiziert hat. Die Partei hatte sowohl eine Hotline eingerichtet und die Rufnummer ihren Mitgliedern mitgeteilt als auch selbst Anrufe unter allen Orts- und Kreisvorsitzenden gestartet, um durch Nachbohren und Nachfragen zu den örtlichen Wahlkampfaktionen und zur Plakatierung oder durch die Frage nach den individuellen Wünschen für eine weitere Unterstützung im Wahlkampf die eigene Anhängerschaft zu stimulieren und zu mobilisieren. Wahlkampfhotlines sind häufig nach innen und an die Wahlkämpfer der eigenen Partei, die Basis, gerichtet. In diesem Sinne ist die Hotline eine erste Anlaufstelle und soll praktische Informationen bei der Referentenvermittlung, inhaltliche Unterstützung bei den Hauptbotschaften des Wahlkampfes, Unterstützung bei der Presse- und Öffentlichkeitsarbeit und bei Veranstaltungen sowie beim Austausch von Daten, Umfrageergebnissen und Terminen geben. Mehr und mehr wird zum Abruf von Informationen in den Parteizentralen auch der Faxabruf eingesetzt.

Zum Zweck der Durchführung computergestützter Telefondienste werden Mitarbeiter, Mitglieder und ehrenamtliche Helfer von den Parteien angeheuert und in Schulungen und Seminaren entsprechend ausgebildet. Die gute Vorbereitung und Organisation von Telefonaktionen ist für deren Erfolg ebenso ausschlaggebend wie die Telefongespräche selber. Bei der Planung einer Aktion ist Beratung notwendig, ebenso muss beispielsweise Gesprächsführung trainiert werden. Die SPD hat sogar im Zusammenhang mit dem Bundestagswahlkampf 1998 ein umfangreiches Handbuch zu Telefonaktionen zusammengestellt, das zur internen Schulung bestimmt ist und in dem man von der Organisation bis zur Durchführung alles nachlesen kann. Andere Parteien entwickeln ähnliche Leitfäden. Die Telefonaktionen der Parteien beschränken sich keineswegs auf Bundes- und Landesverbände. Auch lokale und kommunale Parteigliederungen auf Orts- und Kreisebene führen derartige Aktionen selbständig durch. So sind Telefonaktionen mittlerweile auch bei OB-Wahlen oder Landratswahlen ein gängiges Instrument.

Auch zwischen den politischen Lagern gibt es beim Rückgriff auf Telefonmarketing keine wesentlichen Unterschiede. Im vergangenen Bundestagswahlkampf 1998 bediente sich insbesondere die SPD, die jahrelang vor den Folgen einer fortschreitenden Technisierung auf allen Gebieten gewarnt hatte und sich zunächst gegen wichtige technische Neuerungen gerade im Mediensektor (z. B. die Liberalisierung des Fernsehmarktes, aber auch des Telekommunikationsmarktes) gestemmt hatte, fast flächendeckend des computergestützten Telefons zur Wähleransprache und -mobilisierung. CDU und CSU waren hierbei zurückhaltender, allerdings nicht aus einer prinzipiellen Abneigungshaltung heraus, sondern weil die Unionsparteien im Wahlkampf weniger Geld für ihre Kampagne einsetzten als die Sozialdemokraten.

Das Telefon ermöglicht den Parteien einen bürgernahen Wahlkampf und mehr direkten persönlichen Kontakt. Gegenüber Telefonaktionen reagieren die Menschen aufgeschlossener als etwa gegenüber Hausbesuchen, die zahlreiche Bürger als zu weitgehenden Eingriff in die Privatsphäre ablehnen und als Überrumpelungsversuch betrachten. Den Schutz der Privatsphäre garantiert Telefonieren hingegen weitaus besser. Daher sind die Wähler hierbei deutlich weniger ungehalten und empfänglicher für die Botschaften der Parteien. Zum anderen sind Hausbesuche weitaus zeitraubender als der direkte Kontakt über Telefonate. So können durch Telefonate in derselben Zeit deutlich mehr Kontakte erreicht werden als bei Hausbesuchen. Durch die günstige Kostenentwicklung im Telekommunikationsbereich sind Telefonaktionen auch vergleichsweise günstiger als zahlreiche andere Wahlkampfaktivitäten.

Nicht alle Wähler oder Bürger können, auch nicht bei Wahlen in räumlich überschaubaren Regionen, über das Telefon erreicht werden, da bei Wahlen die zur Verfügung stehenden Mittel begrenzt sind. Daher müssen sich die Parteien beim aktiven Telefonmarketing auf bestimmte Zielgruppen beschränken. In der Regel sind Zielgruppe von Telefonaktionen Wählerinnen und Wähler in Wahlbezirken mit niedriger Wahlbeteiligung, aber hohen Stimmanteilen der jeweiligen Partei. In diesen Regionen verspricht Telefonmarketing besonders effizient zu sein.

Der Erfolg der Anrufe lässt sich messen. Mit Unterstützung der vom SPD-Bezirk Hannover im niedersächsischen Landtagswahlkampf 1998 durchgeführten Telefonaktion gelang es beispielsweise in einem Wahllokal in Hannovers Arbeiterstadtteil Linden-Limmer, die Wahlbeteiligung um 12 % von 53,4 auf 65,4 % in die Höhe zu schrauben und gleichzeitig das Stimmenergebnis der SPD um 5,9 % auf 56,3 % zu steigern.

Dennoch dürfen die Möglichkeiten modernen Telefon-Campaignings auch nicht überschätzt werden. Telefonaktionen sind stets nur partiell wirksam. Keine Partei wird auf diese Weise in der Lage sein, die Gesamtheit der Wähler zu erreichen. Die SPD hat zur Europawahl 1999 ähnlich intensive und umfangreiche Telefonaktionen durchgeführt wie bei der Bundestagswahl etwa neun Monate zuvor. Dennoch hat die Partei in der Europawahl – verglichen mit dem Bundestagswahlergebnis – einen herben politischen Absturz erlebt. Telefonmarketing kann demnach Teile der Wähler- oder Anhängerschaft mobilisieren, positive Stimmungen festigen und damit Wahlauseinandersetzungen in Deutschland flankieren, aber keineswegs Stimmungen kippen oder Wahlen entscheiden. Andere Kommunikationsprozesse sind nach wie vor politisch bedeutsamer.

X. Psychologische Aspekte des Wahlkampfes

1. Haben Sie heute schon „Rot" gesehen?

Jutta Felten

Als Elizabeth Taylor mit dem Republikanischen Politiker John Warner verheiratet war und ihn auf seinem Wahlkampf begleitete, durfte sie kein Violett tragen – Taylors Lieblingsfarbe – weil die Partei der Meinung war, die königliche Farbe passe nicht zur Republikanischen Partei. Nachdem Warner die Wahl gewonnen hatte, erschien Liz Taylor zur Siegesfeier von Kopf bis Fuß in ihrer Lieblingsfarbe gekleidet – sie trug einen Hosenanzug in Violett.

In den USA wird der politische Wahlkampf mit Hilfe professioneller Medienberater und unter Einsatz aller Techniken der Beeinflussung geführt. Sachkompetenz alleine reicht heute nicht mehr aus. Die persönliche Wirksamkeit wird immer wichtiger, denn politische Botschaften werden primär über Personen und nicht über Programme vermittelt. Auch in Deutschland setzt man den persönlichen Auftritt und die Medienpräsenz als wichtiges Instrument in der Wahlkampfkommunikation ein. Die Persönlichkeitswirkung ist im Begriff, sich als die entscheidende Machtressource im Wahlkampf herauszukristallisieren. Jürgen Möllemann war in NRW das bravouröse Beispiel für die Realisierung einer personifizierten, gelungenen Wahlkampfstrategie.

Viele Politiker werden im Laufe ihrer Karriere zu leidenschaftlichen Schauspielern, denn ihr Publikum will Aura, Charme, Leidenschaft, Glaubwürdigkeit, Stärke und eine Ausstrahlung von Sicherheit. Dabei geht es um präsentierte Entschlossenheit, gezeigten Machtwillen, provozierende Gelassenheit, intelligente Schlagfertigkeit oder Zukunftsvisionen.

Unterschiedliche Zielgruppen wünschen sich zudem unterschiedliche Eigenschaften ihrer Führungsperson. Der Unternehmer wünscht sich einen jungen Helmut Schmidt, die Jugend wünscht sich einen erfolgreichen Michael Schumacher und junge Frauen einen Brad Pitt.

Gegen Endes des Wahlkampfes 1994 nahm Scharping an vielen Talk-Shows teil. Er galt als spröde, langweilig, hölzern und wenig spontan. Das wurde durch seine Kleidung, den Bart und seine Gestik unterstützt. Seine nonverbale Kommunikation war so stark, dass er diesem Image in seinen Fernsehauftritten nicht entgegenwirken konnte. Scharping war jedoch um ein modernes Image bemüht. Die Zeitschrift MAX zeigte Fotos von einem aktiven und jugendlichen Kandidaten, sportlich gekleidet, in Segelschuhen und mit Designerbrille. Diese Imagekorrektur hätte nur greifen können, wenn sie, gekoppelt mit Sprache und Gestik, auch in seinen Medienauftritten zum Einsatz gekommen wäre.

Die nonverbale Kommunikation, das Spiel von Farben, Gestik und ausgewähltem Ort, wird immer wichtiger, denn der nonverbale Dialog wird direkt mit dem Unterbewusstsein des Publikums geführt. Hier entscheidet der Wähler, wie sympathisch, kompetent und glaubwürdig der Politiker und seine Botschaft bewertet werden.

Der viel zitierte „erste Eindruck" entsteht im Bruchteil einer Sekunde. Hier fällt die grundsätzliche Entscheidung für oder gegen eine Person. Erste Signale sind Figur, Körpergröße und die Frisur. Zugleich nimmt das Unterbewusstsein drei Dinge wahr, die letztlich für das Erscheinungsbild und die Ausstrahlung entscheidend sind:

- die Farben der Kleidung,
- der Stil und
- die Gestik bzw. Körpersprache.

Farben können oben Genanntes erreichen. Die Bedeutungen sind im Gehirn gespeichert und werden abgerufen, sobald eine Person eingeschätzt werden soll. Eine Frau im dunkelblauen Kostüm wirkt bedeutend konservativer, seriöser und vertrauenswürdiger als die gleiche Person in einem feuerroten Kostüm.

Der Stil in der Kleidung äußert sich in den gewählten Schnitten, der Qualität der Stoffe und den ergänzten Accessoires. Gestik und Körpersprache gehen Hand in Hand mit Farben und Stil der Kleidung. Sicherheit und Selbstvertrauen, das Wissen um die richtige Kleidung machen die Gesten und Körpersprache natürlich und ungezwungen, die Mimik freundlich und offen, vielleicht aber auch distanziert und höflich oder sogar herzlich.

Erst der zweite Eindruck hinterfragt und vertieft die schon gefasste Meinung. Erst jetzt werden die Sprache, das Verhalten und die Qualität der

Kleidung hinterfragt. Die Sprache steht in direktem Zusammenhang mit der Persönlichkeit. Die Körpersprache ist nonverbale Kommunikation.

Der Werkzeugkasten Farbe

Farbe bekennen bedeutet, etwas, was mir sehr wichtig ist, offen zum Ausdruck bringen.

Farbe und Gestik sind mehr als optische Phänomene, mehr als ein technisches Mittel. Jede Farbe hat eine charakterliche Zuordnung. Das heißt, dass die Farben ein wirksames Werkzeug in der Massenkommunikation sind. Der Charakter und die spezifische Aussage, die einer Farbe zugeordnet werden, können auf die Persönlichkeit eines Menschen übertragen werden. Dadurch sind Aussagen über eine Person – als Synonym für eine Farbe – möglich. Wir können beispielsweise von einem „roten“ Menschen sprechen, wenn er impulsiv und feurig ist, von einem „grünen“, wenn er herzbetont agiert, von einem „blauen“, wenn es ein ruhiger Mensch ist und von einem „gelben“, wenn er kreativ, offen und innovativ ist.

1666 stellte Isaac Newton bei dem Versuch, einen Sonnenstrahl durch ein Prisma zu lenken, fest, dass das weiße Licht des Sonnenstrahls in sieben Farben zerlegt wurde, und zwar so, wie wir es vom Regenbogen kennen. Isaac Newton hatte die Spektralfarben entdeckt.

Rot, Orange, Gelb werden seitdem als warme oder aktive Farben bezeichnet. Grün ist eine neutrale Farbe.
Blau, Indigo, Violett werden als kalte Farben benannt.

Rot, Gelb und Blau gelten als Primärfarben, als Grundfarben können sie nicht aus der Mischung anderer Farben entstehen, aus ihnen können gemeinsam mit Schwarz alle Farbtöne gemischt werden. Diese Farben sind die Grundlage des Vierfarbdrucks.
Alle sogenannten Sekundärfarben, z.B. Grün (Blau+Gelb), Orange (Rot+Gelb) und Violett (Blau+Rot), entstehen durch Mischung der Primärfarben.

Farbtheoretiker unterscheiden die Primärfarben Rot, Gelb, Blau (nicht durch Mischung erzielbare Grundfarben) von den Sekundärfarben Grün, Orange, Violett (durch Mischung der Grundfarben erzeugte Farben) und anderen untergeordneten Mischfarben wie Rosa und andere Pastelltöne, Grau, Braun. Sie streiten darüber, ob Schwarz und Weiß überhaupt Farben sind und sie ignorieren Gold und Silber generell als Farben. Im psychologischen Sinne jedoch ist jede dieser 13 Farben eine eigenständige, durch keine andere ersetzbare Farbe. Aus Rot entsteht Rosa, aber seine Wirkung ist ganz anders. Grau entsteht aus Weiß und Schwarz, aber seine Wirkung entspricht weder Weiß noch Schwarz.

Lieblingsfarben wie unbeliebte Farben wechseln je nach Entwicklungsphase und Alter mehrfach im Leben.

Die Lieblingsfarben
Blau 45%, Grün 15%, Rot 12%, Schwarz 10%, Gelb 6%, Violett 3%, Orange 3%, Weiß 2%, Rosa 2%, Braun 1%, Gold 1%

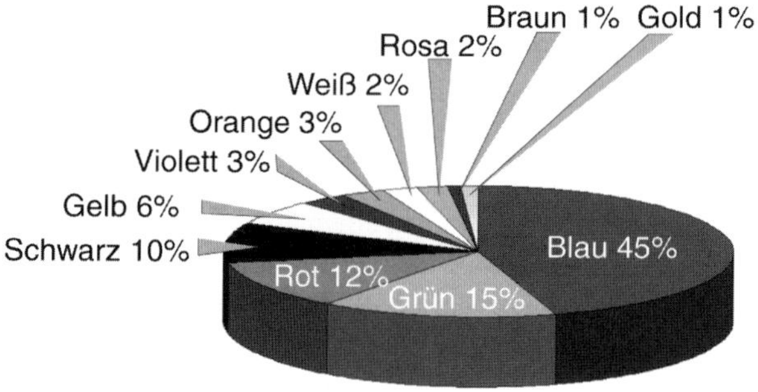

Die unbeliebtesten Farben
Braun 20%, Rosa 17%, Grau 14%, Violett 10%, Orange 8%, Gelb 7%, Schwarz 7%, Grün 7%, Rot 6%, Gold 3%, Silber 2%, Weiß 1%, Blau 1%

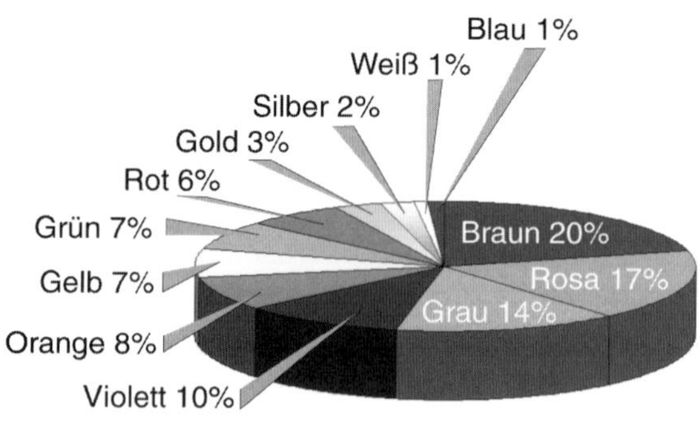

Die unbeliebtesten Farben im Laufe des Lebens

Frauen	14-25	26-49	50+	Männer	14-25	26-49	50+
Braun	10%	22%	20%	Braun	16%	26%	25%
Rosa	25%	16%	8%	Rosa	29%	17%	7%
Grau	10%	12%	20%	Grau	9%	11%	20%
Gelb	8%	8%	4%	Schwarz	2%	8%	10%
Schwarz	3%	5%	12%	Gold	5%	2%	1%

Viele Redewendungen enthalten Assoziationen mit Farbsymbolik:

Rot sehen	steht für das Feuer des Zorns
Rote Amulette	z. B. aus Koralle gegen das Böse
Rosarote Brille tragen	nur das Schöne sehen
Schwarz sehen	bezeichnet abgrundtiefen Pessimismus
Blausein/-machen	steht für betrunken sein/unentschuldigt fehlen
Grün und blau ärgern	sich sehr stark ärgern
Graue Eminenzen	Entscheidungsträger im Hintergrund
Gelb vor Neid werden	ausgesprochen neidisch sein
Eine goldene Nase haben	ein gutes Gespür dafür haben, wo und wie sich viel Geld verdienen lässt

Die Grundregeln der Farbwirkungen:

1. Dieselbe Farbe wirkt ganz anders, wenn sie mit anderen Farben kombiniert wird.

2. Wird eine Farbe mit Schwarz kombiniert, verkehrt sich ihre positive Bedeutung ins Gegenteil.

3. Pastelltöne wirken in abgeschwächter Weise wie der Vollton, verbunden mit den Wesenszügen von Weiß.

Das war schon in der mittelalterlichen Farbsymbolik so, auch das moderne Bewusstsein reagiert nach diesen alten Mustern.

Kleider machen Leute

Der Anlass bestimmt auch heute oft die Kleidung, manchmal sogar die Farbigkeit.

Die Farbe eines Mantels, eines Kleides, eines Anzugs war früher keine Geschmacksache, sondern Statussymbol. Sie zeigte jedem sofort, wer man war. Bis zur Französischen Revolution gab es überall Kleiderordnungen, die bestimmten, wer was tragen durfte. Es gab standesgemäße Farben, Stoffe und Kleidungsstücke. Der herrschende Adel zum Beispiel verbot den Untertanen, Rot zu tragen – wer unstandesgemäß Rot trug, wurde hingerichtet. Ein intensives Grün erforderte zweifache Färbung und war daher schon ein Zeichen für Reichtum und Vornehmheit. In dem Gemälde Arnolfini-Hochzeit (1434) von Jan van Eyck trägt die Braut einen leuchtend grünen Mantel. Jeder Zeitgenosse wusste, dass diese Frau sehr reich ist. Herr Arnolfini, der Bräutigam, trägt einen kostbaren Pelzmantel. Er war Bankier und nicht adlig, sonst hätten beide sicherlich Rot getragen.

Als Universitätsprofessoren noch Talare trugen, gehörten zu den verschiedenen Fakultäten auch verschiedene Farben. Bei festlichen Anlässen trugen die Professoren Talare und Barette in den Farben der Fakultät.

Wer welche Farbe trug

Wie an vielen anderen Universitäten galt auch in Frankfurt am Main diese Farbordnung:

Mediziner	Hellrot (die Farbe des Blutes)
Juristen	Dunkelrot (Farbe des schuldigen Blutes)
Philosophen	Blau (Farbe des Geistigen)
Theologen	Violett (Farbe der Kirche)
Wirtschafts- und Sozialwissenschaftler	Grün (Farbe des Wachstums und Erfolgs)
Naturwissenschaftler	Gelb (Farbe des Verstandes und der Forschung)

Die Kleiderordnungen des Mittelalters schrieben u. a. die Farben der Kleidungstücke der verschiedenen Stände vor.

hoher Adel	volle Farben: Rot, Grün, Gold und Silber

niederer Adel	volle Farben: Rot und Grün, leuchtendes Blau
hoher Klerus	Volle Farben: Gold und Silber, Violett, Weiß, Rot, Srün, Schwarz
niederer Klerus	Weiß, Rot, Grün, Schwarz; Braun/Grau/ Schwarz (Mönche)
reiche Bürger, Patrizier	volle Farben: Grün, leuchtendes Himmelblau, Rosa, Schwarz
einfache Bürger, Handwerker	gebrochene Farben: Grau, Braun, Hellblau
Bauern	ungefärbte Stoffe, Grau, Braun, Dunkelgrün
Dienstboten,	Braun, Grau
Dirnen, Juden	fahles Gelb („Erkennungszeichen“), Grau, Braun

Sich unstandesgemäß zu kleiden, war verpönt.

Die Braunschweiger Verordnung von 1653 legte fest, welche Farbe die hölzernen Aussteuerkisten junger Frauen haben sollten:

Adel	Rot
Armer Adel	Grün und Rot
Reiche Bürger	Lichtgrün
Arme Bürger	Dunkelgrün

Noch heute wird für hohe Persönlichkeiten der „rote Teppich“ ausgerollt, und die „weiße Weste“ ist das Symbol für untadeliges Verhalten oder der Unmöglichkeit, das Gegenteil nachzuweisen. Im britischen Unterhaus, dem vom Volke gewählten Parlament, sind die Sitzplätze grün. Im Oberhaus sitzen nur Adlige, dort sind die Sitze rot.

Die meisten Menschen unterscheiden sehr stark zwischen Lieblingsfarben in der Kleidung und für alle anderen Gelegenheiten. Wenn bestimmte Farben für die Kleidung abgelehnt werden, kann es sein, dass diese Farbe einfach nicht zur Haut, den Augen und der Haarfarbe passt. Es ist jedoch auch möglich, dass bestimmte Eigenschaften, die mit der Farbe verbunden werden, verdrängt oder missachtet werden. Farben können sehr intensiv oder sanft und sparsam dosiert eingesetzt werden, sie wirken dann laut oder zart in der Kommunikation, sie sind jedoch immer äußerst wirkungsvoll im Resultat.

Im Althochdeutschen bedeutete „griseus“ nicht nur „grau“, sondern auch „gering“ und „unbedeutend“. Grau schluckt Schmutz, Grau ist die Farbe der Armut. Ursprünglich war graue und braune Kleidung ungefärbt und in der Kaiserchronik Karls des Großen wird den Bauern diese ärmliche Kleidung befohlen. Die sprichwörtliche „graue Maus“ bezeichnet heute eine unscheinbare und unattraktive Frau. Grau wird in der Damenmode zwar immer wieder als schicke Modefarbe propagiert, ob diese Farbe jedoch spießig oder edel wirkt, wird ganz allein von der Farbigkeit der Accessoires und der Hochwertigkeit des Materials bestimmt. Unser „Kaschmir-Kanzler“, wie er manchmal genannt wird, zeigt mit den hochwertigen Stoffen seiner oft grauen Kleidung und dem akzentuierten Einsatz zusätzlicher Farben seine Entwicklung zum mächtigen weltoffenen Staatsmann.

(siehe nebenstehende Tabelle „Goethes Farbkategorien“)

Farben besitzen in unserer Kommunikation mehr Signalwert als je zuvor. In unserer visuellen Welt kann die Farbe als Persönlichkeitsverstärker oder -abschwächer eingesetzt werden. Sie kann Persönlichkeitszüge verstärken und Schwachstellen überspielen. Mit jeder persönlichen Farbwahl wird das Kleid einer bestimmten Persönlichkeit gewählt.

konservativer Typus
klare, kühle bis kalte Farben, eventuell mit Weiß als Kontrast

femininer Typus
sanfte Pastelltöne, sie können allein getragen werden oder zu dunklen Farben Akzente setzen

sportlich-natürlicher Typus
warme Farben und sanfte Pastelltöne mit Marineblau, wenig Schwarz

professioneller Typus
vorzugsweise Schwarz und andere dunkle Farbtöne

dramatischer Typus
Schwarz mit kräftigen Akzenten und Kontrasten

Goethe hat in seiner Farbenlehre auch einen Farbkreis zur „Symbolisierung des menschlichen Geistes- und Seelenlebens“ dargestellt. Er ordnet die Farben nach dem damalig gängigen gesellschaftlichen Status, im Sinne der mittelalterlichen Farbsymbolik.

Goethes sinnlich-sittliche Farbkategorien

Goethes Farben	Purpurrot	Rot	Gelb	Grün	Blau	Violett
moralische Kategorie	schön	edel	gut	nützlich	gewöhnlich gemein	unnütz unrentabel
intellektuelle Kategorie Phantasie	Genialität Vernunft, Gefühl Verstand	Vernunft	Verstand	Sinnlichkeit gefühls- und triebgesteuert	Sinnlichkeit gefühls- und triebgesteuert	Phantasie unrealistisch
Statusfarbe für	Herrscher	Adel	Wissenschaftler	Bürger	Arbeiter	Außenseiter Künstler
symbolische Farbtradition	Herrscher- und Kardinalspurpur	in der Kleiderordnung nur für Adelige	Symbolfarbe der Erleuchtung	in der Kleiderordnung nur für Bürger	in der Kleiderordnung für Arbeiter	Symbolfarbe des Spirituellen, Magie Theologie

2. Wirkung und Funktion von Farben

Jutta Felten

GELB

Die zwiespältigste Farbe, je nach Mischungsverhältnis. Als reine Farbe Sonne, Optimismus, Vergnügen und Verstand. Ins Grüne gehend aber auch Eifersucht und Verrat. Königliche Macht und Erwartung, Hoffnung und Veränderung, Freiheit und Weite, aber auch Ärger und Neid.

Die Farbe Gelb wird mit intellektuellen und idealistischen Typen verbunden, z.B. Buddha, Konfuzius, Kant und Spinoza gehören dazu. Der Gelb-Typ ist puristisch und hat einen hochfliegenden Geist, wenn auch nicht den eines Träumers. Große Ideen, ausgedacht zum Wohl der Erde und der Menschen, kennzeichnen ihn. Im geistigen Sinne ist er ein „einsamer Wolf". Er sehnt sich nach Bewunderung und ist ein verlässlicher Freund.
Charakterisierung nach F. Birren

Gelb im Geschäftsleben symbolisiert optimistisches und zukunftsorientiertes Denken. Gelb fordert zu Kontakten, Kommunikation und Gesprächen auf.

Gelb als Kleidungs- oder Einrichtungsfarbe regt an und vermittelt ein Gefühl von Lebensfreude, Aktivität, Energie, Unbeschwertheit, Glückserwartung und zukunftsorientierten Idealen oder auch Ideologien. Als ausschließliche oder dominierende Farbe für die Kleidung oder in einem Raum ist von Gelb abzuraten. Insbesondere Gelbgrün kann bei empfindlichen Personen fast Übelkeit hervorrufen, wärmere Gelbtöne sind verträglicher. Wenn andere, gut ausgewogene Farben hinzukommen, hat Gelb eine sehr positive und aufbauende Wirkung. Wird gelbes Licht als Kontrast in einer Umgebung eingesetzt, in der Blau dominiert, hat es einen ausgezeichneten Einfluss auf die Psyche. Mit dunklen Farben (Kleidung) gewinnt es durch den starken Kontrast an Dynamik. Die Primärfarbe Gelb entspricht den Grundbedürfnissen des Menschen, sich frei zu entfalten, sich zu verändern und befreien zu können. Gelb gilt vor allem im Osten, ähnlich wie Orange, als Farbe der Erleuchtung und Erlösung.

Gelb – die psychologische Kraft
\+ Fröhlich, aktiv, offen, visionär.
– Flatterhaft, leichtfertig.

Wählen Sie Gelb in der Kleidung,
- wenn Sie gut gelaunt erscheinen wollen.
- wenn Sie kein Verantwortungsbewusstsein vermitteln müssen.
- wenn Sie Visionen entwickeln möchten.

Meiden Sie Gelb in der Kleidung,
- wenn Sie mit ernsthaften Themen überzeugen müssen.
- wenn Sie in einer geschäftlichen Diskussion nichts beitragen möchten, Gelb lässt Sie so hervorstechen, dass die Umgebung Ihren Beitrag erwartet.

Gelb – das Image vor der Kamera
Kräftiges Gelb ist nicht telegen, die Farbe ist zu aktiv und lenkt vom Gesicht ab. Als warmer Pastellton sehr geeignet, lässt die Haut gesund aussehen.

ORANGE

Die Farbe des Vergnügens und des Buddhismus. Exotisch und aufdringlich, aber trotzdem unterschätzt. Orange ist Heiterkeit und Aktionsdrang, Fröhlichkeit und Dynamik, Genuss und Geselligkeit, Hektik und Wandel.

Orange Persönlichkeiten dürften leicht zu beneiden sein. Sie sind voller Lebenslust, Gourmets und versuchen ständig, die Freunde in Begeisterung zu versetzen. Manchmal fehlt es diesen Menschen an Tiefe, aber dafür besitzen sie zwei Gaben, die vielen anderen Menschen fehlen – die Beredsamkeit und der Sinn für Humor. Typische Vertreter dieser Farbe sind Franklin D. Roosevelt, Falstaff und Mark Twain. Als Partner ist der blaue Typus besonders geeignet.
Charakterisierung nach F. Birren

Orange zeigt im Geschäftsleben leicht den Hang zu Aufdringlichkeit, Angeberei und Extrovertiertheit. Werber setzen diese Farbe nur ein, wenn sie optische Aufdringlichkeit erzielen wollen. Orange ist auch die Farbe oberflächlichen Vergnügens, also eher die Farbe für preiswerte Plastikartikel als für teure Prestigeprodukte.

Orange eignet sich als Kleidungs- oder Einrichtungsfarbe, insbesondere in der Verbindung mit seiner Komplementärfarbe Blau. Es wirkt belebend und anregend, verliert an Intensität, wenn es mit Weiß gemischt wird, durch die Mischung mit Schwarz entstehen sehr schöne, volle Brauntöne. Wer überwiegend Orange trägt, will auffallen, daher gilt die Farbe auch als ausgeflippt, originell bis aufdringlich und angeberisch.

Die symbolische Verbindung von Feuer und Licht in der Farbe Orange vermittelt ein Gefühl von Fülle und Reichtum. Im Osten, mit seiner großen Vorliebe für Gelb, hat Orange dagegen eine positive Bedeutung – als Farbe des Wandels und als Sinnbild der Erleuchtung.

So ist Orange in Asien die Farbe der höchsten Stufe der menschlichen Entwicklung.

Orange – die psychologische Kraft

\+ Vital, aufgeschlossen, begeisternd.

– Oberflächlich, gewöhnlich.

Wählen Sie Orange in der Kleidung,

- wenn Sie eine belebende Farbe suchen.
- wenn Sie mit Accessoires Kontraste setzen möchten.

Meiden Sie Orange in der Kleidung,

- wenn Sie Professionalität ausstrahlen wollen.
- wenn logisches Denken und Sachlichkeit Ihr Auftreten dominieren soll.
- wenn Sie elegant aussehen möchten.

Orange – das Image vor der Kamera

Nicht so sehr geeignet, die Farbe ist zu aktiv und lenkt vom Gesicht ab.

ROT

Die Farbe aller Leidenschaften – von der Liebe bis zum Hass. Farbe der Könige und des Kommunismus. Farbe der Freude und der Gefahr, der Herrschaft und Aufruhr, Macht, Umwälzung, Unruhe und Angst.

Der Bildhauer Cellini, Dichter Villon, Lord Byron, Politiker Lincoln und Theodore Roosevelt gehören zu dieser Farbe. Diese Menschen sind extrovertiert, impulsiv, mutig und tatkräftig. Sie haben Sympathie für die Menschheit. Das volle Leben bedeutet viel für sie – es sollte möglichst mit aufregenden Ereignissen gefüllt sein.
Charakterisierung nach F. Birren

Rot zeigt im Geschäftsleben Aggressivität, Rivalität und Kampfbereitschaft, die Werbung verwendet zu viel Rot, deshalb wird die Farbe zunehmend unbeliebter. Wem alles zu bunt wird, der stört sich zuerst am Rot.

Rot ist aktiv und dynamisch. Rot für Coca-Cola bedeutet Stimulation, Aktivität und gute Laune. Auch Boxhandschuhe sind traditionell rot.

Rot als Kleidungs- oder Einrichtungsfarbe zieht außer Emotionen auch den bewussten Geist an. Rot wirkt erregend und imponierend. Rot als vorherrschende Raumfarbe, z.B. in einer Kantine, könnte Ärger verursachen. Als der Regisseur Antonioni „Die rote Wüste“ drehte, wurde auch die Personalkantine rot gestrichen, was zu höchst aggressiver Stimmung geführt haben soll. Erst als die Kantine grün gestrichen wurde, kehrte Frieden ein.

Am Anfang steht das Rot. Es ist die erste Farbe, für die ein Name gefunden wurde. Es ist die älteste Farbbezeichnung der Welt. Wahrscheinlich ist Rot auch die erste Farbe, die Babys sehen können.

Rot – die psychologische Kraft
+ Optimistisch, selbstbewusst, bestimmt, aufregend.
– Aggressiv, beherrschend, bedrohlich.

Wählen Sie Rot in der Kleidung,
– wenn Sie auffallen oder anerkannt werden möchten.
– wenn Sie müde sind und einen Energieschub brauchen.
– wenn Sie eine Diskussion entfachen möchten.

Meiden Sie Rot in der Kleidung,
- wenn Sie nicht auf die Verteidigung Ihrer Position vorbereitet sind.

Rot – das Image vor der Kamera
Ungeeignet, da die Farbe dazu neigt, zu „bluten", die Konturen der Kleidung verschwimmen.

VIOLETT

Vom Purpur der Macht zur Farbe der Theologie, der Magie, des Feminismus und der Schwulenbewegung. Violett erweckt ganz unterschiedliche Assoziationen wie Macht, Unmoral, Spiritualität, aber auch Eitelkeit, Weisheit und Mäßigung. Violett ist die Farbe der Magie, der Esoterik und des Surrealistischen.

Der violette Typus ist ungewöhnlich und exklusiv. Er ist sich und anderen ein Geheimnis. Zu ihnen gehören Voltaire, Pasteur, Jefferson und E. A. Poe. Violett ist die Farbe der Künstler und für alle, die im Denken unkonventionelle Wege beschreiten. Sie sind anpassungsfähig, doch nicht leicht zu beeindrucken. Es lässt sich leicht mit ihnen zusammenleben.
Charakterisierung nach F. Birren

Violett im Geschäftsleben steht neben Schwarz für Magie und Phantasie, sie ist die Rangfarbe der Bischöfe.

Violett als Kleidungs- oder Einrichtungsfarbe wird empfunden als Farbe der Extravaganz. Sie gilt als modische Lieblingsfarbe der Jugend. Kombiniert mit Orange wirkt die kühle Farbe laut und ausgeflippt. Violett, Gold, Silber ist der Farbklang der unkonventionellen Eleganz, dagegen ist Schwarz, Silber, Gold die traditionelle Eleganz. Im Jugendstil wurden modische Salons mit Violett mit Gold und Silber eingerichtet.

Violett trägt man nicht unüberlegt wie Beige, Grau oder Schwarz. Wer diese Farbe trägt, ohne sie zu lieben, wirkt verkleidet, denn dann scheint die Farbe stärker als das Selbstbewusstsein.

Lila, das durch Weiß abgeschwächte Violett, gilt als altjüngferlich. Es war früher die Farbe unverheirateter Frauen, die für das kindliche Rosa zu alt waren. Lila signalisierte: Trotz meines fortgeschrittenen Alters bin ich „noch zu haben". Lila und Violett werden häufig bei der Packungsgestaltung altjüngferlicher Kosmetika für die „reife" Frau verwendet. Oft sicherlich mit geringem Erfolg.

Violett – die psychologische Kraft

+ Außergewöhnlich, empfindsam, phantasievoll.
– Überheblich, sonderbar, exzentrisch.

Wählen Sie Violett in der Kleidung,

– wenn Sie Selbstvertrauen und Individualität ausdrücken müssen.
– wenn Sie diplomatisch sein möchten.
– wenn Sie Extravaganz zeigen wollen.

Meiden Sie Violett in der Kleidung,

– wenn zurückhaltendes Auftreten angemessen ist.
– wenn Sie in einer Gesellschaft nicht an erster Stelle stehen möchten.

Violett – das Image vor der Kamera

Alle Violetttöne gehören zu den telegenen und eleganten Farben vor der Kamera. Dunkle Violetttöne wirken jedoch leicht schmutzig oder sogar schwarz.

BLAU

Die Lieblingsfarbe vieler Menschen auf der Welt. Farbe der Sympathie und der Treue, trotzdem kühl und fern. Blau bedeutet aber auch Freundschaft, Vertrauen und Harmonie, Kraft und Vernunft.

Blau ist die Farbe der Introvertierten und von Natur aus Konservativen. Franklin und Lindberg gehören dazu. Diese Menschen sind sehr feinfühlig und können ihren Enthusiasmus gut beherrschen. Sie lernen leicht, haben

eine gesunde Urteilskraft und ein tiefes Verantwortungsgefühl. Diese Menschen sind vorsichtig und führen ein eher nüchternes Leben.
Charakterisierung nach F. Birren

Im Geschäftsleben ist Blau, neben Grau und Schwarz, als Farbe für den korrekten Anzug oder das Kostüm sehr beliebt. Blau ist die Autofarbe für viele Luxuslimousinen und Kleinwagen. Sie ist die Hauptfarbe der geistigen Tugenden. Blau-Weiß, das sind die Farben der Klugheit, der Wissenschaft und der Konzentration. Immer, wenn kalter Verstand statt Leidenschaft gefordert ist, wird Blau zur Hauptfarbe. Blau wird von umso mehr Menschen bevorzugt, je technologischer ihre Kultur orientiert ist. Blau signalisiert die Verstandesbetonung, die Vorliebe für logisches Denken und praktisches Handeln. Der erste Schachcomputer, dem es gelang, einen Schachweltmeister zu besiegen, trägt den tiefsinnigen Namen „Deep Blue".

Blau ist auch die Farbe der Phantasie, des Unrealistischen und der Täuschung. Jemand „lügt das Blaue von Himmel herunter" oder erlebt in der Stunde der Wahrheit das „blaue Wunder". Früher nannte man Lügengeschichten „blaue Märchen". Käpt'n Blaubär, der blaue Comic-Bär, erzählt ständig Lügengeschichten. Die Künstlergruppe „Der Blaue Reiter", 1911 von Franz Marc, Wassily Kandinsky, Alfred Kubin und Gabriele Münter gegründet, bekam ihren Namen deshalb, weil ihre Lieblingsfarbe Blau war und alle Künstler gerne Pferde malten. Yves Klein malte Bilder ganz in Blau. Er ließ sein spezielles Blau sogar schützen.

Blau als Kleidungsfarbe wirkt gleichzeitig unauffällig und seriös, doch nicht so elegant wie Schwarz.

Als „Business"-Farbe vermittelt es zwar Solidität, doch zuviel Dunkelblau in der Kleidung kann die Libido und damit allgemein die Körperenergie zu stark dämpfen. Blau verträgt sich sehr gut mit Weiß und harmoniert mit einer Reihe von Grün- und Brauntönen. Die Farbe Blau war billig herzustellen und wurde daher auf der ganzen Welt zur Farbe der Arbeitskleidung. Vom Blaumann des Handwerkers bis zur Blue Jeans der Cowboys. Blau nimmt dem Leben etwas von der Hektik, deren Reizen wir ständig ausgesetzt sind. Die Wohnfarbe Blau ist kühl, aber beruhigend. Sie fördert die Entspannung und lässt innere Ruhe entstehen.

Blau ist die Farbe aller guten Eigenschaften, die sich auf Dauer bewähren und aller guten Gefühle, die nicht von Leidenschaft beherrscht sind. Es gibt kein negatives Gefühl, bei dem Blau dominiert. Kein Wunder, dass Blau so beliebt ist.

Blau – die psychologische Kraft

+ Friedlich, zuverlässig, ordentlich, beständig.
– Konservativ, langweilig.

Wählen Sie Blau in der Kleidung,

– wenn Sie Autorität ausstrahlen wollen; je dunkler die Farbe, je mehr Autorität.
– wenn Sie einen sympathischen, zuverlässigen Eindruck vermitteln wollen, entscheiden Sie sich für mittelblau.

Meiden Sie Blau in der Kleidung,

– wenn Sie Visionen entwickeln und Kreativität vermitteln möchten.

Blau – das Image vor der Kamera

Alle mittelblauen Töne gelten im Fernsehen als die telegensten.

GRÜN

Die Farbe des Bürgertums, der Hoffnung und der Fruchtbarkeit. Heiliges Grün und Giftgrün. Natur und Ideologie, Grün ist ein Lebensstil – Umweltbewusstsein, Liebe zur Natur, Ablehnung einer technikbeherrschten Gesellschaft.

Die Farbe Grün steht für Naturverbundenheit, Toleranz und Freizügigkeit. Shakespeare und Anatole France sind ihr zugeordnet. Ihr Geist ist liebenswürdig, klar und vorurteilslos, es fällt ihnen oft schwer, dauerhafte Werte im Leben zu finden. Der grüne Mensch verliebt sich leicht und hat viele Interessen. Die Menschen lieben ihn, wenn sie ihn erst einmal kennen.

Charakterisierung nach F. Birren

Die Partei „Die Grünen" entstand in unserer hochtechnisierten Gesellschaft, als Natur und Umweltschutz zur Nebensache geworden war. Namensgebung und Farbe waren klug gewählt, die Besinnung auf die Natur und unsere Umwelt verweist auf das Anliegen der Partei. „Greenpeace", die Umweltorganisation, trägt ebenfalls die Farbe im Namen. Der Begriff „Grüne“ ist Synonym für Umweltschützer geworden.

In der Geschichte ist Grün die Farbe des Bürgertums. In alten Portraits malen Künstler oft grüne Hintergründe, Leonardos Mona Lisa trägt ein grünes Kleid, Symbol für ihre Herkunft.

Grüne Kleidung ist nicht besonders beliebt, matte Stoffe wirken leicht billig und bieder, die grünen Uniformen der Polizei wirken im Vergleich zu blauen oder schwarzen Uniformen eher unelegant. Lodengrüne Kleidung erinnert an Jäger und Landbevölkerung. Grün wirkt praktisch, robust, strapazierfähig und funktional, aber nie elegant.

Grün im Wohnbereich entstresst, beruhigt und bringt Wärme, Natürlichkeit und Freundlichkeit in den Raum.

Kombiniert mit den Farben unserer Umwelt, der des Himmels – Blau und Weiss, unserer Erde – Braun, wirkt Grün am natürlichsten. Grün ist Erholung für das Auge. Zu Goethes Zeiten war Grün die beliebteste Wohnzimmerfarbe. Noch heute werden in England die Künstlergarderoben in Grün gehalten. Diese Farbe ist nach Auftritten im Bühnenscheinwerferlicht besonders erholsam.

Grün – die psychologische Kraft
- \+ Selbstbewusst, überlegen, verläßlich.
- – Langweilig, risikoscheu, dickköpfig.

Wählen Sie Grün in der Kleidung,
- wenn Sie stark gestresst sind,
- wenn Sie ausgeglichen und ausgewogen erscheinen wollen.
- für dunkle Töne als Alternativen zu Grau und Blau.

Meiden Sie Grün in der Kleidung,
- wenn Sie für „die Grünen“ kandidieren.
- wenn Sie Visionen, Erfolg und Dynamik repräsentieren möchten.

Grün – das Image vor der Kamera
Alle Grüntöne, von Blaugrün bis Türkis, sind sehr geeignet, lassen sich gut fokussieren und wirken vor der Kamera besonders echt.

SCHWARZ

Farbe der Macht, der Gewalt des Todes. Lieblingsfarbe der Designer und der Jugend. Farbe der Negation und der Eleganz. Schwarz ist Nacht und Erotik, Geheimnis und das Unbewusste, Trauer und Tod.

Schwarz in der Kleidung gilt als Farbe der konservativen Eleganz, das wird in der Herrenmode besonders deutlich. Frack oder Smoking sind immer schwarz, James Bond trägt in seinen Filmen immer schwarzblaue Smokings. Coco Channel kreierte 1939 das „kleine Schwarze", das kurze, schlichte, festliche Abendkleid, bis heute ideal für alle formellen Anlässe. Schwarz ist die Lieblingsfarbe der Designer. Unter dem Motto „Die Funktion bestimmt die Form" verzichten sie auf alles Ablenkende und Überflüssige. Schwarz ist auch die Farbe der Abgrenzung, der Individualität, des Protestes, der Verneinung und des Verzichts. Existentialisten wie der Philosoph Jean Paul Sartre oder die Sängerin Juliette Greco trugen Schwarz, auch Rocker und Punker tragen Schwarz. Schwarz ist als Farbe der Macht Symbol in den Uniformen extremistischer Staaten, wie zum Beispiel der Waffen-SS im Dritten Reich.

Die Farbe Schwarz betont Sachlichkeit, Form und Technik. Schwarze, kühl wirkende Möbel mit warmem Naturholz kombiniert, ergeben schöne Kontraste. Büroräume in Schwarz, Chrom und hellem Grau wirken repräsentativ und vermitteln für Arbeit und Verhandlungen Seriosität, logische Intelligenz und einen kühlen Kopf.

Schwarz-Weiß ist der größtmögliche Kontrast. Wenn beide Farben zugleich verwendet werden, zum Beispiel beim Druck auf Papier, erhält schwarz eine positive Bedeutung. „Schwarze Zahlen schreiben" bedeutet Gewinn machen, „rote Zahlen schreiben" Verlust.

Schwarz-weiß Fotos scheinen einen höheren dokumentarischen Wert zu besitzen, lenkt doch keine Farbigkeit von der inhaltlichen Aussage ab. Auch bei Luxusobjekten lässt der demonstrative Verzicht auf Farbe den Luxus souverän und selbstverständlich wirken.

Oft wird behauptet, dass Schwarz und Weiß keine Farben sind. Der Impressionismus bezeichnete Schwarz als Unfarbe. Van Gogh schrieb dagegen in einem Brief an seinen Bruder: „Schwarz und Weiß haben ihren Grund und ihre Bedeutung, und wer sie unterschlägt, kommt nicht aus." Weiß ist der Anfang, Weiß ist die Summe aller Farben des Lichts, Schwarz ist gar kein Licht. Schwarz ist Negation, Schwarz ist das Ende.

Schwarz – die psychologische Kraft
+ Festlich, raffiniert, geheimnisvoll, stark.
– Leblos, düster, reserviert, negativ.

Wählen Sie Schwarz in der Kleidung,
– wenn Sie einen attraktiven Kontrast zu einer anderen Farbe herstellen möchten.
– wenn Sie zu anderen Menschen Distanz halten möchten.
– wenn Sie bei einer offiziellen Veranstaltung nicht auffallen wollen.

Meiden Sie Schwarz in der Kleidung,
– wenn Sie mit anderen Menschen kommunikativ zusammensein möchten.

Schwarz – das Image vor der Kamera
Zu viel Schwarz „enthauptet". Die Augen des Zuschauers wenden sich vom Gesicht ab und haften an der Kleidung.

WEISS

Farbe der Unschuld, des Guten und der Geister.
Farbe der Reinheit, Sauberkeit und Ästhetik.

Die sprichwörtlich bekannte weiße Weste im Geschäftsleben ist Ausdruck für ein untadeliges Verhalten – oder zumindest der Unmöglichkeit, das Gegenteil zu beweisen. „Weiße-Kragen-Mentalität" ist der Begriff für betrügerische Machenschaften in der Wirtschaft ohne Blutvergießen.

Das täglich frische weiße Hemd zeigte früher den beruflichen Status. Angestellte, die sich bei der Arbeit nicht schmutzig machen mussten, wurden zum Tragen weißer Hemden verpflichtet. Arbeiter trugen blaue oder graue Hemden. Erst seit 1970 wurden farbige Hemden in Angestelltenkreisen akzeptabel. Je höher jedoch die berufliche Position oder der gesellschaftliche Anlass, je selbstverständlicher ist das weiße Hemd.

In der Kleidung ist Weiß die Farbe des Sommers, des Kühlen, des Neutralen. Weiß bezieht keine Stellung, erst in Kombination mit anderen Farben bekennt es Charakter.

Weiß ist die Farbe der Designer, der Technik und der Funktion. Bauhaus-Architekten schufen weiße Gebäude, um die formale Ästhetik zu betonen.

In der Symbolik ist Weiß die vollkommenste aller Farben. Weiß ist der Anfang. Das Licht war der Anfang. In vielen Sprachen sind Weiß und Schwarz die ersten Farbworte, als Unterscheidung von Tag und Nacht, dem größten Unterschied aller Farbigkeit. Weiß ist die Farbe der Götter, Zeus erschien Europa als weißer Stier, Leda zeigte sich als weißer Schwan. Der Heilige Geist erschien als weiße Taube. Engel werden meist weiß gekleidet dargestellt. Der Papst trägt Weiß. Katholische Geistliche kleiden sich an hohen Festtagen in dieser Farbe. Nicht zufällig ist der Amtssitz des amerikanischen Präsidenten das „Weiße Haus". Die größte politische Bedeutung hat Weiß als Farbe der bedingungslosen Kapitulation.

Weiß ist elegant, edel, aber schwach, ist sauber und rein. Weiß ist die Farbe der ruhigen, passiven Charaktertypen. Sie ist auch die Farbe des Unbekannten. Weiße Flecken auf einer Landkarte bedeuten unerforschtes Gebiet. In vielen Sprachen ist Weiß gleichbedeutend mit „leer". Auf Italienisch heißt Weiß „Bianco". Ein Blanco-Scheck ist unterschrieben, aber die Summe ist noch nicht eingetragen. Auf Lateinisch ist Weiß „Album", ein leeres Buch, das selbst mit Texten und Bildmaterial gefüllt wird.

Weiß – die psychologische Kraft

+ Rein, klar, frisch, sauber, futuristisch.
– Nüchtern, kalt, neutral.

Wählen Sie Weiß in der Kleidung,

– wenn Sie den Eindruck von Sauberkeit erwecken möchten.
– wenn Sie dunkle Töne mit Weiß aufhellen wollen.
– wenn Sie ein progressives Image vermitteln möchten.

Meiden Sie Weiß in der Kleidung,

– wenn Sie nicht viel Zeit für Kleiderpflege haben.

Weiß – das Image vor der Kamera
Zu viel Weiß macht bleich und hat oft eine blendende, unangenehme Wirkung.

ROSA

Die Farbe des Charmes und der Höflichkeit, der Schwärmerei und Wunder. Rosa ist der lateinische Name der Rose. Rosé, der „blumig" schmekkende Wein. Zärtlichkeit, Sensibilität und Empfindsamkeit. Süß, kitschig – und schockierend.

Traditionell wird die „Financial Times" ebenso wie die italienische „Gazetta dello Sport" – eine fast ausschließlich von Männern gelesene Sportzeitung – auf rosa Papier gedruckt. Denn Rosa wurde dem Rot der Militäruniformen zugeordnet und galt bis zur Jahrhundertwende als typisch männliche Farbe.

Rosa als Kleidungs- und Einrichtungsfarbe
Dem Orange der 70er folgte Pink – meist schrille Modeartikel aus Plastik. Rosa hingegen ist zum Symbol für kleine Mädchen geworden. Das beruhigende Rosa gilt als Ideal für Schlaf- und Kinderzimmer – in Kombination mit einem Lind- oder Apfelgrün soll es gar Choleriker positiv beeinflussen.

Rosa ist eine sanfte Farbe ohne große Eigenständigkeit, sie passt sich anderen Farben an. Neben Weiß wirkt Rosa unschuldig, neben Rot kitschig, neben Violett und Schwarz leidenschaftlich und unmoralisch.

Frisch Verliebte schweben auf „rosaroten Wolken", sehen alles durch „rosarote Brillen" und leben in einer rosaroten Welt und schweben im siebten Himmel. „Think pink" ist das Gegenteil des „grauen" Alltags, das Leben wird leicht und schwebend.

Im Zweiten Weltkrieg wurde Rosa zu einer Farbe der Diskriminierung – der rosa Winkel an der Kleidung der Gefangenen im Konzentrationslager stand für Homosexualität.

Rosa – die psychologische Kraft
+ Feminin, zugänglich, hilfsbedürftig, sanft.
– Mitleiderregend, unwichtig, unsicher.

Wählen Sie Rosa in der Kleidung
– für Gelegenheiten, in denen der strenge Business-Look der Kleidung mit einer Bluse oder dem Hemd gedämpft werden soll.
– in der Freizeit, auf Gartenpartys und bei Kaffeetafeln.
– wenn Sie das Mitleid der Anwesenden erregen möchten.

Meiden Sie Rosa in der Kleidung,
– wenn Sie eine wichtige ergebnisorientierte Verhandlung führen wollen.

Rosa – das Image vor der Kamera
Sanfte Rosatöne sind sehr geeignet, kräftiges Rosa neigt zu „bluten“, die Konturen verschwimmen.

BRAUN

Farbe der Gemütlichkeit, der Spießigkeit, der Armut und der Dummheit. Insbesondere in der Damenmode gelten viele Brauntöne als elegant, schick, mit anderen Farben kombinierbar und zurückhaltend.
Hässlich, unsympathisch, faul und dumm.

Vornehme englische Banken verbieten ihren leitenden Angestellten braune Anzüge zu tragen, sie sind nicht vornehm genug. Trotzdem ist sie eine der beliebtesten Modefarben. Erdfarben in der Kleidung, Naturmaterialien wie Holz, Leder und Wolle vermitteln Geborgenheit und sind sehr beliebte Farben im Wohnbereich. Der rustikale braune Wohnstil wird im Ausland als typisch deutsche Gemütlichkeit bezeichnet.

Die meisten Brauntöne enthalten Gelb, Rot, Blau und Schwarz. Braun nimmt jedoch allen in ihm enthaltenen Farben das Wesen. Braun ist neutral und passt zu allem. Wer Braun trägt, will sich anpassen, will nicht auffallen. Festliche Kleidung ist nie braun. Zu festlichen Anlässen sind selbst braune Schuhe tabu.

Braun ist in der Farbpsycholgie die unbeliebteste Farbe. Die meisten der typischen Braun-Assoziationen sind negativ besetzt. Es gibt die sehr negative braune Vergangenheit. Braun steht für Armut und Mittelmäßigkeit, Braun symbolisiert Dreck, Exkremente, Dürre und Verfaulen.

Die berühmte Comic-Figur Charlie Brown hat nicht zufällig diesen Namen. Sie ist die personifizierte Mittelmäßigkeit, der sympathische, ewige Verlierer.

Braun – die psychologische Kraft
+ Erdig, freundlich, gesellig.
– Langweilig, harmlos, übervorsichtig.

Wählen Sie Braun in der Kleidung,
– wenn Sie Menschen ermuntern wollen, sich zu öffnen und freier zu kommunizieren.

Meiden Sie Braun in der Kleidung,
– wenn Sie eine elegante Abendveranstaltung besuchen.

Braun – das Image vor der Kamera
Wirkt leicht muffig, ist je nach Hintergrund problematisch.

GRAU

Farbe ohne Individualität. Farbe des Business, des Altmodischen, der Armut, der Tristesse und der Langeweile.
Grau ist unentschieden, unfreundlich, grausam, grauenhaft und gefühllos.

Grau im Geschäftsleben, besonders der graue Anzug der Männer, ist ein Relikt aus dem viktorianischen England. Nicht mehr der – bunt gekleidete – Adel war tonangebend, sondern die Fabrikbesitzer, die Industriellen – der graue Anzug als ein Zeichen des sozialen Aufstiegs. Andererseits sind „Gray Areas“ in Amerika Gebiete mit besonders hoher Arbeitslosigkeit – vorstellbar, wenn man an den damit verbundenen „grauen Alltag“ denkt.

England war im 19. Jahrhundert die beherrschende Weltmacht. Industrielle waren mächtiger als der Adel. Ihre Kleidung galt als Maßstab und zeigte die Sachlichkeit und die Nüchternheit der Tätigkeit. Noch heute ist der graue Anzug im Business das typische, meistgetragene Kleidungsstück. Ob Grau edel oder spießig wirkt, ist keine Frage der Mode, sondern des Materials. Edle Materialien heben Grau in die Welt der Eleganz und des Understatements.

„Bei Nacht sind alle Katzen grau" – will heißen: Solange niemand davon weiß, wird auch nichts bestraft. Die „Grauzone" – der Bereich zwischen Erlaubtem und Strafbaren. Der „graue Markt" umgeht Preisbindungen. Die „graue Eminenz" ist die mächtige Person im Hintergrund, die offiziell nicht zur Verantwortung gezogen werden kann.

Grau ist gefühllos, weder schwarz noch weiß, Grau befindet sich in einer Zwischenwelt, ohne Wesen.

Grau – die psychologische Kraft
\+ Neutral, seriös, ausgewogen.
– Langweilig, unverbindlich, unbestimmt.

Wählen Sie Grau in der Kleidung,
– wenn Sie im Berufsleben professionell, schick und diskret erscheinen wollen.
– wenn Sie eine neutrale und unparteiische Haltung einnehmen möchten.
– wenn Sie mit leuchtenden Farben Akzente setzten wollen, um der Grundtendenz Grau Individualität zu verleihen.

Meiden Sie Grau in der Kleidung,
– wenn Sie auffallen möchten, die „graue Maus" verschwindet im Hintergrund.
– wenn Sie Aktivität und Kreativität ausstrahlen wollen, Grau hält zurück.

Grau – das Image vor der Kamera
Gedämpfte Anthrazittöne, Graubraun, Graublau oder Graugrün sind sehr empfehlenswert.

3. Vom Umgang mit dem Lampenfieber

Axel Bulthaupt

1. Es geht nicht ohne

Die gute Nachricht zuerst: Sechs Milliarden Menschen leben auf dieser Erde und vermutlich gibt es genauso viele Methoden, um mit dem Lampenfieber umzugehen. Aber – hier die schlechte Nachricht – es gibt wohl keine Methode, um Lampenfieber völlig zu umgehen. Ohne Lampenfieber geht es nicht.

Aufregung und Nervosität gehören halt zu jedem öffentlichen Auftritt. Ganz gleich, ob ein Gedicht im Schulunterricht aufgesagt werden soll, eine Ansprache zur Goldenen Hochzeit gehalten werden muss oder eine politische Rede auf dem Marktplatz fällig ist – dies vermaledeite Lampenfieber ist immer mit dabei.

Aber es muss doch auch ohne schwitzige Hände und Kloß im Hals möglich sein, vor ein Publikum zu treten! Vergessen Sie gleich diese Illusion. Jeder, der behauptet, keine Aufregung vor einem öffentlichen Auftritt zu spüren, ist ein kleiner Schwindler.

Selbst ausgebuffte Profis wie der kubanische Staatschef Fidel Castro, der bekanntlich keine Ansprache unter drei Stunden erledigt, gibt freimütig zu: „Vor jeder Rede habe ich Lampenfieber. Ich halte ungern Ansprachen." Das klingt doch tröstlich und sogar irgendwie menschlich. Aber ein solches Statement ist schon ein erster Ansatz, um mit dem Lampenfieber umzugehen.

2. Nur Mut

Bekennen Sie sich zu Ihrer Aufregung. Kein Mensch verlangt, dass Sie nicht nervös sind. Jeder weiß schließlich, wie merkwürdig man sich fühlt, wenn man vor einem Publikum steht. Und vor allen Dingen gestehen Sie sich selbst ein, dass Sie nervös sind – nur haben Sie keine Angst vor dem Lampenfieber.

Schauen Sie sich Interviews mit Musikern oder Schauspielern an. Jeder wird bestätigen, vor einem Auftritt Lampenfieber zu haben, ganz gleich, wie lang er schon im öffentlichen Geschäft ist. Eine solche Aussage baut vor – denn geht etwas schief, dann ist das Lampenfieber schuld. Dafür hat doch jeder Verständnis, das nimmt keiner übel.

Und nebenbei: Wer im Publikum kann schon beurteilen, ob ein Missgeschick aus Nervosität oder aus anderen Gründen geschehen ist.

Lampenfieber kann also eine nette kleine Ausrede sein. Doch Vorsicht! Überreizen dürfen Sie es auch nicht. Dem öffentlichen Neuling verzeiht man leicht. Für den bekannten Redner bleibt oft nur der Rückzug auf den „Blackout" – und das ist peinlich.

3. Vorbereitung ist alles

Lampenfieber ist leider völlig unabhängig von einer guten Vorbereitung für einen Auftritt. Sie sind nervös, selbst wenn Sie die Materie Ihres Vortrags aus dem „Effeff" kennen. Nur, die Aufregung ist um so schlimmer, je weniger Sie sich mit dem Stoff vertraut gemacht haben.

Der Redner, der vorher nicht weiß, um was es hinterher gehen soll, der wird elendiglich scheitern. Es sei denn, man ist ein begnadeter Blender; was wohl kaum das Ziel sein kann.

Wer auf einem Podium sitzt oder vor einer Fernsehkamera steht, muss wissen, was er sagen und tun will. Sich während eines Auftritts noch Gedanken über die Inhalte seiner Rede machen zu müssen, ist fatal. Dabei geht es nicht so sehr um Formulierungen. Die Botschaft muss klar sein. Wie will ich denn meine Nervosität im Zaum halten, wenn ich selbst nicht weiß, warum man mir zuhören und zusehen sollte. Bloß keine Selbstüberschätzung nach dem Motto: „Ich bin so toll, das kriege ich schon hin." Machen Sie sich inhaltlich fit für den Auftritt – schiefgehen kann auch so noch genug ohne Ihr Zutun.

Probieren Sie ihre Rede aus. Dazu braucht man nicht einmal Publikum. Sprechen Sie einfach vor sich hin und Sie werden merken, wo es hakt. Zur Not lernen Sie Ihren Text auswendig. Doch schalten Sie bei der Wiedergabe das Hirn nicht ab. Denken Sie wirklich zu jedem Zeitpunkt, was sie da sagen. Wer sich auf seine Aussagen konzentriert, hat weniger Gelegenheit, sich über das Lampenfieber Sorgen zu machen.

4. Routine hilft

Übung macht den Meister – diese Binsenweisheit gilt auch für darstellerische Naturtalente. Nutzen Sie also jede Gelegenheit, sich öffentlich zu präsentieren. Der Freundeskreis, die Familie – sie bieten Möglichkeiten genug zum Ausprobieren. Testen Sie ihre Redekunst, ihre schauspielerischen Fähigkeiten im kleinen Kreis.

Versuchen Sie Ihre Gedankengänge und Ideen kompakt und pointiert vorzutragen. Das geht bei fast jedem Thema. Aber verfallen Sie bloß nicht in die Manie, Ihre lieben Mitmenschen totquatschen zu wollen. Da werden selbst gute Freunde bald das Weite suchen.

5. Das Äußere muss stimmen

Natürlich will der Redner durch seine Argumente überzeugen. Aber unser Publikum hat auch Augen im Kopf. Eine angenehme Erscheinung kann da kaum schaden. Jeder macht sich so seine Gedanken über das passende Outfit. Wobei die Betonung auf „passend" liegt.

Ganz entscheidend ist, dass Sie sich wohl fühlen. Wer Sorge hat, mit den schicken Designer-Pumps beim Betreten einer Bühne umzuknicken, der hat nicht nur Lampenfieber, sondern Schiss, und stakst nur albern vor den Zuschauern herum. Wer ständig den Bauch einziehen muss, weil die modische Hose zu eng ist, hat Probleme, die so überflüssig sind wie ein Kropf.

Also weg mit dem Schnickschnack. Den haben Sie nicht nötig, um ihr Publikum zu beeindrucken. Vermeiden Sie alles, was Sie von Ihrem eigentlichen Anliegen ablenken könnte. Überlegen Sie sich gründlich, was Sie anziehen. Im entscheidenden Augenblick soll das jedoch keine Rolle mehr spielen. Dann soll Sie das Äußere nicht ablenken und keinesfalls behindern.

6. Murphy's Law

Wenn etwas schiefgehen kann, dann wird es auch schiefgehen – so ist das wohl im Leben. Auch bei öffentlichen Auftritten bleibt niemand von Mr. Murphys Gesetz verschont. Kein Grund jedoch, die Flinte ins Korn zu werfen und vor dem Lampenfieber zu kapitulieren.

Entscheidend ist die Frage: Was tun, wenn etwas nicht läuft wie geplant? Vertrauen Sie auf Ihre Intuition. Seien Sie sicher, dass Ihnen im entscheidenden Moment das Richtige einfallen wird. Schließlich sind Sie gut vorbereitet und wissen, was Sie sagen wollen.

Spielen Sie in Gedanken potentielle Pannen durch und überlegen Sie sich Reaktionsmöglichkeiten. Bei simplen Versprechern hilft oft schon ein Schmunzeln, das zeigt: „Der Satz, war nicht das Gelbe vom Ei, aber jetzt geht es trotzdem weiter."

Denken Sie nicht lange über Fehler nach und entschuldigen Sie sich nicht umständlich. Denn sonst merkt noch der Letzte, dass etwas in die Hose gegangen ist. Versuchen Sie es lieber mit Humor und Selbstironie, aber ohne dabei Ihre Glaubwürdigkeit zu erschüttern.

Doch vor allen Dingen lassen Sie in solchen Momenten die Selbstzweifel nicht überhand nehmen, damit blockieren Sie sich nur und werden unsicher – tief durchatmen und konzentriert weiter im Text. Zur Fehleranalyse ist später noch genug Zeit.

Außerdem seien Sie sich bewusst, nicht für jede Panne sind Sie verantwortlich. Was können Sie dafür, wenn ein Kollege einen Scheinwerfer umwirft? Nichts! Und darum sollte Sie so etwas auch nicht aus der Ruhe bringen. Retten Sie die Situation mit einem flotten Spruch: „So umwerfend sind meine Veranstaltungen sonst eigentlich nicht." Es kann nichts schaden, einfach ein paar Formulierungen dieser Art parat zu haben.

7. Lampenfieber vergeht

Der lampenfiebrigste Moment ist der Augenblick **vor** dem großen Auftritt. Da gibt es kaum jemanden, der nicht am liebsten fortlaufen möchte und sich fragt: „Warum um alles in der Welt, muss ich mir das antun?" Zum Trost sei gesagt: Das Lampenfieber vergeht.

Nach einigen Minuten ist das Schlimmste überstanden. Dann zeigen sich die Vorteile der Anspannung. Der Adrenalinspiegel ist erhöht, es fällt leichter, sich zu konzentrieren. Dieser Kick ist es auch wohl, der viele ins Rampenlicht zieht; eine Art Bungee-Sprung ohne Lebensgefahr.

Die euphorische Gelöstheit nach einem überstandenen Auftritt oder einer Rede entschädigt für die Leiden des Lampenfiebers. Nur bei nächster Gelegenheit ist die Nervosität garantiert wieder da. Sie verschwindet nie für immer. Aber sie vergeht im entscheidenden Moment. Deshalb gibt es keinen Grund, das Lampenfieber wirklich zu fürchten. Es hilft; es ist vielleicht sogar notwendig, um bei öffentlichen Auftritten hellwach zu sein und zur Höchstform aufzulaufen.

8. Hartnäckige Fälle

Bislang ist noch niemand an Lampenfieber gestorben. Aber zuweilen können die Symptome schon ziemlich lästig sein. Mal abgesehen von der recht harmlosen Zittrigkeit im Kniebereich, kann es zu Schlaf- sogar Verdauungsstörungen kommen, zu übermäßiger Schweißproduktion und zu Herzrasen.

Wer so arg unter Lampenfieber leidet, sollte sich in der Tat die Frage stellen, ob es denn wirklich nötig ist, sich in solche Situationen zu bringen. Lampenfieber-Vermeidung ist vielleicht keine besonders heroische Tat der Selbstüberwindung. Aber was ist gegen die Selbsterkenntnis einzuwenden: Was nicht geht, geht halt nicht!

Hilfe bieten in diesen Fällen freundliche Psychotherapeuten und spezielle Trainer. Mit gruppendynamischen Spielchen wird man versuchen, dem Lampenfieber zu Leibe rücken. Die Methoden sind vermutlich sogar erfolgversprechend. Ein bisschen Übung kann schließlich nie schaden. Aber man wird Ihnen auch nichts sagen können, was Sie nach ein wenig Überlegung nicht selbst wüssten.

In den USA hat man die ganze Angelegenheit perfektioniert. Ein Heer von Betreuern lebt davon, Fernsehmoderatoren und Politiker zu coachen. Natürlich gibt es dort auch die Tinktur gegen „Stage Fright“; ein Vitaminpräparat, tröpfchenweise einzunehmen im 15-Minuten-Rhythmus bis die Symptome nachlassen. Ob es hilft? Es lenkt zumindest ab und der „Lampenfieber-Patient“ hat das Gefühl, etwas gegen sein Leiden tun zu können. Ablenken könnte man sich aber auch mit ein paar Atemübungen und einem Spaziergang – preiswerter sogar.

Der Vollständigkeit halber soll nicht unerwähnt bleiben, dass es auch die Möglichkeit der Hypnose-Behandlung bei Lampenfieber gibt. Im Internet findet der Interessierte zuhauf derlei Angebote.

9. Augen auf und durch

Es gibt keinen Grund, sich vor Lampenfieber zu fürchten. Es gibt aber auch keine Möglichkeit, sich vor Lampenfieber zu schützen. Man kann jedoch – wie gezeigt – einiges tun, um sich für einen öffentlichen Auftritt zu präparieren.

Neben einer soliden Vorarbeit spielt aber auch der Lustfaktor eine gewisse Rolle. Man muss schon die Lust an der öffentlichen Selbstdarstellung mitbringen, um mit Spaß und Erfolg vor einem Publikum bestehen zu können.

Sagen wir es ruhig frei heraus: Es geht auch um Eitelkeit und Selbstbestätigung. Na und? Solange dabei die Sache nicht auf der Strecke bleibt und es gelingt, ein Publikum zu überzeugen, zu informieren oder schlicht gut zu unterhalten. Wer meint, das tun zu wollen oder gar zu müssen, der wird sich wohl oder übel mit dem Lampenfieber arrangieren. Da heißt es dann ganz einfach: Augen auf und durch!

4. Der Aufbau von Reden

Bedeutung, Wirkung und Aufbau von Wahlkampfreden

Artur Kolbe

Was ist Rhetorik?

Rhetorik ist „die Fähigkeit unterscheiden zu können, mit welchen Methoden man im Einzelfalle Überzeugung hervorrufen kann“ (Aristoteles). Also: überzeugen statt überreden. Und zwar: überzeugen durch bessere Argumente und besseres Auftreten. „Reden heißt anschaulich machen“ (Aristoteles): Ein Bild sagt mehr als tausend Worte (chinesisches Sprichwort). „Tritt fest auf, machs Maul auf und hör' bald auf“ (Martin Luther). Verstanden wird nur, wer verständlich spricht. Die Rede ist für das Publikum, nicht für den Redner da. Ein Wurm muss dem Fisch schmecken, nicht dem Angler. Eine Rede muss dem Publikum, nicht dem Redner gefallen. Kommunikation heißt Verständigung. Merke: Das Publikum ist wichtiger als das Manuskript.

1. Bedeutung der Wahlkampfrede

Die Wahlkampfrede ist die direkte Form des Dialogs mit den Wählern. Sie gewinnt insbesondere deswegen Bedeutung, weil der einzelne Bürger in unserer Mediengesellschaft von einer Vielzahl von Informationen überflutet wird. Im Trend zu virtuellen Kommunikationsformen – vor allem Internet und E-Mail – gewinnt die direkte Ansprache mit der Chance, Charisma zu vermitteln, zunehmend an Bedeutung.

Die Wahlkampfrede ist systematisch einzuordnen in das Gesamtkonzept des Wahlkampfes: inhaltlich – und zwar programmatisch, strategisch und logistisch. Die Wahlkampfrede muss in das System des Kommunikationsmixes, in das Gesamtkonzept des Wahlkampfes passen. Neben den unpersönlichen Formen der Massenkommunikation, im elektronischen Bereich Hörfunk- und Fernsehspots, im Printbereich Plakate, ist die Wahlkampfrede neben dem Gespräch mit dem Bürger an Informationsständen ein besonders bedeutsames Gegengewicht der personalen Kommunikation. Die Wahlkampfrede muss sich in das Gesamtkonzept von Corporate Identity, vom Selbstverständnis einer politischen Partei, und des Corporate Design, der visuellen und optischen Erscheinungsform, einfügen.

Es gibt verschiedene Formen und verschiedene Anlässe der Wahlkampfrede: die große politische Rede, die Stegreifrede und das Statement in Hörfunk und Fernsehen. Das Ziel der Wahlkampfrede ist dabei jeweils das Gleiche: den Bürger, vor allem den Wähler vom Kandidaten, von sich selbst und von den Zielen „seiner“ politischen Partei zu überzeugen. Die Wahlkampfrede ist eine Überzeugungsrede. Die Überzeugung des Redners vom Programm, vom Inhalt, von der Sache her muss sich auf das Publikum übertragen. Wahlkampfreden sind weniger Informationsreden, schon gar keine „Referate“ oder „Vorträge,“ auch keine bloßen Meinungsreden. Der Kandidat, der Redner, der Politiker verkauft sich selbst als Person und er wirbt dabei für seine Partei, für ein politisches Programm, für ein politisches Ziel. Der Wähler muss also davon überzeugt werden: Er braucht diesen Kandidaten, er braucht diese politische Partei, um seine eigenen Interessen in guten Händen zu wissen, um seine Ansichten und Ziele repräsentiert zu sehen.

Aus den Erkenntnissen der Werbepsychologie wissen wir: Ein Politiker wird von der Mehrheit der Bevölkerung nicht deswegen gewählt, weil seine Partei ein überzeugendes Programm hat, sondern weil er, der Kandidat, überzeugend, selbstbewusst und vertrauenerweckend wirkt.

2. Wirkung der Wahlkampfrede

Hauptziel der Wahlkampfrede ist es, politische Wirkung, sprich Einstellungsbestätigung oder -veränderung zu erzielen, sprich den Bürger zu überzeugen, zu motivieren, ihm, dem Kandidaten und damit auch dessen Partei, die er vertritt, seine Stimme zu geben. Da die Wahlkampfrede stets auf direkte Wirkung ausgerichtet ist, muss sie den Charakter einer Motivationsrede, einer Überzeugungsrede haben. Politische Wahlen werden vor allem an Personen entschieden. In den USA steht der Präsidentschaftskandidat, in Deutschland der Kanzlerkandidat im Vordergrund. Die Fernsehgesellschaft verstärkt diesen Trend.

Ob Kohl oder Schröder, Bush oder Gore telegener sind, beeinflusst das Wahlergebnis wesentlich. Die Konsequenz aus dieser Erkenntnis für die

Struktur der Wahlkampfrede: Es ist besonders wichtig, an der Beziehungsebene anzusetzen, sowohl bei Gestaltung als auch im Aufbau und in der Präsentation der Rede, wobei der Körpersprache besonderes Gewicht zukommt.

Die Wahlkampfrede hat eine bedeutende Wirkung: Sie trägt dazu bei, den Kandidaten bekannt und attraktiv zu machen. Sie macht in der Öffentlichkeit das Wahlprogramm der Partei publik. Sie liefert eine überzeugende Analyse der aktuellen politischen Lage. Doch dies alleine genügt nicht. Der Wähler erwartet vom Kandidaten, dass er eigene Position bezieht, eine eigene Beurteilung der Lage mit eigenen Schlussfolgerungen vornimmt. Also: Eigene Konzepte, eigene Ideen sind gefragt, das Wahlprogramm kann man besser ins Internet stellen oder in Broschürenform oder Flugblätterform verteilen. Lesen können die Wähler besser selber. Und: Wahlprogramme haben noch nie eine Wahl wirklich entschieden. Die Akteure und Repräsentanten, Persönlichkeiten also, nicht Programme entscheiden die Wahl. „Persönlichkeiten, nicht Prinzipien bestimmen das Zeitalter" – eine Weisheit von Oscar Wilde.

Wichtigste politische Wirkung der Wahlkampfrede ist es aber, Charisma, Überzeugungskraft, personale Wirkung zu vermitteln, dem Wähler zu verdeutlichen: Dies ist der beste Kandidat, der meinen eigenen Überzeugungen als Wähler am nächsten kommt und meine Interessen optimal vertritt. Bei diesem Kandidaten sind meine Wünsche, Ziele, Erwartungen und Interessen am besten aufgehoben.

Die Hauptwirkungsfaktoren der Wahlkampfrede sind:

- der Redner selbst, seine Persönlichkeit, dargestellt vor allem in seiner Körpersprache,
- die Stimme, die Sympathie oder Antipathie und damit Zustimmung oder Ablehnung vermittelt,
- die Sprachkompetenz, die Überzeugungskraft durch Ausdruck, Witz und Schlagfertigkeit des Redners,
- die Glaubwürdigkeit des Kandidaten.

Schon aus der römischen Klassik, etwa von Cicero, wissen wir: „Weisheit ohne Beredsamkeit ist unnütz. Beredsamkeit ohne Weisheit ist schädlich." Die Logik des Inhaltes und Wahrhaftigkeit des Redners sind die entscheidenden Wirkungsfaktoren einer Rede.

Aus amerikanischen Forschungen wissen wir: 55 % der Wirkung einer Rede gehen auf das Konto Körpersprache, 38 % auf das Konto Stimme und lediglich 7 % auf den Redeinhalt, auf die Botschaft, auf die *Message*. Ein Wahlkampfredner sollte daran denken: Eine Großveranstaltung sollte höchstens drei zentrale Botschaften vermitteln. Mehr kann der Zuhörer nicht aufnehmen. Für Wahlkampfreden gilt die Formel: „Keep it simple." Der Zuhörer erwartet aber nicht nur Parolen, sondern klare Analysen und Lösungsvorschläge. Eine Wahlrede soll nicht nur Probleme benennen, sondern Lösungen und Perspektiven aufzeigen.

Auch für die Wahlrede gilt: Sage, worüber du redest, sage, worüber du nicht redest, sage, warum du redest. Vor allem: Sage, worauf es ankommt. Und sage nicht, was gerade ankommt. Nur wer gegen den Strom schwimmt, kommt zur Quelle.

3. Aufbau einer Wahlkampfrede

Entscheidend für die Wirkung und damit auch für den Aufbau einer Wahlkampfrede sind vor allem der Redebeginn, der Einstieg in die Rede und der Schluss, der Schlussappell. Für den Redeeinstieg gibt es verschiedene Varianten:

- Hinweis auf eine aktuelle Situation
- treffendes, möglichst witziges und originelles Zitat
- Schocktherapie, Provokation: Wollen Sie etwa, dass dies passiert? Oder: Hier im Raum sitzen mindestens 100 potenzielle Selbstmörder, denn jeder Dritte schnallt sich im Auto nicht an.
- Szenario: Stellen Sie sich vor, Sie sind Bundeskanzler und ...
- *Captatio benevolentiae:* (Gewinn des Wohlwollens) als Referenz an das Publikum

Zum formalen Aufbau einer Wahlkampfrede mögen folgende Orientierungspunkte bzw. Gliederungshilfen von der Klassik bis zur „Moderne" Verwendung finden:

Klassische Rhetorik-Gliederung:

1. Stoffsammlung (inventio): Brainstorming, Auffinden der Hauptgesichtspunkte
2. Gliederung (dispositio)

3. sprachliche Formulierung (elocutio)
4. Einprägung (memoria): Superlearning (Frederic Vester: Denken, Lernen, Vergessen); Wahrnehmung, Merkfähigkeit: 10 % vom Gelesenen, 20 % vom Gehörten, 30 % vom Gesehenen, 50 % vom Gehörten und Gesehenen, 70 % vom Gesagten, 90 % vom selbst Gehörten. Ultrakurzzeit-, Kurzzeit- und Langzeitgedächtnis
5. Vortrag (pronuntiatio)

Klassische Redegliederung nach Aristoteles:

1. Aufmerksamkeit wecken
2. Thema nennen
3. Gefühl ansprechen
4. Verstand
5. Schluss

Konzept und Gliederung: Fahrplan der Rede. Strategie: Was will ich wie wodurch erreichen?

Dreisatz:

Einleitung, Hauptteil, Schluss oder: Ouvertüre, Hauptteil, Finale. In jedem Falle einen Spannungsbogen von Einleitung über Hauptteil bis hin zum Schluss aufbauen.

Einleitung: Thema vorstellen, Aufmerksamkeit und Sympathie gewinnen. Hauptteil: Kerngedanken vorstellen, Situation analysieren, Beweise darlegen, Vorschläge machen, Motiv und Gefühle ansprechen, mögliche Einwände vorwegnehmen. Schluss: Action, Appell.

Einstieg (Ouvertüre): Eisbrecher, gleiche Wellenlänge mit Publikum, Wohlwollen, Sympathie (captatio benevolentiae). Attention step: ruckweise Aufmerksamkeit des Publikums wecken. Warmlaufen des Redners: Boxer geht auch nicht kalt in den Ring.

Schluss: Ein guter Abgang ziert die Übung – Weisheit der Kunstturner gilt auch für die Rhetorik. Finale. Einleitung und Schluss einer Rede vorbereiten (Manuskript, Stichworte oder auswendig).

Varianten zum Rhetorischen Fünfsatz

A) 1. Motivieren: Ziel
2. Ist-Zustand: Analyse
3. Soll-Zustand: Wunsch
4. Alternativen aufzeigen
5. Appell: Aufforderung zum Handeln

B) 1. Stoff sammeln
2. passende Gedanken suchen
3. Stoff auswählen
4. Stoff ordnen (Systematik, vom Einfachen zum Komplizierten oder umgekehrt)
5. Gliederung (eher für wiss./technischen Fachvortrag, z.B. zum Thema „Müllverbrennung").

Neben diesen „Klassischen Modellen" lassen sich andere ebenso wirksame anwenden:

C) STANDPUNKTFORMEL (Durchsetzen einer Meinung)

1. Standpunkt nennen
2. Argumente
3. Beispiele (Veranschaulichung)
4. Fazit (Konsequenz)
5. Appell (Handeln! Tat)

D) DIALEKTISCHER FÜNFSATZ (Alternativen abwägen)

1. Themen nennen
2. Pro-Argumente
3. Contra-Argumente
4. Synthese (Urteil)
5. Appell

E) KOMPROMISSFORMEL (Mittelweg zwischen Extremen)

1. A behauptet ...
2. B dagegen meint ...
3. Ich sehe durchaus Berührungspunkte ...
4. Eine Lösung könnte etwa sein ...
5. WIR sollten daher ...

F) PROBLEMLÖSUNGSFORMEL
1. Situations-Analyse (Fakten)
2. Ursachen-Analyse
3. Ziel-Definition
4. Maßnahmen-Katalog
5. Appell (Handlung, Tat)

Über den Applaus und damit über die Wirkung, über Zustimmung oder Ablehnung entscheidet ganz wesentlich der Schluss einer Wahlkampfrede. Er sollte nicht nur das Gesagte zusammenfassen, er sollte nicht nur den Zuhörer motivieren, den Kandidaten und dessen Partei zu wählen, er sollte vor allem mit einem Appell enden: Etwas zu tun, etwas zu unterlassen oder darüber nachzudenken, ob dies oder jenes so bleiben kann, wie es ist oder ob man nicht doch Verbesserungen in die Tat umsetzen will.

4. Psychologie der Wahlkampfrede

Um zu überzeugen, ist es notwendig, den richtigen Gedanken, also Logik, folgerichtiges Denken und Schlussfolgern, mit den richtigen Worten in der richtigen Sprache zum richtigen Zeitpunkt vor dem richtigen Publikum in der publikumsgemäßen Form zu präsentieren. „Einfach reden, aber kompliziert denken, nicht umgekehrt“ (Franz Josef Strauß). Nicht sagen, was ankommt, sondern worauf es ankommt. „Es genügt nicht, zur Sache zu reden, man muss zu den Menschen reden“ (Konrad Adenauer).

Rhetorik heißt, die Sprache, die „da ist und allen gehört“ (Thomas Mann), optimal und zielgerichtet zu nutzen. Dabei gilt es, die Grundgesetze der Kommunikationspsychologie zu beachten und in die Tat umzusetzen.

Kommunikation ist die Wirkung, die ein Redner beim anderen (Zuhörer) erzielt. Eine klassische Formel ist die AIDA-Formel: Attention (Aufmerksamkeit) – Interest (Interesse) – Desire (Drang nach Information) und Action, also Ideen in die Tat umsetzen.

Von Siegmund Freud stammt das bekannte Eisbergmodell. Der Wahlkampfredner hat es in der Hand, sein Publikum emotional oder rational anzusprechen. Er wird stets beides tun. Nach dem Eisbergmodell ist die linke Gehirnhälfte zuständig für den Bereich des Verstandes, für das Rationale, für den Willen und das Bewusstsein, also für die Sachebene.

Die rechte Gehirnhälfte wiederum ist zuständig für den Gefühlsbereich, für das Unterbewusstsein und das intuitive Handeln, die emotionale Ebene, die Beziehungsebene also. Die Schlussfolgerung für den Wahlredner: Wirkungsvoll ist die Rede nur dann, wenn sie bei der Beziehungsebene ansetzt. Ein Beispiel dafür: John F. Kennedys Bekenntnis vor der Berliner Mauer: „Ich bin ein Berliner!"

Der Psychologe Maslow hat dies verfeinert in der sogenannten Bedürfnispyramide (Maslowsche Bedürfnispyramide). Nach dieser Theorie gibt es sogenannte „Lower Needs", Defizitmotive, z. B. physiologische Grundbedürfnisse, das Streben des Menschen nach Sicherheit, sein Streben nach gesellschaftlichen Motiven. Der dialektische Umschlag erfolgt dann in die sogenannten „Higher needs", in die positiven Motive, etwa Selbstverwirklichung oder Eigenverantwortung. Es hängt jeweils am Redner, an welche Motive er beim Zuhörer appelliert: an einfache Motive (Materialismus) oder an höhere Motive (Grundwerte, Umwelt, Schöpfungsauftrag, Ethik).

Wichtig ist es, bei Wahlkampfreden nicht nur Programme zu erläutern, sondern Visionen zu wecken. „Wenn Du ein Schiff bauen willst, dann trommle nicht Menschen zusammen, um Holz zu beschaffen, sondern lehre sie die Sehnsucht nach dem weiten endlosen Meer" (Antoine de Saint Exupery). Europa kann nicht auf Monetik, auf den Euro allein, sondern muss auf Werten (Wertegemeinschaft Europa) aufgebaut werden.

Der Soziologe Pareto hat die sogenannte Pareto-Formel, die 80-zu-20-Formel entwickelt. 80 % der menschlichen Kommunikation spielen sich demnach auf der Beziehungsebene, auf der emotionalen Ebene ab, lediglich 20 % auf der rationalen, auf der inhaltlichen, auf der Sachebene.

Ein Wahlkampfredner sollte auch die modernen Gesetzmäßigkeiten der der Transaktionsanalyse beachten. Demnach gilt es zu unterscheiden zwischen der Sachebene und der Beziehungsebene. Die Sachebene ist die Inhaltsebene, die Informationen und Fakten vermittelt. Die Beziehungsebene wiederum liefert Informationen über Informationen, die Körpersprache als Signal für Sympathie oder Antipathie gegenüber dem Redner. Entscheidend ist nach der Transaktionsanalyse nicht, was der Redner sagt, sondern was der andere, der Zuhörer, aufnimmt, was er hört, was wahrgenommen wird, was wie wo ankommt.

Der Wahlkampfredner muss die Kunst lernen, eine „Affektbrücke" (Lausberg) zwischen Redner und Publikum zu bauen.

5. Die Macht der Rhetorik – Zusammenfassung

Nietzsche hat einmal ironisch von der „Machtberedsamkeit“ gesprochen. Ohne Zweifel ist Sprache eine Macht. „Das Wort ist stärker als die Wurfschleuder“ (Adalbert Stifter). Umgekehrt ist aber die Sprache die „Quelle aller Missverständnisse“ (de Saint Exupery). Der Politiker ist ein *homo rhetoricus* – er beherrscht die Kunst der Rhetorik. „Denke wie ein weiser Mann, rede wie ein einfacher Mann“ (Aristoteles). „Um Dich begreiflich zu machen, musst Du zum Auge sprechen“ (Gottfried Herder).

Eine Wahlkampfrede sollte sich an den klassischen Elementen der Rhetorik orientieren, die Cicero auf drei Elemente reduziert:

- *docere*, also belehren,
- *delectare*, also erfreuen und unterhalten,
- *movere*, also appellieren und motivieren.

Ebenfalls nach den Gesetzen der klassischen Rhetorik gilt es, die wichtigsten Stilfiguren zu nutzen. Die Metapher, das Bild, ist bekanntlich nach dem bedeutendsten Redelehrer der Antike, Quintilian, die wichtigste Redefigur. Also die bildhafte Vergegenwärtigung, die es ermöglicht, dass der Zuhörer zum Zuschauer wird, dass er sich „ein Bild von der Sache“ machen kann.

Der Grieche Demosthenes bezeichnet als das erste und wichtigste Erfordernis der Beredsamkeit die Kunst der Actio, des Vortragens zu beherrschen, also die Kunst der leibhaftigen Ausführungen des Redners vor seinem Publikum. Konkret heißt dies, weg mit Phrasen, die nur die Zeit totschlagen nach dem Motto: Politiker reden viel, aber sie sagen nichts. Eine Wahlkampfrede muss komplexe Sachverhalte anschaulich erklären, muss zur Zustimmung, zur Akzeptanz, zur Überzeugung führen.

Der Hauptfehler, der bei Reden gemacht wird: Probleme aufzuzeigen ohne konkrete Lösungen! Der Zuhörer will wissen, was anders, was besser gemacht werden muss. Er muss überzeugt werden, dass dieser Politiker (Redner) dazu beiträgt.

Der moderne Massenwahlkampf ist gerade auch auf Grund der Massenmedien immer mehr auf die Person des Kandidaten und immer weniger auf Parteiinhalte ausgerichtet. Daher ist es besonders wichtig, bei der

Beziehungsebene der Wirkungspsychologie anzusetzen und sowohl bei der Gestaltung, als auch beim Aufbau der Rede die Bedeutung der nonverbalen Kommunikation (Körpersprache) zu bedenken. Bei der Vorbereitung sollte der Kandidat bereits wissen, wer sein Publikum sein wird: Ist es homogen oder heterogen zusammengesetzt? Welche Altersgruppe, welche Berufsgruppe, welches Interesse wird durch das Publikum repräsentiert?

Der Wahlredner muss sich aber auch fragen: Welche Einstellung hat das Publikum zu mir, zu meiner Partei? Muss ich Überzeugungsarbeit von Grund auf leisten oder muss ich Konsens und Sympathien, die vorhanden sind, lediglich verstärken?

Verstanden wird nur, wer verständlich, wer bildhaft und plastisch spricht. In der Politik, in der Wahlkampfrede gilt es, Abstraktes und Komplexes anschaulich und verständlich zu machen und Überzeugung, Akzeptanz zu schaffen.

„Kommt, reden wir zusammen. Wer redet, ist nicht tot“ (Gottfried Benn).

Kurt Tucholskys Ratschläge für einen guten Redner:
„Hauptsätze, Hauptsätze, Hauptsätze!
Klare Disposition im Kopf – möglichst wenig auf dem Papier. Tatsachen oder Appell an das Gefühl. Schleuder oder Harfe.
Ein Redner sei kein Lexikon. Das haben die Leute zuhause. Suche keine Effekte zu erzielen, die nicht in Deinem Wesen liegen.
Ein Podium ist eine unbarmherzige Sache,
da steht der Mensch nackter als im Sonnenbad!“

Literatur:

Allgemeine Rhetorik

Allhoff, Rhetorik & Kommunikation, Regensburg 1988

Eheling, P., Das große Buch der Rhetorik, Wiesbaden 1981

Geißner, H., Rhetorik und politische Bildung, Königstein 1981 Herrrmann, P., Reden wie ein Profi, Goldmann Verlag, München 1992

Hofmeister, R., Handbuch der Rhetorik, Weltbild-Verlag 1993

Lemmermann, H., Lehrbuch der Rhetorik, München 1986

Kuhleder, R.H., Rhetorik, Kinesik, Dialektik, Bad Harzburg 1983 Schuh/Watzke, Erfolgreich Reden und Argumentieren, München 1983

Schlüter, H., Grundkurs der Rhetorik, dtv

Verhandlung/Dialektik

Dommann, D., Faire und unfaire Verhandlungstechniken, Berlin 1985

Lay, R., Dialektik für Manager, Reinbek 1983

Lay, R., Manipulation durch Sprache, Langen-Müller-Verlag Schopenhauer, A., Eristische Dialektik, Zürich 1984

Sprechtechnik

Fiukowski, H., Sprecherzieherisches Elementarbuch, Leipzig 1984

Martens, C. u. P., Übungstexte zur deutschen Aussprache, München

Schneider, W., Wörter machen Leute, Piper-Verlag München Reiners, L.. Stilfibel, dtv München

Morris, D., Der Mensch, mit dem wir leben, München 1978

Vester, F., Denken, Lernen, Vergessen, München 1978

Reineke/Damm, Signale im Gespräch

Rückte, H., Körpersprache für Manager

Zitatenbücher

Peltzer, K., Das treffende Zitat Puntsch, E., Zitatenhandbuch

5. Die Zusammenarbeit mit Vereinen und Verbänden

Manfred Böhme

In der Zeit des Wahlkampfes ist es wichtig, in Verbindung mit den eigenen strategischen Politikzielen und programmatischen Ansätzen stets aktuelle Themen zu besetzen. Dies umso mehr, weil der Wähler die Glaubwürdigkeit einer politischen Botschaft neben dem Persönlichkeitsprofil, der Ausstrahlung und dem Charisma des Kandidaten vor allem an der Aktualität, Zukunftsbezogenheit, Verständlichkeit, Transparenz und Realitätsbezogenheit von Themen misst. Der Auswahl der Themen, ihrer Bewertung und Kommunikation kommt daher eine große Bedeutung zu. Das bedeutet Ansprüche in neuer Qualität an das Management von Themen und Kommunikation im Rahmen des gesamten Politikmanagements; partei- und personenbezogen. Bei der Suche nach inhaltlichen Schwerpunkten und geeigneten Instrumenten der klassischen Kommunikation und mit Hilfe der Neuen Medien ist auch der Nutzung multiplikativer Strukturen, sekundärer und tertiärer Bereiche und Instrumente Bedeutung beizumessen. Nicht nur aus der Analyse der tradierten Formen politischen Managements, entsprechender Erfahrungen klassischer Politikarbeit, sondern besonders angesichts neuer Orientierungsprozesse potentieller Wählerschichten sollte deshalb diesen Zusammenhängen und Funktionsmechanismen mehr Beachtung geschenkt werden.

Verbände – Plattform für die Mitgestaltung gesellschaftlicher Veränderungen

Sehr oft werden die Vereine und Verbände – nicht nur in Deutschland – als eine „dritte Kraft" im Politikmanagement angesehen. Diese Einordnung an sich ist jedoch nicht mit dem Automatismus einer entsprechenden Bewertung und zielorientierten Würdigung verknüpft. Im Gegenteil, sehr oft wird die Verbindung von Politikern mit Vereinen und Verbänden unterschätzt und im Spiegel der täglichen Medienpräsenz ungenügend gewürdigt. Dennoch liegen gerade in der Zusammenarbeit von Politikern mit Verbänden große Chancen für das Management von Themen und der Kommunikation in mehreren Richtungen. Da besonders die Verbände – als Dachorganisation im Bereich der Interessenvertretung – politisch arbeiten, soll in den weiteren Betrachtungen immer der Verband für die Kombination Vereine und Verbände genannt sein. Das Funktionsmodell ist aber auf beiden Ebenen anwendbar. Für beide Strukturen gilt auch, dass überwiegend die Satzungen zu einer parteipolitischen Neutralität verpflichten. Dies verwehrt aber keinesfalls eine fachlich orientierte politische Arbeit im Rahmen der Gesamtziele der Verbände. Im Gegenteil, diese Aufgabe gewinnt an Bedeutung. Daraus abzuleiten ist jedoch eine differenzierte Betrachtung des Komplexes hinsichtlich Wahlkampf und Legislaturzeitraum.

Wenn oft über Politikmüdigkeit der Menschen und schwindende Akzeptanz großer Volksparteien gesprochen wird, dann kommt im Kontext dieser gesellschaftlichen Entwicklung der Stellung von Verbänden in der Zukunft eine noch größere Bedeutung zu. Sie entwickeln sich zunehmend zu akzeptierten Plattformen für die Mitgestaltung von Werteveränderungen und gesellschaftlichen Prozessen. Basis dafür ist in der Regel ein breites Netzwerk an Mitgliedern und Fachpartnern, die Lebensnähe, Kompetenz und die Verfügbarkeit von klassischen und modernen Kommunikationsinstrumenten. Diese werden genutzt, um mit Analysen und Untersuchungen, der kontinuierlichen Vermittlung von Informationen und einem zeitnahen Wissensmanagement Impulse und Anregungen für strategische Entscheidungen, den Aufbau von Visionen, aber auch zu kurzfristigen Reaktionen im Politikbereich beizutragen. Daraus lässt sich leicht ableiten, dass die Nutzung dieser Plattformen durch die Politik sowohl temporär als auch kontinuierlich zum Vorteil für das Management von Themen und für die Kommunikation eigener politischer Inhalte, Werte und Grundsätze einzustufen ist.

Beiderseitig Vorteile nutzen: Kompetenz und Vertrauen stehen im Vordergrund

Noch interessanter erscheint dieser Ansatz aus der Sicht der Verbände selbst, die im Prozess der Gestaltung einer Wissensgesellschaft als Interessenvertreter ihrer Mitglieder ebenfalls einem Wandel unterliegen. Die Akzeptanz von Verbänden unter ihren Mitgliedern steigt, je besser es gelingt, Anliegen und Zielstellungen in den politischen Raum zu transportieren und erfolgreich zu bewegen. Qualität in diesem Prozess von Kommunikation und Moderation wird dort gegeben sein, wo ein ständiger, zeitnaher Abgleich der Problemstellungen und Vorschläge mit den politischen Inhalten und Zielen der Politikpartner erfolgt und die Zusammenstellung der Substanz mehr ist, als die Summe einzelner Interessen eines Klientels. Damit entwickeln sich Verbände immer mehr zu Informationsbrokern, Vordenkern und Managementplattformen für die Vermittlung zwischen Mitgliederinteressen, Zukunftsthemen und Politikbereichen. In der jüngeren Vergangenheit hat es in diesem Zusammenhang bei den Verbänden auch eine Neubewertung der Anforderungsprofile an politische Führungspersönlichkeiten gegeben. Ungeachtet einer guten Tradition der Würdigung politischer Verdienste von Persönlichkeiten „außer Dienst" steht die Einbindung aktiver Politiker in die Verbandsarbeit im Mittelpunkt. Nur ein aktiver Politiker verfügt wiederum über sein eigenes Instrumentarium und Netzwerk als Grundlage für den erfolgreichen Transport verbandspolitischer Ziele in Entscheidungsebenen.

Für den Politiker ergibt sich damit die Chance, eine Zusammenarbeit sowohl für seine persönliche Profilierung als auch als Vertreter seiner Partei für den Aufbau von Vertrauen, den Nachweis von Kompetenz, Kommunikation und politischer Glaubwürdigkeit zu nutzen.

Unstreitig ist, dass dabei zwischen einer aktiven Mitwirkung in einem Verband und einer passiven, temporären Mitarbeit unterschieden werden muss. Der aktiv engagierte Politiker hat wesentlich mehr Vorteile für die direkte politische Arbeit, wenn sich mit der Zusammenarbeit Effekte für den Wahlkreis oder die von ihm besetzten Politikfelder verbinden lassen. Eine kontinuierliche Zusammenarbeit ist eine bessere Grundlage für den Aufbau von Vertrauensverhältnissen als temporäre Kontakte.

Inhaltliche Aspekte – Zukunftsthemen erkennen

Durch die Möglichkeit und den inneren Ansatz der Verbände, ständig über ein breites Fachwissen und Know-how zu verfügen, ist der Politiker bei einer kontinuierlichen Zusammenarbeit stets in der Lage, die Substanz für die Evaluierung von innovativen und zukunftsorientierten Themenstellungen zu nutzen. Dabei gibt es kaum einen Bereich der gesellschaftlichen Entwicklung, der nicht im eigenen Interesse eine entsprechende Interessenvertretung organisiert hat. Die Inhalte ihrer Arbeit und deren Zuordnung zu den strategischen, aber auch tagesaktuellen Zielstellungen sind Grundlage für jede Politikarbeit. Die Verbände bieten damit die Chance für den Politiker, wichtige Indikatoren für fachliche – bei komplexen Themenstellungen auch gesellschaftliche – Entwicklungen sicherzustellen. Diese Funktion deckt damit neben der kontinuierlichen Informationsvermittlung einen wichtigen Aspekt politischer Arbeit im strategischen als auch im tagesaktuellen Bereich ab.

Eine Zuordnung von Themenstellungen zur legislationsdefinierten Zeitachse politischer Arbeit ist bedingt möglich. Die Bearbeitung von Zukunftsthemen ist nicht mit kurzfristigen Erfolgen verbunden. Meist werden auch Zusammenhänge zwischen Zukunftsthemen und grundsätzlichen Problemstellungen zu gesellschaftlichen Veränderungen verkannt oder nicht beachtet. Oftmals aber auch nicht angesprochen, weil sie schlichtweg unpopulär oder schwer zu vermitteln sind. Hier liegt eine Kommunikationsaufgabe für die Politik, zu diesen Zusammenhängen aufzuklären und zu vermitteln.

Praxistest: Gradmesser für Wirksamkeit und Glaubwürdigkeit politischer Arbeit

Für den Erfolg politischer Arbeit ist die glaubhafte Darstellung dieser Zusammenhänge von großer Bedeutung. Es reicht nicht aus, Themen wie E-Commerz, New-Media und Biotechnologien nur allgemein aufzugreifen, sondern die Menschen erwarten eine Verbindung zu ihren Alltagsproblemen und ihrer Zukunft, eine Darstellung in verständlicher Form und Sprache. Oft kommt es vor, dass eine Botschaft zielgruppenorientiert in mehreren Fassungen aufbereitet werden muss: in einer eigenen Fachsprache und verkürzt, gestützt auf Metaphern und einfache Vergleiche für die Kommunikation nach außen.

Grundsätzlich besteht damit die Chance der Zusammenarbeit mit den Verbänden in diesem Bereich, in der Evaluierung zukunftsfähiger Themenstellungen, einer praxisnahen Diskussion zu Fallbeispielen und einer darstellbaren, populären Vermittlung von Zusammenhängen mit anderen Politikzielen und -aufgaben. Damit wird auch hier das sich ergänzende und komplementäre „Gegenstromprinzip“ (Buttom-up und Down-buttom) deutlich.

Zukunftsthemen erschließen heißt aber auch, eine eigene politische Verpflichtung eingehen und Gestaltungsräume schaffen. Diese immer an Budgets gebundene Aufgabe wird von den Verbänden mit Interesse verfolgt. Die Umsetzung von Entwicklungsmodellen oder einzelnen Projekten im Auftrag der Politik und auf der Plattform von Verbänden dient nicht nur der Umsetzung von Zielstellungen für beide Seiten, sondern ist gleichzeitig ein Gradmesser für die Wirksamkeit politischer Arbeit und die Zuweisung von Kompetenz an die Verbände selbst. Gemeinsam nach solchen Projekten und Modellbeispielen zu suchen, wird somit besonders im mittelbaren Vorfeld einer Wahl und am Anfang einer Legislaturperiode – also nach der Wahl – notwendig. Im Vorfeld, um die richtigen Themen für den Wahlkampf aufzugreifen und auf der Basis entsprechender Analysen glaubhaft zu vermitteln, und im Nachgang, um diese Glaubhaftigkeit mit konkreten Beispielen für die Umsetzung der politischen Ziele unter Beweis zu stellen.

Die Einbindung von Verbänden in diesen Prozess ist ein sehr wichtiger Vertrauensbeweis und fördert die politische Glaubwürdigkeit und Akzeptanz. Im Gegenzug stellt der Verband die Praxis- und Realitätsnähe für die politische Vorgehensweise sicher und hilft die Politikansätze – nicht nur im Zusammenhang mit einer Wahl – zu vermitteln.

Chance Kommunikation nutzen

Vereine und Verbände verfügen meist über ein breites Netzwerk interner und externer Kommunikationskanäle und -instrumente. Sie beschränken sich dabei nicht auf eine Ebene, sondern sind – entsprechend der Zielstellung eines Verbandes – sowohl horizontal als auch vertikal ausgerichtet. Für den Verband kommt es darauf an, seine Zielstellungen und Themenansätze im Sinne der Interessenvertretung seiner Mitglieder ständig mit anderen Partnern und besonders mit den relevanten Politikbereichen zu kommunizieren.

Im gleichen Maß kommt auch der Innenkommunikation zum Stand der politischen Arbeit des Verbandes eine große Bedeutung zu, sowohl für die eigene Akzeptanz der Arbeit des Verbandes als auch für die Sicherstellung einer zeitnahen Informationspolitik im Sinne seiner Mitglieder.

Dazu werden die klassischen Formen wie Pressekonferenzen, Pressemitteilungen, Verbandszeitschriften, Veranstaltungen im fachlichen und politischen Raum, Foren und Gremienarbeit ebenso genutzt wie zunehmend die Neuen Medien. Es gibt heute kaum noch einen Verband, der nicht über eine eigene Homepage im Internet verfügt und die Möglichkeit der elektronischen Kommunikation nutzt. Auch die Verbindungen zu den Medien sollten nicht unterschätzt werden, zumal diese sehr oft auf Verbände bei der Bewertung einer aktuellen Situation, von politischen Entscheidungen und Diskussionen zurückgreifen. In der Zusammenarbeit des Politikers mit den

Verbänden besteht somit die Möglichkeit zum direkten oder indirekten Zugriff auf diesen Komplex von kommunikativen Instrumenten.

Im Bereich der Neuen Medien hat dies für den Politiker den großen Vorteil, dass politische Meinungen unkommentiert und -bearbeitet kommuniziert werden können. Voraussetzung ist allerdings eine sehr enge und aktive Zusammenarbeit mit den Partnern, um deutlich und glaubhaft zu vermitteln, dass diese Plattformen nicht nur temporär und für den eigenen, persönlichen Vorteil „benutzt" werden. Dies gilt insbesondere in Zeiten des Wahlkampfes, in denen sich die Verbände ohnehin im Bereich der Einzeldarstellung parteipolitischer Auffassungen zurückhalten. Im Vorfeld der Wahl sind deshalb die Veranstaltungen der Verbände wie parlamentarische Abende, Informationsveranstaltungen oder die Podiengespräche zur Diskussion von aufbereiteten „Wahlchecklisten" eher zu nutzen, um nicht die parteipolitischen Neutralitätsverpflichtungen der Verbände zu verletzen. Dennoch gibt es auch bei der Nutzung dieser Möglichkeiten genügend Spielraum für die Vermittlung von Zielstellungen und politischen Ansätzen und besonders für den Abgleich auf Realitätsnähe und Akzeptanz. Leider wird diese Möglichkeit noch zu wenig genutzt – oft von beiden Seiten.

Persönlichkeitsprofil – ein hoher Stellenwert

Erfolgreicher ist im Vergleich dazu eine aktive Einbindung des Politikers in die Arbeit von Vereinen und Verbänden, weil damit unabhängig von der Zeit des Wahlkampfes jederzeit „kraft Amtes" die Nutzung der Kommunikationsmöglichkeiten des Verbandes gegeben ist. Dies bezieht sich sowohl auf die Kommunikation im Innenbereich – dem Wahlkreis oder der entsprechenden fachlichen Zielgruppe – als auch nach außen zur Abstimmung fachpolitischer Ansätze mit anderen Ebenen oder politischen Partnern. Gleichzeitig eröffnet ein aktives Engagement neue und weiterführende Möglichkeiten, zur Popularität der politischen Persönlichkeit, der von ihr vertretenen Werte und Einstellungen beizutragen.

Dazu gehört auch die Pflege einer politischen Streitkultur und Moderationsfähigkeit. Die egozentrierte politische Führung eines Verbandes kann sich sowohl nachteilig für die Persönlichkeit als auch für den gesamten Verband auswirken. Die besseren Chancen haben Persönlichkeiten, die auf Ausgleich der Interessen und Moderation eingestellt sind – selbstverständlich ohne an den notwendigen Stellen politischer Entscheidungen das eigene politische Profil zu vernachlässigen. Die Erarbeitung von Akzeptanz und Vertrauen im eigenen Wahlkreis und in der Öffentlichkeit über die aktive Mitarbeit in einem Verband und die damit verbundene Nutzung der Kommunikationsinstrumente ist für den Politiker eine gute Ergänzung politischer Alltagsarbeit. Die Verbindung von Veranstaltungen der Verbände mit den „kleinen Events" des Alltages ist auch ein Beitrag gegen das Vorurteil des Aktionismus im Zusammenhang mit einem Wahlkampf. Jemandem, der sich im Rahmen seines Amtes oder seines Ehrenamtes in einem Verband ständig in Veranstaltungen bewegt, nimmt man es einfach eher ab, in der Zeit des Wahlkampfes mehr zu tun und damit auch zur Popularität Dritter beizutragen.

Für die Verbände selbst besteht der Vorteil auch darin, von der Popularität der politischen Persönlichkeit zu partizipieren. Auch die Zugkraft für die Teilnahme dritter Politikpersönlichkeiten an den Veranstaltungen des Verbandes ist damit wesentlich verbessert, was wiederum zu einer noch besseren Akzeptanz des Verbandes bei seinen Mitgliedern führt.

Die psychologischen Faktoren – zu oft unterschätzt

Die positiven Auswirkungen einer kontinuierlichen Zusammenarbeit von Politikern mit Vereinen und Verbänden auf die psychologischen Faktoren der politischen Arbeit werden leider noch viel zu oft unterschätzt. Eines der wichtigsten Elemente dabei ist der Gewinn an Glaubwürdigkeit eigener, aber auch parteibezogener Arbeit. Durch den persönlichen Einsatz für die Interessen von Vereins- oder Verbandsmitgliedern ist ein nachvollziehbarer Maßstab für die politische Arbeit gegeben, der in der Anonymität politischen Alltagsgeschäftes zu oft vermisst wird. Vielfältige Kontakte sind Voraussetzung für Sympathien und Akzeptanz der Persönlichkeit.

Gleichzeitig wirkt der Verband im Umkehrschluss als Vertrauenspartner und Indikator für die persönliche Leistung und politische Arbeit, für die Kommunikation von Persönlichkeit und Meinungen, aber auch als indirekte Plattform für die Profilierung im Innensystem der Politik- und Parteistrukturen. Eine Persönlichkeit, die nicht allein über das politische Mandat, sondern ergänzend auch über ein engagiertes Ehrenamt bekannt ist und zur politischen Meinungsbildung beiträgt, hat mittels dieses Hintergrundes ein größeres „Standing“ im politischen Alltagsgeschäft und wird bessere Chancen im Wahlkampf haben.

Ein weiterer Aspekt ist die Sympathiebezogenheit zu sogenannten „positiven Diensten und Themen“. Ein Politiker, der sich für ein sogenanntes „positives Thema“, einen damit verbundenen Verband aktiv engagiert, wird zunehmend mit diesem Thema in Verbindung gebracht. Es gibt eine positive Personifizierung, die für die politische Arbeit fördernd wirkt. Ein Politiker, der gleichzeitig auch ein Sympathieträger ist, bekommt einen Bonus im Bereich „Persönlichkeitsbewertung“, wenn der Wähler seine Entscheidung abwägt. Dieser Aspekt kommuniziert sehr stark mit der Art und Weise, der Form und Sprache, wie Arbeit und Themen kommuniziert werden. Entscheidend ist dabei die Nähe zum Wähler, auch seiner Sprache. Einfach gesagt: „Dem Volk auf′s Maul geschaut“ – ein Aspekt, der im Zusammenhang mit dem Umgang in Vereinen und Verbänden nicht nur trainiert, sondern gelebt werden kann. Die Kunst für einen erfolgreichen Politiker besteht darin, eine Botschaft vor unterschiedlichem Klientel im Sinne hoher Akzeptanz und Glaubwürdigkeit differenziert zu kommunizieren. Das heißt, vor den Fachleuten die schmale Spur einer zunehmend anglisierten Fachsprache zu nutzen und zum Volk mit des Volkes Stimme zu sprechen, verständlich und umgänglich.

Neben den Faktoren Sympathie, Glaubwürdigkeit und Volksbezogenheit spielt zunehmend die Frage des Vertrauens eine Schlüsselrolle. Keiner der Aspekte ist allein für sich bezogen zu bewerten. Der Erfolg ist von der professionellen Beherrschung der Gesamtheit abhängig. Nur die Summe der einzelnen Elemente und eine ganzheitliche Beherrschung der Prozesssteuerung führt im Kontext zu einem kontinuierlichen Engagement zu hohem Vertrauen. Das schafft eine solide Basis – als Voraussetzung für die Unterstützung eines Politikers in Person oder der von ihm vertretenen Politik oder Partei. Dabei kann das aktive Engagement einer politischen Persönlichkeit in einem Verband nur ergänzend wirken. Der Erfolg indes ist keine Einbahnstraße und nicht allein in einem erneuten Wahlerfolg abzulesen. In dieser Gesamtbewertung gibt es für beide Seiten gute Gründe, um sich der Frage einer aktiven Zusammenarbeit anzunähern.

Gute Gründe für Verbände, sich um die aktive Mitwirkung von Politikern zu bemühen:

- Ziele, Anliegen und Vorschläge, aber auch Probleme werden politisch transportiert
- Beitrag zum Zugang zu politischen Entscheidungsebenen
- gesellschaftliche und politische Anerkennung der Arbeit des Verbandes
- Vorteil eines direkten Kontaktes zu politischen Entscheindungsträgern
- Zugang zu vielen direkten und tangierenden Informationen aus dem politischen Umfeld
- größere Akzeptanz des Verbandes bei Dritten
- Möglichkeit, die Arbeit des Verbandes mit den politischen und gesellschaftlichen Kontakten des Politikers zu verbinden
- Die Mitglieder erwarten zunehmend Erfolge bei der Durchsetzung politischer Zielstellungen und der Lösung von Problemen.

Gute Gründe für Politiker, sich aktiv in die Arbeit von Verbänden einzubringen:

- ständige Verfügbarkeit von Informationen und Analysen, Vorschlägen und Ideen für die politische Arbeit
- Möglichkeit, den Verband im Sinne einer Fachberatung zu nutzen
- Nutzung der Kommunikationsmöglichkeiten des Verbandes nach innen und außen
- Chance zur Profilierung eigener, themenbezogener politischer Arbeit durch den Zugewinn an Wissen und Informationen
- positive Wirkung des ehrenamtlichen Engagements auf Multiplikatoren
- Beitrag zur Erhöhung des Bekanntheitsgrades und des Images einer Persönlichkeit
- Chance zur indirekten Vermittlung parteipolitischer Intentionen im aktiven politischen Dialog
- Möglichkeit der Verbindung von Sympathiewerten mit der Person über das fachliche Thema

Insgesamt lohnt es sich – und zwar für beide Seiten –, eine aktive Zusammenarbeit anzustreben und zu praktizieren. Und es ist wie so oft im Leben: Die Früchte werden nicht allein am Wahltag geerntet, sondern die konstruktive Kooperation hilft primär, längerfristig eine Wählerentscheidung aufzubauen. Der Funktionsmechanismus ist auf Kontinuität ausgerichtet, im Rahmen eines Zusammenwirkens von Kompetenz und Persönlichkeit, der Ausgestaltung von Wechselwirkungen politischer und fachlicher Kompetenz mit Image, Bekanntheitsgrad, Sympathie und Persönlichkeitsprofil eines Politikers. Insofern bestätigt sich auch diese Betrachtung: Wahlkampf ist nicht eine temporäre Frage, sondern im Kontext mit der politischen Alltagsarbeit zu betrachten.

6. Themen-Management: Was interessiert den Wähler?

Manfred Güllner

„Themen besetzen" – das ist zu einem Lieblingsbegriff aller Parteien geworden. Gemeint ist damit, dass man die öffentliche politische Diskussion mit eigenen Themen bestreitet, ehe der politische Gegner sich eines Problems annimmt. Und natürlich ist damit die Hoffnung verbunden, dass sich die von einer Partei initiierte öffentliche Diskussion eines Themas am Wahltag auch in Stimmzuwächsen für die eigene Partei und entsprechende Verluste für die gegnerische Partei niederschlägt.

Allerdings zeigt die Vergangenheit, dass die Kommunikationsprozesse zwischen Politik und Wahlbürgern nicht so einfach linear ablaufen, dass tatsächlich die Partei bei Wahlen am besten abschneidet, die die meisten Themen „besetzt" hat.

Dabei ist es heute kein großes Problem mehr, die Themen herauszufinden, die die Bürger interessieren. Dafür müssen die Parteien nur die Ergebnisse der Umfragen zur Kenntnis nehmen, die nunmehr – wie zuvor schon in den meisten westlichen Demokratien – auch in Deutschland mehr oder weniger kontinuierlich zur Beobachtung der Meinungsbildungs- und Entscheidungsprozesse der Wahlbürger durchgeführt werden.

forsa z. B. fragt seit Ende 1991 jeden Tag (von Montag bis Freitag) 500 Personen (offen, ohne jede Vorgaben) nach den drei wichtigsten Themen und den drei wichtigsten Problemen. Im Jahr 2000 z. B. (kumulierte Werte von Januar bis September) gab es in der Wertung der Bürger folgende Problem-Prioritäten:

- **Wichtigste Probleme in Deutschland im Jahr 2000 *)**

Arbeitslosigkeit	60 %
Renten	12 %
Benzinpreise	11 %
Rechtsextremismus	10 %
Parteien, Politiker	8 %
Kriminalität	7 %
Steuerpolitik	7 %

Ausländerfeindlichkeit	7 %
CDU-Spendenskandal	6 %
Umweltprobleme	6 %
Euro-Kurs	5 %
„Jugend ohne Zukunft“	5 %
Ausländer	5 %
Bildungspolitik	4 %
Gesundheitspolitik	4 %

*) kumulierte Werte für Januar bis September 2000 (aufgenommen wurden nur Nennungen mit einem Anteil von 4 oder mehr %)

Damit haben die Parteien jederzeit einen Überblick darüber, welche Sorgen, Nöte und Ängste die Bürger haben.

Wie aber kann diese Liste der Problem-Prioritäten von den Parteien in ihrem Sinne beeinflusst werden? Und können sie Diskussionen über das eine oder andere Politikfeld, die sie für opportun halten, in Gang setzen? Dies scheint nicht so einfach zu sein, wie es mit dem Begriff „Themen besetzen“ vorgetäuscht wird. Denn schaut man sich die Themen an, die die Menschen in Deutschland im Verlauf des Jahres 2000 am stärksten bewegt haben, dann sind es durchweg Themen, die von den Politikern und Parteien nicht von sich aus aktiv in die öffentliche Diskussion gebracht wurden.

Als wichtigste Themen wurden im Laufe des Jahres 2000 von den Bürgern angesehen:

- der CDU-Spendenskandal,
- die Benzinpreise,
- die Fußball-Europameisterschaft,
- die Olympiade.

Außer acht gelassen werden bei unseren Überlegungen Naturkatastrophen (wie Flugzeugabstürze), die sich ohnehin dem Zugriff der Politik entziehen, Aber auch ein Thema wie der CDU-Spendenskandal ist ja nicht von den Parteien in die öffentliche Diskussion gebracht worden. Zwar sind die Parteien – wie in diesem Fall die CDU – mit ihren internen Vorgängen Auslöser für die Diskussionen, doch das Ausmaß des Interesses der Bürger an diesem Thema konnten die Parteien nicht beeinflussen. Dass zeitweise über 60 % aller Bundesbürger Ende 1999 und über viele Wochen des Jahres 2000 diese Spendenaffäre der CDU für das wichtigste Thema hielten, konnte weder von der CDU gewünscht noch von der SPD gesteuert werden.

Die Bürger selbst bestimmen heute souverän, welche Themen sie für wichtig halten und welche nicht. Dabei übernehmen sie auch nicht nur im Verhältnis 1:1 das, was die Medien – ob elektronische oder Print-Medien – ihnen als Themen anbieten. Es kann durchaus sein, dass Themen, über die in den Medien ausführlich berichtet wurde, von den Bürgern als nicht sonderlich wichtig eingestuft werden. Und umgekehrt können Themen, die in der Berichterstattung der Medien eine eher untergeordnete Rolle spielen, von den Bürgern für überaus wichtig gehalten werden.

Wie schwierig es ist, Themen zu „setzen" oder zu „besetzen", musste im Spätsommer 2000 die Union mit ihrem Versuch erfahren, die Ökosteuer zu einem Thema zu machen, das ihr aus dem langanhaltenden Stimmungstief heraushelfen könnte. Mit den Aktionen gegen die Ökosteuer erreichte sie über ihre Kernwähler hinaus kaum neue Sympathisanten. Das Interesse an der Ökosteuer stieg nur unwesentlich von 3 auf 7 % an. Was die Menschen im Spätsommer 2000 interessierte, waren die hohen Benzinpreise. Die gestiegenen Kraftstoffpreise fanden das Interesse von weitaus mehr als 50 %. Hierfür aber war nicht die Kampagne der Union verantwortlich, sondern die Erfahrung der Autofahrer an den Zapfsäulen der Tankstellen. Für die hohen Benzinpreise wurde vom Bürger zudem nicht in erster Linie die Steuerpolitik der Bundesregierung, sondern das Verhalten der ölproduzierenden Länder und der Mineralölkonzerne verantwortlich gemacht.

Das hohe Interesse an Ereignissen wie der Fußball-Europameisterschaft im Juni 2000 oder an der Olympiade im September zeigt weiterhin, dass politische Themen oft in Konkurrenz mit anderen Ereignissen stehen. So wurde das Interesse an den hohen Benzinpreisen im Juni 2000 rasch verdrängt vom Interesse an der Fußball-Europameisterschaft.

Und selbst im Wahlkampf zur Bundestagswahl 1998, der auf hohes Interesse der Wahlbürger stieß, fanden die Bundesbürger Ereignisse durchaus wichtig, die mit der bevorstehenden Bundestagswahl nichts zu tun hatten.

Dazu gehörten u. a.

- das Grubenunglück in Österreich (für 52 % aller Bundesbürger wenige Wochen vor der ´98er Wahl das wichtigste Thema),
- der Clinton-Prozess (für 29 % das wichtigste Thema),
- die Lage in Russland (von 25 % als wichtigstes Thema genannt),
- Flugzeugabstürze (von 22 % als wichtigstes Thema genannt),
- die Anschläge auf US-Einrichtungen in Afrika ,
- die Gasexplosion in Berlin (14 %),
- der Rücktritt von Berti Vogts (19 %).

Diese Beispiele zeigen, in welchem Konkurrenzumfeld sich politische Themen selbst in Zeiten bewegen, in denen die Menschen – wie im Bundestagswahlkampf 1998 – an Politik besonders interessiert sind.

Es ist also für die Parteien nicht schwer herauszufinden, welche Themen für die Bürger wichtig sind und welche Probleme sie bewegen. Nur: Die Parteien haben es schwer, von sich aus die Meinungsbildungsprozesse der Bürger so zu steuern, dass sie nur die von den Parteien „gewollten" Themen wahrnehmen.

Bedenken sollten die Parteien zudem, dass nach allen Erfahrungen Themen nicht in jedem Fall wahlentscheidend sind. Meistens haben die Bürger nicht einzelne Themen dazu bewegt, der einen oder anderen Partei ihre Stimme zu geben, sondern der Eindruck von der generellen Kompetenz und Fähigkeit einer Partei.

Ausnahmen – wie die hessische Landtagswahl vom Februar 1999 – bestätigen eher diese Regel. Bei dieser Landtagswahl gelang es der CDU mit Hilfe des Themas „doppelte Staatsbürgerschaft", ihre Anhänger vollständig zu mobilisieren und zum Gang zur Wahlurne zu motivieren. Umgekehrt hatte die SPD – obwohl die landespolitischen Indikatoren wie die Kompetenz der hessischen Parteien oder die Sympathien und Präferenzen für die damaligen Spitzenkandidaten Eichel und Koch eindeutige Vorteile für die Hessen-SPD signalisierten – so große Mobilitätsdefizite, dass es zu einem Regierungswechsel in Hessen kam. Dabei nutzte es der CDU in Hessen, dass die der Union am 27. September 1998 bei der Bundestagswahl verbliebenen Wähler über den Machtwechsel auf Bundesebene geschockt waren und jedes Thema – wie z. B. die doppelte Staatsbürgerschaft – zum Anlass nahmen, um diesen Unmut gegen die neue Regierung zu artikulieren.

Bei den meisten Wahlen aber haben Themen eine geringere Rolle gespielt, als es die Wahlstrategen der Parteien vor der Wahl geplant und nach der Wahl in ihren Analysen wahrhaben wollen. Unterschätzt wird deshalb meist der Einfluss der Kandidaten: nicht nur des jeweiligen Spitzenkandidaten, sondern auch der der Repräsentanten der Parteien auf allen Ebenen der Politik.

Den Parteien soll keinesfalls empfohlen werden, nicht mehr darauf zu achten, welche Themen die Menschen bewegen und welche Probleme sie für wichtig halten. Doch sollten sie bedenken, wie souverän die Bürger Themen wahrnehmen und Prioritäten setzen. Sie sollten deshalb versuchen, ihre politischen Kompetenzen für alle Politikfelder so zu optimieren, dass sie vom Wähler für wählbar gehalten werden. Mit einem „Themen-Management" allein ist der Wahlerfolg nicht garantiert.

7. Themen-Management: Wie finde ich die Themen?

Peter Radunski

Renaissance der Themen

Guter Wahlkampf ist beides:
Personalisierung und Thematisierung. Wer im Wahlkampfmanagement nur auf Personen setzt, kann Überraschungen erleben: Die Serie „Ich bin der Kanzler – oder der Kanzlerkandidat" kann auch zum Abschalten gelangweilter Zuschauer führen. Und wenn bei Kompetenzumfragen die höchste Zahl der Befragten antwortet „Keine der Parteien kann das Problem lösen", ist Themenmanagement in der Wahlkampfführung gefragt. Das Wiederaufleben von Themen im Wahlkampf hilft Glaubwürdigkeitskrisen überwinden und ist angesichts von Wählerängsten und -fragen im Globalisierungszeitalter ein wichtiger Ausdruck politischen Gestaltungswillens, der die eigene Anhängerschaft mobilisieren und die große Zahl von Wechsel- und Nichtwählern überzeugen kann.

Themenmanagement und Changemanagement begründen den Führungsanspruch und die Kompetenz des politischen Managements im Wahlkampf. Es ist falsch verstandene Amerikanisierung des Wahlkampfs, wenn allein Stil und Atmosphäre um Personen, nicht auch Substanz von Themen und Werten – wie im Clinton-Wahlkampf 1996 – übernommen werden.

I. Themenfindung

Es gibt vier Möglichkeiten, Themen zu finden und zu definieren:

1. Umfragen
2. Workshops mit Fachleuten
3. Agenda-setting der öffentlichen Meinung
4. Gegnerbeobachtung

Wer ein Thema zum Wahlkampfthema machen will, muss sich seiner Sache sicher sein und es durchhalten können. Jüngstes Beispiel war die „Kinder statt Inder"-Kampagne der CDU in NRW: Obwohl das Thema in der Wählerresonanz Zustimmung fand, konnte es die Partei nicht überzeugend durchtragen.

Ein Wahlkampfthema muss folgende Kriterien erfüllen:

a. Persönliches Interesse oder Betroffenheit von Wählergruppen (Wechsel- und Nichtwähler), die das Thema wichtig finden.

b. Es muss der Partei oder ihren Kandidaten zugeschrieben werden, also glaubhaft vertreten werden.

c. Es muss als lösungsfähig angesehen werden (nicht einfach Abschaffung der Arbeitslosigkeit versprechen).

d. Mit zwei bis drei Maßnahmen muss die Lösung sichtbar werden.

e. Auch wenn die gegnerische Partei die gleiche Zielsetzung hat (Position Issue), muss doch ein deutlich unterscheidbarer Weg zum Ziel angeboten werden (Valance Issue).

1. Umfragen

Themenmanagement verlangt intensive Umfragen und erfordert eine größere Rolle der Meinungsforscher im Wahlkampfmanagement als bisher.

- Grundstimmungen und Trends (Benchmark-Polls)

- Basisuntersuchungen, die jeder Kampagne zugrunde gelegt werden, erfassen die politische Stimmung, die Bedeutung politischer Themen und die Einstellung der Wähler dazu. Diese Umfrage könnten alle Parteien gemeinsam in Auftrag geben, dann aber ihre jeweilige Interpretation zur eigenen Themenentscheidung entwickeln. Analyse der Wahlergebnisse und Nachwahluntersuchungen aus vorangegangenen Wahlen ergänzen diese Analyse-Daten.

- Wahlkampfverlauf und Meinungsentwicklung
  Hier wird mit qualitativen Umfragen in Focus-Groups, aktuellen Umfragen (Brush-fire-Polls) und Trendumfragen über einen längeren Zeitraum (Tracking- Poll) gearbeitet. Besonders die Veränderungen der Mei-

nungen zeigen, wie die Kampagne läuft: ein wichtiges Steuerungselement.

- Innerparteiliche- und Massenkommunikationsstudien
  Damit werden Anhaltspunkte für die Mobilisierung oder Kampagnenfähigkeit der eigenen Partei ebenso gewonnen wie über die Seh-, Hör - und Lesegewohnheiten der Wähler. Das ist für die gezielte Ansprache in der Themenkampagne ausschlaggebend.

- Semantische Analysen und Redetests
  Begriffe, Sachargumente, Aussagesätze werden für die Kampagne getestet und besonders die vom Kandidaten in Reden, Interviews und Fernsehauftritten gewählten Überzeugungssätze überprüft.

- Werbemitteltests
  Schließlich werden die Werbemittel danach überprüft, ob sie Botschaft und Inhalt der Themenkampagne überzeugend vermitteln können, d.h. vom Wähler verstanden und akzeptiert werden.

- Lifestyle-Studien
  Wählertypologien werden nach spezifischem Verhalten und Gewohnheiten entwickelt, wie sie die Werbebranche nutzt. Nicht die klassischen, politischen Einstellungen oder sozialen Eingruppierungen, sondern Mentalität, Lebensart und Lebensgefühl bestimmen dann die Zielgruppen, um treffsicher die Themen zu adressieren.

2. Workshops mit Fachleuten

Wissenschaftliche Politikberatung, die Einbeziehung von Wirtschaftsfachleuten, Vertretern moderner Technologien sowie Kommunikationsfachleuten können in Briefings, Workshops oder auch eigenen Themenpapieren die Kampagnenthemen herausfiltern helfen. Wichtig dabei ist ihre Integration in die Wahlkampfüberlegung. Sie müssen in das Wahlkampfmanagement einbezogen werden, d.h. mit den verantwortlichen Managern und Politikern zusammenarbeiten. Effizientes Themenmanagement gelingt nur mit gut durchdachten Themen.

3. Agenda-Setting der öffentlichen Meinung

Im Kampf um die Aufmerksamkeit im Wahlkampf haben die Wahlkampfmanager eine Konkurrenz: Themen werden von den Medien auf die Tagesordnung gesetzt (Agenda-Setting-Function). Damit muss das Themenmanagement im Wahlkampf umgehen, ein medienwirksames Thema aufnehmen und behandeln. Deshalb gehört intensive, systematische Medienbeobachtung zu jedem erfolgreichen Themenmanagement.

4. Gegnerbeobachtung

Themenmanagement ist auch eine Auseinandersetzung mit dem politischen Gegner, seinen propagierten Themen oder den Themen, die er scheut. Auf die Themenkampagne des Gegners kann mit Antworten, Vergleichen oder anderen Angriffen reagiert werden. Auch sind Versuche nicht selten, durch Ablenkungskampagnen den gegnerischen Themen auszuweichen oder diese zu ignorieren, was meist ein Fehler ist, wenn es sich um die Hauptkonkurrenten handelt. CDU und SPD müssen in der Themenauseinandersetzung aufeinander reagieren.

Die verschiedenen Erkenntnisse zu einem Konzept des Themenmanagements zusammenzufassen, bedarf einer konzeptionellen Kraft und des Mutes zur politischen Entscheidung. Die Themensetzung im Wahlkampf ist eine Kommunikationsentscheidung, der politische, ökonomische, soziale und sozialpsychologische Prozesse innewohnen, die durch politische Vorgaben und Entscheidungen zu steuern ist. Themenmanagement im Wahlkampf ist Politik.

II. Umsetzung der Themen

Zur Umsetzung der Themen im Wahlkampf kann man den organisatorischen oder kommunikativen Weg einschlagen. In der Praxis werden Organisations- und Medienkampagne kombiniert. Das Repertoire der Wahlkämpfer verfügt über folgende Instrumente:

1. Parteikampagne
2. Projektmanagement
3. Personalisierte Themensetzung
4. Impulsreden
5. Werbung
6. Redaktioneller Wahlkampf (War-Room-Strategy)
7. Internet und Intranet

1. Parteikampagne

Organisatorisches Problem jedes Managements ist es, Inhalte und Zielsetzung mit der Themenkampagne den eigenen Parteianhängern bekannt zu machen und sie dafür zu engagieren. Über eigene Informationsmedien, Faxdienste, Internet bzw. Intranet sowie einer Darstellung der Themen in den Massenmedien kann das gelingen. Wichtiger aber ist, dass die Partei ihre Lebendigkeit und Offenheit in Diskussionen wiedergewinnt und nicht zur Selbstbestätigung unter sich bleibt. Themenkampagnen als Parteikampagnen müssen langfristig vorbereitet sein: Parteitagsbeschlüsse als Ergebnis von Basisdiskussionen, offene Parteiveranstaltungen mit interessierten Bürgern und schließlich eigene Vorschläge aus den Parteigliederungen. Offene, lebendige Parteiorganisationen können eine wichtige Hilfe im Themenmanagement sein, eine selbstreferentierende Parteibasis verhindert ein optimales Themenmanagement. Deshalb ist es wichtig, die Themenkampagne mit einem Vorlauf in der Partei zu beginnen, bei dem durch eigene Diskussionserfahrung mit dem Wähler die Parteimitglieder ihre Themen finden und einschätzen lernen. Diese langfristig aufgebaute Themenkampagne ist wirksam, weil sie eigene Anhänger fit für die Wählergespräche macht und die Wähler nicht durch kurzfristige Überrumplung in der heißen Wahlkampfphase gewinnen will.

Selbstverständlich stehen dabei die Mandatsträger auf allen Parteiebenen als Motivatoren und Organisatoren in vorderster Front. Der Dialog mit dem Wähler kann sich auch auf die Frage nach wichtigen und ihn interessierenden Themen selbst beziehen. Beispiel: CDU-Kampagne 1995 in Berlin „Meckeraktion – Wähler sagen ihre Meinung“. Hier liegen ja auch die Kommunikationslücken für die Parteien. Massenmedien informieren die Bürger, aber sie können nur bedingt die eigene Ansicht artikulieren. In Dialogkampagnen der Parteien dagegen gibt es das Gespräch Wähler – Politiker.

Erfolgreiche „Dialogparteitage“ hat die CDU als Bundespartei mit dem Jugendparteitag (1981 in Hamburg) und mit dem Frauenparteitag (1985 in Essen) veranstaltet. Grundidee: 500 Gäste aus der betroffenen Gruppe können auf dem Parteitag als Nicht-Mitglieder bei der Programmerstellung durch eigene Beiträge mitmachen. Die Partei führte an der Spitze vor, was die Gliederungen an der Basis nachvollziehen sollten. Das gelang mit großer Unterstützung der Medienberichterstattung.

2. Projektmanagement

Ein zukunftsträchtiger und erfolgversprechender Ansatz ist das Themenmanagement als Projekt. Kerngedanke ist der Aufbau eines Netzwerkes zur Lösung eines Problems, bei dem alle Betroffenen und Interessierten beteiligt sind. Beispiel: Berliner CDU seit 1999 „Bündnis für Berlin – Computer an alle Schulen". Begonnen als plakativ-werbliche Aussage, wurden Gespräche mit allen Beteiligten aufgenommen: mit Schülern, Eltern, Lehrern, Computerfachleuten, Vertretern der Industrie- und Handelskammern, Sponsoren, Informationstechnologen, Erziehungswissenschaftlern etc. Ziel ist es, dass Problem deutlich zu machen und zu lösen. Ein Spitzenpolitiker oder ein von ihm ernannter Manager leitet das Projekt und die entscheidenden Gespräche, Konferenzen, Veranstaltungen, Briefings etc. Wohl alle entscheidenden Themen der Gegenwart könnten in diesem Stil von den Wahlkämpfern als langfristige Maßnahme so behandelt werden: Arbeitslosigkeit, Umbau des Sozialstaats, Bildung, neue Technologien, Ausländerfragen, schlanker Staat. Projektmanagement begründet langfristig Glaubwürdigkeit und Kompetenz, führt über die engen Grenzen innerparteilicher Diskussion durch die Beteiligung vieler Menschen hinaus.

3. Personalisierte Themensetzung

Schröders Beispiel wird Schule machen: Unabhängige, nicht zur politischen Prominenz zählende Persönlichkeiten von „außen" für wichtige Themenfelder der Partei im Wahlkampf mit einem Amtsversprechen vorzustellen. In Landtagswahlen kam es häufiger vor, dass Frauen und Männer insbesondere aus Verbänden in die Wahlkampfmannschaft berufen wurden. Sie repräsentierten Gruppen und wichtige Themen, artikulierten diese Themen aber kaum. Bei Jost Stollmann und Michael Naumann war die Berufung themensetzend im Bundestagswahlkampf 1998. Sie sollten mit ihrer Person und ihren Aussagen Themen in den Vordergrund bringen, die von der Partei vernachlässigt worden waren: Wirtschaft mit neuen Technologien und die Bedeutung der Kultur. Durch intensive Medienkampagnen und das kommunikative Talent beider Kandidaten gelang diese Profilierung neuer Themen und damit eine neuartige Thematisierung über Personen.

4. Impulsreden

Reden führender Politiker können Themenkampagnen auslösen. Helmut Kohls „Standort Deutschland“-Reden 1994 bewirkten dies ebenso wie Gerhard Schröders „Green-Card“-Rede 2000. Solche Reden sind Ausgangspunkt für Themenauseinandersetzungen, die über den ursprünglichen Impuls der Reden weit hinausgehen. So führte der Green-Card-Anstoß zu Wahlkampfauseinandersetzungen in NRW und zur großen Debatte um ein Einwanderungsgesetz. Die „Ruck“-Rede des Bundespräsidenten Roman Herzog 1998 ist ebenfalls als überparteilicher Anstoß konzipiert worden. Präsident Clinton hat 1996 seine „State of the union adress“ bewusst für seine Werte-Kampagne eingesetzt.

5. Werbung

Die Möglichkeit, über Werbung politische Themenkampagnen zu fahren, wird in Deutschland unterschätzt – wohl auch deshalb, weil den Parteien das Geld für die nötige Intensität einer Themenwerbung fehlt. Werblich aufbereitete Themen auf Plakaten, in Zeitungs- und Magazinanzeigen, Zeitungsbeilagen, Hörfunk- und Fernsehspots sowie gezielt verwendeten Themenpapieren können Politik wirksam thematisieren. Bedingung ist eine knappe, klare Aussage zum Thema mit einem präzisen Maßnahmen-Vorschlag. So können Positionen, Lösungsvorschläge, Ablehnungen in Messages, Slogans, Kurzargumenten, Weitersagesätzen (volksliedhaft einfach) erfolgreiche Mittel des Themenmanagements sein. So hat die Clinton-Kampagne 1995/1996 ein Jahr vor den Präsidentschaftswahlen begonnen, Werte und Themen über Werbung zu propagieren. Nachweisbare Wirkung bei Wählern wurde dabei erzielt.

6. Redaktioneller Wahlkampf (War-Room-Strategy)

Jedes Themenmanagement strebt Berichterstattung in den Medien an: redaktioneller Wahlkampf, d.h. professionelles und insbesondere fernsehgerechtes Ereignis- und Themenmanagement. Berichterstattung im Fernsehen macht Themen glaubwürdiger und bekannter. Parteitage, Hearings, Fachkonferenzen, Spitzengespräche mit führenden Fachleuten sind Mittel der Thematisierung in Massenmedien, auch der Auftritt von Politikern im Fernsehen. Was im Wahlkampf diskutiert wird, bestimmen nicht nur Politiker und Wahlkampfmanager, sondern von allem die Medien (Agenda-Setting-Funktion). Themenmanagement heißt deshalb Inhalt, Tempo und

Form der Medien aufnehmen, der redaktionelle Wahlkampf muss wie in Redaktionen von Fernsehsendern und Tageszeitungen geführt werden (Redaktionsstil). Die öffentliche Diskussion muss Tag für Tag, ja Stunde um Stunde verfolgt und beantwortet werden. Bill Clintons „War-Room" hat das vorexerziert. Hier wurden Interpretationen, Antworten und eigene Initiativen zu politischen Themen redaktionell umgesetzt.

7. Internet und Intranet

Intranet für innerparteiliche Kommunikation und Internet für die direkte Kommunikation mit dem Wähler werden mit der massenhaften Verbreitung und Nutzung elektronischer Kommunikation und mit ihren Möglichkeiten, Bild, Ton und Schrift zu vermitteln, das Themenmanagement revolutionieren. Laut Umfragen bei internationalen Wahlkampfmanagern ist das Internet noch nicht ein zentrales Wahlkampfmittel. Immerhin berichtet die SPD aus dem 98er Bundestagswahlkampf von 10 % Nutzern ihres Internetangebots in der Wählerschaft. Zweifellos gehört dem Internet in den Themenkampagnen die Zukunft, zumal es die beweglichen, gutausgebildeten und interessierten Schichten der Wählerschaft anspricht. Das Internet ermöglicht sowohl die Information über Programm-Projekte als auch interaktive Formen wie Anfragen und Vorschläge der Bürger. Von erheblichem Vorteil sind auch die Aktualität und das Tempo, mit denen Themen behandelt werden können. Die geschätzten rund 16 Millionen Deutschen mit Internetzugang haben einen hohen Wechselwähler-Anteil. Sie nehmen gegenwärtig noch hauptsächlich an den Diskussionsforen und Politiker-Chats der Parteien im Internet teil. Sie wären sicherlich auch für intensivere Themendiskussionen im Rahmen von Projekten und Themenentwicklungen zu beteiligen. Allein diese neuen Möglichkeiten des Internets und E-Mails erfordern einen substanziellen Dialog mit dem Wähler im Rahmen des Themenmanagements.

Themen im Wahlkampf

Für Parteien und Kandidaten gilt es, im Zeitalter der Globalisierungsherausforderung Themen zu finden, die im Wahlkampf die Mitte der Wählerschaft ansprechen: Der Skepsis der Wählermeinung über die Lösungskompetenz der Parteien müssen konkrete, diskussionswürdige Vorschläge entgegengestellt werden. Vorschläge, die persönliche Wählerinteressen wie die Gesamtheit der Gesellschaft betreffen können, aber auch den Wählern etwas abverlangen. Themenmanagement, das nur verspricht und nicht fordert, wird unglaubwürdig. Clintons Motto 1996: „Opportunity and Responsibility“ beschrieb diesen Weg: Chancen eröffnen und Verantwortung fordern. Für Clintons Strategen Dick Morris ist klar: Wähler wollen Taten, Resultate und spezifische, konkrete Vorschläge sehen. Nicht nur die eigenen Interessen stehen im Vordergrund der Wählermotivation, sie können überzeugend für Ziele gewonnen werden, die andere (z. B. Armut) oder die Gesamtheit (Umwelt) betreffen. In die Politik ist durch die modernen Fragestellungen der Ernst zurückgekehrt. Themenkampagnen müssen diese Ernsthaftigkeit aufnehmen. Bildung, Arbeit, Renten, innere Sicherheit, Ausländer, Einwanderung, der Euro, das neue Europa sind Themen, die in Wahlkampagnen nicht im „Designer-Look“ präsentiert werden können, wenn Lösungskompetenz für Kandidaten und Parteien aufgebaut werden soll. Professionelles Themenmanagement ist gefragt, wenn Parteien die Achterbahn der Stimmungs- und Meinungskonjunkturen überstehen wollen. Ziel ist die mittel- oder längerfristige Bindung von Wählern oder Mitgliedern. Wahlkampfmanager haben einen doppelten Auftrag: wählerwirksame Themen zu finden und sie überzeugend zu vermitteln.

8. Der Wahl-Sonntag

Otto Altendorfer

Der Wahl-Sonntag steht am Ende eines zumeist langen und strapaziösen Wahlkampfes. Er bildet aber nicht den passiven Abschluss des Wahlmarathons, der zum ersten Entspannungstag für den Kandidaten zählt, sondern einen wichtigen Baustein in der Werbestrategie von Kandidaten. Es gibt nicht wenige Beispiele dafür, dass intelligentes Auftreten und Handeln gerade am Tag der Wahl eine Wahl entscheiden kann.

Wahlkampf gewinnt zunehmend an Bedeutung

Die wichtigsten Informationsquellen in politischen Fragen sind für die Bevölkerung trotz Neuer Medien weiterhin Fernsehen und Tageszeitung. In Zeiten des Wahlkampfes berichten sie zunehmend breiter über die Parteien und ihre Kandidaten. Je intensiver dabei die Wähler die Medien nutzen, desto höher wird die Akzeptanz für die Parteien. Medien scheinen somit nicht den gemeinhin angenommenen negativen Einfluss auszuüben, sondern die Bürger nutzen die Medien sehr intensiv zur Information über politische Sachverhalte.

Daneben sind in den westlichen Demokratien Trends zu beobachten, die eine Professionalisierung der Wahlwerbung zwingend nahe legen. Zum einen ist eine erhebliche Aufweichung der emotionalen und rationalen Bindung des Wählers an Parteien zu verzeichnen; dieser nachlassenden Parteiidentifikation steht eine wachsende Anzahl von Wechselwählern und der Neigung zum Stimmensplitting gegenüber. Völlig ausgedient für die Bindung an Parteien haben soziodemographische Charakteristika.

Aus diesen Erkenntnissen folgt, dass Wahlkämpfe für Parteien und Politiker wieder erheblich an Bedeutung gewonnen haben. Sie mobilisieren nicht nur das dünner gewordene eigene Wählerpotential, sondern sie sprechen auch breite Schichten von unentschlossenen oder zum Wechsel entschlossenen Wählern an.

Personalisierung der Wahlkampfes

Zusammen mit einer stärkeren Orientierung an Images statt an Themen wird der moderne Wahlkampf immer stärker personalisiert. Diese Wahl-Person inszeniert zunehmend Medienereignisse, die nur mit der Zielrichtung veranstaltet werden, dass die Medien darüber berichten. Slogans und „werthaltige Rhetorik“ dienen dazu, von wirklichen Problemen abzulenken.

Diese Personalisierung hat zudem den Vorteil, dass auch dem Wahlkampf, dem ansonsten von der Gesamtbevölkerung relativ wenig Interesse geschenkt wird, wieder mehr Aufmerksamkeit zukommt. Gerade der Ereignis- oder Eventwahlkampf mit der Person im Mittelpunkt erreicht hohe Reichweiten.

Psychologische Bedeutung der aktuellen Erinnerung

Es scheint mittlerweile in der Wahlforschung festzustehen, dass erst kurz vor dem Wahltag der Wähler sich bewusst dem Wahlkampf zuzuwenden scheint. Bis dahin haben persönliche Alltagsprobleme eindeutig Vorrang vor der Politik.

Mit dieser Erkenntnis gewinnt der Wahltag selbst an Bedeutung. Es gibt auch an diesem Tag noch sehr viele Unentschlossene und Wechselwähler, die es zu gewinnen gibt. Imagebezogene Personalisierungen und über die Medien verbreitete direkte Personalisierungen bezwecken, dass diese breite Wählerschicht, die noch keinem Kandidaten zuzuordnen ist, überhaupt zur Wahl geht und in der Wahlkabine dann auch dem in der zuletzt vorrätigen, in der aktuellen Erinnerung lagernden Kandidaten die Stimme gibt.

Dazu sind in der Last-Minute-Aktion einige Bedingungen Voraussetzung. Zu berücksichtigen ist zum einen die emotionale Ebene:
Nach der Schichtentheorie erklärt sich menschliches Verhalten aus drei Schichten:

Geist – Gefühl – Trieb.

Aus welcher Schicht heraus reagiert der Mensch am häufigsten? Zwar wollen alle Menschen intelligent handeln, aber primär ist der Mensch ein gefühlbetontes Wesen. Daraus folgt, dass wir auf zwei Ebenen miteinander verkehren; auf der rationalen Ebene und auf der emotionalen Ebene, wobei im Umgang miteinander die emotionale Schiene häufiger angesprochen wird als die rationale.

Wenn die emotionale Schiene blockiert ist, kann auf der rationalen Schiene kaum eine erfolgreiche Kommunikation ablaufen. Daneben müssen die Erkenntnisse aus dem sog. Kurzzeitgedächtnis in die Werbehandlung mit einbezogen werden:

„Gedächtnis" bedeutet nicht nur das Behalten von Erlebnisinhalten, sondern auch die Einprägung von Verhaltensweisen und die Wiederentstehung des Eingeprägten in neuen, sinnvollen Zusammenhängen, wobei Triebe, Bedürfnisse, Interessen und Gefühle eine große Rolle spielen.

Als „Kurzzeit-Gedächtnis" werden jene Inhalte bezeichnet, die unmittelbar nach einmaliger Darbietung richtig reproduziert werden. Im Gegensatz zum Langzeit-Gedächtnis funktioniert das Kurzzeit-Gedächtnis ohne Speicherung. Infolgedessen vergessen wir die Inhalte rasch und können sie später nicht mehr reproduzieren.

Mittel zur Hebung der Aufmerksamkeit und des Erinnerungseinflusses am Wahl-Sonntag

Die aktuelle Erinnerung an den Kandidaten und eine erhöhte Selektionswahrnehmung für einen Bewerber aus der Kandidatenvielfalt können durch diverse markante Maßnahmen am Wahl-Sonntag selbst erhöht werden. Wer Menschen erreichen will, muss am Wahltag primär ihre Gefühle ansprechen. Mit einem sog. Event können Botschaft auch noch kurzzeitig transportiert werden.

Dazu zählen beispielsweise

- *Frühstück für alle Wähler am Wahl-Sonntag:*
  Bis 7.00 Uhr am Morgen des Wahl-Sonntages werden an alle Haushalte des Wahlbezirks frische Brötchen, Croissants und eine aktuelle Sonntagszeitung verteilt. Dem Frühstückspaket liegt das Foto des Kandida-

ten mit einem eingängigen Slogan und der Aufforderung, heute unbedingt wählen zu gehen, bei. Von der Beifügung übriggebliebener Wahlprospekte oder Wahlprogramme ist abzuraten, da dies der Wähler nach einem langen Wahlkampf als überflüssig und sogar negativ empfinden würde. Gefragt ist bei dieser Wahlkampfmethode eine stille Erinnerungsaufforderung, die dann dem richtigen Kandidaten zugute kommt.

- *Luftband über dem Wahlort:*
  Eine letzte und auffällige Erinnerungswirkung erzeugt ein von einem Flugzeug oder einem Zeppelin transportiertes Luftband, das den Namen des Kandidaten zwei bis drei Stunden am Himmel über dem Wahlort präsentiert. Dies sorgt für Gesprächsstoff und verschafft letztmalige Aufmerksamkeit vor der Wahlhandlung.

- *Jazz-Frühstück:*
  Für Unterhaltung ohne Politik sorgt ein Jazz-Frühstück mit einer guten Band an einer zentralen Stelle des Wahlorts. Der Kandidat tritt dabei nur in der Weise in Erscheinung, dass er am Ort des Geschehens präsent ist. An den Tischen liegen nur Kandidatenfotos mit dem Wahlslogan; ansonsten deutet nichts mehr auf den Wahlkampf und die aktuelle Wahlhandlung hin.

- *Morgen-Zeitung mit aktuellen News:*
  Wenn das Wahlkampfteam zum Abschluss noch einmal richtig auf die Pauke hauen will, produziert es nachts eine kleine Morgenzeitung, die bis 7.00 Uhr an alle Haushalte verteilt wird. Sie darf nur dezent auf die Wahlhandlung hinweisen, zum Beispiel durch ein Kandidatenfoto auf der Titelseite. Beinhalten muss sie auf jeden Fall die aktuellen Sportergebnisse vom Samstag, aktuelle Nachrichten, Meldungen aus der Showbranche sowie wichtige lokale Neuigkeiten. Anzeigen sollten spärlich und nur dann, wenn sie zur Finanzierung unbedingt wichtig sind, in diese maximal aus vier Seiten bestehende Morgen-Zeitung eingebaut sein.

- *Sportveranstaltung:*
  Letzte Aufmerksamkeit verschafft dem Kandidaten der Besuch einer breitenwirksamen Sportveranstaltung am Vormittag. Er trifft hier nicht nur Wähler, sondern auch die lokalen und regionalen elektronischen

Medien, die gern, zumal am Wochenende, Material für ihre Sendungen brauchen.

– *Kirchenbesuch:*
  Ein Gottesdienstbesuch am Wahltag verschafft kostenlose, aber breitenwirksame Aufmerksamkeit. Hier trifft der Kandidat Wählerinnen und Wähler, die traditionell nach dem Kirchenbesuch zur Wahl gehen. Aufgrund der Struktur der Kirchenbesucher ist es angeraten, sich mit der gesamten Familie in der Kirche sehen zu lassen.

Wähleraktivierung per Telefon

Die enorm hohe Wechselbereitschaft der Wähler ist für den Kandidaten am Wahltag auch von Vorteil; die persönliche Ansprache des Wählers am Telefon durch ein Wahlkampf-Call-Center am Vormittag des Wahltags verschafft den letzten Kontakt vor dem Urnengang.

Im Vergleich zu Hausbesuchen sind die Menschen gegenüber Telefonkontakten weit aufgeschlossener und offener.

Medienauftritte am Wahltag sind wirkungsvoll

Zur Beeinflussung unentschlossener Wähler und zur Aktivierung des Kurzzeitgedächtnisses gehört auch, die elektronischen Medien über den Urnengang des Kandidaten zu informieren. Das Fernsehen braucht am Wahltag neutrale Bilder, der Hörfunk O-Töne. Auch im Internet kann der Urnengang mit Bewegtbildern angeboten werden.

Aktuelle kommerzielle Werbebanner im Internet schaffen letztmalig kleine, aber wirkungsvolle Werbeauftritte. Ihr Einsatzgebiet müssen spezielle Webseiten sein, die die unentschlossenen Zielgruppen erreichen.

Der persönliche Wählerbrief

Jeder vierte Deutsche liest alle an ihn persönlich adressierte Werbung, immerhin jeder achte liest auch die allgemein gehaltenen Wurfsendungen. Das sind relativ hohe Werte, die der Kandidat auch am Wahltag auszunutzen hat.

Zu beachten sind dabei zum einen vordringlich die formalen Seiten: So entscheiden die ersten 20 Sekunden, ob ein Werbebrief gelesen wird oder im Papierkorb verschwindet. Deshalb muss der persönliche Wählerbrief kurz, pfiffig und spannend inszeniert sein, damit sich seine Lesechancen erhöhen. Er soll Emotionen wecken und neugierig machen.

Als weitere Punkte dürfen nicht übersehen werden:
- qualitativ guter Umschlag,
- gute Papierqualität,
- Nennung von Absender und Parteilogo an herausragender Stelle,
- richtige Schreibweise von Namen, Vornamen und Titel des Adressaten,
- Einsatz von kurzen Headlines, Fettzeichen und Unterstreichungen.

Nicht vergessen werden darf die lesbare Unterschrift mit ausgeschriebenem Vor- und Nachnamen. Ein Postskriptum kann eine Botschaft nochmals verstärken, weil sie prioritär gelesen wird.

Organisation des Last-Minute-Auftritts: Einsatz aller Ebenen

Wie können diese Maßnahmen zur Stärkung der Aufmerksamkeit für den Kandidaten am Wahl-Sonntag organisiert werden?

Grundvoraussetzung ist eine strategische Planung, die die Wahlkampfführung aus einem Guss heraus garantiert. Der Wahltag wird dabei von langer Hand im Rahmen eines kompakten Personen- und Ereigniswahlkampfes in die Zeitschiene eingeordnet. Veranstaltungen müssen vorgeplant und organisiert, der Kandidat perfekt in den Veranstaltungsablauf eingebunden sein. Die langfristige Information der elektronischen Medien ist Voraussetzung dafür, dass der Kandidat am Wahltag Beachtung in den wichtigen aktuellen Sendungen findet.

Für den Transport von Materialien an eine Vielzahl von Haushalten kann die Parteiorganisation eingespannt werden. Dazu sind aber gerade bei ehrenamtlich Tätigen klare und verbindliche Absprachen notwendig. Alle anderen Arbeiten sind professionell nur bei Vergabe an erfahrene Agenturen möglich.

Literatur:

Crisand, Ekkehard, Psychologie der Persönlichkeit
(Arbeitshefte Führungspsychologie, Bd. 1),
8. Aufl., Heidelberg 2000

Dalton, Russel J./Rohrschneider, Robert, Wählerwandel und die Abschwächung der Parteineigungen von 1972 bis 1987,
in: Kaase, Max/Klingemann, Hans-Dieter (Hg.), Wahlen und Wähler. Analysen aus Anlass der Bundestagswahl 1987,
Opladen 1990, S. 297-324

Friedrichsen, Mike, Im Zweifel für die Angeklagten. Zur Wahrnehmung und Akzeptanz von Parteien im Superwahljahr 1994,
in: Holtz-Bacha, Christina/Lee Kaid, Lynda (Hg.), Wahlen und Wahlkampf in den Medien. Untersuchungen aus dem Wahljahr 1994,
Opladen1999, S. 45-79

Rohracher, Hubert, Einführung in die Psychologie,
13. Aufl., München/Weinheim 1988

Waszkewitz, Bernhard, Persönlichkeit und Verhalten,
Stuttgart 1998

XI. Steuern und Finanzen

1. Steuerliche Behandlung von Wahlkampfausgaben

Harald Busch

1.1 Die öffentliche Meinung

In der öffentlichen Meinung gilt die weitverbreitete Ansicht, dass Wahlkampfausgaben selbstverständlich in voller Höhe „von der Steuer" absetzbar seien. Bei hitzigen Stammtischrunden wird quer durch die Republik begeistert dem Irrglauben gehuldigt, dass besonders clevere Abgeordnete in Zusammenarbeit mit einem gerissenen Steuerberater aus einem Wahlkampf regelrechten Nettoprofit schlagen könnten. Dieser ließe sich durch öffentliche oder private Wahlkampfkostenerstattungen noch zusätzlich vermehren.

Amüsanterweise vertritt sogar der eine oder andere öffentliche Mandatsinhaber die dezidierte Ansicht, dass Wahlkampfausgaben immer abzugsfähig seien.

Tatsächlich führen die deutschen Steuergesetze gerade zu diametral entgegengesetzten Folgen. Der faktische Aufklärungsbedarf erscheint enorm und zieht sich offensichtlich quer durch alle Gesellschaftsschichten.

1.2 Der Ansatz des Gesetzgebers

1.2.1 Für Bundestagsabgeordnete, Landtagsabgeordnete und Abgeordnete des Europaparlamentes

Aufgrund des sogenannten „Diäten-Urteils" (Beschluss des Bundesverfassungsgerichtes vom 05.11.75 2 BvR 193/74) erhielt der Gesetzgeber den Auftrag, die Besteuerungssituation von Abgeordnetenbezügen neu zu ordnen.

Im Zuge der Umsetzung dieser Aufgabe (Gesetz zur Neuregelung der Rechtsverhältnisse der Mitglieder des Deutschen Bundestages vom

18.02.77) wurden die bisherigen steuerfreien Abgeordnetenentschädigungen („Diäten“) der Steuerpflicht unterworfen.

Lediglich die Aufwandsentschädigungen, die der Mandatsträger gemäß § 12 des Abgeordnetengesetzes zur Abgeltung seiner durch das Mandat veranlassten Aufwendungen erhält, blieben weiterhin steuerfrei (vgl. § 3 Nummer 12, Satz 1 Einkommensteuergesetz).

Zur Kompensation dieser Steuerfreiheit wurden Ausgaben aller Art, die dem Abgeordneten aufgrund seiner Amtsausübung oder zur Mandatserlangung erwuchsen, vom steuerlichen Abzug gänzlich ausgeschlossen. Dies gilt gemäß § 22 Ziffer 4, Satz 3 des Einkommensteuergesetzes expressis verbis auch für Wahlkampfausgaben.

Für die Länderparlamente sowie das Europaparlament wurden jeweils analoge Regelungen eingeführt.

Der Gesetzgeber geht dabei davon aus, dass durch eine generelle Nichtabzugsfähigkeit von Mandats- und Wahlkampfausgaben eine gewisse Gerechtigkeit zwischen Abgeordneten mit hohen und solchen mit niedrigeren persönlichen Steuersätzen hergestellt wird, weil sowohl der „Besserverdiener“ als auch der „Normalverdiener“ keinerlei Steuervorteile aus den Wahlkampfausgaben erzielt. Dieser Ansatz ist honorig, in der Wirkung jedoch ineffizient, weil Gerechtigkeit zwischen reich und arm in der Realität genauso wenig geschaffen werden kann, wie Chancengleichheit zwischen Inhabern von vorderen und hinteren Listenplätzen.

Abgeordnete des Europäischen Parlaments, des Bundestags und des Landtags können also im Gegensatz zur „Volksmeinung“ per Gesetz keinerlei Wahlkampfkosten steuerlich geltend machen.

1.2.2 Für andere Mandatsträger (Bürgermeister, Landräte etc.)

Für andere Mandatsträger existieren keine speziellen steuergesetzlichen Regelungen, es sind deshalb die allgemeinen Grundsätze des geltenden Steuerrechts anzuwenden.

1.2.2.1 Hauptberufliche Tätigkeiten

Strebt der Wahlkampfteilnehmer ein Mandat an, das im Sinne einer Vollbeschäftigung (z.B. hauptberuflicher Bürgermeister) ausgeübt wird, so erzielt der Amtsträger nach seiner Wahl steuerpflichtige Einnahmen bzw. Einkünfte. Die Aufwendungen anläßlich der Wahl sind also durch eine steuerpflichtige Tätigkeit veranlasst und somit auch steuerlich – dem Grunde nach – abzugsfähig.

Ob der Bewerber tatsächlich gewählt wird, ist unerheblich; es genügt, dass die Tätigkeit in dem gewählten Amt tatsächlich ernsthaft angestrebt wird, d.h. eine steuerlich relevante Einkünfteerzielungsabsicht besteht.

Die Höhe der steuerlich abzugsfähigen Wahlkampfkosten ist auf die Aufwendungen begrenzt, die final vom Steuerpflichtigen getragen werden. Von Dritten, z.B. von seiner Partei, erstattete Kosten, sind nicht abzugsfähig.

Werden nach Landes- oder anderen Gesetzen/Verordnungen Aufwandsentschädigungen gezahlt, hängt ein Abzug von Wahlkampfkosten davon ab, welche Aufwendungen durch die Aufwandsentschädigung abgegolten sein sollen. Nur für nicht abgegoltene Aufwendungen ist ein steuerlicher Abzug zulässig. In den einzelnen Bundesländern, Bezirken und Kommunen existieren dazu die unterschiedlichsten Regelungen. Die Frage der Abzugsfähigkeit bedarf daher immer einer detaillierten Einzelfallprüfung.

Erstattet ein Kandidat an seine Partei die für seinen Wahlkampf entstandenen Kosten, so ist der steuerliche Abzug zulässig. Beruht die Zahlung jedoch auf einem allgemeinen, für alle Parteimitglieder bindenden Umlagebeschluss, so stellen die Zahlungen Mitgliedsbeiträge und keine abzugsfähigen Aufwendungen dar. Zur Abzugsfähigkeit von Mitgliedsbeiträgen sei auf den Beitrag in Abschnitt XI. 2 verwiesen.

1.2.2.2 Nebenberufliche Tätigkeiten

1.2.2.2.1 Nebenberufliche ehrenamtliche Tätigkeiten

Ehrenamtliche Tätigkeiten liegen dann vor, wenn jemand eine öffentliche Funktion unentgeltlich ausübt und im Übrigen lediglich Aufwandsentschädigungen oder Auslagenersatz erhält.

Nach länderübergreifender einhelliger Auffassung der Finanzverwaltung ist mangels Einkünfteerzielungsabsicht kein steuerlicher Abzug möglich.

1.2.2.2.2 Nebenberufliche entgeltliche Tätigkeiten

Erhalten nebenberufliche Mitglieder kommunaler Vertretungsorgane (Gemeinde-/ Stadtrat, Kreis-/Bezirkstag etc.) Vergütungen, die nicht lediglich Aufwandsentschädigungen sind, so erzielen sie Einnahmen aus sogenannter selbständiger Arbeit im Sinne von § 18 Absatz 1, Nummer 3 Einkommensteuergesetz.

Eine Berücksichtigung von Wahlkampfkosten ist dann unter den in Abschnitt 1.2.2.1 beschriebenen Prämissen möglich.

1.3 Die Arten von steuerlich berücksichtigungsfähigen Wahlkampfkosten

Die Überschrift dieses Kapitels spricht von Wahlkampfausgaben, das Einkommensteuergesetz von Wahlkampfkosten, die Abgeordnetengesetze von Wahlkampfaufwendungen. Obwohl betriebswirtschaftlich unscharf, sollen diese drei Begriffe im Rahmen dieses Beitrages synonym verstanden werden.

Im modernen Medienwahlkampf entstehen im Wesentlichen die folgenden sechs Kostenarten:

a) Opportunitätskosten (z.B. entgangene Gewinne aus anderen wirtschaftlichen Aktivitäten oder Einsatz des Urlaubs für den Wahlkampf);
b) Persönliche Repräsentationskosten (Ausgaben für Kleidung, Körperpflege, Fitness, Styling etc.);

c) Sachliche Repräsentationskosten (Anzeigen, Plakate, Bewirtungen, Geschenke, Veranstaltungen);
d) Logistikkosten (Reisekosten, Transportkosten);
e) Kommunikationskosten (Porti, Telefon, Internet);
f) Personalkosten (Referenten, Redenschreiber, Hilfskräfte).

Die Kostenarten a) und b) sind steuerlich überhaupt nicht berücksichtigungsfähig. Sie fallen unter das Abzugsverbot von § 12 Nummer 1 Satz 2 Einkommensteuergesetz, da sie Aufwendungen für die Lebensführung sind, „... die die wirtschaftliche oder gesellschaftliche Stellung des Steuerpflichtigen mit sich bringt ...“.

Die Kosten zu c) sind insoweit abzugsfähig, als sie nicht unter die vorzitierte Regelung gemäß § 12 Einkommensteuergesetz fallen. Die Finanzverwaltung und Rechtsprechung verhalten sich in diesem Zusammenhang sehr restriktiv. So hat beispielsweise der Bundesfinanzhof (Bundessteuerblatt III 1962, Seite 539) die Kosten eines Bürgermeisters für gestiftetes Freibier anlässlich seiner Wahl als nicht abzugsfähig betrachtet, da nach Ansicht des Gerichtes die Aufwendungen aufgrund der gesellschaftlichen Stellung des Bürgermeisters getätigt wurden. Hätte der gute Mann das Freibier vorher, anlässlich einer Wahlveranstaltung spendiert, wäre der Steuerabzug möglich gewesen. Zudem hätte der Freibiereinsatz vielleicht auch noch ein paar Stimmen generiert. Eine Groteske!

Die Kostenarten d), e) und f) sind ebenfalls immer steuerlich berücksichtigungsfähig, wenn sie im Zusammenhang mit dem Wahlkampf entstanden sind.

1.4 Die finanziellen Vorteile bei abzugsfähigen Wahlkampfkosten

Zunächst ist festzustellen, dass die steuerliche Abzugsfähigkeit von Aufwendungen jeglicher Art nie dazu führen kann, dass die steuerlichen Vorteile die Aufwendungen vollständig kompensieren können. Steuerliche Vorteile treten außerdem nur dann ein, wenn der Wahlkämpfer Wahlkampfkosten mit positiven Einkünften kompensieren kann, dadurch seine Gesamteinkünfte „drückt“ und somit weniger Steuer bezahlt, als er ohne die Bestreitung der Wahlkampfkosten bezahlen müsste.

Es treten also immer nur relative Steuerersparnisse auf.

Da die absoluten Beträge dieser Steuerersparnisse von der jeweiligen kumulierten Steuerbelastung des Wahlkämpfers abhängen und die Steuerbelastung jedes Steuerpflichtigen mit der Höhe seines Einkommens aufgrund der geltenden Steuertarife steigt (sogenannte „Steuerprogression"), bedeutet dies:

Wer (ansonsten) viel verdient, spart mehr als der, der weniger verdient. Folgendes Beispiel mag dies bei angenommenen Wahlkampfkosten von 50.000 DM verdeutlichen:

Wahlkämpfer A (verheiratet):

	DM
zu versteuerndes Einkommen ohne Wahlkampfkosten	400.000
Einkommensteuer (Tarif 2000)	162.811
Solidaritätszuschlag 5,5 % (Tarif 2000)	8.954
Steuerbelastung	171.765
zu versteuerndes Einkommen nach Wahlkampfkosten	350.000
Einkommensteuer (Tarif 2000)	137.309
Solidaritätszuschlag 5,5 % (Tarif 2000)	7.552
Steuerbelastung	144.861
Steuerersparnis	26.904
in % der Wahlkampfkosten	**53,81**

Wahlkämpfer B (verheiratet):

	DM
zu versteuerndes Einkommen ohne Wahlkampfkosten	100.000
Einkommensteuer (Tarif 2000)	20.995
Solidaritätszuschlag 5,5 % (Tarif 2000)	1.154
Steuerbelastung	22.149
zu versteuerndes Einkommen nach Wahlkampfkosten	50.000
Einkommensteuer (Tarif 2000)	5.818
Solidaritätszuschlag 5,5 % (Tarif 2000)	320
Steuerbelastung	6.138
Steuerersparnis	16.011
in % der Wahlkampfkosten	**32,03**

Aufgrund der unterschiedlichen Steuerprogressionen ergibt sich also bei 50.000 DM Wahlkampfkosten eine um 10.893 DM (= 21,78 %) unterschiedliche Steuerersparnis. Dieser Effekt kann sich über die Tatsache, ob der Wahlkämpfer Mitglied einer Religionsgemeinschaft und/oder verheiratet ist, noch weiter verschärfen.

Das Beispiel macht deutlich, dass auch hier die Idee der Chancengleichheit nicht zum Tragen kommt.

1.5 Die grauen Bereiche bei der steuerlichen Behandlung von Wahlkampfkosten

Signifikantes Kennzeichen unserer Gesellschaft ist es, dass Steuer sparen ein weitverbreitetes „Steckenpferd“ ist.

Aufgrund der sehr intensiven Kontrollen unserer Finanzverwaltung einerseits und der Tatsache andererseits, dass gesellschaftspolitisch der totale Kontrollstaat unerwünscht ist, gilt:

Wer umfangreich unternehmerisch aktiv ist, könnte, wenn er wollte, grundsätzlich nichtabzugsfähige Wahlkampfaufwendungen in seinem Unternehmen „unterbringen“ und damit steuerlich abzugsfähig machen. Dem Beamten oder Angestellten sind solche Möglichkeiten verwehrt.

Wer kann letztlich mit vertretbarem Aufwand überprüfen, ob der Unternehmer-Wahlkämpfer X seinen Vorstandsassistenten als Redenschreiber einsetzt, die Wahlkampfbriefe über den Firmenfreistempler laufen lässt oder den unternehmenseigenen Fuhrpark (illegalerweise) für Wahlkampfzwecke nutzt?

Honi soit qui mal y pense!

1.6 Fazit

Nach geltendem Steuerrecht sind Wahlkampfkosten für Mandate in Europaparlament, Bundestag und Landtag überhaupt nicht absetzbar.

Wahlkämpfer, die sich für hauptberufliche kommunale Spitzenpositionen bewerben, können ihre originären und unmittelbaren Wahlkampfkosten steuerlich geltend machen. Die dadurch entstehenden Steuervorteile führen aufgrund des progressiven Einkommensteuertarifs in Deutschland dazu, dass einkommensstarke Kandidaten deutlich im Vorteil sind.

Aufgrund der geltenden steuerrechtlichen Regelungen sind also im kommunalen Bereich bei medienpolitisch ausgerichteten und dadurch kostenintensiveren Wahlkampfstrategien finanz- bzw. einkommensschwache Kandidaten signifikant benachteiligt. Letztlich ist dies jedoch ein gesellschaftspolitisches Problem, welches durch das Steuerrecht allein nicht beseitigt werden kann.

2. Steuerliche Absetzbarkeit von Wahlkampfspenden

Dagmar Wöhrl

Spenden an Parteien oder Wählervereinigungen können nach § 4 Abs. 6 Einkommensteuergesetz (EStG) nicht als Betriebsausgaben abgesetzt werden. Dabei kommt es nicht darauf an, ob es sich um allgemeine Spenden handelt oder um Spenden zur Unterstützung eines Wahlkampfs.

Als Ausgleich hierfür sieht das Einkommensteuerrecht jedoch andere Vergünstigungen für solche Spenden vor, wobei ebenfalls nicht zwischen allgemeinen Spenden und Wahlkampfspenden unterschieden wird. Allerdings macht das Gesetz einen Unterschied zwischen Spenden an politische Parteien und an Wählervereinigungen.

I. Parteispenden

1. Allgemeines

Die steuerliche Absetzbarkeit von Parteispenden richtet sich in erster Linie nach den **§§ 10 b und 34 g EStG**. Diese Vorschriften sind im Anhang abgedruckt.

Voraussetzung für eine steuerliche Absetzbarkeit ist zunächst, dass es sich um eine Spende an eine **Partei im Sinne von § 2 Parteiengesetz** (PartG) handelt (Diese Vorschrift ist ebenfalls im Anhang abgedruckt.). Danach sind Parteien Vereinigungen von Bürgern, die für längere Zeit in Bund oder Land auf die politische Willensbildung Einfluss nehmen und im Bundestag oder einem Landtag vertreten sein wollen, wenn sie nach dem Gesamtbild der Verhältnisse Gewähr für die Ernsthaftigkeit dieser Zielsetzung bieten. Der Bundeswahlleiter erstellt regelmäßig eine – nicht zur Veröffentlichung bestimmte und nicht verbindliche – Liste der Organisationen, die als politische Parteien angesehen werden. Abweichend davon sind auch solche Vereinigungen als Parteien einzustufen, die zwar ihre Unterlagen nicht beim Bundeswahlleiter hinterlegt haben, aber als Partei an einer Bundestags- oder Landtagswahl teilgenommen haben. Die Parteieigenschaft gilt in diesen Fällen vom Datum der Zulassung zu der Wahl an. Die Parteieigenschaft endet, von Fällen der vorherigen Auflösung abgesehen, mit Ablauf des sechsten Jahres nach der letzten Beteiligung an einer Wahl. Zu den Parteien gehören auch ihre **Untergliederungen** auf Landes-, Kreis- und Ortsebene sowie ihre **Vereinigungen für bestimmte Bevölkerungsgruppen** (z.B. Arbeitnehmer, Jugendliche, Frauen, Mittelstand usw.) auf Bundes- und Regionalebene.

Neben den in § 2 PartG genannten inhaltlichen Kriterien müssen auch die im PartG enthaltenen **formellen Erfordernisse** erfüllt sein. Insbesondere muss die Partei auch berechtigt sein, diese Spende anzunehmen. **Spenden, die nicht angenommen werden dürfen, ergeben sich aus § 25 PartG**. Einzelheiten hierzu sind unter Nr. 4. aufgeführt. (§ 25 PartG ist ebenfalls im Anhang abgedruckt).

Als Spenden kommen dabei **nicht nur Leistungen in Geld, sondern auch Sachspenden** in Betracht. Bei Sachspenden ist erforderlich, dass der Partei das Eigentum an der Sache verschafft wird.

2. Sonderausgaben nach § 10b EStG

a) Verhältnis von § 10b EStG zu § 34g EStG

Spenden an politische Parteien können als Sonderausgaben abgezogen werden, soweit für sie nicht eine Steuerermäßigung nach § 34g EStG gewährt worden ist. Ein Wahlrecht zwischen § 10b und § 34g EStG besteht nicht (§ 34g EStG hat Vorrang vor § 10b EStG).

b) Einzelheiten

Aufwendungen (Mitgliedsbeiträge und Spenden) an politische Parteien i.S. des Parteiengesetzes sind bis zur Höhe von insgesamt DM 3.000,00 und im Fall der Zusammenveranlagung von Ehegatten bis zur Höhe von insgesamt DM 6.000,00 im Kalenderjahr abziehbar. Sie können nur insoweit als Sonderausgaben abgezogen werden, als für sie nicht eine Steuerermäßigung nach § 34g gewährt worden ist.

Als Ausgabe in diesem Sinne gilt auch die Zuwendung von Wirtschaftsgütern mit Ausnahme von Nutzungen und Leistungen. Auch Aufwendungen zugunsten einer Partei sind unter den Voraussetzungen des § 10b Abs. 3 Satz 4 und 5 EStG als Spenden abziehbar (Aufwandspenden).

Dabei sind folgende Bedingungen zu berücksichtigen:

- Die Aufwendungen dürfen nicht in Nutzungen (AfA) und Leistungen bestehen.
- Es muss ein vertraglicher oder satzungsmäßiger Ersatzanspruch ohne Verzichtsbedingungen vorliegen.
- Es muss ein wirksamer Anspruchsverzicht des Spenders gegeben sein. In diesem Rahmen sind auch Fahrtkosten, Telefonkosten und sonstige Auslagen abziehbar. Einen pauschalen Aufwendungsersatz für Unterkunft und Verpflegung erkennt die Finanzverwaltung in Höhe der Werte der Sachbezugsverordnung an.

Eine vertragliche oder ähnliche Gegenleistung des Empfängers ist nach der Rechtsprechung unzulässig. Solche Spenden dürfen nach § 25 Abs. 1 Nr. 6 PartG von den Parteien auch nicht angenommen werden, wenn sie erkennbar in einer solchen Absicht gegeben werden.

Zuwendungen eines Sponsors können gleichwohl Spenden sein, wenn sie freiwillig erbracht werden und kein Entgelt für bestimmte Leistungen der Partei sind.

Derartige Leistungen beziehungsweise Freistellungen von üblicherweise entstehenden Verbindlichkeiten oder die Übernahme von Veranstaltungen und Maßnahmen durch andere stellen im Regelfall rechenschaftspflichtige Spenden i.S. vom § 26 PartG dar. Dies trifft nicht zu für Sach-, Werk- und Dienstleistungen, welche die Mitglieder **außerhalb** eines Geschäftsbetriebs üblicherweise **unentgeltlich** zur Verfügung stellen.

3. Steuerermäßigung nach § 34g EStG

a) Höhe der Steuerermäßigung für Spenden von natürlichen Personen

Für Spenden an politische Parteien oder ihre Gebietsverbände bis zu insgesamt DM 3.000,00 bzw. bei Ehegatten mit Zusammenveranlagung bis zu DM 6.000,00 im Kalenderjahr kommt der Steuerabzug mit 50 % nach § 34 g EStG in Betracht. Die Ermäßigung beträgt 50 % der Ausgaben, höchstens jeweils DM 1.500,00 bei Einzelveranlagten bzw. im Fall der Zusammenveranlagung von Ehegatten höchstens DM 3.000.

Die Höchstbeträge von DM 3.000,00 bzw. DM 6.000,00 gelten für Spenden an politische Parteien und für Zuwendungen an Wählervereinigungen. Die Höchstbeträge von DM 3.000,00 bzw. DM 6.000,00 gelten für Spenden an politische Parteien neben den Höchstzuwendungen an Wählervereinigungen gesondert und nebeneinander.

Der über DM 3.000,00 bzw. DM 6.000,00 hinausgehende Betrag der Spenden (bzw. der Mitgliedsbeiträge) ist bis zu einem Betrag von weiteren DM 3.000,00 bzw. bei gemeinsam veranlagten Ehegatten DM 6.000,00 jährlich als Sonderausgabe vom Gesamtbetrag der Einkünfte abziehbar. Spenden einer Personengesellschaft bzw. Mitunternehmerschaft werden steuerlich als Spenden der Gesellschafter gewertet.

Parteienrechtlich ist eine direkte Zuordnung zu den einzelnen Gesellschaftern betragsmäßig erforderlich, um eine Zurechnung in die Bezuschussungsgrundlage zu erreichen.

Bei getrennter Veranlagung bemisst sich die Steuerermäßigung bei jedem Ehegatten nach den von ihm geleisteten Ausgaben.

b) Formelle Voraussetzungen

ba) Formalisiertes Verfahren

Das Bundesministerium für Finanzen hat im Einvernehmen mit den obersten Finanzbehörden der Länder einen neuen amtlichen Vordruck für die Bestätigung von Zuwendungen an politische Parteien vorgeschrieben, der ab 01.07.2000 zu verwenden ist (Fristverlängerung wurde den politischen Parteien bis zu diesem Zeitpunkt eingeräumt.).

Darin hat der Steuerpflichtige dem Finanzamt durch eine besondere Spendenbestätigung nachzuweisen, dass die Voraussetzung für die Steuerermäßigung bzw. für den Sonderausgabenabzug erfüllt ist.

Die Spendenbestätigung muss grundsätzlich von mindestens einer durch Satzung oder Auftrag zur Entgegennahme von Zahlungen berechtigten Person unterschrieben sein und eine Erklärung darüber enthalten, dass die Partei den ihr zugewendeten Betrag nur für ihre satzungsmäßigen Zwecke verwendet.

Z.B. sind laut § 6 Finanzstatut der CSU nur der Vorsitzende oder der Schatzmeister des betreffenden CSU-Verbandes bzw. des Bundeswahlkreises unterzeichnungsberechtigt.

Für den Nachweis von Spenden durch maschinell erstellte Spendenbescheinigungen ohne eigenhändige Unterschrift einer zeichnungsberechtigten Person ist es erforderlich, dass das zuständige Finanzamt diesbezüglich das angewandte Verfahren genehmigt.

bb) Vereinfachtes Spendennachweisverfahren

Bei Zuwendungen bis zu DM 100,00 gelten der Bareinzahlungsbeleg oder die Buchungsbestätigung eines Kreditinstitutes, wenn aus diesem Beleg Name und Kontonummer des Auftraggebers und Empfängers sowie der Betrag und der Buchungstag ersichtlich sind.

Bei Aufwandspenden ist das Formular Geldzuwendungen zu verwenden, dabei ist das Wort „nicht“ bei dem Vermerk „Verzicht auf die Erstattung von Aufwendungen“ zu streichen.

Bei Sachspenden ist ein diesbezüglich amtlich vorgeschriebenes Formblatt vorgesehen, bei dem die zutreffende Version der Sachzuwendungen (Betriebsvermögen, Privatvermögen etc.) durch ankreuzen deutlich zu machen ist.

(Diese zusätzlichen Angaben können entfallen, wenn es sich beim Zuwender um eine juristische Person handelt, da bei diesen eine steuerliche Berücksichtigung nicht stattfindet und die Quittung nur Bestätigungscharakter hat.)

4. Verbotswidrige Spenden

Nach dem PartG sind Parteien nicht berechtigt, Spenden anzunehmen nach dem Katalog des § 25 PartG (s. Anhang). Hierzu einige Beispiele:

- Spenden von politischen Stiftungen und Parlamentsfraktionen,
- Spenden von gemeinnützigen, mildtätigen oder kirchlichen Körperschaften, etc.,
- Spenden von mehr als DM 1.000, bei denen der Spender nicht feststellbar ist, etc.,
- Spenden von Berufsverbänden sind möglich, soweit diese der Partei mit der Maßgabe zugewandt wurden, sie an eine politische Partei weiterzuleiten. Berufsverbände verlieren jedoch ihre Steuerbefreiung, wenn sie mehr als 10 % ihrer Einnahmen für die unmittelbare und mittelbare Unterstützung oder Förderung politischer Parteien verwenden. Des Weiteren tritt neben dem Wegfall der Steuerbefreiung eine Besteuerung von 50 % der Zuwendungen ein, mit denen der Berufsverband politische Parteien unterstützt oder fördert.

II. Spenden an Wählervereinigungen

Unabhängige Wählervereinigungen werden hinsichtlich der Absetzbarkeit von Spenden nicht in jeder Beziehung mit den politischen Parteien gleichbehandelt.

1. Sonderausgaben nach § 10b EStG

Spenden an Vereine ohne Parteicharakter (sog. unabhängige Wählervereinigungen i.S. des § 34g Nr. 2 EStG) sind vom Sonderausgabenabzug ausgeschlossen.

2. Steuerermäßigung nach § 34g EStG

Für unabhängige Wählervereinigungen gilt hinsichtlich der Steuerermäßigung nach § 34g EStG dasselbe wie für Parteien, soweit die besonderen Voraussetzungen dieser Vorschrift für diese Vereinigungen eingehalten sind. Hinsichtlich der Kombination mit Parteispenden s.o. bei diesen.

a) Definition der unabhängigen Wählervereinigung

Unabhängige Wählervereinigungen können eingetragene oder nichtrechtsfähige Vereine sein. Es muss sich um Körperschaften i.S. des Körperschaftsteuergesetzes handeln; kommunale Wählervereinigungen und ihre Dachverbände sind von der Körperschaftsteuer befreit. Reine **Unterschriftsgemeinschaften** sind nicht begünstigt. Dasselbe gilt für Wählervereinigungen, die sich lediglich an **Ausländerbeiratswahlen** beteiligen. Die Wählervereinigungen dürfen sich **ausschließlich politisch betätigen**. Dies ist auch dann als erfüllt anzusehen, wenn sie gesellige Veranstaltungen durchführen, die von untergeordneter Bedeutung sind, und wenn etwaige wirtschaftliche Betätigungen die politische Tätigkeit nicht überwiegen. Spenden an sog. Mischvereinigungen, die neben dem politischen Zweck einen anderen Satzungszweck, z.B. gemeinnütziger oder wirtschaftlicher Art, haben, fallen nicht unter § 34g EStG.

b) Formelle Voraussetzungen

Wählervereinigungen, die bei der letzten Wahl nicht wenigstens ein Mandat errungen haben, haben nach § 34g Nr. 2 Buchst. b EStG der zuständigen Wahlbehörde oder dem zuständigen Wahlorgan anzuzeigen, dass sie mit eigenen Wahlvorschlägen auf Bundes-, Landes- oder Kommunalebene an der jeweils nächsten Wahl teilnehmen wollen. Diese Anzeige kann formlos in der Zeit nach der letzten Wahl und dem Ablauf der Anmeldefrist für die nächste Wahl erfolgen. Sie muss aber spätestens am Ende des Jahres vorliegen, für das eine Tarifermäßigung für eine Zuwendung beantragt wird. Spendenbescheinigungen dürfen erst ausgestellt werden, wenn die Anzeige erfolgt ist. Hat die Wählervereinigung an der letzten zurückliegenden Wahl auf Kommunalebene nicht teilgenommen, obwohl sie vorher die Absicht ihrer Teilnahme angezeigt hatte, so sind nur die bis zum Wahltag geleisteten Beiträge und Spenden begünstigt. In diesem Falle genügt es nicht, die Teilnahme an der nächsten Wahl anzuzeigen; die Spenden und Beiträge ab dem nächsten Wahljahr sind nur begünstigt, wenn die Vereinigung an der nächsten Wahl tatsächlich teilgenommen hat. Die vorstehende Einschränkung ist für die Bundes-, die Landes- und die Kommunalebene getrennt anzuwenden; die Nichtteilnahme an einer Wahl auf Bundes- oder Landesebene führt nicht zum Ausschluss von Spenden oder Beiträgen auf Kommunalebene. Die Einschränkung gilt nicht für die Parteien, die sich an einer früheren Wahl zwar nicht beteiligt, eine Beteiligung an dieser Wahl aber auch nicht angezeigt haben.

Bei Wählervereinigungen ist eine Kontrolle der Rechnungslegung nicht Voraussetzung für eine Begünstigung der Spenden und Mitgliedsbeiträge.

Anhang: Gesetzestexte

§ 2 PartG [Begriff der Partei]

(1) Parteien sind Vereinigungen von Bürgern, die dauernd oder für längere Zeit für den Bereich des Bundes oder eines Landes auf die politische Willensbildung Einfluss nehmen und an der Vertretung des Volkes im Deutschen Bundestag oder einem Landtag mitwirken wollen, wenn sie nach dem Gesamtbild der tatsächlichen Verhältnisse, insbesondere nach Umfang und Festigkeit ihrer Organisation, nach der Zahl ihrer Mitglieder und nach ihrem Hervortreten in der Öffentlichkeit eine ausreichende Gewähr für die Ernsthaftigkeit dieser Zielsetzung bieten. Mitglieder einer Partei können nur natürliche Personen sein.

(2) Eine Vereinigung verliert ihre Rechtsstellung als Partei, wenn sie sechs Jahre lang weder an einer Bundestagswahl noch an einer Landtagswahl mit eigenen Wahlvorschlägen teilgenommen hat.

(3) Politische Vereinigungen sind nicht Parteien, wenn ihre Mitglieder oder die Mitglieder ihres Vorstandes in der Mehrheit Ausländer sind oder ihr Sitz oder ihre Geschäftsleitung sich außerhalb des Geltungsbereichs dieses Gesetzes befindet.

§ 25 PartG [Spenden]

(1) Parteien sind berechtigt, Spenden anzunehmen. Ausgenommen hiervon sind:

1. Spenden von politischen Stiftungen, Parlamentsfraktionen und -gruppen,

2. Spenden von Körperschaften, Personenvereinigungen und Vermögensmassen, die nach der Satzung, dem Stiftungsgeschäft oder der sonstigen Verfassung und nach der tatsächlichen Geschäftsführung ausschließlich und unmittelbar gemeinnützigen, mildtätigen oder kirchlichen Zwecken dienen (§§ 51 bis 68 der Abgabenordnung),

3. Spenden von außerhalb des Geltungsbereiches dieses Gesetzes, es sei denn, dass

   a) diese Spenden aus dem Vermögen eines Deutschen im Sinne des Grundgesetzes, eines Bürgers der Europäischen Union oder eines Wirtschaftsunternehmens, dessen Anteile sich zu mehr als 50 vom Hundert im Eigentum von Deutschen im Sinne des Grundgesetzes befinden, unmittelbar einer Partei zufließen,

   b) es sich um Spenden an Parteien nationaler Minderheiten in ihrer angestammten Heimat handelt, die diesen aus Staaten zugewendet werden, die an die Bundesrepublik Deutschland angrenzen und in denen Angehörige ihrer Volkszugehörigkeit leben,es sich um eine Spende eines Ausländers von nicht mehr als 1.000 Deutsche Mark handelt,

   c) Spenden von Berufsverbänden, die diesen mit der Maßgabe zugewandt wurden, sie an eine politische Partei weiterzuleiten,

4. Spenden, soweit sie im Einzelfall mehr als 1.000 Deutsche Mark betragen und deren Spender nicht feststellbar sind, oder bei denen es sich erkennbar um die Weiterleitung einer Spende eines nicht genannten Dritten handelt,

5. Spenden, die erkennbar in Erwartung eines bestimmten wirtschaftlichen oder politischen Vorteils gewährt werden.

(2) ...

(3) ...

§ 10b EStG [Steuerbegünstigte Zwecke]

(1) ...

(2) Mitgliedsbeiträge und Spenden an politische Parteien im Sinne des § 2 des Parteiengesetzes sind bis zur Höhe von insgesamt 3.000 Deutsche Mark und im Fall der Zusammenveranlagung von Ehegatten bis zur Höhe von insgesamt 6000 Deutsche Mark im Kalenderjahr abzugsfähig. Sie können nur insoweit als Sonderausgaben abgezogen werden, als für sie nicht eine Steuerermäßigung nach § 34 g gewährt worden ist.

(3) Als Ausgabe im Sinne dieser Vorschrift gilt auch die Zuwendung von Wirtschaftsgütern mit Ausnahme von Nutzungen und Leistungen. Ist das Wirtschaftsgut unmittelbar vor seiner Zuwendung einem Betriebsvermögen entnommen worden, so darf bei der Ermittlung der Ausgabenhöhe der bei der Entnahme angesetzte Wert nicht überschritten werden. In allen übrigen Fällen bestimmt sich die Höhe der Ausgabe nach dem gemeinen Wert des zugewendeten Wirtschaftsguts. Aufwendungen zugunsten einer zum Empfang steuerlich abzugsfähiger Zuwendungen berechtigten Körperschaft sind nur abzugsfähig, wenn ein Anspruch auf die Erstattung der Aufwendungen durch Vertrag oder Satzung eingeräumt und auf die Erstattung verzichtet worden ist. Der Anspruch darf nicht unter der Bedingung des Verzichts eingeräumt worden sein.

(4) Der Steuerpflichtige darf auf die Richtigkeit der Bestätigung über Spenden und Mitgliedsbeiträge vertrauen, es sei denn, dass er die Bestätigung durch unlautere Mittel oder falsche Angaben erwirkt hat oder dass ihm die Unrichtigkeit der Bestätigung bekannt oder infolge grober Fahrlässigkeit nicht bekannt war. Wer vorsätzlich oder grob fahrlässig eine unrichtige Bestätigung ausstellt oder wer veranlasst, dass

Zuwendungen nicht zu den in der Bestätigung angegebenen steuerbegünstigten Zwecken verwendet werden, haftet für die entgangene Steuer. Diese ist mit 40 vom Hundert des zugewendeten Betrags anzusetzen.

§ 34g EStG

(1) Die tarifliche Einkommensteuer, vermindert um die sonstigen Steuerermäßigungen mit Ausnahme des § 34 f Abs. 3, ermäßigt sich bei Mitgliedsbeiträgen und Spenden an

1. politische Parteien im Sinne des § 2 des Parteiengesetzes und

2. Vereine ohne Parteicharakter, wenn

   a) der Zweck des Vereins ausschließlich darauf gerichtet ist, durch Teilnahme mit eigenen Wahlvorschlägen an Wahlen auf Bundes-, Landes- oder Kommunalebene bei der politischen Willensbildung mitzuwirken, und

   b) der Verein auf Bundes-, Landes- oder Kommunalebene bei der jeweils letzten Wahl wenigstens ein Mandat errungen oder der zuständigen Wahlbehörde oder dem zuständigen Wahlorgan angezeigt hat, dass er mit eigenen Wahlvorschlägen auf Bundes-, Landes- oder Kommunalebene an der jeweils nächsten Wahl teilnehmen will.

   Nimmt der Verein an der jeweils nächsten Wahl nicht teil, wird die Ermäßigung nur für die bis zum Wahltag an ihn geleisteten Beiträge und Spenden gewährt. Die Ermäßigung für Beiträge und Spenden an den Verein wird erst wieder gewährt, wenn er sich mit eigenen Wahlvorschlägen an einer Wahl beteiligt hat. Die Ermäßigung wird in diesem Falle nur für Beiträge und Spenden gewährt, die nach Beginn des Jahres, in dem die Wahl stattfindet, geleistet werden.

Die Ermäßigung beträgt 50 vom Hundert der Ausgaben, höchstens jeweils 1.500 Deutsche Mark für Ausgaben nach den Nummern 1 und 2, Im Falle der Zusammenveranlagung von Ehegatten höchstens jeweils 3.000 Deutsche Mark. § 10 b Abs. 3 und 4 gilt entsprechend.

3. Finanzierungsmöglichkeiten des Wahlkampfes

Inge Wettig-Danielmeier
Ingo Moll

3.1 Finanzielle Ressourcen, Wahlkampagne und Wahlerfolg

„The Cost of Democracy" – Die Kosten der Demokratie. Der Titel von Alexander Heards Standardwerk zur Parteienfinanzierung hat es längst zum geflügelten Wort gebracht, wenn es um die Kosten der öffentlichen Willensbildung geht.

Aus der Sicht eines „Parteiarbeiters" hat es Herbert Wehner pointiert formuliert: „Organisation ist Politik" – der Aufbau und Unterhalt einer Organisation zur Bildung eines politischen Willens und zu dessen Durchsetzung kostet Geld und umgekehrt: Wer über eine schlagkräftige und effiziente Organisation verfügt und hinreichende finanzielle und personelle Ressourcen zur Verfügung hat, diese Organisation aufrechtzuerhalten, hat Vorteile im politischen Wettbewerb.

In Wahlkämpfen kondensieren politische Willensbildung und Entscheidung, sie stellen für die Organisation der politischen Parteien höchste Anforderungen. Gleichwohl sind Wahlentscheidungen multivariant, d.h. die finanziellen Möglichkeiten einer politischen Partei korrelieren nicht mit dem Wahlerfolg. Wahlerfolg hat viele Ursachen, wobei die Faktoren Finanzen und Parteiorganisation nur zwei neben anderen sind.

Eine solide finanzielle Basis ist aber die conditio sine qua non für eine Wahlkampagne, der mit der „heißen Phase" nicht die Luft ausgeht. Umgekehrt gelten geordnete Parteifinanzen auch als Ausweis für Regierungsfähigkeit, vielleicht nach den diversen „Spendenskandalen" der CDU mehr noch als zuvor.

3.2 Verändertes öffentliches Kommunikationsverhalten und die Bedeutung „gekaufter Kommunikation"

Mit der zunehmenden Ausdifferenzierung und dem Aufkommen neuer Informationswege (Beispiel: Entwicklung des privaten Fernsehens, Rundfunks, Internet) hat die Bedeutung der finanziellen Ressourcen für eine wahrnehmbare und erfolgreiche Kommunikation tendenziell zugenommen. Das öffentliche Konzert der Meinungen und Informationen ist unübersichtlicher und zweifelsfrei auch lauter geworden. Um einen angemessenen „Share of Noise" zu erhalten, sind politische Parteien daher auch zunehmend darauf angewiesen, „gekaufte Kommunikation" einzusetzen. Das ist an der Struktur der Wahlkampfhaushalte der SPD (Parteivorstand) für die Bundestagswahlen 1998 im Vergleich zu 1994 abzulesen:

Zwar war bereits 1994 der Bereich „Medienwahlkampf", d.h. der gesamte Bereich der öffentlichen Kommunikation inklusive der zugehörigen technischen Kosten (Agenturen, Fotoshootings, Produktionskosten etc.), mit grob 40 % an der Gesamtsumme der verausgabten Mittel beteiligt. Im Bundestagswahlkampf 1998 machten die vergleichbaren Ausgabekategorien aber bereits grob zwei Drittel der Gesamtkosten aus. Innerhalb von nur vier Jahren hat sich die finanzielle Struktur einer Wahlkampagne und damit auch die Dramaturgie der Kampagne selbst erheblich verändert.

Neue Kommunikationswege und die Beschleunigung der öffentlichen Behandlung von Themen (Verkürzung der thematischen Zyklen) stellen erhöhte und finanziell aufwendige Anforderungen an die Organisation einer Partei. Beispiel Internet: Das Kommunikationsinstrument hat erstmals in der Bundestagswahl 1998 eine fundamentale Rolle als Wahlkampfinstrument der SPD gespielt und war mit erheblichem Einsatz finanzieller Mittel verbunden; das betrifft sowohl die Bereitstellung einer technischen Infrastruktur, die geeignet ist, einen breiten Zugriff auf die Informationen zu garantieren, aber auch die gestalterischen und inhaltlichen Folgewirkungen eines derart schnellen Kommunikationsinstruments. So müssen komplette „Online-Redaktionen" aufgebaut werden, die in der Lage sind, neben der traditionellen Presse- und Öffentlichkeitsarbeit den neuen Kommunikationsweg zu bedienen. Umgekehrt ist die Eröffnung eines schnellen Kommunikationsweges keine Einbahnstraße, eingehende Reaktionen in Form von E-Mails sind rasch zu beantworten. Auch dafür sind personelle und technische Ressourcen vorzuhalten mit erheblichen finanziellen Folgelasten.

Die finanziellen Belastungen, die sich durch Wahlkämpfe im multimedialen Umfeld ergeben, haben sich vergrößert, da

1. der Aufbau neuer Kommunikationsstrukturen zeitlich nicht mit dem Abbau „traditioneller“ Wahlkampfinstrumente korreliert, z.B. solcher des „klassischen Strassenwahlkampfs“ wie Plakate, Veranstaltungen, Flugblätter usw. Diese Wahlkampfinstrumente werden auch auf absehbare Zeit benötigt werden. Der Wahlkampf wird auch weiterhin nicht ausschließlich „virtuell“ und „e-medial“ begriffen, sondern erfordert eine physische Präsenz „vor Ort“.

   Es entspricht nicht nur der öffentlichen Erwartungshaltung, politische Auseinandersetzungen real und personengebunden zu erleben, es entspricht auch dem Selbstverständnis der SPD, deren Kampagnen durch den ehrenamtlichen Einsatz vieler Mitglieder gestützt werden. Auch hier werden auf absehbare Zeit logistische Unterstützungsleistungen der „hauptamtlich Wahlkämpfenden“ erforderlich bleiben, die die Kosten einer Kampagne mitbestimmen. Zudem werden die Ansprüche an die ehrenamtliche Kampagnenarbeit zunehmend größer („Professionalisierung des Wahlkampfs“), so dass verstärkte professionelle Zuarbeit und Ausbildung erforderlich werden.

2. die Strukturen der Refinanzierung solcher mit neuen Kommunikationsmitteln geführten Kampagnen nahezu unverändert geblieben sind. Anders als ein erwerbswirtschaftliches Unternehmen, das neue Kommunikationswege, wie z.B. das Internet, zeitgleich als neue Vertriebskanäle instrumentalisieren und dadurch zusätzliche Umsätze generieren kann oder das andere Vertriebswege zur Gänze kappen kann („virtuelles Unternehmen, New Economy“), sind politische Parteien weitgehend an der Realisierung solcher „Extra-Benefits“ gehindert, während sie die Extra-Kosten der aufwendigeren Kommunikationsstruktur stärker noch betreffen als viele andere Akteure der öffentlichen Kommunikation, denn die politische Kommunikation selbst ist das einzige „Produkt“, das politische Parteien vertreiben.

   Die stürmische Entwicklung im Bereich der elektronischen Kommunikation und die noch zu erwartende Beschleunigung dieses Prozesses in den nächsten Jahren stellt nicht nur die innere haupt- und ehrenamtliche Organisationsstruktur politischer Parteien, sondern auch die sensible Architektur der Parteienfinanzierung mittelfristig zur Debatte. Anders gewendet: Wie sind politische Parteien finanziell auszustatten, damit sie im Umfeld drastisch gewandelter öffentlicher Kommunikation ihrem grundgesetzlichen Auftrag nach Art. 21 Grundgesetz nachkommen können?

3.3 Wahlkampagne und Einnahmearten

Die Parteien verfügen im Wesentlichen über drei „traditionelle" Einnahmequellen:

- Mitgliedsbeiträge,
- Spenden,
- Öffentliche Teilfinanzierung.

Hinzu treten sonstige Einnahmen, auch Zuflüsse aus vorhandenem Vermögen.

- Einnahmen aus Mitgliedsbeiträgen

Die Einnahmen aus Mitgliedsbeiträgen stellen für die „Volksparteien" SPD und CDU eine tragende Säule der Finanzierung ihrer politischen Arbeit dar. Mehr noch als bei der CDU sind für die SPD die Einnahmen aus Beiträgen die wichtigste Einnahmequelle.

Im Wahljahr 1998 bezog die SPD 157,8 Mio. DM aus Beiträgen. Sie finanzierte sich damit zu mehr als 50 % aus dieser Einnahmeart. Dabei haben die Einnahmen aus Beiträgen als das „klassische" Finanzierungsinstrument politischer Parteien den Vorteil, dass sie ein vergleichsweise kontinuierliches und planbares finanzielles Ergebnis liefern. Beitragseinnahmen werden durch Mitgliederzahl, Beitragshöhe und Zahlungsmoral der Mitglieder bestimmt und sind im Vergleich zu anderen Finanzierungsarten, z.B. Spenden, weniger abhängig von politischen Stimmungsschwankungen. Dennoch kann vermutet werden, dass es eine positive Korrelation zwischen der politischen Stimmungslage und der Bereitschaft, Mitglied einer politischen Partei zu werden bzw. zu bleiben, gibt: So verlor die SPD in ihrem „Katastrophenjahr 1995", endend mit dem Mannheimer Parteitag und der Abwahl Rudolf Scharpings als Parteivorsitzenden, mehr als 30.000 Mitglieder, 1996 noch 24.000 Mitglieder, 1997 ca. 16.000

und verzeichnete im erfolgreichen Wahljahr 1998 schließlich nur noch einen minimalen Mitgliederverlust von ca. 2.800.

Erfolgreiche Kampagnen in Kombination mit einer günstigen politischen Stimmungslage könnten sich teilweise selbst finanzieren, der Effekt ist jedoch eher gering: Selbst unter der Voraussetzung, dass sich ohne die erfolgreiche Kampagne im Jahr 1998 der Mitgliederverlust des Jahres 1997 fortgesetzt hätte, ergäben sich bei einem angenommenen monatlichen Durchschnittsbeitrag von 12 DM (Das entspricht in etwa dem monatlichen Durchschnittsbeitrag eines SPD-Mitglieds.) ein Verlust an Beitragseinnahmen von grob 1,9 Mio. DM p.a. In Relation zur jährlichen Beitragssumme von ca. 158 Mio. DM ist das eine nicht unerhebliche, aber auch nicht entscheidende Größe für eine Wahlkampagne (Das Beispiel macht deutlich, dass die Parteien gegenwärtig mit Kampagnen nur den kontinuierlichen Mitgliederschwund auffangen können.).

Während die Bedeutung von Mitgliedsbeiträgen für die Finanzierung großer politischer Kampagnen – gegeben eine hinreichend große Zahl an Mitgliedern – erheblich ist, muss gleichwohl davon ausgegangen werden, dass diese Bedeutung mittel- und langfristig eher sinken denn steigen wird: Wie andere gesellschaftliche Großorganisationen auch, leiden die Parteien tendenziell unter sinkender Mitgliederzahl. Der Verlust aus Mitgliederrückgängen wird nur begrenzt durch individuelle Beitragserhöhungen aufzufangen sein.

Umgekehrt ist es bislang so, dass sich erfolgreiche Wahlkampagnen im Hinblick auf die mögliche Steigerung der Mitgliedszahlen und damit der Beitragseinnahmen nur zu einem geringen Anteil refinanzieren, dies obschon die SPD im Rahmen ihrer erfolgreichen Wahlkampagne 1998 die Möglichkeiten der Mitgliederwerbung konsequent genutzt hat. Eine historische Ausnahme war nur das Wahljahr 1972.

- Einnahmen aus Spenden

Zweifellos sind Wahlkampfzeiten Hochzeiten für die Bemühungen der politischen Parteien um die Einwerbung von Spenden. Ausweislich der Rechenschaftsberichte der im Bundestag vertretenen Parteien sind es in der Regel die Jahre der Bundestagswahl, in denen die Parteien die höchsten Spendeneinnahmen realisieren.

Für die Finanzierung von Wahlkampagnen der SPD spielen Spenden eine wichtige Rolle: Verglichen mit der Rolle, die Spenden bei anderen Parteien spielen, ist sie dennoch vergleichsweise nachrangig.

Der Rechenschaftsbericht der SPD für das Bundestagswahljahr 1998 weist Spendeneinnahmen i.H.v. knapp 36,9 Mio. DM für die Gesamtpartei (d.h. inklusive der Landesverbände, Bezirke und aller 12.000 Ortsvereine) aus. Davon waren knapp 29,3 Mio. DM Spenden von „natürlichen Personen", zum überwiegenden Teil Parteimitgliedern.

Die Gesamtausgaben aller Ebenen der Partei für alle Wahlkämpfe betrugen 1998 124,4 Mio. DM. Setzt man nun die parteiweit vereinnahmten Spenden in Relation zu den Wahlkampfkosten, so ergibt sich eine rechnerische Refinanzierungsquote der Wahlkampagnen 1998 durch Spenden von immerhin fast 30%.

Allerdings sind Spenden kein isoliertes Instrument zur Refinanzierung von Wahlkampagnen. Sie dienen auch der laufenden politischen Arbeit.

Immerhin konnte die SPD im Jahre 1997, einem fast wahlkampffreien Jahr (lediglich in Hamburg fand eine Bürgerschaftswahl statt) rund 23 Mio. DM an Spendeneinnahmen verbuchen. Mithin beträgt die rechnerische Spendenmehreinnahme in einem Wahljahr mit günstigem öffentlichen Meinungsbild und erfolgreicher Kampagne im Falle der SPD rund 14 Mio. DM; ein Betrag, der im Hinblick auf die Refinanzierung der Wahlkampagne keine unbedeutende, aber eben auch keine tragende Rolle spielte (14 Mio. DM entsprachen rund 11 % der Kampagnenkosten in 1998).

Diese finanzielle Bedeutung vermindert sich umso mehr, sofern man berücksichtigt, dass ein überwiegender Teil der erhaltenen Spenden Klein- und Kleinstspenden umfasste, die mehrere hunderttausend Bürgerinnen und Bürger aufgebracht haben. Den „Großen Spender" wird man bei der SPD vergeblich suchen.

Für die Einwerbung dieser großen Anzahl an Kleinspenden sind Aufwendungen in nicht unerheblichem Ausmaß erforderlich. So verursacht ein Spenden-Mailing an alle Mitglieder der SPD schnell Kosten in hoher sechsstelliger Summe. Mithin sind die Netto-Einnahmen durch Spenden deutlich unter den ausgewiesenen Summen anzusetzen.

Für die CDU haben Spenden eine ungleich höhere Bedeutung bei der Finanzierung der Parteiarbeit: Realisierte sie bereits im Jahr 1997 als einem nahezu wahlkampffreien Jahr mit 33,8 Mio. DM fast 11 Mio. DM mehr als die SPD, so wurde der finanzielle Vorsprung der CDU im Wahljahr gegenüber der SPD uneinholbar. Immerhin 66 Mio. DM flossen der CDU an Spenden zu, trotz verbreiteter „Wechselstimmung“ und schwacher Kampagne. Rechnet man die gesamte Union, die ja im Wahlkampf gemeinsam antritt, so ergeben sich 1998 Spendeneinnahmen in Höhe von 90,6 Mio., also 53,7 Mio. mehr als für die SPD. Mithin konnte sich die CDU auch in einem vergleichsweise ungünstigen öffentlichen Umfeld auf Zuwendungen ihrer Sympathisanten verlassen und ihre Wahlkampagne zu einem erheblichen Teil refinanzieren.

Gleichwohl gilt eine Erfahrung parteiübergreifend:
Spenden sind im Hinblick auf die (finanzielle) Planung einer Kampagne problembehaftet, denn die Erfahrung zeigt, dass das Spendenaufkommen stimmungsabhängig ist – von einem positiven bzw. negativen Stimmungsumfeld abhängig ist. So hat professionelles Fundraising sicherlich zu dem außerordentlichen Spendenergebnis der SPD 1998 beigetragen, aber eben auch eine sehr wohlwollende öffentliche Stimmung im Vorfeld der Bundestagswahl.

In der Praxis der Kampagnenfinanzierung spielen Spenden somit eine feste Rolle, die PraktikerInnen der Kampagnenfinanzierung wissen allerdings nur zu gut, dass bei unbefriedigendem Verlauf einer Kampagne Einnahmeausfälle drohen, die nur durch andere Finanzierungsquellen zu decken sind.

- StaatlicheTeilfinanzierung

Das Bundesverfassungsgericht hat in seinem letzten Urteil zur Regelung der Parteienfinanzierung (BVerfG in JZ 1992, S. 795ff) den nach 1949 gewandelten Status politischer Parteien anerkannt, indem es den Parteien eine grundlegende Funktion als Träger der politischen Willensbildung zuerkannt hat und anders als zuvor politische Parteien nicht mehr nur als „Wahlvorbereitungsorganisationen“ gesehen hat.

Deswegen sah das Gericht von der seit 1968 geltenden „Wahlkampfkostenerstattung“ ab. Statt dessen wurde die Finanzierung der Parteien als allgemeine staatliche Teilfinanzierung der Parteiarbeit eingeführt. Vorbereitung und Durchführung von Wahlkampagnen sind notwendiger Teil der von den politischen Parteien zu erbringenden Leistungen.

Folgerichtig wurde die Höhe der zu beanspruchenden staatlichen Zuschüsse nicht nur gedeckelt (zunächst auf 230 Mio. DM für alle Parteien, ab 1.1.1999 245 Mio. DM), sondern auch vom reinen Wahlerfolg abgekoppelt und stattdessen der Grad der Verwurzelung der Partei in der Bevölkerung zum Maßstab für die Zahlung staatlicher Mittel gemacht. Maßzahlen sind neben den erzielten Stimmen bei Bundestags-, Landtags- und Europawahlen die Höhe der Mitgliedsbeiträge sowie der eingeworbenen Spenden. [1)]

Diese Verbreiterung der Messbasis hat in Abhängigkeit von der Finanzierungsstruktur der Parteien unterschiedliche Folgen: Während die großen Mitgliederparteien selbst bei Wahlniederlagen nur abgemildert von der Reduzierung der staatlichen Zuschüsse getroffen werden, solange sie einen weiterhin überdurchschnittlich hohen Anteil ihres Anspruchs durch ihr Beitrags- und Spendenaufkommen erwirtschaften (Zuwendungsanteil), ist das finanzielle Gewicht direkter Wahlerfolge bzw. Misserfolge bei Parteien mit geringem Beitrags- und Spendenaufkommen etwas höher.

In der Literatur wurde hier teilweise und irreführend die Unterscheidung „Mitgliederpartei" vs. „Wählerpartei" benutzt, es kann auch „Spender"parteien geben, jedoch ist klar, dass sich die finanzielle Bedeutung erfolgreicher Wahlkampagnen für die Erlangung staatlicher Zuschüsse relativiert hat; ob sie sich in absehbarer Zukunft weiter verringert, hängt davon ab, ob angesichts einer zu erwartenden konstanten oder leicht sinkenden Zahl von Wahlberechtigten bzw. abgegebenen Stimmen auf der anderen Seite mindestens inflationsbedingt eine nominal steigende oder stagnierende Höhe erzielter Beiträge und Spenden realisiert wird.

Für die Finanzpraktiker ist diese Regelung eine zweischneidige Angelegenheit: Einerseits profitieren sie von der relativen Stabilität der staatlichen Teilfinanzierung und auch eine Folge von verlorenen Wahlen bedeutet nicht unmittelbar, dass die finanzielle Basis einer Partei in gleichem Ausmaß wegbricht. Auf der anderen Seite sehen sie sich in dem Dilemma, dass mindestens finanziell die Durchführung von Wahlkämpfen in der beschriebenen Umbruchsituation der öffentlichen Kommunikation aufwendiger wird, während der durch diesen finanziellen und organisatorischen Kraftakt u.U. erzielte Zustimmungserfolg nur nachrangig auf die Refinanzierung der Kampagne durchschlägt. Konkret: Wahlkämpfern, die mit heißem Herzen „ihre" Kampagne betreiben, ist nicht immer leicht beizubringen, dass sich weitere finanzielle Investitionen eben nicht über verbesserte Stimmenergebnisse bei der Wahl „rechnen". Jedenfalls stabilisiert die so gefundene staatliche Teilfinanzierung Regierungs- und Oppositionsparteien.

Neben den drei Hauptsäulen der Finanzierung spielen andere Einnahmen kaum eine Rolle, so auch die in den Medien in letzter Zeit vielzitierten Einnahmen aus Vermögen. Die SPD führt diese Einnahmen seit Jahren vollständig der Erhaltung des vorhandenen Vermögens, insbesondere der Erhaltung von Immobilien, zu. Bis 1997 lagen die Einnahmen jahrzehntelang deutlich unter 1 Mio. DM jährlich. Ab 1997 rechnet die SPD mit Einnahmen von jährlich 7-10 Mio. DM, die im Wesentlichen der Finanzierung der Parteizentrale in Berlin dienen sollen.

3.4 Folgerungen

Die Finanzierung des „modernen Medienwahlkampfes" bringt die politischen Parteien mittelfristig in Verlegenheit, den rapide wachsenden Ansprüchen an ihr Kommunikationsverhalten im Hinblick auf die eingesetzte Infrastruktur und den Ausbildungsstand des (haupt- und ehrenamtlichen) Personals stehen zunächst im Wesentlichen nur die „traditionellen" Finanzierungsinstrumente Beitragseinnahmen und Spenden sowie die staatliche Teilfinanzierung gegenüber.

Zudem sind politische Parteien anders als etwa erwerbswirtschaftliche Unternehmen mindestens auf absehbare Zeit objektiv daran gehindert, mögliche Produktivitätsgewinne, z.B. durch digitale Kommunikation, voll auszuschöpfen, um ihr „Produkt" Politik zu vertreiben.

Konkret: Selbst unter der Voraussetzung, dass am Ende diesen Jahres in der Bundesrepublik ca. 24-25 Mio. Menschen via Internet zu erreichen sein werden, und diese Menschen beanspruchen, über dieses Medium mit den Parteien kompetent und schnell kommunizieren zu können, wird immer noch mehr als die Hälfte der Wahlberechtigten nicht über dieses Instrument verfügen. Selbst bei euphorischen Annahmen über die Weiterentwicklung des gesamten Bereichs der elektronischen Kommunikation werden vergleichsweise „traditionelle" – und ebenfalls zu finanzierende – Wahlkampfinstrumente wie Straßen- oder Veranstaltungswahlkampf auch mittelfristig eine wichtige Bedeutung behalten.

Schließlich darf nicht vergessen werden, dass sich der grundgesetzliche Auftrag politischer Parteien (und ihre Finanzierung) eben nicht nur auf die Organisation von Wahlkämpfen bezieht, sondern wesentlich breiter die Organisation politischer Teilhabe und Entscheidung umfasst. Dieser Auftrag setzt voraus, dass alle verfügbaren Kanäle öffentlicher Kommunikation genutzt werden, um eine (je nach Blickwinkel) positive oder negative Diskriminierung bestimmter Bevölkerungsgruppen zu verhindern.

Mithin setzt der „moderne Medienwahlkampf" tendenziell eine Erweiterung der zu finanzierenden Kommunikationsinstrumente voraus, der nur in Einzelfällen ein kostensenkender Verzicht auf Elemente des „traditionellen" Wahlkampfes gegenübersteht.

Die Parteien ihrerseits können auf diese Entwicklung mit zwei Strategien antworten:

1. Die vorhandenen Strukturen und Instrumente der Kampagnenführung sind auf ihre Eignung im Hinblick auf das veränderte öffentliche Kommunikationsverhalten zu überprüfen (Kostenseite).

2. Die neuen Instrumente der Kommunikation sind im Hinblick auf ihre Eignung der Refinanzierung dieser Kommunikation zu überprüfen (Einnahmenseite).

Zu 1.) Im Rahmen der oben beschriebenen Restriktionen hat es bereits in den vergangenen Jahren im Bereich der Kampagneninstrumente mindestens seitens der SPD neue Schwerpunktsetzungen gegeben. Am augenfälligsten ist das am Wahlkampfetat der SPD für die Bundestagswahl 1998 abzulesen. Hier fand im Vergleich zu früheren Wahlkämpfen eine deutliche Reduzierung von Druckauflagen für Broschüren, Handzettel usw. zugunsten der elektronischen Kommunikation statt. Auch wurde auf einzelne traditionelle Wahlkampfinstrumente (z.B. „Zeitung am Sonntag") gänzlich verzichtet, um andere Aktivitäten zu finanzieren.

Ungleich schwerer ist erfahrungsgemäß der Umbau vorhandener Strukturen. Hier gilt es, „dicke Bretter" zu bohren, um finanziellen Handlungsspielraum zu gewinnen. Seitens der SPD wurde dies in den vergangenen Jahren allerdings außerordentlich erfolgreich realisiert, indem insbesondere dienstleistende Bereiche im Wege des „Outsourcing" bzw. der Fremdvergabe aufgelöst wurden, um eine Konzentration der Parteiorganisation auf ihre eigentliche Bestimmung, nämlich Politik zu organisieren, herbeizuführen.

Zu 2.) Weder die Bereitschaft, einer politischen Partei Geld zu spenden, noch die Bereitschaft, dieser Partei beizutreten sind – darauf deuten die ersten Erfahrungen hin – besonders „E-Commerce“-fähig. Das Internet spielt neben den traditionellen Instrumenten wie Aufnahmeformular und Spendenüberweisung eine sehr geringe Rolle. Jedenfalls in Deutschland gilt bis auf weiteres: In den Kategorien des „E-Commerce“ ist Politik ein (ökonomischer) Ladenhüter.

Der Ausbau des Internets zur Einwerbung von Spenden in einer laufenden Kampagne ist z.B. in den USA ungleich weiter vorangeschritten, allerdings vor dem Hintergrund einer gänzlich anderen „Spendenkultur“ und „Parteienstruktur“.

Gleichwohl ist bei allen Parteien festzustellen, dass insbesondere zur Einwerbung von Spenden eine Systematisierung und Professionalisierung des politischen Fundraising erfolgt ist.

Die SPD hat bereits in den vergangenen Jahren gezielt ihr Know-how ausgebaut und ihre Spendenbewirtschaftung systematisiert und wissenschaftlich fundiert. Sie konnte davon bereits im Bundestagswahlkampf 1998 profitieren. Bei anderen Parteien dürfte die Richtung in den nächsten Jahren eine ähnliche sein. Das scheint der Ansatz zu sein, um in einem veränderten Kommunikationsumfeld erfolgreich Spendeneinnahmen zu generieren, denn es nützt erfahrungsgemäß wenig bis gar nichts, Spendenaufrufe in das Internet zu stellen, als SMS zu versenden o.ä.

Vor allzu viel isolierter Technikbegeisterung im Hinblick auf die Eignung der neuen Kommunikationskanäle zur Refinanzierung einer Wahlkampagne sei daher gewarnt. Mindestens in den nächsten Jahren.

Anmerkungen

1) Legt man die Zahlen der staatlichen Teilfinanzierung 1999 zugrunde, so ergibt sich beispielsweise für die SPD ein Anspruch auf staatliche Teilfinanzierung aus Wählerstimmen i.H.v. 44,15 Mio. DM (s.g. „Wähleranteil“ gem. §18, Abs. 3, Satz 1, Nr. 1 u. Satz 2 PartG). Die Summe errechnet sich aus den insgesamt 42,65 Mio. Stimmen, die die SPD bei den letzten Bundestags-, Europa- und den 16 Landtagswahlen erzielen konnte, wobei die ersten fünf Millionen Stimmen mit je 1,30 DM bewertet werden, die übrigen Stimmen mit je 1,00 DM. Zusätzlich errechnet sich ein weiterer Anspruch i.H.v. 86,35 Mio. DM, da eingeworbene Spenden und Mitgliedsbeiträge eine zusätzliche staatliche Teilfinanzierung in Höhe der Hälfte der eingeworbenen Summe (s.g. „Zuwendungsanteil“ §18 Abs. 3, Satz 1, Nr. 3 PartG) auslöst. „Wähleranteil“ und „Zuwendungsanteil“ ergeben einen rechnerischen Anspruch i.H.v. 130,5 Mio. DM, der allerdings durch die absolute Obergrenze (max. 245 Mio. DM für alle Parteien) auf 116,8 Mio. DM reduziert wurde. Die Basis der staatlichen Teilfinanzierung ist also vergleichsweise breit und nur teilweise vom Erfolg bei einer einzelnen Wahl abhängig.

XII. Rechtliche Aspekte des Wahlkampfes

1. Presse- und Rundfunkrecht

Hermann Mayer

Der Verfasser will mit diesem Beitrag zeigen, inwieweit die Möglichkeit zur Selbstdarstellung der politischen Parteien in den Medien zu Wahlkampfzeiten von den geltenden Gesetzen und deren Auslegung abhängig ist. Die presse- und rundfunkrechtliche Problematik des modernen Medienwahlkampfes ist nur dann verständlich, wenn man sich zunächst die hierfür relevanten verfassungsrechtlichen Grundsätze mit ihrem jeweiligen Schutzbereich vor Augen führt. Erst die einzelfallbezogene Gewichtung dieser einschlägigen Grundfreiheiten durch Gesetzgeber und Bundesverfassungsgericht wirken sich auf die Rahmenbedingungen aus, mit welchen die Teilnehmer an einem modernen Medienwahlkampf bei der Verfolgung ihrer Interessen konfrontiert werden.

Es wird deshalb im Folgenden – unter **A.** – ausgeführt, welche verfassungsrechtliche Bedeutung den Medienorganen und den politischen Parteien zukommt. In den Kapiteln B. und C. wird das geltende Presse- und Rundfunkrecht dargestellt, wobei dieser Beitrag nur die Grundzüge verdeutlichen kann und die jeweils herrschende Meinung in der Rechtswissenschaft darstellt.

A. Verfassungsrechtlicher Hintergrund

I. Art. 5 Abs. 1 Satz 2 GG: Die Presse- und Rundfunkfreiheit

Die Presse- und Rundfunkfreiheit sind ein Teil der Medienfreiheiten des Art. 5 Abs. 1 Satz 2 GG und stellen die Grundlage für die verfassungsrechtliche Stellung der Presseunternehmen und der Rundfunkveranstalter dar.

Die Medienfreiheiten des Grundgesetzes schützen grundsätzlich die Freiheit der in der Massenkommunikation tätigen Personen im Hinblick auf deren massenkommunikative Vermittlungsleistungen. Diese fördern auf der einen Seite die Informationsfreiheit der Leser und Rezipienten und auf der anderen Seite die Meinungsfreiheit der Personen, die in Presse und Rundfunk zu Wort kommen.[1]

Gegenstand der Medienfreiheit ist – wie bei allen anderen Grundrechten auch – in erster Linie der Schutz vor staatlicher Bevormundung.

Träger des Grundrechts sind sowohl öffentlich-rechtliche als auch private Rundfunkveranstalter sowie die Presseunternehmen, insbesondere die Verlage.

Neben den anderen Kommunikationsfreiheiten sind die Medienfreiheiten als Faktor der öffentlichen Meinungsbildung von schlechthin konstituierender Bedeutung für die demokratische Grundordnung.[2]

1. Der Schutzbereich der Medienfreiheiten

a. Der Schutzbereich der Pressefreiheit umfasst die Verbreitung von allen Presseerzeugnissen, unabhängig von deren Inhalt sowie alle Tätigkeiten, die von der Beschaffung der Informationen bis zur Verbreitung der Nachrichten und Meinungen erforderlich sind.[3] Sie erstreckt sich auch auf den Anzeigenteil einer Zeitung – selbst dann, wenn sich politische Parteien des Anzeigenteils von Zeitungen und Zeitschriften bedienen, um für ihre Bestrebungen zu werben.[4]

   Der Rundfunk unterscheidet sich von der Presse durch seine Verbreitungsart. Er bedient sich der Hilfe elektrischer Schwingungen, um seine Darbietungen zu veröffentlichen. Unter den Medien kommt dem Rundfunk wegen seiner Breitenwirkung, Aktualität und Suggestivkraft eine besondere Bedeutung zu.[5]

b. Der Schutzbereich der Rundfunkfreiheit umfasst – entsprechend dem der Pressefreiheit – jede Vermittlung von Information und Meinung, also jede Sendung, die von den Rundfunkveranstaltern über die elektronischen Medien des Hörfunks und Fernsehens einer unbestimmten Zahl an Rezipienten zugänglich gemacht wird.[6] Sie dient der Gewährleistung freier individueller und öffentlicher Meinungsbildung.[7] Im Zentrum der verfassungsrechtlichen Garantie steht die Programmfreiheit.[8] Sowohl Werbesendungen[9], als auch Wahlsendungen[10] sind mit ihrem gesamten Inhalt von der Rundfunkfreiheit umfasst, so dass grundsätzlich die Rundfunkanstalten frei über den jeweiligen Inhalt einer Sendung bestimmen können. Auch die Regelung der Modalitäten einer Sendung (Sendezeiten, Länge der Werbespots, Reihenfolge etc.) unterfällt dem Schutz der Rundfunkfreiheit.[11]

Grundsätzlich geschützt von der Medienfreiheit des Art. 5 Abs. 2 Satz 1 GG ist auch die Abschlussfreiheit im Anzeigewesen und die negative Äußerungsfreiheit, welche etwa in einem Ablehnen des Abdrucks einer bestimmten Anzeige oder des Sendens eines bestimmten Werbespots oder Beitrags zum Ausdruck kommen.[12]

2. Die Schranken der Medienfreiheiten

Der objektive Gehalt der Medienfreiheiten verpflichtet den Staat zur näheren Ausgestaltung dieser Freiheiten. Einigkeit besteht darin, dass hierbei eine Prämisse sein muss, dass jedes Unternehmen und jeder Veranstalter zu sachgemäßer, umfassender und wahrheitsgemäßer Information und einem Mindestmaß an gegenseitiger Achtung verpflichtet ist.[13]

Ihre wichtigste Schranke finden die Medienfreiheiten gemäß Art. 5 Abs. 2 GG in den allgemeinen Gesetzen, die in ihrer Ausgestaltung einen Eingriff in dieses Grundrecht rechtfertigen können. Allgemeine Gesetze sind Normen, welche ihrerseits dem Schutz eines anderen, schlechthin zu schützenden Rechtsguts dienen.[14] Die Möglichkeit, die Medienfreiheiten durch allgemeine Gesetze zu beschränken, geht jedoch nicht beliebig weit. Vielmehr müssen sich die einschränkenden Normen verfassungsrechtlich daran messen lassen, inwieweit sie die Bedeutung der betroffenen schützenswerten Interessen der Beteiligten in ihrem Verhältnis zueinander jeweils optimal berücksichtigen. Diese sogenannte Wechselwirkung der Grundrechte erfordert, dass eine fallbezogene Güterabwägung zwischen dem beeinträchtigten Mediengrundrecht und den Interessen, die mit den allgemeinen Gesetzen verfolgt werden, stattfinden muss.[15] Die Einschränkung der Medienfreiheit muss also insgesamt verhältnismäßig sein.[16]

An dieser Stelle wird für die Problematik des modernen Medienwahlkampfs die Stellung der politischen Parteien in unserem Grundrechtssystem relevant. Diese finden den Ausdruck ihrer verfassungsrechtlichen Bedeutung in den ihnen eingeräumten Rechten und Ansprüchen in den allgemeinen Gesetzen bzw. deren Auslegung und stellen so den Abwägungspol dar, an dem sich die Interessen der Presseunternehmen und der Rundfunkveranstalter mit ihrer verfassungsrechtlichen Weihe der Medienfreiheit messen lassen müssen.

II. Art. 21 GG und § 5 ParteiG: Die verfassungsrechtliche Bedeutung der politischen Parteien, das Parteienprivileg und der Grundsatz der Chancengleichheit

Die parlamentarische Demokratie bedarf des Wirkens politischer Parteien, um funktionieren zu können. Das Grundgesetz hat die Parteien als verfassungsrechtlich notwendige Instrumente für die politische Willensbildung des Volkes anerkannt und in den Rang von verfassungsrechtlichen Institutionen erhoben.[17]

1. Ihre Aufgabe nach Art. 21 Abs. 1 Satz 1 GG und ihr Ziel gemäß § 2 Abs. 1 Satz 1 Halbsatz 1 ParteiG ist die dauerhafte oder längerfristige Einflussnahme auf die politische Willensbildung, die ihren Ausdruck in erster Linie in Wahlen und Abstimmungen findet, aber auch im gesamten Prozess der öffentlichen Auseinandersetzung zugegen ist.[18] Die Parteien haben ausdrücklich die Funktion, als Brücke zwischen den Bürgern und den politischen Entscheidungsgremien zu wirken und ihnen müssen zur Erfüllung dieser Funktion auch die entsprechenden Möglichkeiten gegeben werden.[19]

   Soweit die Parteien ihre gesetzliche Aufgabe wahrnehmen und solange ihre Ziele der freiheitlichen, demokratischen Grundordnung der Bundesrepublik Deutschland entsprechen, handeln sie von Verfassungs wegen rechtmäßig und genießen bezüglich der hierzu erforderlichen, aufgabenkonformen Handlungen einen umfassenden, verfassungsrechtlich garantierten Schutz.

2. Kennzeichnend und prägend für den Schutz, welchen die politischen Parteien im Rahmen ihrer freien, selbstbestimmten Tätigkeit beanspruchen können, ist das sog. Parteienprivileg des Art. 21 Abs. 2 GG. Danach ist allein das Bundesverfassungsgericht befugt, die Verfassungswidrigkeit einer Partei festzustellen. Dies stellt eine Privilegierung der politischen Parteien gegenüber den übrigen Vereinigungen und Verbänden dar.[20] Art. 21 Abs. 2 GG ist die einzige Schranke der Parteien-

freiheit; Eingriffe sind nur auf dieser Grundlage zu rechtfertigen – mit anderen Worten darf niemand bis zu einer Entscheidung des Bundesverfassungsgerichtes die Verfassungswidrigkeit einer Partei rechtlich geltend machen.[21]

3. Aus der Gründungsfreiheit und dem daraus folgenden Mehrparteiensystem leitet das Bundesverfassunggsgericht den Grundsatz der Chancengleichheit der Parteien ab.[22] Dieser ist ein Teil der „demokratisch-egalitären Grundlage unserer Verfassungsordnung“[23] und bedeutet, dass alle Parteien im Rahmen ihrer gesamten Tätigkeit formal gleich behandelt werden müssen.[24]

Da aber die Freiheit politischer Willensbildung gerade darin besteht, daß sich die Parteien verschieden stark Gehör und Geltung verschaffen können, hat das Bundesverfassungsgericht – entgegen der selbstformulierten Anforderung streng formaler Gleichbehandlung – in verschiedenen Lebensbereichen eine „abgestufte“ Chancengleichheit im Wettbewerb der Parteien untereinander ausreichen lassen.[25] § 5 Abs. 1 Satz 2 ParteiG, der diesen Grundsatz für die Gewährung von öffentlichen Leistungen gesetzlich verwirklicht, ist ausdrücklich für verfassungsmäßig erklärt worden.[26] Danach kann im Rahmen der Gleichbehandlung nach der Bedeutung der Parteien abgestuft werden und Leistungen an die Parteien können dementsprechend unterschiedlich bemessen sein. Die primäre Bewertungsgrundlage, die für die Einstufung der Bedeutung einer Partei herangezogen wird, ist gemäß § 5 Abs. 2 Satz 3 ParteiG das Ergebnis vorausgegangener Parlamentswahlen. Aber auch andere Komponenten spielen bei der Beurteilung der Bedeutung einer Partei eine Rolle, so zum Beispiel die Zeitdauer ihres Bestehens, ihre Kontinuität, ihre Mitgliederzahl, ihre Vertretung in Parlamenten und Regierungen, ihr politisches Wirken und der Umfang und Ausbau ihres Organisationsnetzes.[27]

III. Ergebnis

Eine Auswertung der verfassungsrechtlichen Vorgaben für die Bedeutung der an einem modernen Medienwahlkampf beteiligten Medienunternehmen und Parteien hat zum Ergebnis, dass beide jeweils bedeutende Elemente der demokratischen Grundordnung darstellen und deshalb höchste Wertschätzung und Anerkennung in unserem Grundrechtssystem erfahren.[28]

Vor dieser Erkenntnis ist es Herausforderung und Aufgabe des Gesetzgebers zugleich, dem potentiellen Spannungsverhältnis zwischen den Interessen der Beteiligten ausreichend Rechnung zu tragen und bei der Ausgestaltung der allgemeinen Normen im Sinne der bereits oben angeführten Wechselwirkung der Grundrechte eine für beide Seiten interessengerechte Lösung zu finden. Von den erkennenden Gerichten sind die Ausstrahlungswirkungen der Grundrechte der Medienfreiheit und der Parteienfreiheit und ihr Verhältnis zueinander im Einzelfall regelmäßig dort zu berücksichtigen, wo die allgemeinen Gesetze offene Wertungen zulassen[29] und so einer entsprechenden Auslegung zugänglich sind.

Wie die deutschen Gesetzgebungsorgane diese Herausforderung angenommen und ihre Aufgaben wahrgenommen haben und wie die Gerichte in ihren Entscheidungen die geltenden Grundsätze gewichten, wird im Folgenden anhand der Darstellung der geltenden presse- und rundfunkrechtlichen Regelungen aufgezeigt:

B. Presserecht

Politische Parteien haben – insbesondere in dem Zeitraum kurz vor Wahlen – ein gesteigertes Bedürfnis an möglichst umfangreicher Präsenz und Selbstdarstellung in der Öffentlichkeit, welches unter anderem durch einen publikumswirksamen Auftritt in den Produkten der Presseunternehmen befriedigt werden kann. Ein solcher Auftritt kann in dem Mitwirken in Berichten und Reportagen liegen, aber auch das Schalten von Werbeanzeigen in Zeitungen und Zeitschriften kann den Bekanntheitsgrad und die Popularität steigern und so zu einem für die Partei positiven Ausgang der bevorstehenden Wahlen beitragen.

I. Abschlussfreiheit

Von besonderer Brisanz ist vor diesem Hintergrund die Frage, ob ein Verlag berechtigt ist, den Druck einer Anzeige einer politischen Partei abzulehnen, weil diese eine politische Richtung verfolgt, mit welcher man nicht in Zusammenhang gebracht werden will.

Zur Beantwortung dieser Frage muss man zunächst feststellen, dass die Presse zwar eine „öffentliche Aufgabe“ erfüllt, dies aber – wie das Bundesverfassungsgericht betont hat – nach privatwirtschaftlichen Grundsätzen und in privatrechtlichen Organisationsformen geschieht.[30] Daher gilt für den zu schließenden Anzeigenvertrag der Grundsatz der Vertragsfreiheit, welcher sowohl die Abschlussfreiheit, als auch die Freiheit zur inhaltlichen Gestaltung umfasst.[31] Die Vertragsfreieit ist ein wesentlicher Ausfluss der Privatautonomie und als ein Teil des Rechts auf freie Entfaltung der Persönlichkeit durch Art. 2 Abs. 1 GG verfassungsrechtlich gewährleistet.[32] Noch entscheidender ist aber die Tatsache, dass nach der Rechtsprechung des Bundesverfassungsgerichts – wie oben unter I. 1. a. bereits ausgeführt – auch der Anzeigenteil einer Zeitung durch das Grundrecht der Pressefreiheit nach Art. 5 Abs. 1 Satz 2 GG geschützt wird. Die Abschlussfreiheit im Pressewesen ist deshalb eine unabweisbare Konsequenz der Pressefreiheit.[33]

Daraus folgt, dass die Presse über die Auswahl von Anzeigen zwar grundsätzlich frei entscheiden kann, jedoch ist mit der Feststellung der Abschlussfreiheit noch keine Aussage über einen Kontrahierungszwang für Anzeigenverträge verbunden.

II. Kontrahierungszwang

Ein Zwang zum Abschluss eines Anzeigenvertrages kommt nur dann in Betracht, wenn aufgrund allgemeiner Gesetze im Sinne des Art. 5 Abs. 2 GG ein Anspruch des abgelehnten Inserenten auf Abdruck einer von ihm gewünschten Anzeige besteht. Die überwiegende Meinung in der Rechtswissenschaft ist der Ansicht, dass für Anzeigen politischer Parteien kein „erweiterter Kontrahierungszwang" besteht,[34] was zur Folge hat, dass auch den Parteien ein Rechtsanspruch auf Abschluss eines Anzeigenvertrags nur dann eingeräumt wird, wenn die allgemeinen Voraussetzungen für einen Kontrahierungszwang vorliegen.

Ein Kontrahierungszwang für Anzeigenverträge kann sich zugunsten politischer Parteien nach den §§ 826, 249 BGB aus dem Gesichtspunkt der „vorsätzlichen sittenwidrigen Schädigung" nur dann ergeben, wenn das im konkreten Fall betroffene Presseunternehmen eine Monopolstellung inne hat und sich dem abgelehnten Inserenten keine zumutbaren Ausweichmöglichkeiten für eine Durchsetzung seiner Interessen bieten.[35]

1. Zwar haben viele lokale und regionale Tageszeitungen in deren jeweiligen Verbreitungsgebiet eine monopolartige Stellung auf dem Anzeigenmarkt erreicht, daraus lässt sich aber über die Auslegung des Begriffs der „Sittenwidrigkeit“ kein Kontrahierungszwang für Anzeigenbestellungen ableiten, auch nicht in Verbindung mit der „öffentlichen Aufgabe“ der Presse.[36]

   Ein derartiger Anspruch würde einen Eingriff in das Grundrecht der Pressefreiheit darstellen, welchen auch der verfassungsrechtliche Grundsatz der Chancengleichheit der Parteien nicht zu relativieren vermag.[37]

   Es ist allgemein anerkannt, dass die privaten Presseunternehmen nicht zur Neutralität im Wahlwettbewerb der politischen Parteien verpflichtet sind. Sie haben weder einen „Anspruch auf Grundversorgung“ der Bevölkerung zu erfüllen noch unterliegen sie einer Verpflichtung zur „Meinungsvielfalt“ oder zu „inhaltlicher Ausgewogenheit“.[38]

   Der Grundsatz der Chancengleichheit der Parteien gewährt keinen Anspruch darauf, die wirtschaftlichen Ressourcen des politischen Gegners oder privater Unternehmen für die eigenen politischen Ziele in Dienst nehmen zu können; insbesondere würde die Glaubwürdigkeit der Presse insgesamt einen erheblichen Schaden nehmen, wenn ein Presseorgan aufgrund eines Kontrahierungszwangs dulden müsste, dass die eigene publizistische Linie im Anzeigenteil konterkariert wird.[39] Für die freie Presse ist es deshalb weder verfassungsrechtlich vertretbar noch rechtspolitisch erwünscht, dass die redaktionelle Linie durch erzwungene Anzeigen völlig unglaubwürdig erscheint. Dies soll nach der Rechtsprechung des Bundesverfassungsgerichts sogar dann der Fall sein, wenn von dem Presseunternehmen anderen, entgegengesetzten politischen Meinungen und entsprechenden Anzeigen Raum für die Verbreitung zur Verfügung gestellt wird.[40]

2. Unabhängig von dieser Auslegung des Begriffs der „Sittenwidrigkeit“ in § 826 BGB kann ein Kontrahierungszwang auch deshalb nicht angenommen werden, weil gerade für politische Parteien im Wahlkampf besonders viele und auch zumutbare Ausweichmöglichkeiten zur Veröffentlichung ihrer Interessen in Form von Flugblättern, Plakaten, eigenen Wahlzeitungen usw. bestehen und deshalb kein ausreichendes Schutzbedürfnis gegeben ist.

III. Ergebnis

Die freie Presse unterliegt deshalb rechtlich keiner Verpflichtung, dem Selbstdarstellungsbedürfnis von politischen Parteien im Wahlkampf gerecht zu werden. Dies gilt sowohl hinsichtlich der Möglichkeit, sich per Anzeigen in der Öffentlichkeit darzustellen, erst recht gilt dies bei der Berücksichtigung der Parteien oder deren einzelner Mitglieder in den Berichterstattungen der Presse.

C. Rundfunkrecht

Ob und inwieweit die politischen Parteien zu Wahlzwecken Sendezeiten in Hörfunk und Fernsehen beanspruchen können, ist von den gesetzlichen Regelungen abhängig. Zu unterscheiden ist dabei zwischen dem öffentlich-rechtlichen Rundfunk und dem privaten Rundfunk.

I. Öffentlich-rechtlicher Rundfunk

Der öffentlich-rechtliche Rundfunk ist dazu verpflichtet, den klassischen Auftrag des Rundfunks zu erfüllen, der neben seiner Rolle für die Meinungs- und Willensbildung, neben Unterhaltung und Information auch eine kulturelle Verantwortung umfasst.[41] Anders als bei den Printmedien gibt es bei den Funkmedien einen „Anspruch auf Grundversorgung“, eine Verpflichtung zur „Meinungsvielfalt“, zu „inhaltlicher Ausgewogenheit“[42] und zur „Neutralität im Wahlwettbewerb politischer Parteien“.[43] Die Grundversorgungsverpflichtungen werden ausgelöst durch das Gebührenprivileg der öffentlich-rechtlichen Rundfunkveranstalter. Als die dem öffentlich-rechtlichen Rundfunk gemäße Art der Finanzierung sieht das Bundesverfassungsgericht die Gebührenfinanzierung an.[44] Diese erlaubt es ihm, unabhängig von Einschaltquoten und Werbeaufträgen ein Programm anzubieten, welches den verfassungsrechtlichen Anforderungen entspricht.[45] Er wird dadurch in die Lage versetzt, im Rahmen seiner Vermittlungsaufgaben des aktuellen politischen Geschehens auch der Selbstdarstellung der Parteien bei Wahlen Möglichkeiten zu eröffnen.[46] Daraus resultierend entspricht es den geltenden Gesetzen, dass die politischen Parteien in allen Bundesländern ein Recht haben, von den öffentlich-rechtlichen Anstalten unentgeltlich Sendezeiten für Wahlwerbung zu beanspruchen.

II. Privater Rundfunk

Zwar hat allein der öffentlich-rechtliche Rundfunk das oben angesprochene Gebührenprivileg und ist als zwingende Folge daraus zur Grundversorgung und zur inhaltlichen Ausgewogenheit verpflichtet, diese Tatsache und auch eine institutionelle Vergleichbarkeit mit den freien Presseorganen hinderten die Gesetzgeber nicht, auch den privaten Rundfunkveranstaltern die Pflicht aufzuerlegen, den politischen Parteien im Wahlkampf Sendezeit zur Verfügung zu stellen. Dies ist durch die Verfassung nicht geboten und deshalb verfassungsrechtlich bedenklich, diese Bedenken werden aber dann relativiert, wenn einer Partei Sendezeit zur Verfügung gestellt wird, weil in diesem Fall die Mechanik des Gleichheitssatzes greift und auch den anderen Parteien einen Anspruch auf Sendezeit gibt.[47]

Im Unterschied zu den öffentlich-rechtlichen können private Rundfunkveranstalter ihre Selbstkosten für die Bereitstellung von Sendezeit ersetzt verlangen. Unter den „Selbstkosten" sind technische Grundkosten für den Sendebetrieb zu verstehen, nicht jedoch Kosten für Programm und Programmgestaltung. Zu den erstattungsfähigen Kosten gehören jedenfalls die durch die Sendung angefallenen, anteiligen Personal- und Materialkosten sowie die anteiligen für die Übertragung erforderlichen Sende- und Energiekosten.[48] Die Kostenerstattung ist in den jeweiligen landesgesetzlichen Normen zum privaten Rundfunk nicht einheitlich geregelt.[49]

III. Rechtsgrundlagen des Anspruchs

Für die Frage, wie das Recht der politischen Parteien auf Wahlwerbung im Rundfunk zu behandeln und in der Praxis umzusetzen ist, muss man zunächst feststellen, welche Rechtsgrundlagen für dieses Recht einschlägig sind.

1. Verfassungsrecht

Aus dem sich aus Art. 21 GG ergebenden Mitwirkungsanspruch der Parteien an der politischen Meinungsbildung resultiert kein originäres Recht auf Wahlwerbung im Rundfunk. Die politischen Parteien sind zwar als Verfassungsorgane anerkannt, dies gilt jedoch nur prozessual gegenüber Staatsorganen, zu welchen die öffentlich-rechtlichen Rundfunkanstalten nicht gehören.

Aus dem Grundrecht der freien Meinungsäußerung des Art. 5 Abs. 1 Satz 1 GG lässt sich ein Anspruch auf Sendezeit ebenfalls nicht herleiten. Die Meinungsäußerungsfreiheit gewährt das Recht, seine freie Meinung zu äußern, über die Frage jedoch, ob man zu bestimmten Medien zuzulassen ist, trifft dieses Grundrecht keine Aussage.

Der unbestrittene rundfunkspezifische Repräsentations- und Partizipationsanspruch der politischen Parteien im Zusammenhang mit der Programmgestaltung des öffentlich-rechtlichen Rundfunks beschränkt sich auf ihre angemessene Vertretung im Programm und in den Gremien. Auf Wahlwerbung bezieht sich dieser Anspruch nicht.[50]

Einen Anspruch auf Einräumung von Sendezeiten für Wahlwerbung kann man deshalb direkt aus der Verfassung nicht herleiten.[51] In den verfassungsrechtlichen Vorgaben lassen sich zwar Anlagen für einen positiven Leistungsanspruch der Parteien auf Sendezeit für Wahlwerbung finden, eine Realisierung und damit verbundene Konkretisierung dieses Anspruchs bedarf jedoch einer Zwischenschaltung von Normen durch den einfachen Gesetzgeber.

2. Allgemeine Gesetze

Die Regelungen für die Verpflichtung der Rundfunkveranstalter über die Zuteilung von Sendezeit für Wahlwerbung finden sich in den jeweiligen Landesrundfunkgesetzen oder Staatsverträgen. Für die einzelnen Bundesländer sind dies die folgenden Bestimmungen:

a. Baden-Würtemberg: § 5 Abs. 3 Landesmediengesetz B-W
b. Bayern: Art. 24 Abs. 3 Bayerisches Mediengesetz in Verbindung mit der Wahlwerbesatzung WWS
c. Berlin: § 3 Abs. 2 Satzung der Rundfunkanstalt Freies Berlin und § 57 Abs. 2 und 3 Medienstaatsvertrag Berlin/Brandenburg
d. Brandenburg: § 10 Abs. 2 und 4 Gesetz über den Ostdeutschen Rundfunk Brandenburg
e. Bremen: § 24 Abs. 2 und 3 Bremisches Landesmediengesetz (Wobei hier als Besonderheit das Problem besteht, ob Parteien als gemeinnützige Organisationen anzusehen sind, weil nur für diese ein Rechtsanspruch besteht. Von der herrschenden Meinung wird dies nicht vertreten.)

f. Hamburg: § 31 Abs. 1 Hamburgisches Mediengesetz und § 15 Abs. 1 NDR-Staatsvertrag
g. Hessen: § 3 Nr. 6 Gesetz über den Hessischen Rundfunk und § 30 Abs. 2 bis 4 Gesetz über den privaten Rundfunk in Hessen
h. Mecklenburg-Vorpommern: § 26 Abs. 1 Rundfunkgesetz für Mecklenburg-Vorpommern und § 15 Abs. 1 NDR-Staatsvertrag
i. Niedersachsen: § 29 Abs. 1 Niedersächsisches Landesrundfunkgesetz und § 15 Abs. 1 NDR-Staatsvertrag
j. Nordrhein-Westfalen: § 19 Abs. 2 Rundfunkgesetz für das Land Nordrhein-Westfalen und § 8 Abs. 2 Gesetz über den Westdeutschen Rundfunk Köln
k. Rheinland-Pfalz: § 39 Abs. 2 Landesrundfunkgesetz Rheinland-Pfalz
l. Saarland: § 14 Landesrundfunkgesetz
m. Sachsen: § 14 Abs. 2 Staatsvertrag über den MDR und § 22 Abs. 1 Sächsisches Privatrundfunkgesetz in Verbindung mit der Wahlwerbesatzung
n. Sachsen-Anhalt: § 14 Abs. 2 Staatsvertrag über den MDR und § 23 Abs. 1 Privatfunkgesetz Sachsen-Anhalt
o. Schleswig-Holstein: § 33 Rundfunkgesetz für das Land Schleswig-Holstein und § 15 Abs. 1 NDR-Staatsvertrag
p. Thüringen: § 14 Abs. 2 Staatsvertrag über den MDR und § 26 Abs. 2 Thüringer Rundfunkgesetz

Gemäß § 42 Abs. 2, 3 Rundfunkstaatsvertrag (RStV) ist nur der bundesweit verbreitete private Rundfunk verpflichtet, den Parteien während ihrer Beteiligung an den Wahlen zum Deutschen Bundestag und zum Europäischen Parlament eine angemessene Sendezeit einzuräumen. Die Verpflichtung von privaten regionalen oder landesweiten Rundfunkveranstaltern zur Überlassung von Sendezeiten ist landesrechtlich geregelt.[52]

IV. Inhalt und Umfang der Wahlwerbesendungen

Ziel der Einräumung von Ansprüchen auf Sendezeit ist es, der Aufgabe der Parteien im Rahmen der öffentlichen Meinungsbildung gerecht zu werden.[53] Die Parteien erhalten hierdurch die Möglichkeit, sich in wirkungsvoller Weise gegenüber dem Wahlvolk zu präsentieren und so funktionsgerechte Wahlen zu gewährleisten.[54] Die Verpflichtung, den Parteien Sendezeiten zur Verfügung zu stellen, beschränkt die Rundfunk- und Programmfreiheit der Rundfunkveranstalter und ist deshalb verfassungsrechtlich nicht unumstritten. Gerechtfertigt soll der Eingriff aber dadurch sein, dass die Durchführung von Wahlen und die Teilnahme von Parteien hieran für das demokratische Volkswesen unerlässlich ist und die Parteien ihre Aufgabe nur dann funktionsgerecht wahrnehmen können, wenn sie dem Kreis der Wähler hinreichend bekannt sind.[55] Anders als im Spannungsverhältnis mit der Pressefreiheit wird der Parteienfreiheit im Spannungsverhältnis mit der Rundfunkfreiheit eine so große Bedeutung beigemessen, dass sie Eingriffe in diese zu rechtfertigen vermag. Im Einzelnen ist jedoch zu beachten, dass auch die besondere Stellung der Parteien bei der öffentlichen Willensbildung den Eingriff in die Rundfunkfreiheit nur dann rechtfertigen kann, wenn die Zuteilung der Sendezeiten dem Übermaßverbot genügt und im Übrigen zur Zweckerreichung geeignet, erforderlich und angemessen ist.[56] In welcher Art und Weise man dem Übermaßverbot bei der inhaltlichen Ausgestaltung und der Festlegung des zulässigen Umfangs der Wahlwerbespots gerecht wird, soll im Folgenden dargestellt werden.

1. Angemessenheit der Sendezeit

Wahlwerbesendungen können grundsätzlich nur innerhalb eines begrenzten Zeitraums vor den Wahlen platziert werden, üblicherweise wird Wahlwerbung in einem Zeitraum von zwei bis drei Wochen vor der Wahl gesendet.[57] Wahlsendungen sind als solche zu kennzeichnen, aus der Kennzeichnung soll sich auch ergeben, dass die inhaltliche Verantwortung bei den Parteien liegt.[58]

a. Für die <u>Zuteilung</u> der Sendezeit ist der Grundsatz der abgestuften Chancengleichheit (A. II. 3.) der Parteien zu berücksichtigen. Dieser beschränkt die Möglichkeiten der Rundfunkveranstalter, Zuteilungen gemäß individueller, politischer Neigung nach verschiedenen Maßstäben vorzunehmen.[59] Den Parteien sind im Wahlkampf – abgestuft je nach ihrer jeweiligen Bedeutung – die gleichen Ausgangspositionen zu sichern, soweit dies möglich ist.[60] Hinsichtlich der Anzahl der zur Verfügung zu stellenden Spots ist je nach der Bedeutung der einzelnen Partei abzustufen, in der Praxis sollen für die „unbedeutendste" Partei mindestens zwei Spots zur Verfügung gestellt werden, die „bedeutendste" Partei soll nicht mehr als viermal so viel erhalten.[61]

b. Die <u>Spotlänge</u> orientiert sich an der gängigen Länge journalistischer Beiträge, weil Wahlwerbesendungen meinungsbildenden und informativen Charakter haben und deshalb nicht an der Länge von Spots der

Wirtschaftswerbung gemessen werden können. Üblicherweise wird als Dauer der einzelnen Wahlwerbesendungen eine Grundeinheit von 90 Sekunden zugrundegelegt.[62] Dies gilt auch für kleine Parteien, die Abstufung nach der jeweiligen Bedeutung der einzelnen Partei geschieht deshalb regelmäßig nur bei der Frage der Anzahl der zuzuteilenden Sendezeiten. Je nach Programmart oder den Vorstellungen der Parteien können sich Verkürzungen ergeben, eine Spotlänge von 30 Sekunden sollte jedoch nicht unterschritten werden.

Bei kürzeren Spots ist zu beachten, dass die errechnete Gesamtmindestsendezeit von einer Spotdauer von 90 Sekunden und einer Anzahl von zwei Spots, also einer Gesamtsendezeit von drei Minuten, ausgeht. Wird diese Gesamtzeit – aus welchen Gründen auch immer – anders aufgeteilt, so muss die kürzere Dauer des einzelnen Spots durch eine höhere Anzahl an Spots kompensiert werden.

c. Die Wahlwerbung muss in der Hauptsendezeit platziert werden und kann nicht in Randzeiten verbannt werden, darüber hinaus sind die Sendezeiten nach einem vorher festgelegten Dispositionsplan gleichwertig zu vergeben.[63]

2. Inhalt der Wahlwerbesendungen

Die vielfältigen Inhalte der Wahlwerbespots genießen den Schutz der Meinungsfreiheit des Art. 5 Abs. 1 Satz 1 GG. Dabei ist der Begriff Wahlwerbung so zu verstehen, dass alle Maßnahmen, die darauf abzielen, den Bürger zur Stimmabgabe für eine bestimmte Partei zu bewegen, davon umfasst sind. Für den Inhalt der Spots ist stets derjenige verantwortlich, dem die Sendezeit eingeräumt worden ist, eine materielle Kontrolle des Inhalts ist dem Rundfunkveranstalter weitgehend verwehrt. Dies ist ein Ausfluss des unter A. II. 2 dargestellten Parteienprivilegs, wonach es ausschließlich dem Bundesverfassungsgericht vorbehalten ist, eine Partei für verfassungswidrig zu erklären. Die Ausstrahlung eines Wahlspots darf nicht deshalb verweigert werden, weil er verfassungsfeindliche Äußerungen enthält.

Dennoch sind die Rundfunkveranstalter den (teilweise) radikalen Inhalten der Werbespots von politischen Parteien nicht völlig ausgeliefert. Die Grenzen der Meinungsfreiheit sind nämlich dann erreicht, wenn eine Partei in ihrem Werbespot offensichtlich gegen allgemeine Gesetze, insbesondere gegen Strafgesetze, verstößt.[64] In diesem Zusammenhang kommen vor allem in Betracht § 86a StGB (Verwenden von Kennzeichen verfassungswidriger Organisationen), § 90a Abs. 1 StGB (Verunglimpfung des Staates und seiner Symbole) und § 131 StGB (Volksverhetzung). Auch ein Verstoß gegen den in Art. 1 GG verfassungsrechtlich garantierten Grundsatz der Menschenwürde vermag die Ablehnung der Ausstrahlung eines Spots zu rechtfertigen. Allerdings muss der Verstoß gegen diese gesetzlichen Bestimmungen evident sein. Kriterien für diese Evidenz sind die Intensität des Angriffs, die Sensibilität der Bevölkerung für derartige Angriffe sowie die Position der betroffenen Gruppe.[65]

V. Kommerzielle Wahlwerbung und redaktionell gestaltete Wahlsendungen

§ 7 Abs. 7 RStV verbietet mit Ausnahme der oben dargestellten Rechtsansprüche auf Sendezeit jede kommerzielle Wahlwerbung politischer Art. Es besteht für die Parteien deshalb keine Möglichkeit, ergänzend zu den ihnen zustehenden Sendezeiten im Wahlkampf oder außerhalb des Wahlkampfs, auf kommerziellem Wege Werbezeiten für Wahlwerbung aufzukaufen. Auf der anderen Seite haben die privaten Rundfunkveranstalter auch nicht die Möglichkeit, Werbezeiten an politische Parteien zu verkaufen.[66]

Eine weitere bedeutende Möglichkeit der Parteien, sich in der Öffentlichkeit darzustellen, besteht in der Teilnahme ihrer Vertreter in redaktionell gestalteten Sendungen. Zwar können die Rundfunkveranstalter im Rahmen ihrer Programmfreiheit selbst bestimmen, wer als Diskussionspartner an solchen Sendungen teilnimmt, jedoch wird zumindest für die öffentlich-rechtlichen Sender vertreten, sie müssten bei der Auswahl der Teilnehmer den Grundsatz der Chancengleichheit der Parteien beachten.[67]

D. Zusammenfassung

Im Gegensatz zu den freien Presseorganen sind sowohl die öffentlich-rechtlichen als auch die privaten Rundfunkveranstalter dazu verpflichtet, dem Selbstdarstellungsbedürfnis von politischen Parteien in dem Zeitraum vor Wahlen gerecht zu werden. Den Parteien ist eine angemessene Sendezeit zur Verfügung zu stellen. Bei der Verteilung und näheren Ausgestaltung dieser Sendezeit müssen sich die Rundfunkveranstalter an Gesetz und Rechtsprechung orientieren, die von verfassungsrechtlichen Grundsätzen geprägt sind. Die erzwungene Inanspruchnahme von Sendezeiten stellt einen Eingriff in das Grundrecht der Programmfreiheit der Sender dar, welcher aber durch die verfassungsrechtliche Bedeutung der Parteien in Wahlkampfzeiten gerechtfertigt ist. Im Gegensatz zu den öffentlich-rechtlichen Sendern können die privaten die Erstattung ihrer Selbstkosten verlangen.

Anmerkungen

1 Vgl. Jarras/Pieroth, Grundgesetz für die BRD, Kommentar, 5. Auflage 2000, Art 5, Randnummer 23

2 Vgl. Bethge, Herbert in Becker, Wahlwerbung politischer Parteien im Rundfunk, 1990, S. 31

3 Vgl. die Entscheidung des Bundesverfassungsgerichts in BVerfGE 20, 162 (176)

4 Vgl. BVerfGE 54, 108 (114)

5 Vgl. BVerfGE 90, 60 (87)

6 Vgl. BVerfGE 60, 53 (63)

7 Vgl. BVerfGE 74, 297(323)

8 Vgl. BVerfGE 87, 181 (200)

9 Vgl. BVerfGE 74, 297 (342)

10 Vgl. die Entscheidung des Bundesverwaltungsgerichts in BVerwGE 75, 67 (70)

11 Vgl. BVerwG ZUM 1988, S. 41 (42)

12 Vgl. Jarras/Pieroth, GG, Art. 5, Rn. 27

13 Vgl. Herzog in Maunz/Dürig, GG, Kommentar, Art. 5, Rn. 215a

14 Vgl. Jarras/Pieroth, Art. 5, Rn. 56

15 Vgl. BVerfGE 86, 122 (129f.)

16 Vgl. BVerfGE 71, 162 (181)

17 Vgl. BVerfGE 41, 399 (416)

18 Vgl. Jarras/Pieroth, GG, Art. 21, Rn. 6

19 Vgl. Geißler, Heiner in Becker, Wahlwerbung politischer Parteien im Rundfunk, 1990, S. 22f.

20 Vgl. BVerfGE 2, 1 (13), ständige Rechtsprechung

21 Vgl. Jarras/Pieroth, GG, Art. 21, Rn. 37

22 Vgl. BVerfGE 73, 40 (65)

23 Vgl. BVerfGE 44, 125 (146)

24 Vgl. BVerfGE 85, 264 (297)

25 Vgl. Jarras/Pieroth, GG, Art. 21, Rn. 16 und 39

26 Vgl. BVerfGE 75, 67 (77)

27 Vgl. Jarras/Pieroth, GG, Art. 21, Rn. 41

28 Vgl. Bethge, Herbert in Becker, S. 31

29 Vgl. Löffler, Presserecht, Kommentar, 4. Auflage 1997, BT Anz., Rn. 17

30 Vgl. BVerfGE 20, 164 (175)

31 Vgl. Löffler, Presserecht, BT Anz., Rn. 15

32 Vgl. BVerfGE 60, 329 (339)

33 Vgl. Löffler, Presserecht, BT Anz., Rn. 15

34 Vgl. BVerfG NJW 1976, 1627

35 Vgl. Löffler, Presserecht, BT Anz., Rn. 29

36 Vgl. Löffler, Presserecht, BT Anz., Rn. 15

37 Vgl. BVerfGE 44, 125 (145f.)

38 Vgl. Löffler, Presserecht, BT Anz., Rn. 31

39 Vgl. Kull in Archiv für Pressesrecht (AfP) 1974, 684 (686)

40 Vgl. BVerfG NJW 1976, 1627

41 Vgl. BVerfGE 90, 60 (95f.)

42 Vgl. Fußnote 39

43 Vgl. Löffler, Presserecht, BT Anz., Rn. 31

44 Vgl. BVerfGE 90, 60 (96f.)

45 Vgl. Ricker/Schiwy, Rundfunkverfassungsrecht, 1997, C, Rn. 75

46 Vgl. Ricker/Schiwy, RverfR, D, Rn. 112

47 Vgl. Bethge, Herbert in Becker, S. 36

48 Vgl. Beucher/Leyendecker/von Rosenberg (BLR), Mediengesetze, Kommentar, 1999, RStV, § 42, Rn. 32

49 Vgl. zu Einzelheiten Ricker/Schiwy, RverfR, F, Rn. 77

50 Vgl. zum Ganzen: Bethge, Herbert in Becker, S. 33

51 Vgl. BVerwGE 87, 270 (272ff.)

52 Vgl. zu Einzelheiten BLR, RStV, § 42, Rn. 2

53 Vgl. BLR, RStV § 42, Rn. 1

54 Vgl. BVerfGE 20, 56 (114)

55 Vgl. BLR, RStV § 42, Rn. 13

56 Vgl. BVerfGE 77, 65 (75)

57 Vgl. Rechtliche Hinweise der DLM zu den Wahlsendezeiten für politische Parteien im bundesweit verbreiteten privaten Rundfunk vom 29./30.06.1998 (DLM), Ziffer 5.

58 Vgl. DLM, Ziffer 6.

59 Vgl. BLR, RStV, § 42, Rn. 15

60 Vgl. BVerfGE 14, 121 (134)

61 Vgl. DLM, Ziffer 4.3

62 Vgl. DLM, Ziffer 4.1

63 Vgl. DLM, Ziffer 4.4

64 Vgl. BVerwG ZUM 1988, 41 (42)

65 Vgl. DLM, Ziffer 3 a. E.

66 Vgl. BLR, RStV § 42, Rn. 33

67 Vgl. BLR, RStV § 42, Rn. 22

2. Multimediarecht

Jochen Fasco

I. Einführung[1]

Der moderne Medienwahlkampf kennzeichnet sich vor allem durch die Eroberung der neuen technischen Kommunikationsplattformen des Multimediazeitalters. So treffen im Rahmen eines multimedialen Wahlkampfes die verschiedensten rechtlichen Problembereiche aufeinander.

Zielstellung dieses Beitrages ist es, kurz die Besonderheiten des politischen Wahlkampfes im Blickwinkel moderner Darstellungsformen rechtlich zu würdigen. Dabei wird auf aktuelle und ggf. künftig noch stärker zu intensivierende Formen multimedialer Ansprache des potenziellen Wählers eingegangen.

So dient der Wahlkampf als Werbung der Parteien zur Überzeugung der Wähler sowie der gegenseitigen Information von Wählern und Gewählten, aber auch zur Motivation und Mobilisierung der eigenen Mitglieder.

Hier eignet sich das Internet geradezu als schnellster Informationsaustausch auf bequemste Art und Weise, umfassende Informationsdarstellung mit der höchsten „Erreichbarkeit" (und damit auch umfassendste Informationsquelle für die Wähler) und vor allem die Möglichkeit der multimedialen Darstellung, also die Verbindung von Worten und Tönen, Schrift und Bild, als hochgradig werbewirksam. Dies wurde bereits von den Parteien erkannt und auch sehr stark genutzt[2].

Nicht eingegangen werden kann dabei auf die vielfältigen, mit den neuen medialen und telekommunikativen Technologien verbundenen Möglichkeiten für das demokratische Gemeinwesen (z.B. „E-Vote" etc.) und auch der parteiinternen Meinungs- und Willensbildung (z.B. „virtueller" Ortsverein/Nominierungen von Spitzenkandidaten über das Internet) und die damit zusammenhängenden Rechtsfragen.

Betrachtet man den modernen Wahlkampf mit multimedialen Mitteln, ist zuerst einmal die Frage nach dem Begriffsinhalt von „Multimedia" zu klären[3]. Dieser lässt sich bereits aus dem Wortlaut selbst ableiten: die Verbindung von vielen verschiedenen („multi"-) „medialen" Elementen wie Bildern, Tönen, Daten, Texten, Sendungen und Darbietungen[4] als eine eigene

Ausdrucks- und Darstellungsform. Kennzeichnend in technischer Hinsicht ist die Digitalisierung der dazu verwendeten Inhalte bzw. Medien, so dass fast alles, was Multimedia heute ausmacht, den Computer als eine Komponente voraussetzt[5]. Geringere Bedeutung haben dabei noch Werbeformen, die auf neue Telekommunikationsformen abzielen, wie z.B. Informationen auf Pager oder Direktansprache via SMS (Short Message System) auf das Handy, so dass diese hier vernachlässigt werden können.

Die rechtliche Relevanz der eingangs beschriebenen multimedialen Darstellungsformen entsteht mit dem Vertrieb und der Übermittlung dieser Inhalte im Wege von On- bzw. Offline[6]. Die hauptsächlichste Online-Nutzung erfolgt – unabhängig von der Möglichkeit, über Intranets Daten zu übermitteln – über das Internet, wobei sich Offline die CD-ROM als wesentlichste Nutzungsart durchgesetzt hat[7].

Diese Grundsätze sind bei der juristischen Ausleuchtung von Multimedia im Bereich des Wahlkampfs zu beachten. Die Besonderheiten des Wahlkampfrechtes liegen zum einen in dem Grundsatz der Chancengleichheit[8] und andererseits im sog. Parteienprivileg des **Art. 21 Absatz 2 GG**.

Durch den Grundsatz der Chancengleichheit ist die Gleichbehandlung der Parteien im Wahlkampf sichergestellt.

Das Parteienprivileg besagt, dass ausschließlich das Bundesverfassungsgericht[9] eine Partei für verfassungswidrig erklären darf, wenn diese im Rahmen des Wahlkampfes verfassungsfeindliche Ziele verfolgt[10].

Die wichtigste Norm in diesem Zusammenhang ist dabei das in **Art. 5 GG** festgeschriebene Grundrecht der Meinungsfreiheit. Sie schafft erst die Voraussetzungen für den Wahlkampf, indem sie die Freiheiten garantiert, die notwendig sind, um die politische Auseinandersetzung der Parteien zu gewährleisten[11]. Diese durch **Art. 5 GG** gegebene Freiheit zum Wahlkampf erfährt ihre Grenze durch die allgemeinen Gesetze[12].

Die rechtlichen Schwerpunkte solch einer Präsentation von Parteien sind dabei entsprechend den allgemeinen Möglichkeiten der multimedialen Werbegestaltung vor allem in den Bereichen des Urheberrechts, im Zivilrecht, in den strafrechtlichen Vorschriften, in den neuen Normierungen des Teledienstegesetzes[13] und des Mediendienststaatsvertrages sowie in den Datenschutzbestimmungen zu finden.

Hierbei kann jedoch bei der hier gebotenen Kürze nicht der Anspruch einer abschließenden Darstellung erhoben werden, zudem diese Rechtsgebiete bei den in Frage stehenden multimedialen Themenkomplexen noch nicht vollständig ausgereift sind. So bestehen u.a. noch Auslegungsschwierigkeiten im deutschen Multimediarecht, die in Zukunft noch einige Veränderungen auf diesem Gebiet erwarten lassen.

II. Multimediale Online-Tätigkeit – einige rechtliche Problemstellungen im Einzelnen

1. Vorabsicherung der Homepage – Der Domänen-Name wird gesichert

Um als Partei eine eigene Identität im Netz zu erwerben, muss eine eigene Seite (sog. Homepage) gestaltet werden, die über eine Adresse abrufbar ist. In diesem Zusammenhang spielt das Vertragsrecht eine Rolle. So wird ein Vertrag zwischen einem Internet-Provider (der die eigene Seite mit einem Domain-Namen[14] bereitstellt) und der Partei als Content-Provider (Inhalts-Anbieter) geschlossen[15].

2. Die Internet-Darstellung – Die Website wird ausgestaltet

Auf den Homepages wird in der Regel vornehmlich das Kommunikationskonzept der Parteien erkennbar dargestellt und vermarktet[16]. Damit ersetzen die Websites im Internet die Broschüren, die Wahlkampfzeitung und die Parteizeitungen bisherigen Stils zumindest teilweise. Dabei zeigt sich durch die zwar stetig wachsende, aber noch begrenzte Internet-Nutzung aus derzeitiger Sicht wohl noch keine völlige Umstellung solcher Bürgerinformationen auf den Online-Bereich. Dennoch gibt es nahezu keine Alternative zur Schnelligkeit solcher neuer Medien. Alleine schon aufgrund der sehr starken Aktualität und Reaktionszeit auf Aktivitäten des politischen Gegners durch die internetbezogenen Informationswege werden sich für diesen Bereich solche Nutzungsmöglichkeiten immer stärker durchsetzen.

Die Präsentation im Internet mittels einer eigenen Homepage der Partei kennzeichnet sich durch die Zusammenstellung und Verbindung verschiedenster visueller und audiobezogener Materialien[17]. In diesem Zusammenhang spielen dann vor allem die Urheberrechte beim Erstellen und Ausgestalten (vor allem bei einer Auftragsproduktion[18]) einer Homepage eine wichtige Rolle. So können die einzelnen Elemente von verschiedenen Urhebern[19] stammen, die daran die Schutzrechte der **§§ 70 ff. UrhG** genießen. Werden diese verletzt[20], ergibt sich eine Haftung des Schädigers nach den **§§ 97 ff. UrhG** auf Unterlassung und Schadensersatz.

Desweiteren hat aber auch eine Partei selbst als Content-Provider die Möglichkeit des urheberrechtlichen Schutzes der eigenen Internet-Präsenz. Die Websites stellen eine neue Werkart im Sinne eines multimedialen Gesamtwerkes dar[21]. Eine Website ist dem Rechtsschutz als Werk aus **§ 2 UrhG** zugänglich, da es als ein eigenständiges originäres Werk im Sinne einer neuen, nicht in Absatz 1 explizit aufgezählten Werkart eingeordnet werden kann[22].

3. Die Folgen der Internetpräsenz – haftungsrechtliche und sonstige Fragen

Neben diesen Schutzrechten der Urheber, die im Rahmen der inhaltlichen Ausgestaltung zu beachten sind, werden weitere rechtliche Grenzen durch Straftatbestände des Strafgesetzbuches gezogen[23].

Als primär Verantwortlicher für strafbare Inhalte im Datennetz kommt derjenige in Betracht, der Informationen selbst geschaffen hat oder aber anbietet, als Urheber und Anbieter der sog. Content-Provider (Inhaltsanbieter), hier also die Partei bzw. die verantwortlich für die Partei Handelnden. Die einschlägigen Tatbestände ergeben sich einerseits aus allgemeinen – den multimedialen Bereich betreffenden – Strafnormen[24] und andererseits dem allgemeinen Strafrecht[25]. So stellt z.B. das Verbreiten von Propagandamitteln verfassungswidriger Organisationen gem. **§ 86 StGB**[26] eine Straftat dar.

Im Rahmen der Straftat der Volksverhetzung nach **§ 130 StGB** ist auch auf die zusammenhängende Darstellung im Multimedia-Bereich zu achten. So kann sich ein Verstoß auch aus dem besonderen Zusammenspiel von Text, Musik und Darstellung ergeben.

Ein weiterer, speziell für das Internet entwickelter Haftungsrahmen ist in **§ 5 TDG und § 5 MDStV**[27] normiert[28]. Diese Haftungsregelungen erfassen dabei mehrere Fallgestaltungen.

Zum einen muss die Partei als Content-Provider entsprechend **§ 5 Absatz 1 TDG/MDStV** bereits für den dargestellten eigenen Inhalt Sorge tragen, dass dieser nicht gegen die allgemeinen Gesetze verstößt. Für die Parteien als Bereitsteller einer eigenen Homepage bedeutet dies im Einzelnen, dass all dies, was auf der eigenen Homepage enthalten ist[29,] sich im Rahmen der allgemeinen Gesetze bewegen muss[30].

Darüber hinaus sind sie für fremde Inhalte, die sie zur Nutzung bereithalten, nur dann verantwortlich, wenn sie von diesen Inhalten Kenntnis haben und es ihnen technisch möglich und zumutbar ist, deren Nutzung zu verhindern[31].

Für fremde Inhalte, zu denen nur der Zugang zur Nutzung vermittelt wird, besteht keine Verantwortlichkeit (Automatische und kurzzeitige Vorhaltung fremder Inhalte aufgrund Nutzerabfrage bleibt hiervon unberührt.).[32]

Sofern also von Seiten des Content-Providers auf seiner Homepage bewusst ein Link[33] auf eine fremde Homepage gesetzt wird, kann damit eine Haftung für diese fremden Inhalte[34] verbunden sein.

Interessant ist in diesem Zusammenhang auch der Betrieb von nicht-moderierten Chatboxes[35], das Bereitstellen von Mailboxen und Mailing-Listen. Der Betrieb einer Chatbox ohne redaktionelle Eingriffe dürfte grundsätzlich in den Anwendungsbereich des **§ 5 II TDG** fallen, so dass eine Haftung hier nur bei Kenntnis oder billigender Inkaufnahme für die Content-Provider (Parteien) besteht.

4. Schutz der eingerichteten Homepage

Für die in das Netz gestellten Inhalte sowie zum allgemeinen Schutz gegen unerwünschte „Besucher" der Homepage sind neben den urheberrechtlichen Schutzrechten auch weitere zivilrechliche Normen einschlägig. Hier wäre u.a. das Schutzrecht aus **§ 823 BGB** i.V.m. dem allgemeinen Persönlichkeitsrecht aus **Art. 1 GG** zu nennen. Desweiteren kann der Partei als Content-Provider beim Initiieren eines Chat-Forums ein virtuelles Hausrecht zugestanden werden[36], welches aus **§§ 823, 1004 BGB** abgeleitet wird. Danach kann einem Chat-Besucher unter der Voraussetzung, dass dieser die Chat-Software rechtswidrig nutzt oder gar den Betriebsablauf stört, der Zugang zum Chatroom verwehrt werden. Ein Ausschluss nach Belieben soll jedoch nicht zulässig sein[37].

Ehrverletzende Äußerungen haben jedoch nicht nur bereits beschriebene strafrechtliche Relevanz, sie ziehen auch eine zivilrechtliche Haftung gem. **§ 823 I, II, 826 BGB** – vor allem in Verbindung mit den Äußerungsdelikten des StGB – nach sich.

Weiterhin sind aber auch im Rahmen des Deliktsrechts (v.a. **§ 823** i.V.m. dem allgemeinen Persönlichkeitsrecht) die **§ 5 TDG** und **§ 5 MDStV** relevant, wobei sie nach herrschender Meinung in Rechtsprechung und Lehre als Verkehrspflichten im Rahmen der Rechtswidrigkeit zu prüfen sind[38].

5. Mailbox / E-Mail zu Wahlwerbezwecken

Bei der Einrichtung von Mailboxes werden private Speicherplätze für Briefe oder Chats angeboten, in die der Betreiber selbst keine Einsichtnahmemöglichkeit hat[39]. Er wird insoweit wie ein Telekommunikationsanbieter (**§ 6 II MDStV**) zu behandeln sein.

Eingegangen werden soll auf das Problem der unerbetenen **Werbe-E-Mails (sog. Spams),** die – trotz des nicht vorhandenen direkten kommerziellen Bezugs schon aufgrund der vergleichbaren Empfängersituation – auch den parteipolitischen Bereich betreffen.

Nach der derzeit herrschenden Meinung in Rechtsprechung und Literatur stellt Spamming eine unzulässige Belästigung i.S.d. **§§ 823 I, 1004 BGB**[40] dar.

Bereits vor den neuen technischen Möglichkeiten von E-Mail-Werbung zum Wahlkampf – die jedoch noch nicht umfassend praktiziert wird – wurde die Frage des unerwünschten Einwurfs von Wahlwerbung in private Hausbriefkästen diskutiert[41]. Dabei kann davon ausgegangen werden, dass das allgemeine Persönlichkeitsrecht über das Parteienprivileg gestellt wird. Werbe-E-Mails sind im Unterschied zur Postwurfsendung gezielt an den Adresseninhaber gerichtet[42].

Nach dem sogenannten Opt-In-Prinzip sind diese E-Mails nur bei vorheriger Zustimmung des Empfängers zulässig[43]. Diese Auslegung korreliert jedoch nicht mit den europäischen Normierungen[44], bei denen das Opt-Out-Prinzip vorherrscht, wonach Spams grundsätzlich zulässig sind, mit

Ausnahme der Ablehnung des Empfängers[45]. Dies wurde auch bereits von der Rechtsprechung erkannt und in der Literatur diskutiert[46]. Die Europäische Union hat aktuell in der Richtlinie über den elektronischen Geschäftsverkehr festgelegt, dass nicht angeforderte Mails bei Eingang beim Nutzer klar und unzweideutig als solche erkennbar sein müssen. Außerdem sind die Mitgliedstaaten aufgerufen, Maßnahmen zu ergreifen, um sicherzustellen, dass Diensteanbieter, die nicht angeforderte kommerzielle Kommunikation durch elektronische Post übermitteln, regelmäßig sogenannte Robinson-Listen konsultieren, in die sich natürliche Personen eintragen können, die keine derartigen kommerziellen Kommunikationen zu erhalten wünschen und dass die Diensteanbieter diese Listen beachten[47].

Möchte sich die Partei im Rahmen ihrer Wahlwerbung im momentan rechtlich gültigen Rahmen bewegen, so verbleibt ihr zumindest die Möglichkeit der E-Mail-Werbung an Parteimitglieder und potentielle Wähler, die sich mit deren Erhalt einverstanden erklären, zu versenden, wobei diese E-Mails dabei klar und unzweideutig als Wahlwerbung zu kennzeichnen sind[48].

6. Datenschutzrechtliche Aspekte

Nur kurz eingegangen werden kann auf datenschutzrechtliche Aspekte, die natürlich bei der Repräsentation im Internet durch eine Homepage bzw. Website ebenfalls von Bedeutung sind. Einschlägige Normen sind hierbei **§ 3 TDDSG**[49] und **§ 12 MDStV**. Ebenfalls relevant ist **§ 4 BDSG**[50]. Darin ist geregelt, dass der Anbieter, also hier die Partei als Content-Provider, für die Erhebung, Nutzung und Verarbeitung von personenbezogenen Daten des Homepage-Besuchers dessen ausdrückliche Einwilligung benötigt.

Weiterhin ergibt sich aus den Regelungen des TDDSG und des MDStV der Grundsatz der Datenvermeidung. Es sollen also nur so wenig personenbezogene Daten wie nötig erhoben, verarbeitet oder genutzt werden. Keiner Einwilligung des Besuchers der Homepage bedarf es in den Fällen des § 5 TDDSG bzw. § 14 MDStV, da es hier um die bloße Behandlung von Bestandsdaten geht[51].

III. Multimediale Offline-Tätigkeit / Schlussbemerkung

Multimediale Inhalte werden durch Parteien sowohl durch Weitergabe von digital erfassten Texten (z.B. Wahlprogramm) und Broschüren mittels Diskette und CD-ROM (Read Only Memory) als Datenträger weitergegeben. Hier ergeben sich die vergleichbaren rechtlichen Probleme im Bezug auf das Urheberrecht, strafrechtliche Inhalte und zivilrechtliche Verantwortung.

Noch nicht verbreitet, jedoch in nicht naher Zukunft zu erwarten, sind Partei-Aktivitäten mittels der viel umfassenderen DVD-ROM (Digital Versatile Disc). Gerade durch die wachsende Flut von zu vermittelnden Daten, z.B. durch das Spiegeln der inhaltsgleich im Internet angebotenen Inhalte sowie der durch die Reizüberflutungen notwendigerweise immer „multimedialeren" Ansprache der jeweiligen Zielgruppe (Ton, Bewegtbild, Videosequenzen, Spiele etc.), ist hier noch viel Entwicklungsraum gegeben.

Dennoch kann man aus jetziger Sicht feststellen, dass Online-, d.h. Internetaktivitäten, schon aufgrund der noch höheren Aktualität und Unmittelbarkeit der Ansprache sowie z.B. der unvergleichlich kurzen Reaktionszeit auf Aktivitäten des politischen Gegners bevorzugt genutzt werden.[52]

Anmerkungen

1 Der Beitrag entstand unter maßgeblicher Mitarbeit von Rechtsreferendarin **Daniela Ritz**, Erfurt, sowie mit Unterstützung durch **Stefan Zilch**, Ilmenau.

2 So findet man bereits die populären Parteien in Deutschland mit eigener Homepage im Internet, Bsp: www.cdu.de; www.spd.de; www.diegrünen.de; www.fdp.de; www.csu.de; www.pds.de usw. Interessant auch in diesem Zusammenhang ist die sich zwar noch im Projektstadium befindende, aber schon angedachte Nutzung des Internets für Wahlen (dazu Rüß „Wahlen im Internet“ in MMR 2000, 73 ff.).

3 Eine abschließende Begriffsdefinition soll an dieser Stelle jedoch nicht getroffen werden, da bezüglich dieses Terminus noch zu viele Unsicherheiten bestehen bzw. die immer fortschreitende Entwicklung dies unmöglich macht. Vergleiche dazu Loewenheim „Urheberrechtliche Probleme in Multimediaanwendungen" in GRUR 1996, S. 830, 831; auch Lehmann/V.Tucher „Urheberrechtlicher Schutz von multimedialen Webseiten“ in CR 1999 S. 700, 702.

4 Schardt „Multimedia – Fakten und Rechtsfragen“ in GRUR 1996, S. 827.

5 Siehe Fußnote 2.

6 Online-Nutzungen setzen, wie der Name sagt, eine Leitungsverbindung voraus, die auf individuellen Abruf oder Zugriff Daten übermittelt. Offline bedeutet, dass zwischen dem „Sender“ und Nutzer keine Leitungsverbindung besteht. Schardt „Multimedia – Fakten und Rechtsfragen“ in GRUR 1996, S. 827, 829.

7 Vgl. jedoch die neueren Entwicklungen (DVD-Rom) am Ende des Beitrages

8 Dieser ist nicht ausdrücklich im Grundgesetz festgeschrieben, wird jedoch abgeleitet aus Art. 3 Absatz 1 und 3 in Verbindung mit Art. 21 Absatz 1 GG, dazu auch BverfGE 71, 81 ff.

9 Sogenannte Verwerfungskompetenz des Bundesverfassungsgerichts.

10 Damit soll insbesondere eine inhaltliche Überprüfung der Werbemittel einer Partei durch Organe der öffentlichen Gewalt auf verfassungsfeindliche Äußerungen und deren Verbot verhindert werden; Christoph J. Walther „Wahlkampfrecht“ . S. 39.

11 Christoph J. Walther „Wahlkampfrecht“ S. 65.

12 Absatz 2 des Art. 5 GG besagt: Diese Rechte finden ihre Schranken in den Vorschriften der allgemeinen Gesetze.

13 Dieses Gesetz ist im Informations- und Kommunikationsdienstegesetz (IuKDG) mit enthalten, welches zur Umsetzung der EU-Richtlinie zum Rechtsschutz von Datenbanken eingeführt wurde.

14 Wichtig ist hierbei z.B. das Namensrecht einer Partei aus §§ 12, 823 I, 1004 BGB; vergleiche dazu BGB-Kommentierung Heinrichs in Palandt § 12 RdNr. 9; Thomas in Palandt § 823 RdNr. 14; Bassenge in Palandt § 1004 RdNr. 2.

15 Man kann davon ausgehen, dass wohl die meisten Parteien und politischen Gruppierungen bereits eine eigene Internetseite besitzen.

16 Sehr interessant in diesem Zusammenhang sind die Bewertungen von Homepages einzelner Parteien, u.a. zum Inhalt, der Gestaltung, der Interaktivität und der Relevanz für die politische Bildung in Toyka-Seid/Brüning „Internetwegweiser für die politische Bildung“ 1999.

17 Wie zum Beispiel von Grafiken, Fotos, Computeranimationen, Musik- und Videosequenzen, Texten, Logos usw.

18 Hier ist besonders im Rahmen der Vertragsgestaltung auf die umfassende Einräumung von Rechten und Lizenzen sowie deren Garantie und Gewährleistung zu achten. Ausführlich dazu in Freitag/Mitschke „Werbung und Recht im Internet von A bis Z“ 1999, S. 52 ff.

19 Der Urheber ist gem. § 7 UrhG der Schöpfer des Werkes im Sinne von § 2 UrhG. Dies sind die persönlich geprägten, geistigen Schöpfungen mit einem Mindestmaß an Individualität und Gestaltungshöhe.

20 Die Verletzung eines ausschließlichen Rechtes des Urhebers liegt immer dann vor, wenn eine auch unter Berücksichtigung der Schrankenbestimmungen dem Berechtigten vorbehaltenen Benutzerhandlung oder sonstige Berechtigung von einem anderen ohne Einwillung des Rechtsinhabers vorgenommen oder ausgeübt wird und kein Rechtfertigungsgrund vorliegt (Heitland in Roßnagel „Recht der Multimedia-Dienste“ Kommentar, 10. Teil, § 4 UrhG RdNr. 60 m.w.N.).

21 Lehmann/Tucher „Urheberrechtlicher Schutz von multimedialen Webseiten“ in CR 1999, S. 700, 701. Webseiten sind keine Computerprogramme i.S.d. §§ 2 Abs. 1 Ziff. 1, 69 a UrhG.

22 Lehmann/Tucher „Urheberrechtlicher Schutz von multimedialen Webseiten“ in CR 1999, S. 700, 705.

23 Im Rahmen der strafrechtlichen Bewertung ist auf die Besonderheit des politischen Wahlkampfes zu achten, und zwar dergestalt, dass eine Auslegung der Strafvorschriften im Lichte der Meinungsäußerungsfreiheit aus Art. 5 GG erfolgt; vergleiche dazu Christoph J. Walther „Wahlkampfrecht“ , S. 40 f. und 100 f.

24 So z.B. die Strafbarkeit von Website-Betreibern, Veranstaltern von Newsgroups oder Chatboxes, das Setzen von Links mit kriminellem Inhalt.

25 So z.B. die Äußerungsdelikte, die §§ 86 ff und 160 StGB sowie die §§ 130, 131 StGB.

26 Neu eingefügt (mit dem IuKDG) und damit auch unter Strafe gestellt ist nunmehr das öffentliche Zugänglich-machen solchen Materials in Datenspeichern.

27 Unklarheiten bezüglich dieser Regelungen herrschen vor allem im Hinblick auf deren Einordnung im Rechtssystem (ob als vorgeschalteter „Filter“ für strafrechtliche und zivilrechtliche Haftungsnormen oder als Verschuldensmaßstab) und ihrer Reichweite. Ausführlich dazu Haedicke in CR 1999, S. 309 ff.; auch Vassilaki in MMR 1999, S. 525, 530 f. Kurzbeitrag in AfP 1998, S. 373 ff., Spindler in Roßnagel § 5 TDG RdNr. 33 ff.

Die spezielle Einordnung der einzelnen Angebote als Tele- oder Mediendienst soll hier nicht vertiefend dargestellt werden, da in § 5 TDG und § 5 MDStV eine einheitliche Verantwortlichkeitsregelung getroffen wurde (näher dazu Spindler in Roßnagel „Recht der Multimedia-Dienste“ 1998 , 2.Teil § 2 TDG RdNr. 52 f.).

28 Schwierig gestaltet sich außerdem die Abgrenzung der haftungsrechtlichen Norm aus dem TDG und dem MDStV zueinander. § 5 MDStV grenzt Mediendienste von den Telediensten dadurch ab, dass sie auf die (redaktionelle Gestaltung zur) „beabsichtigte Meinungsbildung für die Allgemeinheit“ (§ 2 Absatz 4 Nr. 3 TDG) und zwar zur politischen, kulturellen, ethischen, moralischen etc. öffentlichen Meinungsauseinandersetzung (Spindler in Roßnagel, 2. Teil § 2 TDG RdNr. 72) abzielen. In

den Anwendungsbereich des TDG fallen gem. § 2 II Nr. 2 Angebote zur Individualkommunikation und zum Datenaustausch.

Wichtig ist diese Unterscheidung im Rahmen der Diskussionsforen und der IRC (als ein Angebot zur Kommunikation). Umstritten im Rahmen des § 2 TDG ist außerdem die Einordnung der Diskussionsforen unter Nr. 1 oder Nr. 2 – dazu in Roßnagel, 2. Teil, § 2 TDG RdNr. 57, 73 f.

29 also v.a. Logos, Bilder und Texte

30 Haftung für fremden Inhalt, wenn sich dieser zu Eigen gemacht wird (so dass erkennbar für diesen die Verantwortung übernommen werden soll), in Ausnahmefällen gegeben, nicht jedoch bei einfacher Setzung von Links (vergleiche dazu Roßnagel, 2. Teil, § 5 TDG RdNR. 60 ff.; § 5 MDStV RdNr. 68). Aufnahme eines Links in das Angebot einer Homepage kann für die Qualifizierung als eigener Inhalt nicht ausreichen, anders wenn mit Linksetzung bewusst eigene Meinung mit den verwiesenen Inhalten zum Ausdruck bringen will.

31 so § 5 Absatz 2 Mediendienste-Staatsvertrag .

32 so § 5 Absatz 3 Mediendienste-Staatsvertrag .

33 Dies ist ein Hinweis (meist illustriert mit Bildern, Logos usw.) auf eine andere Website oder Homepage, von z.B. ähnlichem Inhalt oder zu einem bestimmten Thema. Durch Anklicken einer bestimmten Schaltfläche (sog. Buttons) kann auf die andere Website gewechselt werden (auch Hyperlinks genannt).

34 vgl. Kurzbeitrag in AfP 1998, S. 373, 374.

35 Chatboxes sind Foren, in denen die Teilnehmer online in Echtzeit miteinander kommunizieren (englisch: chatten - sich unterhalten), auch Internet Relay Chat (IRC) genannt. Sie dienen dem Meinungs- und Informationsaustausch (Freitag/ Mitschke „Werbung und Recht im Internet von A bis Z“ 1999, S. 105).

36 Dazu die Entscheidung des LG Bonn in MMR 2000, S. 109ff.

37 Jedenfalls dann nicht, wenn sich die Nutzung der entsprechenden Chat-Software allgemein an alle Netzbesucher richtet, so dass eine willkürliche Ausübung des Hausrechts entsprechend dem Verbot des widersprüchlichen Verhaltens unzulässig ist. LG Bonn in MMR 2000, S. 110

38 vgl. dazu Haedicke in CR 1999, S. 309, 313.

39 Freitag/Mitschke, S. 109.

40 vergleiche dazu LG Ellwangen/J. in MMR 1999, S. 675 ff. (noch weitere übereinstimmende Entscheidungen auf S. 677 aufgezählt); Unterlassungsanspruch.

41 Dahlen in MDR 1991, 199 ff.: Das politische Werbeverbot folgt aus dem im besonderen Maße schützenswerten allgemeinen Persönlichkeitsrecht des Betroffenen.

42 Freitag/Mitschke, S. 110

43 Ziem in MMR 2000, S. 129

44 Dies sind hier insbesondere die Fernabsatzrichtlinie (97/7/EG) Art. 10 II, Fernabsatz und bereits im Entwurf der E-commerce-Richlinie (Art. 7) nachlesbar in KOM 1999, 427 oder unter http://europa.eu.int/comm/dg15/de/media/eleccom/eleccom.htm.

45 Diese Bewertung findet sich bereits in der Rechtsprechung des EuGH wieder, s. Ziem in MMR, S. 129, 132

46 Dabei ging es um die Frage der Auslegung des Art. 14. Fernabsatzrichtlinie, die je nach Ansicht die Möglichkeit der Weiterführung der bisherigen herrschenden Rechtsprechung und Literatur offen lässt oder unterbindet. Dazu LG Berlin in MMR 1999, S. 43 ff.; Vehslage „Auswirkungen der Fernabsatzrichtlinie auf Telefon- und E-Mail-Werbung“ in GRUR 1999, S. 656; Ziem: „Spamming“ in MMR 2000, S. 129, 133.

47 Vgl. Artikel 7 der Richtlinie 2003/31EG des Europäischen Parlaments und des Rates vom 8. Juni 2000 über bestimmte rechtliche Aspekte der Dienste der Informationsgesellschaft, insbesondere des elektronischen Geschäftsverkehrs, im Binnenmarkt („Richtlinie über den elektronischen Geschäftsverkehr“) – Amtsblatt der Europäischen Gemeinschaften L 178/1 vom 17.7.2000

48 Dieses Zulässigkeitserfordernis wird bereits vielfach diskutiert (siehe LG Berlin in MMR 1999, S. 43, 44 m.w.N.), so dass wohl für ein Verbot deutlich gekennzeichneter E-Mail-Werbung kein Anlass besteht (F/M 1999, S. 112).

49 Teledienstedatenschutzgesetz

50 Bundesdatenschutzgesetz

51 Dies sind personenbezogene Daten eines Nutzers, soweit sie für die Begründung, inhaltliche Ausgestaltung oder Änderung eines Vertragsverhältnisses über die Nutzung von Mediendiensten erforderlich sind.

52 Die in dem Beitrag getätigten Meinungsäußerungen geben die persönliche Ansicht des Autors wider.

3. Werberecht / Sponsoring

Martin Deitenbeck

I. Einleitung

In einem demokratisch verfassten Staatswesen stehen politische Parteien und Gruppierungen im Wettbewerb zueinander. Das Staatsvolk übt, in der Bundesrepublik Deutschland durch Wahlen und Abstimmungen[1], die Staatsgewalt aus. In unserem demokratischen und sozialen Bundesstaat[2] stellen sich Kandidaten in regelmäßigen Abständen allgemeinen, unmittelbaren, freien, gleichen und geheimen Wahlen[3]. In ihrer überwiegenden Mehrzahl werden diese Kandidaten von den politischen Parteien und Gruppierungen zunächst nominiert und aufgestellt. In den dem eigentlichen Urnengang vorausgehenden Wahlkämpfen werben diese Kandidaten um die Wählerstimmen.

Hörfunk und Fernsehen sind auf dem Gebiet der elektronischen Medien die wesentlichen Werkzeuge, um eine möglichst große Zahl von Rezipienten zu erreichen. Der Rundfunk ist der größte Werbeträger. Gegenüber dem immer wichtiger werdenden Internet hat er für den Werbetreibenden den Vorteil, dass das Verbreitungsgebiet relativ genau bestimmbar ist. Es verwundert daher nicht, dass politische Parteien und Gruppierungen neben der klassischen Werbung im Printbereich durch Annoncen und Anzeigen in Zeitungen und Zeitschriften sowie der Plakatwerbung bereits früh auch die elektronischen Medien für die Platzierung von Wahlwerbung nutzten.

II. Wahlwerbung als „Drittsendungen“

Wahlwerbespots politischer Parteien sind ebenso wie Regierungsverlautbarungen[4] und Wirtschaftswerbesendungen sogenannte Drittsendungen. Dies sind Sendungen, deren Inhalte durch Dritte bestimmt und von ihnen deshalb auch primär verantwortet werden. Der Rundfunkstaatsvertrag[5] bestimmt in § 42, welchen „Dritten“ Sendezeit zur Verfügung gestellt werden darf. Genannt werden neben den religiösen Gemeinschaften auch „Parteien“ und „politische Vereinigungen“. Die Formulierung lautet wie folgt:

„§42 RStV 'Sendezeit für Dritte'

(1) Den Evangelischen Kirchen, der Katholischen Kirche und den Jüdischen Gemeinden sind auf Wunsch angemessene Sendezeiten zur Übertragung religiöser Sendungen einzuräumen; die Veranstalter können die Erstattung ihrer Selbstkosten verlangen.

(2) Parteien ist während ihrer Beteiligung an den Wahlen zum Deutschen Bundestag gegen Erstattung der Selbstkosten angemessene Sendezeit einzuräumen, wenn mindestens eine Landesliste für sie zugelassen wurde. Ferner haben Parteien und sonstige politische Vereinigungen während ihrer Beteiligung an den Wahlen der Abgeordneten aus der Bundesrepublik Deutschland für das Europäische Parlament gegen Erstattung der Selbstkosten Anspruch auf angemessene Sendezeit, wenn mindestens ein Wahlvorschlag für sie zugelassen wurde.

(3) Die Absätze 1 und 2 gelten nur für bundesweit verbreiteten privaten Rundfunk."

Stand des Rundfunkstaatsvertrages: 01.April 2000

Für nicht bundesweit verbreitete Programme finden sich Regelungen über die Gewährung von Sendezeiten für Dritte in den jeweiligen Landesmediengesetzen. Die Formulierung im Freistaat Sachsen lautet:

„§ 22 SächsPRG 'Besondere Sendezeiten'

(1) Politische Parteien und Wählergruppen erhalten während ihrer Beteiligung an Wahlen angemessene Sendezeit entsprechend § 5 Abs. 1 bis 3 des Parteiengesetzes für Wahlwerbung. Sie sind bei einer Kostenerstattung gemäß dem Umfang der jeweiligen Sendungen gleichzubehandeln.

(2) Für Sendungen von Kirchen und anderen im Sendegebiet vertretenen öffentlich-rechtlichen Religionsgemeinschaften im Sinn von Art. 140 des Grundgesetzes für die Bundesrepublik Deutschland sind auf Wunsch angemessene Sendezeiten zur Übertragung gottesdienstlicher Handlungen und Feierlichkeiten einzuräumen; auch für sonstige religiöse Sendungen können Sendezeiten gewährt werden. Die Veranstalter können die Erstattung ihrer Selbstkosten verlangen.

(3) Für den Inhalt und Gestaltung zulässiger Sendungen nach den Absätzen 1 und 2 ist derjenige verantwortlich, dem die Sendezeit eingeräumt worden ist.

(4) Die Landesanstalt kann Einzelheiten der Beanspruchung besonderer Sendezeiten für Wahlwerbung durch Satzung regeln."

Stand des Sächsischen Privatrundfunkgesetzes: 16.März 2000

Das Bundesverfassungsgericht hat in seinem Wahlwerbungsbeschluss vom 9. September 1993[6] ergänzend folgende Leitsätze aufgestellt:

Einen „originären", nicht durch den Gleichheitssatz vermittelten verfassungsrechtlichen Anspruch auf Einräumung von Sendezeiten gibt es nicht.

Die Chancengleichheit der Parteien bleibt auch dann gewahrt, wenn die Wahlwerbespots aller Parteien zu einem Zeitpunkt ausgestrahlt werden, der nach Ansicht nur eines der Bewerber wegen einer zu erwartenden geringen Zahl an Zuschauern unangemessen ist.

Die Anordnung, Wahlwerbespots zu einer gewissen Sendezeit auszustrahlen, stellt einen nicht ganz gering zu gewichtenden Eingriff in die redaktionelle Gestaltungsfreiheit einer Rundfunkanstalt und damit in die Rundfunkfreiheit dar, die schwerer wiegen kann als ein vermeintlicher Verstoß gegen das Gebot der Einräumung einer „angemessenen" Sendezeit für die Ausstrahlung eines Wahlwerbespots einer Partei.

Originäre Werbesendungen sowie das aktive Sponsoring von Programmen oder Programmteilen durch politische Parteien oder Wählergruppen ist indes aufgrund § 7 Absatz 8 RStV ausgeschlossen.

III. Einzelheiten

Im Folgenden werden beispielhaft anhand der oben dargestellten Formulierung von § 22 des Sächsischen Privatrundfunkgesetz[7] die Grundsätze der Wahlwerbung dargestellt.

1. Allgemeines

Die Verpflichtung, Wahlkampfbeiträge der Parteien zu senden, findet sich für die öffentlich-rechtlichen Rundfunkanstalten in den jeweiligen landesrechtlichen Vorschriften[8] und, bei Mehr-Länder-Anstalten, in den entsprechenden Staatsverträgen[9]. Keine gesetzlichen Regelungen bestehen im Bereich der in der ARD zusammengeschlossenen Anstalten lediglich für Radio Bremen und den SFB. Letzterer verbreitet Wahlwerbung jedoch freiwillig[10]. Ein originärer Anspruch der politischen Parteien auf Zuteilung von Sendezeiten lässt sich aus dem Grundgesetz selbst nicht herleiten[11].

Für die privaten Rundfunkanbieter, soweit sie in ganz Deutschland verbreitet sind, ist die Sendezeit für Dritte in § 42 RStV geregelt (vgl.o.). Für die privaten Fernseh- und Hörfunkanbieter mit regionalem Verbreitungsgebiet gelten die Landesgesetze für den privaten Rundfunk mit ihren unterschiedlichen Vorschriften[12]. In Hamburg und Nordrhein-Westfalen sind z.B. örtliche Hörfunkprogramme von der Verpflichtung befreit, „besondere Sendezeiten" vorzusehen. In Baden-Württemberg und Bayern geschieht die Einräumung von Wahlsendezeiten bei Landesprogrammen fakultativ[13]. In jedem dieser Fälle gilt jedoch, dass Veranstalter, die nicht gemäß § 42

RStV oder gemäß Landesrecht zur Einräumung von Wahlwerbezeit verpflichtet sind, gleichwohl freiwillig solche Sendezeiten gewähren können; sie müssen dann aber die gleichen Grundsätze anwenden, die für die zur Einräumung von Wahlwerbezeit verpflichteten Sender gelten. Wahlsendungen werden also auch von Rundfunkanstalten verbreitet, für die deren Verbreitung nicht ausdrücklich gesetzliche Pflicht ist. In diesem Fall kann die Entscheidung der Rundfunkanstalt nur insgesamt für oder gegen eine Ausstrahlung von Wahlwerbespots gehen; die Rundfunkanstalt hat nicht die Befugnis, nur einem Teil der Parteien Sendezeit zu gewähren: dies würde dem Demokratieprinzip zuwiderlaufen[14]. Das demokratische Prinzip verbietet auch, dass neben den so gewährten Sendezeiten andere Sendungen (einschl. Werbesendungen) der Wahlwerbung oder der Öffentlichkeitsarbeit einer Partei dienen[15], da unter „Werbung" nur Wirtschaftswerbung zu verstehen ist. Dies ergibt sich aus § 7 Abs. 8 RStV, nach dem „Werbung politischer, weltanschaulicher oder religiöser Art unzulässig" ist (vgl. oben).

Oberste zu beachtende Maxime bei der Einräumung von Sendezeiten hat die Beachtung des Gebots der Chancengleichheit. Private Veranstalter müssen daher ein chancengleich gestaltetes System der Wahlsendezeiten anbieten und soweit wie möglich verwirklichen. Gehen Parteien auf dieses Angebot nicht ein, ist die Verpflichtung der Veranstalter dennoch erfüllt. Daher empfiehlt die Direktorenkonferenz der Landesmedienanstalten[16] privaten Veranstaltern, frühzeitig einen an der Chancengleichheit orientierten Sendeplan zu erstellen, ihn den Wahlbewerbern zuzuleiten und anzubieten, in dem dort beschriebenen Umfang Sendezeiten für die zur Wahl stehenden Parteien einzuräumen. Gehen nicht alle Parteien auf dieses Angebot ein, ist dies für den Veranstalter unschädlich. Er darf den Sendeplan nur nicht mehr nachträglich zugunsten einer bestimmten Partei ändern.

2. „Politische Parteien und Wählergruppen"

Die Formulierung in § 42 Absatz 2 Satz 1 RStV stellt klar, dass Veranstalter bundesweit verbreiteter Programme im Rahmen von Bundestagswahlen nur Parteien (Landeslisten bzw. Einzelbewerber, also Wahlkreiskandidaten) Wahlsendezeiten einräumen müssen. Bei Europawahlen sind hingegen nach Absatz 2 Satz 2 auch „politische Vereinigungen" anspruchsberechtigt. Gleiches gilt für Landtagswahlen.

Im Freistaat Sachsen haben sowohl „politische Parteien" als auch „Wählergruppen" Anspruch auf Sendezeit. Hierunter versteht man alle

Parteien und unabhängigen Wählergruppen, die zu der jeweils in Betracht kommenden Wahl zugelassen sind, wobei Wählergruppen solche Vereinigungen sind, die sich zwar an der Wahl beteiligen, sich aber nur zu einem vorübergehenden Zweck zusammengeschlossen haben.

Andere Gruppierungen haben regelmäßig kein schützenswertes Interesse an der Einräumung von Sendezeit. Eine Ausnahme bildet die Christlich Soziale Union. Obgleich deren Kandidaten für die Bundestagswahl nur im Freistaat Bayern wählbar sind, hat das Bundesverfassungsgericht entschieden[17], dass der CSU auch im bundesweiten Ersten Programm der ARD Sendezeit zur Verfügung zu stellen ist[18].

3. „Beteiligung an Wahlen"

Anders als die Vorschriften des Rundfunkstaatsvertrags oder des MDR-Staatsvertrags bestimmt § 22 Absatz 1 des SächsPRG den Begriff der „Beteiligung an Wahlen" nicht näher. Das bedeutet, dass die im Geltungsbereich des SächsPRG lizenzierten Veranstalter neben der Parteienwahlwerbung im Zuge von Europa- und Bundestagswahlen Wahlwerbung für alle weiteren Wahlhandlungen zu verbreiten haben, die in der Verfassung des Freistaates Sachsen vorgesehen sind. Dies sind nach Art. 4 Abs. 1 und 3 der Sächsischen Landesverfassung in Verbindung mit dem Sächsischen Landtagswahlgesetz, dem Sächsischen Kommunalwahlgesetz und § 16 der Sächsischen Gemeindeordnung die Landtags- und Kommunalwahlen im Freistaat Sachsen. Die Wahlwerbesatzung der SLM bestimmt dementsprechend in § 1 Absatz 1:

> „Die von der SLM nach § 11 SächsPRG lizenzierten Rundfunkveranstalter sind verpflichtet, in den von ihnen veranstalteten Rundfunkprogrammen nach Maßgabe dieser Satzung Sendezeit für die Ausstrahlung von Wahlwerbung zur Verfügung zu stellen (Wahlsendezeiten).
>
> Wahlsendezeiten sind jenen Parteien oder Gruppierungen zur Verfügung zu stellen, die nach den jeweiligen gesetzlichen Vorschriften für eine Europaparlaments-, Bundestags,-Landtags-, Kreistags-, Gemeinderats- und Ortschaftsratswahl amtlich zugelassen wurden (Wahlwerbeberechtigte)."

Keine Wahlhandlung im Sinne der Sächsischen Verfassung stellen hingegen Volksantrag, Volksbegehren und Volksentscheid[19], Einwohnerantrag, Bürgerentscheid und Bürgerbegehren[20] dar.

Im Vorfeld der Kommunalwahlen im Freistaat Thüringen am 14. Mai 2000 wurde an sächsische Veranstalter, deren Programme bis auf das Gebiet Thüringens hineinstrahlen, das Ersuchen herangetragen, Wahlwerbesendungen auszustrahlen. Anders als in Sachsen lässt das thüringische Gesetz[21] Wahlwerbung nur im Zuge von Europaparlaments-, Bundestags- und Landtagswahlen zu. Ein Anspruch thüringischer Parteien und Wählergruppierungen auf Ausstrahlung von Wahlwerbung durch sächsische Veranstalter, deren Programme von Hörern und Zuschauern in Thüringen empfangen werden können, besteht gleichwohl nicht. Denn der sächsische Gesetzgeber hat keine Kompetenz, eine Umgehung landesrechtlicher Regelungen anderer Bundesländer zu gestatten. Ein Wahlgang muss daher, sofern es sich nicht um Bundestags- oder Europaparlamentswahlen handelt, auf dem Gebiet des Bundeslandes stattfinden, in dem der Rundfunkveranstalter lizenziert ist. Anderenfalls ist eine Verpflichtung zur Verbreitung von Wahlwerbung zu verneinen.

4. Angemessene Sendezeit

a) Allgemeines

Bei der Vergabe von Sendezeiten für politische Parteien darf nur nach der allgemeinen Bedeutung der Partei, nicht aber nach Meinungsrichtungen differenziert entschieden werden. Hinsichtlich Zahl und Dauer der Werbespots darf die Rundfunkanstalt bzw. der Veranstalter zwischen „etablierten" und „kleinen" Parteien unterscheiden. Solange extremistische Gruppierungen nicht gegen das Strafrecht – etwa die Bestimmungen über Volksverhetzung – verstoßen, können sie in gleicher Weise wie andere Parteien Wahlwerbung im Rundfunk betreiben[22].

Die Formulierung stellt zudem klar, dass Wahlwerbung nur im Rahmen der Wahlsendezeiten erfolgen darf. Außerhalb dieser Sendungen sind Werbesendungen für politische Parteien unzulässig[23].

b) Redaktionell gestaltete politische Rundfunksendungen

Haben extremistische Gruppierungen auch ein Recht auf Gleichbehandlung im Hinblick auf Wahlwerbespots bei Wahlen, zu denen sie zugelassen sind, so ist ihr Beteiligungsrecht an politischen Diskussions- oder sonstigen Veranstaltungen anlässlich von Wahlen, die von den Rundfunkveranstaltern selbst durchgeführt werden, nach wie vor nicht endgültig geklärt. So beschloss das OVG Hamburg 1994[24], dass die „Deutsche Volksunion" (DVU) einen Anspruch auf Teilnahme an einer vom NDR veranstalteten Sendung zur Wahl der Hamburger Bürgerschaft habe. In der Sendung sollten die Spitzenkandidaten für die Bürgerschaft vorgestellt werden und miteinander diskutieren. Eingeladen waren die Vertreter von CDU, SPD, GAL und F.D.P. Da sich diese weigerten, mit einem DVU-Vertreter zu diskutieren, wurde die Veranstaltung abgesagt. Man wird *Benda*[25] zustimmen müssen, dass die Beteiligung extremistischer Gruppierungen an solchen Veranstaltungen zwar unerwünscht, rechtlich aber kaum zu verhindern sein wird. Denn eine Partei, die zur Wahl zugelassen ist, darf generell keine geringeren Möglichkeiten erhalten, sich den Wählern vorzustellen, als jeder ihrer Konkurrenten[26]. Solange eine solche Gruppierung nicht auf Antrag von Bundestag, Bundesrat, Bundesregierung oder, wenn die Organisation der Partei sich auf das Gebiet ihres Landes beschränkt, auch auf Antrag einer Landesregierung[27] durch das Bundesverfassungsgericht für verfassungswidrig erklärt worden ist, gebietet das Demokratieprinzip die Gleichbehandlung.

c) Länge der Sendezeiten und Anzahl der Spots

Als ein jüngeres Rundfunkgesetz stellt das SächsPRG im Hinblick auf die „angemessene Sendezeit“, wie auch beispielsweise § 14 Abs. 2 MDR-StV, einen Bezug zu § 5 Parteiengesetz[28] her. Die Rundfunkanstalten gewähren Sendezeiten seit Jahrzehnten nach einem kombinierten System, welches vom Bundesverfassungsgericht gebilligt[29] und durch § 5 Parteiengesetz eine gesetzliche Bestätigung gefunden hat:

- Jede zur Wahl zugelassene Partei oder Gruppe, die bestimmte formale Voraussetzungen erfüllt, erhält eine bestimmte Mindestzeit als Sockel[30].
- Mittlere und größere Parteien erhalten zusätzlich entsprechend ihrer Bedeutung[31] weitere Sendezeiten[32].

Auf der Grundlage von § 5 ParteienG räumten die ARD Landesrund funkanstalten sowie das ZDF im Fernsehen zur Bundestagswahl am 3.12.1990 beispielsweise folgende Sendezeiten im Rahmen je 2 ½-minütiger Werbespots ein: CDU und SPD je acht Spots, F.D.P., CSU, Grüne/West, PDS, DSU, Bündnis 90/Grüne-Ost je vier Spots; Republikaner drei Spots; alle übrigen je zwei Spots. Jede im Bundestag in Fraktionsstärke vertretene Partei muss gemäß § 5 Abs. 1 Satz 4 ParteienG dabei mindestens mit der Hälfte des Umfangs jeder anderen Partei bedacht werden. Die Parteien Bündnis90/Die Grünen, F.D.P. und CSU erhalten also Sendezeiten im Umfang von mindestens der Hälfte der Sendezeiten von CDU oder SPD. Gleiches gilt nun auch für die PDS, die in ihrer ersten Legislaturperiode in Bonn noch

Gruppenstatus besaß. Zwischen „Fraktionsstärke" und „Gruppenstärke" lässt sich eine Differenzierung begründen[33]. Auf dieser Grundlage wurden in dem oben genannten Beispiel (1990) die kleinen Parteien, welche in Fraktionsstärke in Bundestag bzw. Volkskammer vertreten waren, mit vier Spots angesetzt. Für die beiden großen Volksparteien konnte dementsprechend die Anzahl der Spots verdoppelt, für die kleineren, nicht in den Parlamenten vertretenen Parteien die Anzahl der Spots entsprechend nach unten abgestuft reduziert werden.

Vertreten wird die Auffassung, dass das je nach Partei zu berechnende Sendezeitvolumen nur als Minimal-, nicht aber auch als Maximalrahmen zu verstehen und es daher den Veranstaltern zu überlassen ist, das Minimalvolumen mit einem selbst festgelegten Faktor zu multiplizieren. Die DLM ist allerdings zu Recht der Auffassung, dass ein solches Vorgehen zu erheblichen Komplikationen führen kann. Wenn die durch Multiplikation aufgeblähten Zeitvolumina nämlich von den großen Parteien nicht, wohl aber von einigen kleinen Parteien genutzt werden, kann dies zu einer Schieflage führen.

Die Spotlänge orientiert sich regelmäßig an der Länge journalistischer Beiträge, weil Wahlwerbesendungen meinungsbildenden und informativen Charakter tragen und deshalb nicht an der Länge der Spots der Wirtschaftswerbung orientiert werden können. Grundsätzlich wird man für Wahlspots eine Länge von 1 Minute 30 Sekunden zugrunde legen können. Je nach Programmart können sich Verkürzungen ergeben. Bei regionalen TV-Fensterprogrammen von 30 Minuten Länge ist beispielsweise eine Länge des Wahlspots von 30 Sekunden zugrunde zu legen, weil sonst die eigentliche Programmaufgabe dieser Sendung nicht mehr erfüllt werden könnte.

Hinsichtlich der Anzahl der Spots ist Ausgangspunkt zunächst das letzte Wahlergebnis. Allerdings sind auch andere Faktoren zu berücksichtigen, insbesondere die Dauer des Bestehens der Partei bzw. Wählergruppe, ihre Mitgliederzahl, der Umfang ihrer Organisation, ihre Verbreitung in den Parlamenten, ihre Beteiligung an der Regierung in Bund, Ländern und Kommunen sowie ihre sonstige politisch wirksame Tätigkeit[34].

Demnach sind zunächst die Ergebnisse der letzten Wahl zu berücksichtigen, um eine erste, grobe Abstufung zwischen den Parteien vorzunehmen.

Eine pauschale Prozentuierung, z.B. unter alleiniger Berücksichtigung der letzten Wahl, ist nicht zulässig[35].

Die DLM führt in ihrem rechtlichen Hinweis vom 29./30.06.1998 folgende Beispielsrechnung für eine Bundestagswahl an:

1. Eckdaten

a) Jede im Bundestag in Fraktionsstärke vertretene Partei erhält Sendezeiten, die mindestens halb so groß sind wie für jede andere Partei. Die Partei Bündnis 90/Die Grünen, die F.D.P., die CSU und die PDS erhalten demnach Sendezeiten von mindestens der Hälfte der Sendezeiten für SPD und CDU.

b) Die unterste Beteiligungsgrenze für kleine Parteien liegt bei 1/4 bis 1/5 der für die größte Partei vergebenen Sendezeit. Der Einfachheit halber soll hier 1/4 gewählt werden.

c) Es muß Sendezeit für mindestens 2 Spots zur Verfügung gestellt werden, wobei bei Einzelbewerbern (soweit es diese gibt) ein Spot anzusetzen ist.

d) Die Grundeinheit je Spot liegt bei 1,5 Minuten, von Besonderheiten abgesehen.

e) Die Parteien SPD, CDU, CSU, F.D.P., Bündnis 90/Die Grünen und die PDS sind im Bundestag vertreten (Gruppe 1). Es soll angenommen werden, daß weiterhin die R-Partei, die F-Partei, die Ö-Partei und die W-Partei zugelassen werden (Gruppe 2).

2. Sendezeitenzuteilung

a) Die kleinsten Parteien (Gruppe 2) erhalten jeweils 2 x 1,5 Minuten = 3 Minuten.

b) Die größte Partie (Gruppe 1) darf nicht mehr als viermal soviel Sendezeit erhalten wie die kleinste. Das bedeutet, daß SPD und CDU jeweils 8 x 1,5 Minuten = 12 Minuten erhalten. Die übrigen im Bundestag vertretenen Parteien (Gruppe 1), nämlich F.D.P., CSU, Bündnis 90/Die Grünen und PDS erhalten dann halb soviel wie jede andere Partei, also jeweils 4 x 1,5 Minuten = 6 Minuten.

Daraus folgt folgende Sendezeitenverteilung:

SPD	8 x 1,5 Minuten	=	12 Minuten
CDU	8 x 1,5 Minuten	=	12 Minuten
F.D.P.	4 x 1,5 Minuten	=	6 Minuten
CSU	4 x 1,5 Minuten	=	6 Minuten
Bündnis 90/Die Grünen	4 x 1,5 Minuten	=	6 Minuten
PDS	4 x 1,5 Minuten	=	6 Minuten
R-Partei	2 x 1,5 Minuten	=	3 Minuten
F-Partei	2 x 1,5 Minuten	=	3 Minuten
Ö-Partei	2 x 1,5 Minuten	=	3 Minuten
W-Partei	2 x 1,5 Minuten	=	3 Minuten

Die Wahlwerbung muss in der Hauptsendezeit platziert werden und kann nicht in Randzeiten abgeschoben werden. Als Hauptsendezeit wird man beim Hörfunk die tägliche Sendezeit zwischen 6.00 Uhr und 19.00 Uhr, im Fernsehen die Zeit zwischen 17.00 Uhr und 23.00 Uhr bezeichnen können. Die Sendezeiten sind nach einem vorher festgelegten Dispositionsplan gleichwertig zu vergeben. Anhaltspunkte für die Sicherung der Gleichwertigkeit der Sendeplätze ist die jeweilige Preiskategorie für Wirtschaftswerbungs-Spots, welche über den Tag differiert. Die Platzierung der Wahlwerbespots erfolgt grundsätzlich nicht im Rahmen von Wirtschaftswerbung, weil sie dieser gegenüber ein aliud ist.

Wahlsendezeiten können nur innerhalb eines begrenzten Zeitraums platziert werden. Dieser wird im Prinzip durch den Zeitpunkt der Wahlzulassung vorgegeben. Sachgerecht wäre danach beispielsweise, die Wahlwerbung ausschließlich in der Zeit zwischen dem 31. und dem vorletzten Tag vor dem Wahltag zu senden. Die Satzung der SLM legt hierzu in § 3 Absatz 1 fest:

> „(1) Für die Ausstrahlung zulässiger Wahlwerbung im Sinne dieser Satzung darf Sendezeit nur während des Zeitraums vom 31. Tag bis zum vorletzten Tag vor der jeweiligen Wahl zur Verfügung gestellt werden."

5. Inhaltliche Anforderungen an Wahlwerbung

Der Inhalt eines Wahlwerbespots wird durch die politische Partei oder Vereinigung bestimmt und demgemäß auch verantwortet. Dies wird in § 22 Absatz 3 SächsPRG nochmals explizit klargestellt. Demgemäß müssen Wahlsendungen weder insgesamt noch einzeln in sich ausgewogen sein[36]. Streitpunkt ist daher regelmäßig die Frage, ob und wann Rundfunkveranstalter die Ausstrahlung von Wahlwerbespots ablehnen können. So verkündeten im Vorfeld der Bundestagswahl am 27.9.1998 einige Veranstalter in Sachsen, sie wollten die Spots radikaler Gruppierungen nicht senden. Als offensichtlich wurde, dass diese Haltung nicht durchsetzbar sein würde, lehnten sie die Ausstrahlung von Wahlwerbespots generell ab. Auch diese Haltung lässt sich indes nicht rechtfertigen.

Das Bundesverfassungsgericht[37] hat entschieden, eine Rundfunkanstalt (bzw. ein Veranstalter) dürfe bei Verfassungswidrigkeit des Inhalts die Ausstrahlung des Wahlwerbespots nicht ablehnen, da über die Verfassungswidrigkeit einer Partei und ihrer Äußerungen ausschließlich das Bundesverfassungsgericht selbst entscheide. Die Rundfunkanstalt sei allerdings befugt, „*die Ausstrahlung von Wahlwerbespots politischer Parteien an die Voraussetzung zu knüpfen, dass die Sendezeit nur zum Zwecke der Wahlwerbung und in rechtlich zulässiger Form, insbesondere ohne evidenten und ins Gewicht fallenden Verstoß gegen allgemeine Normen des Strafrechts, genutzt wird und die Erfüllung dieser Voraussetzungen zu überprüfen.*"[38]

De facto bedeutet dies, dass die Veranstalter im Wesentlichen auf die Überprüfung beschränkt sind, ob es sich überhaupt um Wahlwerbung handelt oder ob die Sendung nicht offensichtlich gegen allgemeine Gesetze, insbesondere Strafvorschriften, verstößt[39]. Dabei ist der Begriff Wahlwerbung nicht eng auszulegen. Das Bundesverfassungsgericht fordert lediglich einen inhaltlichen Bezug zur Wahl und zum angestrebten Wahlerfolg[40].

Zusammenfassend müssen demnach folgende Kriterien auf Wahlwerbespots, die ein Veranstalter ausstrahlen muss, zutreffen:

1. Die eingereichten Wahlspots müssen Wahlwerbung darstellen. Wahlwerbung sind alle Maßnahmen, die darauf abzielen, den Bürger zur Stimmabgabe für eine bestimmte Partei oder für bestimmte Wahlwerber zu bewegen. Die Wahlwerbung muss einen inhaltlichen Bezug zu den bevorstehenden Wahlen aufweisen und auf die Erzielung eines Wahlerfolges gerichtet sein.

2. Bei der Frage, ob Wahlwerbung vorliegt, darf nicht darauf abgestellt werden, ob die in dem Spot dargelegten Ziele inhaltlich mit der verfassungsmäßigen Ordnung des Grundgesetzes bzw. der jeweiligen Landesverfassung in Einklang stehen oder ob die werbende Partei bzw. deren Kandidaten beabsichtigen, im Parlament für die Bewahrung der verfassungsmäßigen Ordnung einzutreten. Die Veranstalter sind daher nicht befugt, die Ausstrahlung einer Wahlsendung lediglich deshalb zu verhindern, weil der vorgelegte Wahlspot verfassungsfeindliche Äußerungen enthält.

3. Die Veranstalter sind jedoch berechtigt, die Wahlspots der politischen Parteien daraufhin zu prüfen, ob sie gegen allgemeine Gesetze verstoßen. Zur Zurückweisung solcher Wahlspots sind die Veranstalter indes nur dann befugt, wenn der Verstoß gegen die allgemeinen Gesetze evident ist und nicht leicht wiegt.

Dieses stark eingeschränkte Prüfungsrecht der Veranstalter hat zur Ausstrahlung äußerst kontroverser Wahlwerbespots und zu Protesten in der Bevölkerung geführt, die in politischen Überlegungen mündeten, die Verpflichtung zur Ausstrahlung von Wahlwerbespots aufzuheben. Ein allgemeinpolitischer Konsens hierüber wurde indes bislang nicht hergestellt. Die Veranstalter weisen bei der Ausstrahlung regelmäßig auf die Verantwortlichkeit der Parteien für den Inhalt der Spots hin. Wahlsendungen sind darüber hinaus generell als solche zu kennzeichnen. Dies erfordert An- und Absagen, die für alle Parteien gleich sind und nicht auf die jeweilige Spotlänge angerechnet werden.

Als evidenten und schwerwiegenden Verstoß gegen das auch nach dem Tod fortgeltende allgemeine Persönlichkeitsrecht wertete das OLG Koblenz[41] einen Wahlwerbespot der Partei „Die Republikaner", den diese anlässlich der Bundestagswahl 1998 ausstrahlte. In dem Spot wurde die Behauptung aufgestellt: „Auch Konrad Adenauer und Kurt Schumacher würden heute die Republikaner wählen." Der Sender SAT1 hatte sich zunächst geweigert, den Spot auszustrahlen, war aber vom Landgericht Mainz zur Ausstrahlung verpflichtet worden. Das OLG Koblenz hingegen stellte fest, dass ein Sender eine Wahlwerbung zwar nur dann ablehnen dürfe, wenn sie offenkundig gegen allgemeine Gesetze verstoße und der Verstoß „nicht leicht wiege". Im vorliegenden Fall sah das Gericht diese Voraussetzungen allerdings als gegeben an.

Während die Ablehnung der Ausstrahlung eines Wahlwerbespots durch öffentlich-rechtliche Rundfunkanstalten im Wege eines Verwaltungsakts ergeht und demgemäß im Eilverfahren vor dem Verwaltungsgericht angefochten werden kann[42], begründet das SächsPRG durch öffentlich-rechtliche Norm einen zivilrechtlichen Anspruch, der im Rahmen der einstweiligen Verfügung nach § 935 ZPO vor den Zivilgerichten geltend zu machen ist (vgl. § 13 GVG). Es besteht keine Rechtsgrundlage dafür, dass Parteien die jeweilige Landesmedienanstalt zwingen können, die Veranstalter zu einer vermehrten Ausstrahlung von Wahlspots zu verpflichten. Die Aufsicht einer Landesmedienanstalt ist lediglich nachgehend. Dem steht allerdings nicht entgegen, dass die SLM den Veranstaltern in Sachsen frühzeitig rechtliche Hinweise zur Durchführung von Wahlwerbung gibt.

6. Kostenerstattung

Das Gleichbehandlungsprinzip gilt auch im Bereich der Kostenerstattung. Rundfunkveranstalter, die von einem Berechtigten angelieferte Wahlwerbespots senden, können dafür nach § 42 RStV lediglich eine Erstattung ihrer Selbstkosten verlangen. Dabei ist an alle Parteien der gleiche Maßstab anzulegen, wobei das Landesrecht vorsehen kann, dass der Umfang der jeweiligen Sendung zu berücksichtigen ist, wie dies auch im SächsPRG der Fall ist.

Die Rundfunkveranstalter werden durch das SächsPRG allerdings nicht explizit verpflichtet, Wahlwerbespots kostenlos zu verbreiten. Auch kann nach einigen landesgesetzlichen Vorschriften ein Veranstalter mehr als die Erstattung der Selbstkosten verlangen, wobei diese Kosten jedoch die für die Wirtschaftswerbung geltenden Preise nicht übersteigen dürfen[43]. § 42 Abs. 2 RStV legt den Rahmen der Kostenerstattung durch die Formulierung „gegen Erstattung der Selbstkosten" für bundesweit verbreiteten privaten Rundfunk[44] hingegen fest. Obgleich nicht genau zu beziffern, haben sich hierfür als Obergrenze 35% des für die Wirtschaftswerbung jeweils geltenden Sekundenpreises etabliert. Für Trailer und andere Gestaltungsmittel zur Trennung der Wahlwerbezeiten vom redaktionellen Programm kann der Veranstalter keine zusätzlichen Kosten verlangen.

Die SLM hat, wie andere Landesmedienanstalten auch, Einzelheiten des Wahlwerberechts in einer Satzung[45] geregelt; die Ermächtigungsgrundlage hierfür findet sich in § 22 Absatz 4 SächsPRG. Wahlwerbung umfasst nach dieser Satzung grundsätzlich alle Maßnahmen in Form rundfunktechnischer Sendungen, die darauf gerichtet sind, die Wahlberechtigten für die bevorstehende Wahl zur Stimmabgabe für eine bestimmte Partei oder Gruppierung zu bewegen (Wahlwerbesendung). Die Wahlwerbung muss einen inhaltlichen Bezug zu der bevorstehenden Wahl aufweisen. Wahlwerbung zu anderen Zwecken als dem der Teilnahme an einer Europaparlaments-, Bundestags-, Landtags-, Kreistags-, Gemeinderats- oder Ortschaftsratswahl ist unzulässig[46]. Der Wortlaut der Satzung ist über die Homepage der SLM (www.slm-info.de) abrufbar.

Anmerkungen

1 Art. 20 Abs. 2 Satz 2 GG

2 Art. 20 Abs. 1 GG

3 Art. 38 Abs. 1 Satz 1 GG

4 Der inhaltliche Umfang des Verlautbarungsrechts ist nicht abschließend geklärt, wohl aber restriktiv auszulegen.

5 Artikel 1 des Staatsvertrages über den Rundfunk im vereinten Deutschland (RStV)

6 AfP 1993, 647

7 Gesetz über den privaten Rundfunk und neue Medien in Sachsen (SächsPRG)

8 z.B. Art. 4 Abs. 2 Nr. 2 BR-Gesetz; § 3 Nr. 6, 7 HR-Gesetz; § 10 ORB-Gesetz; § 14 Abs. 2, 5 6 SaarRfG; § 8 Abs. 2 WDR-Gesetz;

9 z.B. § 11 Abs. 1 ZDF-StV, § 14 Abs. 2 MDR-StV; § 15 NDR-StV;

10 vgl. auch § 3 Abs. 2 SFB-Satzung

11 vgl. BVerfGE 47, 198, 236 f.; BVerwG NJW 1991, 938sowie oben unter II.

12 vgl. sehr detailliert § 19 Abs. 2 LRG Nordrhein-Westfalen

13 vgl. § 62 Abs. 2 LMedienG Baden-Württemberg; Art. 26 Abs. 3 BayMG

14 *Herrmann*, Rundfunkrecht, § 10 Rn. 72; vgl. auch vertiefend BVerwG NJW 1991, 938;

15 vgl. hierzu ausführlich § 8 Abs. 2, 3 WDR-Gesetz

16 DLM

17 BVerfGE 75, 79

18 vgl. BVerfGE 75, 67 (zur Parallelfrage für den DLF: BVerwGE 75, 79); s. auch die einstweilige Anordnung des Bundesverfassungsgerichts E 63, 254; Röper, NJW 1987, 2984; OVG Hamburg, NJW 1987, 3023; OVG Bremen, NJW 1987, 3024.

19 Art. 71 f. SächsVerf in Verbindung mit dem Gesetz über Volksantrag, Volksbegehren und Volksentscheid (VVVG)

20 §§ 23 – 25 SächsGemO

21 vgl. § 26 Abs. 2 LMG Thüringen

22 vgl. *Benda*, NJW 1994, 22 ff.

23 vgl. beispielsweise auch § 31 Abs. 1 HmbMedienG; § 14 Abs. 2 LRG Saarland sowie oben

24 vgl. NJW 1994, S. 68 f.

25 NJW 1994, S. 23

26 vertiefend zu dieser Thematik *Michelfelder*, *Stephan*, ZUM 1992, 163; *H. H. Rupp*, Rechtsfragen redaktionell gestalteter Rundfunksendungen vor Wahlen, in: *Becker*, Wahlwerbung, S. 69 ff.

27 vgl. Art. 21 GG i.V.m. §§ 13 Nr. 2, 43 ff. BVerfGG

28 zur Verfassungsmäßigkeit der Vorschrift vgl. BVerfGE 24, 354

29 z.B. BVerfGE 7, 99

30 Allgemeine Übung für diesen Sockel ist die Formel „zwei Spots je Partei".

31 unter Heranziehung des letzten Wahlergebnisses sowie der seitherigen aktuellen politischen Entwicklung, vgl. § 5 Abs. 1 Satz 3 ParteienG

32 Einzelheiten hierzu vgl. *Herrmann*, a.a.O., § 10 Rn. 80 ff.

33 Aufgrund des Ergebnisses der Bundestagswahlen vom 28. September 1998 verfügt die PDS nunmehr über den Fraktionsstatus.

34 vgl. OVG Hamburg AfP 1988, S. 101, 102 m.w.N.

35 vgl. Ring, Medienrecht, § 42 Rn. 12

36 vgl. Fuhr, ZDF-Staatsvertrag, S. 157

37 BVerfGE 47, 198

38 vgl. auch BVerfGE 67, 149; 69, 257

39 vgl. BVerwG ZUM 1988, S. 41 f.; in Betracht kommen hier insbesondere die §§ 90a Abs. 1, 86a, 130 Abs. 1 Nr. 3, 131 StGB

40 vgl. Fuhr, ZDF-Staatsvertrag, S. 159; vgl. auch BVerwG NJW 1978, S. 1043 ff.; BVerwG NJW 1984, S. 2201

41 Az: 4 U 1641/98

42 *Herrmann*, a.a.O., § 10, Rn. 91 f.

43 vgl. § 26 Abs. 3 RGMV, § 62 Abs. 4 i.V.m. § 62 Abs. 3 LMedienG Baden-Württemberg

44 vgl. § 42 Abs. 3 RStV

45 Wahlwerbesatzung vom 13. September 1999

46 § 1 Abs. 3 Sächsische Wahlwerbesatzung

4. Versammlungsrecht

Martin Kröber

Trotz der zunehmenden Rolle der elektronischen Medien kommt den „klassischen“ Wahlkampfveranstaltungen nach wie vor eine nicht zu unterschätzende Bedeutung zu. Den Parteien bieten sie die Chance, in direkten Kontakt mit ihren Wählern zu treten. Parteistrategen sehen in ihnen zudem ein wichtiges Element zur Mobilisierung der Parteibasis. Gleichzeitig sind sie ein wichtiger Indikator für den Wirkungsgrad der Wahlkampagne.

Wer Wahlkampfveranstaltungen organisiert, muss den rechtlichen Handlungsrahmen kennen. Im Folgenden soll ein Überblick über die maßgeblichen gesetzlichen Bestimmungen gegeben werden.

1. Überblick über die gesetzlichen Bestimmungen

Ein eigenes Wahlkampfrecht gibt es nicht. Wie für alle anderen öffentlichen Versammlungen gelten auch bei der Durchführung von Wahlkampfveranstaltungen die allgemeinen versammlungsrechtlichen Bestimmungen. Allerdings müssen die Behörden im Wahlkampf darüber hinaus den Grundsatz der Wettbewerbs- und Chancengleichheit für politische Parteien und Wählervereinigungen (Artikel 3, 21, 38 GG) beachten. So kann ein Verbot von Wahlkampfveranstaltungen oder eine Verweigerung der Nutzung gemeindlicher Räume gegen die Verfassung verstoßen und im Einzelfall sogar zu einer Wahlanfechtung berechtigen.

1.1 Die Versammlungsfreiheit des Art. 8 Abs. 1 Grundgesetz

Art. 8 Abs. 1 Grundgesetz gewährleistet das Recht, sich ohne Anmeldung oder Erlaubnis friedlich und ohne Waffen zu versammeln. Seit jeher galt dieses Recht als Zeichen der Freiheit, Unabhängigkeit und Mündigkeit des selbstbewussten Bürgers. Grundrechtlich geschützt ist nicht nur die Versammlung selbst. Auch alle Vorbereitungshandlungen wie Anmietung von Räumen, Einladung, Plakatierung gehören dazu, ebenso die An- und Abreise der Versammlungsteilnehmer. All diese Aktivitäten dürfen von den Behörden nicht behindert werden.

Träger des Grundrechts auf Versammlungsfreiheit ist jeder Deutsche. Parteien, Wählervereinigungen und Verbände können sich ohne weiteres auf Art. 8 GG berufen, wenn sie eine Veranstaltung durchführen wollen.

Selbstbestimmungsrecht des Veranstalters: Über Art und Inhalt der Versammlung bestimmt der Veranstalter allein. Der Behörde ist es verwehrt, ihm hier hinein zu reden. Gleiches gilt grundsätzlich für die Wahl von Zeit und Ort der Versammlung, selbst wenn diese zu einer Behinderung von Verkehrsteilnehmern, Gewerbetreibenden oder Anwohnern führen kann. Solche Beeinträchtigungen müssen wegen der Bedeutung der verfassungsrechtlich garantierten Versammlungsfreiheit grundsätzlich hingenommen werden. Drohen erhebliche Beeinträchtigungen, muss es aber zu einem Ausgleich der sich widerstreitenden Belange kommen.

„Friedlich und ohne Waffen“: Nur friedliche und unbewaffnete Versammlungsteilnehmer genießen den Schutz des Grundgesetzes. Es geht davon aus, dass ein gewaltloser Verlauf von Versammlungen durch ein absolutes Waffenverbot für alle Beteiligten (Teilnehmer, Leiter, Ordner) am ehesten erreicht werden kann. Unter Waffen versteht das Gesetz sowohl Waffen im technischen Sinne als auch gefährliche Gegenstände wie Hieb- und Stichwaffen.

1.2 „Unter freiem Himmel“ / „in geschlossenen Räumen“ – Die Einschränkung des Artikels 8 Abs. 2 GG

Artikel 8 Grundgesetz unterscheidet zwischen

- **Versammlungen in geschlossenen Räumen,**
- **Versammlungen unter freiem Himmel.**

Für Versammlungen in geschlossenen Räumen wird das Grundrecht auf Versammlungsfreiheit uneingeschränkt gewährt, während es für Versammlungen unter freiem Himmel *„durch oder aufgrund eines Gesetzes eingeschränkt werden“* kann (Art. 8 Abs. 2 GG). Das hat seinen Grund in dem Außenkontakt von Versammlungen im Freien. Dritte können von außen auf solche Versammlungen leichter einwirken. Sie sind schwerer zu überschauen und schwieriger zu steuern. Insgesamt ist ihre Störanfälligkeit und Gefährlichkeit ungleich höher, weshalb die Väter des Grundgesetzes einen besonderen organisations- und verfahrensrechtlichen Regelungsbedarf konstatierten. Allerdings ist der Begriff *„Versammlung unter freiem Him-*

mel" missverständlich: Da Veranstaltungen in umfriedeten Sportstadien, Freilichttheatern etc. räumlich von der „Außenwelt" abgeschirmt sind, ist anerkannt, dass sie – obwohl ohne Überdachung – rechtlich wie Saalveranstaltungen zu bewerten sind.

1.3 Versammlungsgesetz (VersG)

Die wesentlichen Regelungen zum Versammlungswesen finden sich in dem *„Gesetz über Versammlungen und Aufzüge (Versammlungsgesetz) vom 24. Juli 1953 in seiner Fassung vom 15. November 1978"*.

Nach Ansicht des Bundesverfassungsgerichts ist kennzeichnend für eine Versammlung der Umstand, dass sie *„Ausdruck gemeinschaftlicher, auf Kommunikation angelegter Entfaltung"* ist. Bloße Ansammlungen, kommerzielle Veranstaltungen, Info-Stände von Parteien und Wählervereinigungen sind danach im Verständnis des Versammlungsgesetzes keine Versammlungen.

Das Versammlungsgesetz erfasst öffentliche Versammlungen. Das sind solche, die grundsätzlich für jedermann zugänglich sind. Dazu gehören auch Wahlkampfveranstaltungen.

Für nichtöffentliche Versammlungen, bei der die Teilnahme auf persönlich geladene oder zumindest individuell bestimmbare Personen beschränkt bleibt (z.B. Parteitage), hat der Gesetzgeber weitgehend auf Regelungen verzichtet. Auch diese Versammlungen unterliegen jedoch dem Grundrechtsschutz des Art. 8 GG.

Das Versammlungsgesetz unterscheidet, gemäß der in Art. 8 GG vorgenommenen Differenzierung, zwischen Versammlungen in geschlossenen Räumen und Versammlungen unter freiem Himmel. Während der Veranstalter bei den erstgenannten Versammlungen nur relativ wenigen rechtlichen Bindungen und Formalitäten unterworfen ist, sind seine Selbstorganisationsrechte bei Versammlungen unter freiem Himmel eingeschränkt. Die folgende Darstellung behandelt beide Veranstaltungstypen aus diesem Grund gesondert.

2. Was muss der Veranstalter bei der Organisation und Durchführung einer öffentlichen Versammlung in geschlossenen Räumen beachten?

2.1 Keine Anmeldepflicht

Eine öffentliche Versammlung im geschlossenen Raum muss nicht angemeldet werden. Ob und wie die Behörde von der Versammlung erfährt, ist ihre Sache. Es empfiehlt sich jedoch, die örtlich zuständige Polizei über das Vorhaben zu informieren. Wenn größere Veranstaltungen – möglicherweise unter Beteiligung gefährdeter Personen – geplant sind, sollte mit Vertretern der Polizei frühzeitig Verbindung aufgenommen werden. Der Polizei ist es dann möglich, ein umfassendes Sicherheitslagebild zu erstellen, eventuelle Sicherheitsdefizite zu analysieren und in Abstimmung mit dem Veranstalter eine Sicherheitskonzeption zu erarbeiten.

2.2 Einladung

Einladen kann jede natürliche oder juristische Person. In der öffentlichen Einladung (Plakate etc.) muss der Veranstalter seinen Namen angeben. Lädt eine Partei oder Wählervereinigung ein, ist der Name der Organisation sowie der Ort, an der sie ihren Sitz hat, anzugeben.

2.3 Zutritt

Zu einer öffentlichen Versammlung in geschlossenen Räumen hat jeder Interessierte Zutritt. Die Rechte des Veranstalters sind hier insoweit eingeschränkt. § 6 Abs. 1 Versammlungsgesetz bietet aber in kleinem Rahmen die Möglichkeit, den Teilnehmerkreis zu steuern:

- Von der Teilnahme ausgeschlossen werden können Personen oder Personenkreise (z.B. bekannte Störer), soweit sie bereits in der Einladung namentlich bezeichnet wurden.

- Wenn sich die Einladung nur an bestimmte Gruppierungen (z.B. Mieter, Unternehmer) richtet, hat kein Anwesenheitsrecht, wer nicht zu diesem Personenkreis gehört.

2.4 Pressevertreter,

die sich durch Vorlage eines Presseausweises ordnungsgemäß ausgewiesen haben, dürfen nicht ausgeschlossen werden (§ 6 Abs. 2 VersG). Das Recht der Medien auf ungehinderte Berichterstattung muss gewährleistet sein.

2.5 Teilnehmer der Versammlung

Jedermann hat das Recht, an einer öffentlichen Versammlung teilzunehmen (§ 1 Abs. 1 VersG). Unerheblich ist, ob sich der Teilnehmer mit den Zielen der Veranstaltung identifiziert oder ob er diesen ganz oder teilweise ablehnend gegenübersteht. Er darf seine kritische Haltung auch engagiert zum Ausdruck bringen. Erst im Falle von gröblichen Störungen besteht die Möglichkeit des Ausschlusses von Teilnehmern (siehe Ziffer 4.).

2.6 Leiter

Jede öffentliche Versammlung muss einen Leiter haben (§§ 8, 18 VersG). Versammlungsleitung ist eine verantwortungsvolle Aufgabe, die von einer Person wahrgenommen werden sollte, die über Souveränität und Entschlusskraft verfügt.

2.6.1

Leiter ist grundsätzlich der Veranstalter, also der Initiator der Versammlung. Bei einer Vereinigung (Partei, Wählervereinigung) bestimmt das Gesetz deren Vorsitzenden zum Leiter. Dieser kann das Leitungsrecht an eine andere Person delegieren. Wichtig ist, dass für die Versammlungsteilnehmer jederzeit erkennbar ist, wem die Leitung übertragen wurde.

2.6.2 Aufgabe des Versammlungsleiters

Der Leiter bestimmt den Ablauf der Versammlung. In der Praxis hängt hier vieles von der inhaltlichen Konzeption der Veranstaltung ab. Für Diskussionsveranstaltungen gelten andere Spielregeln als für Kundgebungen. So gehört es bei einer Diskussionsveranstaltung zu seinen Aufgaben, die Diskussion zu leiten, die Reihenfolge der Redner festzulegen, das Wort zu erteilen oder zu entziehen, Pausen anzuberaumen etc.

Die Funktion des Leiters ist begrenzt auf den Zeitraum der Versammlung. Seine Zuständigkeit beginnt mit dem Eintreffen der ersten Teilnehmer und endet mit Schließung der Versammlung.

2.6.3 Rechte des Versammlungsleiters

- Bestimmung des Versammlungsablaufs
- Recht zur Ergreifung ordnender Maßnahmen
- Eröffnung, jederzeitige Unterbrechung und Beendigung der Versammlung
- Auswahl und Anleitung der Ordner
- Weisungsbefugnis gegenüber den Ordnern
- Hausrecht (nur bei Versammlungen in geschlossenen Räumen)

2.6.4 Pflichten des Versammlungsleiters

- Sicherstellung der Ordnung in der Versammlung
- Unterbindung von Störungen
- Schutz der Versammlungsteilnehmer vor Gefahren
- Schutz der Öffentlichkeit vor Gefahren
- Information der Polizei bei Störungen
- ständige Anwesenheit während der Versammlung

2.6.5 Haftung und strafrechtliche Verantwortung des Versammlungsleiters

- Zivilrechtlich verantwortlich ist der Versammlungsleiter für Schäden, die er hätte verhindern können.
- Strafrechtlich verantwortlich ist er u.a., wenn er gegen rechtmäßige Auflagen verstößt.

2.6.6

Nach § 22 VersG sind gewaltsame Angriffe und Drohungen gegen den Leiter bei dessen rechtmäßigen Ordnungsmaßnahmen strafbar.

2.7 Ordner

Der Versammlungsleiter kann sich bei der Ausübung seiner Ordnungsfunktion von einer angemessenen Zahl ehrenamtlicher Ordner unterstützen lassen (§ 9 VersG). Ob er Ordner einsetzen will, bleibt seiner freien Entscheidung überlassen. Auf Anforderung muss der Versammlungsleiter der Polizei mitteilen, wie viele Ordner eingesetzt sind. Die Polizei kann die Anzahl der Ordner angemessen beschränken, z. B. wenn durch einen übermäßigen Einsatz eine Einschüchterung von Versammlungsteilnehmern zu befürchten ist.

Die Auswahl, wer als Ordner eingesetzt werden soll, trifft der Versammlungsleiter. Er wird dabei Folgendes beachten: Ordner müssen

- volljährig sein,
- ihrer Aufgabe ehrenamtlich nachkommen (Bezahlte Sicherheitsdienste dürfen zum Veranstaltungsschutz nicht eingeschaltet werden!),
- eine weiße Armbinde tragen, die ausschließlich mit der Aufschrift „Ordner“ versehen ist,
- unbewaffnet sein. Das Tragen von Waffen oder gefährlichen Gegenständen, wie Schlagstöcken o.ä., wird durch § 27 VersG ausdrücklich unter Strafe gestellt.

Sie haben eine von dem Versammlungsleiter abgeleitete Befugnis zur Erteilung von Weisungen. Die Versammlungsteilnehmer sind verpflichtet, die zur Aufrechterhaltung der Ordnung getroffenen Weisungen der Ordner zu befolgen. Körperlichen Zwang dürfen Ordner zur Herstellung der Ordnung aber nicht einsetzen. Sie sind dabei vielmehr auf die Hilfe der Polizei angewiesen. Für den Fall, dass sie angegriffen werden, stehen ihnen Notwehrrechte zu. Gewaltsame Angriffe und Drohungen gegen Ordner sind nach § 22 VersG strafbar.

<u>Empfehlung</u>: Ordner sind wesentlicher Teil des Sicherheitskonzepts einer Veranstaltung. Sie sollten daher vor Veranstaltungsbeginn umfassend über ihre Rechte und Pflichten belehrt werden und gründlich in ihre Aufgaben eingewiesen werden.

2.8 Anwesenheit von Polizei

Polizeibeamte, die zum Schutz der Versammlung entsendet werden, haben ein Anwesenheitsrecht (§ 12 VersG). Der den Einsatz leitende Beamte ist verpflichtet, sich gegenüber dem Leiter der Versammlung zu erkennen zu geben und auszuweisen. Der Veranstalter muss den entsandten Polizeibeamten einen angemessenen Platz zur Verfügung stellen. Bereits bei der Planung der Veranstaltung sollte daher berücksichtigt werden, dass Polizeibeamte einen Platz zugewiesen bekommen, von dem sie einen guten Überblick über das Geschehen haben und ggf. ohne unvertretbare Verzögerungen zum Schutz der Versammlung eingreifen können.

3. Was muss der Veranstalter bei der Organisation und Durchführung einer öffentlichen Versammlung unter freiem Himmel beachten?

3.1 Einladung (wie Ziffer 2.2)

3.2 Anmeldepflicht und Anmeldefrist

Der Veranstalter muss eine Versammlung unter freiem Himmel spätestens 48 Stunden vor der öffentlichen Einladung oder Bekanntmachung bei der zuständigen Versammlungsbehörde anmelden (§ 14 Abs. 1 VersG). Es besteht lediglich eine Anmeldepflicht (Genehmigung nicht erforderlich!). Die frühzeitige Information über das Vorhaben soll die Behörde in die Lage versetzen, alle erforderlichen Maßnahmen zu ergreifen, um die Versammlung zu ermöglichen. Sie soll einen Überblick gewinnen können, was zum möglichst störungsfreien Verlauf der Versammlung an Verkehrsregelungen und anderen Schutzvorkehrungen in die Wege geleitet werden muss. Zum anderen soll sie den Ausgleich mit kollidierenden Rechten Dritter wie Anwohnern, Gewerbetreibenden, Verkehrsteilnehmern vornehmen. Die Behörde soll sich um vertrauensvolle Kooperation mit dem Veranstalter bemühen. Noch offene Fragen soll sie mit diesem erörtern und ihn beraten. Dabei ist sie natürlich umgekehrt auf die Kooperationswilligkeit des Veranstalters angewiesen.

3.3 Verbot/Auflagen

Versammlungen unter freiem Himmel dürfen verboten werden oder von entsprechenden Auflagen abhängig gemacht werden, wenn nach den Umständen die öffentliche Sicherheit und Ordnung unmittelbar gefährdet ist. Innerhalb der **Bannkreise** um die Gesetzgebungsorgane des Bundes und der Länder sowie um das Bundesverfassungsgericht sind Versammlungen grundsätzlich verboten. Näheres findet sich in den Bannmeilengesetzen des Bundes und der Länder.

Auflagen können sich auf vielerlei Sachverhalte beziehen, beispielsweise auf den Einsatz von Ordnern, Lärmbeschränkungen bei der Lautsprecherverwendung usw.

Als in der Praxis am konfliktträchtigsten erweisen sich Auflagen, die Ort und Zeit der Versammlung betreffen. Im Hinblick auf den verfassungsrechtlichen Rang der Versammlungsfreiheit müssen Dritte Verkehrsbeeinträchtigungen, Lärmbelästigungen oder Beeinträchtigungen bei der Gewerbeausübung im Allgemeinen ertragen, soweit sich diese ohne Nachteile für den Veranstaltungszweck nicht vermeiden lassen. Sind diese Beeinträchtigungen aber erheblich und werden gleichwertige Rechtsgüter Dritter beeinträchtigt, muss die Behörde in Ansehung der Umstände des Einzelfalls die Rechte der Versammlungsteilnehmer einerseits, die der Verkehrsteilnehmer, Gewerbetreibenden oder Anwohner andererseits gegeneinander abwägen. Wenn eine ähnlich publikumswirksame, aber weniger verkehrsstörende Versammlungsmöglichkeit besteht, kann sie – nach Anhörung des Veranstalters – Ort oder Zeit der Versammlung verlegen. Rechtlich unzulässig wäre eine Verlegung, wenn dadurch wesentliche Ziele der Veranstaltung nicht mehr erreicht werden können.

Rechtsmittel: Auflagen sind Verwaltungsakte, gegen die der Veranstalter, wenn er sie für nicht akzeptabel hält, Rechtsmittel einlegen kann.

3.4 Form der Anmeldung

Es bestehen keine Formvorschriften. Die Anmeldung kann bei der zuständigen Behörde mündlich, telefonisch, per Fax, E-Mail, per Post o.ä. erfolgen. Bei einigen Behörden sind Anmeldeformulare erhältlich.

3.5 Inhalt der Anmeldung (Anmeldeformular siehe Anlage)

- Veranstalter
- Thema der Versammlung
- Ort und Zeit der Versammlung
- verantwortlicher Leiter, Anschrift, Telefon

- ggf. Ordner
- ggf. technische Hilfsmittel, Aufbauten (z.B. Lautsprecher, Bühne)

3.6 Wo muss die Versammlung angemeldet werden?

Wer zuständige Versammlungsbehörde ist, richtet sich nach dem jeweiligen Landesrecht.

Baden-Württemberg:	Kreispolizeibehörde;
Bayern:	Kreisverwaltungsbehörde,
Berlin:	Polizeipräsident;
Brandenburg:	Polizeipräsidium;
Bremen:	Ortspolizeibehörde;
Hamburg:	Behörde für Inneres;
Hessen:	Gemeinden bis 7500 Einwohner örtliche Ordnungsbehörde, ansonsten Kreisordnungsbehörde;
Mecklenburg-Vorpommern:	Kreisordnungsbehörde;
Niedersachsen:	in Hannover und Braunschweig Polizeidirektion und ansonsten Landkreis, kreisfreie Städte, große selbstständige Städte und selbstständige Gemeinden;
Nordrhein-Westfalen:	Kreispolizeibehörde;
Rheinland-Pfalz:	Polizeipräsidium;
Saarland:	Landkreis, Stadtverband Saarbrücken, Landeshauptstadt Saarbrücken;
Sachsen:	Kreispolizeibehörde;
Sachsen-Anhalt:	Polizeidirektionen Halle und Magdeburg, ansonsten Landkreis und kreisfreie Stadt Dessau;
Schleswig-Holstein:	Kreisordnungsbehörde;
Thüringen:	Kreisverwaltungsbehörde.

3.7 „Konzentrationswirkung“ der versammlungsrechtlichen Anmeldung

Neben der versammlungsrechtlichen Anmeldung sind keine weiteren Anmeldungen oder Genehmigungen erforderlich. Insbesondere muss für den Aufbau von Bühnen, Informationsständen und -tischen, Lautsprechereinsatz, Beleuchtung etc. keine straßenverkehrsrechtliche Sondernutzungserlaubnis für die nicht verkehrsübliche Inanspruchnahme öffentlichen Straßenraumes eingeholt werden.

Für Imbissstände und gewerbliche Verkaufsstände entfällt die Erlaubnispflichtigkeit hingegen nicht, da solche Einrichtungen nicht in funktional notwendigem Zusammenhang mit der Versammlung stehen. Die Versammlungsbehörde wird den Veranstalter hier ggf. an die zuständige Behörde verweisen.

3.8 Teilnehmer der Versammlung (wie Ziffer 2.5)

3.9 Leiter (wie Ziffer 2.6)

Abweichend gilt:
Bei einer Veranstaltung unter freiem Himmel wird der Leiter nicht durch Gesetz bestimmt. Er ist der Behörde mit der Anmeldung der Versammlung zu benennen (§ 14 Abs. 2 VersG). Zu seinen Befugnissen bei Störungen siehe Ziffer 4.2.

3.10 Ordner (wie Ziffer 2.7)

Abweichend gilt:
Bei Versammlungen unter freiem Himmel bedarf die Verwendung von Ordnern der polizeilichen Genehmigung. Sie muss zusammen mit der Anmeldung der Veranstaltung beantragt werden (§ 18 Abs. 2 VersG).

3.11 Anwesenheit von Polizei (wie Ziffer 2.8)

4. Störung der Versammlung

Bei Wahlkampfveranstaltungen kann es lebhaft und kontrovers zugehen. Schließlich ziehen solche Veranstaltungen nicht nur Teilnehmer an, die mit den Zielen der einladenden Partei oder des einzelnen Kandidaten sympathisieren, sondern auch solche Personen, die deren Positionen durchaus kritisch gegenüberstehen. Die kritische Auseinandersetzung mit Aussagen von Rednern in Form von Wortbeiträgen, Zwischenrufen, Missfallensbekundungen muss der Veranstalter tolerieren. Ausschlussmöglichkeiten bestehen erst, wenn die Störung so erheblich ist, dass die ordnungsgemäße Fortführung der Versammlung nicht mehr gewährleistet ist (Tätlichkeiten, Niederbrüllen von Rednern, Einsatz von Trillerpfeifen etc.).

4.1 Ausschluss von Störern bei Versammlungen in geschlossenen Räumen

4.1.1 Vor Betreten des Versammlungsraums

Der Veranstalter muss es nicht hinnehmen, wenn sich Personen in der offenkundigen Absicht, die Durchführung der Versammlung zu verhindern, Einlass in den Versammlungsraum verschaffen wollen. Er kann unter Berufung auf sein Hausrecht den Zutritt verweigern. Auch die Polizei kann in diesem Fall ein polizeiliches Zutrittsverbot erteilen. Wer eine Versammlung verhindern will, untersteht nicht dem Schutz des Art. 8 Grundgesetz.

Personen, die bereits in der Einladung von der Teilnahme an der Versammlung ausgeschlossen wurden (siehe Ziffer 2.3), muss der Veranstalter nicht einlassen. Betreten sie den Veranstaltungsraum dennoch, machen sie sich wegen Hausfriedensbruchs (§ 123 StGB) strafbar und können von Ordnern oder der Polizei entfernt werden.

4.1.2 Während der Versammlung

Der Versammlungsleiter kann Teilnehmer, die so massiv stören, dass der ordnungsgemäße Ablauf der Veranstaltung in Frage gestellt ist, von der weiteren Teilnahme ausschließen (§ 11 VersG). Dem vorausgehen muss eine Aufforderung, die Störung zu unterlassen. Ob ein Ausschluss erfolgen soll, bleibt der Einschätzung des Leiters überlassen. Führen Versammlungsteilnehmer Waffen oder gefährliche Gegenstände mit sich, ist er im Interesse der Sicherheit der übrigen Teilnehmer jedoch zum Ausschluss verpflichtet. Wer aus einer Versammlung ausgeschlossen wurde, verliert sein Teilnahmerecht und muss diese sofort verlassen (§ 11 Abs. 2 VersG). Weigert sich die ausgeschlossene Person, den Saal zu verlassen, dürfen Versammlungsleiter oder Ordner den Ausschluss nicht mittels körperlichem Zwang durchsetzen. Sie müssen die Polizei hinzuziehen. Nur wenn die Polizei nicht oder nicht rechtzeitig erreichbar ist, können auch körperliche Zwangsmittel eingesetzt werden, um die ausgeschlossene Person aus dem Saal zu entfernen.

4.2 Ausschluss von Störern bei Versammlungen unter freiem Himmel

Bei Versammlungen unter freiem Himmel hat der Veranstalter selbst kein Recht zum Ausschluss von Störern. Solche Veranstaltungen finden im Normalfall auf öffentlichen Plätzen oder Straßen statt. Privatpersonen können die Anwesenheit von Dritten hier nicht reglementieren. Nur die Polizei ist befugt, Störer am Betreten des Versammlungsortes zu hindern. Sie kann – gestützt auf das allgemeine Polizeirecht – einen Platzverweis erteilen.

Auch während der Veranstaltung hat der Veranstalter ebenfalls kein Ausschlussrecht. Auch hier ist allein die Polizei befugt, Personen, die die Veranstaltung gröblich stören, von der weiteren Teilnahme auszuschließen (§ 18 Abs. 3 VersG). Da sie zum Schutz der Versammlung verpflichtet ist, darf sie bei Störungen nicht untätig bleiben.

4.3 Angriffe auf die Versammlung von außen

Die Polizei ist verpflichtet, zum Schutz einer Versammlung geeignete Massnahmen zu ergreifen. ***Gegendemonstrationen*** sind zulässig, soweit sie nicht die Verhinderung der Versammlung zum Ziel haben.

4.4 Strafrechtlicher Versammlungsschutz durch § 21 VersG

Versammlungen sind strafrechtlich geschützt. Nach § 21 VersG macht sich strafbar, wer in der Absicht, eine Versammlung zu verhindern, zu sprengen oder sonst zu vereiteln, Gewalttätigkeiten oder grobe Störungen vornimmt.

Das nebenstehende Formular finden Sie auf der CD-ROM in A4-Größe zum Ausdruck.

Anmeldung einer öffentlichen Versammlung unter freiem Himmel

(Die Anmeldung muss 48 Stunden vor Bekanntgabe der Versammlung bei der zuständigen Versammlungsbehörde eingegangen sein!!)

Hiermit melde ich die nachstehende öffentliche Versammlung unter freiem Himmel gem. § 14 Versammlungsgesetz vom 24.07.1953 (BGBl. I S. 684) für die .... (Partei/Wählergemeinschaft) als Veranstalter an.

1. Die Versammlung soll an folgendem Ort :

   ....

   in der Zeit von .... Uhr bis .... Uhr stattfinden.

2. Voraussichtliche Teilnehmerzahl: ....

3. Thema der Veranstaltung ist: ....

4. Als Redner ist vorgesehen: ....

5. Als verantwortlicher Leiter der Versammlung wird benannt:

   Name: .... Vorname: ....
   Geburtsdatum: .... Geburtsort: ....
   Adresse: ....
   Telefon: ....

6. Ordner: Für die Versammlung wird gemäß § 18 Abs.2 Versammlungsgesetz der Einsatz von .... Ordnern beantragt.

7. technische Hilfsmittel, Aufbauten ....

Ort .... , den ....

.... (Unterschrift des Anmelders)

5. Recht in der persönlichen politischen Auseinandersetzung

Max Stadler / Sven Eisenmenger

I. Problemstellung

Kann es erlaubt sein, Franz-Josef Strauß als „die Personifizierung des Typs des Zwangsdemokraten“ oder die CSU als „die NPD von Europa“ zu bezeichnen?[1]

Diese Beispiele verdeutlichen das zentrale Problem in der persönlichen politischen Auseinandersetzung: Es ist der Konflikt zwischen den Kommunikationsfreiheiten, insbesondere der Meinungsfreiheit einerseits und der Ehre des Einzelnen als Ausfluss des allgemeinen Persönlichkeitsrechts andererseits.

Zunächst soll jenes Konfliktfeld verfassungsrechtlich auf Wege des Ausgleichs hin untersucht werden. Wie weit darf Meinungsfreiheit im Wahlkampf gehen? Wo liegen Grenzen zum Schutz des Einzelnen (Teil II)? Schließlich sollen die einfachgesetzlichen Konkretisierungen aufgezeigt werden. Wann liegt in der persönlichen politischen Auseinandersetzung bereits ein strafrechtliches Handeln i.S.d. Tatbestandes der Beleidigung vor (Teil III)? Darüber hinaus werden auch praktische zivilrechtliche Abwehr- und Schutzinstrumente für den Einzelnen dargestellt und bewertet (Teil IV). Ziel ist es, die juristischen Rahmenbedingungen in der persönlichen politischen Auseinandersetzung in den Grundzügen darzulegen, um somit auch aus rechtlicher Sicht ein solides Wahlmanagement einrichten und gewährleisten zu können.

II. Verfassungsrechtliche Vorgaben in der persönlichen politischen Auseinandersetzung

1. Die bestehende Rechtsprechung

Da die verfassungsrechtlichen Bestimmungen und Wertungen von maßgeblicher Bedeutung für die Bewertung strafrechtlicher Beurteilungen (Beleidigung, § 185 StGB) und der zivilrechtlichen Instrumente sind, soll ein Überblick über die verfassungsrechtliche Lage in der persönlichen Auseinandersetzung zwischen Politikern zunächst gegeben werden.

Das Grundgesetz schützt die Kommunikationsfreiheiten, insbesondere die Meinungsfreiheit mit Art. 5 Abs. 1 S.1 GG einerseits und die Ehre als Ausdruck des allgemeinen Persönlichkeitsrechtes mit Art. 2 Abs.1 i.V.m. Art. 1 Abs.1 GG sowie Art. 5 Abs.2 GG andererseits.

Auf das Verhältnis *zwischen Medien und Politikern*, d.h. zwischen Presse-/Rundfunkfreiheit des Art. 5 Abs. 1 S. 2 GG einerseits und dem Schutz der Ehre andererseits, soll hier nicht näher verfassungsrechtlich, sondern erst im Zusammenhang mit den zivilrechtlichen Schutz- und Abwehransprüchen eingegangen werden. Erwähnt sei nur an dieser Stelle das aus dem Verfassungsrecht abgeleitete Gegendarstellungsrecht des Betroffenen als Ausgleichsinstrument zwischen den Rechtsgütern Presse-/Rundfunkfreiheit und Schutz der Ehre.[2]

Im Rahmen des Verhältnisses *zwischen Politikern untereinander* in der persönlichen politischen Auseinandersetzung rückt hingegen die Meinungsfreiheit in den zentralen Blickpunkt. Der Wortlaut des Art. 5 Abs.1 S.1 GG schützt das Recht, seine Meinung in Wort, Schrift und Bild frei äußern und verbreiten zu können. Gleichzeitig schränkt Art. 5 Abs. 2 GG die Meinungsfreiheit insoweit ein, als dass diese Rechte ihre Schranken in den Vorschriften der allgemeinen Gesetze (...) und in dem *Recht der persönlichen Ehre* finden.

Das Bundesverfassungsgericht hebt in ständiger Rechtsprechung hervor, dass die Kommunikationsfreiheiten in politicis für die freiheitlich demokratische Staatsordnung schlechthin konstituierend seien.[3] Besonders im Wahlkampf ist nach heutiger gefestigter Rechtsprechung davon auszugehen, dass die Vermutung *für die Zulässigkeit freier Rede* schon aufgrund des Auftrages der Parteien, gem. Art. 21 Abs.1 S.1 GG bei der politischen Willensbildung mitzuwirken, erst recht gelten muss. Mit anderen Worten darf gegen das Äußern einer Meinung *nur in äußersten Fällen* eingeschritten werden.[4]

Dieser Grundsatz hat erheblichen Einfluss auf strafrechtliche Normen (§§ 185 ff. StGB) und zivilrechtliche Schutzinstrumente (§§ 823, 1004 BGB) und schränkt deren Anwendbarkeit damit erheblich ein (siehe sogleich Teil III und IV).

2. „Toleranzgebot“ als Ausgleichsinstrument – ein rechtspolitischer Ausblick

Selbstverständlich wird mit der Maßgabe, nur in äußersten Fällen gegen eine Meinung vorgehen zu können, die Meinungsfreiheit als konstituierendes Merkmal der freiheitlich demokratischen Grundordnung zu Recht betont. Andererseits findet in der Wahlkampfsituation Ehrschutz damit fast nicht mehr statt.

Vorgeschlagen wird daher, ein Ausgleichsprinzip (auch „Toleranzprinzip“ genannt)[5] zwischen beiden Rechtsgütern zu installieren, um somit den Ehrschutz nicht völlig leer laufen zu lassen. Mit einem solchen Toleranzprinzip wird im Wahlkampf nichts anderes gefordert als die *gegenseitige Beachtung, Achtung des anderen und Duldsamkeit* in der politischen Auseinandersetzung.

Ein solches Gegenseitigkeitsprinzip ist auch deshalb notwendig, weil die zu beobachtende Rohheit des Umgangs und die um sich greifende Unsitte, Meinungsverschiedenheiten nicht mehr mit Argumenten, sondern mit persönlichen Angriffen auszutragen, dazu führt, dass die Meinungsfreiheit nur noch jenen vorbehalten bleibt, die sich ohne Rücksicht auf andere durch Verleumdungen des politischen Gegners durchzusetzen vermögen. Eingefordert werden muss mit gegenseitiger Beachtung und Achtung in der persönlichen Auseinandersetzung also eine bloße Selbstverständlichkeit: die Einhaltung mitteleuropäischer Höflichkeitsformen. Das „Toleranzprinzip“ könnte die Einhaltung dieser Formen aus rechtlicher Sicht erheblich unterstützen.

III. Strafrechtliche Grenzen der Kommunikationsfreiheiten

Das Recht der politischen Auseinandersetzung wird auf der Basis der verfassungsrechtlichen Erwägungen nun einfachgesetzlich konkretisiert. Hier ist zunächst auf das Strafrecht als Fall eines die Meinungsfreiheit einschränkenden „allgemeinen Gesetzes“ (Art. 5 Abs. 2 GG) einzugehen.

1. Überblick über die relevanten Straftatbestände in der politischen Auseinandersetzung

Das geschützte Rechtsgut der §§ 185 ff. StGB ist die *Ehre*. Inhalt und Grenzen dieses Begriffes sind umstritten. Nach wohl aber gefestigter Rechtsprechung des Bundesverfassungsgerichtes und des Bundesgerichtshofes gehört zur Ehre sowohl der auf die Personenwürde gegründete innere Wert des Menschen als auch das Element des sozialen Achtungsanspruchs, der der Person aufgrund ihres Verhaltens in der Gesellschaft zuwächst, d.h. das Ansehen (sog. normativ-faktische Betrachtungsweise).[6]

Als ehrverletzendes Delikt kommt zunächst die *Beleidigung* gem. § 185 StGB in Betracht (siehe sogleich unter 2.). Daneben erfasst § 186 StGB die *Üble Nachrede*, d.h. eine ehrverletzende Tatsachenbehauptung gegenüber Dritten (insbesondere mit dem qualifizierenden Tatbestand der öffentlichen üblen Nachrede, § 186, 2. Alt. StGB). Ferner besteht der Tatbestand der *Verleumdung* (§ 187 StGB), der in den ersten beiden Alternativen („verächtlich machen oder in der öffentlichen Meinung herabwürdigen") als eine qualifizierte üble Nachrede eingestuft wird.

Hervorzuheben ist schließlich § 188 StGB, der – nur auf der Basis der Üblen Nachrede und der Verleumdung – einen besonderen Schutz für Personen des politischen Lebens bietet. Wird gegen eine solche Person eine Üble Nachrede oder Verleumdung ausgeübt, so sieht das Gesetz mit § 188 StGB eine Strafschärfung vor (Qualifizierung). Allerdings muss die Tat geeignet sein, das Wirken des Betroffenen *erheblich zu erschweren*. Außerdem reicht für diese Strafschärfung eine bloße Beleidigung nicht aus. Gerade der Tatbestand der Beleidigung ist es jedoch, der im Wahlkampf erfahrungsgemäß eine zentrale Rolle einnimmt und insoweit im Folgenden einer eingehenden Darstellung bedarf.

2. Die Beleidigung (§ 185 StGB) als ehrschützende Norm

In der politischen Auseinandersetzung ist die Beleidigung von großer Bedeutung. Gerade der Rechtfertigungsgrund des § 193 StGB, die Wahrnehmung berechtigter Interessen, bereitet in der politischen Auseinandersetzung Abgrenzungsprobleme.
Der Tatbestand der Beleidigung kann auf dreierlei Weise erfüllt werden:

a) Äußerung eines ehrverletzenden Werturteils gegenüber dem Betroffenen („Du Faschist.").

b) Äußerung eines ehrverletzenden Werturteils gegenüber einem Dritten („A ist ein Faschist.").

c) Ehrverletzende Tatsachenbehauptung gegenüber dem Betroffenen (z.B. „Du hast mich bestohlen.").[7]

Soweit in der politischen Auseinandersetzung nun ein solcher Sachverhalt vorliegt, eröffnet sich mit dem Rechtfertigungsgrund des § 193 StGB (Wahrnehmung berechtigter Interessen und Meinungsfreiheit, Art. 5 Abs.1 S.1 GG) die Frage, ob der strafrechtliche Ehrschutz im Bereich politischer Auseinandersetzung keine oder allenfalls geringe Bedeutung hat.[8] Auch hier ist regelmäßig eine Güterabwägung zwischen Ehre und Meinungsfreiheit durchzuführen, wobei die o.g. verfassungsrechtlichen Vorgaben (Vorgehen gegen eine Äußerung nur in *äußersten Fällen*) diesen Abwägungsvorgang selbstverständlich stark determinieren.

Als praktische Fallgruppen, ob ein strafrechtliches Handeln i.S.d. Beleidigung vorliegt oder nicht, lassen sich folgende Eingrenzungen vornehmen:

Einprägsame, starke Formulierungen, aber auch übertreibende und verallgemeinernde Kennzeichnungen des politischen Gegners sind hinzunehmen. Die Rechtsprechung sieht auch scharfe, drastische, taktlose und unhöfliche Formulierungen, die in der Hitze der Auseinandersetzung entstehen, als straflos an.[9] Auch das „Recht zum Gegenschlag" ist im Falle, dass die Stellungnahme eine übersteigerte Reaktion des Gegners erwarten lässt, als straflos einzustufen.[10]

Polemische Ausfälle dagegen, die jede Sachlichkeit vermissen lassen, gehässige und böswillige Schmähkritik und sog. „Wertungsexzesse", die bewusst das Bild einer Person und ihrer Motive verzerren, sind *in keinem Fall zur Interessenwahrnehmung erforderlich.* Äußerungen wie „Kriegstreiber", „Demagoge" oder „von Alt- und Neufaschisten durchsetzt" sind dann strafbar, wenn sie grundlos und willkürlich sind und offensichtlich nur dazu dienen, den Kritisierten zu diffamieren.[11]

3. Parlamentarische Äußerungen als persönlicher Strafausschließungsgrund

Einen Strafausschließungsgrund enthält schließlich § 36 StGB (Idemnität). Mitglieder des Bundestages, der Bundesversammlung oder eines Gesetzgebungsorgangs eines Landes dürfen zu keiner Zeit wegen (...) einer Äußerung, die sie *in der Körperschaft oder in einem ihrer Ausschüsse getan haben*, außerhalb der Körperschaft zur Verantwortung gezogen werden.

§ 36 StGB ist in seinem Anwendungsbereich nur auf Äußerungen „in" der Körperschaft und „in" den Ausschüssen begrenzt, erfasst daher nicht Fraktionssitzungen etc. Da außerdem eine Äußerung schon aufgrund anderer Gründe (insbesondere § 193 StGB) in der Regel nicht strafbar ist, bedarf es des § 36 StGB nicht.[12] Weitere Ausführungen zu § 36 StGB sind vorliegend daher nicht notwendig.

IV. Zivilrechtliche Instrumente in der persönlichen politischen Auseinandersetzung

Neben den strafrechtlichen Sanktionen für Persönlichkeitsverletzungen gewährt das Zivilrecht zahlreiche Möglichkeiten zur Abwehr oder zum Ausgleich von Persönlichkeitsverletzungen. Es geht abschließend also um die Frage, mit welchen privatrechtlichen Instrumenten der in seiner Ehre Betroffene dem Störer begegnen kann.

In der persönlichen Auseinandersetzung zwischen Politikern handelt es sich dabei um den Unterlassungsanspruch und Schadenersatzanspruch. Im Verhältnis zwischen Politiker (bzw. Partei) und Medien besteht überdies die Möglichkeit des Widerrufsanspruchs sowie des Gegendarstellungsrechtes.

Zu betonen ist, dass sowohl der Unterlassungsanspruch als auch der Schadenersatzanspruch im Lichte der verfassungsrechtlichen Vorgaben, d.h. aufgrund eindeutiger Betonung der Kommunikationsfreiheiten, nur sehr restriktiv anwendbar sind.

1. Unterlassungsanspruch

Der Unterlassungsanspruch kann in zwei Situationen in Betracht kommen:

a) Sofern durch Wort- oder Bildberichterstattung der Medien oder durch einen Störer in der persönlichen Auseinandersetzung in das Persönlichkeitsrecht tatsächlich eingegriffen worden ist, besteht zur Abwehr „künftiger Verletzungen" ein Unterlassungsanspruch (abgeleitet aus §§ 823 ff. BGB). Dieser Anspruch greift – im Gegensatz zum Gegendarstellungsrecht – nicht nur gegenüber Tatsachenbehauptungen, sondern auch gegenüber Meinungsäußerungen im Sinne einer „Schmähkritik" ein.[13] Voraussetzung zur Geltendmachung dieses Anspruchs ist eine Wiederholungsgefahr, wobei nach einmaligen Eingriff in das Persönlichkeitsrecht eine Ausgangsvermutung für die Wiederholungsgefahr besteht.[14]

b) Als zweite Variante ist es denkbar, dass ein Eingriff noch nicht stattgefunden hat, jedoch eine Verletzung zu *befürchten* ist. Hier besteht ebenso ein Unterlassungsanspruch gem. § 1004 BGB analog, der das allgemeine Persönlichkeitsrecht in seinen Schutzbereich einschließt.[15]

Mit Hilfe der Einstweiligen Verfügung kann in beiden Konstellationen schneller Rechtsschutz in Anspruch genommen werden.

2. Schadenersatz und Schmerzensgeld

Im Falle einer rechtswidrigen, schuldhaften, d.h. vorsätzlichen oder fahrlässigen Verletzung des Persönlichkeitsrechts steht dem anspruchsberechtigten Betroffenen ferner ein Schadenersatzanspruch gegenüber dem Störer zu, der sich aus § 823 Abs.1 BGB, § 823 Abs. 2 BGB (Verletzung eines Schutzgesetzes), aus § 824 BGB oder aus dem Tatbestand der vorsätzlichen sittenwidrigen Schädigung ergeben kann (§ 826 BGB).

Neben dem Ausgleich des – in der politischen Auseinandersetzung seltenen – materiellen Schadens wurde im Wege der Rechtsfortbildung die *Schmerzensgeldregelung* des § 847 BGB auch auf Persönlichkeitsverletzungen ausgeweitet.[16] Hierfür erforderlich ist allerdings eine *schwerwiegende* Persönlichkeitsverletzung. Außerdem darf die Beeinträchtigung nicht in anderer Weise (z.B. durch einen Widerruf) auszugleichen sein.

3. Widerrufsanspruch

Beim (medienrechtlichen) Widerrufsanspruch erklärt der Störer, dass die veröffentlichte Tatsachenbehauptung unwahr sei. Ein Verschulden des Störers ist nicht erforderlich. Der Anspruch wurde von der Rechtsprechung aus einem Beseitigungsanspruch in Anlehnung an § 1004 BGB entwikkelt.[17]

4. Gegendarstellungsanspruch

Ein rein medienrechtlicher Gegenanspruch liegt in einem Gegendarstellungsanspruch vor, der dem Betroffenen selbst – im Gegensatz zum Widerrufsanspruch – die Möglichkeit der Stellungnahme einräumt. Da der Gegendarstellungsanspruch allerdings dem Rundfunk- und Presserecht unterfällt, soll er hier nicht weiter vertieft werden. Es sei allerdings erwähnt, dass dieser Anspruch sich nur gegen (wahre oder unwahre) Tatsachenbehauptungen, nicht jedoch gegen Meinungsäußerungen und Werturteile richten kann[18].

V. Zusammenfassung und Gestaltungsempfehlungen für ein Wahlmanagement

1. Verfassungsrechtliche Vorgaben

In der politischen Auseinandersetzung gilt verfassungsrechtlich eine *besondere* Vermutung für die Zulässigkeit freier Rede. Gegen eine Meinung kann nur in äußersten Fällen eingeschritten werden. Grundsätzlich gilt also ein besonderer Schutz der Kommunikationsfreiheiten, so dass ein provozierender Wahlkampf durchaus rechtlich zulässig ist.

2. Strafrechtliche Grenzen

Die für die persönliche Auseinandersetzung relevanten strafrechtlichen Normen sind die Beleidigung (§ 185 StGB), die Üble Nachrede (§ 186 StGB) sowie die Verleumdung (§ 187 StGB). Aufgrund des Rechtfertigungsgrundes der „Wahrnehmung berechtigter Interessen“ in der Politik kommt eine Strafbarkeit nur bei äußersten Polemiken, die grundlos sein müssen und ausschließlich der Diffamierung dienen, in Betracht. Damit besteht ebenso eine klare Rechtslage zugunsten strafloser Provokationen im Wahlkampf.

3. Zivilrechtliche Schutzinstrumente

Als privatrechtliche Schutzinstrumente kommen in der persönlichen Auseinandersetzung der Unterlassungsanspruch im Hinblick auf zukünftige Eingriffe sowie Schadenersatz im Falle einer schweren Ehrverletzung in Betracht.

Gegenüber den Medien besteht zusätzlich die Möglichkeit des Widerrufsrechtes sowie des Gegendarstellungsanspruchs. Gerade der Unterlassungsanspruch und der Schadenersatzanspruch greifen in der politischen Auseinandersetzung nur in besonders schwerwiegenden, ehrverletzenden Äußerungen ein und werden demzufolge durch die Rechtsprechung nur sehr restriktiv angewandt.

Anmerkungen

1 siehe hierzu BVerfGE 82, S. 272 ff., BVerfGE 61, S. 1 ff.

2 siehe zum Gegendarstellungsrecht BVerfGE 63, S. 131 ff. ; Sachs, GG-Kommentar, Art. 5, Rdnr. 162 ff.;

3 BVerfGE 7, 198 (208)

4 BVerfGE 61 (12)

5 Schmitt Glaeser, NJW 1996, S. 873 ff.

6 BVerfGE 30, 195; BGHSt 1, 289; 11, 70

7 siehe zu § 185 StGB eingehend: Otto, Strafrecht Besonderer Teil, 1998, § 32, Rdn. 1 ff.

8 vgl. hierzu Otto, Juristische Rundschau 1983, S. 1 ff.

9 BVerfGE 24, 286; BayOblG 4 St 285/81, S. 13, vgl. Auch Otto, Juristische Rundschau 1983, S. 7

10 BVerfGE 12, 113; 24, 278

11 BGH NJW 1977, S. 1762 ff.

12 Schönke/Schröder/Lenckner, Strafgesetzbuch-Kommentar, 1997, § 36, Rdn. 1

13 Barton, Zeitschrift für Medien- und Kommunikationsrecht, 1995, S. 455

14 BGHZ 14, 163 (167)

15 Prinz/Peters, Medienrecht, 1999, S. 272

16 BVerfGE 34, 269; Barton, ebenda, S. 456

17 Barton, ebenda, S. 456; Prinz/Peters, ebenda, S. 459

18 Barton, ebenda, S. 457

6. Möglichkeiten und Grenzen ideeller Werbung im Rundfunk

Tatjana Susanna Mayer / Guido Kambli

Einführung:

Der Werbemarkt in Deutschland boomt. Allein im Jahre 1998 gaben Wirtschaftsunternehmen für Werbeinvestitionen einen Betrag in Höhe von rund 59,3 Milliarden Mark aus[1] – Tendenz steigend.[2] Größter Investitionsbereich sind die Medien, auf sie entfielen 1998 über 41 Milliarden Mark für die Verbreitung der Werbemittel.[3] Die Rundfunkveranstalter konnten dabei Netto-Werbeeinnahmen in Höhe von rund 9,09 Milliarden Mark verbuchen.[4]

Auch in den Führungsetagen der großen politischen Volksparteien in Deutschland herrscht mittlerweile Einigkeit darüber, dass für erwünschte Wahlerfolge „gekaufte" Werbung nicht mehr wegzudenken ist und dass in der modernen Mediengesellschaft kommerzielle Werbestrategien Hauptbedingungen des politischen Erfolgs sind.[5]

Der Wahlkampf der Sozialdemokratischen Partei Deutschlands (SPD) für die Bundestagswahl 1998 verschlang einen Betrag in Höhe von 124,4 Millionen Mark, die Christlich Demokratische Union (CDU) ließ sich das Werben um Wählerstimmen immerhin noch 111 Millionen Mark kosten.[6]

Frei nach dem Motto „Nach der Wahl ist vor der Wahl" sind die politischen Parteien inzwischen bestrebt, sich, ihre führenden Persönlichkeiten und ihr ideelles Wirken ständig in den Mittelpunkt der öffentlichen Aufmerksamkeit zu rücken, auch in Zeiten, in denen eine Wahl nicht unmittelbar bevorsteht.

Die Instrumentarien, die hierfür zur Verfügung stehen, werden immer vielfältiger.[7] Dennoch sind der Phantasie der Politiker und Parteistrategen Grenzen gesetzt, politische Werbung ist nicht schrankenlos zulässig. Dies gilt insbesondere für Hörfunk und Fernsehen, wo nach den hierfür einschlägigen Regelungen des aktuellen Rundfunkstaatsvertrages (RStV 2000) Werbung politischer Art im Gegensatz zur erlaubten Wirtschaftswerbung per se verboten ist.[8]

Die Verfasser dieses Beitrags setzen sich nachfolgend mit der Thematik auseinander, nach welchen Kriterien sich innerhalb des Mediums „Rundfunk" die Abgrenzung von zulässiger Wirtschaftswerbung zur unzulässigen ideellen, insbesondere politischen Werbung beurteilt. Im Rahmen dieser Darstellung ist es zum besseren Verständnis dieses Gegensatzpaares erforderlich, grundlegend zu erläutern, was man unter dem Begriff der Werbung in rundfunkrechtlicher Hinsicht versteht, welche Entwicklung dieser Begriff in den letzten Jahren genommen hat, in welchen Vorschriften er geregelt ist und welchen Einfluss diese Entwicklung auf die geltende Rechtslage genommen hat.

6.1 Rechtsgrundlagen

Tatjana Susanna Mayer

A. Aktuelle Rechtslage – Verbot der politischen Werbung (§ 7 Abs. 8 S. 1 RStV 2000)

Der Staatsvertrag über den Rundfunk im vereinten Deutschland ist das zentrale Regelwerk für die Organisation des Rundfunks in Deutschland und für das gegenständliche Thema der Abgrenzung von unzulässiger ideeller Werbung zur erlaubten Wirtschaftswerbung.

Das **Verbot von Werbung politischer, weltanschaulicher und religiöser Art** wird im Rundfunkänderungsstaatsvertrag vom 01.04.2000 unverändert in **§ 7 Abs. 8 Satz 1 RStV 2000** mit folgendem Wortlaut manifestiert:

> *„Werbung politischer, weltanschaulicher oder religiöser Art ist unzulässig."*

Eine Okkupation von Sendezeiten seitens politischer, weltanschaulicher oder religiöser Kräfte und die damit einhergehende Veränderung der bestehenden, ausgewogenen Meinungsrepräsentation soll durch die Regelung des § 7 Abs. 8 RStV 2000 verhindert werden.

B. Rechtlicher Rahmen der Werbung in Fernsehen und Hörfunk

Eine zentrale Rolle bei der rechtlichen Einordnung der Werbung für politische Parteien spielen die supranationalen und nationalen Vorschriften, durch welche die Europäische Union, der Bund und auch die Länder regeln, in welchen Grenzen sich die Werbung zu bewegen hat. Weiter ist von Bedeutung, wie der Gesetzgeber diese europäischen Vorgaben in nationales Recht transferiert hat und welche Position die herrschende Rechtsprechung im Hinblick auf die Konkretisierung von unbestimmten Rechtsbegriffen, insbesondere den der politischen Werbung, bezogen hat.

Zunächst sollen deshalb die einzelnen Normen aufgezeigt werden, die den Rahmen vorgeben, innerhalb dessen sich Gestaltung und Inhalt der

Werbung bewegen müssen, um den Zulässigkeitserfordernissen zu genügen.

Entsprechend der Normenhierarchie werden zunächst die von der Europäischen Union (EU) vorgegebenen Rahmenbedingungen erläutert. Als wichtigstes nationales Regelwerk folgt nach der Darstellung der verfassungsrechtlichen Vorgaben durch das Grundgesetz der Bundesrepublik Deutschland der Staatsvertrag über den Rundfunk im vereinten Deutschland (RStV). Schließlich sind die Landesmediengesetze und die verschiedenen Werberichtlinien der Länder zu erläutern.

I. Das Recht der Europäischen Union

Auf europäischer Ebene wurden im Jahr 1989 zwei Rechtsinstrumente geschaffen, die Werbebeschränkungen für das Fernsehen in Europa konstituierten. Am 03.10.1989 wurde die **Richtlinie des Rates zur Koordinierung bestimmter Rechts- und Verwaltungsvorschriften der Mitgliedsstaaten über die Ausübung der Fernsehtätigkeit (Richtlinie 89/552/EWG)** erlassen, welche zum 30.06.1997 durch die **Richtlinie 97/36/EG** geändert wurde.

Gleichermaßen im Jahr 1989, am 16. März, legte der Europarat das **europäische Übereinkommen über das grenzüberschreitende Fernsehen (Europaratskonvention)**[9] zur Unterzeichnung auf, welches am 09.10.1991 durch die Bundesrepublik Deutschland ratifiziert wurde.

1. EG-Richtlinie 89/552/EWG in der Fassung der EG-Richtlinie 97/36/EG

Der Geltungsbereich dieser EG-Richtlinie, auch Richtlinie „Fernsehen ohne Grenzen" genannt, erstreckt sich ausschließlich auf das Fernsehen, nicht auf den Hörfunk.

Über die Zulässigkeit politischer, weltanschaulicher oder religiöser Werbung beinhaltet die Richtlinie ebensowenig Regelungen wie zum Begriff der ideellen Werbung.

2. Das europäische Übereinkommen über das grenzüberschreitende Fernsehen (Europaratskonvention) vom 05.05.1989

Dem europäischen Übereinkommen über das grenzüberschreitende Fernsehen lassen sich Normen über die Zulässigkeit ideeller Werbung, insbesondere Werbung politischer Art, nicht entnehmen. Im Ergebnis bedeutet dies, dass auf europäischer Ebene keine kodifizierte Beschränkung ideeller Werbung, insbesondere Werbung politischer Art, existiert, so dass sich die folgenden Ausführungen auf bestehende Rechtsgrundlagen der Bundesrepublik Deutschland konzentrieren.

II. Verfassungsrechtliche Vorgaben durch das Grundgesetz der Bundesrepublik Deutschland

Die Bestimmungen über die Zulässigkeit und inhaltliche Gestaltung der Werbung von politischen Parteien sind geprägt von der Wertvorstellung, die das Grundgesetz der Bundesrepublik Deutschland mit dem jeweiligen Gehalt seiner Grundrechte und verfassungsrechtlichen Grundsätze vorgibt.

1. Die Individualrechte der Meinungsäußerungsfreiheit und der Informationsfreiheit des Art. 5 Abs. 1 S. 1 GG

Das Grundgesetz normiert in Art. 5 Abs. 1 S. 1 GG zunächst die Individualrechte der Meinungsäußerungsfreiheit und der Informationsfreiheit.[10]

Die Meinungsäußerungsfreiheit schützt die Kommunikation in allen Bereichen und ist deshalb von grundsätzlicher Bedeutung für den Inhalt jeder Aussage. Dies hat mit der Konsequenz zur Folge, dass auch die vielfältigen Inhalte der Werbung, der einzelnen Werbespots und insbesondere auch der Wahlwerbespots diesen Schutz genießen.

Neben den Bezug der Rundfunkfreiheit zur öffentlichen Meinungsbildung tritt die individualrechtliche Komponente des Art. 5 Abs. 1 GG. Der Zugang des Einzelnen zu den vorhandenen Rundfunkprogrammen ist durch die Informationsfreiheit geschützt.[11] Die Informationsfreiheit des Art. 5 Abs. 1 S. 1 Hs. 2 GG schützt – als Gegenstück zur Meinungsfreiheit – die schlichte Entgegennahme von Information ebenso wie das aktive Beschaffen von Information aus allgemein zugänglichen Informationsquellen.[12]

Ergänzend zur individualrechtlichen Wurzel weist Art. 5 Abs. 1 GG aber auch eine demokratische Komponente auf, indem er die öffentliche Meinungsbildung schützt. Diese wird als für ein freiheitliches Gemeinwesen schlechthin konstituierend angesehen.[13]

Die Bedeutung, die der freien Meinungsbildung beigemessen wird, geht letztlich zurück auf das frühliberale Konzept, das sich vom Austausch von Informationen und Meinungen die Fähigkeit zur Meinungsbildung und zur Erkenntnis des „Richtigen“ verspricht. Zum Teil wird bezweifelt, ob die Erwartung dieses Modells unter heutigen Umständen, nicht zuletzt angesichts unter Konkurrenzdruck stehender und daher ständig nach Sensationen suchender Medien sowie einer Politik, die sich weitgehend an der Fernsehwirkung ihrer Akteure ausrichtet[14], vollständig gerechtfertigt ist.[15]

Da der einzelne Bürger bei der Fülle von Informationen auf die Vermittlung derselben durch die Medien angewiesen ist, ist Rundfunk mehr als nur ein Medium der öffentlichen Meinungsbildung, er ist zugleich ein eminenter Faktor[16], indem er selbst die öffentliche Meinung beeinflusst, sei es durch politische Sendungen und Kommentare oder lediglich durch die Auswahl des gesendeten Materials. Der Rundfunk ist ein unentbehrliches Massenkommunikationsmittel und die Rundfunkfreiheit wird daher als schlechthin konstituierend für die freiheitlich-demokratische Grundordnung der Bundesrepublik Deutschland angesehen.[17]

Aus diesem Grunde soll im Folgenden konkret auf die Rundfunkfreiheit als Bestandteil der Medienfreiheit eingegangen werden.

2. Die Rundfunkfreiheit des Art. 5 Abs. 1 S. 2 GG und der verfassungsmäßige Auftrag an die Rundfunkveranstalter

Die Rundfunkfreiheit als Bestandteil der Medienfreiheit schützt grundsätzlich die Freiheit der in der Massenkommunikation tätigen Personen im Hinblick auf deren massenkommunikative Vermittlungsleistungen.[18] Das bedeutet, dass die Rundfunkveranstalter frei darüber entscheiden können, welche Ausgestaltung die Berichterstattung hat. Dies gilt grundsätzlich auch für die Entscheidung, ob und in welchem Umfang Werbespots oder Wahlberichte gesendet werden und welchen Inhalt diese Beiträge haben.

Wegen der aus dem Demokratieprinzip folgenden Notwendigkeit einer freien Meinungs- und Willensbildung hat das Bundesverfassungsgericht der Medienfreiheit eine staatstragende Bedeutung zugemessen, weil im Prozess der Meinungs- und Willensbildung die verschiedenen Meinungen der Bevölkerung aufgenommen, zusammengefasst und geformt werden, indem Vertreter der Bevölkerung selbst dazu Stellung nehmen, sie für jedermann zugänglich machen und über die Medien an die Repräsentationsorgane der Demokratie herantragen.[19]

Damit insbesondere der Rundfunk seiner Aufgabe als Medium und Faktor der öffentlichen Meinungsbildung gerecht werden kann, bedarf es einer positiven Ordnung, die sicherstellt, dass die Vielfalt der vorhandenen Meinungen im Rundfunk in möglichster Breite und Vollständigkeit Ausdruck findet.[20]

Nach der Rechtsprechung des Bundesverfassungsgerichts vollzieht sich freie Meinungsbildung in einem Prozess der Kommunikation. Sie setzt auf der einen Seite die Freiheit voraus, Meinungen zu äußern und zu verbreiten, auf der anderen Seite die Freiheit, geäußerte Meinungen zur Kenntnis zu nehmen, sich zu informieren. **Der Rundfunk ist Medium und Faktor dieses verfassungsrechtlich geschützten Prozesses freier Meinungsbildung**. Demgemäß ist Rundfunkfreiheit primär eine der Freiheit der Meinungsbildung in ihren subjektiv und objektiv rechtlichen Elementen **dienende** Freiheit. Sie bildet unter den Bedingungen der modernen Massenkommunikation eine notwendige Ergänzung und Verstärkung dieser Freiheit und dient der Aufgabe, freie und umfassende Meinungsbildung durch den Rundfunk zu gewährleisten.[21]

Die zur Sicherung der dienenden Funktion erforderliche rechtliche Ausgestaltung unterliegt dem Vorbehalt des Gesetzes. Nach der **Wesentlichkeitstheorie** des Bundesverfassungsgerichts[22] müssen alle Entscheidungen vom Gesetzgeber selbst getroffen werden, die als wesentlich anzusehen sind. Aus der schlechthin konstituierenden Bedeutung des Rundfunks für ein freiheitliches Gemeinwesen gilt dies auch für die Regelung und Ordnung des Rundfunks. Insbesondere bei Grundrechtskollisionen zwischen der Informationsfreiheit der Rundfunkteilnehmer und der Meinungsfreiheit derjenigen, die für die Sendung verantwortlich sind, kann nur der Gesetzgeber einen Ausgleich schaffen.[23]

3. Die Bedeutung der politischen Parteien, Art. 21 GG

Die Parteien haben die gesetzliche Aufgabe, den Prozess der politischen Willensbildung der Bevölkerung zu fördern und weiter die Funktion, zwischen den Bürgern und den politischen Entscheidungsgremien zu vermitteln. Soweit sie in Erfüllung dieser Aufgaben handeln und solange sich ihr Wirken im Rahmen der freiheitlichen demokratischen Grundordnung Deutschlands hält, genießen sie einen umfassenden verfassungsrechtlichen Schutz und werden deshalb sogar in den Rang einer verfassungsrechtlichen Institution erhoben.[24]

III. Der Rundfunkstaatsvertrag (RStV)

Die Länder haben das „Grundgesetz für den Rundfunk" mit dem Rundfunkstaatsvertrag 1987 geschaffen, grundlegend mit dem Staatsvertrag über den Rundfunk im vereinten Deutschland mit Wirkung zum 01.01.1992 novelliert, mit Drittem Rundfunkänderungsstaatsvertrag, der zum 01.01.1996 in Kraft getreten ist, fortgeschrieben und schließlich zuletzt mit Viertem Rundfunkänderungsstaatsvertrag, der am 01.04.2000 in Kraft getreten ist, modifiziert.

Der Rundfunkstaatsvertrag enthält grundlegende Regelungen für den bundesweit verbreiteten öffentlich-rechtlichen und privaten Rundfunk in einem dualen Rundfunksystem der Länder im vereinten Deutschland.[25]

Das Verbot von Werbung politischer, weltanschaulicher und religiöser Art wurde erstmalig in § 6 Abs. 7 des Rundfunkstaatsvertrages in der Fassung vom 01.01.1992 manifestiert und in jeder weiteren Fassung des RStV bis zu der aktuellen Fassung des Vierten Rundfunkänderungsstaatsvertrages vom 01.04.2000 beibehalten. Das bereits im Rundfunkstaatsvertrag vom 01.01.1992 formulierte Verbot ideeller Werbung findet sich jetzt in § 7 Abs. 8 RStV 2000 und hat folgenden Wortlaut:

> *„Werbung politischer, weltanschaulicher oder religiöser Art ist unzulässig. Satz 1 gilt für Teleshopping entsprechend. Unentgeltliche Beiträge im Dienst der Öffentlichkeit einschließlich von Spendenaufrufen zu Wohlfahrtszwecken gelten nicht als Werbung im Sinne von Satz 1. § 42 bleibt unberührt."*

Diese Vorschrift beinhaltet das Verbot bestimmter Arten ideeller, insbesondere politischer Werbung. Zugleich bleiben Beiträge im Dienst der Öffentlichkeit einschließlich von Spendenaufrufen zu Wohlfahrtszwecken erlaubt.[26]

Lediglich für den Zeitraum vor Wahlen ist als Ergebnis einer interessengerechten Güterabwägung zwischen den Interessen der Parteien, der Bevölkerung und den Rundfunkveranstaltern in Gesetzgebung und Rechtsprechung die Erkenntnis gereift, dass politischen Parteien aufgrund ihrer verfassungsrechtlichen Aufgabe und Funktion während des Zeitraums des Wahlkampfes unmittelbar (ca. zwei bis drei Wochen) vor dem Wahltag eine angemessene Sendezeit für ihre jeweiligen Werbespots zur Verfügung gestellt werden muss.[27]

IV. Landesmediengesetze

Da der Rundfunkstaatsvertrag nur für den bundesweit verbreiteten privaten Rundfunk gilt, stellt sich die Frage, inwieweit lokale und regionale Rundfunkveranstalter dem Verbot des § 7 Abs. 8 RStV unterliegen.

Für die lokalen und regionalen Veranstalter gelten die jeweiligen Landesmediengesetze der einzelnen Bundesländer.

Vom Rundfunkstaatsvertrag abweichende Regelungen über die Zulässigkeit von Werbung lassen sich in den Landesmediengesetzen jedoch nicht finden, so verweist z.B. § 11 des Landesmediengesetzes Baden-Württemberg auf die Bestimmungen des Rundfunkstaatsvertrages über Werbung, Art 8 S. 1 Bayerisches Mediengesetz (BayMG) verweist für die Werbung ausdrücklich auf § 7 des Rundfunkstaatsvertrags und in § 8 Abs. 7 des Gesetzes über den Ostdeutschen Rundfunk Brandenburg (ORB-Gesetz) wird das Verbot des § 7 Abs. 8 RStV 2000 wortwörtlich wiederholt.

V. Werberichtlinien der Landesmedienanstalten

Die Landesmedienanstalten werden durch § 46 RStV 2000 ermächtigt, gemeinsame Richtlinien zur Durchführung der Werberegelungen der §§ 3, 7, 8, 44, 45, 45 a und 45 b RStV 2000 zu erlassen.

Aufgrund dieser Ermächtigung haben die Landesmedienanstalten, rechtsfähige Anstalten des öffentlichen Rechts, gemeinsame Richtlinien zur Durchführung des § 7 RStV verabschiedet.

Die Einrichtung der Landesmedienanstalten, deren Tätigkeitsbereich sich auf die Überwachung der Einhaltung der Bestimmungen der Landesmediengesetze erstreckt, entspricht einer Vorgabe des Bundesverfassungsgerichts, das im sog. FRAG-Urteil festgestellt hat, dass die Veranstaltung von privatem Rundfunk eine gesetzliche Regelung erfordert, die Vorkehrungen zur Gewährleistung der Freiheit des Rundfunks enthält.[28] Soweit die Landesmedienanstalten von ihrer Ermächtigung, gemeinsame Richtlinien für die Werbung zu erlassen, Gebrauch gemacht haben, so ist dies in den Gemeinsamen Richtlinien für die Werbung, zur Durchführung der Trennung von Werbung und Programm und für das Sponsoring im Fernsehen und im Hörfunk, jeweils vom 26.01.1993 in der Fassung vom 16.12.1997, geschehen. Durch die Richtlinien werden die inhaltlichen Anforderungen an die Werbung konkretisiert.

In der Präambel der Richtlinien wird unter Ziffer 2. klargestellt, dass unter „Werbung" im Sinne der Richtlinien ausschließlich **Wirtschaftswerbung** zu subsumieren ist mit der Folge, dass lediglich soziale Appelle zulässig sind. Die Richtlinien beinhalten keine Erläuterungen des Begriffs der „ideellen Werbung" und ihres Verbots, geben aber zumindest eine Legaldefinition zu dem Begriff der „sozialen Appelle" („Social Advertising")[29] als Abgrenzungsfaktor zur verbotenen Werbung:

> *„Bei sozialen Appellen handelt es sich um Sendungen oder Beiträge, die einen direkten oder indirekten Aufruf zu verantwortlichem, sozial erwünschtem Verhalten enthalten oder über die Folgen individuellen Verhaltens aufklären. Zulässig sind z.B. Aufrufe, die die Gesundheit, die Sicherheit der Verbraucher oder den Schutz der Umwelt fördern sowie Aufrufe für wohltätige Zwecke."*

Über den Inhalt von unzulässiger politischer Werbung ist damit noch keine Aussage getroffen. Es ist deshalb erforderlich, den Begriff der politischen Werbung näher zu konkretisieren. Wie diese Konkretisierung in der Vergangenheit durch die Rechtswissenschaft erfolgte und wie sich die aktuelle Rechtslage darstellt, ist Gegenstand der nachfolgenden Ausführungen.

6.2 Auslegung des Werbebegriffs, Grenzziehung zwischen verbotener politischer Werbung und erlaubtem „Social Advertising“

Guido Kambli

C. Historische Darstellung des Meinungsstreits über den Werbebegriff des Rundfunkstaatsvertrages; Auslegung des unbestimmten Rechtsbegriffs der „politischen Werbung“ in § 7 Abs. 8 RStV

§ 7 Abs. 8 S.1 RStV 2000 bestimmt:

> *„Werbung politischer, weltanschaulicher oder religiöser Art ist unzulässig.“*

Eine Legaldefinition des Begriffs der „Werbung“ bzw. der „politischen Werbung“ findet sich allerdings in keiner Fassung des Rundfunkstaatsvertrages. Um zu klären, inwieweit Werbeaktionen politischer Parteien gegen vorbenannte Vorschrift verstoßen bzw. was sich letztlich hinter dem Terminus der „Werbung politischer Art“ verbirgt, ist es daher erforderlich, den Werbebegriff des Rundfunkstaatsvertrages unter der historischen Darstellung der Literaturstimmen sowie der Rechtsprechung seit Inkrafttreten des Rundfunkstaatsvertrages im Jahre 1987 aufzuzeigen.

I. Historische Darstellung des Meinungsstreits über den Werbebegriff des Rundfunkstaatsvertrages

1. Situation vor Inkrafttreten des § 6 Abs. 7 RStV 1992

Vor der Verabschiedung des § 6 Abs. 7 Rundfunkstaatsvertrag vom 01.01.1992, beinhaltend das explizite Verbot politischer, weltanschaulicher oder religiöser Werbung (der Wortlaut dieses Verbots wurde bis zur Fassung des heutigen Rundfunkstaatsvertrag beibehalten), war mangels einer entsprechenden Regelung heftig umstritten, ob **ideelle** Werbung im deutschen Rundfunk erlaubt sei oder nicht.

Als eine der maßgeblichen Stimmen in der Literatur, die sich **für** die Zulässigkeit ideeller und somit politischer Werbung im deutschen Rundfunk aussprachen, ist *Ricker*[30] zu nennen.

Er argumentierte rund zwei Jahre nach Schaffung des Rundfunkstaatsvertrages damit, dass der „Gesetzgeber" mit Bedacht davon abgesehen habe, ideelle Werbung ausdrücklich zu verbieten und vertrat die Auffassung, dass im Falle der Verabschiedung eines Gesetzes, welches ein Verbot der kommerziellen Parteienwerbung statuiere, dieses als unverhältnismäßig und damit verfassungswidrig angesehen werden müsste.[31] Konsequenterweise stellte er sich auf den Standpunkt, es sei einerseits zur Sicherung freier individueller und öffentlicher Meinungsbildung nicht erforderlich, ein solches Verbotsgesetz zu schaffen, und andererseits würden die damit verbundenen Nachteile für private Anbieter von Fernsehen eine erhebliche Erschwernis privater Rundfunkveranstaltung darstellen.

Schon zu Zeiten, als es noch keinen Rundfunkstaatsvertrag gab, waren Teile der Kommentarliteratur zu dem Ergebnis gekommen, dass ideelle Werbung im deutschen Rundfunk grundsätzlich zulässig sei.[32] Dabei bedienten sich *Bullinger/Goedel* vornehmlich der gleichen Argumente wie später *Ricker*. Im Rahmen der gebotenen Güterabwägung erachteten sie das Grundrecht der Meinungsfreiheit der Werbungtreibenden als gewichtiger als das Grundrecht der Informationsfreiheit des einzelnen.

Auch die Rechtsprechung kam vor der Verabschiedung des Rundfunkstaatsvertrages von 1992 mehrfach zu dem Ergebnis, ideelle Werbung sei erlaubt.

So entschied der Bayerische Verwaltungsgerichtshof[33] in seinem Beschluss vom 16.02.1987, dass sich Werbung nach dem Rundfunkstaatsvertrag von 1987 nicht auf die reine Wirtschaftswerbung beschränke. Es könne vielmehr grundsätzlich für beliebige Zwecke, insbesondere auch für religiöse oder weltanschauliche Belange, im öffentlich-rechtlichen Rundfunk geworben werden.

In seiner Entscheidung vom 22.06.1990 bestätigte der Bayerische Verwaltungsgerichtshof[34] die Gesetzeskonformität der Werbesendung einer Bürgeraktion, welche das Volksbegehren „Das bessere Müllkonzept" im Hörfunkprogramm des landesweiten Hörfunksenders „Antenne Bayern" propagiert hatte. Dabei führte der Bayerische Verwaltungsgerichtshof insbesondere aus, dass sowohl die Entstehungsgeschichte als auch die amtliche Begründung zum Rundfunkstaatsvertrag von 1987 keine zwingenden Anhaltspunkte für eine restriktive Auslegung des Begriffs der Werbung im Sinne der reinen Wirtschaftswerbung böten. Ebenso würde auch der Zusammenhang der rundfunkrechtlichen Regelungen nicht zwingend ergeben, dass ausschließlich die reine Wirtschaftswerbung erlaubt ist.

Dementsprechend führte der Bayerische Verwaltungsgerichtshof konsequenterweise fort, das Argument, es gehe eine Gefahr von finanzstarken Gruppierungen aus, die über gekaufte Werbezeiten massiv und ohne ausreichendes Gegengewicht beherrschenden Einfluss auf die politische Meinungsbildung auszuüben versuchten, könne nicht den Ausschluss der Zulassung kommerzieller Werbung für politische und weltanschauliche Ziele per se bewirken.

Die **Gegenauffassung**,[35] die in der führenden Kommentarliteratur zum Teil bereits vor Einführung des expliziten Verbots politischer, weltanschaulicher und religiöser Werbung durch den Rundfunkstaatsvertrag 1992 vertreten wurde, bejahte ausschließlich die Zulässigkeit **reiner Wirtschaftswerbung**, da der im Rundfunkstaatsvertrag verwandte Begriff der Werbung sich schon aufgrund des objektiv-rechtlichen Gehalts der Rundfunkfreiheit auf den Tatbestand der Wirtschaftswerbung beschränke.

Explizit die kommerzielle Werbung der Parteien würde in ihrer Einseitigkeit der Funktion des Grundrechts aus Art. 5 Abs. 1 GG als eine der freien individuellen Meinungsbildung dienende Freiheit zuwiderlaufen. Politischen Parteien dürfe es daher nicht gestattet sein, über den Ankauf von Werbezeiten auch ohne eine entsprechende Zulassung als Rundfunkveranstalter einseitig meinungsbildend tätig zu werden.[36]

Die vorgenannte Kommentarliteratur begründete die Konzentration des Werbebegriffs im Rundfunkstaatsvertrag von 1987 auf reine Wirtschaftswerbung außerdem mit der Herleitung der dortigen gesetzlichen Definition aus dem Wettbewerbsrecht, wonach Werbung die an eine andere Person gerichtete **geschäftliche** Anpreisung von Waren oder Leistungen zur Förderung des Absatzes und der Leistungsverwertung durch Abschluss von Geschäften sei, wobei der Werbende ziel- und zweckgerichtet eigenen oder fremden Wettbewerb planmäßig fördern wolle[37], worunter nur die reine Wirtschaftswerbung subsumiert werden könne.

2. Situation nach Inkrafttreten des § 6 Abs. 7 RStV 1992

Auch nach der expliziten Formulierung **des Verbots der politischen, religiösen und weltanschaulichen Werbung** in § 6 Abs. 7 des Rundfunkstaatsvertrages vom 01.01.1992 setzte sich der Streit um den Werbebegriff des Rundfunkstaatsvertrages und damit über die Zulässigkeit ideeller Werbung im Allgemeinen fort.

Die **herrschende Meinung** in der Literatur vertrat überwiegend die Auffassung, die fehlende Legaldefinition des Begriffs der Werbung sei unschädlich, und führte als Hauptargument an, dass die Systematik der einzelnen Verbotstatbestände in § 6 Abs. 7 des Rundfunkstaatsvertrages von 1992 in ausreichendem Maße erkennen lasse, welche Zwecke mit der Werbung nicht verfolgt werden dürfen mit der Konsequenz, dass nach § 6 Abs. 7 Rundfunkstaatsvertrag 1992 von der Unzulässigkeit ideeller Werbung schlechthin auszugehen sei.[38]

In diesem Sinne bejahte *Weihrauch*[39] die Anwendbarkeit des im Jahre 1992 neu geschaffenen § 6 Abs. 7 Rundfunkstaatsvertrag auf **sämtliche** Wahlwerbung und lehnte demzufolge die Beschränkung auf eine solche, die ähnlich der sonst in dieser Norm geregelten Wirtschaftswerbung von den Parteien gegen Entgelt angekauft wird, ab.

Gegenteiliger Auffassung waren *Schwarz/Eichler*,[40] die aufgrund systematischer sowie historischer Auslegung herleiteten, dass von einem generellen Verbot ideeller Werbung durch den Rundfunkstaatsvertrag nicht die Rede sein könne. In diesem Zusammenhang spreche vieles dafür, dass sich die Verfasser des Rundfunkstaatsvertrages 1992 auf die mit seinem § 6 Abs. 7 S.1 zu verhindernden speziellen Gefahren eines weiten Werbebegriffs konzentrierten, ohne damit gleichzeitig andere Werbeformen, die zwischen klassischer Markenartikelspotwerbung und politisch-weltanschaulicher Werbung angesiedelt sind, ausschließen zu wollen.

3. Meinung der Verfasser zum Werbebegriff des Rundfunkstaatsvertrages

Die Verfasser schließen sich der herrschenden Meinung an, wonach die (erlaubte) Werbung des Rundfunkstaatsvertrages ausschließlich die **Wirtschaftswerbung** umfasst.

Hierfür spricht neben den oben diesbezüglich genannten Argumenten vor allem, dass das Verbot, Nachrichtensendungen und Sendungen zum politischen Zeitgeschehen zu sponsern (§ 8 Abs. 6 RStV 2000), die Intention des Rundfunkstaatsvertrages unterstreicht, Dritten, d.h. politischen Parteien und Kirchen, den Ankauf von Sendezeiten zur Platzierung und Propagierung ihrer Ansichten unmöglich zu machen und somit die Sicherung der Meinungsvielfalt zu gewährleisten.

Würde der Werbebegriff des Rundfunkstaatsvertrages über die bloße Wirtschaftswerbung hinaus auch auf sonstige ideelle Zwecke ausgedehnt, käme dies einer Aushöhlung des dem Rundfunkstaatsvertrag innewohnenden Systems der Programmgestaltung im Rundfunk[41] gleich. Damit wäre es möglich, sich durch den Ankauf von Werbezeiten außerhalb der jeweils geltenden Regelungen meinungsbildend zu betätigen. Im Ergebnis würde hierdurch auch anderen Gruppen als den Kirchen und den politischen Parteien über den Umweg der Werbezeiten die Möglichkeit einer eigenen rundfunkmäßigen Betätigung eröffnet, ohne dass diese den strengen Zulassungsregeln für Rundfunkveranstalter unterlägen.

Im Rundfunkbereich würden zudem die Entscheidungen der Landesmedienanstalten, die der Sicherung der Meinungsvielfalt und der Ausgewogenheit dienen, unterlaufen werden, wenn Sendezeiten außerhalb der Wirtschaftswerbung für sonstige Zwecke, insbesondere für politische, religiöse, weltanschauliche oder auch weitere ideelle Zwecke, gekauft werden könnten.[42]

II. Auslegung des unbestimmten Rechtsbegriffs der „Werbung politischer Art“ in § 7 Abs. 8 RStV

Unabhängig davon, ob man – wie die Verfasser – in § 7 Abs. 8 Rundfunkstaatsvertrag ein manifestiertes allgemeines Verbot ideeller Werbung sieht oder nur ein solches für die drei dort aufgezählten Bereiche der Ideenwerbung, müssen die Begriffe „politische", „religiöse" und „weltanschauliche Werbung" ausgelegt werden, um die Grenze der unzulässigen ideellen Werbung eruieren zu können.

Die im Rundfunkstaatsvertrag verwendeten unbestimmten Rechtsbegriffe sind so weit gefasst, dass ihnen bindende tatbestandliche Kraft kaum zukommt. Insbesondere ist eine abschließende Definition des hier interessierenden Begriffs der „politischen Werbung" nicht möglich.

Versuche der Literatur, den Begriff der „politische Werbung" und ihrer Grenzen in einer abstrakten Definition zu fassen, sahen wie folgt aus:

> Politische Werbung ist vielschichtig und wertungsoffen. Sie kann mit Inhalten unterschiedlichster Art verbunden werden und umfasst sowohl die tagespolitischen Ereignisse als auch die langfristigen, das Gemeinwesen und seine Gestaltung betreffenden Zielsetzungen. Erst wenn das Bemühen in den Vordergrund tritt, durch die Werbung unmittelbaren Einfluss auf die Willensbildung des Volkes in Wahlen und Abstimmungen zu nehmen, was in erster Linie Ziel der Parteien und Wählervereinigungen ist, ist der Bereich der unzulässigen politischen Werbung eröffnet.[43]

> Werbung politischer Art meint die tagespolitischen Artikulationen von Parteien, sonstigen politischen Gruppierungen, Bürgerinitiativen und Einzelpersonen, wie sie im Geschäft des pluralistischen Meinungs- und Interessenkampfes, auch unterstützt durch entsprechende Verfassungsverbürgungen wie Meinungs-, Presse-, Rundfunk- und Filmfreiheit, Versammlungs- und Vereinigungsfreiheit, vorkommen. Dazu gehört weiter auch durchaus die Propagierung der diesen Einzelinteressen zu Grunde liegenden, auf langfristige Durchsetzung angelegten politischen Ziele.[44]

Hieraus resultierte die vielfach vertretene Auffassung, dass staatliche Öffentlichkeitsarbeit, d.h. die Berichterstattung zum Zwecke der Transparenz von Tätigkeitsbereichen bzw. zu aktuellen Maßnahmen staatlicher Organe, und die Wirtschaftswerbung der öffentlichen Hand, bei der ausschließlich Marketingziele verfolgt würden, nicht verboten seien.

Auch bei der Frage der Mitgliederwerbung von politischen Parteien, Vereinen oder Verbänden muss differenziert werden:

Wird um neue Mitglieder aus Gründen des wirtschaftlichen Überlebens geworben, so handelt es sich um Wirtschaftswerbung, die grundsätzlich erlaubt ist, jedoch die staatsvertraglichen Werbebestimmungen beachten muss. Soweit die Mitgliederwerbung allerdings ideellen, religiösen, politischen (bei Parteien wohl meist!) oder sonstigen weltanschaulichen Zwecken dient und sie letztlich für diese Zwecke eingesetzt wird, wird eine derartige Maßnahme vom Verbot des § 7 Abs. 8 RStV 2000 erfasst.[45]

Bis dato erging keine höchstrichterliche Entscheidung, aus der sich eine abschließende Abgrenzung des Begriffs „politischer Werbung" herleiten lässt, allerdings setzten sich die Instanzgerichte mit dieser Fragestellung auseinander.

So sah das Verwaltungsgericht Hannover[46] einen Werbespot des Deutschen Gewerkschaftsbundes, in welchem der Appell an die Arbeitgeber gerichtet wurde, abgeschlossene Tarifverträge einzuhalten, als unzulässige politische Werbung an. Das Gericht unterschied in seinem damaligen Urteil, zur Abklärung des Begriffs der politischen Werbung, vorab zwischen Politik im engeren und weiteren Sinne. Danach sei Politik im engeren Sinne das Handeln der verfassungsgemäß zuständigen staatlichen Organe und der Parteien. Politik im weiteren Sinne sei demgegenüber all das, was Bezug zu Anliegen der Öffentlichkeit und des gesellschaftlichen Zusammenlebens habe.

Letztlich lässt sich indes auch aus dieser Einzelfallentscheidung keine allgemeingültige Definition der „politischen Werbung" herleiten. Es bleibt abzuwarten, wie sich die Rechtsprechung entwickelt.

D. Die Verfassungsmäßigkeit von § 7 Abs. 8 RStV

Da durch § 7 Abs. 8 RStV 2000 die durch Art. 5 Abs. 1 GG manifestierte Rundfunkfreiheit eingeschränkt wird, stellt sich die Frage der Verfassungsmäßigkeit dieser Vorschrift.

Ricker/Schiwy[47] qualifizierten das Verbot der politischen, weltanschaulichen und religiösen Werbung in der Tat als verfassungswidrig. Sie sehen den grundsätzlichen Ausschluss ideeller Werbung insofern als kontraproduktiv, als § 7 Abs. 8 des Rundfunkstaatsvertrages 2000 (bzw. § 7 Abs. 7

des Rundfunkstaatsvertrages von 1996) den Prozess freier Meinungsbildung zu fördern intendiere.

Laut *Ricker/Schiwy* sei § 7 Abs. 8 RStV 2000 (bzw. § 7 Abs. 7 RStV 1996) jedenfalls deshalb unverhältnismäßig und verfassungswidrig, weil die Abwägung der gesetzlichen Einschränkung der Werbemöglichkeit der Rundfunkveranstalter und die damit einhergehenden erheblichen finanziellen Einbußen sowie der durch das Verbot der ideellen Werbung bewirkte Ausschluss von Nachrichten, die integraler Bestandteil des Meinungsmarktes sind, mit der geringen Gefahr der Beeinträchtigung freier, individueller und öffentlicher Meinungsbildung durch ideelle Werbung zugunsten der umfassenden Werbemöglichkeiten der Rundfunkveranstalter ausfallen müsse, dies insbesondere vor dem Hintergrund, dass aufgrund der detaillierten Trennungs- und Kennzeichnungsregeln, die bei Bedarf verschärft werden könnten, eine Verwechslung von Werbung und Programm und damit eine Irreführung der Rezipienten nicht zu befürchten sei.

Die herrschende Kommentarliteratur hat an der Verfassungsmäßigkeit des in § 7 Abs. 8 RStV 2000 enthaltenen Verbots keine Zweifel und setzt sich dementsprechend mit dieser Fragestellung nicht auseinander.[48] Gleiches gilt für die Rechtsprechung.

Der Ansicht von *Ricker/Schiwy* ist auch nach Auffassung der Verfasser schon deshalb nicht zu folgen, weil es sich bei Werbung nicht um auf intellektueller Reflektion basierende meinungsbildende Maßnahmen handelt, sondern meist um „marktschreierische“ Aussagen, die zum Zwecke des Marketings und der Verkaufsförderung publiziert werden. Mithin kann auch nicht von einem Ausschluss von Nachrichten die Rede sein. Vielmehr hat sich der Gesetzgeber dafür entschieden, besonders gefährliche, die Meinungsbildung beeinflussende Werbearten zu untersagen. Dies ist für das grundsätzliche Funktionieren der Demokratie geboten und erforderlich.

Dabei vergessen die Verfasser nicht, dass Werbesendungen im Rundfunk aufgrund ihrer dienenden Funktion zur Programmfinanzierung grundsätzlich den Schutzbereich von Art. 5 Abs. 1 S. 2, 2. Alt. GG genießen.[49]

Jedoch muss auch die Finanzierung der Rundfunkprogramme durch Werbung aus mehreren Gründen in Grenzen gehalten werden.

So zum einen, weil ein ausschließlich oder auch nur überwiegend werbebezogenes Programm nicht dem klassischen Rundfunkauftrag entspricht, und zum anderen auch deswegen, weil auch die Werbeeinnahmen der Presse gewährleistet sein müssen, um deren Funktionsfähigkeit zu erhalten.[50] Außerdem würde ein unbeschränkter Zugang der politischen Parteien zum Werbemarkt des deutschen Rundfunks wohlmöglich dahingehend ausarten, dass sich die zahlungskräftigste Partei die meiste Werbezeit kaufen und damit eine völlig einseitige politische Meinungsbildung bewirken könnte, was im Ergebnis zur Verletzung des Rechts der freien Information, Art 5 Abs. 1 S. 1, Hs. 2 GG, der Bundesbürger führen könnte.

Insgesamt ist damit mit der herrschenden Meinung von der Verfassungsmäßigkeit von § 7 Abs. 8 RStV auszugehen.

E. Die Abgrenzung der unerlaubten ideellen, insbesondere politischen Werbung vom erlaubten „Social Advertising"

Die Abgrenzung zwischen unerlaubter ideeller Werbung und erlaubtem „Social Advertising" ist nicht zuletzt deshalb von Bedeutung, da gerade in jüngster Vergangenheit in der täglichen Rundfunkpraxis zahlreiche soziale Appelle ausgestrahlt wurden (z.B. Umweltschutzwerbung,[51] Werbung für Literatur religiöser Sekten,[52] Werbung für die Bundeswehr sowie für den öffentlichen Personennahverkehr und gegen Ausländerfeindlichkeit). Anders als die unzulässige ideelle Werbung ist das sog. „Social Advertising" erlaubt.

So stellt § 7 Abs. 8 S.3 RStV 2000 fest:

> *„Unentgeltliche Beiträge im Dienst der Öffentlichkeit einschließlich von Spendenaufrufen zu Wohlfahrtszwecken gelten nicht als Werbung im Sinne von S. 1."*

Die gemeinsamen Richtlinien für die Werbung zur Durchführung der Trennung von Werbung und Programm und für das Sponsoring in Fernsehen und in Hörfunk[53] füllen diesen, durch den Rundfunkstaatsvertrag vorgegebenen Rahmen mit einer genauen Definition des „Social Advertising" folgendermaßen aus:

> *„Bei sozialen Appellen handelt es sich um Sendungen oder Beiträge, die einen direkten oder indirekten Aufruf zu verantwortlichem, sozial erwünschtem Verhalten enthalten oder über die Folgen individuellen Verhaltens aufklären."*

Die Abgrenzung zwischen unerlaubter ideeller Werbung und dem „social advertising" gestaltet sich dennoch äußerst schwierig und muss wiederum Einzelfall-orientiert vorgenommen werden.

So kam *Stettner*[54] zu dem Schluss, dass es sich z. B. bei TV-Spots der Bundeswehr nicht um „Social Advertising" handelte. Er argumentierte hauptsächlich damit, dass die Verteidigungsbelange der Bundesrepublik Deutschland auch nicht bei einer extensiven Auslegung des Begriffs „sozial" diesem unterstellt werden könnten.

Auch *Weihrauch*[55] sieht die Abgrenzung als äußerst schwierig, nahezu unmöglich an: Die Umschreibung der oben genannten Werberichtlinien trügen zur Rechtssicherheit nicht bei. Jedenfalls sei eine klare Unterscheidung Aufgabe des Gesetzgebers und könne nicht durch eine Entscheidung der Rundfunkveranstalter ersetzt werden.

Das bereits zitierte Verwaltungsgericht Hannover[56] sah einen Werbespot des Deutschen Gewerkschaftsbundes als ideelle Werbung im Sinne von § 6 Abs. 7 Rundfunkstaatsvertrag i.d.F.v. 1992 an, weil die mit dem damals streitbefangenen Spot unternommenen Erörterungen von Konflikten der Tarifparteien bzw. im weiteren Sinne der Sozialpolitik in den Bereich des „Politischen" gehörten.

Auch die einer Entscheidung des Bayerischen Verfassungsgerichtshofs[57] vorausgehenden Beschlüsse des Bayerischen Verwaltungsgerichts München[58] vom 21.06.1990 bzw. des Bayerischen Verwaltungsgerichtshofs[59] vom 22.06.1990 beschäftigten sich mit der Frage der Zulässigkeit ideeller Werbung bzw. des „Social Advertising". Beide Gerichte kamen zu dem Schluss, dass die von dem landesweiten Hörfunksender „Antenne Bayern" ausgestrahlten Sendungen, mit welchen für das Volksbegehren „Das bessere Müllkonzept" geworben wurde, zulässiges „Social Advertising" gewesen seien, wobei der Bayerische Verwaltungsgerichtshof in seinem damaligen Beschluss keine klare Trennlinie zwischen erlaubter Wirtschaftswerbung, „Social Advertising" und unerlaubter ideeller Werbung zog.

F. Möglichkeiten der Umgehung des durch den Rundfunkstaatsvertrag manifestierten Verbots der politischen Werbung durch Product Placement

Die bisherigen Ausführungen machen deutlich, dass die Grenzen, innerhalb derer politische Werbung zulässigerweise erfolgt, eng verlaufen.

Da die Parteien jedoch für ihre erfolgreiche Darstellung in der Öffentlichkeit und damit für eine wirksame Präsenz in den Medien in zunehmendem Maße auf Parteienwerbung und damit politische Werbung angewiesen sind, überrascht es nicht, wenn die Entscheidungsträger nach Alternativen suchen, durch welche sich die Werbebestrebungen der politischen Organisationen verwirklichen lassen.

Für die damit oftmals einhergehende „Umgehung" des Werbeverbots gibt es unterschiedliche Ansatzpunkte. Erfolgverprechend scheint das **„Product Placement"** zu sein.

Die Bedeutung dieses Marketinginstruments stieg vor allem mit der zunehmenden Etablierung der privaten Fernsehsender und der damit einhergehenden Konkurrenzsituation auf dem Fernsehwerbemarkt. In seiner ursprünglichen Erscheinungsform wird es als werbewirksame Platzierung von Markenprodukten als reale Requisite in der Handlung eines Spielfilms definiert.[60] Allein aufgrund seines mannigfaltigen Erscheinungsbildes und seiner verschiedensten Werbeintentionen reicht diese enge Umgrenzung des Begriffs „Product Placement" jedoch nicht aus.

Die Definition von *Völkel*[61] lautet:

> *„Beim Product Placement handelt es sich um die werbewirksame visuelle oder verbale Präsentation eines Markenartikels in Film oder Fernsehen, wobei teilweise der Werbezweck unerkannt bleiben soll (Requisiten und Dialoge im Film), teilweise der Werbecharakter aber auch offen zutage tritt (Trikot- und Bandenwerbung sowie Merchandising)."*

§ 6 Abs. 7 RStV 2000 **verbietet** die „Schleichwerbung“ und „entsprechende Praktiken“ und somit auch das „Product Placement“. Es ist daher jeweils durch eine Einzelfallprüfung festzustellen, ob eine **zulässige** Platzierung von Produkten bzw. Präsentation bestimmter Unternehmen vorliegt, weil es sich nur um die Darstellung der realen Wirklichkeit handelt, oder um **unzulässiges** „Product Placement“, also die in werbewirksamer Darstellung erfolgte Präsentation von Produkten außerhalb der regulären Werbezeiten bei entsprechender Bezahlung der „versteckten“ Werbung.

Auf die Politik transferiert, stellt das subtil beworbene „Markenprodukt“ der jeweilige Politiker bzw. die jeweilige Partei dar. Deren Einbindung bzw. „Präsentation“ ist regelmäßig dem Bereich des sogenannten „Image Placements“ zuzurechnen, wozu auch das so bezeichnete „Polit Placement“ gehört. Darunter versteht man gezielte Auftritte von Politikern zur Imageverbesserung, z.B. in Fernsehfilmen oder -serien.

Als Beispiele in diesem Zusammenhang sind der Auftritt des Bundeskanzlers Gerhard Schröder (damals noch Ministerpräsident von Niedersachsen) in dem Spielfilm „Der große Bellheim“ sowie die Mitwirkung von Björn Engholm als Ministerpräsident von Schleswig-Holstein in einer Folge der Serie „Der Landarzt“ zu nennen.

G. Zusammenfassung

Zusammenfassend lässt sich als Fazit festhalten, dass die Regelung des Rundfunkstaatsvertrages 2000 in seinem § 7 Abs. 8 ein umfassendes Verbot ideeller Werbung begründet und damit ausschließlich Wirtschaftswerbung zulässt. Bezüglich der Verfassungsmäßigkeit dieser Vorschrift bestehen keine Bedenken. Umgangen werden kann das Verbot der politischen Werbung nach dem Rundfunkstaatsvertrag durch „Polit Placement“.

Anmerkungen

1 vgl. edition Zentralverband der deutschen Werbewirtschaft (ZAW) – Werbung, Auflage 2000, S. 13 und 14

2 ZAW – Prognose für 1999: 62,3 Milliarden Mark

3 vgl. ZAW, aaO., S. 13

4 vgl. ZAW, aaO., S. 26

5 vgl. Meyer, Thomas, Der schöne Schein muß sein, www.spd.de/service/vorwaerts/9907/p812.htm, Seite 1, Stand: 25.07.2000

6 vgl. Geiger, Stefan, Manche Partei lebt von der Hand in den Mund, Stuttgarter Zeitung vom 04.02.2000, veröffentlicht auch unter www.bawue.spd.de/kreise/tamm/finanzen 2000-02.htm, Stand: 18.07.2000

7 vgl. hierzu z.B. den Beitrag *Kapitel VII. Nr. 1* dieses Buches

8 vgl. hierzu § 7 Abs. 8 RStV 2000, nähere Ausführungen hierzu folgen unter A., B. III. und C.

9 Europäisches Übereinkommen vom 05.05.1989 über das grenzüberschreitende Fernsehen, Media Perspektiven Dokumentation 1989, S. 96

10 vgl. die Entscheidungen des Bundesverfassungsgerichts in BVerfGE 27, 71; 27, 88; 27, 104; W. Schmitt-Glaeser, Das Grundrecht auf Informationsfreiheit, JURA 1987, Seite 567 ff.; P. Lerche, Art. Informationsfreiheit, Evangelisches Staatslexikon, 3. Auflage 1987, Sp. 1314 ff.

11 vgl. BVerfGE 90, 27 und AfP 1993, Seite 562

12 vgl. Jarras/Pieroth, GG, Art. 5, Rn. 16, 17

13 ständige Rechtsprechung seit BVerfGE 7, 198, 208, vgl. ferner Ridder, H., (Meinungsfreiheit) in: Neumann-Nipperdey-Scheuner, Die Grundrechte, Band 2, Seite 243

14 Jäger, W. Fernsehen und Demokratie 1992

15 Hesse, aaO., 2. Kapitel, Rn. 32, Seite 62

16 vgl. BVerfGE 12, 205, 260; 57, 295, 320; 73, 118, 152

17 vgl. BVerfGE 35, 202, 221

18 vgl. Jarras/Pieroth, GG, Art. 5, Rn. 23

19 vgl. BVerfGE 73, 118, 162f.

20 vgl. BVerfGE 57, 295, 320

21 vgl. BVerfGE 57, 295, 319 ff.

22 vgl. BVerfGE 47, 46, 78; 49, 89, 126

23 vgl. BVerfGE 57, 295, 320

24 vgl. BVerfGE 41, 399, 416

25 siehe die Präambel zum RStV

26 siehe dazu unten unter E.

27 vgl. Mayer, Hermann, S. 565 in diesem Buch

28 vgl. BVerfGE 57, 295, 323

29 nähere Ausführungen unten unter E.

30 vgl. Ricker, Reinhart, Die Zulässigkeit kommerzieller Parteienwerbung im privaten Rundfunk, ZUM 1989, 499

31 vgl. Ricker, ZUM 1989, 499 (dazu genauer unter D.)

32 vgl. Bullinger/Goedel, Landesmediengesetz Baden-Württemberg, Kommentar 1986, § 30, Rn.. 12, 13

33 vgl. BayVGH, ZUM 1987, 588

34 vgl. BayVGH, ZUM 1990, 536

35 vgl. Hartstein/Ring/Kreile/Dörr/Stettner, Rundfunkstaatsvertrag, 1.Auflage 1987, § 7 Rn. 12

36 vgl. Hartstein/Ring/Kreile/Dörr/Stettner, aaO., § 7 Rn. 12

37 vgl. Baumbach/Hefermehl, Wettbewerbsrecht Kommentar, 21. Aufl., 1999, vor §§ 3-8 UWG, Rn. 1

38 vgl. Herkströter, Dirk, Werbebestimmungen für den privaten Rundfunk nach dem Rundfunkstaatsvertrag vom 31.08.1991, ZUM 1992, 395; Hermann, Günter, Rundfunkrecht 1994, § 20, Rn. 28, S.453; Hesse, aaO., 3. Kapitel, Rn. 49 ff., S. 101 ff

39 vgl. Weihrauch, Oliver, Wahlwerbespots und soziale Appelle im Rundfunk, Verwaltungsarchiv 1994, 399, 416

40 vgl. Schwarz, Matthias/Eichler, Boris, Der Werbebegriff im Rundfunkstaatsvertrag, AfP 1996, 228

41 Hartstein/ Ring/ Kreile/ Dörr/ Stettner, Rundfunkstaatsvertrag Kommentar, Stand 1999, § 7, Rdn. 5

42 Hartstein/ Ring/ Kreile/ Dörr/ Stettner, aaO., § 7, Rn 6

43 vgl. Beucher/Leyendecker/von Rosenberg, Mediengesetze, § 7 RStV, Rn. 61 ff, S. 139 ff

44 vgl. Stettner, Ruppert, Ist es zulässig, TV-Spots der Bundeswehr in den Werbeblöcken öffentlich- rechtlicher oder privater Programme zu schalten?, ZUM 1995, 559, 563

45 vgl. Hartstein/Ring/Kreile/Dörr/Stettner, aaO., § 7, Rn. 70

46 vgl. Urteil vom 08.08.1996; Az.: 6 A 4538/93

47 vgl. Ricker/Schiwy, Rundfunkverfassungsrecht 1997, Seite 417 ff

48 vgl. Hartstein/Ring/Kreile/Dörr/Stettner, Rundfunkstaatsvertrag, Kommentar, Stand 1999, § 7, Rn.66

49 vgl. BVerfGE 74, 297, 342

50 vgl. auch BVerfGE 73, 118

51 vgl. Bayerischer Verfassungsgerichtshof, ZUM 1991, 577

52 vgl. Bayerischer Verwaltungsgerichtshof, ZUM 1987, 588

53 siehe näher unter B, V

54 vgl. Stettner, ZUM 1995, 559, 567

55 vgl. Weihrauch, Verwaltungsarchiv 1994, Seite 399, 428

56 vgl. Fußnote 69

57 vgl. Bayerischer Verfassungsgerichtshof ZUM 1991, 577

58 vgl. Bayerisches Verwaltungsgericht München, Beschl. v. 21.06.1990, AZ M 5 S 902341

59 vgl. Bayerischer Verwaltungsgerichtshof ZUM 1990, 536

60 vgl. Hartstein/Ring/Kreile/Dörr/Stettner, Rundfunkstaatsvertrag, Kommentar Stand 1999, § 7, Rn. 47

61 vgl. Völkel, Product Placement aus der Sicht der Werbebranche und seine rechtliche Einordnung, ZUM 1992, 555

XIII. Wahlkampf – Planung, Analyse und Strategie

1. Analyse-Notwendigkeiten vor der Wahl

Klaus Preschle

Analysiert wird eigentlich immer – vor der Wahl, nach der Wahl, am Stammtisch, im Fernsehen, in Parteizirkeln, in Strategierunden: manchmal professionell, sehr viel häufiger semiprofessionell und nicht selten einfach aus dem Bauch. Gerade im kommunalen Bereich kann (und muss) es häufig ohne professionelle Hilfe gehen. In kleineren Gemeinden, wo sich die Menschen noch persönlich kennen, sind die Dienste von Markt- und Sozialforschern auch relativ problemlos durch eine ehrliche und realistische Einschätzung der eigenen Möglichkeiten sowie der Möglichkeiten der Mitwettbewerber substituierbar. Bei größeren Kampagnen nimmt der Bedarf nach professionellen Analysen in der gesamten Palette quantitativer und qualitativer Methoden zu. Zutreffende Analysen sind für wirkungsvolle Strategien notwendig, nicht hinreichend. Denn auch bei höchstem Professionalisierungsgrad ist politischer Instinkt letztlich unverzicht- und unbezahlbar.

Analysen prädestinieren noch keine Strategie. Sie geben keine Auskunft über die Frage, wo die Reise denn hingehen soll. Aber sie helfen, Szenarien zu entwickeln, um Erfolgswahrscheinlichkeiten unterschiedlicher Strategien zu überprüfen. Analysen beschreiben gewissermaßen den „Markt“, indem sie die Wünsche der Bevölkerung (Wähler) sowie die Stärken und Schwächen der Wettbewerber (Parteien, Personen) zu Tage fördern. Damit sind sie eine große Hilfe bei der Frage, wie Themen akzentuiert werden müssen, damit sie bei der Wählerschaft auf Zustimmung stoßen.

Wahlkämpfer trachten danach, mit der Wahl eine Entscheidungsfrage zu verbinden, die nach aller Wahrscheinlichkeit nur sie selbst gewinnen können. Bei diesen Fragen dominiert in aller Regel die emotionale Seite: „Freiheit statt Sozialismus“, „Weiter so, Deutschland“ oder „Versöhnen statt Spalten“. Wahlentscheidende Themen ergeben sich nicht zwingend aus der aktuellen politischen Agenda, in weitaus häufigeren Fällen werden sie von den Wahlkämpfern „gemacht“. Das setzt für das Wahlkampfmanagement eine sorgfältige Kenntnis der eigenen Möglichkeiten sowie des gesamten Umfeldes voraus.

Die Entwicklung einer Wahlkampfstrategie ist eine komplexe Angelegenheit. Wahlentscheidungen ergeben sich in einem Mix aus langfristigen Grundüberzeugungen, kurzfristigen Stimmungsschwankungen, eigenen Aktivitäten, überraschenden Ereignissen und Aktivitäten des politischen Gegners. Eine sorgfältige Analyse muss daher ein zutreffendes Bild der Lage zeichnen und in einer offenen und ehrlichen Atmosphäre von den Verantwortlichen erörtert werden. Wer sich drückt, die reale Lage zur Kenntnis zu nehmen, hat in aller Regel schon verloren.

Umfängliche und zielgenaue Analysen werden schon deshalb wichtiger, weil erfolgreiche Wahlstrategien immer stärker den Bereich der sogenannten Wechselwähler im Blick haben müssen. Je stärker die alten Milieus aufbrechen, umso weniger reicht es aus, in Wahlkämpfen das „eigene Lager" zu mobilisieren. Aufbrechende Milieus mögen auf den ersten Blick gerade die großen Parteien vor Probleme stellen. Doch da beide Seiten mit der gleichen Entwicklung zu tun haben, gibt es für beide Seiten heute auch mehr zu gewinnen. CDU-Oberbürgermeister im Ruhrgebiet, SPD-Landräte in Schwaben, alles ist heute möglich. Das macht Wahlkämpfe interessant und spannend. Keine Wahl ist von vornherein verloren oder gewonnen. Mit einem zielgerichteten Wahlkampf lässt sich heute sehr viel mehr bewegen als in vergangenen Jahrzehnten.

Natürlich entfalten Wahlkämpfe eine umso höhere Wirkung, je stärker sie eingebettet sind in eine längerfristig angelegte politische und kommunikative Strategie. An dieser Stelle soll es jedoch um die Vorbereitung der eigentlichen Wahlkampagne gehen, also des überdurchschnittlich werblichen und finanziellen Einsatzes in den Wochen vor der Wahl. Für die Vorbereitung dieser Phase sind u. a. folgende Erkenntnisse zwingend:

(1) Stimmungen, Einschätzungen und Wahlabsichten in der Bevölkerung,
(2) eigene Stärken und Schwächen (Partei und Personen),
(3) Stärken und Schwächen der Mitbewerber (Partei und Personen),
(4) Interessenlage in der Bevölkerung, bei großen Kampagnen nach soziodemokratischen Kriterien (Alter, Berufsgruppen, Parteipräferenzen),
(5) erreichbares Potential,
(6) Kampagnenfähigkeit der eigenen und der konkurrierenden Organisationen.

Große Kampagnen bauen heute grundsätzlich auf ein professionelles Analyseinstrumentarium. Selbst bei den bedeutenderen Kommunalwahlen (vor allem in den großen Städten) werden demoskopische Erhebungen zunehmend selbstverständlich. Insbesondere die Aufgabenstellungen (1) bis (4) können sich als problembehaftet erweisen, wenn sie nicht mit einem professionellen Instrumentarium abgearbeitet werden. Auch das erreichbare Potential (5) lässt sich mit professioneller Unterstützung weitaus zielgenauer ermitteln. Gerade bei niedriger Wahlbeteiligung, wie sie häufig bei Volksbefragungen und Kommunalwahlen zu verzeichnen ist, kann dies für die Mobilisierung zu einem bedeutenden Vorteil werden. Am ehesten lassen sich noch die unter (6) beschriebenen Aufgaben mit Bordmitteln erledigen, wobei auch hier bei zunehmendem Mediaeinsatz, etwa mit Videokonferenzen, Intranet, Internet und SMS (das UMTS-Zeitalter noch gar nicht berücksichtigt), der Beratungs- und Professionalisierungsbedarf steigt. Erreichbarkeit und Schnelligkeit werden in den Wahlkämpfen der Zukunft zu entscheidenden Wettbewerbsvorteilen.

Stimmungen und Wahlabsichten

Die klassische Sonntagsfrage ist mittlerweile quer durch die Medien allgegenwärtig. Die Bedeutung dieser Daten für eine politische Debatte sind ohne Zweifel gestiegen, denn vielfach werden sie selbst zum Argument, in jedem Fall wirken sie stimmungsverstärkend. Insoweit ist die Sonntagsfrage auch zwischen den Wahlen nicht zu unterschätzen, tatsächlich ist sie jedoch in ihrer Aussagekraft deutlich beschränkt. In aller Regel beschreibt sie eine Momentaufnahme der politischen Lage, die in jüngerer Zeit immer heftigere Schwankungen ausweist. Noch bis Ende der 80er Jahre waren Bewegungen bei den großen Parteien von bis zu 3 bis 5 % innerhalb eines Jahres eher am oberen Ende der Schwankungsbreite. Mittlerweile bewegen sich die Schwankungen bei der Sonntagsfrage oft schon im Bereich von 5 bis 10 % innerhalb eines Quartals. Das mag eine wesentliche Ursache des erhöhten publizistischen Interesses sein.

Wahlkämpfer interessieren sich im Vorfeld einer Wahlkampagne vor allem für die das Ergebnis der Sonntagsfrage begründenden Daten; das sind insbesondere die relevanten Stimmungsdaten sowie die Einschätzung der Bevölkerung hinsichtlich der Kompetenzen von Parteien und deren Repräsentanten.

Jedes Wahlkampfmanagement wird ein Hauptaugenmerk auf die jeweils vorhandene Wechselstimmung richten. Ist der Wechselwunsch gering, hat es die jeweilige Regierung einfacher, ihre vermeintlichen oder tatsächlichen Erfolge zu verkaufen. Ist eine Wechselstimmung vorhanden, gilt es zu analysieren, worauf sie sich gründet. Resultiert sie aus einer aktuellen Enttäuschung über die Regierungspolitik, wird das entsprechende Management versuchen, das Defizit zu beheben oder zu kaschieren. Hat sich der Wechselwunsch über längere Zeit verfestigt, muss eine Regierungspartei alles unternehmen, um neues Vertrauen zu erwerben. Dabei wird sie gleichzeitig die Risiken eines Wechsels herausstellen. Die Opposition wird versuchen, ihre Regierungsfähigkeit zu demonstrieren, um den Angriffen der Regierungsseite auszuweichen. Sie wird ferner den Wechselwunsch thematisieren, zum Beispiel „Die Zeit ist reif“, und versuchen, den Wechsel zum eigentlichen Wahlkampfthema zu machen. Damit spielt sie eine spannende Karte, mit der sie unter Umständen die Themenhoheit erreichen kann, womit sie sich aus der Falle der oft argumentationsarmen Oppositionswahlkämpfe befreien kann.

Doch Stimmungen sind keine Stimmen. Wahlkämpfer wissen, dass eine vorhandene Wechselstimmung im Wahlkampf auch wieder gekippt werden kann. Ein Zeichen höchster Krise ist es jedoch, wenn die Menschen nicht nur ihrem Wunsch nach einem Wechsel Ausdruck verleihen, sondern bei Befragungen auch noch die Zuversicht äußern, dass ein Wechsel auch tatsächlich klappt. Eine Wechselerwartung verdeutlicht, dass sich die Opposition bereits entsprechenden Vertrauensvorschuss verdient hat. Eine solche Situation war bereits im Vorfeld des Bundestagswahlkampfes 1998 eingetreten. Für die Herausforderer ist dies eine komfortable Lage. Sie können voll auf die Wechselperspektive zielen „16 Jahre sind genug“. Auf der Regierungsseite versagen in diesen Situationen meist Strategien, die auf eine Problematisierung des Wechsels setzten. Wenn die öffentliche Meinung bereits gekippt ist, werden schon die Medien alleine dafür sorgen, dass entsprechende Angriffe der Regierung als Ablenkungsmanöver getarnt werden. In diesen Fällen hilft häufig nur eine beherzte Vorwärtsstrategie mit völlig neuen Inhalten.

Eigene Stärken und Schwächen

Alle diese Auseinandersetzungen sind eingebettet in Grundüberzeugungen der Bevölkerung über Leistungsfähigkeit und inhaltliches Profil der wahlkampfführenden Parteien. Diese Images bilden sich sehr langfristig und erfahren dementsprechend grundlegende Veränderungen auch nur über längere Zeiträume.

Gerade zwischen den Wahlen trachten die Parteien danach, durch inhaltliche und programmatische Arbeit ihr Profil zu verbessern, Stärken zu pflegen und Schwachstellen auszubessern. Was dabei in der wahlkampffreien Zeit nicht erreicht werden kann, lässt sich auch im Wahlkampf nicht bewegen. Bei allen Kompetenzverschiebungen, die es immer wieder gibt, haben die Deutschen ein festes Bild von ihrem Parteienspektrum: Die Union für Wirtschaft, Stabilität und Sicherheit, die SPD für´s Soziale, manchmal auch für´s Moderne, die FDP für´s Regieren und die Grünen für die Umwelt.

Für wahlkampfführende Parteien ist es enorm wichtig, ihr Profil genau zu kennen, damit sie überzeugend argumentieren können, warum gerade sie geeignet sind, die aktuellen Problemlagen zu lösen. Dabei versuchen Wahlkämpfer die aktuellen Aufgaben in einem Licht zu beschreiben, das ihrem Kompetenzprofil entgegenkommt. Wird etwa die Verbesserung der Beschäftigungslage vornehmlich als eine Aufgabe der Wirtschaftspolitik angesehen, wird die CDU Vorteile haben. Ist es hingegen eine Frage von mehr Gerechtigkeit und damit einer anderen Verteilung von Arbeit, wird den Sozialdemokraten die Kompetenz zugesprochen. Lässt sich jugendliche Gewalt vornehmlich durch eine Bekämpfung der sozialen Ursachen in den Griff bekommen, wird man sich eher an die SPD halten. Ist es hingegen eine Frage der Durchsetzung von Recht und Ordnung, wird die CDU die Problemlösungskompetenz für sich reklamieren können. Wahlkämpfer versuchen, die relevante politische Agenda mit den eigenen Stärken in Übereinstimmung zu bringen. Wahlkampf ist vor allem auch ein Kampf um die Themen- und Interpretationshoheit.

Als die CDU im Hessischen Landtagswahlkampf 1999 mit der Kampagne „Integration ja, doppelte Staatsangehörigkeit nein“ die Zuwanderungs- und Auswanderungspolitik zum Thema machte, wusste sie, dass ihre Haltung in der Ausländerpolitik von der Mehrheit der Wählerschaft geteilt wird. Durch die Unterschriftenaktion erhielt das Thema mobilisierende Bedeutung. In allen Befragungen wurde die Ausländer- und Zuwanderungsthematik von Tag zu Tag höher eingeschätzt. Die CDU hat im Wahlkampf ein Thema „gemacht“ und damit die Aufmerksamkeit auf sich gelenkt. So konnten auch andere zustimmungsfähige Botschaften, zum Beispiel in Wirtschafts- und Bildungspolitik, besser transportiert werden. Das Thema war für die Gegenseite verloren. Es blieb nur noch, die Kampagne als solche zu brandmarken. Dabei waren SPD und Grüne nicht ohne Erfolg. Es gelang, eine Stimmung zu erzeugen, in der eine Mehrheit die Unterschriftenaktion als politisch inkorrekt brandmarkte. Doch das eigentliche Thema war stärker. Der Bevölkerung konnte für ein wesentliches Thema ein Problemlösungsangebot gemacht werden. Die CDU gewann die Wahl.

Analysen liefern die Bedeutung von Themen sowie die Kompetenzprofile für Parteien. Sie liefern damit einen wesentlichen Aufschluss für das Themenmanagement: Ein- oder Mehrthemenstrategie? Oder etwa Implementierung eines völlig neuen Themas (Hessen-Wahl)? Gleichzeitig beschreiben Analysen auch die Grenzen des traditionellen Themenmanagements.

Eine solche Situation war im Bundestagswahlkampf 1998 der CDU zu beobachten. Die CDU hatte über Monate ihre Kompetenzen im ökonomischen Bereich eingebüßt. Sie war bei allen sozialen Fragen und der Lösung des Arbeitsmarktproblems den Sozialdemokraten deutlich unterlegen. Auch in der Wirtschaftskompetenz lag sie zwischenzeitlich zurück. Deutliche Kompetenzvorsprünge gab es hingegen für die Europa-Politik, die Einführung des Euro (Geldwertstabilität) und – in geringerem Ausmaß – für die innere Sicherheit. Gleichzeitig war „Bekämpfung der Arbeitslosigkeit“ das alles dominierende Thema, dicht gefolgt von „Sozialer Gerechtigkeit“ und anderen Themen, die traditionell eher der SPD-Agenda zuzuordnen sind. Die Europa-Politik und der Euro wurden dagegen in allen Bedeutungslisten ziemlich am Ende geführt.

Der Versuch, die ökonomische Debatte über die Einführung des Euros zu führen, misslang. Die Rückgewinnung der ökonomischen Kompetenz erwies sich als äußerst mühsam. Gleichzeitig konterte die SPD durch „Innovation und Gerechtigkeit“ mit einem Spagat, der insbesondere den Vorwurf an die Union enthielt, wirtschaftliche Dynamik und soziale Symmetrie nicht mehr zusammenzubringen. Die Rückgewinnung der Wirtschaftskompetenz, die im Wahlkampf noch einmal gelang, wirkte sich also letztlich nicht mehr positiv auf die Zukunfts- und Problemlösungskompetenz aus. Damit war eine Situation entstanden, in der nur noch ein völlig neues politisches Projekt den Führungsanspruch der Union hätte begründen können.

Stärken und Schwächen der Wettbewerber (Gegneranalyse)

Bei der Gegneranalyse werden traditionell vorhandene Stärken und Schwächen erhoben, woraus sich erste Schlussfolgerungen für den Umgang mit Themen, aber auch den Umgang mit den Gegenkandidaten ergeben. Gerade bei der Schwächenanalyse sind qualitative Methoden (Diskussionen in Focusgroups, Workshops) sehr hilfreich, weil sie sehr viel mehr emotionale und unterbewusste Stimmungen und Vorbehalte zu Tage fördern als die üblichen Umfragen.

Für Wahlkämpfer ist klar, dass man Stärken des Gegners im Wahlkampf schwerlich angreifen, sondern höchstens hinterfragen kann. Sind die bei der Oberbürgermeisterwahl zur Schau gestellten Verwaltungskompetenzen wirklich so wichtig oder braucht die Stadt nicht eher einen Oberbürgermeister mit herausragender Kommunikationsfähigkeit, damit alle gesellschaftlichen Gruppen und politischen Strömungen optimal in die Politik des Rathauses eingebunden werden können? In diesem Fall geht es also nicht um „kann“ oder „kann nicht“, sondern um die Relevanz.

Auch der Umgang mit den Schwächen des politischen Gegners kann so seine Tücken haben. Der Vorwurf „Der versteht nichts von Verwaltung“ wird sich zum Bumerang entwickeln, wenn die Gegenseite ihr Thema „Kommunikationsfähigkeit“ durchsetzen kann. Gerade bei den Themen, die nicht für höchst relevant gehalten werden, ist in Wahlkämpfen oft eine geschlossene Abwehrreaktion der Gegenseite zu beobachten; während in den eigenen Reihen die Begeisterung bröckelt. Ein richtiges und mehrheitsfähiges Thema kann sich in der falschen Dimension oder im falschen Zusammenhang negativ auswirken. Die Wiederbelebung der Roten-Socken-Kampagne durch die CDU 1998 ist so ein Beispiel: Die Bevölkerung traute Schröder durchaus zu, sich auch mit den Stimmen der PDS zum Bundeskanzler wählen zu lassen. Sie lehnte diese Koalition auch in ähnlicher Weise wie 1994 ab. Doch dass es geschieht, wurde für unwahrscheinlich gehalten. Das Thema war nicht relevant. Die CDU-Kampagne war zu hoch dimensioniert, um die richtige Wirkung entfalten zu können.

Bei verfeinerter Gegneranalyse erhalten neben Relevanz, Zustimmung und Ablehnung nach Parteipräferenzen auch einzelne Zielgruppen eine höhere Bedeutung. Zwischen unterschiedlichen Alters- und Berufsgruppen variiert das Wahlverhalten oft erheblich. Als Schröder 1999 beim Deutschen Bauerntag die Kritik der Landwirte an der Agenda 2000, die kurz zuvor auf dem Berliner EU-Gipfel beschlossen wurde, als ungerechtfertigte Partikularinteressen zurückwies, war dies trotz Pfeifkonzert ein wenig mutiger Akt. Über die laufenden Fernsehkameras unterstützten die pfeifenden Landwirte die Botschaft des Kanzlers „wider die Partikularinteressen“. Die Ablehnung im Saal braucht Schröder kein Kopfzerbrechen zu machen: Die Bauern haben sich selbst 1998 geweigert, rot-grün zu wählen. Einziges Risiko für Schröder bleibt dabei lediglich, dass die Union diesen ausschließlich an der Medienwirkung orientierten Politikstil brandmarkt. Ein Thema, das die Union als wirklich relevantes, wahlentscheidendes Thema aber erst noch durchsetzen muss.

Ausschöpfen des Potentials

Je näher der Wahltag rückt, umso mehr wird die Zuwendung zum eigenen Wählerpotential Pflicht. Was die Bemühungen, zusätzliche Wählerschichten mit neuen Themen und glaubwürdigen Inhalten zu erschließen, zwischen den Wahlkämpfen nicht gebracht haben, wird auch im Schlusswahlkampf nicht mehr mit Erfolg stattfinden können. Der Wahlkampf selbst hat entweder Interesse geweckt und Unentschlossene dazu ermutigt, die eigene Partei zu wählen; oder er hat dies Ziel eben verfehlt. Die hohe Anzahl von Unentschlossenen, die die Umfragen wenige Tage vor der Wahl oft noch zu Tage fördern, sind bei genauerem Hinsehen oft so unentschlossen gar nicht. Vielfach haben sie sich entschlossen, der Wahl fern zu bleiben oder sie haben zwar eine eindeutige Parteipräferenz, wissen aber noch nicht, ob sie zur Wahl gehen, weil sie eine bestimmte Aktion oder auch das Personalangebot noch davon abhält. Die Strategie, sich vor allem im für die Partei schwierigen Umfeld zu bewegen, weil dort doch schließlich mehr als bei den eigenen Anhängern zu gewinnen sei, ist einer der meist verbreitetsten Irrtümer, die heute noch in den Orts- und Kreisvorständen der Parteien anzutreffen sind. Kurz vor der Wahl geht es darum, diejenigen, die sich gut vorstellen können, die eigene Partei zu wählen, dazu zu motivieren, dies auch zu tun.

Große Rundumschläge helfen dabei wenig. Sie mobilisieren zwar die eigene Anhängerschaft, meist aber auch die Anhängerschaft der Mitbewerber. Heftige Angriffe oder die Parole „Jetzt geht´s um alles“ bei erwartetem knappen Wahlausgang, sind daher klassische Aktionen, mit denen im besten Fall ein 1:1 erreicht werden kann.

Zielgerichtete Mobilisierung ist eine hohe Kunst. Sie setzt Kenntnis des erreichbaren Wählerpotentials voraus. Dazu gibt es heute sehr ausgefeilte Methoden, die den Wahlkämpfern anzeigen, wo Telefonanrufe, Schlussmobilisierungsaktionen (Türanhänger), Hausbesuche, Infostände gerade in der Schlussphase besonders erfolgversprechend sind. Aber auch wenn diese professionelle Methodik nicht zur Verfügung steht, lassen sich anhand der Analyse von Wahlergebnissen auf Stimmbezirksebene Wahlkampfschwerpunkte ermitteln. Nicht ausgeschöpfte Potentiale erkennt man oft an niedriger Wahlbeteiligung in einem Stimmbezirk, der für die eigene Partei eigentlich strukturelle Vorteile bietet; bei sehr unterschiedlichen Wahlergebnissen auf Landes-, Kommunal- und Bundesebene und vielfach an der Wohnbebauung (Ein-Familien-Haus-Siedlung oder Schlafstadt). Darüber wissen die Parteien vor Ort in aller Regel Bescheid. Auch für Parteien gilt eine Regel, die im Marketing der Wirtschaft oft Anwendung findet: Einen Wähler (Kunden) zu halten, ist einfacher als einen neuen zu gewinnen. Das ist keine Losung für die langfristige Strategie, wohl aber eine für den Schlussspurt im Wahlkampf.

Die richtigen Analysen vorzunehmen, sie richtig auszuwerten und dann zielgerichtet in Wahlkampfmaßnahmen umzusetzen, erfordert auf allen Ebenen Disziplin und die Fähigkeit zur Selbstkritik. Aufbau und Gestaltung der Wahlkampforganisation ist heute eine zentrale Herausforderung für die Wahlkampfverantwortlichen. Die Wahlkampforganisation muss drei zentrale Aufgaben erfüllen: Verknüpfung von internem und externem Sachverstand, Erhöhung der Schlagkraft für eine erfolgreiche Kampagne und professionelle Kommunikation in der Partei.

Auch auf der Kommunalebene werden Kenntnisse über Analysemöglichkeiten, Kommunikationsstrategie, Wahlkampftechnik und Mobilisierung mit steigender Zahl der Wechselwähler immer wichtiger. Das erfordert eine langfristige Herangehensweise und Vorbereitung von Wahlkämpfen, inklusive der Selbstanalyse, was mit den eigenen Möglichkeiten erledigt werden kann und wofür professionelle Hilfe benötigt wird. Hier liegt eine wichtige Aufgabe der hauptamtlich organisierten Parteizentralen. Sie werden zukünftig mehr an direkter Beratungsleistung für die regionalen Gliederungen erbringen müssen, zumindest aber darauf verweisen können, wer in welcher Situation den Verbänden vor Ort unterstützend helfen kann. Zutreffende Analysen sind dabei der Ausgang von allem. Auf sie bauen erfolgreiche Strategien auf.

2. Der Kandidaten-Check vor der Wahl

Wolfgang Hoderlein

Was von diesen Geräten (Rundfunk- und Fernsehgeräten; W.H.) gilt, gilt mutatis mutandis von allen. Dass sie noch „Mittel" darstellen, davon kann keine Rede sein. Denn zu Mitteln gehört wesensmäßig, etwas Sekundäres zu sein.....

Nicht „Mittel" sind sie, sondern „*Vorentscheidungen*": Diejenigen Entscheidungen, die über uns getroffen sind, *bevor* wir zum Zuge kommen. Und, genau genommen, sind sie nicht „*Vorentscheidungen*", sondern **die** Vorentscheidung.

(Günther Anders, Die Antiquiertheit des Menschen, 1956)

1. Einleitung

Im Frühjahr 1998 etablierte der Bundeskanzler und Parteivorsitzende Kohl einen Medienberater in seiner Parteizentrale – nach US-amerikanischem Muster und nachdem seine Wahlkampfstrategen den sonst und nicht zu Unrecht als eher barock apostrophierten Pfälzer mit Blick auf die Umfrageergebnisse davon überzeugt hatten, dass es nun unverzichtbar geworden sei, einen solchen Posten zu besetzen.

Das professionelle Coaching des Kandidaten hat die Wahlniederlage bekanntlich nicht abwenden können, was nicht nur daran lag, dass auch die Konkurrenz das mediale Instrumentarium in seiner ganzen modernen Tiefe und Breite zu nutzen verstand.

Der Vorgang illustriert zwei Erkenntnisse:

1. Kein Kandidat um ein öffentliches Wahlamt kann es sich leisten, auch nur einen der kommunikativen Kanäle zum Wähler nicht mit größtmöglicher Professionalität zu bedienen.

2. Marketingtechnische Perfektion der Präsentation des Produkts alleine genügt nicht, wenn das Angebot für unglaubwürdig gehalten wird oder den Bedürfnissen des Empfängers nicht entspricht.

Auch die längst nicht mehr bestrittene, Wahlentscheidungen mitbeeinflussende Wirkung moderner Massenmedien entfaltet sich unter vielfältigen Rahmenbedingungen, die allesamt bei der strategischen Anlage und Planung, operativen Ausgestaltung und praktischen Durchführung von Wahlkämpfen zu berücksichtigen sind. Politik ist mehr als Kommunikation, auch wenn sie sich ohne Kommunikation weder vermitteln lässt noch um Zustimmung werben kann.

2. Der Wandel der Rahmenbedingungen

Helmut Schmidt hat schon vor 20 Jahren vor Prognosen gewarnt, „erst recht vor solchen, die auf die Zukunft gerichtet sind", aber über einige zentrale Trends und Tendenzen im Beziehungsgeflecht zwischen Bürgerinnen und Bürgern, Politik und Parteien besteht weder diagnostisch noch prognostisch ernsthafter Disput:

- Der Souverän betrachtet den in seinem Namen und Auftrag repräsentativ vollzogenen Prozess der Lenkung und Verwaltung der res publica mit größerer Distanz und geringerer Anteilnahme, ausgedrückt in sinkender Wahlbeteiligung.

- Das Ansehen und die Bindungswirkung der vermittelnden Agenten in diesem Prozess – der Parteien – lässt nach, was sich sowohl im Mitgliederrückgang als auch beim Rückgang der Stammwähler ausdrückt.

Auf die vielfältigen Gründe für Abstinenz und die gebotene Differenzierung der unterschiedlichen Motivbündel zu ihrer Erklärung kann ich hier nicht eingehen. Der „Kandidat in der Mediendemokratie" und seine Helferinnen und Helfer sind auf jeden Fall gut beraten, die potenziellen Nichtwähler nicht über einen Leisten zu schlagen, sondern die vorliegenden Erkenntnisse zu den Ursachen von Wahlenthaltungen daraufhin zu prüfen, welche für ihren Wahlbereich gelten oder gelten könnten, und Gegenmaßnahmen entsprechend anzupassen.

Das Parteiensystem in der Bundesrepublik ist pluralistischer geworden. Weder erfüllte sich die in den 80er Jahren verbreitete Erwartung in das Verschwinden der Grünen noch in den 90er Jahren die in das Verschwinden der PDS. Daraus folgt gerade in Zeiten der von den Medien getragenen Wahlkämpfe, in denen der persönliche Einsatz einer möglichst großen Zahl von Mitgliedern an Bedeutung verliert, dass der Wettbewerb härter geworden ist. Mehr als 10 % der früher eventuell erreichbaren Stimmen sind fest an neue Gruppierungen vergeben.

3. Die Bedeutung der modernen Massenmedien für den Wahlkampf

Die ungenaue Rede von der Mediengesellschaft oder der Mediendemokratie bezieht sich in erster Linie auf die quantitativ führenden Organisationen und Einrichtungen der Nachrichtenverbreitung (im informationstheoretischen Sinn des Begriffs „Nachricht“), also vor allem Fernsehen und – mit Abstand – Rundfunk und Boulevardpresse. Über deren Einfluss auf Wahlausgänge werden auch nach mehr als einem halben Jahrhundert einschlägiger Forschung noch so divergierende Aussagen getroffen, wie:

- „Seit den amerikanischen Präsidentschaftswahlen von 1940 bestätigen Forschungsprojekte, dass der Einfluss der Massenmedien auf Wahlentscheidungen zu vernachlässigen ist.“ (C. Hategan, Der erfolgreiche Wahlkampf ist einfach. In: Das Parlament 29, 11.7.97. S. 15)

- „Das Fernsehen kann Wahlen entscheiden.“ (Prof. H. Oberreuter beim „Akademiegespräch“ am 27.5.98 im Bayerischen Landtag)

Nun deuten in der Tat schon seit Jahren empirisch gut bestätigte Indikatoren darauf hin, dass die – nicht zuletzt in Allensbach genährte – These von der übermächtigen Autorität der bewegten Bilder und bebilderten Großbuchstaben zu relativieren ist, wenn auch nicht ganz herab auf das Niveau der von Hategan 1997 (ohne Hinweis auf die Quelle) kritiklos wiedergegebenen Feststellung aus der amerikanischen Studie „The people’s choice“ von 1940. Diese Relativierung verdanken wir

- einerseits den verfeinerten Instrumenten der Wahlforschung, die den Wirkungsprozess der Meinungsbildung, an dessen Ende eine Wahlentscheidung steht, differenzierter nach- und abzubilden vermag,

- andererseits einer insofern tatsächlich veränderten Wirklichkeit – sprich den gewandelten Perzeptionsmustern der Konsumenten, für die das Fernsehen vielfach zum „Nebenbei-Medium“ geworden ist, wie der Rundfunk schon lange. Die Öffnung des Äthers für private Anbieter und die durch Technikentwicklung (Digitalisierung, Satelliten) ermöglichte Wahl nicht nur zwischen drei oder vier, sondern vielen Dutzend Programmen förderten ein Konsumverhalten, an dem Versuche der massenhaften einseitigen Beeinflussung durch Programmverantwortliche scheitern.

Das Fernsehen hat, kurz gesagt, das gesamte Spektrum der klassischen Kommunikationsmedien nicht verdrängt, sondern sich ihnen hinzugesellt, was im Übrigen bezogen auf die damalige Entwicklung im Nachrichtenwesen mein journalistischer Kollege bei der „Nordbayerischen Zeitung" in Nürnberg, Wolfgang Riepl, in seiner Dissertation schon 1911 festgestellt hat und was wir derzeit bei der Verbreitung des Internets erneut feststellen können.

Für unseren „Kandidaten in der Mediendemokratie" stellt sich abseits solch weitreichender Fragen zunächst die sehr viel konkretere Aufgabe, das für seinen Wahlkampf relevante Medienumfeld zu mustern und nach seinen Möglichkeiten zu durchsuchen, öffentliche Aufmerksamkeit zu wecken, das Interesse auf seine Person zu lenken. Dabei gilt:

Je höher die Wahlebene, das heißt je größer die Zahl der Wählerinnen und Wähler und ausgedehnter der Wahlkreis, desto stärker werden Person und Botschaft der Kandidaten über die Massenmedien vermittelt. Können kommunale Gemeinderats- oder Bürgermeisterkandidaten den Bürger oft noch nahezu flächendeckend persönlich erreichen, sei es schriftlich, in Versammlungen oder bei Hausbesuchen, tritt diese Möglichkeit des direkten Kontakts und der Wahlwerbung im Dialog schon auf der Ebene der Landtagsstimmkreise und erst recht auf derjenigen der Bundestags- und Europawahlkreise in den Hintergrund.

Diesem Umstand haben die konzeptionelle Planung, kommunikative Gestaltung und Durchführung aller eingesetzten Wahlwerbemittel Rechnung zu tragen. Originäre, ausführliche Informationsverbreitung fungiert nur noch für eine verschwindende Minderheit der Wählerinnen und Wähler als maßgeblicher Faktor der Wahlentscheidung.

4. Exkurs: Die Auswahl der Kandidaten

Der prüfende Blick in bundesdeutsche Gemeinde- und Stadträte, Landtage, in den Bundestag oder ins Europaparlament erweckte bisher nicht den Eindruck, dass die Mandatare überwiegend unter dem Gesichtspunkt ihrer medialen Präsenz nominiert und gewählt wurden. Dabei scheint allerdings in allen Parteien ein Prozess des Umdenkens in Gang gekommen zu sein, dessen Ergebnisse noch in diesem Jahrzehnt zu verfolgen sein werden.

Auch die Auswahl der Kandidatinnen und Kandidaten selbst ist diesem Kriterium unterworfen – nicht ausschließlich, aber in erheblichem Ausmaß. Wenn Sympathiewerte, die nichts mit intellektuellen, moralischen oder anderen Qualitäten der Kandidaten zu tun haben, über Wahlentscheidungen mitbestimmen, kommt auch die überzeugteste Vertretung sachpolitisch-programmatischer Wahlwerbung nicht umhin, der Form der Präsentation, sprich der Kandidatin oder dem Kandidaten, vermehrt Beachtung zu schenken. Daraus entstehen – gerade in Parteien mit traditionell programmatischer Prägung – tief greifende Konflikte, wenn z.B. das langjährig aufopferungsvoll tätige, prinzipientreue Mitglied auf den Untiefen der unzureichenden Medientauglichkeit aufläuft. Populistische Wahlvereine kennen das Problem nicht, sie stellen bei der Auswahl der Kandidaten von Anbeginn und vor allem auf Eigenschaften ab, die sich am Analogon zu hohen Einschaltquoten ausrichten.

Die Wechselwirkung zwischen politischer Öffentlichkeitsarbeit, der innerparteilichen Meinungsbildung und der ihr folgenden Kandidatenkür einerseits und dem medialen Echo – auch dem nur zukünftig unterstellten – neigt sich in die Richtung zunehmender Abhängigkeit vom „medialen Faktor“. Darüber können wir als Demokraten nicht glücklich sein, müssen die Tatsache aber anerkennen, die über Erfolg oder Misserfolg im Wahlkampf mit entscheidet.

Der Autor wurde am Tag nach seiner Wahl zum Vorsitzenden des bayerischen SPD-Landesverbandes in einem Zeitungskommentar mit der Überschrift begrüßt: „Was fehlt, ist der Siegertyp.“ Dem wurde die Erklärung beigestellt: „Eine moderne Mediendemokratie lebt von Siegertypen. Solche Typen müssen aus Flugzeugen springen, weil sie damit jung und dynamisch wirken. Sie müssen Sätze sagen können, die auch als 20-Sekunden-News-Häppchen noch hängen bleiben. Und sie müssen sympathisch wirken, auch wenn sie den größten Unsinn erzählen. Solche Typen gewinnen Wahlen.“ (Mainpost vom 25.9.2000, S. 2) Hier soll nicht die Frage interessieren, wie sich (nicht nur in Bayern) Wahlerfolge von Spitzenkandidaten erklären, die diesem Bild des medialen Siegertypen in keinem Punkt entsprechen, bemerkenswert ist vielmehr, dass der Forderungskatalog von einem Medienvertreter selbst vorgestellt und als Messlatte an neue Kandidaten angelegt wird. Das System definiert die Erfolgsbedingungen und damit zugleich den Filter, durch den der Kandidat dem Publikum präsentiert wird. Wähler und Wählerinnen haben keine Chance, mehr und anderes wahrzunehmen als das, was der Filter passieren lässt. Nur mediale Vielfalt, und das heißt eine Vielfalt unterschiedlich konstruierter Filter, ermöglicht komplexere Bilder.

5. Auswahl der Themen und Präsentationsformen

Dem durchschnittlichen Bewohner der Mediendemokratie stehen heute zu jedem beliebigen Zeitpunkt Informationen in nie gekanntem Ausmaß zur Verfügung. Das gilt nicht nur für den Internetnutzer, der sich den Inhalt der im Netz abgelegten Seiten auf einen Papierstapel von mehrfacher Mount-Everest-Höhe ausdrucken lassen könnte, sondern auch für den mittellosen Sozialhilfeempfänger, der in jeder öffentlichen Bibliothek – täglich – mehr neue Informationen vorfindet als während der üblichen Öffnungszeiten aufgenommen werden können.

Über Informationen verfügen zu können, heißt nicht wissen. Informationen sind virtuelles Wissen, die erst dann Verständnis ermöglichen, Handlungen anleiten können, wenn sie verbunden, systematisiert und den Suchenden als passgenaue Antworten auf seine Fragen nahe gebracht und erläutert werden.

Der „Kandidat in der Mediendemokratie" tut gut daran, Informationen nicht mit Wissen und Informationsverbreitung, nicht mit Wahlkampf und Stimmenwerbung zu verwechseln.

Der Versuch, mit vertieften und detaillierten programmatischen Aussagen, wie sie klassische Wahlprogramme formulieren, Wahlentscheidungen maßgeblich zu beeinflussen, stößt seit langem schon auf ein deutlich geändertes Rezeptionsverhalten des Publikums. Ausführlicher Argumentation entwöhnt, sind die Menschen nur noch begrenzt bereit und fähig, längere Ausführungen aufzunehmen und bewertend zu verarbeiten. Das bedeutet für den Medienwahlkampf, dass die Botschaften auf mediale Vermittelbarkeit ausgerichtet sein müssen.

Programme bleiben unverzichtbar, weil nur sie die thematische Vielfalt politischer Aufgaben in komplexen modernen Gesellschaften zusammenfassen und – ausgerichtet an Grundwerten und normativen Leitbildern - aufeinander bezogene Handlungsziele widerspruchsfrei formulieren können. Im (Medien-)Wahlkampf stehen Programme im Hintergrund, auf Anfrage vorzeig- und vertretbar, aber im argumentativen Tagesgeschäft nicht im Angebot. Mit Programmen gewinnen Kandidaten eben wegen deren Komplexität kein Gesicht, sondern nur mit einer an den zentralen Bedürfnissen der Wählerinnen und Wähler orientierten begrenzten Auswahl. Dafür muss zusätzlich eine verständliche Sprache gefunden, müssen markante Zeichen gesetzt werden, deren Symbolcharakter keine Zweifel zulässt.

Die Nominierung des niedersächsischen Landtagswahlsiegers Gerhard Schröder im Frühjahr 1998 zum Bundestagsspitzenkandidaten war zum Beispiel ein solches Zeichen: Unmissverständlich wurde zum Ausdruck gebracht, dass ein Kandidat es ernst meinte mit dem ansonsten „nur“ programmatisch deklamierten Ziel „Innovation durch Regierungswechsel“. Weil zugrunde liegende Wertorientierung, Programm und symbolisch akzentuiertes Image geeignet in der politischen Kommunikation vermittelt wurden und sich glaubhaft leitmotivisch in der Person verdichteten, wurde dem gesellschaftlich geforderten Bild am Ende erfolgreich entsprochen.

Auf die Übereinstimmung von Wertorientierung, Programm und Image kommt es an. Auch professionell perfektes Image-Management kann Defizite der Programminhalte oder gar der Wertgrundlagen nicht ersetzen. Jedenfalls nicht auf Dauer. Der „Kaiser-Kandidat“ würde rasch als nackt entdeckt – auch das ein Erfolg einer demokratisch-pluralistischen Medienlandschaft, in der unterschiedliche Filter verwendet werden. Die zeitweiligen Erfolge rechtsextremer oder rechtspopulistischer Kandidaten in demokratischen europäischen Staaten bestätigen diese These, machen aber auch deutlich, dass die basalen Wertorientierungen sowohl der Wählerinnen und der Wähler als auch der Kandidaten in einem Spektrum streuen, an dessen Rändern antidemokratische Elemente vorherrschen.

Stabile Images von Personen und Organisationen in der öffentlichen Wahrnehmung zu verankern, gelingt nicht mit einigen wenigen spektakulären Äußerungen oder Aktionen, sondern erfordert langfristig angelegte, kontinuierliche Anstrengungen, möglichst ohne Ausreißer, die den Betrachter verunsichern, weil sie sich nicht in das sich konturierende Bild fügen. Dazu gehören Konzentration auf wenige (Gewinner-)Themen, die Demonstration von Kompetenz (weder zu verwechseln mit bloßem Faktenwissen noch mit analytisch elaborierter Wissenschaftlichkeit) und die Bereitschaft, die eigenen Leitmotive und Programmpunkte immer wieder durchzubuchstabieren. Eine der gut bestätigten Erkenntnisse der politischen Kommunikationsforschung lehrt, dass Aussagen erst dann breitenwirksam beim Publikum „ankommen“, wenn der Kandidat selbst sie schon lange nicht mehr hören mag.

Wer sich der dramaturgischen Strategie eines Wahlkampf unterwirft, beteiligt sich bewusst und entschieden an der Inszenierung von Ereignissen mit dem Ziel, Menschen zugunsten der eigenen An- und Absichten zu beeinflussen. Das ist weder illegitim noch unmoralisch, sondern Element jeder Kommunikation, die über die Wissensvermittlung hinaus Meinungen formen und Handlungen anleiten will.

Erfolge stellen sich dabei um so eher ein, wenn der Kandidat über Möglichkeiten verfügt, vermittelt über „neutrale“ Medien, mit den angesprochenen Menschen gemeinsam praktisch etwas zu erarbeiten. Auch dafür ein Beispiel: Während die SPD-Kandidaten bei den Kommunalwahlen 1996 in Bayern in allen größeren Städten merkliche Verluste hinnehmen mussten, gewann der Passauer Oberbürgermeister in einem alles andere als genuin sozialdemokratischen Umfeld 10 % dazu. Er hatte unter Mitwirkung aller örtlichen Medien eine Kampagne zur Begründung eines Leitbilds der Stadt initiiert und angeführt, an der sich Zehntausende von Bürgern beteiligten, die sich in diesem Leitbild-Diskurs nicht nur als Zaungäste oder Empfänger von Verlautbarungen erlebten, sondern als aktive und gefragte Teilnehmer an einem produktiven Prozess.

Unnötig zu erwähnen, dass Kandidaten, die aus einem Amt heraus und mit dessen Mitteln Medienunterstützung für derartige Aktionen anstreben, Startvorteile gegenüber oppositionellen Bewerbern besitzen; mehr aber auch nicht.

6. Professionalisierung und Externalisierung

Der Einfluss der „Kommunikationsspezialisten“ auf die mediengerechte Aufbereitung der im Wahlkampf zu vermittelnden Images und Botschaften hat erheblich zugenommen. Dabei geht es längst nicht mehr um klassische Agenturaufgaben, die sich vorwiegend auf die Visualisierung von Aussagen konzentrieren, also die Gestaltung von Flugblättern, Plakaten, Broschüren, Anzeigen etc., sondern um die Positionierung und Platzierung des Produktes „Kandidat und Programm“ im Meinungsmarkt. Ohne die anhaltende Bedeutung der „leibhaftig“ durch Mitglieder und Sympathisanten Tag für Tag formell und informell ausgefüllten Rolle als Botschafter und Werbeträger zu verkennen und ohne den von den Spezialisten aus dem Feld der Wirtschafts-Produktwerbung eingeschleppten Jargon zu goutieren – dem stärker traditionsverhaftete Wahlkämpfer gerne mit dem Einwand begegnen, dass Wahlprogramme nicht mit Waschpulver zu vergleichen seien –, muss anerkannt werden, dass politische Kommunikation, die – nicht als bezahlte Werbung – Eingang in Massenmedien finden soll, mit den altvertrauten Instrumenten der Pressekonferenz und Presseerklärung nicht mehr weit kommt.

Gute PR-Arbeit transportiert die inhaltliche Botschaft, die publiziert werden soll, auf dem Rücken (oder im Inneren) einer attraktiven Nachricht oder eines Ereignisses, die nicht schon auf den ersten Blick den Stempel (partei-)politischer Interessenvertretung tragen.

Es liegt auf der Hand, dass gelernte Journalisten aufgrund ihrer Kenntnisse der Gesetzmäßigkeiten des Nachrichtengeschäfts als erste geeignet sind, den Medien unabweisbare Angebote zu unterbreiten. Politische Öffentlichkeitsarbeit der Parteien muss sich solcher Fähigkeiten bedienen, aber als demokratisch orientierte Unternehmen dem unlauteren Wirken unseriöser Spin Doctors entsagen.

7. Schluss

Der demokratische Kandidat in der demokratischen Medienlandschaft hat bei aller Konzentration auf die Verfolgung der Primärinteressen seiner Partei gegen die des politischen Gegners darauf zu achten, dass er diese Landschaft nicht nur nicht zerstört, sondern kultiviert. Der Kontrolle durch aufmerksame und freie journalistische Wächter verdankt die zweite deutsche Republik einen Teil ihrer demokratischen Reputation. Daran rühren zu wollen, wäre verhängnisvoll. Potentielle Gefahren drohen gegenwärtig nicht von Seiten der Politik, sondern durch ökonomisch induzierte Prozesse im Bereich der Medien selbst, die dazu führen könnten, dass die noch vorhandene Vielzahl unterschiedlicher „Filter“ durch Verschmelzung, Konzentration und Monopolisierung verschwindet.

Dann stellt sich am Ende keine Frage mehr nach dem richtigen Handeln des Kandidaten in der Mediendemokratie, sondern nur noch die nach dem moralischen Überleben unter der Aufsicht einer monopolistisch dirigierten Chefredaktion.

3. Strategische Wahlkampf-Planung

Angela Merkel

„Der nächste Wahlkampf beginnt am Tag nach der Wahl", hat Konrad Adenauer einmal gesagt; soll heißen: Wahlkampf ist eigentlich immer. Und in der Tat kann täglich ein Baustein für den Erfolg der Zukunft gelegt werden. Im eigentlichen Wahlkampf, also den letzten Wochen vor der Wahl, trachtet die Wahlkampforganisation mit ihrem gesamten Instrumentarium und Mitteleinsatz danach, die letzten Stimmen zu bewegen und die eigene Anhängerschaft von der Bedeutung der Stimmabgabe zu überzeugen. Dies gelingt umso wirkungsvoller, je mehr die Wahlkampagne frühzeitig als Höhepunkt einer längerfristig angelegten Strategie angelegt wird. Glaubwürdige inhaltliche Positionierungen müssen daher frühzeitig erfolgen. In der viel zitierten Mediendemokratie geht es in modernen Wahlkampagnen vor allem um die Themen- und die Interpretationshoheit. Gerade bei knappen Ausgangslagen sind Qualität der Strategieentwicklung sowie Medien- und Wahlkampfmanagement wesentliche Faktoren. Kampagnen können die entscheidenden Prozentpunkte bewegen. Und doch werden die Grundlagen für den Erfolg meist weit vor der offiziellen Wahlkampferöffnung gelegt.

Nach der Bundestagswahl 1998 ist in der Union häufig analysiert worden, dass diese Wahl nicht zu gewinnen war. Schon im Frühjahr signalisierten alle relevanten demoskopischen Daten, dass die Union lediglich noch über eine Außenseiterchance verfügte. Doch interessanter als diese Feststellung ist die Frage, warum schon der Anlauf zum „Point of no return", ab dem in jedem Wahlkampf die Dinge fast gesetzmäßig ihren Lauf nehmen, die Niederlage bereits beinhaltet hat. Die interne Analyse hat eine Vielzahl von Gründen ergeben: zögerlicher Start in die Legislaturperiode durch Ermüdungserscheinungen nach der Wahl 1994, Unterschätzung der Strategie Lafontaines, in alten Ritualen erstarrte Wahlkampforganisation u.v.m. Daraus galt es für die CDU, die Konsequenzen zu ziehen, und zwar schnell, drohte doch durch den Verlust der Regierungsmehrheit erneut ein lähmender Start.

Wichtige Anhaltspunkte bot auch die Analyse des Bundestagswahlergebnisses 1998, die neben den viel zitierten „16 Jahre sind genug" eine

Reihe von Defiziten zu Tage förderte, die zum schnellen Handeln aufforderten. Vielen potentiellen Wählern, vor allem jüngeren und Frauen, erschien die CDU in ihrer Außendarstellung, aber auch bei einzelnen Inhalten schlicht und ergreifend als „verstaubt". Ferner war sehr belastend, dass die Union das Thema Gerechtigkeit verlor. Es wurde ihr abgesprochen, die notwendigen Schritte in der Wirtschaftspolitik mit sozialer Symmetrie in Einklang bringen zu können.

Nach der verlorenen Bundestagswahl war Zeit knapp, denn neues Profil und Vertrauen müssen gerade in den Phasen zwischen den Wahlkämpfen erworben werden. Die CDU stand vor der Aufgabe, Kurskorrekturen vorzunehmen, Schwächen auszubügeln und neue Inhalte glaubwürdig zu entdecken.

Aufbruch – Erneuerung – Positionierung – Entscheidung: So haben wir intern die Aufgabenbeschreibung der Jahre 1999 bis 2002 festgelegt.

Gleich zu Beginn des Jahres 1999 haben wir – bewusst fernab des nächsten Wahlkampfes – die programmatische Arbeit der Partei eingeleitet, später forciert und auch während der Finanzaffäre nicht eingestellt. In der CDU-Führung waren wir von Anfang an einig, uns nicht auf die Fehler und Schwächen der anderen verlassen zu wollen, denn der Weg zurück zur Regierungsfähigkeit kann nur über die eigene Stärke erfolgen.

Am schnellsten und einfachsten war die Veränderung des optischen Auftritts nach außen. Mit der Unterschriftenaktion „Integration ja, doppelte Staatsangehörigkeit nein", die zugegebenermaßen einen Fehler der rotgrünen Koalition als Ausgangspunkt hatte, konnte die CDU Kampagnenfähigkeit beweisen. Der Erfolg war Balsam für die geschundene Seele der Partei. Schließlich hat die gewonnene Landtagswahl in Hessen die psychologische Ausgangslage für den Wahlmarathon des Jahres 1999 deutlich verbessert.

1999 wurden bis November praktisch alle Zwischenziele erreicht. Die rot-grüne Bundesratsmehrheit war gebrochen, aus sieben Landtagswahlen gingen sieben Regierungen mit CDU-Beteiligung hervor; mit Peter Müller und Roland Koch traten zwei neue junge Ministerpräsidenten auf die Bühne; und auch auf der kommunalen Ebene wurden diese Erfolge bestätigt, allen voran durch die sensationellen Wahlergebnisse bei der Kommunalwahl in Nordrhein-Westfalen. Angesichts dieser Erfolge konnten hinter den Kulissen in aller Ruhe die Vorbereitungen für die programmatische Arbeit getroffen werden.

Kurz vor Phase 2 wirft der Beginn der CDU-Finanzaffäre nicht nur die zeitliche Planung, sondern auch so manche strategische Überlegung über den Haufen. So macht man bei dieser Gelegenheit auch die Erfahrung, dass es dann häufig doch ganz anders kommt.

Die Neuprofilierung auf den Themenfeldern Familie, Bildung, Soziales, Einwanderung, Staatsreform (u.a. Föderalismusreform), wird dennoch – wenn nun auch verzögert – ihre Wirkung entfachen. Denn sie ist die Grundlage für glaubwürdige politische Konzepte des 21. Jahrhunderts. Wer über die höhere Zukunftskompetenz verfügen will, darf sich nicht nur mit dem „Heute“, sondern muss sich auch mit dem „Morgen" beschäftigen.

Wir wissen, dass die Globalisierung und der technologische Fortschritt eine veränderte Arbeitswelt erzeugen werden. Wir wissen, dass Bildung und Weiterbildung immer stärker die Zukunftschancen der Menschen bestimmen. Das bringt selbstverständlich Verschiebungen bei gesellschaftspolitischen Fragestellungen mit sich. Die oft und heftig geforderte Revolution des Bildungswesens wird in der Tat zu einem bedeutenden Zukunftsthema, das zum Beispiel den Akzent in der Gerechtigkeitsdebatte wieder sehr viel stärker auf die Chancengerechtigkeit legen wird (zu Lasten der üblichen Verteilungsdebatte). Ethische Fragestellungen, die sich mit der technologischen Entwicklung, vor allem im Bereich Bio-, Gen- und Nanotechnologie, verbinden, erhalten eine neue Bedeutung. Wir wissen auch, dass Menschen heute eine Vielzahl von Optionen für ihr Leben wünschen, im beruflichen Bereich genauso wie im familiären, dass angesichts dieses freieren, aber auch unsteteren und ungewisseren Lebens Orientierungsposten wie Heimat und Geborgenheit eine ganz neue Bedeutung und Qualität erhalten. Vermutlich stehen wir gerade am Anfang einer Renaissance von traditionellen Werten.

Alle diese Zukunftserwartungen bilden zusammen mit den jeweils herrschenden Problemlagen und den von der Bevölkerung attestierten Kompetenzen den Humus einer jeden Wahlstrategie.

Wahlaussagen brauchen Zukunftsbezug. Mit Erfolgen der Vergangenheit ist nichts zu ernten. Sie beweisen zwar Kompetenz, doch Kompetenz ohne glaubwürdiges Zukunftsprogramm ist ebenso wenig erfolgversprechend wie Visionen ohne Kompetenz. Nur wenn beides passt und die in den Vordergrund gestellten Inhalte für die Menschen von hoher Relevanz sind, hat das Wahlkampfmanagement seine Aufgabe erfüllt. Diese Anforderung an eine erfolgreiche Wahlstrategie beschreibt zugleich das strategische Dilemma, in dem sich Wahlkämpfer oft befinden. Denn nur sehr selten ergibt sich aus der Ausgangslage zwingend eine wenig risikobehaftete Siegerstrategie.

Niemand ist alleine auf dem Spielfeld, und den Gegner zu unterschätzen, hat schon so manchen um die Früchte seiner Arbeit gebracht. Für einen professionellen Wahlkampf ist es daher unabdingbar, Entwicklungen und Überlegungen auf der Gegenseite zu kennen. Gegnerbeobachtung ist ein zentrales Instrument einer strategischen Vorgehensweise. Was vielfach den Hauch des Geheimnisvollen hat, ist dabei im Kern weit weniger spektakulär.

Bei den demokratischen Parteien sind die meisten Informationen frei verfügbar: Rund 85 % aller relevanten Informationen kann man bereits über offizielle Verlautbarungen und Internetangebote der jeweiligen Partei und ihrer befreundeten Organisationen beziehen. Vom verbleibenden Rest erfährt man das meiste von Medienvertretern. Die Erlangung der letzten 5 % bleiben Betriebsgeheimnis und bei rund 1 % hilft der Zufall.

In der CDU-Bundesgeschäftsstelle ist die Gegnerbeobachtung langfristig angelegt. Sie liefert permanent Informationen über politische, personelle, wirtschaftliche und organisatorische Entwicklungen bei den Mitwettbewerbern. In der längerfristigen Perspektive sind dabei vor allem sich andeutende Akzentverschiebungen und Richtungsveränderungen, die Aufschluss über neue Themen und veränderte Koalitionsbereitschaft geben, von besonderem Interesse.

Für das Tagesgeschäft sind handfestere Informationen von Bedeutung: Neben den öffentlich wahrgenommenen Auseinandersetzungslinien zwischen den Parteien interessiert vor allem die Frage, wo es verdeckte Positionen bei den Mitwettbewerbern gibt, die im Widerspruch zu den eigenen Zielen oder dem Willen der Bevölkerung stehen. Wo widersprechen sich Vertreter der Mitwettbewerber? Wo sind sie im Konflikt mit früheren Aussagen oder früherem Handeln und wo liegen Widersprüche zwischen Koalitionspartnern oder denen, die es werden wollen? Jeder Wahlkämpfer hat ein natürliches Interesse, alle diese kritischen Punkte auf der Gegenseite zu Tage zu fördern. Das setzt vor allem in Wahlkämpfen eine starke Gegnerbeobachtung voraus, die in der Wahlkampfzentrale, aber auch unterwegs eine komplette Recherche betreiben kann. Denn nicht immer werden Fehler des Gegners sofort von den Medien entdeckt. Der „Brutto-Netto-Versprecher" des Kanzlerkandidaten Rudolf Scharping im Jahre 1994 ist nur ein Beispiel, bei dem die CDU den Medien auf die Sprünge geholfen hat. Auch die Wiederentdeckung des Schröder-Versprechers beim Aschermittwochstreffen 1999 in Vilshofen, es bleibe bei der nettolohnbezogenen Erhöhung der Rente, wurde wesentlich über die CDU-Zentrale in die öffentliche Debatte gebracht. Dasselbe gilt für Schröders Ablehnung der Deutschen Einheit und seinen kühlen Umgang mit den Ostdeutschen nach dem Zustandekommen derselben.

Die Gegnerbeobachtung beschäftigt sich auch mit der Frage, was denn an Angriffen der Gegenseite zu erwarten ist, die exakt dieselbe Vorgehensweise wählt. Von daher sind in der Analyse neben den Schwächen des Gegners auch die eigenen Schwächen von Interesse. Je besser sich die Aktivitäten auf der Gegenseite prognostizieren lassen, umso besser kann das eigene Wahlkampfmanagement die dazu passenden Maßnahmen vorbereiten. Ein guter Konter kann den Angreifer in Rückstand bringen. Ein Beispiel war die Wiederbelebung der Roten-Socken-Kampagne der CDU im Bundestagswahlkampf 1998. Die Antwort war bei der SPD schon in der Schublade. Der Effekt der geplanten CDU-Kampagne verpuffte weitgehend. Erwartete Angriffe lassen sich aber auch schon im Keim ersticken. So hat Eberhard Diepgen, der 1999 befürchten musste, dass die SPD seine lange Amtszeit ähnlich wie bei Helmut Kohl als Argument für den Wechsel instrumentalisieren würde, dieses Vorhaben durch eine gezielte PR-Aktion unmöglich gemacht („Diepgen rennt für Berlin").

Die Gegnerbeobachtung liefert also Erkenntnisse für das Gesamtcampaigning, wenngleich sie vor allem die Basis für Gegnerangriffe darstellt, die vorhandene Schwächen auf der Seite der Mitbewerber aufdecken oder verstärken will. Das „Negativ Campaigning", das fälschlicherweise häufig als amerikanische Erfindung dargestellt wird, hat in Deutschland Tradition seit 1949. Es wird auch in zukünftigen Wahlkämpfen von entscheidender Bedeutung sein. Wichtig ist, dass es wohldosiert eingesetzt wird. Wer sich zur Wahl stellt, muss zunächst einmal seinen Führungsanspruch begründen können. Die Schwächen der anderen sind dabei eigentlich nur ein Hilfsargument. Wer das Hilfsargument zur Hauptsache macht, begibt sich auf dünnes Eis. In der jüngeren Vergangenheit war mehrfach zu erkennen, dass massive Gegenangriffe bei mangelnder Profilierung zwar den Mitwettbewerbern Schaden zufügen, unter Umständen aber radikalen und nichtdemokratischen Parteien zugute kommen. Diesen Aspekt muss jede verantwortungsvolle Wahlkampfführung berücksichtigen.

Bei der Festlegung einer Wahlstrategie gilt es also, verschiedene Betrachtungsweisen ins Gleichgewicht zu bringen: Das politische Projekt, das zur Abstimmung gestellt wird, muss mehrheitsfähig sein, es muss die notwendige Abgrenzung zu den politischen Mitbewerbern beinhalten (Differenzierung) und vor allem glaubwürdig sein, was nur möglich ist, wenn im Wahlkampf Inhalte in den Vordergrund gerückt werden, bei denen eine Partei ihre Positionen auch mit Kompetenz untermauern kann.

Für eine derartige Vorgehensweise ist die Innensicht einer Partei nicht ausreichend. Politiker identifizieren sich sehr stark mit der politischen Idee ihrer Partei und dem entsprechenden Programm. Was „richtig", „falsch", „gut" und „schlecht" ist, gilt als geklärt. Nicht selten wird eine öffentliche Erklärung (fälschlicherweise) gleichgesetzt mit öffentlicher Wahrnehmung. Und wenn die gute Idee bei den Wählern nicht angekommen ist, wird gerne die Rolle der Medien hinterfragt. Für Wahlkämpfer ist es daher von größter Bedeutung, dass sie sich bei strategischen Aufgabenstellungen auch immer wieder von ihrer Selbsteinschätzung und ihren Erfahrungshorizonten lösen. Dabei ist die Zusammenarbeit mit politikbegleitenden Profis nicht nur hilfreich, sondern unverzichtbar.

1. Marktforscher (Demoskopie): Um den „Markt" mit den tatsächlich vorhandenen Einstellungen, Wahlabsichten und inhaltlichen Präferenzen zu ergründen, braucht es ein professionelles Analyseinstrumentarium und die Unterstützung durch qualifizierte Berater aus der Markt- und Sozialforschung. Dabei ist wichtig, dass mit den Analysedaten offen und ehrlich umgegangen wird. Wer sich der realen Situation nicht mehr stellen kann oder will, hat in der Regel schon verloren.

2. Kommunikationsexperten (Agenturen): Politische Sachverhalte sind oft kompliziert und damit schwer kommunizierbar. Wer die Masse erreichen will, ist jedoch auf Reduzierung und einfache Botschaften angewiesen. Das ist nicht jedermanns Sache; besteht die eigentliche politische Aufgabe doch gerade eben darin, Lösungen für komplexe Problemstellungen zu finden. Doch Wahlkämpfe müssen verkürzen, sie müssen Bilder und Symbole schaffen. Dazu braucht es die Unterstützung professioneller Kommunikationsprofis.

3. Medienberater (Spin Doctors): In zunehmendem Maße entwickeln Medien einen spezifischen Bedarf. Zu den Printmedien, Radio und Fernsehen gesellt sich mit zunehmender Bedeutung das Internet. Die Medien-

landschaft wächst rasant. Ständig werden neue Bedürfnisse aufgespürt, jedes spezifische Interesse wird mit einem eigens dafür entwickelten Produkt befriedigt. Die Medien schaffen damit den Parteien eine hervorragende Infrastruktur für die Kommunikation mit verschiedenen Zielgruppen, gleichzeitig erhöhen sie aber auch den Druck auf die Politik, durch ein äußerst aktives Medienmanagement überall präsent zu sein. Dazu bedienen sich die Parteien auch in Deutschland zunehmend Beratern aus den Medien, die deren Bedarf sehr genau kennen. Diese verstehen sich darauf, Geschichten und Ereignisse speziell für die Medien zu produzieren und zu platzieren, die die herausragenden Kommunikationsziele der Wahlkampagne untermauern. Wer sich heute nicht darauf versteht, die Medien zu bedienen, verliert doppelt: Botschaften werden nicht transportiert; und schlimmer noch: Die Unzufriedenheit der Medien kann einen bedeutenden Imageverlust bewirken. Auch das hat die CDU im Bundestagswahlkampf 1998 bitter erfahren.

Auf der anderen Seite stößt ein nach amerikanischen Mustern perfektioniertes „Spindoctoring" ebenfalls an seine Grenzen, wenn es sich dem „Primat der Politik" nicht mehr unterwirft. Partei, Strategie, Kommunikation, Medien; all das muss unter einen Hut gebracht werden. Ein moderner Wahlkampf ist ein Megaunternehmen. Das ist die eigentliche Herausforderung für die Wahlkampforganisation. In ihr müssen internes und externes Know-how verschmelzen, politisch-strategische Entscheidungen vorbereitet und anschließend in der gesamten Breite umgesetzt werden.

Das politische Entscheidungszentrum bilden die Partei und ihre Gremien. Dort werden die (Spitzen-) Kandidaten nominiert, das Wahlprogramm beschlossen und die Grundzüge der Strategie festgelegt. Die Strategieentwicklung kann durch externe Beratung zwar deutlich verbessert, die letztliche Entscheidung kann jedoch nur politisch getroffen werden.

Neben dem eigentlichen politischen Zentrum braucht jeder Wahlkampf ein strategisches und ein operatives Zentrum. Ersteres lässt sich am besten mit Hilfe einer Wahlkampfkommission organisieren, letzteres ist im Kern die Aufgabe der Parteizentrale (Geschäftsstelle).

Die Wahlkampfkommission ist das Gremium, das von Beginn an Entscheidungen vorbereitet und die Feinsteuerung der Kampagne übernimmt. Zu ihrer Zusammensetzung gehören zwingend der Spitzenkandidat, die politisch Verantwortlichen (mindestens Vorsitzender und Generalsekretär, zugleich Wahlkampfleiter), alle an der Strategie beteiligten externen Berater, Marktforscher, Kommunikationsberater, Medienmanagement sowie die wichtigsten internen Berater, die zugleich bei größeren Kampagnen den „Link" zur Wahlkampfzentrale herstellen. Die Größe der Kommission findet ihre Beschränkung dort, wo eine offene zielgerichtete Debatte nicht mehr möglich ist. Bei größeren Kampagnen schafft man es kaum, mit zehn Personen das gesamt benötigte Know-how abzudecken. Bei mehr als 20 Personen sinken Qualität und Intensität der Debatte nach aller Erfahrung spürbar. Bei der Europawahl 1999 war es der CDU gelungen, in einem Kreis von ca. 12 bis 15 Personen alle relevanten Entscheidungen mit Beteiligung der politischen Führung und aller externen und internen Berater in einem sehr offenen und ergebnisorientierten Klima zu treffen.

Wenn Strategie und Dramaturgie des Wahlkampfs stehen, geht es in der Wahlkampfkommission an die Entscheidung bezüglich der wesentlichsten Wahlkampfmaßnahmen und Wahlkampfmittel. Dabei hilft es, bereits zu einem frühen Zeitpunkt allen Beteiligten mitzuteilen, wann was entschieden werden muss. Jeder muss wissen, was er tun muss (und vor allem bis wann), damit die Verzahnung mit den operativen Teams funktioniert, die die Einzelmaßnahmen vorbereiten (Events, Spots, Plakatierung). Dabei liegt die Koordinierungsleistung wesentlich beim Wahlkampfleiter.

Auch wenn es keinen Königsweg gibt: Je mehr zu offiziellen und inoffiziellen Runden zusammengerufen wird, umso höher sind die Abstimmungs- und Koordinierungserfordernisse. Generell sollte man sich an die Regel halten: so wenige unterschiedliche Runden wie möglich, so viel versammelte Kompetenz wie nötig.

Ein erfolgreicher Wahlkampf bedingt ein optimiertes Zusammenspiel vielfältiger Faktoren. Inhaltliche Arbeit, Führungsentscheidungen und Wahlkampfmanagement müssen ineinander greifen. Trotz widriger Ereignisse hat die CDU die letzten zwei Jahre gut genutzt, die Wahl 2002 fest im Blick: mit neuen Inhalten, vernetzten Beratern und einer effizienten Organisation. Adenauer hat Recht: Der Wahlkampf 2002 hat längst begonnen.

Anhang

XIV. Köpfe und Zahlen

1. Ergebnisse der Bundestagswahlen 1949-1998:

www.statistik-bund.de

Wahl zum 1. Bundestag (1949):

Partei	Stimmen in %	Anzahl der Mandate (+ Berliner Abgeordnete)
CDU/ CSU	31,0	139 (+2)
SPD	29,2	131 (+5)
FDP	11,9	52 (+1)
KPD	5,7	15
BP	4,2	17
DP	4,0	17
Zentrum	3,1	10
WAV	2,9	12
DRP	1,8	5
SSW	0,3	1
Parteilose	4,8	3

Wahl zum 2. Bundestag (1953):

Partei	Stimmen in %	Anzahl der Mandate (+ Berliner Abgeordnete)
CDU/ CSU	45,2	243 (+6)
SPD	28,8	151 (+11)
FDP	9,5	48 (+5)
GB/ BHE	5,9	27
DP	3,3	15
Zentrum	0,8	3

Wahl zum 3. Bundestag (1957):

Partei	Stimmen in %	Anzahl der Mandate (+ Berliner Abgeordnete)
CDU/ CSU	50,2	270 (+8)
SPD	31,8	169 (+12)
FDP	7,7	41 (+2)
DP	3,4	17

Wahl zum 4. Bundestag (1961):

Partei	Stimmen in %	Anzahl der Mandate (+ Berliner Abgeordnete)
CDU/ CSU	45,3	242 (+9)
SPD	36,2	190 (+13)
FDP	12,1	67

Wahl zum 5. Bundestag (1965):

Partei	Stimmen in %	Anzahl der Mandate (+ Berliner Abgeordnete)
CDU/ CSU	47,6	245 (+6)
SPD	39,3	202 (+13)
FDP	9,5	49 (+1)

Wahl zum 6. Bundestag (1969):

Partei	Stimmen in %	Anzahl der Mandate (+ Berliner Abgeordnete)
CDU/ CSU	46,1	242 (+8)
SPD	42,7	227 (+13)
FDP	5,8	30 (+1)

Wahl zum 7. Bundestag (1972):

Partei	Stimmen in %	Anzahl der Mandate (+ Berliner Abgeordnete)
CDU/ CSU	44,9	225 (+9)
SPD	45,8	230 (+12)
FDP	8,4	41 (+1)

Wahl zum 8. Bundestag (1976):

Partei	Stimmen in %	Anzahl der Mandate (+ Berliner Abgeordnete)
CDU/ CSU	48,6	243 (+11)
SPD	42,6	214 (+10)
FDP	7,9	39 (+1)

Wahl zum 9. Bundestag (1980):

Partei	Stimmen in %	Anzahl der Mandate (+ Berliner Abgeordnete)
CDU/ CSU	44,5	226 (+11)
SPD	42,9	218 (+10)
FDP	10,6	53 (+1)

Wahl zum 10. Bundestag (1983):

Partei	Stimmen in %	Anzahl der Mandate (+ Berliner Abgeordnete)
CDU/ CSU	48,8	244 (+11)
SPD	38,2	193 (+9)
FDP	7,0	34 (+1)
Grüne	5,6	27 (+1)

Wahl zum 11. Bundestag (1987):

Partei	Stimmen in %	Anzahl der Mandate (+ Berliner Abgeordnete)
CDU/ CSU	44,3	223 (+11)
SPD	37,0	186 (+7)
FDP	9,1	46 (+2)
Grüne	8,3	42 (+2)

Wahl zum 12. Bundestag (1990):

Partei	Stimmen in %	Anzahl der Mandate
CDU/ CSU	43,8	319
SPD	33,5	239
FDP	11,0	79
Grüne	1,2	8
PDS	2,4	17

Wahl zum 13. Bundestag (1994):

Partei	Stimmen in %	Anzahl der Mandate
CDU/ CSU	41,5	294
SPD	36,4	252
FDP	6,9	47
Grüne	7,3	49
PDS	4,4	30

Wahl zum 14. Bundestag (1998):

Partei	Stimmen in %	Anzahl der Mandate
CDU/ CSU	35,1	245
SPD	40,9	289
FDP	6,2	43
Grüne	6,7	47
PDS	5,1	35

2. Ergebnisse der Landtagswahlen in Deutschland seit 1946:

www.statistik-bund.de

Baden-Württemberg:

Wahljahr	Beteiligung	CDU	SPD	Grüne	FDP/ DVP	REP	Sonstige
1952	63,7	36,0	28,0	-	18,0	-	18,0
1956	70,3	42,6	28,9	-	16,6	-	11,9
1960	59,0	39,5	35,3	-	15,8	-	9,4
1964	67,7	46.2	37,3	-	13,1	-	3,5
1968	70,7	44,2	29,0	-	14,4	-	12,4
1972	80,0	52,9	37,6	-	8,9	-	0,6
1976	75,5	56,7	33,3	-	7,8	-	2,2
1980	72,0	53,4	32,5	5,3	8,3	-	0,5
1984	71,2	51,9	32,4	8,0	7,2	-	0,5
1988	71,6	49,0	32,0	7,9	5,9	-	5,2
1992	70,1	39,6	29,4	9,5	5,9	10,9	4,8
1996	67,6	41,3	25,1	12,1	9,6	9,1	2,4

Ministerpräsidenten:

1952 – 1953:	R. Maier (FDP)
1953 – 1958:	G. Müller (CDU)
1958 – 1966:	K.G. Kiesinger (CDU)
1966 – 1978:	H. Filbinger (CDU)
1978 – 1991:	L. Späth (CDU)
seit 1991:	E. Teufel (CDU)

Bayern:

Wahljahr	Beteiligung	CSU	SPD	Grüne	FDP	Sonstige
1946	75,9	52,3	28,6	-	5,7	13,5
1950	75,9	27,9	27,7	-	7,1	37,4
1954	79,4	38,3	28,0	-	7,2	26,5
1958	73,8	46,3	30,5	-	5,4	17,8
1962	73,8	47,9	35,0	-	5,4	11,1
1966	79,5	48,6	35,2	-	5,5	10,8
1970	78,7	56,7	32,7	-	5,9	4,7
1974	78,4	62,5	30,0	-	5,2	2,4
1978	76,6	59,8	30,8	-	6,2	3,2
1982	78,5	58,7	31,4	4,6	3,6	1,8
1986	70,1	56,6	26,8	7,6	3,6	5,3
1990	66,2	56,0	25.2	6,5	5,0	7,3
1994	68,1	53,4	30,0	5,9	2,8	7,8
1998	70,1	54,1	28,1	5,9	1,6	10,4

Ministerpräsidenten:

1945:	F. Schäffer (CSU)
1945 – 1946:	W. Hoegner (SPD)
1946 – 1954:	H. Ehard (CSU)
1954 – 1957:	W. Hoegner (SPD)
1957 – 1960:	H. Seidel (CSU)
1960 – 1962:	H. Ehard (CSU)
1962 – 1978:	A. Goppel (CSU)
1978 – 1988:	F.J. Strauß (CSU)
1988 – 1994:	M. Streibl (CSU)
seit 1994:	E. Stoiber (CSU)

Berlin:

Wahljahr	Beteiligung	CDU	SPD	Grüne	FDP	PDS	REP	Sonstige
1946	92,3	22,2	48,7					29,1
1948	86,3	19,4	64,5					16,1
1950	90,4	24,7	44,7	-	23,1			7,5
1954	91,8	30,4	44,6	-	12,8			12,2
1958	92,9	37,7	52,6	-	3,8			5,9
1963	89,9	28,8	61,9	-	7,9			1,4
1967	86,2	32,9	56,9	-	7,1			3,1
1971	88,9	38,2	50,4	-	8,4			3,0
1975	87,8	43,9	42,6	-	7,1			6,4
1979	85,1	44,4	42,7	3,7	8,1			1,1
1981	85,3	48,0	38,3	7.2	5,6			0,9
1985	83,6	46,4	32,4	10,6	8,5			2,1
1989	79,6	37,7	37,3	11,8	3,9		7,5	1,8
1990	80,0	40,0	30,4	5,0	7,1	9,2	-	8,3
1995	68,6	37,4	23,6	13,2	2,5	14,6	-	8,7
1999	65,5	40,8	22,4	9,9	2,2	17,7	-	7,0

Regierende Bürgermeister:

1949 – 1953::	E. Reuter (SPD)
1953 – 1955:	W. Schreiber (CDU)
1955 – 1957:	O. Suhr (SPD)
1957 – 1966:	W. Brandt (SPD)
1966 – 1967:	H. Albertz (SPD)
1967 – 1977:	K. Schütz (SPD)
1977 – 1981:	D. Stobbe (SPD)
1981:	H.-J. Vogel (SPD)
1981 – 1984:	R. von Weizsäcker (CDU)
1984 – 1989:	E. Diepgen (CDU)
1989 – 1991:	W. Momper (SPD)
seit 1991:	E. Diepgen (CDU)

Brandenburg:

Wahljahr	Beteiligung	CDU	SPD	Grüne	FDP	PDS	DVU	Sonstige
1990	67,1	29,4	38,2	9,2	6,6	13,4	-	3,2
1994	56,3	18,7	54,1	2,9	2,2	18,7	-	3,4
1999	54,0	26,6	39,3	1,9	1,9	23,3	5,3	1,6

Ministerpräsidenten:

seit 1990: M. Stolpe (SPD)

Bremen:

Wahljahr	Beteiligung	CDU	SPD	Grüne	FDP	Sonstige
1947	67,8	22,0	41,7	-	19,4	16,9
1951	83,4	9,1	39,1	-	11,8	40,0
1955	84,0	18,0	47,7	-	8,6	25,6
1959	79,2	14,8	54,9	-	7,2	23,2
1963	76,1	28,9	54,7	-	8,4	8,3
1967	77,0	29,5	46,0	-	10,5	14,0
1971	80,0	31,6	55,5	-	7,1	6,0
1975	82,2	33,8	46,8	-	13,0	4,5
1979	78,5	31,9	49,4	-	10,8	7,8
1983	79,7	33,3	51,3	5,4	4,6	5,3
1987	75,6	23,4	50,5	10,2	10,0	5,8
1991	72,2	30,7	38,8	11,3	9,5	9,7
1995	68,7	32,6	33,4	13,0	3,4	17,6
1999	60,1	37,1	43,6	8,9	2,5	8,9

Bürgermeister:

1945 – 1965: W. Kaisen (SPD)
1965 – 1967: W. Dehnkamp (SPD)
1967 – 1985: H. Koschnick (SPD)
1985 – 1995: K. Wedemaier (SPD)
seit 1995: H. Scherf (SPD)

Hamburg:

Wahljahr	Beteiligung	CDU	SPD	Grüne	FDP	Sonstige
1946	79,0	26,7	43,1	-	18,2	12,0
1949	70,5	34,5	43,8	-	-	22,8
1953	80,9	50,0	45,2	-	-	4,8
1957	77,3	32,2	53,9	-	8,6	5,3
1961	72,3	29,1	57,4	-	9,6	3,0
1966	69,8	30,0	59,0	-	6,8	4,2
1970	73,4	32,8	55,3	-	7,1	4,8
1974	80,4	40,6	45,0	-	10,9	3,6
1978	76,6	37,6	51,5	4,5	4,8	1,6

Wahljahr	Beteiligung	CDU	SPD	Grüne	FDP	Sonstige
1982	77,8	43,2	42,7	7,7	4,9	1,5
1982	84,0	38,6	51,3	6,8	2,6	0,7
1986	77,8	41,9	41,7	10,4	4,8	1,2
1987	79,5	40,5	45,0	7,0	6,5	0,9
1991	66,1	35,1	48,0	7,2	5,4	4,3
1993	69,6	25,1	40,4	13,5	4,2	11,2
1997	69,5	30,7	36,2	13,9	3,5	15,6

Bürgermeister;

1946 – 1953: M. Brauer (SPD)
1953 – 1957: K. Sieveking (CDU)
1957 – 1960: M. Brauer (SPD)
1960 – 1965: P. Nevermann (SPD)
1965 – 1971: H. Weichmann (SPD)
1971 – 1974: P. Schulz (SPD)
1974 – 1981: H.-U. Klose (SPD)
1981 – 1988: K. von Dohnanyi (SPD)
1988 – 1997: H. Voscherau (SPD)
seit 1997: O. Runde (SPD)

Hessen:

Wahljahr	Beteiligung	CDU	SPD	Grüne	FDP	Sonstige
1946	73,2	31,0	42,7	-	15,7	10,6
1950	64,9	18,8	44,4	-	31,8	5,0
1954	82,4	24,1	42,6	-	20,5	12,8
1958	82,3	32,0	46,9		9,5	11,6
1962	77,7	28,8	50,8	-	11,4	9,0
1966	81,0	26,4	51,0		10,4	12,2
1970	82,8	39,7	45,9	-	10,1	4,3
1974	84,8	47,3	43,2	-	7,4	2,1
1978	87,7	46,0	44,3	-	6,6	3,1
1982	87,4	45,6	42,8	8,0	3,1	0,5
1983	83,5	39,4	46,2	5,9	7,6	0,9
1987	80,3	42,1	40,2	9,4	7,8	0,5
1991	70,8	40,2	40,8	8,8	7,4	2,8
1995	66,3	39,2	38,0	11,2	7,4	4,2
1999	66,4	43,4	39,4	7,2	5,1	4,9

Ministerpräsidenten:

1946 – 1950: C. Stock (SPD)
1950 – 1969: G.A. Zinn (SPD)
1969 – 1976: A. Osswald (SPD)
1976 – 1987: H. Börner (SPD)
1987 – 1991: W. Wallmann (CDU)
1991 – 1999: H. Eichel (SPD)
seit 1999: R. Koch (CDU)

Mecklenburg-Vorpommern:

Wahljahr	Beteiligung	CDU	SPD	Grüne	FDP	PDS	Sonstige
1990	64,8	38,3	27,0	4,2	5,5	15,7	
1994	72,9	37,7	29,5	3,7	3,8	22,7	
1999	79,4	29,3	35,3	2,9	2,2	23,6	

Ministerpräsidenten:

1990 – 1992:	A. Gomolka (CDU)
1992 – 1998:	B. Seite (CDU)
seit 1998:	H. Ringstorff (SPD)

Niedersachsen:

Wahljahr	Beteiligung	CDU	SPD	Grüne	FDP	Sonstige
1947	65,1	19,9	43,4	-	8,8	28,0
1951	75,8	23,7	33,7	-	8,3	34,2
1955	77,5	26,6	35,2	-	7,9	30,0
1959	78,0	30,8	39,5	-	5,2	24,5
1963	76,9	37,7	44,9	-	8,8	8,5
1967	75,8	41,7	43,1	-	6,9	8,3
1970	76,7	45,7	46,3	-	4,4	3,7
1974	84,4	48,8	43,1	-	7,0	1,0
1978	78,5	48,7	42,2	-	4,2	5,0
1982	77,7	50,7	36,5	6,5	5,9	0,3
1986	77,3	44,3	42,1	7,1	6,0	0,5
1990	74,6	42,0	44,2	5,5	6,0	2,3
1994	73,8	36,4	44,3	7,4	4,4	7,5
1998	73,8	35,9	47,9	7,0	4,9	4,3

Ministerpräsidenten:

1946 – 1955:	H.W. Kopf (SPD)
1955 – 1959:	H. Hellwege (DP)
1959 – 1961:	H.W. Kopf (SPD)
1961 – 1970:	G. Diederichs (SPD)
1970 – 1976:	A. Kubel (SPD)
1976 – 1990:	E. Albrecht (CDU)
1990 – 1998:	G. Schröder (SPD)
1998 – 1999:	G. Glogowski (SPD)
Seit 1999:	S. Gabriel (SPD)

Nordrhein-Westfalen:

Wahljahr	Beteiligung	CDU	SPD	Grüne	FDP	Sonstige
1950	72,3	36,9	32,3	-	12,1	18,7
1954	72,6	41,3	34,5	-	11,5	12,7
1958	76,6	50,5	39,2	-	7,1	3,2
1962	73,4	46,4	43,3	-	6,9	3,4
1966	76,5	42,8	49,5	-	7,4	0,3
1970	73,5	46,3	46,3	-	5,5	2,1
1975	86,1	47,1	45,1	-	6,7	1,1
1980	80,0	43,2	48,4	3,0	4,9	0,5
1985	75,2	36,5	52,1	4,6	6,0	0,8
1990	71,8	36,7	50,0	5,0	5,8	2,5
1995	64,0	37,7	46,0	10,0	4,0	2,3
2000	56,7	37,0	42,8	7,1	9,8	3,3

Ministerpräsidenten:

1950 – 1956:	K. Arnold (CDU)
1956 – 1958:	F. Steinhoff (SPD)
1958 – 1966:	F. Mayer (CDU)
1966 – 1978:	H. Kühn (SPD)
1978 – 1998:	J. Rau (SPD)
Seit 1998:	W. Clement (SPD)

Rheinland-Pfalz:

Wahljahr	Beteiligung	CDU	SPD	Grüne	FDP	Sonstige
1947	77,9	47,2	34,3	-	9,8	8,7
1951	74,8	39,2	34,0	-	16,7	10,1
1955	76,0	46,8	31,7	-	12,7	8,8
1959	77,2	48,4	34,9	-	9,7	7,0
1963	75,5	44,4	40,7	-	10,1	4,8
1967	78,5	46,7	36,8	-	8,3	8,2
1971	79,4	50,0	40,5	-	5,9	3,5
1975	80,8	53,9	38,5	3,0	5,6	1,9
1979	81,4	50,1	42,3	4,6	6,4	1,2
1983	90,4	51,9	39,6	4,5	3,5	0,5
1987	77,7	45,1	38,8	5,9	7,3	2,9
1991	73,9	38,7	44,8	6,5	6,9	3,2
1995	70,8	38,7	39,8	6,9	6,9	5,7

Ministerpräsidenten:

1947 – 1969:	P. Altmeier (CDU)
1969 – 1976:	H. Kohl (CDU)
1976 – 1988:	B. Vogel (CDU)
1988 – 1991:	C.-L. Wagner (CDU)
1991 – 1995:	R. Scharping (SPD)
Seit 1995:	K. Beck (SPD)

Saarland:

Wahljahr	Beteiligung	CDU	SPD	Grüne	FDP	Sonstige
1955	90,4	25,4	14,3	-	24,2	36,0
1960	79,1	36,6	30,0	-	13,8	19,6
1965	81,8	42,7	40,7	-	8,3	8,3
1970	83,1	47,8	40,8	-	4,4	7,0
1975	88,8	49,1	41,8	-	7,4	1,7
1980	85,0	44,0	45,4	2,9	6,9	0,8
1985	85,0	37,3	49,2	2,5	10,0	1,0
1990	83,2	33,4	54,4	2,6	5,6	3,9
1994	83,5	38,6	49,4	5,5	2,1	4,4
1999	88,7	45,5	44,4	3,2	2,6	4,3

Ministerpräsidenten:

1956 – 1957:	H. Ney (CDU)
1957 – 1959:	E. Reinert (CDU)
1959 – 1979:	F.J. Röder (CDU)
1979 – 1985:	W. Zeyer (CDU)
1985 – 1998:	O. Lafontaine (SPD)
1998 – 1999:	R. Klimmt (SPD)
Seit 1999:	P. Müller (CDU)

Sachsen:

Wahljahr	Beteiligung	CDU	SPD	Grüne	FDP	PDS	Sonstige
1990	72,7	54,4	19,1	5,6	5,3	10,2	5,4
1994	58,4	58,1	16,6	4,1	1,7	16,5	3,0
1999	61,1	56,9	10,7	2,6	1,1	22,2	6,5

Ministerpräsidenten:

seit 1990:	K. Biedenkopf (CDU)

Sachsen-Anhalt:

Wahljahr	Beteiligung	CDU	SPD	Grüne	FDP	PDS	DVU	Sonstige
1990	65,1	39,0	26,0	5,3	13,5	12,0	-	4,2
1994	54,8	34,4	34,0	5,1	3,6	19,9	-	3,0
1998	71,5	22,0	35,9	3,2	4,2	19,6	12,9	2,2

Ministerpräsidenten:

1990 – 1991:	G. Gies (CDU)
1991 – 1993:	W. Münch (CDU)
1993 – 1994:	C. Bergner (CDU)
seit 1994:	R. Höppner (SPD)

Schleswig-Holstein:

Wahljahr	Beteiligung	CDU	SPD	Grüne	FDP	Sonstige
1947	69,8	34,0	43,8	-	5,0	16,2
1950	78,2	19,8	27,4	-	7,1	45,8
1954	78,6	32,2	33,2	-	7,5	27,0
1958	78,7	44,4	35,9	-	5,4	14,3
1962	70,1	45,0	39,2		7,9	7,8
1967	71,1	46,0	39,4	-	5,9	8,7
1971	79,2	51,9	41,0	-	3,8	3,3
1975	82,3	50,4	40,1	-	7,1	2,4
1979	83,3	48,3	41,7	2,4	5,7	1,8
1983	84,6	49,0	43,7	3,7	2,2	1,5
1987	76,6	42,6	45,2	3,9	5,2	3,0
1988	77,4	33,3	54,8	2,9	4,4	4,7
1992	71,7	33,8	46,2	4,9	5,6	9,4
1996	71,8	37,2	39,8	8,1	5,7	9,1
2000	69,5	35,2	43,1	6,2	7,6	7,9

Ministerpräsidenten:

1947 – 1949:	H. Lüdemann (SPD)
1949 – 1950:	B. Diekmann (SPD)
1950 – 1951:	W. Bartram (CDU)
1951 – 1954:	F.W. Lübke (CDU)
1954 – 1962:	K.U. von Hassel (CDU)
1962 – 1971:	H. Lemke (CDU)
1971 – 1982:	G. Stoltenberg (CDU)
1982 – 1987:	U. Barschel (CDU)
1987 – 1988:	H. Schwarz (CDU)
1988 – 1993:	B. Engholm (SPD)
seit 1993:	H. Simonis (SPD)

Thüringen:

Wahljahr	Beteiligung	CDU	SPD	Grüne	FDP	PDS	Sonstige
1990	71,8	45,2	21,0	7,4	9,1	9,9	7,4
1994	74,8	42,3	30,8	5,7	3,7	26,5	1,0
1999	59,9	49,3	21,6	1,7	2,0	22,3	3,1

Ministerpräsidenten:

1990 – 1992:	J. Duchac (CDU)
seit 1992:	B. Vogel (CDU)

3. Bundespräsidenten seit 1949:

www.bundespraesident.de

Amtszeit	Bundespräsident
1949 – 1954	Theodor Heuss
1954 – 1959	Theodor Heuss
1959 – 1964	Heinrich Lübke
1964 – 1969	Heinrich Lübke
1969 – 1974	Gustav Heinemann
1974 – 1979	Walter Scheel
1979 – 1984	Karl Carstens
1984 – 1989	Richard von Weizsäcker
1989 – 1994	Richard von Weizsäcker
1994 – 1999	Roman Herzog
seit 1999	Johannes Rau

4. Bundeskanzler seit 1949:

www.bundeskanzler.de

Amtszeit	Bundeskanzler
1949 – 1953	Konrad Adenauer
1953 – 1957	Konrad Adenauer
1957 – 1961	Konrad Adenauer
1961 – 1963	Konrad Adenauer
1963 – 1965	Ludwig Erhard
1965 – 1966	Ludwig Erhard
1966 – 1969	Kurt Georg Kiesinger
1969 – 1972	Willy Brandt
1972 – 1974	Willy Brandt
1974 – 1976	Helmut Schmidt
1976 – 1980	Helmut Schmidt
1980 – 1982	Helmut Schmidt
1982 – 1983	Helmut Kohl
1983 – 1987	Helmut Kohl
1987 – 1991	Helmut Kohl
1991 – 1994	Helmut Kohl
1994 – 1998	Helmut Kohl
seit 1998	Gerhard Schröder

XV. Weiterführende Literatur- und Informationshinweise

1. Statistisches Bundesamt/ Statistische Landesämter:

   www.statistik-bund.de

2. Bundeszentrale für politische Bildung:

   www.bpb.de

3. Deutsche Bundesbank:

   www.bundesbank.de

4. Der Bundesbeauftragte für die Unterlagen des Staatssicherheitsdienstes der ehemaligen DDR (BStU):

   www.bstu.de

5. Grundgesetz der Bundesrepublik Deutschland:

   www.jura.uni-sb.de/BIJUS/grundgesetz/

6. Literatur:

Altendorfer, Otto,
Mediensystem der Bundesrepublik Deutschland,
2 Bde., Opladen 2001

Bauer, Michael,
Regulierter Journalismus. Spielregeln lokaler Wahlkampfberichterstattung,
München 1989

Bethschneider, Monika,
Wahlkampfführung und politische Weltbilder. Eine systematische Analyse des Wahlkampfes der Bundestagsparteien in den Bundestagswahlkämpfen 1976 und 1980,
Frankfurt 1987

Blumler, Jay G. (Hg.),
Communication to voters. Television in the first European parliamentary elections,
London 1983

Brettschneider, Frank,
Medien als Imagemacher?,
In: Media Perspektiven 8 (1998), S. 392-401

Brettschneider, Frank,
Wahlumfragen. Empirische Befunde zur Darstellung in den Medien und zum Einfluss auf das Wahlverhalten in der Bundesrepublik Deutschland und den USA,
München 1993

Brosius, Hans-Bernd/ Holicki, Sabine/ Hartmann, Thomas,
Einfluss der Gestaltungsmerkmale von Wahlplakaten auf Personenwahrnehmung und Kompetenzzuschreibung,
in: Publizistik 32 (1987), S. 338-353

Brunner, Wolfram/ Walz, Dieter,
Zwischen Parteiidentifikation, Kandidatenbewertung und Issueorientierung. Bestimmungsfaktoren der Wahlentscheidung 1998,
in: Pickel, Gert/ Walz, Dieter/ Brunner, Wolfram (Hg.),
Deutschland nach den Wahlen. Befunde zur Bundestagswahl 1998 und zur Zukunft des deutschen Parteiensystems,
Opladen 2000, S. 101-108

Buß, Michael/ Ehlers, Renate,
Mediennutzung und politische Einstellung im Bundestagswahlkampf 1980,
in: Media Perspektiven 4 (1982), S. 237-253

Darkow, Michael/ Zimmer, Karl,
Der Wahlkampf als Alltagsereignis – unbedeutend. Erste Ergebnisse des Tagebuch-Panels „Fernsehen und Alltag",
in: Media Perspektiven 4 (1982), S. 254-262

Donsbach, Wolfgang/ Brosius, Hans-Bernd/ Mattenklott, Axel,
Die zweite Realität. Ein Feldexperiment zur Wahrnehmung einer Wahlkampfveranstaltung durch Teilnehmer und Fernsehzuschauer,
in: Holtz-Bacha, Christina/ Kaid, Lynda Lee (Hg.),
Die Massenmedien im Wahlkampf. Untersuchungen aus dem Wahljahr 1990,
Opladen 1993, S. 104-143

Feist, Ursula/ Liepelt, Klaus,
Massenmedien und Wählerverhalten in der Bundesrepublik,
in: Rundfunk und Fernsehen 31 (1983), S. 290-306

Finkel, Steven F./ Schrott, Peter,
Wählerstimmen durch Wahlkämpfe? Eine Analyse der Bundestagswahl 1990,
in: ZUMA-Nachrichten 34 (1994), S. 7-33

Friedrichsen, Mike,
Im Zweifel für die Angeklagten. Zur Wahrnehmung und Akzeptanz von Parteien im Superwahljahr 1994,
in: Holtz-Bacha, Christina/ Kaid, Lynda Lee (Hg.),
Wahlen und Wahlkampf in den Medien. Untersuchungen aus dem Wahljahr 1994,
Opladen 1996, S. 45-79

Gellner, Winand/ Strohmeier, Gerd,
Netzwahlk(r)ampf. Die Wahlkommunikation im Internet,
in: Holtz-Bacha, Christina (Hg.),
Wahlkampf in den Medien – Wahlkampf mit den Medien. Ein Reader zum Wahljahr 1998,
Opladen 1999, S. 86-108

Holtz-Bacha, Christian,
Nur bei den Wasserwerken Effekte? Eine Studie zur parteipolitischen Spot-Werbung vor Europawahlen,
in: medium 20 (1990), S. 50-53

Holtz-Bacha, Christina,
Wahlkampf 1998 – Modernisierung und Professionalisierung,
in: Holtz-Bacha, Christina (Hg.),
Wahlkampf in den Medien – Wahlkampf mit den Medien. Ein Reader zum Wahljahr 1998,
Opladen 1999, S. 9-23

Holtz-Bacha, Christina,
„Wir sind bereit". Wählen Sie „Weltklasse für Deutschland". Fernsehwerbung der Parteien im Bundestagswahlkampf 1998,
in: Holtz-Bacha, Christina (Hg.),
Wahlkampf in den Medien – Wahlkampf mit den Medien. Ein Reader zum Wahljahr 1998,
Opladen 1999, S. 69-85

Holtz-Bacha, Christina/ Kaid, Lynda Lee,
„Simply the best". Parteienspots im Bundestagswahlkampf 1994 – Inhalte und Rezeption,
in: Holtz-Bacha, Christina/ Kaid, Lynda Lee (Hg.),
Wahlen und Wahlkampf in den Medien. Untersuchungen aus dem Wahljahr 1994,
Opladen 1996, S. 177-207

Holtz-Bacha, Christiana/ Kaid, Lynda Lee,
Wahlspots im Fernsehen. Eine Analyse der Parteienwerbung zur Bundestagswahl 1990,
in: Holtz-Bacha, Christina/ Kaid, Lynda Lee (Hg.),
Die Massenmedien im Wahlkampf. Untersuchungen aus dem Wahljahr 1990,
Opladen 1993, S. 46-71

Holtz-Bacha, Christiana/ Kaid, Lynda Lee/ Johnston, Anne,
Political television advertising in western democracies. A comparison of campaign broadcasts in the U.S., Germany and France,
in: Politicial Communication 11 (1994), S. 67-80

Kaid, Lynda Lee/ Holtz-Bacha, Christina,
Audicence Reactions to televised political programs. An experimental study of the 1990 German national election,
in: European Journal of Communication 8 (1993), S. 77-99

Kaid, Lynda Lee,
„Und dann, auf der Wahlparty …“. Reaktionen auf Wahlwerbespots. Computergestützte Messungen,
in: Holtz-Bacha, Christina/ Kaid, Lynda Lee (Hg.),
Wahlen und Wahlkampf in den Medien. Untersuchungen aus dem Wahljahr 1994,
Opladen 1996, S. 208-224

Kamps, Klaus,
Im Wahlkampf nichts Neues. Aufmerksamkeitsstrukturen der Kampagnenberichterstattung in Fernsehnachrichten,
in: Holtz-Bacha, Christina (Hg.),
Wahlkampf in den Medien – Wahlkampf mit den Medien. Ein Reader zum Wahljahr 1998,
Opladen 1999, S. 109-132

Kepplinger, Hans Mathias,
Optische Kommentierung in der Fernsehberichterstattung über den Bundestagswahlkampf 1976,
in: Ellwein, Thomas (Hg.),
Politikfeld-Analysen 1979,
Opladen 1980, S. 163-179

Kepplinger, Hans Mathias/ Brosius, Hans-Bernd,
Der Einfluss der Parteibindung und der Fernsehberichterstattung auf die Wahlabsichten der Bevölkerung,
in: Kaase, Max/ Klingemann, Hans-Dieter (Hg.),
Wahlen und Wähler. Analysen aus Anlass der Bundestagswahl 1987,
Opladen 1990, S. 675-686

Kepplinger, Hans Mathias/ Donsbach, Wolfgang,
Der Einfluss der Kameraperspektiven auf die Wahrnehmung eines Parteiredners durch Anhänger, Gegner und neutrale Zuschauer,
in: Schulz, Winfried/ Schönbach, Klaus (Hg.),
Massenmedien und Wahlen,
München 1983, S. 406-423

Kepplinger, Hans Mathias/ Maurer, Marcus,
Der Nutzen erfolgreicher Inszenierungen,
in: Holtz-Bacha, Christina (Hg.),
Wahlkampf in den Medien – Wahlkampf mit den Medien. Ein Reader zum Wahljahr 1998,
Opladen 1999, S. 24-39

Kleinhenz, Thomas,
Die Nichtwähler. Ursachen der sinkenden Wahlbeteiligung in Deutschland,
Opladen 1995

Lessinger, Eva-Maria/ Moke, Markus,
„Ohne uns schnappt jeder Kanzler über …“. Eine Studie zur Rezeption von Plakatwerbung im Bundestagswahlkampf 1998,

in: Holtz-Bacha, Christina (Hg.),
Wahlkampf in den Medien – Wahlkampf mit den Medien. Ein Reader zum Wahljahr 1998,
Opladen 1999, S. 242-262

Mathes, Rainer/ Freisens, Uwe,
Kommunikationsstrategien der Parteien und ihr Erfolg. Eine Analyse der aktuellen Berichterstattung in den Nachrichtenmagazinen der öffentlich-rechtlichen und privaten Rundfunkanstalten im Bundestagswahlkampf 1987,
in: Kaase, Max/ Klingemann, Hans-Dieter (Hg.),
Wahlen und Wähler. Analysen aus Anlass der Bundestagswahl 1987,
Opladen 1990, S. 531-568

Mathes, Rainer/ Rudolph, Caroline,
Who sets the agenda? Party and media influences shaping the campaign agenda in Germany,
in: Political Communication and Persuasion 8 (1991), S. 183-199

Merten, Klaus,
Wirkungen der Medien im Wahlkampf. Fakten oder Artefakte?,
in: Schulz, Winfried/ Schönbach, Klaus (Hg.),
Massenmedien und Wahlen,
München 1983, S. 424-441

Molitor, Ute,
Wählen Frauen anders? Zur Soziologie eines frauenspezifischen politischen Verhaltens in der Bundesrepublik Deutschland,
Baden-Baden 1992

Noelle-Neumann, Elisabeth,
Return to the concept of powerful mass media,
in: Studies of Broadcasting 9 (1973), S. 67-112

Noelle-Neumann, Elisabeth,
Das doppelte Meinungsklima. Der Einfluss des Fernsehens im Wahlkampf 1976,
in: Politische Vierteljahresschrift 18 (1977), S. 408-451

Noelle-Neumann, Elisabeth,
Die Schweigespirale. Öffentliche Meinung – unsere soziale Haut,
München 1980

Noelle-Neumann, Elisabeth,
Wahlentscheidung in der Fernsehdemokratie,
Freiburg 1980

Noelle-Neumann, Elisabeth,
Meinungsklima und Wahlforschung,
in: Kaase, Max/ Klingemann, Hans-Dieter (Hg.),
Wahlen und Wähler. Analysen aus Anlass der Bundestagswahl 1987,
Opladen 1990, S. 481-530

Norpoth, Helmut/ Baker, Kendall L.,
Politiker unter sich am Bildschirm. Die Konfrontation von Personen und Sachthemen in den Fernsehdiskussionen 1972-1980,
in: Kaase, Max/ Klingemann, Hans-Dieter (Hg.),
Wahlen und politisches System. Analysen aus Anlass der Bundestagswahl 1980,
Opladen 1983, S. 600-621

Paletz, David L./ Vinson, C. Danielle,
Mediatisierung von Wahlkampagnen. Zur Rolle der amerikanischen Medien bei Wahlen,
in: Media Perspektiven 7 (1994), s. 362-368

Pickel, Gert,
Wählen die jungen Wähler anders? – Jugendliche und junge Erwachsene bei der Bundestagswahl 1998,
in: Pickel, Gert/ Walz, Dieter/ Brunner, Wolfram (Hg.),
Deutschland nach den Wahlen. Befunde zur Bundestagswahl 1998 und zur Zukunft des deutschen Parteiensystems,
Opladen 2000, S. 187-204

Pooack, Detlef/ Pickel, Gert,
Die Bundestagswahl 1998 in Ostdeutschland – Zwei getrennte Elektorate oder nur partielle Abweichungen?,
in: Pickel, Gert/ Walz, Dieter/ Brunner, Wolfram (Hg.),
Deutschland nach den Wahlen. Befunde zur Bundestagswahl 1998 und zur Zukunft des deutschen Parteiensystems,
Opladen 2000, S. 79-98

Radunski, Peter,
Wahlkämpfe. Moderne Wahlkampfführung als politische Kommunikation,
München 1980

Radunski, Peter,
Strategische Überlegungen zum Fernsehwahlkampf,
in: Schulz, Winfried/ Schönbach, Klaus (Hg.),
Massenmedien und Wahlen,
München 1983, S. 131-145

Reiser, Stefan,
Politik und Massenmedien im Wahlkampf. Thematisierungsstrategien und Wahlkampfmanagement,
in: Media Perspektiven 7 (1994), S. 341-348

Rettich, Markus/ Schatz, Roland,
1998: Amerikanisierung oder Die Macht der Themen. Bundestagswahl 1998: Die Medien-Tenor-Analyse der Berichterstattung und ihrer Auswirkungen auf das Wählervotum,
Bonn 1998

Sarcinelli, Ulrich,
Symbolische Politik. Zur Bedeutung symbolischen Handelns in der Wahlkampfkommunikation der Bundesrepublik Deutschland,
Opladen 1987

Schönbach, Klaus,
Agenda-Setting im Europawahlkampf 1979. Die Funktionen von Presse und Fernsehen,
in: Media Perspektiven 7 (1981), S. 537-547

Schönbach, Klaus,
Das unterschätzte Medium. Politische Wirkungen von Presse und Fernsehen im Vergleich,
München 1983

Schönbach, Klaus,
What und how voters learned,
in: Blumler, Jay G. (Hg.),
Communicating to voters,
London 1983, S. 299-318

Schönbach, Klaus,
Werden Wahlen im Fernsehen entschieden? Einige Überlegungen zur politischen Wirksamkeit von Presse und Fernsehen,
in: Media Perspektiven 7 (1983), S. 462-468

Schönbach, Klaus,
Images der Kanzlerkandidaten im Wahlkampf 1990. Einflüsse von PR und politischer Werbung im Vergleich,
in: Armbrecht, Wolfgang/ Avenarius, Horst/ Zabel, Ulf (Hg.),
Image und PR,
Opladen 1993, S. 215-226

Schönbach, Klaus/ Eichhorn, Wolfgang,
Medienwirkung und ihre Ursachen. Wie wichtig sind Zeitungsberichte und Leseinteressen?,
Konstanz 1992

Schönbach, Klaus/ Semetko, Holli A.,
Medienberichterstattung und Parteienwerbung im Bundestagswahlkampf 1990. Ergebnisse aus Inhaltsanalysen und Befragungen,
in: Media Perspektiven 7 (1994), S. 328-339

Schulz, Winfried,
Wird die Wahl im Fernsehen entschieden? Der „getarnte Elefant" im Lichte der neueren Forschung,
in: Media Perspektiven 7 (1994), S. 318-327

Semetko, Holli A./ Schönbach, Klaus,
Germany's „unity election". Voters and the media,
New York 1994

Stab, Joachim Friedrich,
Direktkandidaten in den Bundestagswahlkämpfen 1969 bis 1983. Erfahrungen im Umgang mit der lokalen und regionalen Tagespresse,
in: Publizistik 31 (1986), S. 296-314

The Political Consulting Group,
Zwischen Wahnsinn und Methode. Einige Anmerkungen zum Wahlkampf von CDU und SPD bei der Bundestagswahl 1998,
in: Pickel, Gert/ Walz, Dieter/ Brunner, Wolfram (Hg.),
Deutschland nach den Wahlen. Befunde zur Bundestagswahl 1998 und zur Zukunft des deutschen Parteiensystems,
Opladen 2000, S. 57-78

Toman-Banke, Monika,
Die Wahlslogans von 1949 bis 1994,
in: Aus Politik und Zeitgeschichte 51-52 (1994), S. 47-55

Uekermann, Heinz R.,
Massenmedien und Jungwähler. Ergebnisse einer Untersuchung zur Themenstrukturierungsfunktion tagesaktueller Pressemedien und dem Kommunikationsverhalten von Jugendlichen,
Frankfurt 1984

Wachtel, Martin,
Die Darstellung von Vertrauenswürdigkeit in Wahlwerbespots. Eine argumentationsanalytische und semiotische Untersuchung zum Bundestagswahlkampf 1987,
Tübingen 1988

Wirth, Werner/ Voigt, Ronald,
Der Aufschwung ist meiner! Personalisierung von Spitzenkandidaten im Fernsehen zur Bundestagswahl 1998,
in: Holtz-Bacha, Christina (Hg.),
Wahlkampf in den Medien – Wahlkampf mit den Medien. Ein Reader zum Wahljahr 1998,
Opladen 1999, S. 133-158

Wolf, Werner,
Der Wahlkampf. Theorie und Praxis,
Köln 1980

Zeh, Reimar/ Hagen, Lutz,
„Nun zum Sport ..." und andere kurzfristige Effekte von Fernsehnachrichten auf die Wahlabsicht im Bundestagswahlkampf 1998. Eine zeitreihenanalytische Untersuchung,
in: Holtz-Bacha, Christina (Hg.),
Wahlkampf in den Medien – Wahlkampf mit den Medien. Ein Reader zum Wahljahr 1998,
Opladen 1999, S. 188-217

Zelle, Carstens,
Der Wechselwähler. Eine Gegenüberstellung politischer und sozialer Erklärungsansätze des Wählerwandels in Deutschland und den USA,
Opladen 1995

XVI. Politische Adressen

1. Bundespräsidialamt:
   www.bundespraesident.de

2. Bundeskanzleramt:
   www.bundeskanzler.de

3. Bundesregierung:
   www.bundesregierung.de

4. Bundesministerien:

Auswärtiges Amt:
www.auswaertiges-amt.de

Bundesministerium der Finanzen:
www.bundesfinanzministerium.de

Bundesministerium für Arbeit und Sozialordnung:
www.bma.de

Bundesministerium für Bildung und Forschung:
www.bmbf.de

Bundesministerium für Ernährung, Landwirtschaft und Forsten:
www.bml.de

Bundesministerium für Familie, Senioren, Frauen und Jugend:
www.bmfsfj.de

Bundesministerium für Gesundheit:
www.bmgesundheit.de

Bundesministerium des Innern:
www.bmi.bund.de

Bundesministerium der Justiz:
www.bmj.bund.de

Bundesministerium für Umwelt, Naturschutz und Reaktorsicherheit:
www.bmu.de

Bundesministerium für Verkehr, Bau- und Wohnungswesen:
www.bmvkw.de

Bundesministerium für Verteidigung:
www.bundeswehr.de

Bundesministerium für Wirtschaft und Technologie:
www.bmwi.de

Bundesministerium für wirtschaftliche Zusammenarbeit undEntwicklung:
www.bmz.de

5. Deutscher Bundestag:
   www.bundestag.de

6. Bundesrat:
   www.bundesrat.de

7. Bundesverfassungsgericht:
   www.bundesverfassungsgericht.de

8. Landesregierungen:

Baden-Württemberg:
www.baden-wuerttemberg.de

Bayern:
www.bayern.de

Berlin:
www.berlin.de

Brandenburg:
www.brandenburg.de

Bremen:
www.bremen.de

Hamburg:
www.hamburg.de

Hessen:
www.hessen.de

Mecklenburg-Vorpommern:
www.mvnet.de/inmv/Land_reg/

Niedersachsen:
www.niedersachsen.de

Nordrhein-Westfalen:
www.nrw.de

Rheinland-Pfalz:
www.stk.rpl.de

Saarland:
www.saarland.de

Sachsen:
www.sachsen.de

Sachsen-Anhalt:
www.sachsen-anhalt.de

Schleswig-Holstein:
www.schleswig-holstein.de

Thüringen:
www.thueringen.de

9. Landtage:

Baden-Württemberg:
www.landtag-bw.de

Bayern:
www.landtag-bayern.de

Berlin:
www.parlament-berlin.de

Brandenburg:
www.brandenburg.de/landtag/

Bremen:
www.bremen.de/info/buergerschaft/

Hamburg:
www.hamburg.de/StadtPol/Brgschft/

Hessen:
www.landtag.hessen.de

Mecklenburg-Vorpommern:
www.landtag.mvnet.de

Niedersachsen:
www.landtag-niedersachsen.de

Nordrhein-Westfalen:
www.landtag.nrw.de

Rheinland-Pfalz:
www.landtag.rheinland-pfalz.de

Saarland:
www.jura.uni-sb.de/Landtag-Saar/

Sachsen:
www.landtag.sachsen.de

Sachsen-Anhalt:
www.landtag.sachsen-anhalt.de

Schleswig-Holstein:
www.sh-landtag.de

Thüringen:
www.thueringen.de

10. Europa:

Europäische Union:
http://europa.eu.int/
http://zeus.fh-brandenburg.de/~netpol/eurolin1.htm

Europaparlament:
www.europarl.eu.int/sg/tree/de/default.htm

Europäische Kommission:
http://europa.eu.int/comm/index_de.htm

XVII. Medien

1. Öffentlich-Rechtlicher Rundfunk:

Arbeitsgemeinschaft der öffentlich-rechtlichen Rundfunkanstalten Deutschlands (ARD)/ Öffentlich-Rechtliche Landesrundfunkanstalten:
www.ard.de

Zweites Deutsches Fernsehen (ZDF)
www.zdf.de

2. Privater Rundfunk:

Verband Privater Rundfunk und Telekommunikation (VPRT):
Alle privaten Hörfunk- und Fernsehsender
www.vprt.de

3. Landesmedienanstalten:

Arbeitsgemeinschaft der Landesmedienanstalten (ALM)/ Landesmedienanstalten:
www.alm.de

4. Zeitungen und Zeitschriften:

Bundesverband Deutscher Zeitungsverleger: Alle Zeitungen und Zeitungsverlage
www.bdzv.de

Verband Deutscher Zeitschriftenverleger: Alle Zeitschriften und Zeitschriftenverlage
www.vdz.de

5. Nachrichtenagenturen:

Deutsche Presseagentur:
www.dpa.de

Agentur Reuters:
www.reuters.de

Agence France-Presse:
www.afp.com

Deutscher Depeschen Dienst/ Allgemeiner Deutscher Nachrichtendienst:
www.ddp.de

XVIII. Parteien

1. Sozialdemokratische Partei Deutschlands – SPD

Willy-Brandt-Haus
Wilhelmstr. 140
10963 Berlin

www.spd.de

2. Christlich Demokratische Union Deutschlands – CDU

Konrad-Adenauer-Haus
Klingelhöferstr. 8
10785 Berlin

www.cdu.de

3. Christlich-Soziale Union in Bayern – CSU

Franz-Josef-Strauß-Haus
Nymphenburger Str. 64
80335 München

www.csu.de

4. Bündnis 90/ Die Grünen

Platz vor dem Neuen Tor 1
10115 Berlin

www.gruene.de

5. Freie Demokratische Partei Deutschlands – FDP

Thomas-Dehler-Haus
Reinhardtstr. 14
10117 Berlin

www.liberale.de

6. Partei des Demokratischen Sozialismus – PDS

Kleine Alexanderstr. 28
10178 Berlin

www.pds-online.de

XIX. Politische Stiftungen

1. Friedrich-Ebert-Stiftung – FES

Godesberger Allee 149
53175 Bonn

www.fes.de

2. Konrad-Adenauer-Stiftung – KAS

Rathausallee 12
53757 Sankt Augustin

www.kas.de

3. Hanns-Seidel-Stiftung – HSS

Lazarettstr. 33
80636 München

www.hss.de

4. Heinrich-Böll-Stiftung

Rosenthaler Str. 40/41
10178 Berlin

www.boell.de

5. Friedrich-Naumann-Stiftung – FNS

Alt-Nowawes 67
14482 Potsdam

www.fnst.de

6. Rosa-Luxemburg-Stiftung

Franz-Mehring-Platz 1
10243 Berlin

www.rosaluxemburgstiftung.de

XX. Autorenverzeichnis

Altendorfer, Otto, Prof. Dr. phil., M.A., geb. 1958; Studium der Germanistik, Geschichte, Politikwissenschaft und Soziologie; nach wissenschaftlicher und journalistischer Tätigkeit, Promotion und Referendariat von 1991-1993 Referent für Medienpolitik beim Generalsekretär der Christlich Demokratischen Union (CDU) in der Bundesgeschäftsstelle Bonn (unter den Generalsekretären Volker Rühe und Peter Hintze); von Mitte 1993 in leitender Funktion beim privaten Medienanbieter Hundert,6 Medien GmbH in Berlin (Kirch-Gruppe); seit April 1995 o. Professor/Lehrstuhl für Publizistik und Kommunikationswissenschaft an der Hochschule Mittweida/University of Applied Sciences, Konzeption, Entwicklung und Aufbau der internationalen Modellstudiengänge Angewandte Medienwirtschaft, Medienmanagement und Medientechnik nach dem „Mittweidaer Modell"; 1993-1996 Mitglied des Vorstands des Verbandes Privater Rundfunk und Telekommunikation (VPRT); 1996-Juli 1997 Präsident des Medienrats der Sächsischen Landesanstalt für privaten Rundfunk und neue Medien (SLM), Direktor der Akademie für multimediale Ausbildung und Kommunikation (AMAK); zahlreiche Veröffentlichungen zu nationalen und internationalen medienpolitischen, medienwirtschaftlichen, medienstrukturellen und mediengeschichtlichen Fragen sowie zur Medien-, Markt- und Meinungsforschung; seit 1999 Herausgeber des Mitteldeutschen Medienjahrbuchs; Politik- und Medienberatung für Parteien, Verbände und Unternehmen im nationalen und internationalen Rahmen.
ad@htwm.de

Baake, Wolfgang, geb. 1950, verheiratet, 4 Kinder; zehn Jahre kaufmännische Tätigkeit in der Volkswagen AG (VW-Werk Kassel); 1976-1980 Studium der Theologie am Theologischen Seminar TABOR in Marburg, zwei Jahre Pastor (Vikariat) in Berlin, Juni 1982 Zweites Theologisches Examen; ab 1982 journalistische Ausbildung und Tätigkeit in der ARD-Tagesschau- und Tagesthemen-Redaktion beim NDR in Hamburg; seit 1983 Geschäftsführer des Christlichen Medienverbundes KEP (Konferenz Evangelikaler Publizisten e.V.), Wetzlar; seit

1987 Leiter der Christlichen Medien-Akademie; Verantwortlich für die Presse- und Öffentlichkeitsarbeit christlicher Großveranstaltungen; Freier Mitarbeiter des Mitteldeutschen Rundfunks (MDR), MDR-Fernsehen: Redaktion „MDR-aktuell" (Dresden); seit 1. März 1999 Beauftragter der Deutschen Evangelischen Allianz am Sitz des Deutschen Bundestages und der Bundesregierung.
Baake@KEP.de , WBaake@t-online.de

Bergmann, Dietmar, geb. 1958; Studium der Journalistik in Dortmund; 1979-1990 freiberufliche Redaktion der „Zeitung am Sonntag" in diversen Wahlkämpfen; 1985-1989 Redakteur beim Kabelpilotprojekt Dortmund; 1990-1994 Wissenschaftlicher Mitarbeiter beim Deutschen Institut für publizistische Bildungsarbeit „Haus Busch", Hagen; 1995-1997 Geschäftsführer des SPD-Europabüros beim Bezirk Westliches Westfalen; 1997-1998 Referent des Bundesgeschäftsführers in der SPD-Wahlkampfzentrale KAMPA, Bonn; 1999-2000 Referent für Öffentlichkeitsarbeit beim SPD-Landesverband NRW, Düsseldorf; seit Juli 2000 Referent im Planungsstab des SPD-Parteivorstandes, Berlin.
Dietmar.Bergmann@spd.de

Bilgeri, Alexander, Dipl.-Kfm., geb.13.09.1974 in Simmerberg im Allgäu, ledig; 1995-2000 Studium der Betriebswirtschaftslehre an der Ludwig-Maximilians-Universität (LMU) München; seit 1992 Inhaber der PRO-motion Consulting, 1995-1999 Persönlicher Referent des Geschäftsführers der EUTOP Gesellschaft für europäisches Marketing, Beratung und Führungsschulung mbH, Sitz in München, mit Tochtergesellschaften in Brüssel und Bonn, Büros in Berlin und Washington, D.C., seit 2000 Vorsitzender des Vorstandes der politikerscreen.de AG, Sitz in München.
www.politikerscreen.de

Böhme, Manfred, Dipl-Ing., geb. 1958 in Freital, verheiratet, 2 Kinder; Direktor des Landestourismusverbandes Sachsen; seit 1991 in verschiedenen Arbeitsgruppen auf Bundes- und Landesebene im Bereich Tourismus tätig, u.a. bei der Neustrukturierung der Deutschen Zentrale für Tourismus und im

Deutschen Tourismusverband; nebenberufliche Beschäftigung mit den Themenbereichen Tourismus und Neue Medien, Kommunikationspolitik und der Erweiterung der Europäischen Union.

Brachvogel, Frank, geb. 4. Sept. 1969; seit 1989 Freie Mitarbeit bei der „Neuen Osnabrücker Zeitung"; 1990-1992 Volontariat beim „Westfalen- Blatt", Bielefeld, mit Wechsel zur „Thüringer Tagespost"; 1992-1994 Landespolitik-Korrespondent der „Thüringischen Landeszeitung" (TLZ), Erfurt; 1994 Nachrichtenredakteur bei „ANTENNE THÜRINGEN", Weimar; 1995-1997 Chef vom Dienst und Co-Moderator der Morgensendung bei „ANTENNE THÜRINGEN"; 1998 Stellvertretender Chefredakteur bei „ANTENNE THÜRINGEN"; seit 1999 Stellvertretender Programmleiter bei „ANTENNE THÜRINGEN".
brachvogel@antennethueringen.de,
www.antennethueringen.de

Bulthaupt, Axel, Fernsehjournalist und Moderator; Studium der Geschichte und Literaturwissenschaften; Freier Mitarbeiter beim NDR-Hörfunk und N3-Fernsehen; seit 1994 rund 700 Mal Moderation des Boulevard-Magazins „BRISANT" im Ersten, regelmäßige Berichte in der Reisesendung „Bulthaupt in...."(MDR) aus den Metropolen dieser Welt; Präsentation der „José-Carreras-Gala" in der ARD zu Gunsten leukämiekranker Menschen und des deutschen Vorentscheides zum „Grand Prix Eurovision de la Chanson".
Axel.Bulthaupt@mdr.de

Burkei, Ralph, geb. 1956 in München; seit 1984 privater Fernsehproduzent in München, weitere Studios und Produktionsunternehmen in Leipzig und Bonn; 1993 Initiator für die Gründung der Fernseh Akademie Mitteldeutschland e.V. (FAM) in Leipzig gemeinsam mit Hans Klein; Vizepräsident der Fernseh Akademie Mitteldeutschland; 1997 Gründungsmitglied der Hans-Klein-Stiftung.
www.westnet-ag.de

Bürzle, Winfried, geb. 26. Dezember 1953 in Illertissen; 2. Staatsexamen Deutsch/Geschichte; zwei Jahre staatl. anerkannte Schauspielschule Zinner-Studio München; Hospitanz und Freie Mitarbeit Bayerischer Rundfunk, Radio RT1 Augsburg, Hörfunkagentur Tapes and Tales; Nachrichtenchef BLR (Mantelprogramm der bayerischen Lokalradios); Studioleiter Radio Ostallgäu; Bayerischer Rundfunk, Bayern 1; seit Programmreform 1996 Beratung und Redaktion; Trainer zahlreicher öffentlicher und privater Einrichtungen in Bereichen Journalistische Nachwuchsförderung/Medienschulungen für Führungskräfte aus Politik und Wirtschaft mit den Schwerpunkten Sprechtraining, Verhalten vor Mikrofon und Kamera, Interviewführung.
winfried-buerzle@t-online.de

Bütikofer, Reinhard, geb. 1953 in Mannheim, 3 Kinder; Studium der Philosophie, Geschichte und Sinologie in Heidelberg; Arbeit als Journalist; Mitglied von BÜNDNIS 90/DIE GRÜNEN seit 1984; 1984-1988 Stadtrat in Heidelberg für die GAL; bis 1987 Fraktionsvorsitzender; 1988-1996 Mitglied des Landtags Baden-Württemberg für den Wahlkreis Heidelberg und Finanz- sowie Europapolitischer Sprecher der Landtagsfraktion; seit 1997 Landesvorsitzender in Baden-Württemberg und Mitglied des Länderrates; zwischen 1987 und 1998 mehrfach Mitglied in Programmkommissionen für Landtags-, Bundestags- und Europawahlen; Mitglied des BUND, der IG Medien, der Gesellschaft für bedrohte Völker, der Deutsch-Polnischen Gesellschaft, der Helsinki Citizens Assembly, der Europa-Union, des Europazentrums Baden-Württemberg, des Beirats der Landeskreditbank Baden-Württemberg und des West-Beirats der Böll-Stiftung; seit Dezember 1998 Politischer Geschäftsführer von BÜNDNIS 90/DIE GRÜNEN.
buetikofer@gruene.de

Busch, Harald, Dipl.-Kfm., WP/StB, geb. 1958 in Kronach; 1978-1979 Studium der Musikwissenschaften in München; 1980-1983 Studium der Betriebswirtschaftslehre in München; Abschluss Diplom-Kaufmann; 1986 Steuerberaterexamen; 1988 Wirtschaftsprüferexamen; seit 1989 Geschäftsführender Gesellschafter einer mittelständischen Wirtschaftsprüfungs- und Steuerberatungsgesellschaft in München; seit 1990 Aufsichtsrats- und Beiratsmandate bei diversen Unternehmen im

Handels-, Medien- und Softwarebereich; Abschlussprüfer nach dem Fraktionsgesetz; steuerlicher Berater von diversen Verbänden, Funktionären und Mandatsinhabern.
Office@accountant.de

Deitenbeck, Martin, geb. 23. Mai 1961 in Lüdenscheid, 1982-1988 Studium der Rechtswissenschaften an der Universität Heidelberg, 2. Staatsprüfung in Düsseldorf; ab Juli 1992 im wissenschaftlichen Dienst der CDU-Fraktion des Sächsischen Landtags, September 1992-Februar 1999 medienpolitischer Berater; maßgeblich an verschiedenen Novellen des Sächsischen Privatrundfunkgesetzes sowie weiteren medienrechtlichen Initiativen beteiligt; Tätigkeit als medienpolitischer Referent; Beratung der CDU-Landtagsfraktion in der Kultur- und Bildungspolitik; März-November 1999 Leitung des Bereiches „Öffentlichkeitsarbeit und Gremienbüro" in der Sächsischen Landesanstalt für privaten Rundfunk und neue Medien in Dresden, seit Dezember 1999 deren Geschäftsführer; Mitglied im Landesfachausschuss „Bildung und Innovation" der Sächsischen Union.
info@slm-online.de, www.slm-online.de

Dettke, Dieter, Dr., geb. 15. Januar 1941 in Brusendorf, Kreis Teltow, Studium der Politik- und Rechtswissenschaften in Bonn, Straßburg und Berlin; Promotion an der FU Berlin mit einer Arbeit über die europäisch- amerikanischen Beziehungen Ende der sechziger und Anfang der siebziger Jahre, veröffentlicht unter dem Titel „Allianz im Wandel" (Metzner Verlag, Frankfurt, 1976); 1969-1974 wissenschaftlicher Mitarbeiter bei der Deutschen Gesellschaft für Auswärtige Politik; 1974-1984 außenpolitischer Referent bei der SPD-Bundestagsfraktion; seit Anfang 1985 Leitung des Washingtoner Büros der Friedrich-Ebert-Stiftung.
fesdc@fesdc.org, www.fesdc.org

Doetsch, Holger, geb. 12. Oktober 1963 in Bendorf/Rhein, römisch- katholisch, ledig; 1990 Fachhochschulreife; 1984 Ausbildung zum Bankkaufmann, 1984-1987 Tätigkeit als Bankkaufmann bei der Deutschen Bank AG, Koblenz; 1987-1990 Freier Journalist, Ressorts Wirtschaft und Lokales bei der „Rhein- Zeitung" Koblenz; 1990 Sprecher des DDR-Ministeriums für Jugend und Sport in der Regierung von Lothar de Maizière; verschiedene Sprecherpositionen/Leitungen von Pressestellen, u.a. Sprecher des Bundesverbandes der Jungen Union Deutschlands, Pressereferent der CDU- Fraktion im Landtag Thüringen; seit 1992 Dozent für verschiedene Stiftungen, Fach „Rhetorik"; seit 1995 Dozent an der Hochschule Mittweida/University of Applied Sciences; seit 2000 eingetragenes Mitglied der Bundespressekonferenz; PR-Berater der Agentur MIC Medien-Information-Communikation Köln/Berlin; Dozent für Presse- und Öffentlichkeitsarbeit sowie Rhetorik; diverse Veröffentlichungen, u. a. in Frankfurter Rundschau, Die Zeit und Rheinischer Merkur.

Eisenmenger, Sven L., geb. 18. August 1977 in Essen; seit 1997 Studium der Rechtswissenschaft an der Universität Bayreuth mit abgeschlossener wirtschaftswissenschaftlicher Zusatzausbildung; daneben Tätigkeiten bei RWE Energie AG (Essen), Westdeutscher Rundfunk (Köln) sowie im Deutschen Bundestag (Berlin).

Fasco, Jochen, geb. 26. Juli 1963 in Waldfischbach-Burgalben (Rheinland-Pfalz); Studium in Mainz, Speyer (Hochschule für Verwaltungswissenschaften) und Saarbrücken (Europa Institut); Rechtsreferendarausbildung u.a. in der Rechtsabteilung des Zweiten Deutschen Fernsehens; Volljurist; wissenschaftlicher Mitarbeiter und Büroleiter beim Deutschen Bundestag; journalistische Erfahrung u.a. bei der Mainzer Rheinzeitung, Radio RPR sowie dem ZDF; seit Ende 1993 Rundfunkreferent in Thüringer Staatskanzlei, Referat „Rundfunk- und Presserecht", später ergänzend u.a. für die Bereiche „Medienpolitik, Medienwirtschaft, Neue Medien- und Kommunikationstechnologien" zuständig; im Rahmen der Verlagerung der Medienzuständigkeit von der Staatskanzlei in das Thüringer Kultusministerium im Oktober 1999 mit dem Aufbau der neugegründeten Medienabteilung betraut; Vertretung

der Thüringer Landesregierung in Versammlung der Thüringer Landesmedienanstalt.
jfasco@tkm.thueringen.de, http://www.thuerigen.de/tkm
fasco@metronet.de, http://www.jochenfasco.de/

Felten, Jutta, geb. 1947; Dipl. Graf. Des. Komm., Studium von Grafik Design und Kommunikation in Wuppertal, Pädagogik und Germanistik in Köln; jahrelang in namhaften Werbeagenturen für Kreation und Etatbetreuung zuständig; im eigenen Familienunternehmen, der MIC GmbH Köln, verantwortlich für Kundenkontakt, Idee, Konzeption und Design; geplant und realisiert werden Werbekampagnen, Öffentlichkeitsarbeit und Bildungsprojekte für Ministerien, Verbände und Industrie.
www.mic-net.de

Goppel, Thomas Johannes, Dr., geb. 30. April 1947 in Aschaffenburg, röm.-kath.; Studium in Würzburg, München und Salzburg; I. und II. Staatsprüfung für das Lehramt an Volksschulen 1970 bzw. 1973; 1982 Promotion in Salzburg; Wissenschaftlicher Mitarbeiter am Lehrstuhl für Schulpädagogik der Münchner Universität; Organisationsreferent im Staatsinstitut für Frühpädagogik (IFP); Tätigkeiten als freier PR-Mitarbeiter; von 1970-1974 Schul- und Unterrichtseinsatz in Schwaben, Oberbayern und München; seit 1967 in der CSU aktiv; 1972 Mitbegründer und seither Vorsitzender des Aktionskreises Wirtschaft, Politik, Wissenschaft e.V.; von 1970-1980 Dozent für Rhetorik (ab 1973 auch für Verhandlungstechnik); 1975-1978 Vorsitzender des Kolping-Bildungswerkes der Diözese München/Freising; 1981-1991 Vorsitzender des Kreisverbandes Landsberg im Bayerischen Roten Kreuz; 1982-1992 VDA- Landesvorsitzender, seit 1986 Stellvertretender Vorsitzender des Vereins der Freunde und Förderer der Alfons-Goppel-Stiftung e.V. (Aufgaben und Projekte in der Entwicklungshilfe); 1993 Mitbegründer und seither Vorsitzender von EUROPA-DIALOG BAYERN e.V.; seit 1994 Vorsitzender des Kolping-Bildungswerks Landesverband Bayern e.V. sowie Mitglied des Allgemeinen Rates der Katholischen Akademie in Bayern;
Politisch aktiv seit 1971: 1972 Münchner Oberbürgermeisterwahl (Kandidaten-Assistent); 1974 Listen- Abgeordneter des Bayerischen Landtags; seit 1978 Direktvertreter des Stimmkreises Landsberg/Fürstenfeldbruck

im Bayerischen Landtag; 1982-1986 Jugendpolitischer Sprecher der CSU; seit 1981 Landsberger CSU-Kreisvorsitzender; 1982-1992 Stellvertretender Landesvorsitzender des CSU-Arbeitskreises Kulturpolitik; seit 1991 Mitglied des CSU-Parteivorstands; seit 1993 Stellvertretender Bezirksvorsitzender der CSU Oberbayern; 1986-1990 Bayerischer Staatssekretär für Wissenschaft und Kunst (Berufung durch Franz-Josef Strauß); 1990-1994 Bayerischer Staatsminister für Bundes- und Europaangelegenheiten (im Juni 1993 Bestätigung durch Ministerpräsident Edmund Stoiber in diesem Amt); 1994-1998 Bayerischer Staatsminister für Landesentwicklung und Umweltfragen; seit 25.1.99 Generalsekretär der CSU.

Goergen, Barbara, geb. 1952 in Berlin; Inhaberin des neuen Beratungs-Unternehmens Buy.Instinct.com; nach Tätigkeiten im Krankenhaus, in der Reisebranche und dem Studium von Englisch und Spanisch in verschiedenen Funktionen für die Friedrich-Naumann-Stiftung tätig, zuletzt als Vizechefin des Liberalen Instituts verantwortlich für Trendbeobachtung, Management und Kontakte.

Goergen, Fritz, Dr., geb. Fliszar, geb. 1941 in der Steiermark; kam beim Studium von Philosophie, Geschichte und Germanistik zur Hochschulpolitik; sie führte ihn zum Verband Deutscher Studentenschaften, ins Auswärtige Amt und zur F.D.P., als deren Bundesgeschäftsführer er die Wende-Wahlen 1982 managte; zwölf Jahre Leitung der Friedrich-Naumann-Stiftung; Gründung des Liberalen Institutes als Think tank; seit 1997 beruflich selbständig;
1999 übernahmen Barbara und Dr. Fritz Goergen das Management der Landtagswahl-Kampagne für Jürgen Möllemann in Nordrhein-Westfalen.

Graßau, Günther, geb. 1958 in Neumünster/Holstein; Studium der Betriebswirtschaftslehre; Freie Mitarbeit bei verschiedenen Zeitungen; 1984-1986 Volontariat beim Norddeutschen Rundfunk; 1986-1991 Redakteur und Redaktionsleiter NDR Fernsehen; seit 1991 Leiter Fernsehen MDR Landesfunkhaus Sachsen; diverse Lehraufträge zu Fernsehthemen.

Güllner, Manfred, geb. 1941 in Remscheid; 1961-1967 Studium der Soziologie, Sozialpsychologie und Betriebswirtschaft an der Universität zu Köln, Abschluss als Diplom-Kaufmann; 1967-1970 wissenschaftlicher Assistent am soziologischen Seminar der Universität zu Köln (Prof. Dr. René König); 1970-1978 Mitglied der Institutsleitung bei infas Institut für angewandte Sozialwissenschaft, Bonn - Bad Godesberg, (ab 1972 Prokurist); 1978-1983 Direktor des Statistischen Amtes der Stadt Köln; seit 1984 Geschäftsführer forsa Gesellschaft für Sozialforschung und statistische Analysen mbH zunächst in Köln, seit 1991 auch in Berlin.

Hoderlein, Wolfgang, geb. 9. März 1953 in Steinwiesen/Kronach, kath., verh., 3 Kinder; 1972-1973 Studium an der FHS Nürnberg; 1973-1978 Studium Lehramt an den Universitäten Erlangen, Nürnberg und Bayreuth; 1974 Eintritt in die SPD; 1974-1975 Wehrdienst in Bayreuth und journalistische Tätigkeit bei der Bundeswehr in Ulm; 1980-1981 Wahlkreismitarbeiter von MdB Philip Rosenthal; 1978-1990 im Schuldienst als Lehrer; seit 1978 Kommunalpolitiker (Fraktionsvorsitzender, Stadtrat, Kreisrat); seit 1990 Mitglied des Bayerischen Landtags, Stimmkreis Kulmbach/Bayreuth; 1996-09/2000 Generalsekretär der Bayern SPD; 1998 Vorsitzender des Bezirks Oberfranken der SPD; seit 09/2000 Landesvorsitzender der Bayern SPD; Stellvertretender Kreisvorsitzender der Arbeiterwohlfahrt (AWO) Kulmbach; Mitglied der Gewerkschaft der Eisenbahner Deutschland (GdED).

Hollerith, Josef, geb. 10. März 1955 in München, verheiratet, 2 Kinder, katholisch; Studium der Betriebswirtschaftslehre und Erwachsenenpädagogik; Geschäftsführender Gesellschafter der Firma Gesellschaft für Unternehmensberatung und Gewerbeförderung mbH; 1978/91 Mitglied im Gemeinderat; seit 1978 Mitglied des Kreistages Ebersberg; 1984/91 Bezirksvorsitzender der JU Oberbayern; seit 1993 Kreisvorsitzender der CSU Ebersberg; seit 1990 Mitglied des Deutschen Bundestages.
josef.hollerith@bundestag.de

Heinrich, Jens, geb. 1970 in Mannheim; Ausbildung zum Fotografen; seit 1990 Freie Schauspiel- und Regietätigkeit bei Bühnen und Fernsehen; 1994 Studium der Medientechnik an der Hochschule Mittweida/University of Applied Sciences; parallel freie Tätigkeit an den Schnittstellen zwischen Redaktion, Multimedia, TV und Live-Events (Formatentwicklung, Multimedia online und offline, Producing); seit 1999 Projektmanager Events bei der Vok Dams Gruppe, Wuppertal.
jheinrich@vokdams.de, www.vokdams.de

Hoose, Christian, geb. 22. Mai 1952 in Bad Schwartau; 1969-1971 zweijährige Höhere Handelsschule in Bonn-Duisdorf; 1971-1974 dreijährige Ausbildung zum Konsulatssekretär im Auswärtigen Amt, eingeschlossen ein Auslandsaufenthalt in Marseille von zwölf Monaten; 1993 Teilnahme am PR-Seminar B1 der Akademie für Führung und Kommunikation in Frankfurt (9 Tage); 1996 Teilnahme an einem Fernsehtraining der Akademie für Führung und Kommunikation in Frankfurt (2 Tage); Kurzvolontariat beim Bayerischen Rundfunk (Fernsehen), Wirtschaftsredaktion (5 Tage); 1998 Teilnahme am Seminar „Krisen-PR" der Akademie für Führung und Kommunikation in Frankfurt (1 Tag);
1974-1976 Abschluss der Laufbahnprüfung für den gehobenen Auswärtigen Dienst, Tätigkeit in der Zentrale des Auswärtigen Amtes, Abteilung Fernmelde- und Chiffrierwesen; 1977-1979 Leiter der Pass- und Sichtvermerksstelle der Botschaft Bern, 1979-1984 Pressereferat des Auswärtigen Amtes in Bonn; 1984-1989 Leiter der Pass- und Sichtvermerksstelle des Generalkonsulates Genf; 1989-1991 Pressereferat des Auswärtigen Amtes in Bonn; 1991-1992 Leitung der Außenstelle des Pressereferates des Auswärtigen Amtes in Berlin; 1992-2000 Pressesprecher der CDU-Fraktion des Sächsischen Landtages; seit 1.05.2000 Pressereferent beim Staatsminister für Bundes- und Europaangelegenheiten des Freistaates Sachsen.
christian.hoose@dd.sk.sachsen.de

Hopf, Jürgen, Dipl.-Volkswirt, geb. 17. März 1952 in Amberg/ Bayern; Studium der Volkswirtschaftslehre an der Julius-Maximilian-Universität Würzburg; Volontariat/Ausbildung zum Wirtschaftsredakteur im Vogel-Verlag, Würzburg; Wirtschaftsredakteur bei der Wirtschaftswoche, Düsseldorf; Pressespre-

cher und Leiter Öffentlichkeitsarbeit bei Maho Aktiengesellschaft (Pfronten), Salamander AG (Kornwestheim), FAG Kugelfischer Georg Schäfer AG (Holding, Schweinfurt); seit 1996 Pressesprecher und Leiter Öffentlichkeitsarbeit Rodenstock Konzern, München.
juergen.hopf@rodenstock.de, www.rodenstock.de

Joos, Klemens, Dr., geb. 20. 04. 1969 in Nonnenhorn am Bodensee, verheiratet, ein Kind; 1988-1992 Studium der Betriebswirtschaftslehre an der Ludwig-Maximilians-Universität (LMU) München, 1993-1998 Doktorand an der LMU München; seit 1989 Inhaber der Klemens Joos Consulting; 1988-1990 Persönlicher Assistent eines Europaabgeordneten; seit 1990 Geschäftsführender Gesellschafter der EUTOP Gesellschaft für europäisches Marketing, Beratung und Führungsschulung mbH, Sitz in München, mit Tochtergesellschaften in Brüssel und Bonn, Büros in Berlin und Washington, D.C. sowie weiterer Tochtergesellschaften.
www.politikerscreen.de

Kambli, Guido, geb.12. August 1965 in München; 1984-1990 Studium der Rechtswissenschaften an der LMU in München, 1990 Erstes juristisches Staatsexamen in München, 1993 Zweites juristisches Staatsexamen in München; 1984-1989 Freier Mitarbeiter (Journalist) „Münchner Merkur"; 1987-1991 Freier Mitarbeiter (Journalist) des Bayerischen Rundfunks; 1989 zweimonatige Hospitanz beim ZDF in Mainz; 1991-1995 Referent und Seminarleiter für die Hanns-Seidel-Stiftung (Bereich journalistische Nachwuchsförderung); 1993/1994 Geschäftsführer einer Event- und Werbeagentur; seit 1994 Rechtsanwalt in der Kanzlei der Rechtsanwälte Prof. Mayer, Kambli & Kollegen, München; Spezielle Fachkenntnisse im Bereich des Vertrags-, Wettbewerbs- sowie Medienrechts; seit 1998 Mitglied im Vorstand des Sport-/Medienvereins O-Ton Süd e.V.; seit 2000 Mitglied im Vorstand der Erich-Kühnhackl-Stiftung i. Gr.

Kaufmann, Hans-Günther, geb. 1943 in Tours (Frankreich), verh., 3 Kinder, wohnhaft in Miesbach, deutsche und französische Staatsbürgerschaft; Schulzeit in Deutschland, Frankreich und Italien; Fotopraktikum in New York und Los Angeles; seit 1963 selbständiger Werbe- und Modefotograf in München mit eigenem Atelierbetrieb; 1983 Begegnung mit dem Benediktinerabt Dr. Odilo Lechner, erste gemeinsame Buchpublikation „Mit den Augen der Seele“ 1984, es folgen 34 Buchveröffentlichungen, Schwerpunkt: meditative und religiöse Themen; Internationale Ausstellungen gefördert von: Bayerisches Kultusministerium, BMW AG, Daimler Benz AG, HYPO-BANK, Span. Staat-Turismo; Ausstellungen in: Paris, Santiago de Compostela, Madrid, Bordeaux, New York, Aachen, München, Andechs, Rom, Mailand u.a.; für seine Verdienste um den Jakobsweg mit dem span. Verdienstorden „Merito por el Turismo“ in Silber ausgezeichnet.

Klaba, Kati, geb. 12. September 1968 in Crimmitschau/Sachsen; 2 Kinder; 1985-1988 Berufsausbildung mit Abitur; 1988-1990 Mitarbeiterin Firmenleitung Zweiga Werdau/Sachsen; 1991-1993 Volontariat „Wochenzeitung“ Zwickau; 1993-1995 Feste Freie Mitarbeiterin „Zwickauer Tageblatt“ Zwickau; 1995-1997 Volontariat Frankenpost Hof, Lokalredaktionen „Zwickauer Tageblatt“ Zwickau, „Thüringenpost“ Greiz, Mantelredaktion Hof, 09/1995 Akademie der bayerischen Presse e.V. Kulmbach; 09/1997-10/1999 Studioleiterin des Sächsischen Ausbildungs- und Erprobungskanales (SAEK) Hörfunk Zwickau, seit 09/1998 Stv. Geschäftsführerin MEDIA PLUS GmbH Zwickau (Kompetenz-Zentrum für Neue Medien); seit 04/2000 Projektleiterin Internationale Schulische Medienwerkstatt (ISM) Klingenthal. K.Klaba@mediaplus-gmbh.de

Knipp, Wolf-Peter, Dipl.-Journ. (Univ.), geb. 14. Januar 1966 in Nürnberg; Studium der Kommunikationswissenschaften/Diplom-Journalistik an der Katholischen Universität Eichstätt; Studioleiter/Chefredakteur eines regionalen Rundfunksenders in Oberfranken; Regionalisierung von Radio ARABELLA in München; Relaunch eines oberbayerischen Regionalsenders; Assistent der Geschäftsleitung im Münchener Zeitungs-Verlag (MZV), Geschäftsbereich elektronische Medien; seit Juli 1997 als Projektmanager/Chefredakteur beim Medienunternehmen W + M 2000 verantwortlich für die Sächsischen Ausbildungs- und Erprobungskanäle (SAEK) Hörfunk und Fernsehen; Lehraufträge an der Hochschule Mittweida/University of Applied Sciences; Persönlichkeits-, Kommunikations- und Medientrainings für Unternehmen aus der freien Wirtschaft.

Köcher, Manfred, Dipl.-Sozialpädagoge, Personalleiter Pharmaindustrie; Personalberater; seit 1996 Geschäftsführender Gesellschafter imedia Netzwerk (Internetdienstleister); Lehrbeauftragter der Hochschule Mittweida/University of Applied Sciences; RKW-Berater.

Kolarz, Kamilo, 33; 1992 Abschluss als Diplom-Wirtschaftsinformatiker Fachhochschule Rosenheim; 1992-1995 Key-Account-Manager Vertrieb bei Microsoft GmbH Deutschland; 1993 Gründung der digital advertising GmbH; seit 1995 deren Geschäftsführer; seit Börsengang 1999 Vorstand.

Kolbe, Artur, M.A. phil., geb. 23. August 1955; Studium der Anglistik/Amerikanistik und der Klassischen Philologie mit Archäologie für Lehramt, Gymnasium und Magister; mehrere Auslandsaufenthalte (u.a. University of London, Oxfort und Edinburgh); 1986-1987 Lehrtätigkeit an verschiedenen höheren Schulen (u.a. Gymnasium Meppen) in den Fächern Englisch, Latein und Ethik; seit 1988 Wiss. Mitarbeiter der Hanns-Seidel-Stiftung und seit 1989 Referent für Sonder- und Kooperationsseminare, politisches Management, Film und Politik sowie für Ethik; versch. Veröffentlichungen zu William Shakespeare und zur Ethik; Freier Mitarbeiter der Passauer Neuen Presse; seit 1971 verschiedene politische Mandate in der Jungen Union und der CSU (u.a. Kreisvorsitzender der JU-Deggendorf 1985-1988).
kolbe-a@hss.de, www.hss.de,

Kratz, Hans-Jürgen, geb. 22. November 1952; 1967-1972 Ausbildung und Berufstätigkeit als Schriftsetzer, Karlsruhe; 1973-1983 Technischer Angestellter „Badische Neueste Nachrichten“, Karlsruhe; 1984-1986 Leiter Stabsstelle Verlagswerbung/Btx/Neue Medien (BNN); 1987-1991 Leiter Verkauf/Werbung/Marketing „Welle Fidelitas“, Karlsruhe; 1991-1994 Leiter Verkauf/Werbung/Marketing „Hörfunk Service GmbH“, Köln; 1994-1995 Leiter Marketing „radio NRW“, Oberhausen; seit 1995 alleinige Geschäftsführung „ANTENNE THÜRINGEN“; Weimar.
kratz@antennethueringen.de, www.antennethueringen.de

Kröber, Martin, geb. 4. Januar 1958 in Berlin; Studium der Rechtswissenschaften an der Freien Universität Berlin; Jurist; 1989-1991 RIAS TV, seit 1991 in der Juristischen Direktion des Mitteldeutschen Rundfunks tätig; u.a. Lehrbeauftragter der Hochschule Mittweida/University of Applied Sciences.
martin.kröber@mdr.de

Linnenbach, Erwin, geb. 1961 in Steinbach/Saarland; diplomierter Betriebswirt und diplomierter Journalist; seit 1987 als Consultant der THG AG in Basel; 1988 Rückkehr nach Deutschland; 1988/89 Geschäftsführer der BSS GmbH Berlin; 1989 Koordinator Lokalfunk bei Radio NRW; 1992 stellvertretender Geschäftsführer der Eurocom Radio & TV Düsseldorf; 1992 Wechsel nach Leipzig; Geschäftsführer des erfolgreichsten privaten Hörfunkkonzerns der neuen Bundesländer, der PSR-Mediengruppe.

Lohmann, Martin, geb.14. März 1957 in Bonn, römisch-katholisch, verheiratet, eine Tochter; Studium der Geschichte, Katholischen Theologie, Philosophie und Erziehungswissenschaften an der Universität Bonn; Studentische Hilfskraft im Historischen Seminar bei Professor Dr. Konrad Repgen, später in der „Vereinigung zur Erforschung der Neueren Geschichte e. V.“ in Bonn; Staatsexamen 1983; 1983-1987 Stv. Bundesgeschäftsführer des Bundes Katholischer Unternehmer (BKU) mit Sitz in Köln; 1987 Eintritt in die Redaktion der Wochenzeitung

„Rheinischer Merkur“; Redakteur, Leitender Redakteur und Ressortleiter „Christ und Welt“; 1994-1997 Stv. Chefredakteur des „Rheinischen Merkur“; seit 1. Januar 1998 Chefredakteur der Rhein-Zeitung, Koblenz; seit 1996 zudem Moderator der „Münchner Runde“ im Bayerischen Fernsehen;
Journalistischer Werdegang: Eigene Schülerzeitung „aspect“ am Aloisiuskolleg und für mehrere Gymnasien in Bonn und Bad Godesberg; Mitarbeiter des Bonner „General-Anzeigers“; Chef vom Dienst der AstA-Zeitung „akut“ an der Universität Bonn; Inhaltliche und optische Profilierung als Redakteur der BKU- Zeitschrift „Rundbrief“; Relaunch und Neukonzeption des „Elternforums“, der Zeitschrift der Katholischen Elternschaft Deutschlands, als deren Chefredakteur; regelmäßige Kommentare für Deutschlandfunk, Radio Neues Europa und Radio Campanile; Mitarbeit in zahlreichen Zeitschriften und Zeitungen; Redaktionsbeirat der Zeitschrift „Die Neue Ordnung“; freie Mitarbeit in Sendungen und Live-Übertragungen des Bayerischen Fernsehens; zahlreiche Vortrags- und Moderatorenverpflichtungen.
1986 Stipendiat des „German Marshall Fund of the United States“. Preisträger 1993 der Stiftung „Ja zum Leben“.
Veröffentlichungen u. a.: Aufbruch einer Jugend - Der Bund Neudeutschland von seiner Gründung bis zum Beginn des Dritten Reiches (Bonn 1988); Christliche Perspektiven - Bestandsaufnahme für eine Kirche von morgen (Paderborn 1990); zahlreiche Namensbeiträge in verschiedenen Buchpublikationen.

Mannstein, Coordt von, Prof., geb. 8. März 1937 in Flensburg; Studium „Visuelle Kommunikation“ an der Staatlichen Akademie der Bildenden Künste, Stuttgart; Leiter eines Creativ-Teams, Bayer Leverkusen; Mitbegründer und Geschäftsführender Gesellschafter der Firma Graphicteam, Köln; 1968 Gründung der von Mannstein Werbeagentur und der Agentur Medical Innovation mit Niederlassungen bzw. Partneragenturen in Berlin und Düsseldorf; Beteiligung an der Innovation Ltd., London (Euromednet Holding London); seit 1974 Professor für „Visuelle Kommunikation“ an der Universität GH Essen.
Wahlkämpfe und Partei-Kampagnen: Europawahl: 1979, 1984, 1989, 1994; Bundestagswahl: 1976, 1980, 1983, 1987, 1990, 1994, 1998; Landtagswahl: NRW 1975, 1980, 1985, 1990, Niedersachsen 1978, 1982, 1986, Rheinland-Pfalz 1979, 1983, 1987, Saarland 1985, Thüringen 1999, Hes-

sen 1987, 1991, 1999, Schlewig-Holstein 1988, 1992, 1996, Neue Bundesländer 1990, Brandenburg 1994; Kommunalwahl: NRW 1975, 1979, 1989, Rheinland-Pfalz 1979, Hessen 1989, Saarland 1989, Brandenburg 1993, Thüringen 1999, Senatswahl Berlin 1979, 1981, 1985, 1989, Volksbegehren 1977/78 NRW „Stop Koop", Bürgermeisterwahl Frankfurt 1995, Informationskampagne 1992 für die CDU in der EVP, Großkundgebung 1982 Helmut Kohl „Für Frieden und Freiheit", Wahlkampf 1990 Allianz für Deutschland, Nationalratswahlen 1990 ÖVP (Österreich), Wahlen zur Russischen Duma (Tschernomyrdin; Teilaufgaben), Präsidentschaftswahlen in Russland(Jelzin; Teilaufgaben).
mail@mannstein.de, www.mannstein.de

Mayer, Hermann, Prof.; Studium der Rechtswissenschaften und der Wirtschaftswissenschaften an den Universitäten Regensburg und München; Professor für Recht und Marketing an der Hochschule Mittweida /University of Applied Sciences; Stipendiat der Konrad-Adenauer-Stiftung; beide juristische Staatsexamina in München; vormals Geschäftsführer bei mehreren Fernsehgesellschaften sowie mehrjähriges Vorstandsmitglied in einem Arbeitgeberverband der privaten Fernsehwirtschaft; umfangreiche Tätigkeiten in der Partei- und Verbandsarbeit, u.a. langjähriger Landesschatzmeister des Ringes Christlich Demokratischer Studenten (RCDS); langjähriger Schatzmeister der Jungen Union Oberbayern; langjähriges Mitglied des Vorstandes der CSU Oberbayern; langjähriger Vizepräsident der Jungen Alpenregion; langjähriger Vorsitzender des Rings Politischer Jugend.
mayer-koll@t-online.de

Mayer, Kurt-Ulrich, geb. 1950 in Idar-Oberstein; Studium der Rechts- und Politikwissenschaften; 1976 Erstes juristisches Staatsexamen, 1978 Zweites juristisches Staatsexamen; seit 1979 selbständiger Rechtsanwalt, Seniorpartner der Anwaltskanzlei Mayer & Kollegen in Leipzig; Mitglied der europäischen Anwaltsvereinigung Juris Consult; 1996-1997 Mitglied des (ersten) Medienrates der Sächsischen Landesanstalt für privaten Rundfunk und neue Medien (SLM); seit 1998 Mitglied und Präsident des (zweiten) Medienrates der SLM; Vorsitzender des Arbeitskreises Recht der Direktorenkonferenz der deutschen Landesmedienanstalten (DLM), Lehrbeauftragter für Medienrecht; Autor und Herausgeber von Fachbüchern.
kontakt@anwalt-mayer.de

Mayer, Tatjana-Susanna, geb. 14. Januar 1966 in München, verheiratet, zwei Kinder; 1985-1990 Studium der Rechtswissenschaften in München; 1990 Erstes juristisches Staatsexamen in München; 1994 Zweites juristisches Staatsexamen in München; seit 1995 Rechtsanwältin in Kanzlei der Rechtsanwälte Prof. Mayer, Kambli & Kollegen; spezielle Fachkenntnisse im Bereich des Familienrechts sowie Medienrechts.
mayer-koll@t-online.de

Merkel, Angela, Dr., geb. 17. Juli 1954 in Hamburg, evangelisch, verheiratet; 1973-1978 Studium an der Universität in Leipzig; 1978 Physik-Diplom; 1978-1990 Wissenschaftliche Mitarbeiterin im Zentralinstitut für Physikalische Chemie an der Akademie der Wissenschaften, Berlin, auf dem Gebiet der Quantenchemie; 1986 Promotion zum Dr. rer. nat.; Ende 1989 Beitritt zum Demokratischen Aufbruch (DA); ab Februar 1990 Pressesprecherin des DA; März-Oktober 1990 stellvertretende Regierungssprecherin der Regierung de Maizière; August 1990 Beitritt zur CDU, seit Dezember 1990 Mitglied des Deutschen Bundestages als Direktkandidatin des Wahlkreises Stralsund, Rügen, Grimmen; Dezember 1991-November 1998 Stellvertretende Vorsitzende der CDU Deutschlands; seit Juni 1993 Landesvorsitzende der CDU Mecklenburg-Vorpommern; Januar 1991-November 1994 Bundesministerin für Frauen und Jugend; November 1994-Oktober 1998 Bundesministerin für Umwelt, Naturschutz und Reaktorsicherheit; November 1998-April 2000 Generalsekretärin der CDU Deutschlands; seit April 2000 Vorsitzende der CDU Deutschlands; Veröffentlichung: „Der Preis des Überlebens. Gedanken und Gespräche über zukünftige Aufgaben der Umweltpolitik“, 1997.

Meyer, Hans Joachim, Prof. Dr., geb. 13. Oktober 1936 in Rostock, verheiratet, 3 Kinder, katholisch; 1955-1958 Studium der Rechts- und Staatswissenschaft in Potsdam-Babelsberg, aus politischen Gründen exmatrikuliert; 1958-1959 Hilfsarbeiter im Lokomotivbau in Babelsberg; 1959-1964 Studium Anglistik/Amerikanistik und Geschichte an der Humboldt-Universität zu Berlin, 1964 Diplom der Philosophischen Fakultät; 1964-1982 Sprachlehrer und Wissenschaftlicher Oberassistent an der Humboldt-Universität zu Berlin; 1971 Promotion Dr.

phil.; 1981 Habilitation Dr. sc. phil.; 1982 Berufung zum Hochschuldozenten für Angewandte Sprachwissenschaft; 1985 Berufung zum a. o. Professor an der Humboldt-Universität; Studienaufenthalte und Gastlehrtätigkeit in Großbritannien, den USA und der UdSSR;
1990 April bis Oktober Minister für Bildung und Wissenschaft der DDR; seit 08.11.1990 Sächsischer Staatsminister für Wissenschaft und Kunst; 06.10.1994 Wiederberufung zum Sächsischen Staatsminister für Wissenschaft und Kunst; 27.10.1999 Wiederberufung zum Sächsischen Staatsminister für Wissenschaft und Kunst; 1952-1961 und seit Juli 1990 Mitglied der CDU; 1990-1992 Mitglied im Bundesvorstand der Christlich-Demokratischen Union Deutschlands; 1990-1994 Vorsitzender des Gemeinsamen Ausschusses katholischer Christen in den neuen Bundesländern; seit November 1990 Mitglied des Geschäftsführenden Ausschusses des Zentralkomitees der deutschen Katholiken; seit November 1992 Vizepräsident des Zentralkomitees der deutschen Katholiken; 25.04.1997 Wahl zum Präsidenten des Zentralkomitees der deutschen Katholiken; seit 1992 Vertreter der Verwaltungskommission in der Wissenschaftlichen Kommission des Wissenschaftsrates; seit 1994 Mitglied des Präsidiums der Kultusministerkonferenz (KMK); 1995-1998 Senator der Hermann von Helmholtz-Gemeinschaft Deutscher Forschungszentren (HGF); seit 1996 Senator der Max-Planck-Gesellschaft zur Förderung der Wissenschaften e.V. (MPG); seit 1998 Senator der Wissenschaftsgemeinschaft Gottfried Wilhelm Leibniz e.V. (WGL); seit 1998 Präsident des Deutschen Nationalkomitees für Denkmalschutz (DNK); 1998 Wahl zum Mitglied der Europäischen Akademie der Wissenschaften und Künste; 1999 Präsident der Kultusministerkonferenz (KMK); 1999 Wahl zum Senator der Deutschen Akademie der Naturforscher „Leopoldina“.
smin@smwk.sachsen.de, www.smwk.de

Meyer, Ulrich, geb. 26. Dezember 1955 in Köln, verheiratet; 1976-1979 Studium der Humanmedizin in Köln; 1979-1980 Zeitungsvolontariat bei der Kölnischen Rundschau; 1981-1985 Stv. Lokalchef Kölnische Rundschau; Dozent an der Kölner Schule für Publizistik; 01.10.1985 Wechsel zu RTL plus als Bonner Korrespondent; 01.01.1987 Nachrichtenchef RTL plus in Luxemburg, verantwortlich für die Nachrichensendungen; 01.04.1988 Regionalkoordinator, Aufbau der Regionalprogramme in Hamburg, Schleswig-Holstein u.a.; 01.04.1989 Leitung Redaktion EXPLOSIV; Moderator: „Der Heiße Stuhl“; 01.07.1990 Stellvertretender Chefredakteur RTL plus;

01.01.1992 Freier Produzent; Gründung der META productions GmbH, Berlin; 02.04.1992 „Ulrich Meyer: Einspruch!“ geht bei SAT.1 auf Sendung; 25.01.1994 „Alarm“ startet bei SAT.1; 10.04.1994 Premiere für „Kinder-Einspruch!“; 03.01.1995 „Ulrich Meyer: Die Menschen hinter den Schlagzeilen“; 04.01.1995 Start „AKTE - Reporter decken auf“; 04.12.1995 „18:30“ geht auf Sendung - Anchorman: Ulrich Meyer (bis 20.12.1998); 15.09.1997 Premiere für „Fahndungsakte“, Produzent: Ulrich Meyer; 10.05.1999 „Deutschlands dümmste Gauner“, Produzent: Ulrich Meyer. akte2000@akte.net, www.akte.net

Moll, Ingo Martin, geb. 19. Dezember 1963 in Wesseling/Erft.; Studium der Politikwissenschaft, Wirtschaftspolitik, Erziehungswissenschaft sowie der Volkswirtschaft in Bonn, Berlin, Cambridge;
1990-1994 Wissenschaftlicher Referent im Deutschen Bundestag; 1994-1996 Tätigkeit als Berater für verschiedene internationale Institutionen, zuletzt für die Europäische Kommission; seit 1996 Mitarbeiter des SPD-Parteivorstands; seit 1999 Abteilungsleiter Finanzen und Stellvertretender Schatzmeister.

Müller, Gerd, Dr., Studium der Pädagogik, Politik und Wirtschaftswissenschaften; tätig als Verbandsgeschäftsführer und Pressesprecher des bayerischen Wirtschafts- und Verkehrsministers; 1989-1994 Mitglied des Europäischen Parlaments; seit 1994 Mitglied des Deutschen Bundestages; Europapolitischer Sprecher der CSU-Landesgruppe. gerd.mueller@bundestag.de, www.gerd-mueller.de

Overkott, Stephan, geb. 1962 in Bochum; verschiedene Tätigkeiten als Werbekaufmann in Industrie und Handel; seit 1991 Projektmanager bei Vok Dams, Wuppertal, Schwerpunkt Konzeption; seit 1998 Geschäftsführer der Vok Dams Events GmbH; strategische Beratung und Konzeption für Top-Unternehmen aus Dienstleistung, Industrie und Handel bei der Emotionalisierung von Marken, Menschen und Produkten mit dem Schwerpunkt Erlebniskommunikation.

Preschle, Klaus, Dipl. Kaufmann, geb. 1960; je drei Jahre als wissenschaftlicher Mitarbeiter im Deutschen Bundestag und als Leiter der Abteilung Wirtschaftspolitik in der CDU-Parteizentrale; 1993-1995 Generalsekretär der CDU Mecklenburg-Vorpommern; 1994 Organisation des Landtagswahlkampfes; zweijährige Tätigkeit als Unternehmens- und Personalberater; 1997 Übernahme des Planungsstabes in der CDU- Parteizentrale.
Klaus.Preschle@cdu.de

Radunski, Peter, Diplompolitologe; geb. 13. März 1939 in Berlin, verheiratet, zwei Kinder; Studium der Rechtswissenschaft, Geschichte, Romanistik und der Politischen Wissenschaft in Berlin, Bonn und Straßburg; 1967 Diplom am Otto-Suhr-Institut der FU Berlin; 1967 Hauptamtlicher Geschäftsführer des RCDS; 1967-1969 Wissenschaftlicher Mitarbeiter in der Konrad-Adenauer-Stiftung; 1969-1971Wahlkampfmanager der CDU Hessen; 1971-1981 verschiedene Funktionen in der CDU-Bundesgeschäftsstelle, darunter acht Jahre Hauptabteilungsleiter Öffentlichkeitsarbeit; 1981-1991 Bundesgeschäftsführer der CDU; 1991 Senator für Bundes- und Europaangelegenheiten des Landes Berlin; 1996-1999 (Dez.) Senator für Wissenschaft, Forschung und Kultur des Landes Berlin; 1999 Mitglied des Abgeordnetenhauses in Berlin; 2000 Senior Consultant der Firma PUBLICIS Berlin.

Sarfeld, Frank G., 08/74-06/84 Allgemeine Hochschulreife, Otto-Pankok-Gymnasium Mülheim an der Ruhr; *University:* 10/85-06/90 Law, Ruhr-University Bochum, Germany, Emphasis: Public-, Media- and Adminstrative Law, US-Law; *Foreign Studies:* 06/88-07/88 US-Law, University of St. Louis, Mo., USA; 07/88-08/88 Assistant, US-Congressman Christopher Smith, R-NJ; 08/88-10/88 „Bush For President" Campaign, Washington, DC, USA; 03/89-11/90 Ramp Agent/ Duty Officer Operations INTAIR Airline Handling Duesseldorf Airport, 11/90-05/91 Ramp Agent/ Duty Officer Operations NFD/Air Europe, German Wings Duesseldorf Airport; 03/91-06/92 Jingle-Productions for german radio stations, e.g. HR3, SR1, Alsterradio, Hamburg; News Reports and Morning Anchor at Radio Duisburg, Radio NRW,

Antenne Bayern, Radio FFH, RUFA; since 06/1992 Private Lecturer- Radio and Television News, teaching students and young journalists news at Hanns-Seidel- and Konrad-Adenauer-Foundation; 06/92-07/96 Reporter/ Producer ARD/MDR Television, Dresden Bureau, „MDR aktuell“, Reports and Live Stand-Ups for „Tagesschau“ (ARD´s Evening News), „Tagesthemen“ ORB-Television and BR Bavarian Television; 08/96-03/98 Reporter/Producer SAT.1 German Television, Bonn News Bureau, Reports and Live Stand-Ups on „SAT.1 18:30“ Evening News, Chief Correspondent: CDU/CSU and their Party Conventions, Department of the Treasury, Department of Defense, Chancellor´s Office; 04/98-12/99 Reporter/Producer, ZDF German Television, Munich News Bureau, Reports and Live Stand-Ups on „Heute“ (ZDF´s Evening News), „Heute-Journal“, „Heute Nacht“ and „Hallo Deutschland“; 01/99-07/00 Vice President, Corporate Communications, AOL Germany, Director Corporate Communications, AOL Europe S.A.; from 08/01 Senior Vice President and Chief Communications Officer, BeCG Bertelsmann eCommerce Group, Hamburg/New York.
Frank.Sarfeld@Bertelsmann.de

Seidel, Frank, geb. 27.03.1957 in Zwickau, evang. method.; Dipl.-Ing. der Luft- und Klimatechnik; Leiter eines CDU-Ortsverbandes; seit 1990 Mitglied des Stadtrates, seit 1999 Fraktionsvorsitzender, tätig im Ausschuss für Umwelt, Stadtentwicklung und Wirtschaftsförderung, im Ausschuss für Finanzen- und Liegenschaften und im Ausschuss für Bauen und Wohnen; weiterhin ehrenamtlich engagiert bei den Wirtschaftsjunioren, in der Mittelstandsvereinigung der CDU sowie in verschiedenen Fördervereinen; Mitglied im Vorstand des CDU-Stadtverbandes Zwickau und Mitglied im Vorstand des CDU-Kreisverbandes Zwickau/Werdau; Wahlkreisbüroleiter des Zwickauer Bundestagsabgeordneten.
info@frank-seidel.de, www.frank-seidel.de

Seuß, Norbert, 40; nach Volontariaten bei Fachzeitschrift und Tageszeitung 1984 Betreuung der Berichterstattung über das Kabelpilotprojekt für die Tageszeitung „Die Rheinpfalz“ Ludwigshafen/Vorderpfalz; 1985 Nachrichtenchef beim Ersten Privaten Fernsehen (EPF); 1986 Nachrichtenchef bei RPR Studio Ludwigshafen; Oktober 1986 - Ende 1989 Redakteur und Moderator bei Radio ffn, später Marketingredakteur; zweijährige freiberufliche Tätigkeit; seit Juni 1992 im Aufbauteam von Radio Brocken, bis Ende 1993 stellvertretender Programmdirektor und Chefmoderator; seit 01. Januar 1994 Geschäftsführer und Programmdirektor des landesweiten Senders Antenne Sachsen.

Stadler, Max, Dr. jur., geb. 23. März 1949 in Passau, verheiratet, ein Sohn; 1968-1973 Jurastudium, 1973-1976 Referendariat in Regensburg, Assistent am Lehrstuhl für Prozessrecht der Universität Regensburg bei Professor Dr. Ekkehard Schumann; 1977 Promotion zum Dr. jur.; seit 1976 Staatsanwalt und Richter im Bayerischen Justizdienst, zuletzt Arbeitsgemeinschaftsleiter für Rechtsreferendare am Landgericht Passau; seit 1982 Lehrbeauftragter an der Universität Passau für „Bürgerliches Recht für Wirtschaftswissenschaftler“; F.D.P.-Mitglied seit 1972; 1991-1998 Landesvorsitzender der bayerischen F.D.P. und Mitglied des F.D.P.-Bundesvorstandes; seit 1984 Stadtrat in Passau; seit 1990 Vorsitzender der F.D.P.-Stadtratsfraktion; seit 1994 Mitglied des Bundestages; Obmann der F.D.P.-Fraktion im Innenausschuss (Schwerpunkte: Innere Sicherheit und innere Liberalität, Asyl-, Ausländer- und Staatsangehörigkeitsrecht, Reform des öffentlichen Dienstes); in der 13. Wahlperiode Obmann der F.D.P.-Fraktion im 1. Untersuchungsausschuss „Plutonium“ und in der Enquete- Kommission „Zukunft der Medien in Wirtschaft und Gesellschaft – Deutschlands Weg in die Informationsgesellschaft“; 1994-1998 Sprecher der F.D.P.-Fraktion für Medienpolitik sowie Post und Telekommunikation und Mitglied im Beirat der Regulierungsbehörde für Post und Telekommunikation; Mitglied im Verwaltungsrat des Deutsch-Tschechischen-Zukunftsfonds.

Weichsel, Fred, BWL-Studium mit Schwerpunkt Marketing/Kommunikation/Absatzwirtschaft; Assistenz der Geschäftsleitung und Marketingleiter in der Verlagsbranche; auf Agenturseite als Etatdirektor und Berater in verschiedenen großen und mittleren Marketing- und Werbeagenturen tätig; geschäftsführender Gesellschafter der Münchner Agentur Contop (Die 1973 gegründete Creative Organisation für Marketing und Kommunikation GmbH betreut mit 20 Mitarbeitern Kunden wie Bank Austria, Fred Perry, Alwitra, Romika, Hermes, Bayernwerk, CSU, Picard, Mexx Sport, Diadora, ADAC motorwelt u.a.).
info@contop.de, www.contop.de

Weller, Hans, Dr., geb.12. Juli 1947 in Soest; 1968/1972 Studium der Geschichte und Anglistik an den Universitäten in Paderborn und Münster; 1986 Promotion zum Dr. Phil. an der Universität in Münster; 1972 -1990 Lehrer an den drei Schultypen in NRW Hauptschule, Realschule, Gymnasium; 1996/ 1997 Lehrer an einer Highschool in den USA als Stipendiat der Fulbright-Kommission; 1990/1991 als Geschäftsführer zuständig für den Aufbau dreier Radiostationen und einer Marketinggesellschaft in Westfalen; 1992/1993 Mitaufbau der Sächsischen Landeszentrale für politische Bildung; 1993-1995 Spiegelreferent für das Sächsische Staatsministerium für Wissenschaft und Kunst in der Sächsischen Staatskanzlei; Pressereferent in der Sächsischen Staatskanzlei; 1993-1995 Lehraufträge für Medien- und Kommunikationswissenschaften an den Universitäten Leipzig und Dresden; Leiter der Presse- und Öffentlichkeitsarbeit in der Sächsischen Landesvertretung in Bonn (1996-1999) und Berlin (1999-2000); seit 1. Mai 2000 Pressesprecher der CDU-Fraktion im Sächsischen Landtag.
Weller@helimail.de

Westerwelle, Guido, Dr., geb. 27. Dezember 1961 in Bad Honnef; November 1980-Januar 1987 Studium der Rechtswissenschaften in Bonn; Erstes jur. Staatsexamen 1987 in Köln; anschl. Referendariat in Bonn; Zweites jur. Staatsexamen 1991 in Düsseldorf; seitdem selbstständiger Rechtsanwalt in Bonn; Mai 1994 Promotion zum Dr. jur. (Fernuniversität- Gesamthochschule Hagen); Eintritt in die F.D.P. 1980; Gründungsmitglied der Jungen Liberalen; 1983-1988 Bundesvorsitzender der Jungen Liberalen; seit 1988 Mitglied des Bundesvorstandes der F.D.P.; 1993 bis Oktober 1999 Kreisvorsitzender der Bonner F.D.P.; 1994 Kandidat der Bonner F.D.P. zum Deutschen Bundestag; seit Dezember 1994 Generalsekretär der F.D.P.; seit Februar 1996 Mitglied im Deutschen Bundestag, innenpolitischer Sprecher der F.D.P.-Bundestagsfraktion; Mitglied im Kuratorium der Theodor-Heuss-Stiftung und im Kuratorium Haus der Geschichte in Bonn; Autor zahlreicher politischer und juristischer Veröffentlichungen; u.a. Herausgeber des Buches „Von der Gefälligkeitspolitik zur Verantwortungsgesellschaft“ und Autor des Buches „Neuland“ ; Vorsitzender der Programmkommission, welche die Wiesbadener Grundsätze, das neue Grundsatzprogramm der F.D.P., erarbeitet hat.
guido.westerwelle@fdp.de, www.liberale.de/westerwelle

Wettig-Danielmeier, Inge, Diplom-Sozialwirtin, geb. 1. Oktober 1936 in Heilbronn; Besuch der Höheren Handelsschule; kaufmännische Berufstätigkeit und Ausbildung zur Auslandskorrespondentin und Dolmetscherin für Englisch und Spanisch; Auslandskorrespondentin im Importhandel in Hamburg; 1960 Abitur im 2. Bildungsweg; Studium der Sozialwissenschaften in Wilhelmshaven, am Antioch College, Yellow Springs, Ohio und Universität Göttingen; 1966 Diplom-Sozialwirtin; Wissenschaftliche Tätigkeit am Institut für Sozialpolitik und Sozialrecht und am Seminar für Politikwissenschaft in Göttingen; Freiberufliche Gutachtertätigkeit; Mitglied des Niedersächsischen Landtages von 1972 bis 1990; Mitglied des Deutschen Bundestages seit 1990; Mitglied des SPD-Parteivorstandes und des Präsidiums; seit 1991 Schatzmeisterin der SPD; Veröffentlichungen: Handbuch zur Parteienfinanzierung (3. Auflage 2000); zahlreiche Aufsätze.
inge.wettig-danielmeier@bundestag.de

Wieben, Wilhelm, ausgebildet als Schauspieler; Rundfunkstationen beim SFB, bei Radio Bremen, beim NDR, 1966-1998 Mitarbeiter der „Tagesschau“, 30 Jahre lang Sprecher der „Tagesschau“; zwischenzeitlich Bühnenauftritte.

Wiedemann, Heinrich, Prof., geb. 1955 in Burgau/Schwaben, röm.-kath., verheiratet, drei Kinder; Studium der Pädagogik, Psychologie und Politischen Wissenschaften mit Schwerpunkt Medien in Eichstätt und München; Stipendiat der Konrad-Adenauer-Stiftung; langjähriges ehrenamtliches politisches und kirchliches Engagement, u.a. stv. Bundesvorsitzender der JUNGEN UNION Deutschlands, stv. Fraktionsvorsitzender in einem Kommunalparlament und Vorsitzender der Arbeitsgruppe „Medien“ im Diözesanrat; Aufbau, Leitung und Programmverantwortung von Hörfunk- und Fernsehsendern; Gründer und Alleingesellschafter der Medienunternehmen W + M 2000 (u.a. Aus- und Fortbildung, z.B. Betrieb von Aus- und Fortbildungskanälen in Sachsen) und MEDIA PLUS (Kompetenz-Zentrum für Neue Medien); Honorarprofessor für Medienpädagogik und -psychologie an der Hochschule Mittweida/University of Applied Sciences; Publikationen zum Medienmanagement, zur Mediendidaktik und -pädagogik.
hw@heinrich-wiedemann.de, www.heinrich-wiedemann.de, www.mediaplus-gmbh.de

Wöhrl, Dagmar, geb. 5. Mai 1954 in Stein bei Nürnberg, evangelisch, verheiratet, zwei Söhne; Studium der Rechtswissenschaften an der Friedrich- Alexander- Universität Erlangen-Nürnberg; Erstes Staatsexamen 1983, Zweites Staatsexamen 1987; seit 1987 Rechtsanwältin und Unternehmerin; 1990-1994 Stadträtin, Wohnungspolitische Sprecherin, Schwerpunkte: Wirtschaft, Recht, Stadtplanung und Stadtentwicklung; Präsidentin des Tierschutzvereins Nürnberg-Fürth; Kuratoriumsmitglied der Bayerischen Aids-Stiftung; Kuratoriumsmitglied der Region Nürnberg e.V.; Mitglied der Vollversammlung der IHK Nürnberg; Präsidiumsmitglied im Wirtschaftsbeirat der Union; Mitglied in Orts-, Kreis- und Bezirksvorstand der CSU; seit September 1995 Landesschatzmeisterin der CSU; Präsidiumsmitglied der CSU; Wirtschaftspolitische Sprecherin der CSU-Landesgruppe im Deutschen Bundestag; Vorsitzende des Arbeitskreises Wirtschaft und Technologie, Tourismus, Landwirtschaft und Verkehr, Bau- und Wohnungswesen der CSU-Landesgruppe im Deutschen Bundestag; seit 1994 Mitglied des Bundestages; Ordentliches Mitglied im Ausschuss für Wirtschaft und Technologie; Stellvertretendes Mitglied Finanzausschuss.
dagmar.woehrl@bundestag.de

Zimmermann, Peter, geb.1975 in Bautzen /Sachsen; Studium der Soziologie in Dresden; 1995 journalistische Tätigkeit bei Radio Dresden 103,5; 1997 Moderator, Reporter und Redakteur beim Mitteldeutschen Rundfunk; 1999 Assistent des Programmdirektors von RADIO PSR; 2000 Berufung in die Geschäftsleitung, Unternehmenssprecher der PSR-Mediengruppe; seit Sommer 2000 Vize-Vorstandschef des Medientreffpunkts Mitteldeutschland.

XXI. Namensregister

M

P

R

S

T

V

W

XXII. Schlagwortregister

A

B

C

N

O

P

R

S

T

U

V

W

Z

Sponsoren

Folgende Sponsoren haben das Werk finanziell unterstützt:

1 EUTOP Gesellschaft für europäisches Marketing, Beratung und Führungsschulung mbH, München

2 H.F. & Ph.F. Reemtsma GmbH (Hamburg)

3 Hit- Radio Antenne Sachsen (Dresden)

4 Radio PSR (Leipzig)

5 Institut für Bildung und Innovation Deutschland GmbH (Zwickau)